언어의 예술

글누림 문화예술 총서 3

언어의 예술

이 석 규

언어의 예술

머리말

　20세기 후반에 나타난 텍스트언어학은 인간 정신활동의 단서가 되는 언어의 본질과 그 활동에 대하여 언어학과는 다른 각도에서 접근한 방법론이라고 할 수 있다. 그동안 언어학 연구는 문장 이하의 단위를 대상으로 하는 잠재적 언어체계에 관한 것으로, 언어 각 단위에 관한 구조와 원리를 밝히고 그 규칙을 체계화하였다.

　그러나 실제로 이 언어 단위들은 잠재적 상태에서 사용되는 것이 아니라, 통화과정의 구체적 맥락 속에서 명시적 의미가 생성되고 그에 따라 창조적으로 사용되는 것이다. 텍스트는 이러한 단위들이 일정한 의도와 목적을 가지고 특수한 내부적 구조를 형성하며 생산되는 것이다. 텍스트언어학은 이와 같은 텍스트를 바탕으로 언어의 사용에 관하여 실질적으로 접근한다. 그러면서도 언어학을 비롯한 인지과학, 사회학, 심리학, 문학 등 학제간의 협력을 통하여 어떻게 인간의 정신을 다양화할 수 있는지, 어떻게 효과적으로 의사소통을 이루고 서로 간에 협조하고 교섭하는지, 어떻게 기쁨과 감동을 줄 수 있으며 그것을 공유할 수 있는지에 대하여 관심을 갖는다.

　그리고 이러한 언어의 속성의 상당 부분을 언어가 지니는 예술성으로 파악하고, 바로 언어 예술이라는 관점에서 접근하였다. 그리고 그것을 위하여 구체적인 텍스트를 살핌으로써 그 원인과 결과, 그리고 거기에서 추출되는 원리를 발견하고 그것을 체계화하고자 하는 것이다. 또한 예술성을 생성하거나 발현하는 언어사용에 관하여는 장르를 가리지 않고 접근하고자 하였다. 그리고 이 연구를 뒷받침하기 위하여 주로 Beaugrange / Dressler(1981)와 Teun A. Van Dijk(1980) 및 Heinz Vater(1992)에서 제시된 텍스트언어학 이론을 활용하였음을 밝혀둔다.

최근 몇 년 동안 언어의 예술적 사용이라는 주제를 가지고 발표했던 논문과 그밖에 첨삭이 필요하다고 생각되는 부분을 보완하여 부족하나마 한 권의 책으로 내게 되었다. 그렇지만 아마도 언어 예술성의 본질과 원리를 체계화하기까지는 앞으로 상당한 연구와 노력이 필요할 것이다.

이 책이 나오기까지, 학문연구 외에 학교행정 등 복잡하고도 어수선한 생활 속에서도 필자가 집필하고 출판할 수 있도록 언제나 곁에서 힘이 되어 준 아내에게 이 자리를 빌어서 진심으로 감사의 뜻을 표하고자 한다. 또한 처음부터 끝까지 옆에서 교정을 봐주는 등 정성껏 뒷바라지를 해준 한성일 박사와 여러 가지 편의를 제공해 주신 미리내 캠프 이광섭 사장님께 깊이 감사한다. 또한 이 책을 출판하도록 여러 가지로 마음 써 주신 글누림출판사 최종숙 사장님과 편집부 직원들에게도 감사를 드린다.

2007. 12.
저자 씀

차 례

제1부 언어와 언어사용

1. 언어 ‖ 13
   1) 언어와 인간 13
   3) 언어의 특성 17
   5) 언어와 사고 20
   2) 언어의 개념 15
   4) 언어의 기능 19
   6) 언어의 힘 22

2. 텍스트언어학 ‖ 26
   1) 텍스트언어학 26
   2) 텍스트의 개념 28

3. 텍스트성 ‖ 30
   1) 텍스트성이란 30
   3) 텍스트성 이론의 비판에 관하여 69
   2) 텍스트성 36

4. 거시구조와 초구조 ‖ 74
   1) 텍스트의 거시구조 74
   2) 반 다이크(Van Dijk)의 거시규칙 75

5. 언어에 대한 동양적 인식 ‖ 80
   1) 언어의 사용 80
   3) 맹자의 경우 83
   5) 처세를 위하여 85
   2) 진리 표현을 위하여 81
   4) 출사(出師)를 위하여 84
   6) 설득을 위하여 86

6. 언어의 예술적 사용 ‖ 88
   1) 연구의 필요성 88
   3) 의도성과 정보성 94
   5) 비유의 우회성과 적절성 100
   7) 예술적 언어의 사용분야 109
   2) 텍스트언어학과 예술적 언어 91
   4) 안정적 표현과 창의적 표현 96
   6) 창의적 표현의 효용성 107

제 2 부 유머

1. 유머의 정의와 범주 ┃ 119
  1) 웃음의 개념과 속성 119　　　　2) 유머의 사전적 정의 122
  3) 유머에 대한 다양한 정의 123　　4) 유머의 범주 124

2. 유머의 웃음유발의 원리 ┃ 132
  1) 웃음의 고전적 이론들 132　　　2) 비예측성 135

3. 유머의 텍스트성 분석 ┃ 138
  1) 유머 텍스트의 응결성과 응집성 138　2) 유머 텍스트의 의도성 152
  3) 유머 텍스트의 용인성 160

4. 위트 ┃ 163
  1) 위트에 관한 여러 견해 163　　2) 위트의 개념 165
  3) 위트의 효용성 170　　　　　4) 위트와 유머 그리고 풍자 178
  5) 위트의 표현전략 182　　　　6) 마무리 190

제 3 부 속담

1. 속담의 문체론적 연구 ┃ 195
  1) 들어가기 195　　　　　　　2) 속담의 개념과 범주 196
  3) 속담의 특성화를 위한 문체론적 접근 205
  4) 마무리 215

2. 속담의 의미론적 연구 ┃ 216
  1) 접근 방법 216　　　　　　　2) 속담의 의미장 219
  3) 마무리 266

제 4 부 대화

1. 대화에 관한 작은 생각 ∥ 271
   1) 대화에 관한 몇 가지 견해 271   2) 대화의 길 274
   3) 대화의 의미 275   4) 대화의 자세 276
   5) 대화의 모형 277

2. 예수의 대화 ∥ 280
   1) 선한 사마리아 여인 280   2) 에피소드 속의 대화 296

제 5 부 시

1. 시란 무엇인가 ∥ 317
   1) 시의 내용 318   2) 시의 표현형식 322

2. 시 텍스트의 정보성 탐색 ∥ 333
   1) 들어가기 333   2) 텍스트와 정보성 334
   3) 응집성 338   4) 개념의 거시구조 342
   5) 비유와 정보성 345   6) 의미 해석과 확대 349
   7) 마무리 352

3. 시의 응집성 표지에 관한 연구 ∥ 354
   1) 들어가기 354   2) 시 텍스트의 개념 체계 358
   3) 마무리 368

4. 어휘의 효용성 극대화 ∥ 369
   1) 텍스트의 의도성 369   2) 시적 어휘의 효용성 372
   3) 마무리 388

5. 시의 언어적 효용성 분석 | 389
   1) 시 텍스트 분석 389   2) 마무리 407

6. 현대시의 탐구-서정성을 위한 비켜서기 수법에 관하여 | 408
   1) 박목월의 「나무」 409   2) 김종길의 「춘니(春泥)」 413
   3) 박용래의 「탁배기(濁盃器)」 416

7. 시의 의미론적 접근-유성규의 「섭리 곁에서」를 중심으로 | 420
   1) 들어가기 420   2) 작품 분석 423
   3) 마무리 438

제 6 부 고전

1. 李奎報 詩 「老巫篇 幷書」의 텍스트 분석 | 443
   1) 들어가기 443   2) 텍스트 분석 445
   3) 마무리 457

2. 孟子 「浩然之氣 章」의 텍스트언어학적 접근 | 458
   1) 들어가기 458   2) 텍스트 수용 이론의 적용 459
   3) 「浩然之氣 章」의 구조분석 465   4) 텍스트의 창의적 의미 해석 478
   5) 맹자의 언어관 488   6) 마무리 492

3. 봉산 탈춤의 언어사용 연구 | 494
   1) 들어가기 494   2) 봉산 탈춤의 내용과 거시구조 495
   3) 한자, 한문투의 쓰임 502   4) 우리말 사용의 특성 511
   5) 마무리 519

참고문헌 521   찾아보기 529

제 1 부
언어와 언어사용

제1부 언어와 언어사용

1. 언어

1) 언어와 인간

만약에, 어느 날 갑자기 인간에게 언어가 없어진다면 어떻게 될까? 어느 날, 어느 시점부터 갑자기 말을 할 수도 말을 들을 수도, 또 글을 읽을 수도 쓸 수도 없게 된다면, 아니 아예 언어능력 자체가 없어진다면 어떻게 될까? 정말로 상상하기도 끔찍한 일이 아닐 수 없다.

우리 인간은 혼자서는 살 수가 없다. 언제나 사람 사이에서 서로 의지하고 관계를 맺으면서 살아간다. 그래서 '사람'을 나타내는 '人'자는 두 획이 서로 받쳐서 협동하며 의지하지 않고는 살 수 없는 인간의 특성을 나타내고 있다고 한다. 게다가 '사이 간(間)'자는 '관계'를 뜻하는 글자이다. 이것이 결합하여 이루어진 '人間'이라는 어휘는 그 자체에 사회적 동물이라는 특성이 잘 드러나도록 만들어졌다.

실제로 우리의 생활을 살펴보자. 아침에 눈을 뜨면서부터 식구들과 이야기를 나눈다. 또 신문을 보고, 라디오나 TV를 켜서 거기서 흘러나오는 무제한의 정보와 잡다한 이야기를 듣고 화를 내고 흥분하고 웃음을 터뜨린다. 컴퓨터를 켜서 거기서도 또 수많은 정보와 지식을 살피고, e-메일을 통해 잘 아는 사람은 물론, 전혀 모르는 사람들에게서 온 수많은 전언을 살피고 답을 해야 하며, 휴대전화, 채팅 등을 통해 다양한 형태의 의견교환을 한다. 그러다보면 어느새 끊임없이 이어지는 언어의 홍수 속에 몸을 던지고 있음을 발견한다. 무엇을 하든, 어디를 가든 인간은 끊임없이 말을 처리하면서 산다.[1] 그야말로 말의 바다 속에 휩쓸려서 말과 내가, 말과 사회가 바다 속에 수십만 마리의 청어 떼처럼 어지럽게 혹은 질서 속에서 이합집산을 하며 흘러가고 있는 것이다.

그렇다고 해서 언어는 개인적 문제에만 국한된 것은 아니다. 집단과 집단, 사회와 사회, 나라와 나라의 문제해결, 갈등과 조정, 통상이나 외교, 전쟁 그밖에 통치행위에 이르기까지 모든 문제를 진행하는 매체인 동시에 해결의 열쇠가 되는 것이다. 요컨대 언어는 인간의 모든 문화가 문화로서 흘러가도록 하는 물결 그 자체요, 심지어 그 물결 위를 저어가는 배의 역할까지 해내고 있다.

아무튼 인간은 삶의 기본 질서인 윤리와 법, 모든 풍습과 규범, 의식주를 비롯한 인간 생활과 생명유지를 위하여 문명적, 문화적 소산물을 창조하고 누리고 발전시키는 모든 과정에서, 이른바 "말로써 들어가며, 그 말로써 하여가며, 그 말로써 남기나니"(최현배, 1983)라고 표현할 수밖에 없을 정도로 언어를 사용하고 있다.

그러므로 인간은 언어적 동물이라고 할 수밖에 없다. 인간을 호모 사피

---

1) 보통 개인이 대화를 할 때 시간당 평균 4, 5천 단어를 사용하며, 라디오나 TV 아나운서들은 평균 8, 9천 단어를 쓴다고 한다. 그리하여 하루 종일 라디오를 듣고 TV를 시청하며 독서를 하는 등 일상생활을 영위한다면 하루 평균 10만 단어를 소화한다고 한다. 이는 하루 동안 뛰는 맥박의 숫자와 비슷하다는 이야기가 된다. 더구나 특수한 직업에 있는 사람들은 이보다 훨씬 더 많은 말들을 사용하고 있다(김진우, 2004 : 3).
그러므로 인간에게 있어서 말은 오히려 생명의 근원인 심장의 활동을 능가하는 빈도로 사용함으로써, 말이 바로 인간의 생명 그 자체라고 할 만한 정도이다.

엔스(Homo sapience)라고 하지만 그보다는 호모 로퀀스(Homo loquence)라고 하는 것이 더욱 타당할 지도 모른다. 왜냐하면, 사회적 동물에는 인간 외에도 개미나 벌을 떠올릴 수도 있지만, 언어를 사용하는 동물은 어디에도 찾아 볼 수 없기 때문이다(김진우 : 2004).

이처럼 언어가 인간의 삶에서 절대적인 영향을 행사하는 것으로 미루어, 언어의 측면에서 인간 세상을 들여다보면, 오히려 언어가 인간을 만들어 간다고 할 수도 있다. 언어가 다른 나라나 민족은 풍습이나 문화는 물론 세계관과 사고의 유형까지 다르다는 사실을 우리는 세계의 문화와 역사를 통해서 확인할 수 있다. 경우에 따라서는 같은 언어를 사용하는 나라들이 바로 그 언어가 만들어낸 이데올로기의 차이에 따라, 이미 오래 전에 갈라져 버린 다른 종족인 것처럼 전혀 다른 사고방식을 가지고 있었던 사실을 우리는 지난 세기에 이미 뼈저리도록 체험한 바 있다. 이 한 가지 예만으로도 언어는 사람의 정체성 형성에 근본적 작용을 한다는 사실을 부인할 수 없다. 물론 언어는 의사소통의 수단이다. 그러나 그것으로써 인간의 사고와 문화와 정체성을 조종하는 주체이기도 하다. 인간이 언어를 창조하고 그것을 통하여 미증유의 문화생활을 누리고 있지만, 신은 언어를 통하여 인간을 섭리하고 있다고도 할 수 있는 것이다.

2) 언어의 개념

이처럼 복잡하고도 많은 인간의 생각과 사물의 현상을 거의 어김없이 표현할 수 있는 언어란 무엇인가? 뿐만 아니라 인간의 활동과 일상생활에서 중심적 역할을 하는 언어란 도대체 무엇이며 어떤 특성을 가지고 있을까?

이러한 언어에 대하여 많은 정의가 있는데, 여기서는 가장 널리 알려진 Bloch-Trager의 정의를 소개하고자 한다. Bloch-Trager(1942)에 의하면,

"언어는 자의적 음성기호의 체계로서, 이것을 통해 사회집단의 성원 상호 간에 서로 교섭한다."라고 한다.

이 정의는 언어에 대하여 다음과 같은 특성을 알려주고 있다.

첫째, 언어는 '음성기호'라는 것이다. 이는 곧, 언어는 음성으로 되어 있으며, 그 음성에 일정한 의미가 결합되어 음성기호를 들으면 그것이 나타내고자 하는 의미를 알게 된다.

둘째, 그런데 그 음성기호와 거기에 결합되어 있는 의미가, 서로 연결이 된 것은 순전히 '자의적(恣意的)'이다. 다시 말하면 음성기호와 의미 사이에는 그것들이 맺어져야 할 어떤 필연적 인과관계가 없이 우연히 맺어진 것이다.

셋째, 언어는 단순히 음성기호일 뿐만 아니라 그것들의 '체계'이다. 이를테면 언어는 그것을 이루는 음성기호가 홀로 고립되어 있는 것이 아니라, 음성기호의 요소들이 복잡하면서도 어느 정도 질서 있게, 그리고 그것들이 일정한 규칙 속에서 이합집산(離合集散)할 수 있도록 모여 있는 전체, 다시 말하면 체계이다.

넷째, 이 언어를 통하여 인간 상호 간에 교섭이 이루어진다. 곧 그것을 통하여 인간은 서로 이해하고 협력함으로써 사회생활을 영위하며 문화를 창조한다는 것이다.

첫째에서 셋째까지는 언어 본질과 특성에 관한 정의라면 넷째는 언어사용에 관한 진술이다.

여기서 한 가지 덧붙이고 싶은 것은 언어는 인간만이 사용할 수 있다는 사실이다. 학자들의 연구에 따르면, 어류나 조류 또는 포유동물들이 의사소통을 위한 신호를 쓰고 있다고 한다. 그러나 그것들은 분절음의 성격을 가진 음성기호도 아니고, 일정한 음성기호에 의미가 자의적으로 결합되어 있는 체계도 아니다. 게다가 인간의 언어는 어휘가 수십만에 달하고, 또한 그 어휘를 가지고 무한대의 문장을 만들어 낼 수 있는 능력을 지니고 있다. 거기에 비하면, 동물의 신호체계는 그야말로 양적으로나 질적으로나 또는 속성으로나 그 어느 면으로 보아도 결코 언어라고 할 수 없다(김진우, 2004 : 27~38). 따라서 언어는 인간만이 사용하는 인간만의 전유물이다.

언어의 이러한 특성에 힘입어서 인간의 사고는 갈수록 방대해지고 치밀해지며 헤아릴 수 없을 정도로 다양하고 깊어진다. 그리고 그것은 더 발전된 문화를 창조하는 원동력이 되며 결과적으로 인간은 우주를 지배하는 경지에까지 그 발전을 멈추지 않게 될 것이다.

참고로 여러 언어학자의 정의를 종합해서, 이을환(1984)에서 제시하고 있는 언어의 특질을 소개한다.

① 언어는 인간의 사고, 정서, 욕망을 표현 전달한다.
② 표현 전달의 가장 효과적인 방법, 두드러진 매개체는 바로 언어이다.
③ 언어는 음성(sound)이 표현 전달의 수단이 된다.
④ 언어의 음성은 기호적 성격을 지니는 음성기호이다.
⑤ 음성기호는 한 언어사회의 협약 규약으로서 임의성(任意性＝恣意性)을 지닌다.
⑥ 언어기호는 하나의 구조와 체계를 구성한다.
⑦ 언어에는 사회적 기능과 심리적 기능을 인정할 수 있다. 전자는 사회 협동체를 성립하며, 후자는 인간의 사고의 정리, 발달 등과 관계가 많다.
⑧ 언어기호는 우주 객관세계의 존재물로 현상과정의 목록과 같은 역할을 한다.

3) 언어의 특성

다른 의사소통 체계들과 비교할 때 가장 두드러진 언어의 특징을 라이온스(1981 : 19)에서는 '유연성과 다양성'이라고 지적한다. 우리는 우리의 감정이나 느낌을 표현하기 위해 언어를 사용하며, 동료들과 협동하기 위해, 위협 또는 약속을 하기 위해, 질문하거나 진술하기 위해서 언어를 사용할 수 있다. 우리는 과거, 현재, 미래를 언급할 수 있으며, 발화상황에서 이미 사라지고 없는 것들, 심지어는 존재할 필요가 없거나 존재할 수 없는 것들에 대해서도 언급할 수 있다. 모든 인간 또는 모든 다른 종의 의사 소통 체계를 놓고 볼 때 이와 같은 유연성과 다양성을 갖춘 존재는 없다고 한다.

비슷한 이야기지만 찰스 하케트(Charles Hockett)는 다음과 같이 언어의 특성을 언급하고 있다.

첫째, 이원성(二元性, duality)을 갖는다. 이원성이라는 것은 언어는 소리(sound)와 뜻(meaning)이라는 두 가지 원소로 이루어져 있는 특성을 나타내는 말이다. 이런 까닭으로 인간의 언어는 한정된 소리를 가지고 수많은 뜻을 나타내는 것이 가능해진다.

둘째, 자의성(恣意性, arbitrariness)이란, 언어를 구성하고 있는 두 원소인 소리와 뜻이 연결되는 관계는 필연적인 것이 아니라, 관습에 의해 임의적으로 결정된 것이다. 그러므로 같은 뜻의 말을, 시대나 지역에 따라서 그리고 나라가 다를 경우 얼마든지 다르게 소리 낼 수가 있는 것이다.

셋째, 창조성(創造性, creativity)을 들 수 있다. 언어의 자의성으로 인하여 수많은 낱말을 마음대로 만들어 내는 것이 가능하다. 그리고 그 낱말을 배합하여 새로운 문장을 얼마든지 창조해 낼 수 있다. 언어의 이러한 특성을 창조성이라고 한다.

넷째, 언어는 상호 교환성(interchangeable)을 갖는다. 언어는 화자와 청자가 필요에 따라 언제든지 역할을 바꾸어 가며 대화를 진행할 수 있다. 즉 인간은 대화 속에서 무한히 서로 뒤섞일 수 있다. 만약에 이 특성이 없다면 일방적인 메시지를 전달하는 것으로 끝날 것이다.

다섯째, 언어는 전위성(轉位性, displacement)을 갖는다. 언어는 '지금'이라는 시간뿐 아니라 과거나 미래로의 시점을 기준으로 표현하는 것이 가능하고, '여기'라는 장소뿐 아니라 멀리 떨어져 있는 곳까지 지시하는 것이 가능하며, 사실 세계에서 벌어지고 있는 상황뿐만 아니라 가상의 세계를 이야기할 수도 있는 것을 말한다. 러셀(Bertrand Russell)은 "개가 아무리 훌

룽하게 짖어도 '제 어미가 가난했지만 정직했었노라'고 짖을 수는 없다."
고 했다. 개의 신호 전달방법은 전위성이 없기 때문이다.

이처럼 다양하고 유연하며 풍성한 의사전달수단은 어디에도, 어떤 방식
으로도 존재할 수 없는 것이다.

4) 언어의 기능

인간이 삶을 영위하고, 문화를 창조하며, 발전시키는 동시에, 삶의 보람
을 깨우쳐주는 언어는 도대체 어떤 기능을 가지고 있을까? 이에 대하여
몇몇 학자들의 견해를 정리하면 다음과 같다.

먼저 러셀(B. Russel)은 언어의 기능을 서술, 표출, 호소 등 세 가지 기능
으로 나누고, '서술은 사실의 지시, 표출은 화자의 상태표현, 호소는 청자
의 상태변이'라고 설명하였다.

이러한 분류는 인간의 의식 활동인 지(knowing), 정(feeling), 의(doing)에 초
점을 맞춘 것인데, 화자 편에서 풀이한다면, 첫째, 사실을 있는 그대로 기
술하거나 설명하여 알리는 보고적 기능과, 둘째, 화자의 생각이나 느낌을
청자에게 환기시켜 공감하게 하는 환기적 기능, 셋째, 화자가 상대방에게
어떤 행동을 요구하는 명령적 기능이라고 할 수 있다.

한편 리치(Leech, 1975)는 언어의 기능을 다음 다섯 가지로 나누고 있다.

① **정보 전달의 기능** : 주로 '주제'의 의미를 드러내고자 하는 것으로 정보, 곧 생
  각이나 사실, 의견 등을 전달하는, 언어의 가장 기본이 되는 기능이다. 이는 주
  로 개념적 의미에 의해서 전달된다. 공적인 언어, 학문적인 글이 이에 속하며
  사적인 말이라 해도 아이디어나 지식전달을 위한 기능은 모두 여기에 속한다.
② **표현적 기능** : 이는 화자의 감정과 태도를 나타내며, 감정적 의미가 주로 전달
  된다. 감탄, 희로애락, 욕설 등 감정 표시의 말이나 글이 여기에 속한다.
③ **명령적 기능** : 이는 청자의 행동이나 태도에 영향을 미치도록 하여, 청자에게
  화자가 원하는 목적을 달성하는 기능이다. 명령, 요청, 지시, 선전, 광고, 호소

등이 여기에 속한다. 이 사회적 통제의 기능은 화자보다 청자 쪽을 강조하게 되며, 문자 그대로의 개념적 의미보다는 감정적·연상적 의미, 지시·함축적 의미를 많이 활용한다.

④ **친교적 기능** : 의사소통의 통로를 열어 놓아 화자가 청자와 우의적 관계를 나누며, 유대관계를 유지하는 기능이다. 무슨 말을 했는지가 중요한 것이 아니라, 대화를 나눈다는 것 자체에 의미가 있는 기능이다. 인사말, 농담이나 유머, 사소한 주변 이야기 등이 여기에 포함된다.

⑤ **미적 기능** : 이 기능은 전언을 지향하는 것으로, 전언의 형식을 미적으로 다듬어서 표현의 효과를 높이는 기능이다. 정감적 의미와 함께 개념적 의미도 중요하다. 특히 언어의 미적 기능을 극대화하는 시에서는 언어의 가능한 모든 소통기능을 빠짐없이 발휘케 하고, 온갖 층위와 유형의 의미를 최대한으로 활용한다. 시의 화자와 독자는 다같이 의사소통 행위에 관여하기 위해 고도의 감수성을 발휘한다. 한 마디로 언어의 미적표현 자체만의 목적으로 사용하는 것이라고 정의할 수 있다.

그런데 위의 다섯 가지 언어기능은 실제 언어 현장에서는 따로따로 나타나는 것이 아니라, 보통 두 가지 이상의 기능들이 섞여서 복합적으로 작용하는 경우가 많다. 그리고 특히 친교적 기능과 미적 기능은 그 언어의 의미전달 못지않게 언어를 언어자체로서 즐기는 언어적 특성의 발로에 의한 경우가 많다고 하겠다.

이상에서 두 사람의 언어의 기능에 대한 분류를 살펴보았다. 물론 이외에도 여러 가지 기능 분류 방법이 제시된 바 있다. 그러나 어느 것이나 완벽한 분류라고 보기는 어려울 것이다. 그 이유는 분류상의 문제 때문이 아니라, 기능의 종류에 비하여, 언어의 역할이 너무도 엄청나기 때문이다.

5) 언어와 사고

언어와 사고 작용이 밀접한 관계에 있다는 것은 의심의 여지가 없다. 희랍말의 logos는 '말'과 '이성'의 두 가지 뜻을 가졌는데, 이것은 희랍 사람들이 말과 이성을 따로 분리해서 생각하지 않은 증거라고 할 수 있다.

사피어(Sapir, 1921)는 "인간은 보통 생각하듯이 객관적인 세계에 살고 있
는 것이 아니라 언어를 매개로 해서 살고 있다. 언어는 단순히 표현만의
수단이 아니다. 실세계라고 하는 것은 언어습관의 기초 위에 놓여있다. 우
리는 언어가 노출시키고 분절(分節)시켜 놓은 세계를 보고 듣고 경험하는
것이다."라고 하였다. 훔볼트(Humboldt)도 "언어의 다름이란 것은 소리나
기호의 다름의 아니라, 세계관 그 자체의 다름이다."라고 하여 언어와 사
고, 언어와 정신이 불가분의 관계에 있음을 강조한 바 있다. 그밖에도 실
레겔(A. W. Schlegel)이나 라이프니치(G. W. Leibniz)도 이와 비슷한 견해를 갖
고 있다.

언어와 사고의 관계를 이야기하는 학자마다 이처럼 이 둘 사이가 불가
분의 관계에 있다는 모두 인정하고 있다. 그러나 그것은 다시 언어가 사
고에 영향을 미친다는 견해와, 반대로 사고가 언어에 영향을 미친다는 두
가지 견해로 나뉜다. 전자를 언어상대주의, 후자를 보편주의라고 한다. 특
히 하만(J. G. Hamann)은 "말이 없으면 이성도 없고, 따라서 세계도 존재하
지 않는다."고 주장하면서 언어를 '이성의 기관(Organ)'이라고 했다. 이성
이라는 것은 언어라는 기관을 통해서만 그의 작업을 할 수 있다는 것이다.
소쉬르는, "심리적으로는 말로써 표현되지 않고서는 우리의 생각은 꼴 없
고 불분명한 덩어리에 지나지 않는다. 기호의 도움 없이는 우리가 두 생
각을 똑똑히 그리고 한결같이 구별하지 못하리라는 것은 철학자나 언어학
자나 다 같이 인정하는 일이다. 그 자체로 본다면, 생각이란 것은 꼭 한정
된 것이라곤 아무것도 없는 성운과 같은 것이다. 미리 형성된 관념이 있
는 것이 아니며, 언어가 나타나기 전에는 똑똑한 것이라곤 아무것도 없
다."라고 주장하여(허웅, 1991 : 47~48) 언어상대주의의 관점을 강하게 뒷받
침하고 있다.

생각과 말하기는 의사소통의 필요성 때문에 서로 결부되지만 독자적인
영역을 갖는다. 예를 들어 우리가 생각을 하고 말을 표현할 때 잘못 말했

을 경우, 말하려고 했던 것이 그게 아닌 것을 깨닫고 다시 말한다. 이때 '말하고자 했던 어떤 것'이 존재한다는 것은 말과 생각은 엄연히 떨어져서 존재함을 의미한다. 반대로 생각하지도 않은 말은 무의식중에 입 밖으로 내뱉는 경우가 있다. 이때 '생각 없는 말'의 존재 역시 말과 생각이 따로 존재함을 의미한다(전정례, 1999 : 92~93).

필리핀 고산지역에 살고 있는 티자데이란 부족에게는 '싫어하다', '미워하다', '전쟁'이란 말은 아예 없다고 한다. 인디안 부족들 중에는 '거짓말'이라는 단어가 없는 경우도 있다. 이들을 연구하던 인류학자들은 이렇게 결론을 내렸다.

> "말이 없으니 그러한 사고방식이나 행동양식도 존재하지 않는다."

필자의 견해는 언어상대주의 편으로 기울어 있지만, 아무튼 상대주의건 보편주의적 시각이건 모두가 언어와 사고 사이에 긴밀한 관계가 있다는 사실에 대하여는 아무도 이의를 갖지 않는다. 따라서 여기서 주장하고 싶은 것은, 언어와 사고가 이처럼 떼려야 뗄 수 없는 관계에 있다면 우리가 무슨 말을 언제 어떻게 하느냐, 곧 언어를 어떻게 사용하느냐가 우리의 사고를 바꿀 것이고 궁극적으로 문화의 방향과 질을 바꾸어 놓을 것이라는 사실이다.

6) 언어의 힘

옛날의 성현을 비롯한 인류의 스승들은 언어의 힘을 특별히 강조한 경우를 많이 볼 수가 있다. 성경에서는 "태초에 말씀이 계시니라. 이 말씀이 하나님과 함께 계셨으니 이 말씀은 곧 하나님이시니라(요한복음1 : 1)."라고 하여 '말씀'을 창조주 하나님으로 격상시키고 있는데, 이는 가장 강력한 경우이다. "말씀이 육신이 되어 우리 가운데 거하셨다(요1 : 14)."는 표현도 성삼위일체 중 성자에 해당하는 예수를 말씀의 화신이라고 표현하고 있다. 이 경우도 '말씀'의 의미를 최고의 수준까지 격상시킨 예라고 할 수 있다.

이렇게까지는 아니더라도 원시시대에 질병이나 불행한 재화를 퇴치하려는 목적으로, 신비로운 존재로서의 신을 인정하고 신과 교통하고 조화를 이루려는 수단으로 주술적 언어가 일정한 의식에서 상용되었다. 그것은 말에는 영력(靈力)이 있다고 하여 예부터 언령(言靈)을 숭배하며 신성시하는 사상과 일맥상통하는 의미가 있다.

우리나라의 경우는 민족의 건국신화인 단군신화(檀君神話)를 비롯하여 가락국 김수로왕의 탄생을 맞이하기 위해 구지봉에서 불렀던 「구지가(龜旨歌)」, 왜군이 침범을 퇴치하기 위하여 융천사(融天師)가 불렀다고 전해지는 향가 「혜성가(彗星歌)」나, 수로부인(水路夫人)을 구하기 위해 불렀다는 「해가(海歌)」 등에서 그 흔적을 찾아 볼 수 있다. 특히 「처용가(處容歌)」는 신라, 고려인들이 처용의 화상을 문 앞에 붙여서 역신(疫神)의 침입을 막는 민속으로까지 발전하였다.

이처럼 언어가 하늘이나 신에 통한다고 보는 관점은 특히 종교행위에 있어서 불가결한 요건이었다. 원시 종교에서 무당의 무가(巫歌)나 주술(呪術), 불교의 경(經)이나 도교의 진언(眞言) 등이 이런 유의 언어사용이라 할 수 있으며, 기독교의 기도 등이 이에 속한다고 할 수 있다. 또한 각종 금기어(禁忌語)들도 모두 언어에 신성한 힘이 있다는 믿음을 보여주는 예들이다. 이러한 언어의 신성관은 결국 언어는 신이 인간에게 준 선물이라는 언어신수설(言語神授說)의 근거가 된다.

언어가 신의 선물이라는 의식은, 인간이 받은 원어(原語)는 신의 언어와 같았다는 데서 출발한다. 따라서 신과 통화를 할 때는 그 원어나 원어에 가까운 고어를 써야만 한다는 관습에 남아 있다. 그리하여 힌두교에서는 힌디어(Hindi)의 조어(祖語)인 산스크리트어(Sanskrit)를 쓰며, 회교의 성전(聖典) 코란은 고전 아랍어(Classical Arabic)를 쓰고 있고, 천주교에서는 미사를 드릴 때 근래까지 라틴어(Latin)를 썼다. 개신교에서 기도할 때 고어(古語)를 쓰는 습관이 남아 있는 것도 이 때문일 것이다(김진우, 2004 : 44). 이처럼 종교적 언어관은 각종 정통적인 종교에서는 물론 종교적으로 경건한 많은 사람들에 의해서 과거에는 물론 현재에도 존중되고 있다.

베드로가 혀를 제어하는 법을 배우고 "나사렛 예수의 이름으로 일어나 걸으라."라고 말하면서 손을 잡아 일으키자 앉은뱅이가 벌떡 일어서는 장면(행3 : 6)을 연출하고 있으며, 크리아 요가를 서양에 처음으로 보급한 요가난다는 팔에 종기가 났으면 좋겠다고 말했는데 자고 일어나니까 커다란 종기가 난 적이 있다고 그의 자서전에서 고백하고 있다.2) 맹자는 호연지기 장에서 '말은 기(氣)보다 강한 것이다.'라고 말하고 있으며, 부동심(不動心)에 관하여 맹자와 논쟁을 한 바 있는 고자(告子)는 말은 기(氣)보다 클 뿐 아니라, 마음보다도 크다고 주장하고 있다. 이러한 예들은 모두 말의 힘이 종교적으로나 또는 우주의 원리와의 관계에 있어서 정말로 큰 힘을 발휘하고 있다고 믿고 있던 옛사람들의 언어인식을 단적으로 보여준다.

설혹 종교까지 가지는 않는다 하더라도 새해를 맞이하여 서로 복을 빌거나 무슨 일이 있을 때 덕담을 나누는 것도 언령사상(言靈思想)의 반영이라

---

2) 그 단순한 말, 언뜻 보기에는 누나에게 전혀 해가 될 것 같지 않은 말이 직접 발화되었을 때, 폭탄과도 같은 숨겨진 폭발력과—비록 해로운 것이기는 하지만—실제로 영향을 주는 잠재력을 드러냈던 것이다. 말에 깃들어있는 폭발적 진동력이 현명하게 사용되면 인간의 삶을 고통으로부터 해방시켜 주고 따라서 흠터나 비난과는 상관없이 작용할 수 있다는 사실을 나는 나중에 이해하였다.
소리나 인간의 목소리인 봐크vach의 잠재력이 가장 깊이 연구되어 있는 곳이 바로 인도다. 전 우주에 울려 퍼지고 있는 옴Aum의 진동(성경의 경우에는 "말씀")은 세 가지 표현, 즉 구나guna를 지닌다. 창조, 보존, 파괴의 표현이 그것이다(타이티리야, 우파니사드 1 : 8). 사람이 말을 할 때마다 그는 옴의 세 가지 성질 중 어느 하나를 작용시키는 것이다. 이것 이야말로 인간은 진실을 말해야 한다는 모든 경전이 지니는 계율의 배후에 깃들어 있는 섭리인 것이다.—파라마한사 요가난다 자서전 『요가난다』에서.

고 할 수 있다. 물론 이러한 사상들은 모두 그 이치를 인정할 수 없다 해도 나름대로 상당한 영향을 미치는 것을 알고 있다. 연말연시에 토정비결을 보는 사람이 많은 것을 생각해보라. 그것은 무엇을 의미하는가.

그뿐만이 아니다. 일상생활에서도 언어의 힘은 우리의 행동과 사상을 지배한다. 누가 도저히 하기 힘든 일을 간절히 부탁을 하거나 어떤 일을 강하게 주장했을 때, 우리의 생각과 행동에 어떤 영향을 받는지를 살펴보면 언어의 힘이 어떠한지를 금방 알 수 있다. 또 심각한 이야기를 하고 잠시 후에 그 이야기를 화자가 취소했을 때, 분명히 취소했음에도 불구하고 상당히 오랜 기간 동안 뇌리에 남아서 청자의 생각을 지배하는 경우를 발견할 수 있을 것이다. 이처럼 우리의 일상생활의 구석구석이 말의 영향 아래 노출되어 있음을 확인할 수 있다. 심지어 상대에게 어떠한 영향을 미치고자 하는 의도가 전연 없다 해도, 화자의 지식이나, 삶의 철학, 합리성, 감정상의 여러 가지 바람직한 생각들이 언행을 통해서 나타날 때에도 끊임없이 주변에 영향을 미친다는 사실을 알 수 있다.

과거나 현재나 교사의 말 한 마디 때문에 인생에 보람을 갖고 노력하여 크게 성공한 사람의 이야기가 있는가 하면 그 반대의 경우도 흔히 발견된다. 한편 우리 속담에 '말이 씨앗이 된다'는 말도 있다. 그것은 경솔한 말 한마디 때문에 패가망신을 할 수도 있음을 우리의 선인들이 경험으로 우리에게 알려 주고 있는 하나의 사례이다.

이제까지 언어의 개념과 특성, 기능 그리고 언어와 사고와의 관계는 물론 언어의 힘이 어떠한지를 개관하였다.

이와 같이 언어는 인간과 불가분리의 관계 속에서 도저히 벗어날 수 없는 힘을 가지고, 작게는 우리의 생활에 끊임없이 관여하고 영향을 미치며 우리의 생활과 운명까지 바꾸는 근본적인 힘을 발휘하고 있다. 또한 크게는 사회와 국가의 문화를 창조하고 발전시켜 나가는 데 있어서 막강한 영향을 미칠 뿐 아니라, 그 주역으로서의 힘을 행사하기도 한다. 또한 말은 우리의 정신과 사고를 조정하고 좌우한다. 따라서 우리가 언제 무슨 말을 어떻게 하느냐, 곧 말을 어떻게 사용하느냐는 우리의 생활과 인생의 성패와 행불행을 결정한다고 하겠다. 따라서 우리는 보다 관심을 갖고 말을 사용하는 문제에 관하여 기본적인 체계의 정립은 물론, 처지나 상황에 따라서 무슨 말을 어떻게 해야 하는지에 대하여 학문적 입장에서 다각도로 접근하는 시도가 필요한 시점에 이르렀다고 본다.

2. 텍스트언어학

1) 텍스트언어학

앞에서도 언급한 바와 같이 소쉬르(Saussure, Ferdinande) 이래 지난 한 세기 동안 언어학은 엄청난 발전을 이루었다. 그것을 한 마디로 요약하면, 종래의 어원에 관한 고찰 및 탐구를 넘어서 언어 연구의 방법론과 관점의 다면화를 바탕으로 한, 일반 언어의 문법과 규칙, 그리고 언어의 각 단위에 관한 구조와 원리를 밝히고 체계화하는 일이었다. 이러한 언어의 연구는 언어학의 모든 분야에서 앞으로도 끊임없이 발전할 것이며 당연히 그래야 한다고 믿는다.

그런데 언어학 연구는—그것이 설령 파롤(parole)에 관한 것일지라도—문장 이하의 단위를 대상으로 하는 잠재적 언어체계에 관한 것이었다. 따라서 언어의 본질을 규명하고 그 원리를 다양하게 밝혀내고 있음에도 불구하고 언어 수행을 원활히 하는 문제와는 아무런 상관이 없었다. 통사론과 의미론에서조차 통화 현실에 관한 문제를 고려하지 않고 있다. 이에 언어학과는 별도로 커뮤니케이션에 직접 도움이 되는 분야에 관한 연구의 필요성이 대두하게 되었다.

텍스트언어학이 문장 언어학(체계언어학)과 배타적인 관계에 있는 것으로 오인되는 경우가 있는가 하면, 언어학이 적어도 간접적으로라도 텍스트와 관련되어 있으므로 언어학에 원칙적으로 텍스트언어학이 포함되어 있다는 주장도 있다. 또한 고립된 언어 단위들이 텍스트에서 그대로 사용되고 있으므로 언어학의 기술은 결국 텍스트언어학의 기술이 아니냐 하는 견해도 있다. 그러나 이러한 주장들은 사실과 다르다고 하겠다. 왜냐하면 언어 단위들의 체계를 연구하는 언어학에서는 텍스트의 본질에 관해서 전혀 언급된 것이 없을 뿐더러, 텍스트의 상황성이나 화자의 의도성 또는 용인성 등 텍스트성에 관한 어떤 고려나 언급도 없기 때문이다.

물론 텍스트언어학은, 언어학에 대한 부정이나 배타적 경쟁이 아니라, 오히려 상호 보완적인 입장에서 인간 정신활동의 단서가 되는 언어의 비밀에 접근하는 또 하나의 새로운 방법론일 뿐인 것이다. 그러면서도 언어학을 비롯한 인지과학, 사회학, 심리학 등 학제간의 협력을 통하여, 언어활동을 탐구함으로써 인간 정신활동과 함께 인류문화 창조에 크게 이바지할 수 있는 중요한 모델이라는 점에서 앞으로 상당한 발전을 이룰 것으로 보인다.

텍스트언어학은 언어학과는 별도로 고유한 연구 영역을 가지고 있다. 그것은 텍스트의 구조나 표현 방식을 연구하는 것으로 그 나름의 기술 모형을 갖는다. 텍스트언어학은 텍스트의 구조와 그 원인 결과를 설명해야 하며 더구나 텍스트가 의사소통 상황에서 발현되는 기능상의 특성도 규명해야 한다.

텍스트언어학은 체계중심의 추상문법인 언어학과는 달리 맥락 중심이다. 추상문법은 언어를 하나의 체계, 즉 전체의 인지적 작업의 자료가 되는 언어 단위들의 집합체로 본다. 따라서 언어의 각 측면에서 최소단위를 추출해내는 일과 모든 단위로부터 구별되는 기능을 체계화한다. 그러나 실제로 언어의 내용들은 잠재적 상태에서 식별되는 것이 아니라 잠재성을 지닌 채 갈무리되어 있다가 통화과정의 구체적 맥락 속에서 비로소 명시적 의미를 드러내게 되는 것이다. 텍스트언어학은 특히 이러한 점에 유의한다.

이 경우 텍스트언어학을 의사소통학과 동일시하는 경향이 생기며 그런 식으로 개념이 확대되면 칼 메이어 외(Kallmeyer, 1980)에서처럼, "텍스트는 의사소통적 상호작용에서 나타나는 의사소통 신호의 집합 전체"라는 정의로 확대되어 비언어적 의사소통도 포함하는 경우도 생긴다. 그러나 텍스트언어학은 언어로 된 의사소통수단의 생산과 수용에 국한하는 것이 일반적이다(Beaugrande and Dressler, 1981 ; Wolfgang Heineman, 1991 ; 고영근, 1992). 단지, 사회학, 사회언어학, 심리학, 심리언어학, 인지과학, 인지의미론, 인지언어학, 문학을 포함하는 여타의 학문들과 학제간의 협력을 바탕으로 하여 언어사용의 근원적인 문제 해결을 위하여 발돋움해야 할 것이다.

2) 텍스트의 개념

'텍스트'라는 용어는 문학, 교육학, 법학, 심리학뿐만 아니라 음악이나 미술 등 예체능을 포함하는 모든 학문에서 흔히 사용되는 용어이다. 그런데 그것이 텍스트언어학에서 연구하려는 대상과 같은 것인가 하는 문제와, 만약에 같지 않은 부분이 포함된다면 텍스트언어학에서는 그 모든 개념을 포용해야 하느냐 하는 것이 문제가 된다. 따라서 먼저 '텍스트언어학에서 연구 대상으로 삼는 텍스트'의 개념을 먼저 분명히 할 필요가 있겠다.

텍스트의 개념에 관하여 고영근(1999)에서는 텍스트를 다음 네 가지 관점에서 설명하고 있다.

첫째, 일상적 용법으로 텍스트는 번역이나 주석을 달 때 흔히 쓰이는 '본문'을 가리킨다. 그밖에 문자로 적힌 짧은 글을 의미하기도 한다.

둘째, 기호학자들의 견해로 텍스트는 문학작품, 뉴스나 신문 기사 또는 대중문화의 산물을 비롯하여 미술 작품, 민담과 전설, 그리고 도시계획 등 문화적 가공물 심지어, 삼일운동이나 임진왜란 같은 사회현상까지도 텍스트의 개념에 포함된다. 이러한 관점은 텍스트를 기호와 동일시하는 데서 나타나는 현상이다.

셋째는 언어학자들의 견해로, 텍스트를 문장의 바로 위의 단위로 보는 것과 의사소통적 발현(occurrence in communication)으로 간주하는 두 가지 견해가 있다. 전자는 문장을 최대의 단위로 간주하는 문법에서, 앞 문장에 나타난 사물이나 사건을 뒤 문장에서 지시할 때, 설명의 편의를 위하여, 문장보다 위 단계로서 제시한 단위이다. 후자는 그것이 단어든, 문장이든, 문장의 연결체이든, 또는 물음과 대답이든 인간의 의사소통행위의 단위가 되면 그것을 텍스트로 보는 견해이다.

넷째로 문예학자들의 관점인데 작자가 창작해 놓은 인쇄물을 '텍스트'라고 하고 독자가 읽고 재생해낸 문학텍스트를 '작품(Work)'이라고 하여 생산자와 수용자의 입장에 따라서 구별한다.

한편 보그랑드와 드레슬러(1981)에서는 텍스트를 일곱 가지의 텍스트성(textuality)에 부합되는 의사소통을 위한 발화체(communicative occurrences)라고 정의한다. 그리고 이 기준들 중에 하나라도 만족하지 않으면, 그것은 통화성이 결여된 것으로 정상적인 텍스트라고 볼 수 없다고 한다. 물론 이 정의를 수용하기 위해서는 텍스트성에 대한 설명이 따로 필요하다. 그러나 이에 관하여는 뒤에서 구체적으로 소개하기로 하고 여기서는 일단 '텍스트성'이란, 텍스트의 속성과 본질을 각각 다른 측면에서 지적한 것으로 텍스트를 형성하는데 있어서, 그리고 텍스트를 이해하고 설명하는데 있어서 없어서는 안 될 요소라는 점만 이야기하고자 한다.

그밖에도 텍스트의 정의는 많이 있다. 그러나 고영근(1999)에서는 텍스트의 종류를 망라하고 있다는 점에서, 보그랑드와 드레슬러(1981)에서는 텍스트 개념을 특성이란 관점에서 접근하고 있으므로, 이 두 견해를 정리하는 것으로서 충분하다고 본다.

먼저 고영근(1999)의 정의 중 첫째와 셋째의 '전자'로 표현된 부분, 그리고 넷째의 경우는 특수한 상황 속에서만 인정되는 명칭이다. 또한 둘째는 언어적 표현과 관계없는 것도 포함되고 있다는 점에서 텍스트언어학의 연구 대상이라고 볼 수 없다. 나머지는 셋째의 '후자'로 표현된 모든 언어형식으로 된 의사소통행위의 단위만이 텍스트언어학의 연구대상으로서의 텍스트로 받아들여진다. 그리고 그것은 보그랑드와 드레슬러(1981)에서 정의하고 있는 내용과 부합된다. 다만 보그랑드와 드레슬러(1981)에서는 텍스트의 성립요건의 특수성을 구체적으로 지적하고 있으므로 이들을 종합하여 다음과 같이 정리할 수가 있겠다.

요컨대, "텍스트란 ㉠ 말이나 글로 표현되고, ㉡ 의사소통(communication)을 목적으로 하며, ㉢ 일곱 가지의 텍스트성에 부합되는 ㉣ 모든 언어 단위"라고 정의할 수 있을 것이다.

이상 요약된 정의를 그대로 받아들인다면, 말로 표현하든 글로 표현하든 그리고 말로 듣든 글로 읽어서 받아들이든, 우리가 표현하고 수용하는 언어로 된 의사소통의 모든 수단은 바로 텍스트라고 할 수 있다. 따라서 텍스트는 문학작품인 시나 소설은 물론, 신문기사나 잡지 표지, 속담이나 광고 또는 언어로 된 도로표지, 대화나 강의 연설을 포함한 인간의 모든 의사소통을 목적으로 하는 언어활동의 단위라고 할 수 있다.

3. 텍스트성

1) 텍스트성이란

언어학과 텍스트언어학의 차이점을 요약하면, 언어학이 '문장 이하의 단위'를 연구 대상으로 하고 있는 데 반하여, 텍스트언어학은 문장 이상의 언어 단위, 곧 '텍스트'를 연구 대상으로 하고 있다는 점이다. 또 한 가지는 언어학이 언어를 '잠재적 체계'라고 보고 있는 데 대하여 텍스트언어학은 현실이라고 하는 시간 속에서 실현되고 있는, 시간성과 실현성을 지닌 '역동적인 활동'으로 인식하고, 그러한 전제 하에서 '텍스트의 생산과 수용의 문제'를 해결하려 한다는 점이 가장 뚜렷한 특징이라고 할 수 있다.

잘 알려진 바와 같이 텍스트에 관하여 다양한 정의가 있다. 그러나 여기서는 텍스트를 '의사소통을 목적으로 하는(communicative) 발화체(occurrence)'라고 간략히 정의하고자 한다.[3] 다만 그 발화체는 일곱 가지의 텍스트성(textuality)[4]을 갖추고 있는 발화체이다. 이 글의 목적은 바로 이 '일곱 가지의 텍스트성'을 밝히려는 것이다. 그 전에 먼저 '발화체'의 개념을 분명히 할 필요가 있다. '발화체'라 함은 말이나 글, 곧 언어를 매체로 하는 것을 의미한다. 텍스트의 개념이 전문성이나 시각에 따라 다양하겠지만 언어학 입장에서는 언어를 매체로 하는 표현으로 한정하는 것이 바람직하고 당연하다.[5]

텍스트가 이상에서 언급한 바와 같이 현실 속에서 실현되는 언어를 통한 의사소통 과정이라는 점에 동의한다면 다음과 같은 상황을 상정할 수 있다. 즉 사람이 말 / 글로써 의사소통을 하기 위해서는 첫째, 말을 하는 사람(화자 / 필자)이 있어야 하고, 둘째, 듣는 사람(청자 / 독자)이 있어야 하며, 셋째, 말할 내용이 있어야 한다. 이 세 가지 요소가 갖추어졌을 때 비로소 의사소통이 이루어질 수 있는 것이다.

---

3) 텍스트의 개념은 고영근(1999 : 1~10)에 잘 나타나 있으나 여기에서는 보그랑드와 드레슬러(1981)에 나타난 견해를 그대로 따르고 있다.
3) 텍스트성(textuality)이란 용어와 개념은 보그랑드와 드레슬러(1981, 김태옥·이현호 역, 1995)에서 발췌한 것이며, 이하의 논의에서도 보그랑드와 드레슬러(1981)의 견해를 그대로 수용하고 거기에 필자가 의견을 덧붙인 것이다.
5) 텍스트의 개념은 전문성에 따라, 간판이나 미술 작품, 음악의 단위 등의 의미로 사용되며, 만화도 이에 포함된다(고영근, 1999 참조).

먼저 '말하는 사람(화자 / 필자)'에 관하여 살펴보면, 무슨 생각을 가지고, 무슨 까닭으로, 무슨 목적을 이루기 위하여 그 말을 하는지에 관한, 말하는 사람의 '심리적 문제'가 근본적 요인으로 작용한다. 그것을 '의도성(intentionality)'이라고 한다. 누군가 말을 할 때 말하는 내용은 말하는 사람의 의도에 의해서 좌우된다. 다시 말하면 말을 하는 목적은 말하는 사람의 의도를 실현하는 데 있다는 것이다. 말을 하는 이유나 방식까지도 말하는 사람의 의도를 보다 효과적으로 실현하기 위한 관점에서 결정된다. 보다 극단적으로 표현한다면 텍스트는 말하는 사람의 의도를 실현하기 위한 수단이라고 할 수 있다.

물론 의사소통에 있어서는 말하는 사람과 마찬가지로 '듣는 사람'에게도 똑같이 '심리적 문제'가 작용한다. 그것은 누가 어떤 말을 할 때, 관심을 갖고 잘 알아들으려 하는 마음을 갖거나 관심이 없어서 듣지 않으려는 태도를 취하는 것도 포함된다. 듣는 사람의 심리적 태도는 말 / 글을 수용하는 데 있어서 아주 중요한 작용을 한다. 그것에 의하여 어떤 사람의 어떤 말을 알아들을 수도 있고 알아듣지 못할 수도 있으며, 그것에 의하여 협력이 이루어지기도 하고 깨어질 수도 있기 때문이다. 오히려 후자의 경우는 말하는 사람의 심리적 태도인 의도성보다 더욱 중요한 역할을 한다. 이러한 '듣는 사람의 심리적 태도'를 '용인성(acceptability)'이라고 한다. 다시 말하면 텍스트성 중에 가장 먼저 대두되는 것은 의사소통의 3요소 중에서 두 가지 요소인 말하는 사람과 듣는 사람 곧, 의사소통에 참여하는 당사자들의 심리적 문제로서, '말하는 사람의 심리적 태도'를 '의도성', '듣는 사람의 심리적 태도'를 '용인성'이라고 한다.6)

다음은 '말할 내용'에 관계되는 것이다. 곧 화자가 청자에게 전달하고자

---

6) 보그랑드와 드레슬러(1981)에서는 응결성, 응집성, 의도성, 용인성, 정보성 상황성, 상호텍스트성의 순서로 되어 있어서 언어현실로 나타난 텍스트 실체에서부터 접근하고 있으나, 이 글에서는, 텍스트가 이루어지는 내적인 순서에 따라 의도성으로 시작해서 맨 끝으로 가시적인 텍스트성인 응집성과 응결성의 순서로 기술하였다.

하는 내용, 그리고 청자는 화자로부터 전달받으려고 하는 내용에 관한 측면을 '정보성(informativity)'이라고 한다. 대부분의 경우 '말할 내용', 곧 정보를 전달하는 것이 의사소통 행위의 일차적 목적이 되며, 이 정보 내용에 따라 텍스트가 결정된다. 그리고 그것은 대체로 어떤 정보나(정보성의 가치)와 그 정보가 어떻게 배치되어 있느냐에 의하여 텍스트의 내용과 가치가 결정된다. 이에 따라 그 텍스트의 정보를 받아들일 수도 있고 받아들이지 않을 수도 있으며, 텍스트가 재미있을 수도 있고 재미없을 수도 있다. 또한 그것에 의하여 통화행위가 성공하기도 하고 실패하기도 하는 경우를 현실 언어생활에서 많이 보게 된다. 요컨대 정보성에 의해서 의사소통의 우열과 성패가 결정된다고 할 수 있다. 그러나 정보의 수위나 정도를 조절하는 문제, 그리고 정보를 어떤 시점에서 어느 부분을 얼마만큼 드러내느냐 하는 문제는 앞에서 언급한 텍스트 생산자의 의도에 의해서 좌우되며 또한 텍스트 수용자 입장을 살피면서 제시되어야 하는 것이다.

정보의 수위나 완급 또는 정보의 배열 문제를 결정하는 데는 그밖에도 여러 가지 요인이 작용한다. 그중에 아주 중요한 요인의 하나는 언어행위가 이루어지는 시간적 공간적 상황이다. 그것은 앞에서 언급한 화자, 청자의 심리적 요인, 곧 의도성과 용인성 못지않게 커다란 변수로 작용한다. 그것은 의사소통행위가 이루어지는 제반 상황에 관한 것인데, 시간, 공간뿐 아니라 역사, 문화, 풍습, 생활습관 같은 사회 문화적 배경은 물론, 그 속에 존재하는 사물과 사건, 이것들의 진행 상태와 맥락, 그리고 제삼자나 여타의 기분이나 컨디션, 그리고 그런 것들에 의한 영향관계 등이 정보의 수위와 배치를 결정하고 선택하는 데 영향을 미친다. 이처럼 텍스트 생산과 수용과정에 작용하는 상황적 요인을 텍스트언어학에서는 '상황성(situationality)'이라고 명명한다.

텍스트 생산에 영향을 미치는 상황 또는 배경에 속하는 것 중에서 '언어로 된 다른 텍스트'를 활용함으로써 생기는 영역이 있는데 이것 역시 텍스트 생산과 수용에 중요한 역할을 한다. 이것은 상황성처럼 단지 텍스트 생산과 수용에 영향을 미치는 데서 끝나는 것이 아니라, 수없이 인용되고 활용되는 형태로 텍스트 생산과 수용과정에 참여한다. 따라서 이러한 부분을 앞에서 언급한 상황성과 구분하여 또 하나의 텍스트성으로 인정하고 '텍스트상호성(intertextuality)'이라 부른다.

지금까지 제시한 여러 가지 텍스트성들은 배후에서 종합적으로 동시에 작용하면서 그것을 바탕으로 마침내 텍스트가 만들어지게 된다. 그런데 텍스트가 언어로 표현되기 전에 그 텍스트의 개념이 먼저 형성된다.[7] 그것은 말하고자 하는 내용의 개념들과 그리고 그 개념들 사이의 관계를 의미한다. 다시 말하면 개념과 개념들의 관계그물이라고 할 수 있다. 이것은 어휘들의 모여서 텍스트를 이루는 구조와 같은 것인데 아직은 말로 활성화되지 않은 상태에서의 구조를 말한다. 이것을 '응집성(coherence)'이라고 한다. 다시 말하지만, 응집성은 결국 위에서 제시한 심리적 요인(의도성, 용인성), 상황적 요인(상황성, 텍스트상호성), 정보적 요인(정보성)들의 종합적 작용의 결과로 조정되고 형성되며, 그 결과로 이루어진 개념과 개념들의 관계이다. 따라서 응집성은 언어, 심리, 사회, 정보, 문화 등의 모든 요인들의 종합적 작용과 영향 하에서 이루어진다는 것을 알 수 있다.

이제 개념들의 관계그물인 응집성을 언어(어휘)로 표현함으로써 비로소 텍스트가 생산되는 것이다. 이렇게 해서 비로소 하나의 완결된 텍스트를 접하게 되는데, 이처럼 텍스트로 실현된 '말의 연쇄'를 '응결성(cohesion)'이라고 한다.

의도성과 용인성이 심리적 요인이고 정보성은 정보적 요인, 상황성과 텍스트상호성이 상황적 요인이라면, 위에서 살펴보았듯이 응집성의 이들

---

7) 그러나 그것은 시간적 선후관계는 아니며 다만 설명을 위한 논리적 체계에서의 선후관계이다. 왜냐하면 특히 말(텍스트 생산)을 할 경우 어떤 어휘를 물리적으로 표현하는 것과 그 어휘와 관계되는 생각이 떠오르는 것이 동시에 일어나는 경우가 많고, 어휘가 생각보다 먼저 표출되는 경우도 있기 때문이다.

모든 요인들의 종합적 작용이라고 할 수 있으며, 그것이 언어의 연쇄로 바뀐 응결성은 언어적 요인이라고 할 수 있는 것이다.

결국 하나의 텍스트가 생산되고 수용되는 과정에 참여하는 여러 요인들을 각각의 측면에서 살필 때, 위에서 언급한 일곱 가지의 텍스트성으로 집약된다. 그리고 이 일곱 가지 텍스트성은 어느 하나도 텍스트를 생산 수용하는 과정에서 중요하지 않은 것이 없으며8) 이들 일곱 가지의 텍스트성과 그것들의 연관성 및 모든 텍스트성의 종합적 효과를 추구하고 고찰하는 것이야말로 텍스트의 생산과 수용, 그리고 그것을 통하여 일어나는 의사소통의 모든 근본적인 문제를 해결하는 최선의 방법이라고 할 수 있는 것이다.

보그랑드와 드레슬러(1981)에서 제시한 일곱 가지 텍스트성에 대한 견해는 앞에서 언급한 바와 같이 텍스트의 제 문제를 근본적으로 해결하는 데 있어서 본질을 정확히 짚은 탁견이라고 할 수 있다. 물론 이러한 텍스트성에 대하여 다소 수정된 견해를 제시할 수는 있다. 예컨대 텍스트상호성은 그것이 다른 텍스트에서 취한 것이기는 하지만 텍스트의 외적 요소를 텍스트 생산과 수용과정에서 활용하는 데 불과하므로, 그것을 상황성의 일부로 포함시킴으로써 텍스트성 하나를 줄여서 보다 간결하게 하는 것이 좋다는 주장을 할 수도 있다.

그러나 텍스트성이 별로 중요하지 않은, 텍스트 연구의 작은 한 부분에 불과하다는 주장은 텍스트언어학의 본래 의도와 본질을 잘못 이해한 데서 나오는 단견이라고 할 수밖에 없다. 왜냐하면 텍스트의 개념, 텍스트언어학의 연구사, 방법론, 그 밖의 분야들에 대하여 많은 연구가 필요하지만, 텍스트 분석을 포함한 텍스트 연구, 다시 말해서 보다 효과 있는 언어활동 및 언어수행에 관한 연구에서 이 텍스트성은 그야말로 핵심주제가 되

---

8) 특히 보그랑드와 드레슬러(1981)에서는 이들 일곱 가지 텍스트성 중에서 하나라도 구비되어 있지 않으면 텍스트로 성립할 수 없다고까지 주장하고 있다.

어야 하는 것이기 때문이다.

그러면 이제 텍스트성에 관하여 하나하나 구체적으로 살펴보기로 하자.

2) 텍스트성

■ 의도성

✔ 서법과 의향법

언어학에서 화자의 의도에 관련하여 처음으로 접근한 것이 서법이다. 서법이란 원래 영어를 포함한 인도 유럽어학에서 직설법(indicative), 가정법 (subjunctive), 명령법(imperative), 부정법(infinitive), 분사(participle) 등을 의미하였다. 일반적으로 국어학에서 서법은 '화자의 심리적 태도가 일정한 활용형으로 실현되는 현상'을 가리킨다.

이에 관하여 허웅(1983 : 225)에서는 서법범주에 '화자의 청자에 대한 요구'라는 개념을 근거로 화자의 태도를 체계화하고 있으며, 권재일(1992)에서는 이에 대하여 '의향법'이란 용어를 채택하고 "언어내용의 전달 과정에서 종결어미의 활용을 통하여 "청자에 대하여 화자가 가지는 태도를 실현하는 문법범주"라고 규정하여 다음과 같이 정리하고 있다.

〈의향법의 범주와 기준〉
『기준』 1. 청자에 대하여 요구함이 있음 / 없음
　　　 2. 행동수행이 있음 / 없음

『체계』 요구함(−) ·· (1) 서술법
　　　　　　　　　　　　　　　　　　　　 (평서법, 감탄법, 약속법)
　　　 요구함(+) 행동수행성(−) ···························· (2) 의문법
　　　　　　　 행동수행성(+) ···「청자」··········· (3) 명령법
　　　　　　　　　　　···「청자+화자」···(4) 청유법

위와 같이 의향법의 기본 하위범주를 서술법, 의문법, 명령법, 청유법 등 네 가지로 체계화할 수 있으며, 서술법은 다시 그 통사와 의미 특성에 따라 평서법, 감탄법, 약속법으로 하위범주를 설정하고 있다. 문법에서 화자의 의도, 의향이 어떻게 실현되는가 하는 문제는 통사론의 문법범주의 부분에서 일부 다루고 있을 뿐이다. 그나마 서술어의 종결어미 활용에 국한되어 있으므로 이례적이라고 할 만하다.

✔ 화행이론

언어사용에서 화자의 의도가 어떻게 언어행위로 나타나는가에 관하여 보다 능동적으로 접근한 이론이 바로 화행이론(speech act)이다. 오스틴(Austin, 1962, 1972)에서는 언어행위를 발화행위(utterance acts), 명제행위(propositional acts), 발화수반행위(illocutionary acts), 그리고 발화효과행위(perlocutionary acts)를 포함한다고 보았다. 물론 이 세 가지 화행(speech act)은 차례차례 순서에 따라 수행되는 것이 아니라, 한 언어의 여러 측면을 나타낸 것이다. 서얼(Searle, 1969, 1977)은 오스틴의 이론을 더욱 발전시켰는데, 어떤 발화든 술어행위와 지시행위도 수행된다는 것이다. 다음은 서얼의 화행 모형이다.

〈화행모형(Searle, 1969 : 23)〉
- 발화행위(utterance) : 낱말이나 문장을 단순히 발화
- 명제행위(propositional acts) : 내용과 지시를 사용
- 발화수반행위(illocutionary acts) : 담화를 통해 이루어지는 관습적 행위
- 발화효과행위(perlocutionary acts) : 텍스트 수용자에게 효과를 나타내는 행위

여기서 명제행위란 청자에 대한 화자의 심적 태도를 나타내는 발화수반행위가 어떤 모습으로 실현되든 상관없이 언제나 불변하는 발화의 내용이다. 따라서 화행이론 연구의 핵심도 화자의 의도가 어떻게 발화수반행위로 나타나는가 하는 문제에 집약된다.

다음 문장의 발언들을 살펴보자.

(1) 존은 방을 떠날 것인가?
(2) 존은 방을 떠날 것이다.
(3) 존, 방을 떠나도록 하라.
(4) 존이 방을 떠나 주었으면(좋겠다).
(5) 만일 존이 방을 떠난다면 나도 떠나겠다.

(1)~(5)에서 공통되는 내용은 "존이 방을 떠(나다)"이다. 이것이 명제 내용이다. 반면에 (1)~(5)에서 다른 점은, (1)은 물음의 수행이고, (2)는 미래에 관한 확언, 즉 예언의 수행이고, (3)은 요구 또는 명령의 수행이고, (4)는 기원 표현을 수행하는 것이며, (5)는 의도의 가정적 표현의 수행이다. 이것이 발화수반행위이다. 이것은 화자가 청자에게 자기의 의도를 따르도록 요구하는 행위를 하는 것이다.

간단히 말해서 서얼은 위의 문장들에서 화자의 청자에 대한 의도를 나타내는 ① 발화수반행위와 화자의 의도와는 직접 상관이 없는 발화의 의미를 나타내는 ② 명제행위를 구별하여 언어가 '행위'로 볼 수밖에 없는 까닭과 그 과정을 기술하고자 하였다. 나아가서 언어행위를 하는 제반 조건과 효과 등을 체계화함으로써 발화효과가 어떻게 나타날 수 있는지를 규명한 것이다. 그것은 약속, 협박, 언술, 주장, 기술 또는 문의 등인데, 이들 중, 약속, 협박은 잘 정의되어 있지만, 언술이나 기술은 그것을 위한 조건과 의도를 명확하게 결정할 기준이 없는 것이 문제점이다.

이러한 화행이론이 이제까지의 어떤 이론보다 화자의 의도라는 측면을 고려한 연구임에는 틀림없다. 그러나 일상 통화는 이보다 훨씬 다양하고 또한 불분명하다. 또한 의사소통을 목적으로 하는 발화에 나타나는 화자의 의도는 훨씬 더 복잡하고 다양하며 그것을 명백히 드러내기가 쉽지 않다. 그러므로 의도성이라는 관점에서 볼 때, 화행이론만으로는 충분하지 않다. 특히 관례적인 측면과 실제 맥락 간의 상호작용을 충분히 감안하지 못하고 있다고 하겠다.

✔ 대화의 원리

그라이스(Paul Grice, 1975, 1978)는 대화에서 화자의 의도를 효과적으로 수행하기 위하여 언어규칙 대신 '대화의 원리'라는 하나의 모범적 원칙을 제시하고 있는데, 그 내용은 아래와 같다.

① **협동의 원리**(cooperative principle) : 화자와 청자가 대화의 목적이나 방향에 합치되도록 말을 하고 수용해야 한다는 원칙이다.
② **양의 격률**(maxim of quantity) : 필요한 양만큼만 정보를 제공하라는 것으로, 필요 이상의 정보를 중언부언하거나 최소한의 정보도 주지 않으면 바람직한 대화가 되지 않는다는 것이다.
③ **질의 격률**(maxim of quality) : 진실을 말하라는 것, 곧 거짓이라고 생각되는 것이나 타당한 증거가 없는 것은 말하지 말아야 한다는 것으로, 이것을 지켜야 바람직한 대화가 이루어질 뿐 아니라 대화의 의도가 이루어질 수 있다는 것이다.
④ **관계의 격률**(the maxim of relevance) : 주어진 주제와 관련이 있거나 목적 달성을 위하여 적합성이 있다고 생각되는 바를 말하라는 것이다. 모든 격률 중에서 가장 가시적으로 드러나는 것으로 동문서답으로 일관한다면 아예 대화가 이루어지지 않을 것이다.
⑤ **방법의 격률**(The maxim of manner) : 대화에서 화자의 의도가 분명히 드러나도록 간단명료하게 하라는 것인데, 이것을 좀 더 구체적으로 나타내기 위하여 다음의 네 가지 항목을 제시하고 있다. ㉠ 명쾌히 표현하라, ㉡ 모호성을 피하라, ㉢ 중의성을 피하라, ㉣ 간결하게 말하라, ㉤ 순서대로 말하라는 것이다.

그라이스는 대화의 원리가 지켜지지 않을 경우도 언급하고 있는데, 다른 격률도 마찬가지지만 특히 협동의 원리를 위배하는 것은 화자의 또 다른 의도를 함축한다고 한다. 대화의 함축(conversational implicature)은 사람들이 직접 말하는 것과 구별되는 것으로, 함의 또는 암시를 통한 전달 방식이다. 대화의 참여자들이 협동의 원리, 수량, 질, 양, 방법의 격률을 따르는 한, 그들이 무엇을 전달할 의도를 가졌는지를 확인하기란 매우 쉬운 것이다. 그러나 참여자가 본의 아니게 또는 의도적으로 어떤 격률을 위반하거나, 지키지 않는다면, 대화가 성립하지 않을 수도 있으며 성립하게 되는 경우에는 대화의 함축이 발생할 가능성이 커진다. 따라서 텍스트 생산자는 이러한 방법을 적절히 이용함으로써 대화를 자신이 원하는 방향으로 이끌어 갈 수도 있다.

이상에서 그동안 연구된 내용을 중심으로 '화자의 의도'에 관한 접근 방식을 살펴보았다. 서법(의향법)에 나타난 화자의 의도는 우리말의 경우 종결어미로써 화자의 의도를 나타내는 고정된 방식을 체계화한 것이고, 화행이론에서도 발화수행행위 방식을 체계화한 것이다 이에 비해 대화의 원리가 보여주는 것은 그러한 체계화된 규칙이 아니라, 화자의 의도를 잘 전달하려는 하나의 원칙을 제시하고 있다는 점에서 접근방식이 조금 다르다고 하겠다. 그것은 표현형식에 국한하지 않은, 언어사용의 태도와 방식을 체계화하고 있다는 점이 특징이다. 그라이스는 대화함축, 즉 신념이나 요청을 함의하는, 문법범주를 포함하는 통사론적 방식이 아닌, 다른 방법으로 화자의 의도를 추구할 수 있다는 견해를 제시했다. 그러나 이 개념은 여전히 모호하며 아직도 담화목적의 중요성을 완전히 반영하고 있지 못하다.

✔ 텍스트성으로서의 의도성

그러나 인간의 모든 언어활동, 즉 모든 텍스트에 포함되는 '의도성'은 대화에도 미해결의 문제가 남아 있지만, 대화에만 국한되지 않을 뿐만 아니라 여러 차원의 의미를 가지기 때문에 텍스트언어학의 차원에서 다시 살펴보지 않을 수 없다.

텍스트언어학에서 의도성이란 응결성과 응집성이 구비된 텍스트로 만들고자 하는 텍스트 생산자의 의도를 말한다.

(6) ㄱ. 오늘은 비록 비가 오네요.
　　ㄴ. 우리대학교는 발전할 우려성이 있다.
　　ㄷ. 한 노녀(老女)가 고무줄놀이를 하고 있다

(6ㄱ)에서는 정상적인 경우, 서술어의 어미를 '-지만, -ㄹ지라도, -더라도' 등 방임형 어미로 바꾸고 그 다음 말을 이어가거나, 아니면 '비록'을 빼어버림으로써 말이 되도록 하려는 의도를 가진다는 것이다. (6ㄴ)은 '우려성' 대신에 '가능성'으로, (6ㄷ)은 '노녀'를 '소녀'로 고쳐 씀으로써 응결성과 응집성에 맞는 표현을 하려는 의도를 갖는다.

그러나 좀 더 넓은 의미로 볼 때 의도성은, '텍스트 생산자가 텍스트를 통하여 자신의 의도를 추구하고 달성하기 위해서 언어를 사용하는 모든 방식'을 가리킨다. 즉 '텍스트 생산자는, 수용자가 생산자의 의도를 깨닫게 할 뿐 아니라, 수용자에게 생산자가 의도한 효과가 생겨나도록 하는 발화'를 의도한다는 뜻이다. 이를테면 심리학자들은 수용자의 의식을 주도하려는 텍스트 생산자의 의도를 강조하며, 철학자들은 청자가 자신의 의도를 깨달음으로써 그에게 어떤 효과가 생겨나도록 할 수 있는 발화를 의도한다는 입장을 취한다는 것이다.

(7) 사내는 일주일에 한 번쯤은 마누라를 패야하는 거야. 알았어?

(7)은 김을동 여사가 시집을 가기 위해서 남자친구를 데리고 역사적인 주먹패의 두목인 아버지 김두한 씨에게 인사를 하러 갔을 때, 김두한 씨가 사위가 될 청년에게 한 말이다. 그녀의 아버지는 대단한 카리스마를 가진 사람인데 1분 이상을 아무 말도 하지 않고 자기의 남자친구를 바라보았다고 한다. 눈이 작아 어디를 보는지 잘 알 수도 없는 그의 눈을 마주 대하고 떨지 않을 사람은 없었다고 한다. 물론 자기의 남자 친구도 벌벌 떨고 있었는데 아무 소리도 없던 아버지 김두한 씨가 벌떡 일어서면서 던

진 한마디 말이 (7)이었다고 한다.

이상은 김을동 여사가 TV 인터뷰에서 증언을 한 내용이다. 과연 김두한 씨는 사위 감에게 정말로 일주일에 한 번씩 반드시 두들겨 패라는 뜻으로 한 말일까? 김을동 여사는, 그것은 바로 '결혼을 승낙한다'는 아버지 스타일의 표현이었다고 증언한다. '일주일에 한 번쯤 마누라를 패라'는 말에는 표현된 의미 외에 분명히 '결혼을 허락한다'는 의미를 함축하고 있다. 그 시대 사람들의 표현을 빌면 '죽이든 살리든 네가 책임져라', '네게 우리 딸의 장래를 맡긴다'는 뜻이었음에 틀림없다. 그것이 이 말을 한 화자의 의도라고 할 수 있는 것이다. 물론 이러한 것을 언어학만 가지고는 해결할 수 없는 부분들이 있다. 그러나 그 어떤 경우에도 화자나 필자의 의도에 관계되는 모든 일에 의도성은 관여한다.

의도성은 텍스트의 종류에 따라 그 중요성에 상당히 차이가 있을 수 있다. 예컨대 강의나 편지 내용은 의도성을 확인하는 일이 아주 중요하다. 특히 성경과 같은 경전 해석에서는 화자의 의도를 알아내는 일이 절대적으로 중요하다. 그러나 시(詩)와 같은 글은 상대적으로 덜 중요할 수도 있다. 의도주의를 표방하는 문학 비평은 역시 작가의 의도를 중시하고 있지만, 예컨대, 리듬을 중심으로 하는 시나 이미지 중심의 시는 의미를 중시하는 시에서 보다 의도성의 중요성은 훨씬 덜할 것이 틀림없다.

텍스트 생산자는 의도를 실현하기 위하여 플랜을 작성하는데, 그것은 목적에 가장 알맞은 텍스트를 찾아내는 일이다. 그러므로 텍스트 자체가 의도 실현을 위한 수단이 될 수 있는 것이다. 그 과정에서 더 좋은 텍스트를 생산하기 위하여 탐색을 시도하며, 그 과정에서 플랜부가(plan attachment)나 플랜 변경을 하기도 한다. 또한 텍스트 생산자는 텍스트를 생산하는 과정에서 수시로 자신의 의도가 바르게 시행되고 있는지 상황을 점검(situation monitoring)한다. 그리고 자신의 의도대로 되지 않는다고 판단될 때는 어느 때고 상황관리(situation management)를 하게 마련이다. 그것은 연설이나 대화 또는 글을 쓰는 과정에서도 마찬가지다. 특히 남과의 토론이나 설득을 위한 대화일 경우에는 더욱 치밀하게 이러한 중간조정(mediation) 과정을 거치며, 여러 가지 책략으로 상황을 관리한다.

잘 아는 바와 같이 텍스트는 의사소통을 목적으로 하고 있으며 생산자는 자신의 의도가 효과적으로 전달되기를 바란다. 그것을 위하여 언어적, 심리적 또는 상황적 요인을 고려하고 활용하기도 한다. 결국 언어의 활동은 바로 이 의도성을 실현하기 위한 수단인 것이다. 따라서 언어의 모든 예술성의 발현도 보다 효과적으로 의도성을 실현하려는 과정에서 우러나는 것이라 할 수 있는 것이다.

요컨대, 텍스트언어학에서 의도성이란 응결성과 응집성이 구비된 텍스트로 만들고자 하는 텍스트 생산자의 의도를 포함하여, 생산자의 의도를 추구하고 달성하기 위해서 언어를 사용하는 모든 방식을 가리킨다.

■ 용인성

✔ 용인성의 개념

생산자의 심리적 태도가 의도성이라면 용인성은 수용자의 심리적 태도라고 할 수 있다. 따라서 그 개념도 의도성과는 사뭇 상대적이다. 용인성의 가장 직접적인 의미는, '텍스트 수용자가 한 언어의 발화체를 응결성과 응집성을 갖추고 있는, 이를테면 제대로 된 텍스트로 받아들이려 한다'는 것이다. 그러나 넓은 의미에서 용인성은 담화에 참여하고 공통의 목표를 가지려는 능동적 수용(acceptance) 의지를 포함한다. 텍스트 수용자는 합리적으로 문제를 해결해 가면서라도 텍스트를 수용할 수 있다면, 사소한 장애나 불연속적 요소에 대하여는 관용적 태도를 취하게 된다.

따라서 스트레스를 받거나 시간적 여유가 없을 때, 사람들은 스스로도 수용하기 어려운 발화를 생산하기도 하지만, 반대로, 도저히 수용하기 어려운 발화를 어떤 사람들이 생산하는 경우에 그것을 용인하기도 한다. 아직 말을 잘 할 줄 모르는 돌 지난 어린 아들의 말을 들을 때와 말을 잘하는 성인의 말을 들을 때에 심리적 태도가 같을 수가 없고, 말을 갓 배운 외국인이 말을 걸어왔을 때와 여러 해를 사귀어온 친지가 말을 걸어올 때는 듣는 사람의 심리 상태가 역시 같을 수는 없는 것이다. 그러므로 듣는 사람의 심리적 태도에 따라서 잘 알아들을 수도 있고 못 알아들을 수도 있으며, 이해를 할 수도 있고 오해를 할 수도 있는 것이다. 또한 심리적 태도에 따라 이치에 합당한 말이라도 거부당할 수가 있으며 말도 안 되는 소리라도 수용될 수가 있는 것이다. 가령 남녀가 교제를 하거나 사업상의 협조, 또는 국가 간의 외교적 합의 등은 각각 경우가 다르기는 하지만 협상과 협력을 목적으로 하는 모든 대화가 거의 수용자의 용인성에 의해서 성패가 좌우된다고 해도 과언이 아니다.

✔ 문법성과 용인성

용인성이란 원칙적으로 추상문법에서의 문법성(grammaticality)과 같은 개념이다. 마치 추상문법에서 문법성의 범주 안에 속한 것만을 하나의 문장으로 수용하듯이 실제로 통화 상에서 수용자가 받아들일 수 있는 범위 안의 것만을 용인하게 된다. 문법성과 용인성의 차이는 잠재적 체계(virtual system)와 실현과정(actualization procedures)의 차이라고 할 수 있다.

그러므로 용인성에서 특히 고려되어야 할 것은 맥락이다. 용인성은 '텍스트 수용자가 인지적 조작에 관한 지시내용을 텍스트로부터 추출하는 능력'이므로 극단적으로 표현한다면 상황 맥락의 중요성은 절대적이며, 독립된 개별 문장 속에서의 용인성은 그 의미가 당연히 축소된다. 따라서 텍스트 생산자는 그 지시내용을 텍스트와 그 텍스트 사용 맥락에서 분명히 드러내는 것이 상례이다. 텍스트 수용자가 맥락을 파악하고 있을 때는 어느 정도의 문제를 내포하고 있는 것까지도 문법적인 문장으로 쉽게 수용하게 된다.

용인성의 관점에서 통화의 맥락은 ① 참여자들 간에 얼마만큼의 지식이 공유되고 있는가? ② 참여자들이 어떻게 상황을 점검하거나 관리하는가? ③ 담화를 구성하는 텍스트들은 어떤 상호관계를 갖는가? 등의 요인들이 고려되어야 한다.

✔ 용인성과 텍스트 해석

용인성에 관하여 특히 유의할 부분의 하나가 텍스트 해석과 관계되는 부분이다. 문학작품이나 경전의 해석에서 용인성에 관한 체계 있는 연구가 필요하다. 예컨대 어떤 텍스트에 관해서 그것을 수용하는 해석자마다 해석이 다른 경우를 생각해보지 않을 수가 없다. 동일한 텍스트에 대한 해석이 왜 사람마다 다른가? 그것에 대한 대답은 텍스트 내용을 수용자마다 잘못 해석하기 때문이거나, 아니면 한 텍스트의 의미가 고정되어 있는 것이 아니라 무한히 변하는 까닭이라고 설명할 수밖에 없다.

텍스트의 의미를 저자의 의도란 입장에서 의미를 파악해야 한다고 역설하거나, 텍스트의 의미는 고정되어 있는 것이 아니고 시대에 따라 수용자에 따라 변한다고 주장하는 근본 이유는 텍스트 자체의 애매성을 초극하여 확실성에 도달하고자 하는 데에 있는 것이다.

텍스트 저자의 의도가 없을 수도 없고, 그렇다고 저자의 의도가 언제나 최선으로 표현되어 있다고도 할 수 없다. 김혜정(2002)에서는 텍스트의 비판적 읽기라는 명제에서 보다 구체적으로 양쪽의 입장을 정리하고 있다. 즉, 비판적 읽기는 텍스트 내용에 대한 타당성과 준거에 대한 신뢰성 판단 등 주어진 명제와 진술에 대한 평가와 함께 자신의 스키마를 조정해 나가는 과정이라는 것이다.[9] 그런데 이러한 견해는 단지 텍스트 읽기의

---

9) 김혜정(2002)에서는 비판적 읽기에 관하여 다음과 같이 주장하고 있다. "읽기는 의사소통 과정이다. 이미 텍스트는 필자의 것만이 아니고, 텍스트의 의미가 필자에게서 나온 고정된

문제에만 국한되는 것은 아니다. 모든 텍스트를 수용하는 과정에서 똑같이 일어나는 현상이다.

이상에서 논의한 내용을 다음과 같이 요약할 수 있을 것이다.

첫째, 텍스트 생산자는 자신의 의도를 텍스트와 그 텍스트 사용맥락에서 분명하게 드러내는 것이 일반적이므로, 텍스트의 여러 구성요소들과 맥락을 통해서 텍스트의 내용을 정확히 파악한다. 둘째, 그 과정에서 또는 그것을 통하여 텍스트 생산자의 의도를 찾아내어 인식한다. 셋째, 텍스트를 수용하는 과정에서 수용자는 당연히 창조적 반응을 하게 되는데 그것은 생산자의 의도와는 관계없는 수용자의 개별적 인지작용을 포함한 심리적 정신 활동으로, 이것이야말로 또 다른 용인성의 본질적 영역이라고 하겠다.

따라서 텍스트의 해석은 텍스트 자체의 요소와 그 배경에 있는 생산자의 의도와 함께, 수용자의 심리적 정신활동도 배제할 수 없다고 보는 것이다.

■ 정보성

✔ 정보성 개념

보그랑드와 드레슬러(1981)에서는 정보성을 '텍스트 수용자에게 제시된 자료가 새롭거나 예측 불가능한 정도'라고 규정하고 있으며, 또한 그 정보성의 등급을 제시하고 있다. 텍스트는 언어를 선택하여 배열함으로써 생산이 가능하다. 그런데 언어를 배열함에 있어 기대, 가설, 예측을 하게 되며 기준치를 상정하든지 우선선택의 경향성을 갖는데 이들은 텍스트의 맥

것만도 아니다. 텍스트의 의미는 읽기라는 필자와 독자의 상호작용을 통해 형성하고 조정해나가는 과정이다. 비판적 읽기는 텍스트에 대한 평가(evaluation)를 의미하고 나아가 어떤 활동 속에서 문제 해결과 적극적 참여를 포함하는 사고활동을 포괄한다. 즉, 텍스트에 대한 사실적 이해 혹은 표현상의 함축적인 이해를 바탕으로 보다 '합리적인 결론'에 도달하기 위한 문제해결 과정이다.' 이러한 주장은 독서의 이해에도 비슷한 주장을 발견할 수 있으며 이 모든 것들이 용인성의 부분을 이루는 주장들이다."

락을 통제하는 중요한 요인들이다.

샤논과 위버(Claude Shannon and Warren Weaver, 1949)는 이 언어배열의 선택가능성에 대하여 통계적 개연성(statistical probability)을 주장하고 있으나, 보그랑드와 드레슬러는 이를 배격하고 텍스트의 맥락이나 상황을 고려하고 중시할 것을 주장한다. 따라서 맥락과 상황은 '기대', '예측' 등과 관련하여 언어 선택의 중요한 요인으로 본다. 물론 그것이 어긋났을 때 다시 말하면 비예측적이거나 기대하지 못한 언어의 선택과 배열이 실현될 때 정보성이 발생한다. 예측 가능한 배열은 정보처리가 용이하지만 예측이 어려운 배열은 정보처리가 어려운 대신 어려움의 정도에 따라 흥미를 유발시킬 수 있다. 따라서 정보처리의 난이도를 등급으로 나누는 것은 '객관성'의 문제에도 불구하고 텍스트 생산에 있어서 생산자로 하여금 수용자의 흥미를 유발시키는 요인과 관계된다는 점에서 유용하다.

✔ 인간적 기대

발화체의 선택 가능성과 관련하여 예측, 기대, 가설, 우선선택을 하게 되는 기준은 통화과정 속에 나타나는 다양한 '인간적 기대(human expectations)'이다. 보그랑드와 드레슬러(1981)에 의하면, 인간적 기대는 현실 세계(real world)의 모든 현상과 그 규칙을 인지하고 기정사실로 내면화하여 하나의 신념으로 굳어진 것들이다. 현실세계를 기준점으로 사용하는 이 신념은 너무나 확고하기 때문에, 어떤 텍스트에서나 그것이 기준치로 작용한다. 예를 들어 원인이 결과를 낳는다든가, 동시에 동일한 환경에서 참인 동시에 거짓이 될 수 있는 것은 없다든지, 존재하기도 하고 존재하지 않기도 하는 것은 있을 수 없다든지, 또는 물체들의 정체, 질량, 무게가 있다는 것 등은 맥락적 기대이다. 만약에 텍스트가 이런 사실들, 즉 규정적 지식을 어기려면 명시적이고 분명한 신호가 있어야 한다. 예컨대, 어순보편화 책략에서의 위쪽에서 아래쪽으로 관찰하는 순서, 또는 들어가거나 나온 순서를 지킨다든지, 보거나 경험한 순서를 지켜서 텍스트를 연결해나가는 것, 그리고 중요한 부분은 문장의 주어 자리에, 중요하지 않은 것은 서술어 자리에 주로 넣어서 표시하는 경향 등은 규정적 지식이라고까지는 할 수 없으나, 그것은 텍스트 내부의 맥락을 이루고 있는 인간적 기대들이다.

인간적 기대는 텍스트 안에서 사용되는 언어의 구성(organization)에도 적용된다. 음운의 결합이나, 형태소의 결합 또는 통사구조의 결합 등에도 똑같이 적용되며, 또한 각 언어의 요소 또는 요소 집단이 갖는 정보성에 따라 연쇄를 배열하는 기술, 곧 기능적 문장투시법도 이러한 범주에 속하는 것들이다.

뿐만 아니라 텍스트의 유형이 선택 항들의 범위를 통제하는 경우도 역시 인간적 기대의 하나라고 할 수 있다. 그러므로 텍스트 생산자들은 이러한 유형에 따른 인간적 기대에 부응하기 위하여 예컨대 시(詩)와 법조문의 선택항의 범위와 방식들은 다른 방법으로 통제하게 되는 것이다.

맥락은 다음의 전개 과정을 예측하게 해주는데, 이것 역시 인간적 기대의 범주에 들어가며 또한 일련의 텍스트가 특유한 선택적 경향을 보인다는 관점에서 문체 또한 인간적 기대의 대상이 된다.

✔ 정보성의 등급

언어의 배열에 있어서 많은 선택항으로부터 어떤 발화체를 선택하게 될 가능성, 곧 연결관계의 강도에 관하여, '인간적 기대'라는 관점에서 개연성이 ⓐ 높은 정도, ⓑ 낮은 정도, ⓒ 완전히 범위 밖의 것 등 세 가지로 구분한다. 우연적 지식을 어기는 것을 ⓐ 높은 정도, 전형적 지식을 어기는 경우를 ⓑ 낮은 정도, 일상의 진리로 여겨지는 법칙, 곧 규정적 지식을 어기는 경우를 ⓒ 곧 완전히 범위 밖의 것으로 규정함으로써 그 객관성을 부여하고, ⓐ의 경우를 1차 정보성, ⓑ를 2차 정보성, ⓒ를 3차 정보성이라고 규정한다.

1차 정보성은 어떤 텍스트에도 항시 존재한다. 그리고 그것은 너무나 뻔한 이야기이기 때문에 관심과 흥미를 끌지 못한다. 연결된 발화체가 높은 정도의 개연성에 미치지 못하여 전형적인 지식을 어기게 되면 제2차 정보성이 된다. 텍스트 통화에서는 최소한 어느 정도의 제2차 정보성을 갖는 발화체가 존재하는 것이 보통이다. 물론 제1차 정보성이나 제3차 정보성으로만 된 텍스트도 있을 수 있으나 때때로 이러한 중간단계를 유지하기 위해서 1차 정보성을 격상하거나 또는 3차 정보성을 격하하기도 한다. 다소라도 개연성이 없는 선택항들이 배열된 발화체들은 규정적 지식을 어긴 것으로 전연 예측을 할 수 없는 3차 정보성을 지니는 것들이다. 3차 정보성을 지니는 발화체의 특징은 불연속성(discontinuities)과 불일치성(discrepancies)이다. 수용자들은 이것을 수용할 수가 없으므로 문제해결을 해야 하며 따라서 탐색의 과정을 거친다. 그리하여 탐색에 의해서 문제를 해결하게 되면 정보성의 등급은 격하된다. 결국 텍스트를 통하여 정보를 교환하는 것은 끊임없이 정보성에 관한 격상과 격하를 되풀이하는 과정이라고 할 수 있는 것이다.

이처럼 텍스트의 정보성을 등급으로 나누는 것은 객관적 기준을 설정하기가 어렵다는 등의 문제점이 없는 것은 아니다. 그러나 텍스트에 나타난 정보의 격상과 격하를 통해서 텍스트 수용자는 그 텍스트에 대한 흥미와 가치를 인정하게 되기 때문에[10] 보다 나은 텍스트를 생산·수용하는 데 있어서 정보성의 등급을 매기고 그것을 활용하는 것은 상당히 편리하고 유용하다고 하겠다.

---

10) 흥미는 처한 상황과 개인의 목표나 관심사 등에 크게 좌우되는 것이 사실이다. 그러나 그 근본 원리는 인간의 감각에 강한 자극을 주는 현저성이나 의외성 또는 비예측성, 다시 말하면 정보성을 어떻게 조절하여 표출하느냐에 따라 좌우된다.

✔ 지식적 정보성과 언어적 정보성

일반적으로 텍스트의 목적은 정보 전달에 있으나, 정보의 양과 질, 방법 등은 의도성의 중간조정 및 책략에 의하여 결정된다. 정보성은 대체로 두 가지의 모습으로 나타난다. 하나는 우리가 알지 못하고 있는 세계에 대한 새로운 지식, 또는 문제 해결의 방법을 의미한다. 그러나 언어학적 정보는 앞서 언급한 바와 같이 텍스트의 생산·수용 과정에서 예측하지 못한 어휘 또는 구절의 선택과 배열에서 오는 새로움 또는 비예측성을 가리킨다. 이 경우 일차적으로 그라이스가 제창한 대화의 격률을 어기는 형태로 나타난다. 물론 격률을 잘 지키면 화자의 의도가 잘 전달되고 바람직한 대화가 이루어질 것이다. 그러나 격률이 지켜지지 않는다고 반드시 대화가 성립되지 않는 것은 아니다. 그라이스는 격률이 지켜지지 않을 때 대화의 함축(conversational implicature)이 발생한다고 하였다. 그것은 격률을 지키지 않는 것 자체가 텍스트 생산자의 의도를 반영하는 것이기 때문이다. 그러나 여기서 주장하고 싶은 것은 격률이 지켜지지 않을 때는 대개의 경우 비예측적 배치로 인한 정보성이 창출되는데 그것은 사실에 관한 정보성이 아니라 배열에 의한 정보성이라는 것이다.[11]

결론적으로 텍스트가 우리가 알지 못하고 있는 세계에 대한 새로운 지식, 또는 문제 해결의 방법을 전연 제시하지 못한다 해도 정보성에 관해서 문제가 될 것이 없다. 왜냐하면 언어체계 안에서 생산되는 모든 발화체들의 선택과 배치가 바로 정보성을 생산하는 대상일 수 있기 때문이다. 전자, 즉 사실에 관한 정보를 '지식적 정보성'이라고 하고 후자, 곧 언어의 배열 과정에서 나타나는 정보를 '언어적 정보성'이라고 한다.[12]

---

11) 텍스트 이론서에서는 이에 관한 구분을 분명히 하고 있지 않다. 그러나 어떤 사실에서 오는 지식적 정보성은 언어의 예술성에 직접적으로 기여하지는 않는다. 오직 언어적 정보성을 창출하는 데서 언어의 예술적 아름다움 그리고 개성과 다양성이 발현된다.
12) 이제까지의 이론서들이 이 두 가지의 정보성에 관하여 구분하지 않고 있으므로, 설명의 편의를 위하여 여기서 '지식적 정보성'과 '언어적 정보성'을 나누어 명명하고자 한다.

이들 정보성 중에서 특히 텍스트 이론에서 중요한 것은 정보성은 후자, 곧 언어적 정보성이며, 그것이 바로 언어를 예술의 경지로 끌어올리는 근본적 요인이 된다.

◨ 상황성

상황성(situationality)은 텍스트를 발화상황에 적합하도록 만드는 것과 관계되는 부분이다. 가령 결혼식장에서 혼주를 대하고 하는 말과 장례식장에서 상주를 대하고 하는 말이 같을 수는 없을 것이며, 급한 상황에서의 읽을거리와 시간이 넉넉하고 안정된 상태에서의 읽을거리가 같을 수는 없을 것이다. 상황성은 이처럼 상황에 맞는 텍스트를 생산하는 일에만 관여하는 것은 아니다. 광고나 선전물의 경우는 대상에 해당하는 집단의 성격, 취향, 습성 등이 모두 상황성의 범주에 들어가며 그것을 파악하고 그것에 맞도록 표현을 해야 하는 것이다. 특히 대화의 경우는 상대에게 화자의 의도를 용인하도록 하는 문제가 가장 중요한데, 효과적으로 문제를 해결하기 위하여서는 대화의 과정에 중간조정(mediation)이 반드시 필요하다. 중간조정은 통화상황(상황성) 속에 참여자가 자신의 신념이나 목적 또는 의도(의도성)를 실현하고 있는 범위나 정도를 가리킨다. 중간조정에는 상황점검(situation monitoring)과 상황관리(situation management)가 있는데, 상황점검이 텍스트 생산자의 의도나 목적이 투입되지 않고 다만 그 상황모델을 확인하는 데 그치는 것이라면 상황관리는 텍스트 생산자의 목적과 의도를 텍스트 생산과정에 투입해서 그 방향으로 텍스트의 진행을 유도하는 것을 가리킨다.

다음은 상황점검과 관리가 텍스트 생산에 어떻게 투입되는가를 보여주는 예들이다.

상황1　내사과 사무실
다시 협상하러 올라온 크리스, 화가 난 듯 문을 박차고 들어온다.
대니, 반장 머리에 총을 겨누고 출입구 쪽에 나와 있다.

대　니 : ① 협상을 재개하지.
크리스 : ② 내게 원하는 것이 있나?
대　니 : ③ 전기를 켜.
크리스 : ④ 내게 원하는 것이 있군.

대니, 말없이 쳐다보기만 한다.

크리스 : ⑤ 사람을 죽이면 협상력이 커진다고 보나? 왜지? 자네가 날 안
　　　　다고 생각하기 때문에? 날 믿을 수 있다고 생각하기 때문에? 내
　　　　가 시간을 줄 거라고 생각하기 때문에? ⑥ (대니에게 총을 겨누
　　　　며) 김칫국부터 마시지 마. 난 자네와 자네를 못 죽여서 안달이
　　　　난 군대 사이에 있는 유일한 사람이야. ⑦ 그러니 말해 봐! 내가
　　　　왜 저들을 막아야하지? 내가 다시 자네와 협상해야만 하는 이유
　　　　를 대!
대　니 : ⑧ 내게 아직 인질이 있어. 자네의 실수에 따라 벌을 받을 수도
　　　　있지.
크리스 : ⑨ 지금 날 협박하는 건가? 나보고 손 떼란 소리군. (협상할 뜻이
　　　　없으면 가버리겠다는 듯 뒤로 물러선다.)
대　니 : ⑩ 진압 수칙에 따르면 인질범이 보복으로 죽이려 하면 공격하지
　　　　말라고 했어. 난 내 의지를 입증했다고 봐! 섣부른 판단은 금물이
　　　　야. ⑪ 저들의 소행을 봤잖나. 날 죽이려고 공격한 사실을 자네에
　　　　게 알리지 않았어.
크리스 : ⑫ 또 다시 인질을 죽이면 내가 직접 공격명령을 내리겠다. 알겠
　　　　나? 날 이리 불러냈다고 해서 만사 해결됐다고 생각하지 마. ⑬
　　　　명심해 난 이방인이란 사실을. 넌 내가 어떤 사람인지 몰라.
대　니 : 전기가 필요해. 컴퓨터를 켜서 니바움의 파일을 보도록. 또 인질
　　　　에게 줄 음식과 이불도.
크리스 : 인질 한 명을 풀어 줘. 그 외엔 안 돼.
대　니 : 반장을 데려가.
크리스 : (무전으로) 전기를 도로 켜시오.
본부(E) : 정신 나갔소?
크리스 : (무전으로) 지금 인질 한 명과 같이 나갈 테니 내 말대로 전기를
　　　　켜요.

전기가 들어오고, 크리스는 반장을 데리고 나간다.
반장을 데리고 나가면 환호하는 관중들.

　일급 저격수에 폭탄 전문가이자, 협상전문가인 대니 로만 형사는 동료 형사의 살해 누명을 쓰게 된다. 그는 자신에게 누명을 씌운 자들과 관련이 있는 내사과의 니바움을 찾아갔다가, 자신의 결백을 증명하기 위해, 인질극을 벌이게 된다. 그는 이 일이 경찰 내부인과도 관련이 있음을 판단, 자신과의 협상을 하기 위해 크리스 세비언을 불러달라고 한다. 크리스와 1차 협상 도중 불의의 급습을 받은 대니는 저격팀을 인질에 추가하고, 그 중 한 명을 본보기로 죽인 척한다. 크리스는 다시 대니와 2차 협상을 하기 위해, 내사과 사무실로 올라간다.

　텍스트의 제시된 부분의 쟁점은, 크리스 입장에서는 비위를 맞추느라고 요구조건을 다 들어 주어도 안 되고, 그렇다고 무조건 강하게 밀고 나갈 수도 없다. 대니는 크리스를 자신의 무죄를 증명하고 내부의 범인을 색출하려는 근본적인 목표를 이루기 위해 크리스를 자신의 뜻대로 활용하려고 한다. 밀리고 밀리는 상황이 유지되는 상황 속에서 팽팽한 긴장감이 고조된다. 그 속에서 교묘한 심리전을 펼치고 있다. 이 부분에서 대니와 크리스의 대화의 목표는 일차적으로 협상에서 주도권을 쥐는 것이라고 할 수 있을 것이다.

　〈책략 1〉 협상에서 우위를 점하기 위해서 상대에게 명령을 하라(①, ③). 그것에 대한 상대의 반응을 통하여 먼저 우위의 정도를 점검할 수 있고 또한 상대가 명령에 고분고분 따른다면 이미 우위를 점하는 것이 되며, 화자의 뜻대로 상황을 관리하고 있는 것이 된다.
　　대니는 자신이 협상에서 우위에 있는지 여부를 명령의 형식으로 점검하고 있다. 명령은 상대방으로 하여금, 자신이 우위에 있음을 느끼도록 하는 방법이다. 따라서 ①은 협상에서의 우위를 점하기 위한 책략이 될 수도 있을 것이다.
　〈책략 2〉 상대의 명령 따위의 고압적 언행을 받아들이지 말라(②).

> **〈책략 3〉** 협상에서 우위를 차지하기 위하여 상대가 곤란한 처지에 있으며, 그것
> 을 해결할 수 있는 사람이 나 자신임을 인식시킨다(④, ⑤, ⑥, ⑦).

크리스는 대니에게 의문을 제기하면서(②) 대니의 점검을 거부한다. 크리스가 협상에서 우위를 점하기 위해서는 대니의 우위를 인정하면 안 되기 때문이다. 그러므로 크리스는 대니의 상황점검을 반드시 거부해야 한다. 한편 ②의 질문은, 단순한 거부에 그치지 않는데, 대니는 남에게 '무엇인가를 바라는 사람'이고, 자신은 '그 바라는 바를 해줄 수 있는 사람'이라는 뜻을 내포하고 있어서, 대니가 그것을 인정할 경우, 크리스는 협상에서 우위를 차지하게 된다.

따라서 대니는 자신이 여전히 협상의 주도권을 쥐고 있다는 것을 밝히기 위해서 크리스의 질문에 대한 대답을 거부하고, 상대방에게 자신이 우위에 있다는 것을 느끼게 하는 <책략 1>을 다시 한 번 사용한다(③).

그러나 크리스는 ②의 질문을 ④의 단정으로 대체함으로써, 대니의 점검을 무시하고, 협상에서 대니의 위치를 자신보다 아래에 있는 것으로 규정짓는다(<책략 3>).

> **〈책략 4〉** 상대를 이해시키기 위해서는 ㉠ 자세히 설명하라. ㉡ 상대방 스스로 생각
> 해서 대답하도록 질문하라. ㉢ 상대의 생각이 옳거나 틀렸다는 것을 입
> 증하기 위해서 곧바로 행동으로 옮기거나 곧 옮길 것임을 분명히 하라.

그리고 계속해서 크리스는, 심문하는 방식(⑤, ⑦)을 사용하여, 대니로 하여금 불안감을 유발하도록 하고(<책략4 ㉡>),[13] 세상에는 너(대니)와 너를 죽이는 자, 그리고 나(크리스)만이 있을 뿐이라는 것을 강조함으로써(⑥), 자신의 가치를 상승시킨다. 이로써 협상에 있어서 크리스의 입지는 넓어지

---

13) 캐묻기 혹은 심문하는 방식은 상대방이 도대체 무슨 의도로 저런 질문을 하고 있는지를 생각하게 되어 불안해하거나 두려움을 느끼게 하는 방식이다(구현정, 2002 : 219~229).

고 대니의 입지는 좁아지는 것이다.

그러나 대니는 예상되는 물리적 피해를 언급하여 상대를 협박함으로써, 그러한 불안감을 떨쳐버리고, 자신의 우위를 지켜내고자 한다(⑧, <책략 3>, <책략 4㉠>).

그러자, 크리스는 즉석에서 거부함으로써(⑨) 대니의 상황 점검에 대처한다(<책략 4 ㉡>).

이에 대니는 원칙의 제시(⑩)와 다른 사람들의 신뢰성 없음을 지적하여(⑪) 자신의 입장을 합리화시키는 방향으로 선회함으로써, 크리스와의 대결구도에서 협력구도로의 전환을 시도한다(<책략 4㉠>).

크리스는 대니에게 약속을 받아 내는 것으로(⑫) 대니의 점검을 받아들이고, 다시 한 번 자신의 가치를 확인시킴으로써(⑬), 대니의 약속에 의무감을 부여한다(<책략4 ㉠, ㉡>).

이로써 다시 원활한 협상이 전개된다.

상황2

예수께서 거기서 나가사 두로와 시돈 지방으로 들어가시니 가나안 여자 하나가 그 지경(地境)에서 나와서 소리질러 가로되,

① "주 다윗의 자손이여 나를 불쌍히 여기소서. 내 딸이 흉악히 귀신들렸나이다." 하되

② 예수는 한 말씀도 대답하지 아니하시니

제자들이 와서 청하여 말하되 ③ "그 여자가 우리 뒤에서 소리를 지르오니 보내소서."

예수께서 대답하여 가라사대

④ "나는 이스라엘 집의 잃어버린 양(羊) 외에는 다른 데로 보내심을 받지 아니 하였노라."

하신대, 여자가 와서 예수께 절하며 가로되 ⑤ "주여 저를 도우소서."

대답하여 가라사대, ⑥ "자녀의 떡을 취하여 개들에게 던짐이 마땅치 아니하니라."

여자가 가로되

⑦ "주여, 옳소이다마는 개들도 제 주인의 상에서 떨어지는 부스러기를 먹나

이다.” 하니,
　이에 예수께서 대답하여 가라사대
　⑧ “여자야 네 믿음이 크도다. 네 소원대로 되리라.”
　하시니 ⑨그 시로부터 그 딸이 나으니라.

〈책략 1〉 성공적으로 처신하고 대화를 하기 위해서는 상황을 정확히 점검하라.
〈책략 2〉 반대 의견을 고집하는 분위기 속에서는 역으로 그들보다 더 반대하는
　　　　의견을 제시하면서 반응을 기다린다.
〈책략 3〉 반대되는 여건을 활용하여 자신의 주장을 펴라.

　윗글은 두로와 시돈, 곧 수로보니게 지역으로 들어가서 그 지역의 여인을 만나면서 이야기가 시작되는 장면이다. 유대교에 의하면 그 지역은 하나님으로부터 선택을 받은 민족이 아니라 이른바 이방인이 사는 지역이다. 물론 그 지역의 여인 역시 이방인이며, 그 이방인의 병을 고쳐주는 것은 물론 말하는 것조차 금기시하는, 당시의 유대교적 풍속에 젖어 있던 제자들과 함께 그 지역을 들어간 상황이다. 이때 가나안 수로보니게 여인이 ①과 같이 도움을 요청한다. 그녀의 요청을 제자들이 다 함께 들었으므로 예수도 틀림없이 그녀의 요청을 들었을 것이다. 그러나 ②에서처럼 예수는 못 들은 척한다. 마침내 제자들이 ③에서처럼 반응한다. 그리고 그 반응은 그녀의 말을 듣고 그녀의 청을 들어주시라는 것이 아니라 그녀의 청을 듣지 말고 보내라고 하는 것이다. 예수는 제자들의 이런 반응을 통하여, 가나안 여인의 청을 들어 주는 것을 완강히 반대하고 있음을 확인한다(<책략 1>).

　그래서 예수는 ④와 같이 말한다. ④는 예수의 가르침과 상당히 모순되는 말이다. 예수 이전의 유대교에서는 이방인과 이스라엘 민족을 엄격하게 구분하고 그들과·상종하는 자체를 꺼렸지만 예수의 가르침은, 육체적 할레를 받고 안 받고의 문제가 아니라, 정신적으로 하나님을 믿느냐 안 믿느냐의 문제라고 가르쳤다. 또한 그의 부모와 형제자매는 육신의 핏줄

에 있는 것이 아니라 오직 하나님을 믿고 안 믿느냐는 문제에 달려 있음을 분명히 하고, 누구나 하나님을 믿으면 구원될 수 있다고 가르쳐 왔던 예수다. 즉, 핏줄이나 종족에 의하여 사람을 차별하지 않고 누구나 하나님을 믿으면 똑같은 하나님의 백성임을 강조하였던 것이다. 따라서 ④와 같은 편협한 말은, 제자들에게는 당연한 말로 들렸을지 모르지만, 예수를 이해하고 상황을 어느 정도 이해하는 사람의 관점에서 보면, 편협하고 경박하며 부도덕한 말임을 금방 알 수 있다. 따라서 그 말이 가나안 여자를 향하여 표현한 액면 그대로의 말이라기보다는 제자들의 반응을 살피고, 예수가 그녀의 청을 들어줬을 때 제자들과 주변사람들의 반발을 무마할 빌미를 만들기 위하여, 일부러 본래 의도와는 관계없는 표현을 한 것이다. 따라서 그것은 철저한 상황관리라고 할 수 있는 것이다(<책략 2>).

그때 가나안 여인이 다시 한 번 간청을 하고 ⑤ 예수는 다시 한 번 <책략 2>를 사용하여 ⑥의 말을 한다. 그것 역시 ④ 이상으로 편협한 말로, 이런 말을 들으며 제자들이 예수를 향하여 불만을 터뜨릴 수는 없을 것이다. 마침 가나안 여인은 아주 명답을 하게 되고(⑦), 그것을 칭찬하자 제자들이나 이스라엘 사람들 입장에서 일체의 불만을 느낄 수 없는 상황이 만들어진다. 그것은 가나안 여자의 대답이 훌륭해서였지만 예수가 그런 방향으로 흘러가도록 상황을 관리한 것이다. 여건이 마련되자 예수는 마음 놓고 그 여인의 요구(그녀의 딸의 병을 고치는 일)를 들어주고 그것을 통하여 핏줄이나 종족에 관계없이 믿음만 있으면 구원받을 수 있다는 평소의 예수의 가르침을 행동을 통하여 다시 보여준다. 또한 사람을 긍휼히 여기는 예수 본래의 마음을 그대로 행동으로 옮긴 것이다(<책략 3>).

그 결과로 예수는 ㉠ 제자들이나 이스라엘 사람들로부터 어떤 반대에도 부딪치지 않고 ㉡ 가나안 여인의 청을 들어 주었을 뿐만 아니라 ㉢ 평소의 그의 가르침을 행동으로 보여주는 효과를 보고 있다. 그것은 <책략 1, 2, 3>을 통하여 상황을 관리한 결과이다.

상황성은 <상황1>, <상황2>의 예를 통하여 살펴본 바와 같이, 텍스트 생산과 관계되는 모든 상황에 대하여 중간조정을 통하여 그 상황을 점검하고, 그 상황에 적합하게 텍스트를 생산하는 데 관여하며, 나아가 상황을 생산자의 의도나 목적을 이루도록 상황을 변화 조정 관리해 나가는 문제들에 관여한다.

■ 텍스트상호성

텍스트상호성(inter-textuality)은 텍스트를 생산하고 수용하는 생산자와 수용자들이 다른 텍스트의 지식을 이용하고 활용하는 모든 방식을 의미한다.

텍스트상호성에서 가장 중요한 것은 텍스트의 유형론과 관계되는 것인데, 그것은 담화행위 및 그 상황의 유형과 관계가 있다. 이러한 유형이 범주화될 수 있는 것은 아니지만, 상당한 경향성을 드러낸다. 텍스트의 유형을 간단히 언급하면 아래와 같다.

첫째, 기술(descriptive) 텍스트는 제어 중심이 사물, 상황, 속성 상태 등으로 이들의 모습을 잘 나타내기 위하여 수식어들이 밀도 있게 잘 쓰이는 모습을 띤다. 이와 가장 관계가 깊은 전국적 인지패턴은 프레임(frame)이다.

둘째, 화술적(narrative) 텍스트는 원인, 이유, 목적, 시간적, 공간적 인접성에 따른 연쇄순서로 행위와 사건을 배열하는 데 쓰인다. 이에 적용되는 전국적 인지 패턴은 스키마(schema)이다.

셋째, 쟁론(argumentative) 텍스트는 어떤 신념이나 아이디어를 참이나 거짓, 긍정이나 부정으로 수용, 평가하는 것을 추진하는데 사용된다. 이에 가장 흔히 적용되는 전국적 인지 패턴은 플랜(plan)으로 목표를 향해 나아가는 사상과 상태들로 구성된다.

그러나 이러한 유형론은 범주화할 수 있는 것은 아니지만 그렇다고 고정되어 있는 것도 아니다. 명확한 분류가 잘 되지 않음으로 유형사이의 관계가 애매한 경우도 많다. 또한 많은 텍스트들에 이들이 혼합되어 있음을 본다. 특히 문학 텍스트, 시 텍스트들은 거의가 기술적, 화술적, 쟁론적 기능을 혼합하여 사용하고 있다. 다만 텍스트의 유형에 따라 어떤 경향성을 강하게 나타내며, 그것으로 하여 텍스트의 제어적 원리인 효율성, 유효성, 적절성을 제고하는 데 두드러진 작용을 하는 것이다.

텍스트상호성에서 중요한 또 하나의 문제는 텍스트 인유(text allution)의 문제이다. 텍스트 생산자가 기존의 이용 가능한 텍스트를 텍스트 생산과정에서 직접 인용을 하거나, 변형을 하여 활용하는 것은 흔히 있는 일이다. 오히려 기존의 텍스트를 활용하지 않는 경우가 아주 드물 정도이다.

우리가 인용을 할 때, 우리 주변에 있는 많은 사람들의 말을 인용하고 있는데 그 모든 것들이 텍스트 상호성과 관계가 된다. 남의 말을 인용하는 것 중에, 주변의 많은 사람들 예컨대, 부모님이나 선생님들 또는 동료 친구, 회사나 직장의 상사 또는 동료들의 말을 인용하는 경우를 산정할 수도 있다. 반면 동시대를 사는 사람들 가운데 학문이나 사상을 논할 때 그 분야의 전문가들의 말을 많이 인용하고 대체로 그것들은 각각 그 권위로 인하여 많은 설득력을 지닌다. 그러나 최근에는 동시대 사람들의 말 중에 매스컴을 통한 탤런트, MC, 코미디언, 개그맨들의 언어 등을 많이 흉내 내거나 인용을 하게 된다. 동시대가 아닌 과거에 생존했던 사람들의 말들을 인용하는 경우도 그에 못지않게 많은데, 과거의 사람들의 말은 대체로 문학적인 글이 아니면 가장 많이 인용되는 것들에는 격언이나 속담, 또는 관용적 표현 따위들이 대표적인 것들이다.

여기서 그러한 것 몇 가지만 예를 들어보면 다음과 같다.

(8) ㄱ. 가난한 자를 학대하는 자는 그 조물주를 업신여기는 것이다.
　　ㄴ. 교만은 멸망의 선도자이며 자랑은 실패의 선도자이다.
　　ㄷ. 아는 것이 힘이다.
　　ㄹ. 너 자신을 알라.
　　ㅁ. 인생은 짧고 예술은 길다.

(9) ㄱ. 등잔 밑이 어둡다.

ㄴ. 꼬리가 길면 밟힌다.

ㄷ. 종로에서 뺨맞고 한강에 가서 눈 흘긴다.

ㄹ. 꼬부랑 자지 제 발등에 오줌 눈다.

ㅁ. 늙은 말이 콩 더 달라고 한다.

(10) ㄱ. 물 찬 제비 같다.

ㄴ. 복날 개 패듯 한다.

ㄷ. 엎어지면 코 닿을 만큼 가깝다.

ㄹ. 중 대가리에 녹두알 굴러가듯 한다.

ㅁ. 댑싸리 밑 개 팔자.

위에서 (8), (9), (10)은 각각 격언, 속담, 관용적 표현들이다. 이들의 정확한 구분에 대해 논의한 것은[14] 별로 없다. 또한 ㉠ 표현이 짧고 간결하다는 것과 ㉡ 여러 가지 수사법을 쓰고 있다는 공통점이 있음에도 불구하고 다음의 차이점을 보여주고 있다.

격 언	㉠ 말한 사람(성현, 철인 위인)이 있다. ㉡ 개인적 개성적이다. ㉢ 경전, 고전 등에 실려 있다(출전이 있다). ㉣ 귀중함, 지도적, 가르침, 경계 등 도덕적 교훈적, 인생의 지침으로서의 가치. ㉤ 언중은 수동적 상위적 개념으로 인식하고 수동적으로 수용한다. ㉥ 직설적, 위압적 설명적 명령적이다. ㉦ 수사법은 비유는 거의 없고 대구, 대조 등 변화법 파장법 등을 많이 쓰고 있다. ㉧ 어휘는 주로 추상어가 주로 쓰인다(78%).
속 담	㉠ 어느 때 누가 한 말인지 모른다. ㉡ 민간에서 전해오며, 널리 퍼져있다. 따라서 속되다. ㉢ 알기 쉬우며, 교훈적 풍자적이다. ㉣ 공감(동감)-동류적 관점에서 접근한다. ㉤ 민족사회의 오랜 경험과 지혜를 반영한다. ㉥ 비유, 강조 변화법 등 수사법이 다양하게 쓰이고 있다. ㉦ 비유적 표현은 풍유가 가장 많고 직유, 은유는 아주 적다. ㉧ 어휘는 구체어가 주로 쓰인다(98.7%). ㉨ 아이러니가 주조를 이룬다.

---

14) 격언, 속담, 관용적 표현의 구분에 대해서는 이석규(2003)를 보라.

<table>
<tr><td>관용적 표현</td><td>㉠ 표현된 방식이 속담에 매우 가깝다.
㉡ 그러나 속담에 나타나는 교훈성, 풍자성 등이 없다.
㉢ 수사법은 비유가 주조를 이루고 있으며 과장 등 강조법도 보인다.
㉣ 비유법은 속담보다 오히려 더 많이 쓰이고 있으나, 직유와 은유에 편중되어 있다.
㉤ 구체어가 주로 쓰인다(99%).</td></tr>
</table>

위에서 살펴본 바와 같이 일반적으로 격언은 권위적이며 따를 수밖에 없는 강제성을 느끼게 하는 반면 속담은 공감을 유도하기 때문에 친근감을 준다. 관용적 표현도 속담과 비슷하기는 하지만 교훈성이나 아이러니가 없는 단순 묘사에 불과하므로 우리의 일상생활에서 속담이 가장 많이 인용되며 오랜 세월 동안 언중의 사랑을 받고 있다. 그중에서도 속담은 생활의 현장에서 발견되고 사용되고 그리고 오랜 세월동안 수많은 사람들의 인증을 받아 오늘에 이른 것으로 표현이 아름답고 함축적이며 역설과 아이러니를 지녀 특히 많은 사람들에 의하여 끝없이 인용되고 있다.

다음은 문학작품 중에서 시의 인유와 패러디의 예를 한 둘만 들어 보고자 한다.

> (11) 슬퍼하는 자는 복이 있나니
>   슬퍼하는 자는 복이 있나니
>   슬퍼하는 자는 복이 있나니
>   슬퍼하는 자는 복이 있나니
>   슬퍼하는 자는 복이 있나니
>   슬퍼하는 자는 복이 있나니
>   슬퍼하는 자는 복이 있나니
>   슬퍼하는 자는 복이 있나니
>   저희가 영원히 슬플 것이요.
>
> —윤동주, '팔복' 전문

이 시는 1940년에 발표된 작품으로 서구문학의 근간이 되고 있는 성경을, 당시의 우리나라 국민들의 형편을 투영하는 입장에서, 비판적으로 재해석하고 있는 패러디이다. 원 텍스트는 다음의 마태복음 5장 3절에서 12절까지의 산상수훈이다.

> (12) 심령이 가난한 자는 복이 있나니 천국이 그들의 것임이요
> 애통하는 자는 복이 있나니 그들이 위로를 받을 것임이요
> 온유한 자는 복이 있나니 그들이 땅을 기업으로 받을 것임이요
> 의에 주리고 목마른 자는 복이 있나니 그들이 배부를 것임이요
> 긍휼히 여기는 자는 복이 있나니 그들이 긍휼히 여김을 받을 것임이요
> 마음이 청결한 자는 복이 있나니 그들이 하나님을 볼 것임이요
> 화평하게 하는 자는 복이 있나니 그들이 하나님의 아들이라 일컬음을 받
> 을 것임이요
> 의를 위하여 박해를 받은 자는 복이 있나니 천국이 그들의 것임이라
> 나로 말미암아 너희를 욕하고 박해하고 거짓으로 너희를 거슬러 모든 악
> 한 말을 할 때에는 너희에게 복이 있나니
> 기뻐하고 즐거워하라 하늘에서 너희의 상이 큼이라 너희 전에 있던 선지
> 자들도 이같이 박해하였느니라.
>
> — 마태복음, 5장 3절~12절

'—한 자는 복이 있나니 저희가 —이오'라는 기본 통사구조가 반복되는 원 텍스트의 8가지 '복'은 패러디 텍스트에서 모두 '슬픔'으로 바뀌고 있다. 원 텍스트의 팔복을 8가지(번)의 슬픔, 아니 영원한 슬픔으로 재해석하고 있는 이 시는, 서구문학의 근간이 되고 있는 『성경』을 의식적으로 전경화하고 있는 것이다.

■ 응집성

✔ 응집성의 개념

텍스트 생산자는 의도성의 실현을 위하여 수용자의 용인성, 그리고 상황성과 텍스트상호성 등을 고려하여 가장 적합한 방식으로 정보의 수준을 결정하고 배치를 시도한다. 물론 심리적 요인과 사회적 요인, 정보처리적

요인, 그리고 언어적 요인들이 당연히 함께 작용하며, 아직은 개념의 형태를 띤다. 그것이 응집성(coherence)이다. 그러므로 응집성이란 텍스트를 이루는 여러 개념과 그 개념들 사이의 관계가 발화체 내부에서 서로 조화하고 의존하는 가능성 또는 적합성을 말한다. 다른 말로 응집성은 텍스트 안에서의 의의의 연속성이라고 할 수도 있다.

한 텍스트가 '의미가 있다'는 것은 텍스트를 이루는 표현들 사이에 의의의 연속성(continuity of senses)이 존재한다는 뜻이며, 어떤 텍스트가 '무의미하다'는 것은 수용자가 바로 이 의의의 연속성을 발견할 수 없거나, 텍스트가 수용자의 세계지식 또는 인간적 기대와의 심각한 불일치가 일어나고 있다는 것을 의미한다. 텍스트의 가장 명료한 인지적 구성체는 표층텍스트 표현에 나타나는 의의이다. 그러나 텍스트의 세계는 표층표현 이상의 의의가 있다. 그것은 표층표현이 제시하는 것 이상의 이중 삼중의 의미를 지닐 수도 있다. 응집성은 이러한 의의의 연속성을 모두 포함한다.

✔ 개념, 개념들의 관계

텍스트를 이루고 있는 개념은 인지적 일관성과 통일성을 가지고 마음속에서 복원되거나 활성화 될 수 있는 지식의 구성체이다(보그랑드와 드레슬러, 1981 : 130). 그것은 특정한 표현을 마주했을 때, 언어사용자들은 대체로 같은 부류의 지식을 활성화하는 경향이 있다는 것으로도 설명할 수 있다. 그러나 언어의 사용에 있어서 용법이 매우 다양하기 때문에 개념의 의미를 가능한 용법의 총화라고 할 수도 있는 것이다. 실제 텍스트에서는 각 개념들은 다른 개념들과 하나 이상의 관계를 맺고 있는데, 이 관계들은 의의의 연속성을 나타낼 뿐만 아니라, 그 개념 용법을 제한하여 하나의 의의를 드러내주는 기능을 하기도 한다. 이처럼 개념들의 연결고리의 역할을 하는 '관계'는 자신이 연결하는 개념의 명칭을 갖게 된다.

✔ 절차적 접근

응집성에서 가장 중요한 것은 텍스트 안에서 표현에 대한 개념적 의의 (senses)들이 어떻게 지정되고, 그 의의들이 텍스트 세계라는 인지적 구성체로 어떻게 합쳐서 들어갈 수 있는가를 밝히는 일이다. 텍스트에서 언어가 의미를 가지는 것은 인간의 활동 양식 중에서 지식을 저장하거나 습득하거나 사용하는 경우이다. 그런데 이것을 연구 대상으로 삼는 방법론이 절차적 접근 방식이다. 텍스트를 하나의 절차적 관점에서 접근하면 플랜 작성, 아이디어화, 아이디어 전개, 표현, 통사 분석 등의 생산과정을 거친다. 그 중에서 응집성의 결정 단계는 표현의 단계에 해당된다. 이 단계에서 텍스트의 활동기저를 이루는 것이 프레임(frame), 스키마(schema), 플랜(plan), 스크립트(script) 등의 양상으로 나타나는 전국적 인지패턴(global patterns)이다. 그것은 당면한 처리과제의 요구에 따라 다른 양상을 띨 수도 있다. 수용자들은 텍스트의 주제(topic)가 무엇이며 텍스트 세계는 어떻게 구성되어 있는가에 대한 가설을 수립하고 검증할 목적으로 지식 패턴을 사용한다. 그밖에도 확대활성화, 의미의 상속의 문제가 있다.

✔ 개념 표시 망

응집성이란 주제를 중심으로 한 지식공간들로 구성된 하나의 망으로서 그 안으로, 개념들과 그들의 관계가 결합해 들어감으로써 이루어지는 결과라고 상정된다.

개념들의 망[15]은 문법적 의존관계가 이루는 구성체의 틀을 참고하여 개념들의 의의를 구축하는데 주의 집중의 방향은 제어 중심이다. 제어 중심이 될 수 있는 것들을 1차 개념이라고 하여 대상물(objects), 상황(situation), 사상(events), 행위(action) 등을 상정하고 그 외의 개념들을 2차 개념으로 정

---

15) 보그랑드와 드레슬러(1981 : 144~164)의 내용의 일부를 요약하여 소개한 것이다.

해놓고 있다. 예컨대, 상태(stat), 동작주(agent), 관계(relation), 원인(caution), 이유(reason), 목적(purpose) 등 3, 40여 가지 항목을 제시하고 있는데, 이는 더 늘어날 수도 있을 것이다.

　개념들의 망은 개념관계의 명칭뿐만 아니라, 연결 관계의 강도나 경계, 그리고 연결 관계의 성격 등 여러 가지 필요한 것들을 다양하게 표시할 수 있다. 그러나 이러한 방법들은 너무 복잡해서 실현성이 매우 적으며, 아주 짧은 텍스트에 사용하거나, 긴 텍스트일 경우에는 거시적 개념관계의 표시만 가능하다. 물론 거시적 개념관계를 표시할 때는 위의 개념 표시들과 상당히 다를 수밖에 없을 것으로 보인다. 아무튼 이러한 표시방법을 필요한 부분에 부분적으로 사용한다면 커다란 효과를 거둘 수 있을 것이다.

　다음의 예를 보자.

(13) 아들과 엄마가 스무고개를 한다.
　　엄마 : 아들아 우리 심심한데 스무고개나 할까?
　　아들 : 내가 생각했어요. 맞추어 보세요.
　　엄마 : 생활에 꼭 필요한 거지?
　　아들 : 응!
　　엄마 : 우리 집에도 있니?
　　아들 : 거의 없어서 항상 문제야…
　　엄마 : 엄마가 무지무지하게 좋아하는 거니?
　　아들 : 맞아. 나도 좋아하구…
　　엄마 : 알았다. 돈이구나?
　　아들 : 아니, 사랑…

　아들과 엄마가 각각의 역할을 갖고 협력하여 전체적인 플랜에 참여한다. 모티브는 '스무고개'에서 출발하며, 아들과 엄마는 다음의 단계를 거친다.

㉠ 생활에 꼭 필요한 것
㉡ 우리 집에도 있긴 한데 너무 조금인 것
㉢ 엄마와 아들이 아주 좋아하는 것

㉠~㉢의 단계에서 나타난 바를 바탕으로 한, 세계지식의 작용, 또는 인간적 기대는 누구나 쉽게 대답을 추론할 수 있게 한다. 그 첫째가 '돈'이다. 사실 ㉠~㉢의 단계를 통하여 '돈'을 생각하는 것은 보통 인간, 특히 현대인이라면 너무나 당연한 생각이다. 그리고 그쯤에서 이야기가 끝난다면 그냥 평범한 텍스트가 되고 말았을 것이다. 그러나 이 텍스트의 생산자는 '돈' 말고도 ㉠~㉢의 단계를 공통적으로 만족시킬 수 있는 또 하나의 해답을 제시한다. 그것이 '사랑'이다. 사람의 형편이나 가치관에 따라서 다소간의 차이가 있기는 하지만, 인간은 누구나 '돈'과 '사랑'을 반드시 필요로 한다. 그런데도 현실세계 속에서 이 두 가지는 항상 부족하다. 그런데도 '돈'은 물질적 형태가 있는 것이며 그 가치가 가시적으로 드러나는 것이고, 그것을 통하여 자만심이나 욕심을 만족시키는 것이므로, '돈'에 대한 필요성, 결핍감은 누구나 절실하게 그리고 구체적으로 느낀다. 현실적으로 많은 사람들이 그것을 위해서 아파하고 고뇌하면서 정신없이 달려가기도 한다. 그러나 '사랑'은 물질적인 모습을 띠는 것도 아니고, 가시적으로 드러나지도 않는다. 사랑은 또한 많은 것을 희생하거나 감수해야만 되는 경우가 많다. 왜냐하면 그것은 받는 것이 아니라 주는 것이기 때문이다.

따라서 가정 안에서조차 돈을 추구하는 그런 절실함으로 사랑을 추구하지 않는 경우가 많다. 때때로 그것의 중요성을 상기했다 하더라도 더 급한 많은 문제, 예컨대 돈을 버는 일 따위 때문에 잊어버리는 경우가 허다하다. 그러나 사실은 사랑이야말로 궁극적으로 인간을 인간답게 만들고 인간에게 진정한 행복을 주는 대상이다. 누구나 그것을 안다. 다만 때때로 현실 속에서 망각하고 지낼 뿐인 것이다. 텍스트 생산자는 ㉠~㉢의 단계를 거치면서도 미처 상기하지 못하는 소중한 세계에 대한 대답을 예기치 못한 순간에 제시하고 있다. 그리하여 수용자의 허를 찔러, 상대적으로 '돈'보다 절실하게 여기지 않던 '사랑'을 훨씬 가치 있는 것으로 격상시킴으로써 이를테면, '사랑' 본래의 가치를 회복시키고 있는 것이다.

  이것을 응집성을 나타내는 개념과 개념들의 관계의 망16)으로 표시해 보자.

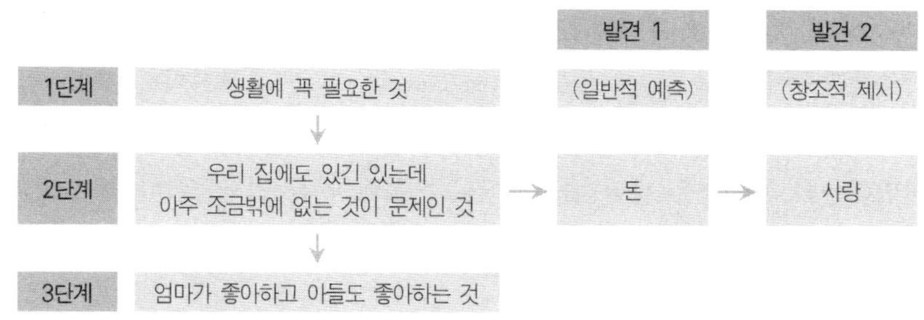

■응결성

  이제까지 심리적 요인, 사회적 요인, 정보처리적 요인 등이 함께 작용하는 과정을 살펴보았는데 마지막으로 그것을 선형화된 언어의 연쇄로 바꾸는 과정이 응결성(cohesion)이다. 텍스트의 표층 구성요소들은 문법적 규칙에 따라 서로 의존하므로, 응결성은 당연히 문법적 의존관계(grammatical depedencies) 또는 통사규칙을 바탕으로 한다. 그런데 추상문법에서 통사구조의 주요단위들이 구(phrase), 절(clause), 문장(sentence)이라면, 텍스트의 응결성은 문장 이상의 단위들의 결합으로 이루어지는 경우가 대부분이므로,

---

16) 이상의 예시는 거시적 개념관계의 표시다. 그리고 일반적으로 시도되는 1차 개념, 2차 개념 등을 포함한 위에 제시한 관계표시 망과는 상당히 다르다. 아직까지 이에 관한 정형이 따로 있는 것은 아니다. 다양한 방법으로 시험할 필요가 있다.

문장을 뛰어넘는 긴 텍스트의 경우 이미 사용된 구조와 패턴들이 어떻게 다시 사용되고 수정되며 또한 압축되고 생략될 수 있는가에 관심이 집중된다. 이러한 것들은 텍스트 생산과 수용에 있어서 안정성과 경제성을 동시에 높이는 역할을 한다.

이러한 예로 중요한 것들이 회기법(recurrence), 부분 회기법, 병행구문(parallelism), 환언(paraphrase) 등의 쓰임에 관한 체계 있는 연구와, 대명사, 대동사, 대형용사 등 대용형의 사용이라든지, 또는 생략법, 시제, 상(aspect), 접속표현(junction)의 사용을 통하여 텍스트가 만들어내는 텍스트 세계의 사상(events)나 상황들의 관계를 표시하고 조정하는 문제에 관한 탐구, 그리고 기능문장투시법(functional sentence perspective)과 같은 중요성이나 새로움의 정도를 나타내게 위한 순서를 정하는 문제, 구술 텍스트에서의 억양 등 의미내용의 중요성을 나타내는 메커니즘 등에 관한 연구들이다. 응결성의 한 예를 살펴보자.

> (14) 취리히의 빈민굴 한 뒷골목에서 한 늙수그레한 노인이 두리번거리며 무엇인가 소중히 주워 모으고 있었다. 한 줌이 되면 소중한 듯 주머니에 넣고 다시 길바닥을 살피는 데 여념이 없어보였다. 이 수상쩍은 모습을 조금 전부터 지켜보고 있던 순경은 필시 그 노인이 어린이들의 소지품이라도 노리는 파렴치한이라고 생각했다. 순경은 노인의 곁으로 다가가서, "여보시오. 무얼 하는 거요?"하며 멋쩍은 듯이 웃고 있는 노인의 주머니를 뒤져보았다. 그런데 그것은 깨어진 유리조각이었다. 어이없는 순경은 "이것들을 도대체 무엇에 쓰려는 거요?"하고 물었다. 노인은 거리를 뛰놀고 있는 소년들의 맨발을 가리키며 "저들의 발이 상할까 해서…."하고는 여전히 길바닥을 살피고 있었다. 이 노인이 근세 교육의 아버지인 스위스의 페스탈로치 그분이었다.
>
> — 김길수, 『실제하는 사랑』 중에서

위의 예문에서 우리는 대용형(pro-form)이라는 응결성 장치를 확인할 수 있다. 대용형은 특정한 어휘 의미가 없는 경제적이고 짧은 단어가, 표층텍스트에서 보다 명확하고 의미내용을 활성화할 수 있는 표현들 자리에 들어가 대신 사용되는 것을 말한다. 특히 공지성 표현보다 먼저 대용형을 사용하는 것을 후조응(後照應)이라고 하는데, 이는 불확실성을 생성하여 수용자의 관심을 고조시키기 위해 사용된다.

응결성에서 또 한 가지 유의할 것은 추상문법에서는 도외시하고 있는 시간상의 과정이라는 측면이 고려되고 있다는 점이다. 이와 관련하여 보그랑드와 드레스러(1981)에서는 확대전이망(Augumented Transition Network, ATN)을 제시하고 있다. 확대전이망은 연결고리로 연결된 결점들의 구성체인데, 이들 망은 언어사용자들이 사용하는 문법적 책략과 기대를 포착하며, 문법규칙도 이들의 사용절차로서 표현된다. 구, 절, 혹은 문장은 실제로 일어나는 문법적 거시상태(macro-state)로 나타나고, 그 안에서 각 요소들은 텍스트 체계의 미시상태(micro-state)로 나타난다.[17] 특히 확대전이망의 통사구조를 나타내는 나무그림(tree diagram)과 다른 점은, 시간적 과정이 나타난다는 것이다.

3) 텍스트성 이론의 비판에 관하여

먼저, 고영근(1999 : 180)은 "파터(1994 / 이성만 역 1995)와 관련하여 볼 때, 텍스트다움과 이의 하위 구성조건인 응집성을 응결성으로부터 독립시키는 태도가 바람직하다."며 텍스트다움의 판정기준으로 다음의 일곱 가지를 들고 아래와 같이 묶었다.

> (15) 텍스트다움의 판정기준 (1)
>   응결성, 응집성

---

17) 텍스트의 미시구조 나아가 상징구조로 나아가는 확대전이망의 구체적 모습들은 이석규 외(2001)를 보라.

    (16) 텍스트다움의 판정기준(2)
        의도성 / 용인성 / 정보성 / 상황성 / 간텍스트성

    그러나 텍스트 분석을 통하여 " '판정기준(2)' 가운데서 의도성, 용인성, 정보성, 상황성은 '판정기준(1)'의 응집성에 넣을 수 있고, 간텍스트성은 응결성과 응집성의 성격을 겸한 것으로 보는 것이 좋다고 생각하여, 크게 응결성과 응집성으로 나누되, 판정기준(2)를 (12)와 통합 서술하는 관점을 취하였다."고 한다. 결국 이 논의는 텍스트다움의 판정기준으로 응결성과 응집성으로 족하다는 견해로 받아들여진다.

    두 번째로, 클라우스 브링커(1985 / 이성만 역)는 응집성에 관하여 문법적 조건과 주제적인 조건들을 다루고 있는데, 여기에 사용된 응집성의 개념은 보그랑드와 드레슬러(1981)의 응결성과 응집성을 합친 개념으로 사용하고 있다. 그런데 보그랑드와 드레슬러(1981)에서도 응결성과 응집성을 텍스트의 가장 명시적 형태로 규정하고 있다. 물론 이 두 가지 조건이 갖추어지면 일단 텍스트언어학의 연구대상으로서의 '텍스트'의 형태를 갖출 수는 있다.

    세 번째로, 한국텍스트언어학회(2004 : 19~26)에서는 커뮤니케이션 상황에서 화자 / 청자의 중요성을 강조함으로써 텍스트의 개념을 정의한 다음, "무엇이 텍스트를 텍스트답게 하는가?"라는 질문에 대답하는 형식을 빌어, 보그랑드와 드레슬러(1981)의 일곱 가지 텍스트성을, 텍스트를 텍스트답게 하는 기준이라고 소개하면서, 그러나 "상이한 텍스트의 종류들의 경계를 일곱 가지의 절대적 잣대로 설정할 수는 없다고 본다."고 비판하고 있다. 또한 고영근(1999)에서 논의한 파터(H. Vater, 1994 / 이성만 역)의 견해를 재인용하면서 "응결성이 문법자질이라면, 응집성 자질은 주제구성에 결정적인 텍스트구성 성분들 사이의 논리·의미적인 관계 자질인데, 파터는 이런 구성성분들을 '중요자질'로 보면서, 주제는 텍스트에서의 응집관계를 결정한다."고 하여, 이를 텍스트다움의 핵심기준으로 보았다. 이는 보그랑드와 드레슬러가 주장한 모든 기준들이 충족되지 않더라도 응집성이 있으면 텍스트가 될 수 있다는 뜻이라고 주장하고 있다.

이상의 보그랑드와 드레슬러(1981)에서 제시한 텍스트성에 대한 비판에 대하여 필자는 다음과 같은 견해를 갖는다.

고영근(1999)에서 제시한 의도성, 용인성, 정보성, 상황성을 응집성에 포함시키는 것은 보그랑드가 제시한 각 '텍스트성'에 대한 창의적이면서도 구체적, 논리적인 견해를 특별한 논리적 근거 없이 무시하고 있는 것으로 받아들여진다. 왜냐하면, 정보성은 그렇다 치더라도 상황성이나 용인성은 응집성과는 전연 다르기 때문이다(텍스트성 참조). 많이 양보하여 브링커(1985)의 응집성의 개념 속에 보그랑드와 드레슬러(1981)의 응결성과 응집성이 합쳐진 상태의 개념으로 받아들인다 해도 무리하기는 마찬가지이다.

더구나 한국텍스트언어학회(2004 : 19)에서는, "…텍스트는 커뮤니케이션에서 화자가 사용한 언어표현들이자 이 언어 표현들에 대한 청자나 독자의 해석이라고 할 수 있다. 따라서 텍스트의 정의는 청자의 지식체계와 접목할 때 가능하다."고 청자의 지식체계를 강조하고 있다. 이처럼 청자의 입장을 두둔하면서도 응집성을 강조한 나머지 용인성을 무시하고 있다. 용인성이야 말로 청자의 지식체계와 직결되는 자질인데도 말이다. 게다가 텍스트언어학의 이해(2004 : 23)에서 "보그랑드와 드레슬러가 주장한 다른 모든 기준들이 충족되지 않더라도 응집성이 있으면 텍스트가 될 수 있다는 뜻이"라고 단정하고 있다.

우리가 알고자 하는 것은 외면적인 텍스트의 형태만 갖춘 텍스트에 관심을 갖고 있는 것인지, '텍스트다운 텍스트'에 관심을 갖고 있는 것인지 자문하지 않을 수 없다. 만약 텍스트언어학이 전자에 관한 것이 아니라면,

(17) ㄱ. 불 좀 빌려주시겠습니까?

ㄴ. 불 좀 줘.
ㄷ. 불!

– 한국텍스트언어학회(2004 : 20)

위에서 (ㄱ), (ㄴ), (ㄷ)의 차이에 대하여, 어느 것이 어느 상황에서 어떻게 적절한 텍스트인지에 대하여 관심을 가져야 하지 않겠나 하고 생각하는 것이다. 왜냐하면 상황에 맞지 않는다면 텍스트 자체가 성립되지 않기 때문이다. 그것은 응집성의 문제가 결코 아니며 상황성의 문제인 것이다.

필자가 위에서 '정보성'에 관하여 마치 그것은 응집성에 포함되어도 좋다는 듯이 이야기한 것 같아서 한마디만 덧붙이고자 한다. 정보성은 응집성을 만드는 데에 있어서, 주제나 제재와 관련하여 그 자료가 되는 것이 사실이지만, 그뿐 아니라 텍스트를 텍스트답게 만드는 가장 중요한 자질이라는 점을 지적하고 싶다. 왜냐하면, 정보성은 우리가 사용하는 유머나, 위트, 우리가 인용하는 격언이나 속담, 또는 각종 언어 예술에 관한 텍스트는 물론, 텍스트를 흥미롭게 만드는 일과 상대를 설득하거나 지시 또는 교육하는 모든 텍스트에 핵심적으로 관여하는 자질이기 때문이다. 따라서 그 텍스트의 흥미를 포함하는 가치는 물론 텍스트의 필요성까지 바로 이 정보성에 의하여 판가름 난다.

한국텍스트언어학회(2004 : 25)에서는, 보그랑드와 드레슬러의 말을 다음과 같이 간접인용하고 있다.

> "언어의 산출물은 커뮤니케이션에 장애를 받을 정도로 텍스트의 기준을 심하게 훼손되는 경우에만 텍스트가 아닌 것으로 볼 수 있다. 예컨대, 인지 가능한 응결성, 응집성 상황 관련성 등이 완전히 빠져 있는 경우에만 그러하다. 텍스트 사용자는 의사소통의 목적이 성립하는 한, 응결성이나 응집성의 장애에 대해 어느 정도의 관용을 베풀 수 있다."

보그랑드와 드레슬러의 이 견해는 정도의 문제이기는 하지만 타당하다고 본다. 왜냐하면 첫째, 커뮤니케이션의 목적이 화자의 의도를 성취하려는 데 있고(의도성이 중요하다는 의미), 둘째, 여기서 표현된, '커뮤니케이션이 장애를 받을 정도'와 '어느 정도의 관용'에서의 '정도'가 같은 정도인지 아닌지가 문제이다. 표현된 어조로는 전자는 정도가 강하고 후자는 약한 것으로 느껴지는데 전체 맥락을 보면 그 정도가 같거나 후자가 강해야 하기 때문이다.

셋째, 여기서 이 두 경우의 '정도' 역시 상황에 따라서 다르다고 본다. 화자가 한국말을 잘 모르는 절박한 상태의 외국인인 경우나, 두 돌배기 아기가 엄마에게 의사를 표명하는 경우나 또는 당장 숨이 넘어가는 환자가 유언을 하는 경우의 정도와, 일상생활의 대화에서의 정도가 같을 수가 없을 것이기 때문이다.

이상에서 결국 응집성 외에 의도성, 용인성, 그리고 상황성이나 정보성이 얼마나 중요한가를 간단히 확인할 수 있었다. 『텍스트언어학의 이해』를 쓴 필자도 의도성을 강조하려는 목적이 어느 정도 달성됐을 것으로 보인다. 그러나 이처럼 중요한 의도성, 상황성, 용인성, 정보성 등을 경시하거나 의미를 달리 해석하여 응집성 하나로 묶어버리려는 주장은 신중히 다시 고려해야 되지 않을까 하는 것이다. 다시 한 번 되풀이 하거니와 보그랑드와 드레슬러(1981)의 텍스트성 이론은 다소 과장된 부분이 있다 해도, 적어도 텍스트다운 텍스트를 지향하는 관점에서는 아주 탁월하고도 중심적 이론이며, 앞으로 진지하게 애정을 갖고 더욱 연구와 관심을 기울여야 할 분야임에 틀림없다.

4. 거시구조와 초구조

1) 텍스트의 거시구조

하나의 텍스트에 대하여, 그 텍스트의 보다 큰 단위와의 연관성을 중심으로 생산해내는 총괄적 구조를 거시구조(makrostruktur)라고 한다. 거시구조는 원 텍스트와 마찬가지로 명제들로 구성되어 있다. 다만 원 텍스트의 명제보다 더 총괄적 의미개념을 제공해 준다. 그러므로 거시구조는 의미적이며 추상적 이론 구조라고 할 수 있다.

그런데 원 텍스트에 대하여 거시구조라고 명명한 그 구조가, 보다 전체적이며 더 큰 단위에 연관된 구조에 대하여서는 미시구조가 될 수 있다. 그러므로 거시구조란 명칭은 상대적 개념이라고 할 수 있는 것이다. 즉 어떤 텍스트에 대해서 미시구조로 간주되는 것이 다른 텍스트에 대해서는 거시구조가 될 수 있다는 의미이다. 뿐만 아니라 하나의 텍스트 내에 여러 가지 상이한 거시구조 차원이 존재하기 때문에 더 높은, 더 총괄적인 명제 수준이 그 밑에 있는 수준에 대해 거시구조가 되는 것이다. 그리하여 텍스트 전체의 가장 보편적이며 총괄적인 거시구조를 그 텍스트의 거시구조라고 부른다.

화자가 문장을 만들어 낼 때, 특히 일정한 맥락을 가진 구어적 표현에서, 가끔 의미적·통사적 규칙을 벗어난다는 사실을 고려할 때, 텍스트 역시 총괄적인 연관성과 관계되는 여러 규칙을 벗어날 수가 있다. 따라서 만약 거시구조에 대한 관념이 없다면, 청자는 연속되는 문장 곧 텍스트를 들을 때 '무엇에 대하여 이야기하는가?', '네가 뜻하는 바는 무엇인가?'하고 계속 물어야 할 것이다.

거시구조가 밝혀야 할 것 중의 하나가 텍스트의 주제 내지 대화 주제라는 개념이다. 텍스트 생산자와 수용자는 본유의 언어능력으로 길고 복잡한 텍스트의 경우라도 '무엇에 대해 이야기하고 있는가?', '대화의 대상이 무엇인가?'와 같은 문제의 답을 알게 된다. 그리하여 주제가 명시적으로 드러나지 않는 경우에도 주제파악을 할 수 있는 것이다. 텍스트 사용자들은 주제가 잘 드러나도록 유도해야 하는데, 그리하려면 보다 더 보편적이며 총괄적인 단위와의 연관성에 주의해야 한다. 거시구조를 생산하는 거시규칙은 우리의 언어능력의 일부가 재구성되는 것이다. 그 능력에 의하여 우리는 여러 의미를 더 큰 의미단위로 접합시키며 텍스트 내의 여러 명제 간에 질서를 준다.

2) 반 다이크(Van Dijk)의 거시규칙

반 다이크(1978)의 거시규칙이라 함은 텍스트의 주제 유도를 위하여 형식적으로 재구성한 것이다. 그러므로 텍스트의 주제라 함은 거시구조의 중심부분이 된다. 언어사용자는 거시구조를 생산함으로써 첫째, 더 큰 의미 연관성을 이해하고 해석하며, 둘째, 하나의 텍스트로부터 하나의 주제 혹은 여러 개의 주제를 유도하며, 셋째, 텍스트를 요약함으로써 원래 텍스트에 대해, 그 내용을 간단히 재현하는 또 다른 텍스트를 얻을 수 있게 되는 것이다. 물론 거시구조로 요약하는 것은 언제나 일반적 관습적 규칙, 즉 거시규칙에 의해서 이루어지는 것이다.

그런데 원 텍스트에서 거시구조로 되는 과정에서 일종의 의미적 변형이 일어난다. 그것은 규칙에 의하여 원 텍스트의 명제들을 전체와 연관되는 일련의 명제들로 변형시킨다. 이렇게 변형된 명제 p의 관계는 대부분 전체에 관련되는 것이지 전체 중의 여러 하위요소에 관련되는 것은 아니다. 아무튼 일련의 명제 $\langle p^1, p^2, p^3 \cdots \rangle$은 예컨대 거시구조의 첫 번째 차원에서 M_i^n가지 기술 되며, 최고차원 M^n까지 기술된다. $n=0$일 경우도 가능하다. 이때에는 미시차원과 거시차원이 동일하게 된다.

이처럼 명제 내용을 총괄적이며 전체적인 관점의 명제로 의미를 변화시키는 규칙들은 거시규칙이라고 부른다. 이 거시규칙이론은 반 다이크(1978)의 내용을 요약한 것이다.

⟨거시구조의 4가지 규칙⟩
① 생략(auslassen)
② 선택(selektieren)
③ 일반화(generalisieren)
④ 구성 혹은 통합(konstruieren oder integrieren)

형식적으로 볼 때 앞의 두 규칙은 삭제규칙($\langle \alpha, \beta, \gamma \rangle \rightarrow \beta$)이고 뒤의 두 규칙은 대체규칙($\langle \alpha, \beta, \gamma \rangle \rightarrow \delta$)이다.

이들 거시규칙은 의미적 함의(semantische implikation)라는 원리를 만족시켜야 한다. 거시규칙에 의하여 얻게 되는 모든 거시구조는 일련의 명제에 의하여 의미적으로 함의되지 않으면 안 된다. 그러므로 거시구조는 내용상으로 미시구조(혹은 그 밑에 있는 다른 거시구조)로부터 나온다.

거시구조는 정상적 연결조건 및 응집성을 만족시켜야 한다. 또, 어떤 명제가 동일한 거시차원에서 다른 명제의 전제가 된다면, 이 명제는 결코 생략할 수 없다. 그렇지 않으면 완전하게 해석될 수가 없기 때문이다.

■ 생략(auslassen)

생략은 전체 차원에서 볼 때 핵심이 아닌 잉여적인 정보를 제거하는 것이다.

다음 문장의 예를 보자. 가령, 'Ein Mädchen mit einem gelben Kleid leif vorbei(노란 옷을 입은 어떤 소녀가 지나갔다)'라는 문장은 다음과 같은 명제를 내포하고 있다.

    ㉠ Ein Maãdchen leif vorbei(어떤 소녀가 지나갔다).
    ㉡ Sie trug ein Kleid(그녀는 원피스를 입고 있었다).
    ㉢ Das Kleid war gelb(그 원피스는 노란색이었다).

이 경우, 옷의 종류나 원피스의 색깔을 반드시 알아야 하는(전제가 되는) 특수한 경우가 아니면, 규칙 '① 생략'에 의해, 먼저 ㉢이, 다음으로 ㉡이 축소되어야 할 것이다. 여기서 ㉢이나 ㉡의 경우를 텍스트 전체 차원에서 잉여적이라고 부른다. 이 말은 더 높은 총괄적인 차원에서 볼 때 이들의 정보가 부차적이라는 뜻이다. 이처럼 거시규칙 ①을 적용하고 나면 미시 정보 중의 한 부분을 완전히 잃게 된다. 그리고 동일 세목을 획득하기 위해 이 규칙을 역으로 적용할 수는 없다.

■ 선택(selektieren)

다음의 명제들을 살펴보자.

    ㉠ Peter lief zu seinem Auto(페터는 자기 차로 갔다).
    ㉡ Er stieg ein(그는 차에 탔다).
    ㉢ Er fuhr nach Furt(그는 프랑크푸르트로 갔다).

위의 세 가지 명제는 규칙 '② 선택'에 의해 ㉠, ㉡이 제거될 수 있다. 명제 ㉠, ㉡은 명제 ㉢의 조건이거나 수단, 방법과 같은 구성요소에 불과하기 때문이다.

■ 일반화(generalisieren)

이 경우는 핵심적 정보도 삭제한다. 물론 주변적 정보도 삭제된다. 다만 어떤 다른 명제로 대체하는 점이 중요하다.

    ㉠ Eine Puppe lag auf dem Boden(인형 하나가 바닥 위에 놓여 있다).
    ㉡ Eine Holzeisebahn lag auf dem Boden(나무로 된 기차가 바닥에 놓여 있다).
    ㉢ Bausteine lagen auf dem Boden(쌓기 놀이의 나무토막들이 바닥 위에 놓여 있다).

이러한 명제는 다음과 같은 명제로 바꿀 수 있다.

    ㉣ spielzeug lag auf dem Boden(장난감이 바닥 위에 있다).

여기서 중요한 것은 새로운 명제 ㉣이 ㉠, ㉡, ㉢의 명제를 함의할 수 있어야 한다. 따라서 일반화라는 것의 개념은 추상화도 포함된다.

■ 구성 혹은 통합(konstruieren oder integrieren)

    ㉠ Ich ging zum bahnhof(나는 역으로 갔다).
    ㉡ Ich kaufte eine Fahrkarte(나는 차표 한 장을 샀다).
    ㉢ Ich lief zum bahnsteig(나는 플랫폼으로 갔다).
    ㉣ Der Zug fuhr ab(기차는 떠났다).

이런 배열은 더 나누어질 수 있지만, 전체적으로 볼 때 다음 명제로 바꿀 수 있다.

    ㉤ Ich nahm den Zug(나는 기차를 탔다).

㉠~㉣의 배열은 기차여행을 하는 과정을 모아놓은 요소들이다. 그런데 텍스트에는 기차여행이라는 말을 쓰지 않고 이렇게 서술한 것이다. 그것을 ㉤으로 구성화함으로써 기차여행을 하는 것으로 간결하게 대체하였다. 일반적으로 의미론에서 함의(entailment)라는 원칙은 반드시 논리적으로 엄격한 연역적인 방법에 의하여서만 적용되는 것으로 되어 있지만, 이처럼

귀납적 방법에 의해서도 적용된다.

규칙 ③ 일반화, ④ 구성 혹은 통합에서는 그 주제를 나타내는 명제가 명시적으로 드러나지는 않는다.

이상의 네 가지 거시규칙을 마무리하면서 반 다이크는 이 규칙들을 얼마나 많이 사용할 수 있느냐 하는 문제에 대하여, 그 한계를 제시하지는 않고 있으나 원래의 참다운 내용이 상실되어서는 안 된다고 못 박고 있다. 그것은 전체적, 총괄적으로 볼 때 화자가 표현하고자 하는 필수적 요소의 훼손을 경계하는 것으로 받아들여진다.

거시구조의 성격에 대하여 또 한 가지 생각해야 할 점은, 거시구조란 텍스트의 집합으로서 총괄적이면서도 본래의 텍스트와 동일한 의미를 가진 모든 텍스트를 의미한다는 사실이다. 따라서 무한한 텍스트가 거시구조의 토대가 될 수 있다.

가령, 한 처녀가 무슨 옷을 어떻게 입고, 우체국으로, 숙모에게, 또는 친구에게, 또는 역으로, 영화관으로 갔다. 그런데 이 모든 내용은 총괄적으로 보아서 내가 그녀를 보았으며, 그녀가 아름답고 나는 반했다는 사실일 수도 있을 때, 중요한 것은 바로 그것이며 앞에 있는 모든 이야기는 부차적인 것이다. 따라서 거시규칙은 그 텍스트에서 무엇이 중요하며 무엇이 부차적인가를 구분할 수 있게 해주는 것이다. 물론 하나의 텍스트에서 동시에 두 개의 거시구조가 생길 수 있다면 그것은 거시적—다의적(makro-mehrdeutig) 구조가 된다.

그리고 텍스트의 주제 혹은 대상(화제, topic)은 직관적 개념으로 거시구조 개념으로서 명백히 보통 의미적 정보라고 부르는 것이 추상적으로 표출된 것을 명제로 본다면, 거시규칙은 어느 정도 극히 복잡한 텍스트 정보를 조직하게 된다. 이러한 고찰은 어떤 측면에서는 정보축소를 함의하게 되어 거시규칙들을 의미정보 축소를 위한 조작으로 볼 수 있다.

5. 언어에 대한 동양적 인식

1) 언어의 사용

우리가 이해하고 연구하는 언어학은 현대언어학이다. 현대언어학은 구조주의언어학, 기술언어학, 변형생성문법 등으로 대변되는 언어 이론들이 주류를 이루고 있다. 그러나 누차 강조한 바와 같이 담화분석이나 텍스트언어학이 나오기 이전까지는 '언어란 무엇이냐'에 관한 탐구였다. 이러한 현대언어학적 관점에서 보면 동양의 언어학은, 서양에서 들여온 이론을 토대로 개별언어학을 연구하는 차원을 크게 벗어나지 못하였다. 동양에서 동양적 시각으로 발전된 언어학은 최근에는 거의 없다고 할 수 있다. 우리의 경우만 보더라도 우리가 세운 이론을 바탕으로 한 국어에 관한 연구는 사실상 내세울 것이 없다고 해도 과언이 아니다. 그러나 우리 선인들이 이룩한 언어문화의 가치는 결코 과소평가할 수 없을 것이다.

김상대(2001)에서는, '동양의 언어관은, 단순히 지리적으로 동양에서 형성한 언어관이 아니라, 서양의 언어관과 대조를 이루는 다른 한 편의 대표적 언어관을 의미한다'고 규정하고 있다. 그는 이어서 우리 사회가 근대화, 민주화, 산업화 등 일련의 서구화 과정을 거치면서 전통적인 언어관이 뒷전으로 밀려난 결과, 허위와 퇴폐풍조를 드러내는 천박한 언어문화라는 병리현상에 시달리는 현실에 대하여 지적하고 있다.

서양과 동양은 언어학에 대한 접근 자체가 다르다. 서양은 학자들의 지성에 의하여 체계적인 학문으로 성립되고 지속적인 이론으로 발전되어 온 것에 비하여, 동양은 성현들에 의하여 학문이 아닌 언어사용의 도라는 형태로 산발적으로 전수되어 왔다. 따라서 서양의 언어학이 하나의 학문으로서, 언어의 구조와 체계를 밝히는 형식에 관한 분석적 탐구였다면, 동양의 경우는 그런 면에는 어떤 체계적 연구도 없고 오히려 언어를 어떻게 사용해야 하는가 하는 언어사용의 측면에 대한 접근이 있었을 뿐이다.

2) 진리 표현을 위하여

동양의 언어적 관심은 언어란 무엇이냐를 학문적으로 규명하는 데 있지 않다. 언어란 어려서부터 배워서 알면 그만인 것이다. 언어를 배우는 것도 특별히 인위적으로 따로 가르치려고 노력할 필요가 없는 것이다. 시간이 지나면 저절로 배워서 아는 것이다. 언어란 단지 어떻게 사용하는 것이 옳으냐 하는 가치판단의 문제였다.

결과적으로 동양에서는 현대언어학과 같은 학문은 발생하지도 않았으며, 오히려 언어사용의 도를 통하여 인격수양과 삶의 지침으로 삶는 덕목으로 받아들였던 것이다. 그리하여 일상생활에서의 실용적인 기능에 관한 의식보다는 주로 공자, 노자, 부처 같은, 깨달음에 이른 성인들의 진리를 전달하고 수용하는 수단으로서 언어의 기능과 그 한계성에 주목하였다. 그리고 그것을 초극하여 보다 높은 차원, 예컨대 이심전심 같은 말없는 행동과 침묵을 통하여 우러나는 진실과 깨달음을 소중히 여기는 이를테면 삶과 도의 대상이었다.

동양에서 진리 또는 진리적 언어사용에 관한 인식은 특히 두 가지 측면이 있다.

첫째는 진리는 말로서 전달할 수 있는 것이 아니라는 것이다. 언어는 표면적인 것, 객관적인 것의 전달에는 유용하다. 그러나 그것이 한계이다. 내면적인 것, 정신적인 것에는 언어가 별로 소용이 없다. 말은 주변적인 것밖에 나타낼 수가 없으며, 따라서 그들의 인식은 한마디로 말이란 것은 진리를 나타내는 데 있어서 참으로 부족하다는 것이다. 진리는 언어의 한계 밖에 있으므로, 아무리 정확하게 표현하려고 해도 이미 말로 표현된 것은 진리가 아닌 하나의 허상이요 가짜라는 것이다. 이른바 '강을 건너는 데는 배가 필요하지만 강을 건넌 다음에도 왜 배를 걸머지고 가느냐?', 또는 '하늘의 달을 가리키는데 왜 달을 보지 않고 손가락 끝에 매달려 있느냐' 하는 식이다. 곧 언어란 배요, 손가락인 것이다. 그러므로 진리를 지시하거나 근처에까지 이르게 하는 수단은 될 수 있어도 말이 진리 그 자체는 아니라는 것이다. 그들에 의하면 진리의 요체는 말로 표현할 수 없는 것이기 때문에 사람들은 손으로, 눈으로, 침묵으로 또 때로는 그의 존재 자체로 이야기해야 한다고 주장한다. 가령 눈은 말 이상의 것을 전달할 수 있고, 눈의 접촉은 하나의 커다란 영적 만남일 수 있다. 또한 중요한 진리를 깨우치는 데는 침묵과 그 침묵 속에 나타나는 행동을 통해서 이른바 불립문자(不立文字), 심심상인(心心相印)의 깨우침을 이루어야 한다는 것이다.

둘째는 말의 진실성에 관한 인식이다. 세월이 복잡해지고 인간이 타락하다 보니 너무 많은 말들이 범람하게 되고, 말 속에 거짓과 위선과 모략이 숨어들어 언어가 타락하게 되었다는 것이다. 그러므로 동양의 전통적 사고방식으로는 말할 때 말재주를 부리는 것을 나쁘게 생각한다. 반면에 오히려 눌변을 좋게 여긴다. 말재주가 있는 사람은 말로써 사실 이상으로 미화하거나 과장하기 때문에 진실성이 부족하고, 이와 반대로 말을 더듬듯 주저하는 사람은 순박하고 신중한 자세로 의미 전달이 매끄럽지는 못해도 진실을 왜곡하지 않는다고 생각하는 것이다.

공자도 말재주 부리는 사람을 미워했고, 말재주 부리는 사람과 사귀는 것을 경계했던 것이다. 특히 정치가들이 말재주로 나라를 망치는 것을 경계하고, 이에 대하여 군자가 말을 더듬는 것을 아름답게 여기며, 나아가 말을 더듬는 듯이 조심하는 태도를 인(仁)을 나타내는 한 덕목으로 간주하기까지 하였다. 예컨대, 공자는 정명주의(正名主義)를 존중했고 뛰어난 말솜씨보다 눌변을 높이 평가했으며(巧言令色鮮矣仁), 부처는 현란하게 말 잘하는 것을 기언(綺言)이라 하여 죄 중에 가장 중한 죄로 여겨 터부시했던 것이다.

또한 노자 역시 「도덕경(道德經)」에 '희언 자연(希言 自然)'이란 말이 있는

데, 수식이 없는 말의 자연스러움을 강조한 말이다. 노자는 들어도 들리지 않는 말을 '希'라고 했다. 그러므로 희언은 '무언의 말'이다. 무언의 말은 의미가 있지만 아직 소리로 나타나기 이전의 말이다. 의미만 있고 소리가 없는 말은 오직 자연만이 간직하고 있다. 자연은 말이 없고 사람은 말이 있다. 말이 없는 자연의 말, 즉 수식이 없는 말은 오래가고 말이 있는 사람의 말, 즉 수식이 있는 사람의 말은 오래가지 못한다는 것이다.

이처럼 옛 성현들은 말의 부족한 한계를 인식하고 그것을 가르쳤으며 진실성 있는 언어사용을 강조하였다.

3) 맹자의 경우18)

맹자는 제자 공손축(公孫丑)의 질문에 대답하는 자리에서 다음과 같이 지언(知言)을 이야기하고 있다.

> 비뚤어진 말(詖辭)에서 (사적인 이해에) 가리운 바를 알며,
> 방탕한 말(淫辭)에서 (음침한 생각에) 빠져 있는 바를 알며,
> 사악한 말(邪辭)에서 (진실에서 멀리) 이탈된 바를 알며,
> 회피하는 말(遁辭)에서 (논리가) 궁한 바를 안다.

공손축이 질문한 내용은 "선생님의 강점은 무엇입니까?"라는 질문에 맹자가 "나는 말을 알며(知言) 호연지기(浩然之氣)를 잘 기른다."라고 한 대답에 나온 말로서, 원래는 말을 안다는 것인데, '말을 할 줄 안다'는 뜻이 아니라 '들을 줄 안다'는 뜻으로 쓰고 있다. 원래 맹자는 논리적이고 치밀하며 적절하고 정확한 말을 구사하는 사람으로 유명하다. 그리고 당대의 수많은 학자들이나 제왕, 재상들과 만나서 많은 말을 하였지만 언제나 그들을 승복하게 만들 만큼 달변가였다. 그런 맹자도 '말하기'보다는 '듣기'가 중

---

18) 보다 구체적인 내용은 '제6부 2. 『孟子』「浩然之氣 章」의 텍스트언어학적 접근'을 참조할 것.

요함을 강하게 인식하고 있었음을 알 수 있다. 원래 동양적 언어관은 말하는 것보다도 듣는 것을 중요시하고 있다는 방증이라고 할 수 있다.

여기서 '듣는다'는 것, 곧 '말을 안다'는 것이고, 말을 안다는 것은 하나는 표면적 말을 통해 화자의 (의도와 속셈을 포함한) 마음을 안다는 것이요, 둘은 말속에 숨어 있는 진실을 안다는 것이다. 이처럼 어떤 사람들의 말을 듣고 그 속셈과 사안의 진실을 파악할 수 있다면 결코 잘못 판단하는 일은(論語의 四十而不惑 참조) 없을 것이다. 그러므로 맹자가 말을 안다고 한 것은 말을 하기 전에 상대의 말을 잘 들음으로써 상대의 입장이나 사안에 대하여 정확히 판단할 수 있다는 뜻이며, 그 정확한 판단에 알맞은 말을 할 수 있음을 뜻하는 것이라고 할 수 있다. 또한 사실과 진실을 정확히 파악하고서 정치를 잘못할 수 없으며, 정치를 잘 하면서 일을 그르칠 수는 없는 것이니 그 다음 말은 저절로 수긍이 간다고 하겠다.

4) 출사(出師)를 위하여

증선지(曾先之)의 십팔사략(十八史略)을 보면 전국시대에 출사를 위하여 언어사용에 대한 공부를 철저히 했던 기록이 나온다. 맹자와 같은 시대에 왕허(王栩)란 인물이 있었는데 호를 귀곡 선생이라고 하였다. 그는 수학, 병법, 유학(遊說學), 출세학에 능해 따를 자가 없었다.

그의 제자 중에 많은 위인이 있었지만 유세학을 연구하여 재상이 된 사람은 소진(蘇秦)과 장의(張儀) 두 사람이다. 그중 소진은 귀곡 선생의 지도를 받고 세상에 나와서 스승으로부터 얻은 태공음부(太公陰符 : 세상에 관한 지식을 연구하여 제왕들을 설득하는 방법에 관한 책)를 공부하여 합종설(合從說)을 펴서 조(朝)나라를 비롯하여 여섯 나라의 왕들을 거느리고 진나라의 전횡을 막아내는 위대한 일을 해냈다.

또한 장의는 소진의 도움을 받아 합종설을 파하는 연횡설(聯橫說)로 진나라의 재상이 되어 진나라로 하여금 천하를 통일할 수 있도록 발판을 마련한다. 이들은 역사, 시세, 지리, 인물 등은 물론 각 인물들의 심리까지 깊이 연구하고 특히 왕들을 설득하는 비법을 깊이 터득하여 엄청난 효과를 거둔다.

이들 외에도 많은 유세자들이 나와서 왕과 귀족들을 설득하는 언어사용에 관한 방법들을 연구했는데, 이들의 연구 성과는 후세의 많은 학자나 경세가들에 의하여 연구되고 높게 평가를 받아왔다.

5) 처세를 위하여

노자의 무위자연설(無爲自然說)과 순자(荀子)의 성악설(性惡說), 상자(商子)의 법과 신자(申子)의 술(術)을 조화하여 집대성한 사람으로 한비자(韓非子)가 있다. 워낙 방대한 연구와 뛰어난 지혜로, 공맹(孔孟)의 이상주의적 언어관을 비웃으며, 현실적이며 실질적으로 출세하고 경륜을 펴는 방법에 관한 책을 저술하였는데 그것이 『한비자(韓非子)』이다. 이 책을 읽은 진왕(秦王)은 놀라움으로 찬사를 아끼지 않고 평생 소원으로 한비자를 만나고자 하였으나 한비자는 참소로 뜻을 펴지 못하고 세상을 떠난다. 그럼에도 불구하고 이 책은 사실상 전국시대와 선진시대(先秦時代)의 사상계를 풍미하였다. 인간관계의 부조리의 허실을 논파하면서 냉혹한 인간경영, 인간조정술 등은 현대의 정치, 경영, 상업 광고, 조직, 인사관리의 최신 이론과도 견줄 만하다. 특히, '난언편(難言編)', '세난편(說難篇)', '설림편(說林篇)' 등은 언어사용의 실전적 전략을 체계화하고 있다.

여기서는 '세난편'의 예를 한 가지만 들겠다.

옛날의 정(鄭)나라의 무공(武公)이 호(胡)를 치고 싶었다. 그래서 먼저 자기 딸을 호임금의 아내로 주어 그 마음을 기쁘게 했다. 그리고는 여러 신하에게 물었다.

"내가 전쟁을 하고자 한다. 어느 나라를 치는 것이 좋겠는가?"

대부 관기사가 대답하였다.

"호를 치는 것이 좋겠습니다."

무공은 몹시 화가 나서 "호는 형제의 나라이다. 네 어찌 이를 치라고 하느냐?" 하고 관기사를 죽여 버렸다. 호의 임금이 그 말을 전해 듣자, 정나라가 자기를 친애한다고 생각하고 마침내 정나라에 대한 방비를 하지 않았다. 정나라가 이 틈을 타서 호를 습격하여 빼앗아 버렸다.

송나라에 부자가 있었다. 한 번은 비가 내려서 담이 무너졌다. 그 아들이 말했다. "담을 쌓지 않으면 도둑이 들어올 것입니다."

이웃 늙은이도 역시 그렇게 말했다. 그날 밤에 과연 도둑이 들어 재물을 크게 잃었다. 그 집안에서는 아들을 매우 지모 있다 여기고 이웃 늙은이를 의심하였다 한다.

이 두 사람(관기사, 이웃 늙은이)이 말한 것은 다 이치에 맞는다. 그런데 심한 경우에는 죽음을 당하거나, 또는 도둑으로 의심을 받게 되었다. 그런즉 알기가 어려운 것이 아니라 아는 것을 어떻게 처리하느냐가 어려운 것이다.

그러므로 (진(晉)나라의 계략을 알아차렸던) 진(秦)의 요조(繞朝)의 말은 틀림없었지만, 진(晉)에서는 그를 성인(聖人)으로 감탄하였어도 진(秦)에서는 요조와 晉 나라 사이를 의심받아 죽음을 당했던 것이다. 말을 하는 사람은 이러한 것을 잘 살펴야 한다.

참으로 처세와 경세가로서 말하기의 허실에 있어서 정곡을 찌르고 있다고 하지 않을 수 없다.

6) 설득을 위하여

고려 성종 때(서기 993년), 고려의 일방적인 북진정책과 친송(親宋) 외교에 불안을 느낀 거란의 소손녕(蕭孫寧)은 20만 대군을 이끌고 고려를 침공하였다. 거란군은 봉산군(蓬山郡)을 점령하고 "우리가 고구려의 옛 땅을 차지하였는데 지금 너희 나라에서 강계(疆界)를 침탈하므로 와서 정토한다."고 위협을 하였다. 이러한 급박한 상황에서 고려조정은 항복하자는 견해와 서경 이북 땅을 떼어주고 화의하자는 할지론(割地論)이 우세하였다.

이때 서희는 적의 속셈을 간파하고 싸울 것을 주장하여 군사를 이끌고 적진에 대치하게 되었다. 군사적으로 열세에 있던 서희는 소손녕을 만나 담판을 하게 된다. 소손녕이 "그대 나라는 신라 땅에서 일어나고 고구려 땅은 우리가 소유하였는데 어찌 우리 땅을 침식하는가? 그리고 고려는 우리와 국경을 접하고 있는데도, 바다를 건너 송나라를 섬기고 있기 때문에 너희 나라를 공격하지 않을 수 없다."고 서희를 압박하였다. 서희는 특히 그들이 침입한 근본 이유가 후자에 있다는 것을 간파하고 "우리는 고구려의 뒤를 이은 나라이므로 이름도 고려라 하였으며 수도도 고구려의 도읍이었던 평양성이 아니냐? 뿐만 아니라 압록강 안팎이 모두 우리 경내인데 지금은 여진이 그곳을 힘으로 차지하여 완악하고 간사한 짓을 하므로 도로가 막히고 통과가 어려워 바다를 건너 송나라와 교역하는 것보다 어렵다. 만약에 여진을 쫓아내고 우리의 옛 땅을 되찾게 되면 마땅히 거란과 통하게 되지 않겠는가?"하고 반박 설득을 하였다. 그 결과 거란은 점령한 땅을 내주고 물러갔을 뿐 아니라, 고려로 하여금 압록강 동쪽의 여진족을 축출하고 장흥진, 귀화진, 곽주, 귀주, 흥화진 등 강동 육주를 쌓고 생활권을 압록강까지 넓히도록 협조해 주었다.

거란의 대군은 20만이었고, 고려 국경을 넘어 남진하여 수백 리 땅을 점령하였다. 그리고 경제적 손실과 전쟁을 위한 노고도 만만치 않았다. 게다가 거란국의 체면과, 조정에서의 소손녕 자신의 입지도 쉽지 않았을 터였다. 그럼에도 불구하고 국경 훨씬 너머까지 물러가서 오히려 고려의 영토를 넓혀주었다.

도대체 고려장군 서희가 어떤 말을 어떻게 했는지에 대하여 구체적인 기록이 남아있지 않아 알 길은 없다. 그러나 이러한 엄청난 성과를 거둔 것을 보면 그가 얼마나 상대를 철저히 설득했는지를 잘 알 수 있다.

서희 장군뿐 아니라 우리의 역사에는 상대를 설득한 여러 기록들이 있다. 그리고 요즘에 이르러 설득 심리학을 비롯한 이런 분야의 여러 책들이 출간되고 있다. 이러한 분야에 관하여 텍스트성이라는 관점에서 심각하게 분석하는 자료가 참으로 필요한 시점이라고 하겠다.

동양 특히 우리나라나 중국에서는 사람들의 말을 하는 방법에 대한 이야기가 많이 전해 온다. 그리고 그러한 것을 본받으려고 노력한다. 위에서 살펴본 몇 가지 사례들은 주로 옛날에 있었던 언어사용에 관한 것이지만, 텍스트언어학, 담화분석이 언어학의 한 분야로 인정되고 거기서 보다 유연하고 폭 넓게 언어 연구를 시도하게 된 현대에 이르러, 좀 더 구체적으로 언어사용의 특성과 목적에 따라 분류를 하고 그에 대한 체계를 세우는 일이 언어와 사회, 문화의 발달에 크게 기여할 것으로 생각한다.

이밖에도 전기, 각종 문집, 고전소설을 비롯한 고전 문학 일반과 판소리, 탈춤, 만담, 재담 등의 자료를 연구하고 또한 현대의 언어자료들 특히 매스컴에 나타나는 많은 자료들을 통하여 언어사용에 따른 체계를 세우는 일이 필요하다. 나아가 이러한 방향의 연구들을 체계화하여 학문화하는 일이 필요할 것으로 생각한다.

6. 언어의 예술적 사용

1) 연구의 필요성

인간은 언어적 동물이다.[19] 인간은 언어를 통하여 서로 교섭하고 협조하며 삶과 모든 문화를 창조해 왔고 앞으로도 그렇게 할 것이다. 그리고 언어는 아주 흔한 일상 언어에서부터 고도의 문화적 언어에 이르기까지 천변만화(千變萬化)의 다양한 모습과 형태로 발현된다. 그러므로 인간의 언어사용은 일상생활을 평범하게 영위해 나가는 문제에서부터 사람과 사람 사이의 이해, 협조, 설득, 감화, 감동, 기쁨, 재미, 위안, 문제해결, 문화 창조에 이르기까지, 그리고 인간사의 생사화복(生死禍福)과 우열성패(優劣成敗)를 결정짓는 문제까지 그 원인과 결과가 바로 이 언어사용의 산물이라고 할 수 있는 것이다.

이러한 상황에서 인간은 '어떻게 하면 효과적으로 언어를 사용할 수 있을까?'에 관하여 오랜 세월 연구하고 천착(穿鑿)해 왔으며 그 성과 중의 하나가 수사학(修辭學)이다.

수사학은 고대 그리스 로마에서 출발하여 중세를 거쳐 현대에 이르기까지 계속 연구 발전되어 왔는데, 처음에는 공공장소에서 영향력을 행사할 수 있는 웅변가를 양성하는 데서 출발하여 나중에는 글을 효과적으로 쓰는 문제에 관한 학문으로 발전하였다. 그리하여 필자의 의도에 따른 설명, 논증, 설득, 묘사와 서사의 기법에 관한 전반적인 연구의 토대를 세웠다.[20]

한편 퀸탈리안은 문체론(Stylistics)에서 정확성(Correctness), 명징성(Clarity), 우아성(Elegance), 적절성(Appropriateness) 등을 문체를 구성하는 네 가지 성격으로 규정하고 이들을 어떻게 실현하느냐에 따라서 문체가 달라진다고 하였다. 그러나 구인환(1965)에 의하면 샤르 바이(Charles Bally), 스피처(Leo Spitzer) 이후 문체는 어휘의 선택과 배열에 따른 특성을 파악함으로써 그 원인과 문체의 속성을 규명하고 체계화하는 쪽으로 기울어져 있다.[21] 따라서 '어떻게 표현하느냐'에서 '표현된 글의 특성이 어떠하냐'로 초점이 옮겨져 있

---

19) 언어적 동물로서의 인간의 특성은 '제1부 1.-1) 언어와 인간'을 참조.
20) 수사학의 발전에 대한 구체적 내용은 이대규(1995)와 보그랑드와 드레슬러(1981)를 보라.
21) 문체론에 대한 보다 구체적 내용은 구인환(1965), 박갑수(1979)를 보라.

으며 그것을 규명하기 위하여 비능률적인 통계 처리를 하여야만 한다는 문제가 있다. 그러나 이 역시 텍스트의 생산 수용의 문제에서, 특히 개인의 문체적 특성과 함께 문학 작품에 대한 문체론적 이론을 체계화하고 있다는 점에서 언어의 예술에 접근하려는 하나의 시도로서 마땅히 고찰해야 할 대상인 것이다.

문학이란 무엇인가? 그것은 두 가지의 특징을 갖는다. 첫째, 문학은 아름다움 또는 멋스러운 표현을 목적으로 한다. 따라서 문학은 비문학적인 글보다 더 아름답고 멋있고 더 슬프고 더 기쁘며 더 예리하고 더 감동적이다. 따라서 문학을 한 마디로 '잘 쓴 글'이라고 규정할 수 있다. 둘째, 문학은 많은 부분에서 창조적이다. 시나 소설 또는 신화나 동화에 논픽션의 요소와 비현실적 요소가 많은데 그것은 바로 창조된 글임을 의미하는 것이다. 수필 등 그밖에 다른 글들도 예술적 아름다움을 보다 잘 드러내기 위하여 특별하게 만들어 표현하는 창조적 요소를 항상 내포하고 있다.

이 두 가지의 특성을 고려하여 문학을 '창조적으로 잘 쓴 글'이라고 규정할 수 있을 것이다. 따라서 문학 연구에서는 어떻게 표현하는 것이 보다 화자의 의도를 효과적으로 나타낼 수 있는가 하는 문제가 중요하며 그에 관하여 꾸준히 탐구하고 추구하여 왔다. 그러나 그것은 문학 작품을 창작하는 과정에서 기능상의 탐구인 경우가 대부분이었다. 다시 말하면 문학을 포함한 모든 글의 전반에 걸쳐 예술성의 기준이나 특성을 체계화하고 그 요인을 객관적으로 분석하는 데까지는 그 연구가 미치지 못하였다. 뿐만 아니라 문학 작품에 관하여서도 다른 학문과 그 방법론의 도움을 얻어 객관적으로 그리고 보다 체계 있게 연구했다고는 할 수 없다. 더구나 예술적인 언어가 문학에만 국한되어 있는 것이 아니고 오히려 훨씬 많은 일상 언어생활에도 크게 영향을 미치고 있으므로 이에 대한 체계 있는 연구의 필요성이 시급하다고 여겨진다.

2) 텍스트언어학과 예술적 언어

텍스트학적 입장에서의 문예학은 특히 독일에서 발전했는데, 텍스트언어학에서 문학텍스트 분석 등 문학예술에 관하여 적극적인 관심을 나타낸 사람은 반 다이크(Van dijk, 1980)와 보그랑드(Robert. de. Beaugrande, 1980, 1991)이다.

반 다이크(1980 : 18~19)에서는 텍스트학은 언어와 관련되는 개별문학이나 문예학 등에 비해 일반적인 것을 서술하고 있으므로 보다 넓은 토대를 연구 대상으로 가지고 있다고 강조한다. 그는 문학적 텍스트, 특히 문학의 언어사용에 대한 분석은 직관적으로 형식화되어 이미 오래전부터 있어 왔는데, 언어학적 문예학의 등장은 촘스키(Chomsky) 및 여러 학자들에 의한 변형생성문법의 등장이 발단이라고 한다. 이처럼 반 다이크는 텍스트학적 바탕에서 문학작품을 분석해야 한다는 것을 적극 옹호하고 있다.

보그랑드(1980, 1991)도 텍스트성에 관한 빛나는 업적을 통해서 학제간의 협조를 통한 텍스트언어학의 발전을 강조하는 가운데 언어로 된 모든 텍스트, 특히 다양한 문학작품 분석을 예시하고 있다.

한편 한국텍스트언어학회(2004 : 38)에서는 "텍스트언어학은 텍스트 생산자 / 수용자의 심미적 능력에는 관심이 없으므로 문학관련 텍스트 분석과는 구분 된다"고 하여 마치 텍스트언어학이 문학을 연구대상으로 할 수 없는 것처럼 한계를 긋고 있다. 그러나 많은 사람들의 관점은 다르다. 가령 보그랑드(Beaugrande, 1991 / 정동빈 외 역)에서는 에드워드 사피어(Edword. Sapir)를 논하는 장에서 "문체론에 관하여 또는 언어와 문학에 관하여 파이크(Pike), 퍼스(Firth), 할리데이(Halliday), 반 다이크(Van Dijk), 하르트만(Hartmann) 등은 관심을 보였지만, 소쉬르(Saussure), 블룸필드(Bloofield), 옐름슬레브(hjeslev), 촘스키(Chomsky) 같은 학자들은 관심이 없었다."고 선언한다.

그런데 여기서 관심을 갖지 않았다는 것과, 텍스트언어학에서 문학작품

연구를 제외해야 한다는 것과는 전연 다른 문제이다. 왜냐하면 예컨대, 언어학의 의미론 전공자가 음운론에 대하여 관심을 갖지 않을 수도 있고 그 반대도 가능하다. 그렇다고 의미론 전공자가 음운론을 반대하거나 음운론 전공자가 의미론을 반대한다는 뜻은 아니기 때문이다. 더구나 구조·기술 언어학 시대(Saussure, Bloofield)와 텍스트언어학이 대두된 현재와는 언어학의 연구 분야에 대한 시각이 많이 변했음을 감안해야 할 것이다. 그 시대에는 텍스트언어학 자체가 없었던 것은 물론, 의미론조차 외면당하던 시대이다. 요컨대 언어와 문학에 관심을 보이지 않았다는 소쉬르(Saussure), 블룸필드(Bloofield), 옐름슬레브(hjeslev), 촘스키(Chomsky) 등은 관심을 보이지 않았다는 것이지 반대했다는 뜻은 아니라는 것이다.

그런데 그러한 시대에, 언어자체를 예술—집단적 예술—이라고 부르기를 좋아하던 에드워드 사피어(Edword, Sapir)는 이미 언어학의 입장에서 문학에 관한 관심이 컸던 것으로 보인다. 가령, "다른 언어와는 공유하지 않는 미학적 요소들—음성학적, 율동적, 상징적, 형태적인 요소들—이 언어의 형식적 특성이나 그 언어 모체(matrix)의 색깔과 구조에 의한 효과가 손실이나 수정 없이 전달될 수 없다면, 문학적 예술은 결코 번역할 수 없다고 생각할 수 있다(Beaugrande, 1991 / 정동빈 외 역(1996)에서 재인용)."라든가, 보그랑드(1991)에서, "사피어(Sapir)는 언어를 특정 매체에 채색되지도 않고 감정의 개입도 허락하지 않는 과학적 표현에 관심을 가졌고, 수학이나 수리 논리학에서 엄밀하게 단일 가치를 지니는 부호 같은 언어 표현을 추구하였다. 사고와 언어 또는 구어와 문어 사이의 관계를 수학적 유추로 나타내는 문제에도 관심을 가지고 있었으며, 근본적인 문제를 밝혀낼 지도 모른다고 생각하면 어느 쪽으로도 기꺼이 방향을 바꿀 수 있는 유연성을 지니고 있었다. 그러나 그는 모든 기존의 언어 표현의 총체와 연관되는 문학적 표현, 곧 예술적 언어 표현에 더 많은 관심을 가진 것으로 보인다."고 언급한 내용이 그 증거라고 할 수 있다.

한편 리치(G. Leech, 1975)는 언어의 기능을 다섯 가지로 분석하면서 마지막으로 미적 기능을 더하고 있는데 그것을 소개하면 다음과 같다.

> 필자(Leech)는 詩(시)에 별도로 미적 기능(aethetic function)을 인정하고자 한다. 미적 기능이란 '언어를 더 이상의 목적이 없이 언어적 작품자체를 위해서 사용하는 것'이라고 정의할 수 있다. 이 미적 기능은 감정적 의미와 관계가 있으면서 거의 그에 못지않게 개념적 의미와도 관계가 있다. 시에 대한 의미론적 요점은 시란 전면적으로 의사소통을 하는 언어라는 점이다. 의사소통의 구석구석의 방법과 의미의 모든 층위 및 유형이 언제나 쓰일 수 있도록 열려 있다. 시인과 시의 독자는 다 같이 의사소통 행위에 관여하기 위해 의미에 대한 고도화된 감수성을 발휘한다.

물론 학자마다 언어의 기능을 분류하는 방법이 다르고 거기에 혹 미적 기능이 제외되어 있을 수도 있다.[22] 그러나 그것은 어디까지나 언어의 기능을 나누는 기준의 차이에서 온 것으로 언어의 기능 중에 미적 기능이 없을 수는 없다. 오히려 가장 중요한 기능 중에 하나이다. 이 문제에 대하여 리치(Leech, 1975)는 다음과 같이 재미있게 친교적 기능(phatic function)과 비교하고 있다.

> 친교 기능은 언어가 하는 의사소통 업무가 최하위로 떨어진다는 점에서 미적 기능과는 가장 거리가 멀다 하겠다. 무슨 말을 하느냐보다 도대체 말을 한다는 자체가 중요하다.

어쨌든 텍스트언어학은 언어 텍스트를 연구대상으로 하는 것이고, 언어에는 모든 기능 중에 최고로 고도의 의사소통 기능을 창출하는 미적 기능이 있으며, 미적 기능을 가장 잘 드러내는 것이 바로 시를 포함하는 문학 텍스트이다. 게다가 문학텍스트는 단지 미적 기능뿐 아니라 비판, 고발, 풍자, 리얼리티의 표출 등을 통해서, 미적 기능과 거리가 먼 다양한 언어

---

22) 러셀은(B. Russel) 언어의 기능에서 미적 기능과 친교적 기능을 제외하고 있다(앞장 '4) 언어의 기능' 참조).

의 기능을 수행하고 있다. 그럼에도 불구하고 유독 문학작품을 분석대상
에서 제외하는 것이 텍스트언어학의 정도인 것 같은 태도를 취하는 것은
정말로 재고해야할 고정관념이 아니라고 할 수 없다.

다만, 문학작품 분석에 관하여 텍스트언어학에서는 어떤 방식으로 접근
하는 것이 타당한가에 관한 논의는 활발할수록 좋다고 생각한다. 왜냐하
면 바로 그런 과정을 통하여 학문의 발전이 이루어지는 것이기 때문이다.
물론 문학작품에 관한 연구는 문학전공자들이 한다. 잘 아는 일이다. 그러
나 그것은 또한 언어이기 때문에 문학연구와는 별도의 방법론으로 접근하
여 서로 간에 도움을 얻어 결국 학문의 발전에 기여하는 것이 중요하지
않은가 하는 것이다.

끝으로 언어의 미적 기능에 관한 개념이나 언어의 예술적 분야에 관하
여서도 보다 폭넓게, 그리고 활발하게 다루어야 할 것이다. 최근에 속담이
나 광고언어 및 유머 등에 관한 논문이 나오는 것을 볼 수가 있는데, 이들
역시 언어적 예술 분야에 속한다. 심지어 신문기사의 제목에 관한 연구,
MC, 개그, 코미디, TV 등은 물론, 요즘 매스컴에서 자주 연출되는 말놀이
내지 말장난 등에 이르기까지 텍스트언어학에서 연구대상으로 포함시켜야
할 것이다. 왜냐하면 이들은 '언어사용'의 범주에 드는 것이므로, 적어도
다른 학문보다는 텍스트언어학에서 접근하는 것이 가장 적합할 것이기 때
문이다.

3) 의도성과 정보성

텍스트의 의도성이란 좁은 의미로 보면 응결성과 응집성이 구비된 텍스
트로 만들고자하는 텍스트 생산자의 의도를 말한다. 넓은 의미의 의도성
은, 텍스트 생산자가 텍스트를 통하여 자신의 의도를 추구하고 달성하기
위해서 언어를 사용하는 모든 방식을 가리킨다. 즉 '텍스트 생산자는, 수

용자가 생산자의 의도를 깨달음으로써 수용자에게 어떤 효과가 생겨나도록 할 수 있는 발화'를 의도한다는 뜻이다.

텍스트의 의도성과 관련하여 특별히 눈여겨보아야 할 부분이 정보성에 관한 것이다. 일반적으로 텍스트의 목적은 정보 전달에 있으나, 정보의 양과 질, 방법 등은 의도성의 실현을 위한 중간조정 및 책략에 의하여 결정되기 때문이다.

정보성은 대체로 두 가지의 모습으로 나타난다. 하나는 우리가 알지 못하고 있는 세계에 대한 새로운 지식, 또는 문제 해결의 방법을 의미한다. 가령 새로운 사고를 하거나 일을 시도할 때 또는 여행을 하게 되었을 때, 거기에 필요한 지식 따위다. 이러한 정보를 '지식적 정보'라고 이름 붙이고자 한다.

그러나 언어학적 정보는 그러한 모든 것을 포함하면서도 실은 텍스트의 생산·수용 과정에서 예측하지 못한 어휘 또는 구절의 선택과 배열에서 오는 새로움 또는 비예측성을 가리킨다. 특히 텍스트언어학에서의 정보는 전자보다 오히려 후자에 가깝다고 하겠다.

텍스트에서 새로움이나 비예측성은 낱말이나 구절의 연쇄에서 선택가능성의 문제로부터 도출된다. 샤논과 위버(Claud Shannon and Weaver, 1949)의 정보이론은 어휘선택 가능성을 통계적 개연성(statistical probability)에 기초를 두고 있다. 즉 선택가능한 대체형(alternatives)과 정보성의 가치는 반비례한다는 것이다. 그러나 텍스트의 맥락적 요인을 고려하지 않은 단순한 통계적 개연성을 제시하는 마콥 연쇄(Markov chain)는 별 의미가 없다. 일반적으로 낱말의 연쇄는 개연성(probability)의 개념, 예컨대 기대, 가설, 기준치, 우선선택, 예측 등에 의하여 제어된다. 그런데 이러한 개연성에만 따르는 언어의 연쇄는 매우 자연스럽고 안정된 모습을 띠지만 텍스트 수용자에게 흥미의 대상이 되지 않는다. 왜냐하면 그것은 정보성이 약하고, 텍스트에 대한 수용자의 흥미는 바로 이 정보성에서 나오기 때문이다.[23)]

결론적으로 텍스트가 우리가 알지 못하고 있는 세계에 대한 새로운 지식, 또는 문제 해결의 방법을 전연 제시하지 못한다 해도(지식적 정보성이 없다 해도), 정보성에 관해서 문제가 될 것이 없다. 왜냐하면 언어체계 안에서 생산되는 모든 발화체들의 선택과 배치가 바로 정보성(언어적 정보성)을 생산하는 대상일 수 있기 때문이다.

이들 정보성 중에서 특히 텍스트이론에서 중요한 정보성은 후자, 곧 언어적 정보성이며, 그것이 바로 언어를 예술의 경지로 끌어올리는 근본적 요인이 된다.

4) 안정적 표현과 창의적 표현

사람들이 가장 듣기 싫어하는 말은 한 말을 자꾸만 되풀이하는 것이다. 물론 자기를 비난하거나 욕하는 말도 싫어한다. 그러나 그것은 관심이라도 갖게 되는 경우가 있다. 뻔히 아는 말을 자꾸만 되풀이하는 것은 아예 관심조차 끌지 못한다. 지루하고 지겹기 때문이다. 그러므로 텍스트 생산자는 설혹 평범한 이야기일지라도 새로운 방식으로 표현하려 하는 의도를 갖게 되고, 수용자도 또한 그러한 것에서 흥미를 느끼며 그것을 요구한다. 여기서 담화의 즐거움이 발생한다.

인간은 정신적으로 얼마나 열려 있느냐에 따라 존재세계에 대해 그만큼의 관심을 갖게 되는 것이다. 따라서 담화의 즐거움이나 예술성은 넓은 세계에 대한 끝없는 관심, 그리고 그 관심을 불러일으키고자 하는 의도성에서 나온다고 할 수 있는 것이다. 그리고 그것은 노상 새로운 정보를 담게 된다.

---

23) 흥미는 상황과 개인의 목적이나 관심사 등에 크게 좌우되나 그 근본 원리는 인간의 감각에 자극을 주는 비예측성이나 의외성, 곧 정보성에 있다.

(18) ㄱ. 그러면 '청취자와 함께 하는 시간'을 마치겠습니다.
　　 ㄴ. 그러면 '청취자와 함께 하는 시간'을 접겠습니다.
　　 ㄷ. 그러면 '청취자와 함께 하는 시간'을 닫겠습니다.

(18)은 라디오 프로그램을 끝내는 부분에서 MC의 코멘트이다. 처음에는 (ㄱ)의 표현을 쓰다가 청취자가 혹시 똑같은 표현의 끝맺음에 싫증을 느낄지 모른다는 염려와, 되도록 다른 MC보다 개성적이고 새로운 표현을 하고자 하는 데서 (ㄴ)과 (ㄷ)의 표현이 나왔을 것이다. 그것은 새로운 표현으로 참신한 느낌을 줄 수도 있지만 경우에 따라서는 더 빨리 싫증을 느낄 수도 있다. 아무튼 (ㄴ)과 (ㄷ)의 표현은 엄밀히 보면 질의 격률, 관련성의 격률을 어긴 것이다. 시간은 접거나 닫을 수 있는 대상이 아니기 때문이다. 물론 이 경우는 그다지 심한 것은 아니다. 예컨대, '찬란한 슬픔의 봄'이라든지, '바다는 물이 아니다' 따위의 말들은 별도의 설명이 첨가되지 않았을 경우 틀림없이 질의 격률을 어기고 있는 것이다.

우리는 여기에서 격률을 지켜야 되는 경우와 지키지 않아도 되는 경우에 대한 근본적인 경계를 분명히 할 필요가 있다. 질의 격률의 경우 그것을 어기면 거짓이 되고, 사람을 속이는 행위이므로 수용자가 그것을 깨닫는 순간에 바람직한 대화와는 거리가 먼 곳으로 치닫게 될 것이 틀림없다. 관련성의 격률도 그것을 어기면 말의 맥락이 끊겨 버리므로 대화가 성립되지 않는다. 그렇기 때문에 격률은 당연히 지켜져야 한다. 그러나 '한 송이 국화꽃을 피우기 위해 / 봄부터 소쩍새는 / 그렇게 울었나보다.'라는 거짓말은, 똑같이 질의 격률과 관련성의 격률을 어기고 있는데도 수용자가 속았다는 느낌이 들지 않는다. 그리고 오히려 수용자는 그러한 말에 더욱 관심을 갖고 즐거워하며 감동을 하게 되는 것이다. 왜 그럴까? 물론 이 예는 詩이기 때문에 그렇다고 생각할 것이다. 그러나 시가 아니라 해도, 텍스트 생산자가 구태의연하고 상투적인 표현을 피하고 보다 새롭고 독특한 표현을 하려고 노력하고 있다는 것, 질이나 관련성의 격률을 어긴다 하더라도 속이는 것 자체에 목적이 있는 것이 아니라, 보다 새롭고 의미 있는 텍스트 생산을 지향하고 있다는 인식에서 비롯된다. 그리고 그것이야말로 거시적으로 볼 때, 진실성(질, 관련성의 격률)을 지키면서 언어적 정보성을 창조하는 언어행위인 것이다.

오토 예스페르센(Otto Jespersen, 1925 : 97)에서는 "이상적인 인간 언어란 단순하고 가장 용이한 방법으로 완전하게 그리고 대상이 가장 쉽게 받아들일 수 있는 형태로 인간 사고를 표현할 수 있어야 한다."고 말하고 있다. 매우 공감이 가는 말이다. 그리고 그것을 그라이스 식으로 표현하면 격률을 그대로 지키기만 하면 된다는 것과 같은 의미이다. 그러나 보다 새로운 지식에 대한 욕망, 즉 기존의 어휘나 관례적, 상투적 표현의 밖에 존재하는 것에 대한 끊임없는 동경을 인간은 본능적으로 가지고 있는 것이다. 따라서 인간의 상상력이 살아 있는 한 새로운 언어의 자질을 탐색하고 개발하려는 노력은 상존하게 마련이다.

이제까지 논의한 바와 같이, 인간의 언어 표현의 두 가지 모순되는 태도를 발견하게 된다. 하나는 격률을 철저히 지키면서 예스페르센의 견해처럼 안정되고 정돈된 방식의 표현을 견지하려는 태도와 또 하나는 상식적이고 안정된 틀을 깨고 상상력이 이끄는 대로 보다 새롭고 비예측적인 표현을 추구하는 태도가 그것이다. 필자는 여기서 전자를 안정적 표현, 후자를 창의적 표현이라고 명명하고자 한다.

그중에 이 글이 논의하려는 바는 후자에 관해서이다. 안정적 표현은 쉽고 안정되며 의사 전달에 문제가 없다. 아니, 생산자의 의도를 최대한으로 전달할 수 있는 모범적 표현이다. 그러나 언어적 정보성이 없다. 언어의 풍부한 함축성과 생동적 긴장감이 배제된 표현이다. 창의적 표현은 일반화된 관점을 벗어나서 새로 탄생되는 신선하고도 개성적 관점이다. 필립 휠라이트(Philip Ellis Wheelwright, 1962)에서는 언어사용자인 인간은 살아 있는 존재로서 밀도 있게 삶을 영위할수록 사고와 표현에서 생동감을 나타낼 수 있는 언어를 필요로 한다고 주장한다. 사고의 변화무쌍한 굴곡과정을 그대로 나타낼 수 있는 완벽한 표현, 밀도 있고 함축적이며 새로운 생명력이 넘치는 표현을 인간은 노상 지향하고 추구한다. 그것을 즐기고 만족해한다. 이러한 창의적 표현은 그 속에 본질적으로 언어 예술의 속성을 지니며 나아가 인류의 사고와 문화의 폭을 넓히는 원동력이 된다. 그리고 그것은 언어 연쇄를 기술적으로 배치하는 창의성에서 나오는 것이다.

다음은 유머텍스트의 한 예이다.

(19) ㄱ. 어떤 남자가 혼자 포장마차에서 술을 마시고 있는데 옆 자리에 웬 예쁜 아가씨가 자기를 보고 있는 것을 보았다.
　　　서로 시선을 주고받다가 합석을 했고, 그러다가 그 여자 집으로 가기로 했다.
　　　들뜬 마음으로 그 여자 집으로 갔다.
　　ㄴ. 그녀의 집으로 들어간 그는 책상 위에 있는 웬 남자 사진을 보았다.
　　ㄷ. "저, 이거 혹시 당신 오빠?"
　　　"어머, 아니에요.
　　　그는 놀라며, "그럼 남편이야?"
　　　"어머, 아니에요."
　　　"그럼 대체 이 남자 누구야?"
　　ㄹ. 그녀는 수줍은 듯 예쁘게 웃으며…
　　　"…저 수술 받기 전 사진이에요."

(ㄱ)은 발단 과정으로 쉬운 일은 아니지만 충분히 있을 수 있는 이야기로 진행된다.

(ㄴ)은 새로운 국면을 맞게 되는 변화의 모티브라고 할 수 있다.

(ㄷ)은 일반적인 예측과 그 예측이 빗나가는 과정에서 흥미가 고조되는 장면이다(예측이 빗나가면 흥미가 높아진다).

(ㄹ)은 완전히 비예측적 의외성이 발동하는 순간이다. 너무나 엉뚱한 대

답, 그것이 예측에 빗나갔으며, 그로 인하여 (ㄱ)의 로맨틱한 전개가 여기서 아주 싱겁게 반전한다. 청자는 놀라움과 긴장이 갑자기 풀어짐을 함께 맛보면서 웃음을 터뜨리게 되는 순간이다.

　(ㄹ)의 특징을 정리하면,

　　첫째, 전혀 예측할 수 없는 의외성을 담고 있다.
　　둘째, 그러나 대답으로서는 손색이 없다.
　　셋째, 그 적절한 대답으로 하여 (ㄱ)의 기대와 (ㄴ), (ㄷ)의 의혹이 풀리며,
　　넷째, 모든 긴장이 풀린다.
　　다섯째, 예측하지 못한 결과 속았다는 느낌과 장난스러움 등으로 웃음이 터진다.

　이와 같이 비예측적 정보성의 내용과 아주 적절한 언어의 배치는 그 내용에 관한 흥미를 극대화한다. 이러한 창의적 표현은 기지, 재치, 장난기 등으로 재미있고 맛있는 언어, 곧 언어 예술의 경지로 끌어올리게 되는 것이다.

　따라서 언어학은 이러한 '창의적 표현'의 영역에 관하여, 보다 새로운 인식을 갖고 적극적으로 연구해야 할 것이다.

5) 비유의 우회성과 적절성

　언어의 예술성을 지향하기 위하여 두 가지 점에 주의해야 한다. 하나는 언어의 진정한 창의성이란 무엇인가 하는 문제와 또 하나는 고정관념(stereotypes)에서 벗어나되 어떻게 주관의 함정에 빠지지 않을 수 있는가 문제이다. 결론부터 말하면 전자는 우회성(迂廻性)에 관한 문제이며 후자는 적확성(的確性)에 관한 문제이다.

　창의적 표현은 보다 밀도 있는 말의 연쇄를 이루기 위하여 끊임없이 새로운 어휘를 선택하고 또 새로운 배열을 시도한다. 창의적 표현의 방법은

이루 헤아릴 수 없이 다양하다. 그러나 그중에서도 가장 일반적이고 효과
적인 방법이 바로 비유이다. 비유는 사실이 아닌 곳으로 향하기 때문에
우회성을 특징으로 한다. 그러면서 우회하여 발견한 사고의 영역에 새로
운 생명력을 불어넣는다.

그러나 비유는 아주 일상적인 데서 출발한다. 뿐만 아니라, 우리가 이미
비유를 통하여 넓혀놓은 많은 영역이 너무나 익숙한 나머지 비유라는 사
실조차 잊어버리는 경우도 많다. 비유의 형태는 여러 가지가 있으나 여기
서는 은유(metaphor), 환유(metonymy), 우의(allegory)만을 살피도록 하겠다.

■ 은유

레이코프와 존슨(1980)에서는, 철학과 언어학에서 전통적 주류로 간주해
온 객관주의(objectvism)에 심각한 문제가 있음을 발견하는 데서 은유에 관
한 이론을 시작한다. 언어학, 특히 의미이론에 반영된 객관주의는 언어가
그 자체로서 고정된 문자적 객관성을 갖는다고 가정한다. 그러나 실제로
는 언어와 사고의 관계라는 관점에서 볼 때 주관성이 많이 개입하기 때문
에 보통의 언어생활에서 객관주의적 관점을 유지하기는 쉽지 않다.

이런 관점에서 그들이 주목하는 것은 은유이다. 전통적 언어학에서는
은유를 시적(詩的) 상상력과 수사적 표현의 도구로서 일상 언어가 아닌 특
수한 언어의 장식 정도로 치부하여 주변적 관심사로만 다루었다. 그러나
실제로 은유는 일상적 언어생활에 널리 퍼져 있으며 사고와 행위의 전반
에 일반적으로 통용되고 있다. 오히려 우리의 내적 자아, 관습, 인간관계,
일, 사회생활, 도덕적 경험 등 가장 기본적인 실재의 상당 부분이 객관적
으로 주어지는 것이 아니라 문화의 은유에 의하여 규정된다고 한다. 이들
은 이러한 자신의 입장을 체험주의(experientalism)라고 부르는데, 레이코프
(1987)에 의하면 우리의 모든 사고와 이해의 뿌리가 우리의 신체적 활동에
있으며, 더욱 복잡하고 추상적인 사고는 신체적 활동의 경험을 토대로 하

는 은유적 확장을 통해서 이루어진다[24]는 것이다. 레이코프와 존슨(1980)에서도 은유는 가장 세속적인 부분까지 우리의 일상적인 활동을 지배한다[25]고 한다.

예컨대, '논쟁은 전쟁이다(argument is war).'를 살펴보면 은유가 얼마나 다양하게 우리의 일상 언어 속에 반영되고 있는가를 이해할 수 있다.

- 너의 주장은 방어될 수 없다.
- 그는 나의 논증의 모든 약점을 공격했다.
- 그의 비판은 적확한 것이었다.
- 나는 그의 주장을 분쇄했다.
- 나는 그와의 논쟁에서 한 번도 이긴 적이 없다.
- 동의하지 않는다고? (그럼 나를) 해치워봐.
- 네가 그 전략을 사용하면 그가 너를 쓸어버릴 걸.
- 그는 나의 모든 논증을 격파하였다.

은유의 본질은 한 종류의 사물을 다른 종류의 사물의 관점에서 이해하고 경험하는 것이다. 여기서 논쟁은 전쟁의 관점에서 구조화되고, 이해하고, 수행되고, 말해진다. 논쟁에 관해 이야기하는 방식은 우리가 좀처럼 의식하지 못하는 은유를 전제한다. 그 은유는 우리가 단순히 사용하는 낱말 안에 있는 것이 아니라, 논쟁이란 개념 안에 담겨져 있다는 것이다(레이코프와 존슨, 1980).

그러나 이것은 아주 작은 예에 불과하다. 여기서는 '논쟁'을 '전쟁' 이야기로 우회하고 있는데, 실제로 은유는 모든 분야의 모든 방향에서 마음대로 우회하면서, 개념적 체계성을 갖고 우리의 사고방식과 언어생활 속

---

24) 레이코프(1987)에서는 카테고리는 공동의 속성을 기반으로 한다는 고전적 견해를, 인간의 경험과 상상력 양쪽에 관계 있는 문제, 즉 지각, 신체활동, 문화의 문제이며, 메타퍼, 메토니미, 심적 이미지의 문제라는 견해로 카테고리의 개념을 바꾸고 있다. 그것은 세계와 문화에 관한 인지방식에 있어서 지각 변동을 의미한다.

25) 레이코프와 존슨(1980)에서는 삶 속에 흔히 묻혀있는 다양한 은유를 재발견하여 언어학적으로 체계화하고 있다.

에 존재하는 것이다. 은유는 실재의 현실 또는 가상의 세상사가 상상력에 의해서 변질되는 세계이다. 이때 실재 또는 현실의 세계를 원관념이라 하고 변질된 또 하나의 세계를 보조관념이라고 한다. 대부분의 경우 원관념이 추상적이고 관념적 어휘가 많은데 비해 보조관념은 구체적 언어가 대부분이다. 또한 원관념이 의미와 개념이 불분명한데 비해 보조관념은 그 반대인 경우가 많다. 그리고 보조관념의 창출은 원관념으로부터 기초하되 반드시 유사성을 따른다는 것이 특징이다.

관념으로부터 보조관념의 의미상 거리를 우회성이라고 부르고자 한다. 그러니까 은유의 생명은 유사성을 속성으로 하되 우회의 정도, 유사성의 적절한 정도에 의해서 그 가치가 좌우된다. 그리고 그 우회에 의한 변질의 거리와 적확성은 오로지 생산자의 상상력과 정신적 깊이에 의해서 좌우된다고 하겠다.

■ 환유, 그리고 우의

예술적 표현은 물론 일반 언어생활에서 은유와 함께 가장 많이 나타나고 또 가장 많은 영향을 끼치는 비유법이 환유(metonomy)이다. 그런데 이제까지 은유에 대한 연구는 활발하였을 뿐 아니라 비유법의 핵심으로 각광을 받아왔다고 볼 수 있는데 비하여, 환유는 실생활에서 오히려 더 많이 쓰이고 있음에도 불구하고 그와 같은 대접을 받지 못했다.

실제로 환유는 은유와 함께 가장 대표적인 비유법으로 어떤 경우는 잘 구분이 되지 않을 정도로 유사한 점이 많다. 가령 언어의 의미와 사용에 있어서 영역을 능률적으로 확대한다는 것이나, 예술적 표현은 물론 일상생활 깊이 침투하여 언어생활에 지대한 영향을 미치고 있다는 점에서 더욱 그러하다.

은유가 서로 다른 영역에 있는 어휘가 유사성을 따라 원관념에 대한 보조관념으로 활용되는 형식을 취하고 있다면, 환유는 어떤 사물을 지칭함에 있어 그 사물을 그것과 인접한 다른 사물의 이름으로 대신하는 비유법이다. 곧 환유는 인접성에 의하여 다른 사물을 지칭하는 데 그 핵심적 기능이 있다. 환유는 우리의 일상생활에서 아주 흔하게 사용하고 발견되는데, 가령 '아침'을 먹었다고 하는 것은 '아침밥'을 먹었다는 뜻이요, '경찰'이 가짜 학위 문제를 조사하기 시작했다는 것은 '경찰관'이 조사했다는 뜻을 나타낸다. 요즘 농촌에 '손'이 없다는 것은 '일할 사람'이 없다는 뜻이요, '머리'를 깎는다는 것은 '머리카락'을 깎는 것을 의미하는 환유다. 이런 식으로 따지면 우리의 일상 언어생활에 얼마나 많은 환유가 침투하여 자연스럽게 쓰이고 있는지 짐작할 수 있을 것이다. 이렇게 환유는 언어생활이나 인간의 사고과정 등을 밝히는 데 중요한 자료를 제공하여 주는 까닭으로 인지과학에서 관심을 갖는 중요한 대상이 되고 있다.

은유가 한 사물을 다른 사물의 관점에서 말하는 방법이라면, 환유는 한 개체를 그 개체와 연관되어 있는 다른 개체로써 말하는 방법이다. 은유의 기능이 주로 사물이나 개념을 이해하는 데 있다면, 환유는 사물이나 개념을 지칭하는 데 그 기능이 있다. 달리 말하면 은유가 이해를 위한 장치인 반면 환유는 지칭을 위한 장치라고 할 수 있다.

레이코프와 존슨(1980 : 63)에서는 환유란 '그것과 관련된 다른 실재물을 지칭하기 위하여 한 실재물을 사용하는 것'이라고 하여 (20)과 같은 보기를 들고 있다.

    (20) ㄱ. 타임즈는 아직 회견장에 도착하지 않았다.
           ㄴ. 인플레이션은 오늘날 우리의 가장 큰 적이다.

(20ㄱ)에서 '타임즈'는 '타임즈 기자'를 지칭하는 환유적 표현으로서 (20ㄴ)의 의인화에 의한 은유와 성격이 다르다. 레이코프와 존슨(1980)은 '은유'란 그 일차적 기능이 이해의 측면인데 원칙적으로 다른 것에 의하

여 한 사물을 표현하는 방법이며 '환유'는 일차적으로 지칭기능을 갖는데 다른 것을 나타내기 위하여 한 실재물을 사용하는 것으로 구별 기준을 삼았다.

임지룡(1997 : 191~201)에 의하면 환유의 지칭기능은 지시물 사이의 '인접성(contiguity)'에서 비롯되는데, 그 인접성의 성격을 다음과 같이 정리하고 있다.

① 소유물→소유자
   안경(=안경 쓴 사람)이 너를 찾더라.
② 원인↔결과
   한잔 하다(=취하다).
③ 사물의 전체→부분
   그는 가슴(=폐)이 좋지 않다.
④ 생산자 / 생산지→생산품
   그는 윤동주(=윤동주의 시)를 좋아한다.
⑤ 장소 / 건물 / 기관→그곳에 있는 사람 / 책임자
   백악관(=미국 대통령)이 그 일을 지시한 것으로 드러났다.
⑥ 동네 이름→거기에 사는 특정 인물을 지칭한다.
   상도동(=김영삼)이 동교동(=김대중)보다 청와대에 먼저 입성했다.
⑦ 그릇→그릇의 내용물
   주전자(=주전자에 담긴 물)가 끓고 있다.
⑧ 시간→사건 / 행위
   잊지 말자 육이오.(=육이오 한국전쟁)

울만(1962)에 따르면 환유는 새로운 관계를 나타내는 것이 아니라 이미 서로 관련된 낱말들 사이에서 생기기 때문에, 본질적으로 은유에 비하여 흥미가 덜하다고 하였다. 그러나 그것은 문체론적 측면에 치우친 해석이라고 할 수 있다. 그 반면 인지언어학적 관점에서는 환유가 은유보다 더 기본적이고 의미 확장의 근간이 되는 것으로 본다.

우의(寓意) 역시 말하고자 하는 대상을 실제로 말하고 있는 대상으로 암

암리에 비교하고 있다는 점에서 은유나 환유와 매우 비슷한 속성을 지니고 있다. 그러나 우의는 대상의 구조 전체가 관계를 맺게 된다. 단어가 나타내고 있는 의미 이외에 사고 자체가 관계를 맺고 있다는 뜻이다. 김봉군(1993)에서는 은연중에 다른 사물을 가리키면서 시종일관 숨은 뜻을 수용자가 알아내도록 독립된 문장 또는 이야기의 형태를 취하고 있는 것이라고 했다. 『이솝우화』나 쉬프트의 『걸리버 여행기』, 버년의 『천로역정』 등이 그 예라고 하겠다.

그밖에도 활유법, 의인법 등이 있으나 이들은 항상 은유, 환유, 혹은 우의에 의해서 유지된다.

은유는 그 형태가 간결한 것이든(단어) 긴 것이든(어군) 본래의 의미가 사라진다. 그러나 환유에서 그 대상들 사이에 있는 관계는, 이름을 빌리고 있는 대상들이 그 개념을 소생시키는 대상들과는 관계없이 존속하며 그것들의 결합은 단순한 관계가 아니라, 내적이고 독립적이다. 이에 비해서 우의는 대상의 구조 전체가 관계를 맺으며 본래의 의미가 그대로 유지되는 점이 가장 두드러진다고 할 수 있다.

이상에서 살펴본 바에 의하면 은유, 환유, 우의 등 어느 것도 직설적으로 개념을 그대로 표현하지 않고 다른 대상의 이름이나 이야기로 우회하고 있다. 상상력에 의해서 우회하고 새로운 의미를 부여하며 그리하여 결국 의미와 사고의 영역을 넓혀 가는 것이다. 여기서 강조하고자 하는 바는 상상에 의해서 연결되어지는 비유의 세계(보조관념)는 사실의 실제의 세계가 아니며 따라서 그것은 가상 또는 거짓의 세계로 질 또는 관련성의 격률을 어기는 모습을 띠고 있다는 것이다. 그러나 거시적 관점에서 앞뒤의 연결을 잘 살피면 아주 적확하게 연결되어 있다. 다만 우회하고 있을 뿐이다. 즉, 표면적으로는 격률을 어기고 있지만 거시적 관점에서는 격률을 어기는 것은 아님을 알 수 있다. 따라서 비유의 세계는 외면상 우회성을 띠고 있지만, 궁극적으로는 완전한 적확성을 유지하고 있다. 적확성이 없으면 좋은 비유가 성립되지를 않는다. 다만 어떻게 더 현저하고 더 기발하게 더 의외성을 갖도록 하면서 적확한 비유를 만들어내느냐가 창의적 표현의 관건이라고 하겠다.

6) 창의적 표현의 효용성

전형적인 창의적 표현이라 할 수 있는 비유가 외면적으로는 격률을 어기고 있는 것으로 보이지만 실제로는 우회하고 있을 뿐이지 결코 격률을 어기지 않고 있다는 사실을 살펴보았다. 물론 창의적 표현이 비유에만 국한되어 있는 것은 아니다. 비유법 중에도 여러 가지가 있고 그밖에 상징법도 있다. 그리고 강조법에 해당하는 과장, 영탄, 반복, 점층, 대조, 현재, 열거, 비교, 생략, 연쇄, 변화법에 속하는 설의, 인용, 도치, 대구, 반어, 문답법 등 수많은 수사의 방법이 있다. 문제는 이러한 수사법을 사용하고 있다고 해서 창의적 표현이라고 할 수 있는 것은 아니라는 것이다. 더구나 수사법을 쓰지 않는 것이 모두 창의적 표현이 아니라는 것도 아니다. 위에서 비유를 예로 든 것은 단지 창의적 표현의 특성을 살피기 위한 하나의 방편이었을 뿐이다. 앞서 '안정적 표현과 창의적 표현'에서도 언급했지만 '창의적 표현'이란 강렬한 생명감을 진작시키는 살아 있는 언어를 생산하는 것을 의미한다. 그러기 위해서는 일부러 수사법을 쓰기도 하지만 일부러 꾸밈을 피하기도 한다. 다만 실재(reality)를 생생하게 재생하며 게다가 새로운 의미를 부여하는 일을 위해서 모든 수단—수사법과 상관없는 많은 방식도 포함된다—을 동원하는 것이다.

먼저, 창의적 표현은 어디까지나 잠재적 가치로서 언어에 생동감을 부여할 수 있는 한에서만 존재 가치가 있는 것이다. 많은 수사법으로 치장된 아름다운 표현들이 처음에는 생동감과 긴장감을 아울러 지녔었는데, 오랫동안 통용되는 가운데 상식화하고 형식화해서 원래 지녔던 우회적 참

신성이 상실되고 그저 관용적 표현으로 존속하게 되는 경우도 많다. 그러한 것들은 과거에는 창의적 표현이었지만 지금은 어느덧 창의성이 퇴색한 안정적 표현이 되고 만다.

"여성에 따라서는 꾸밈이 없을 때가 한층 어울리는 수가 있듯이, 적절한 문체는 수식이 없을 때도 기분이 좋다. 어떤 경우에나 더욱 매력적이기 위해서 뭔가를 하는데, 눈에 띄게 하지 않게 하는 것이다. 그러므로 진주와 같은 화려한 장신구는 일체 달지 않고, 머리를 꼽슬꼽슬하게 하기 위해서 인두질조차도 하지 않게 한다. 인공적인 입술화장이나 흰 분화장은 전혀 하지 않는다. 남은 것은 기품과 청결함이다."라고 키케로는 「변론가」에서 주장하고 있다(토도로브, 1977 / 이기우 옮김, 1995에서 재인용). 또한 성 아우구스티누스(설교51)는 크리스트는 전달하는 것을 거부하기 위해서 진리를 감춘 것이 아니라, 진리를 알고 싶다는 욕구를 자극하기 위해서 그렇게 한 것이라고 하지 않았던가.

창의적 표현이란 요컨대 '빛나고 눈부시고 아름답게' 표현하려는 것이다. 그러나 그보다는 '적절하게' 표현하려는 것이라는 말이 더 적합할 것이다. 알베르트 용(Albert Yon)은 적절함은 모든 기교를 지배하는 원리라고 하였다. 또한 창의적 표현은 무엇보다도 '새롭게' 표현하는 것이다. 그것을 위해서 수사법을 사용하기도 하고 사용하지 않기도 하며, 전체의 조화를 위해서 수사법을 조금 쓰기도 하고 많이 쓰기도 한다. 또한 극적인 배치를 하기도 하고 가상(假想)이나 거짓의 세계를 끌어들이기도 한다.

그리하여 창의적 표현은 재미, 아름다움, 웃음, 슬픔, 처절함, 기쁨, 즐거움 또는 리얼리티를 표현하기 위하여 끊임없이 시도하고 노력한다. 이것이 언어의 예술성 창조의 원리이며 그 결과가 바로 유머와 위트, 농담, 욕, 풍자, 속담 그리고 시(詩)와 모든 문학작품들인 것이다.

이같은 창의적 표현의 결과로 나타나는 언어의 형태는 여러 갈래가 있다. 웃기는 것을 목적으로 하는 것으로 '유머'가 있다. 유머는 골계, 해학,

익살 등 여러 비슷한 명칭으로 불린다. 또 TV 보급과 함께 나타난 코미디, 개그 등으로 많이 활성화되었으며, 과거에 유행하던 형태로는 재담, 만담 등이 포함된다.

유머는 아니지만 유머와 유사한 것으로 우리의 언어생활에 많이 퍼져 있는 형태로는, 재치와 기지의 사용이라는 점에서는 위트가 있고, 웃기는 것과 관계가 있다는 점에서는 농담, 풍자, 욕설 등이 있다.

교훈을 목적으로 하며 오랜 세월의 서민 생활에서 우러난 것으로 속담을 들 수 있고 개인의 감정이나 의지를 문학적으로 표현하는 언어 예술로서는 시를 빼놓을 수가 없을 것이며, 일상 대화 속에도 창의적이고 예술적인 언어의 쓰임을 얼마든지 볼 수 있다.

7) 예술적 언어의 사용분야

■ 유머, 위트, 농담[26]

유머는 웃음을 창조하는 말의 통칭이다. 유머의 범주에 해당하는 말로 골계, 해학, 유머, 익살, 기지, 농담 등이 있다. 그러나 여기서는 '웃음을 유발시키는 모든 표현'을 '유머'라는 용어로 통일하고자 한다.

웃음은 기쁨과 즐거움의 감정에 대한 육체의 감각적 반응이다. 음성언어와 동작언어 모두에 웃음 유발의 원인이 있는데, 음성언어의 부분은 창의적 표현이 가져오는 비예측성—신기함, 의외성, 기발함, 기상천외의 착상 등—이 허를 찌르듯이 갑자기 실현될 때 웃음이 유발된다.

유머에서 간과할 수 없는 것은 상황성이다. 아무리 정보성이 극적으로 잘 표출된다 하더라도 상황에 맞지 않으면 유머가 성립될 수 없기 때문이다. 이처럼 의도성, 정보성, 상황성 등의 절묘한 조화로 생산된 유머는 웃

---

26) 유머와 위트 그리고 농담의 차이에 대한 보다 구체적 내용은 '제2부 1.-3)'을 보라.

음을 유발하고 그 웃음은 사람을 긴장으로부터 이완시키며 자기만족과 기쁨을 유발하여 사람과의 친화력을 고양하고 세상과 사물을 긍정적으로 받아들이게 하는 기능을 한다.

위트와 유머를 일반적으로 지적(知的)이냐 아니냐에 의한 것으로 구별하는 경향이 있다. 위트는 기지(機智)라는 말에서 보듯이 이미 용어 속에 지적이라는 의미가 드러나 있는 만큼 지적인 요소가 매우 큰 비중으로 작용하고 있는 것은 사실이다. 그러나 유머 중에서도 지적인 요소를 포함하고 있는 것들이 많이 있다. 따라서 지적이냐 아니냐만을 가지고 구분하기에는 문제가 있다.

그보다는 유머와 위트의 차이를 그 목적에서 확인하는 것이 바람직하다. 유머의 목적은 '웃기는 것'이고 위트는 그 목적이 웃기는 것을 포함하기는 하지만 주로 '문제를 해결'하는 데 있다. 남의 공격을 받거나 난처한 상황 속에 있을 때 그것을 촌철살인(寸鐵殺人)의 일격으로 벗어나도록 하는 명쾌하고도 짧은 말, 그것이 위트이다. 다음 예에서 (21)은 유머이고, (22)는 위트이다.

(21) 연예인 최불암이 약사가 되었다. 어느 날 손님이 와서 쥐약을 달라고 했다. 최불암이 손님에게 물었다.
"댁의 쥐가 어디가 아픈가요? 증상을 말씀해 주세요.

(22) 대원군의 세도가 한창이던 시절, 웬 선비가 그 앞에서 크게 절을 했다. 대원군은 짐짓 못 본 척하고는 책에다 시선을 박고 있었다.
'못 보셨나?'
선비는 아까보다 더 크게 엎드려 절을 했다. 그때다.
"네 이놈. 내가 송장이더냐? 웬 두 번 절이냐?"
옆에 있던 사람들도 모두 화들짝 놀랐다. 하지만 선비는 빙긋 웃었다. 그리고 아주 느린 말투로,
"아니올시다. 처음 것은 뵙는 절이옵고, 두 번째 것은 소인 물러가는 절이옵니다."하고 분명하게 아뢰었다.

또 한 가지 유머와의 차이점은 똑같은 창의적 표현이지만, 유머는 우회성이 있는데, 위트는 우회성이 적고, 적확성이 더욱 두드러진다. 위트는 또한 전적으로 상황 의존적이다.

욕, 그리고 풍자

욕에는 그 목적이 여러 가지가 있다. 첫째, 상대를 모욕, 멸시, 비난하는 경우, 둘째, 상대와의 가까움, 친근감, 또는 신뢰의 표시로서 하는 경우, 셋째는 상대와 말장난의 재미를 맛보기 위해서 놀이 삼아 하는 경우 등이 있다. 욕은 언어와 그것에 딸려 있는 인간행위가 질서라든가 체제를 벗어던진 상황에서 나온다. 따라서 겉치레나 허세가 없다. 전연 욕을 하지 않고 깍듯이 예절을 다하고 있는데도 불구하고 마음이 내키지 않는 사람이 있는가 하면 말끝마다 욕을 하는데도 오히려 훈훈하고 친근감이 가는 사람이 있는 것은 둘째, 셋째의 경우 때문에 그렇다.

욕의 내용은 대개 상대의 신체나 성격의 부족한 점, 상대의 가족이나 조상에 대한 모욕, 상대를 짐승이나 새, 벌레에 비유하여 하는 말, 성기나 성행위 등 성적인 것을 결부하여 하는 경우, 똥이나 오줌 따위의 더러운 오물을 대상으로 하는 경우, 죽음, 상해 등을 바라는 뜻으로 하는 경우, 귀신이나 도깨비 같은 부정적인 사물을 빗대는 경우 등이 있다. 이 어느 경우든 욕의 목적이 둘째와 셋째일 때는 온갖 수사법이 다 동원되며 매우 재미있고 듣는 사람을 즐겁게 하는 경우가 많다. 좀 지나친 표현이 될지는 모르겠으나 군대 등 특수 집단에서 경우에 따라서는 욕으로 말장난을 하며 그것을 통해서 즐거움, 통쾌함, 욕구 불만의 해소 등 카타르시스를 느끼는 경우도 많다. 이 경우는 욕 자체가 이미 유머고 익살인 것이다.

따라서 욕도 창의적 표현의 대상이 된다. 다소 저급하지 않은 것은 아니나 서민이나 특수계층 예술의 한 부분을 이루고 있다. 이런 경우는 판소리나 탈춤의 대사, 고대 소설 또는 역사 소설 등에서 가끔 볼 수 있는 것이다.

풍자(satire)에 관하여, 김열규(1997)에서는 욕은 약한 자의 칼이며, 당하고 사는 사람들의 폭탄이라고 한다. 가령, 정치 세력이나 기업들의 부도덕한 관행 또는 사회에 대한 패악을 경험하게 될 때 이들에 대하여 욕으로 대응하려는 것은 자연발생적인 반응이다. 그러나 문제는 드러내놓고 욕을 할 수 없다는 데 있다. 사회적으로 용납될 수 없기 때문이다. 이때 사회가 용인할 수 있는 강자에 대한 비판, 냉소적 야유, 불만족 등을 표현할 수 있는 방법을 찾게 된다. 그것이 풍자이다. 그것은 강자의 비교불만족에 대한 우회적 비판이요 비난이요 비웃음, 곧 욕인 것이다. 욕은 사회가 용납하지 않지만, 비판은 어느 사회든지 반드시 필요하다는 일반적 인식에 편승하는 전략이다. 그리하여 간접적으로 욕도 하고 강한 상대나 사회적 반격도 피한다. 그리고 사회의 개선, 개혁을 꾀하는 것이다. 풍자는 근본적으로는 남을 비난 비판한다는 점에서 욕과 같은 맥락에 서 있지만 일종의 상황관리이며 또한 고도의 우의적, 환유적 표현이다. 따라서 우회성, 적확성을 지니는 창의적 표현이 만들어 내는 예술적 텍스트이다.

■ 속담과 시

속담은 오랜 세월 동안 그 사회의 문화와 풍속과 민족의 기질이 만들어 낸 지혜의 산물이다. (23)을 보라. 얼마나 재미있고 생동감이 넘치는가!

    (23) ㄱ. 가랑잎이 솔잎더러 바스락거린다고 한다.
          ㄴ. 노루 때린 막대기 삼 년을 삶아 먹는다.

실제로 속담을 잘 음미하면 풍부한 함축성과 생동적 긴장감 그리고 인생의 리얼리티가 생생히 살아 있음을 발견하게 된다. 아마 이보다 더 잘 표현할 수는 없을 것이다. 창의적 표현이 갖는 모든 특질을 한 데 모아 놓은 것 같은 생각이 든다. 더구나 속담은 어떤 개인이 아니라 오랜 세월의 생활 속에서 여러 사람이 공통으로 느끼며 부지불식간에 겪은 구체적 경험의 발로이기 때문에 더욱 가치가 있다. 따라서 속담은 어떤 말과 글이 좋은 것이며 예술적 표현인가를 보여주는 예술적 언어사용의 전형이라고 할만하다.[27]

시는 텍스트 생산자의 의도를 드러내기 위하여 치밀하게 계획되어 생산되는 예술적 언어사용의 전범이라고 할 수 있다. 그것은 개인의 사상과 감정 그리고 의지를 창의적인 발상과 수법으로 마음껏 펼치는 세계이다. 결국 그것은 시인의 의도를 형상화하기 위한 최선의 어휘배합에서부터 시작된다. 어휘 배합에서의 창의력과 예술성을 제고하기 위하여, 온갖 수사법은 물론 언어의 리듬, 이미지, 상징, 나아가서 낯설게 하기, 의도적 오류 등 모든 수단을 다 동원한다. 뿐만 아니라 모든 수단을 완전 배제하기도 하는 것이다.

그리고 보다 더 함축적인 표현을 하기 위하여 다른 어떤 형태의 텍스트보다 많은 부분을 생략하고 더 많은 부분을 침묵한다. ‘창의적 표현’을 통하여 도달하는 언어예술의 극치라고 할 것이다.

지금까지 유머, 위트, 욕, 풍자, 속담, 그리고 시 등이 언어를 예술적으로 실현하는 대표적 분야인 것으로 언급하였다. 그러나 언어를 예술적으로 사용하는 영역은 훨씬 방대하고 다양하다. 그중에서 꼭 기억해야 할 것 중의 하나가 대화이다. 물론 대화만 해도 그 분야가 각양각색이다. 친교적 대화, 설득적 대화, 상담(相談), 상담(商談), 고백 등 여러 종류의 대화가 있다. 또한 연설, 강의, 그리고 모든 문학 장르가 언어를 예술적으로 사용하는 영역이다. 이 책에서는, 유머와 위트, 속담, 대화, 시, 고전 등을 소개하는 정도에 그치지만, 모든 분야에서 언어를 예술적으로 사용함으로

---

27) 속담의 언어사용의 예술성은 ‘제3부 속담’을 보라.

써, 인간의 사고영역을 넓히고, 삶의 질을 높이며, 문화를 발전 향상시키는 일에 기여할 수 있다고 본다. 앞으로 이러한 분야에 많은 연구가 지속적으로 이루어지기를 바란다.

■ 정리

텍스트 생산 그 자체는 의도성의 실현이라고 할 수 있으며, 의도성 실현의 성패는 정보 제공의 계획과 관리에 집중되어 있다. 정보를 의도성에 맞도록 제공하는 방식에 관하여, 그리이스는 대화의 격률을 제시했는데, 격률은 바람직한 대화(텍스트)를 이루어 가는 데 모범적인 원칙이요 원리이다.

그러나 인간은 본능적으로 함축적이며 새로운 생명력이 넘치는 표현을 추구한다. 그리하여 격률을 어기고 한없이 밖으로 달려가려 한다. 그것이 우회성이다. 우회성은 의외성, 기발함, 비예측성, 곧 새로움을 창조한다. 낯설게 하기, 비유, 상징, 이미지 등은 모두 이 우회의 과정에서 생산되는 산물이다. 그러나 그에 대한 텍스트 수용자의 동의가 필요하다. 적확성은 생산자나 수용자 모두의 동의와 공감의 필수요소이며 그로 인하여 감탄이 유발된다. 적확성이 살아있을 때 비로소 우회성이 용인되고 우회의 영역에 비로소 생명이 주어진다. 이처럼 우회성과 적확성을 극대화하기 위한 표현을 '창의적 표현'이라고 명명하였다.

그밖에도 적확성, 구체성, 감각성들은 창의적 표현의 효과를 높여준다. 창의적 표현은 언어의 예술성의 발로이다. 소리나 색채로 예술의 아름다움에 다가가듯이 창의적 표현으로 언어 예술의 아름다운 세계를 창조하는 것이다.

그리고 그 결과로 나타난 언어적 문화유산이 바로 유머, 위트, 풍자, 욕, 속담, 대화 그리고 동화, 신화, 시, 소설 등 문학작품이다. 특히 문학 작품을 텍스트언어학에서 다루는 경우 영역의 문제가 제기될 수도 있지만, 언어의 기능과 작용, 그리고 문학 영역에서 소홀히 했던 많은 부분의 연구에 구체적 도움을 줄 수 있을 것이다. 또한 언어의 본질에 접근하는 여러 가지 힌트와 방법론을 제시해 줄 것으로 믿는다.

창의적 표현의 역동성에 관한 연구, 창의적 표현의 결과로 나타난 여러 종류의 텍스트 형태들에 관하여 구체적이며 각론적인 연구가 필요하다. 이들에 관하여 특히 절차적 관점에서 접근하는 것이 텍스트언어학이 지향하는 관점이라 하겠다.

제 2 부
유 머

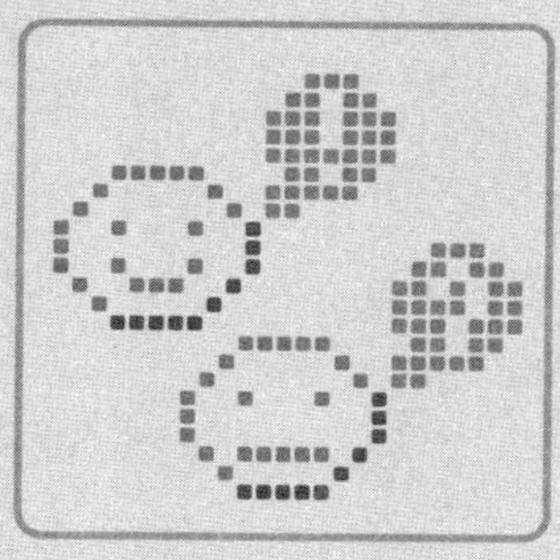

제 2 부 유 머

1. 유머의 정의와 범주

1) 웃음의 개념과 속성

유머의 정의와 범주에 대해 논의하기에 앞서 웃음의 개념과 속성에 대해 간단히 살펴보기로 한다.

농담으로 한 말이 잘못되어 사람을 죽이는 일이 있다하여 '웃느라 한 말에 초상난다'는 옛말이 있다. 함부로 말을 하지 말고 말은 지극히 삼가야 됨을 강조한 말이다. 반대로 용기를 주고 기쁨을 주는 말은 적절한 때와 장소를 가려서 다른 사람에게 해 주는 것이 훨씬 생산적일 때도 있음을 잊어서는 안 된다.

마음이 기쁘거나 즐거울 때, 또는 기가 막힐 때, 그런 감정의 변화나 상태에 어울리게 밖으로 드러내는 생리적 동작을 '웃는다 / 웃다'라고 한다. 외면적으로 입을 벌리고 소리를 내며 기뻐하기도 하며, 사람을 조롱하거나 같잖이 여겨 코웃음을 치기도 한다. 사람의 마음은 반드시 행동으로 나타난다. 그래서 행동과학으로서의 심리학은 언제나 사람의 행동을 통하여 심리적인 모습을 알아낸다. 해학과 같은 웃음은 사람의 마음에 일어난 긴장이 해소될 때에 정신적 반응으로 일어나게 된다(서라사, 1971). 우리는 어떤 불안이나 불쾌감을 주변 어디서나 경험하며 살아간다. 이러한 불안이나 불쾌감이 풀어질 때 즐거움이나 안락한 느낌을 갖게 되는데, 바로 이때 웃음이 따라 붙어 겉으로 드러나게 되는 것이다(배해수, 1982). 결국 웃음은 내적 감정의 '드러남'을 의미적 바탕으로 한다고 할 수 있다.

말의 짜임을 보면 '웃다'는 '웃+다>웃다'로 쪼갤 수 있는데, 이때 '웃'은 '위 아래'의 '위'에 해당하는 말이다. 그러니까 보이지 않는 마음의 여러 가지 감정이나 생각을 위로 드러내는 셈이다. 마침내 얼굴의 모양이나 입으로 소리를 내서 시각 또는 청각적인 표현으로 드러내는 게 아닐까 한다. 친절하고 상냥한 미소가 있는 인간상이, 우리 모두에게 기쁨을 주듯이, 진정한 뜻에서 미소를 머금은 자신의 모습을 추구하는 것은 가치 있는 일임에 틀림없다. 그것이 모나리자나 성모마리아, 혹은 고마 성모의 미소와 같지 않을지라도.

그럼 그 소리 나는 얼굴의 표정과 모습 또는 신체의 다른 부분에 따른 양태의 변화가 어떻게 웃음의 낱말겨레와 관련되는지를 알아보기로 한다. 먼저 소리에 따른 웃음의 표현에 대하여 살펴보자. 웃음소리가 기냐 짧으냐, 작냐 크냐에 따라서 몇 가지로 표현된다. '길게 웃다'는 '장소(長笑)하다'가 있다. 그러나 반대되는 '단소하다'는 말은 쓰이지 않는다. 웃음은 크기에 따라서 '대소(大笑)하다', '굉소(轟笑)하다', '폭소(爆笑)하다'는 말들이 있는데 '대소<굉소<폭소'에서 보는 것처럼 폭소는 폭발적인 웃음을 연상케 함으로써 가장 큰 웃음을 드러내고 있다. 이 말들은 웃음의 크기에 따라서 단계적 대립의 표현으로 이해할 수 있으니 소리의 상징의 크기가 곧 감정의 단계를 변별적으로 드러낸다고 하겠다. '대소하다'에 다른 말을 더하여 그 모양을 드러내는 일이 있으니, 입을 크게 벌려 웃는 웃음을 '홍연대소(哄然大笑)하다', 즐거운 표정을 '간간대소(衎衎大笑)하다', 하늘을 바라

보는 웃음을 '앙천대소(仰天大笑)하다'고 한다. 아울러서 손뼉을 치며 웃는 웃음을 '박장대소(拍掌大笑)하다'고 하며, 깔깔대고 웃는 것을 '가가대소(呵呵大笑)하다'고 한다. 이밖에 웃음에 대한 소리 중심표현으로는 '방소(放笑)하다(방자하게 웃다)', '소쇄(笑殺)하다(웃어넘기다)'와 같은 말들이 있다. 주로 한자어 계통의 말들이 근간을 이루고 있으며, 눈에 띄는 점은 소리의 크기가 작은 경우에 대한 표현은 찾아보기 어렵다는 것이다(정호완, 1991 : 242~246).

그렇다면 우스운 것과 재미있는 것의 차이는 무엇일까? 재미있으면서도 우습지 않은 것이 얼마든지 있다. 슬프거나 무섭거나 조마조마하면서도 재미있는 것이 얼마나 많은가? 재미와 흥미는 유의어다. 이것은 시간 가는 줄도 모르고 즐길 수 있도록 마음을 붙드는 힘이다. 이렇게 인간의 마음을 빼앗는 것은 희로애락애오욕(喜怒哀樂愛惡慾)의 모든 감성과 또한 기분 좋게 느껴지는 모든 감각에 걸쳐 있는 것이다. 그러나 우스운 것은 그런 것이 아니다. 기쁨과 즐거움의 감정에 대한 육체의 감각적 반응이다. 간지러움의 감각과 관계가 있는 감정과 감각의 반응의 결과이다. 일부러 간질여서 웃는 경우를 제외하면 모든 웃음은 기쁘고 즐거우며 유쾌한 감정에 관한 육체적 감각적 반응이므로 웃는 일은 인간의 생활을 여유 있고 기쁘고 즐겁게 만들어 준다. 생리의학이 증거하는 바에 의하면 사람이 한 번 크게 웃으면 체내에 들어온 병균을 물리치는 경찰세포의 활동이 갑자기 활기를 띄우며 인간 모든 신체기관이 긍정적 반응을 한다고 한다. 그러므로 재미있는 것 중에서도 가장 정신적 육체적으로 여유 있고 편안한 재미는 웃음을 자극하는 데서 온다고 할 수 있다. 비극도 우리를 슬프게 함으로써 카타르시스를 맛보게 하지만 그 과정에 마음의 에너지가 많이 소모되는 것이 사실이다. 그것은 괴로움이나 슬픔으로 인하여 흘리는 눈물이 양파나 마늘냄새 때문에 흘리는 눈물에 비하여 많은 독소가 발견된다고 하는 것으로도 알 수 있다(1998년 서울의대 연구결과를 다큐멘터리 형식으로 KBS TV에서 방영한 바 있음).

2) 유머의 사전적 정의

<새 우리말 큰사전>(1998)에서는 '유머'를 "익살, 해학(諧謔)"이라고 설명하고 있다. '익살'은 "일부러 멋지게 남을 웃기는 말이나 짓"으로 '골계(滑稽)'와 같은 의미로 해석하고 있다. '해학'은 "익살스럽고 멋이 있는 말이나 짓"이라고 설명하고 있다. 이러한 사전적 정의대로라면 유머, 익살, 해학, 골계는 거의 같은 뜻으로, 개념의 경계가 불분명하다.

이러한 개념의 혼란은 '유머(humor)'라는 용어가 유입되어 번역되는 과정에서 '해학, 익살, 골계' 등으로 일관성 없이 번역되었기 때문이라고 생각된다. 또한 유머의 의미가 원래의 의미보다 크게 확장되었기 때문이기도 하다.

유머(humor)란 말은 '물속에서처럼 유동적이다'라는 의미의 라틴어 'umere'에서 유래하였으며, 고대 생리학에서 인간의 체내에 흐른다고 하는 혈액, 점액, 담즙, 흑담즙 등 4종류의 체액을 의미하였다. 당시에는 이들 체액의 배합 정도가 사람의 체질이나 성질을 결정한다고 생각하였기에 이 말은 기질, 기분, 변덕스러움 등을 뜻하게 되었다.

플라톤이나 아리스토텔레스가 활동하던 시기에는 우습거나 어리석거나 사회적으로 용납할 수 없는 행동들은 체액이 불균형 상태에 있는 것이므로 비웃음을 당하여도 된다고 생각하였고, 비웃음의 대상이 되는 사람들을 '유머리스트(humorist)'라고 불렀다고 한다. 뒤에 유머에는 인간의 행동, 언어, 문장 등이 갖는 웃음이란 뜻과, 그러한 웃음을 인식하거나 표현하는 능력의 뜻까지 첨가되었다.

유머를 집약적으로 발전시킨 영국에서도 유머는 '우스꽝스러움'의 뜻으로 생명을 얻었고, 그 유머라는 말은 위트(wit : 기지, 재치), 조크(joke : 장난기 있는 농담)와 혼용되어 사용되었다.

3) 유머에 대한 다양한 정의

앞서 사전적 정의에서도 알 수 있듯이 유머를 한 마디로 정의하는 것은 쉬운 일이 아니다. 그래서 좀 더 이해를 돕기 위해 유머의 정의에 대한 몇몇 학자의 견해를 소개하겠다.

베르그송(Bergson, 1924)은 '유머는 희극이라는 장르가 문학에 존재한 후 하나의 인식체계로 발전해 온 정신적 산물로서 철학자나 소설가에 의해서 그 줄기를 이어온 장르'로 설명하고 있으며, 프로이트(Freud, 1960)는 '농담은 바로 말하려는 것을 말하지 않음으로써 말하고 있는 것'으로 정의하고 있다.

스텔달과 크레이그(Sternthal & Craig, 1973)에서는 유머를 다음 3가지 차원으로 이해할 수 있다고 했다. 첫째는 자극적 속성으로서의 유머로, 그 호소력은 말장난(puns), 농담(joke), 돌려 말하기, 아이러니, 풍자, 부조화 등의 기준에 의해 결정하는 것이다. 둘째는 자극으로부터 유도되는 행동적 반응, 즉 고조되는 감정, 미소, 웃음 등으로 유머를 정의할 수 있다. 셋째, 유머를 수용자의 지각반응과 관련지어 정의하는 것으로, 수용자가 메시지를 유머러스하다고 인지하는 정도를 측정하는 것을 의미한다. 로빈슨(1977)은 유머 현상을 웃음, 미소, 즐거운 감정을 유발시키는 의사소통의 일종으로 정의하고 있다.

임어당(林語堂, 1978)에서는 유머는 남을 비웃고 조소하는 부정적 태도로서의 풍자와는 대조적으로 우리 모두를 즐겁고 아늑한 우의에 찬 분위기 속에 감싸 주는 하늘의 자우(慈雨)와도 같은 존재요, 대상을 미워하지도 않고 반항의 뜻이 없는 긍정적이고 애정에 싸인 관조적 웃음으로 규정하였다. 전영우(1998)에서는 유머를 우스운 일을 포착하여 표현하는데 그 속에 따뜻한 인정이 담겨 있는 것으로 정의하고, 유머는 미소를 자아내게 하는 정적 표현이요, 위트는 웃음을 터트리게 하는 지적 표현이라고 했다.

롱과 그레이서(Long & Graesser, 1989)에서는 유머는 의도적으로든 실수에 의해서든 관계없이 결과적으로 남을 웃기거나 즐겁게 해 준 것으로 정의하고 있고, 구현정(1999)에서도 유머를 남을 웃기거나 즐겁게 해 주는 말의 통칭으로 정의하고 있다.

이상에서 보듯이 유머를 한 마디로 정의하기가 어려운데, 그것은 유머가 단독으로 나타나는 물리적인 현상이나 심리적인 상태를 의미하는 것이 아니라, 웃음을 일으키는 다양한 요소, 즉 위트, 아이러니, 부조리, 소극, 풍자 등과 결합되어 나타나거나, 그러한 요소에서도 유머를 느낄 수 있기 때문이다.

서구적 의미에서 유머는 대상을 경멸하기 않고 사랑과 동정이 배합된 웃음으로, 부정적이기보다는 수용적인 것이며, 악의적이기보다는 선의적인 웃음을 주는 것으로 인식되어 왔다. 따라서 서구적 의미의 유머는 공격적이고 비판적인 풍자와는 달리 '너그러움과 애정을 바탕으로 하는 웃음'으로 정의할 수 있다.

유머는 그 용어가 국내에 유입되면서 전통적인 웃음을 가리키던 '해학', '익살', '골계' 등으로 번역되어 혼용되었는데, 그 후 의미가 확대되면서 사전적 의미도 그 경계가 불분명하게 된 것으로 추정된다. 현대에 와서 대중들은 유머를 남을 웃기는 말로 인식하는 것이 일반적이다. 이에 필자는 유머를 "남을 웃기는 말과, 그 말과 함께 행해지는 행동의 통칭"으로 정의하고자 한다.

4) 유머의 범주

유머란 말은 농담, 위트, 풍자를 주로 해서 웃음을 유발하는 말로 인식하고 사용한다는 의미에서, 이 모두를 포괄하는 것으로 사용되고 있다. 또 기존의 많은 학자들의 견해를 보아도 용어에 대한 개념 정의가 명확하게 통일되어 있지 못하고 그 경계 또한 불분명하다. 그러나 엄밀히 그 뜻을 살펴보면 차이가 있다. 이에 골계, 풍자, 위트, 농담, 해학, 그리고 현대적 의미에서의 유머의 개념을 명확히 하고 그들 간의 범주 설정을 분명하게 하고자 한다.

■ 골계(滑稽)

'골계(滑稽)'는 '해학(諧謔)', '기지(機智, wit)', '풍자(諷刺, satire)', '농담(弄談, joke)' 등을 포괄하는 최상위 범주라고 할 수 있다. 골계는 국어사전에 '익살'과 같은 의미인 "남을 웃기기 위하여 일부러 하는 재미있고 우스운 말이나 짓"으로 정의되어 있고, 흔히 '코믹(Comic)'의 번역어로 사용되고 있다.

'골계'란 말은 초(楚)나라의 시인 굴원(屈原, 기원전 343~288)의 『복거(卜居)』 중에 나오는 '돌제골계(突梯滑稽)'에서 유래했는데, 이 말은 뱀장어처럼 번둥번둥 놀고 있는 생활을 형용한 것이다. 그런데 사마천(司馬遷, 기원전 145~86)이 쓴 『사기(史記)』의 '골계열전(滑稽列傳)'에 등장하는 순우곤, 우맹, 우선 등은 구변이 좋고 재치가 발랄한 사람들이어서 그러한 자기 재능을 써서 주군의 행동을 풍자하고 간하곤 했다는 기록이 있다. 이로 볼 때 사마천의 관점에서는 '골계'에 언설이 교묘하고 도도히 얘기한다는 의미가 담겨져 있음과 동시에, 세상사의 도리에 맞는 우스갯소리(戱言)라는 의미가 포함되어 있었던 것 같다. 이러한 의미가 나중에는 재미있고 우스꽝스러운 농담을 가리키는 데 쓰이게 되어 '도리에 맞는' 것은 잊혀지고 말았다.

서거정(1420~1488)의 『태평한화 골계전(太平閑話 滑稽傳)』의 내용은 주로 부패 무능한 관리의 이야기, 온갖 군상들의 호색담, 재담 등의 일화 등을 모아 놓은 것으로, 주로 오락과 교훈적인 목적을 갖고 있다. 이러한 책의 내용을 토대로 볼 때 '골계'는 풍자적인 성격과 해학적인 성격을 모두 포함하는 상위의 개념으로 사용된 것으로 보인다.

'골계'의 한자어 풀이도 이를 뒷받침하고 있다. '골(滑)'은 "배해(俳諧)"라는 의미인데, 이는 "광대의 농지거리"란 의미이다. 또 '계(稽)'는 "익살부리다"라는 뜻을 지니고 있다. 이렇게 본다면 '골계'에는 '해학'과 '익살'의 의미가 포함되어 있다고 할 수 있다. 나아가 '해학'은 농지거리하고 희롱한다는 뜻을 지니는데 희롱(戱弄)은 농담(弄談)과 의미가 상통한다. 결국 '골계'는 해학, 익살, 풍자, 농담 등을 포괄하는 개념이라고 할 수 있다. 김지원(1983)도 골계의 하위 범주로 해학과 풍자를 두 있다. 또한 풍자와 해학은, 대상을 긍정적이며 포용적인 관점에서 대하느냐 혹은 부정적이며 배타적인 관점에서 대하느냐에 따라 구분하고 있다.

그렇다면 골계와 유머는 어떻게 다른가? 유머는 골계의 하위 범주의 하나로 웃음을 목적으로 한다. 그러나 골계의 다른 하위 범주인 풍자와 위트, 농담 등은 반드시 웃음을 목적으로 하지는 않는다.

■ 풍자(諷刺)

풍자(諷刺)는 "잘못이나 모순 등을 빗대어 비웃으면서 폭로하고 공격하는 것"이라고 정의할 수 있다. 그런데 풍자는 파괴를 목적으로 대상을 공격하는 것이 아니라 비난과 공격의 배후에서 항상 교정과 개량을 생각하는 바람을 느끼게 하는 것이다. 그리고 풍자는 반드시 웃음을 목적으로 하지는 않는다.

> 뇌물을 많이 받아먹은 한 정치인이 법정에 서게 되었다.
> 검 사 : 정치인께서는 많은 뇌물을 받아 먹으셨지요?
> 정치인 : 잘 모르겠습니다. 제 비서가 한 일이라서요.
> 검 사 : 또 정치인께서는 자신의 권력을 이용해 많은 비리를 저지르셨지요?
> 정치인 : 잘 모르겠습니다. 제 비서가 한 일이라서요.
> 검 사 : 자꾸 오리발을 내미시는데, 부인이 임신하셨다면서요? 언제 아이가
>   태어납니까?
> 정치인 : 잘 모르겠습니다. 그것도 제 비서가 한 일이라서요.

이 이야기는 정치인이라는 대상에 대한 강력한 비난과 부정적 시각을 바탕에 깔고 있다. 그러나 정치인을 직접적으로 공격하지는 않는다. 자신의 비리를 인정하지 않고 계속 시치미 떼는 정치인을, 아내의 임신마저도 비서가 한 일이라고 오리발을 내미는 거짓되고 비상식적인 인물로 형상화함으로써 간접적으로 비판할 뿐이다. 이러한 예측하기 어려운 상황설정과 정치인의 우스꽝스러운 언행으로 수용자들에게 공감을 사고 아울러 웃음을 유발한다.

■ 위트(wit)

위트(wit)는 "경우에 따라 그때그때 재치 있게 대응하는 슬기"로 주로 지적 재능을 토대로 해서 웃음을 일으키는데, 말 속에 뼈(言中有骨)가 숨어 있어 주로 상대방의 공격에 대한 방어에 많이 사용된다. 위트는 유머보다 함축적인 표현이 많으며, 스토리가 없는 경우가 많다. 그리고 유머보다 길이가 짧다. 영국의 경험주의 철학자인 존 로크는 위트를 '정신적인 자산'으로 분석했으며, 프로이트는 위트를 악의 없이 웃음이나 미소를 자아내는 '무해한 위트'와 공격적이고 상대를 해치는 '저의가 있는 위트'로 구분했다. 다음은 전자의 한 예이다.

> 어떤 영향력 있는 영국 정치가가 남작 작위를 달라고 디즈리엘리 수상을 졸랐다. 수상은 그 청을 들어 줄 수가 없었기 때문에, 최대한 부드럽고 유쾌한 방법으로 거절을 했다.
> "죄송합니다. 작위는 드릴 수가 없지만, 더 좋은 것을 드리겠습니다. 이제 친구들한테 '수상이 남작 작위를 주겠다'고 했지만 사양했노라고 말씀하실 수 있을 겁니다."

위트의 경우도 목적은 웃음을 유발하는 데 있는 것이 아니기 때문에 웃음을 유발하느냐 그렇지 못하느냐에 따라 유머에 포함될 수도 있고, 그렇지 않을 수도 있다.

■ 해학(諧謔)

유머와 직접적 관련을 갖는 것은 바로 '해학'이다. 이 '해학'은 좁은 의미의 유머를 의미한다고 볼 수 있다. 박세현(1990 : 77)에 의하면, 우리가 '해학'이라는 용어로 사용하고 있는 '웃음'의 개념은 분명히 '풍자'와 함께 문학적인 용어로 정착되어 있는 웃음이다. 실제로 그렇게 사용되고 있는데, 이것은 서구 문학에서 정의된 'Humor'와 'Satire'의 구별에서 연유된 것이며, 곧 '해학'은 'Humor'의 번역어라고 하였다.

해학(諧謔)을 『세계문학사전』(日本 研究社 刊)에서는 "대상 위에 서서 그 실상을 있는 그대로 보며 모순으로 인한 불쾌감도 한층 넓고 깊게 통찰함으로써 융화하고 해소하려는 것이다. 따라서 그것은 날카로운 지성을 가지고 인간의 어리석음을 밝히려는 반면에, 따뜻한 사랑과 동정을 가지고 대상을 감싸 주는 것이다."라고 정의하고 있다.

박동량(朴東亮)의 『기제사초(寄齊史草)』에 보면 임진왜란 당시 유성룡, 정철 등이 평양에 있으면서 나라의 운명이 풍전등화에 있음을 탄식하였을 때, 송강 정철이 유머러스한 이야기를 하면서 침울해 하던 좌중의 분위기를 명랑하게 하였다는 멋진 이야기가 실려 있다. 그 책의 첫머리에 송강이 '회해(詼諧)', 즉 '해학(諧謔)'을 잘 하였다고 기재되어 있는 것으로 보아 해학은 이미 서구의 유머의 개념에 부합하는 의미로 사용된 것으로 보인다 (신윤상, 1962).

■ 유머

현대적 의미에서의 유머는 앞서 이미 정의했듯이 "남을 웃기는 말과, 그리고 그 말과 함께 행해지는 행동의 통칭"이라고 할 수 있다. 골계의 하위 범주인 해학, 풍자, 위트, 농담들 중 웃음을 유발하는 것을 목적으로 하는 해학과 거의 같은 개념이라고 할 수 있다.

 풍자는 목적이 웃음 유발에 있다기보다는, 직접은 아니지만 결국 비평, 비난, 또는 공격하고자 하는 내용을 비유하거나 우회하여 문제점을 완곡하게 지적, 폭로, 고발하는 것이며, 특히 대상을 2인칭이 아닌 3인칭으로 객관화하여 표현함으로써 투쟁이 아닌 방법으로 불의나 사회문제를 해결하려 하는 것이다. 이것은 공격적 방법을 사용하지 않는 점이 있기는 하지만, 그래도 웃음의 유발을 목적으로 하는 유머와는 본질적으로 다르다. 풍자의 경우도 웃음을 유발할 수는 있다. 그러나 그 웃음은 유쾌한 폭소라기보다는 비아냥거리거나 허탈한 웃음이 될 것이다. 위트도 웃음 유발이 목적이 아니라는 점에서 유머와는 구별된다.

 농담(弄談, joke)은 국어사전에 "실없는 장난의 말"이라고 정의되어 있다. 남을 웃기기 위해 실없이 하는 말장난이나 우스갯소리를 이른다. 프로이트(1960)는 '농담은 바로 말하려는 것을 말하지 않음으로써 말하고 있는 것'이라고 하였다. 곧 '무의미 속의 의미', '당혹과 깨달음'이 농담의 근본적 원리라고 하였다.

> **친구 갑** : (전화를 걸어) 그래? 요즘 바쁜가?
> **친구 을** : 바쁘지, 파리 잡느라 정신이 없네.

 친구 을의 대답은 친구 갑에게 웃음을 주어 대화의 분위기를 부드럽게 하는 데 도움을 준다. 이러한 웃음을 주는 말은 농담이라고 할 수도 있고 유머라고 할 수도 있다. 이러한 점에서 볼 때, 유머와 농담은 많은 부분을 공유하고 있다고 할 수 있다. 그만큼 둘 사이는 잘 구분이 되지 않는다. 그러나 다음과 같은 점에서 차이가 난다. 첫째, 유머는 진실을 추구하고 있는데 비해 농담은 진실을 추구한다고 볼 수 없다. 따라서 유머의 반의어가 진담이 될 수는 없지만 농담의 반의어는 진담이다. 농담을 일반적으로 우스갯소리라고 하는데 이것은 웃음을 유발한다는 의미도 있지만 그보다는 진실성이 없는 장난삼아 하는 말이란 뜻도 포함한다. 해학 또는 유머라는 말에는 그런 뜻이 없다.

> 남자 : 나랑 결혼해 줘.
> 여자 : 농담하지 마.
> 남자 : 진심이야.

위에서 보듯이 진심의 반대, 진실성이 없음, 장난삼아 하는 말, 우스갯소리의 뜻이 농담에는 있음을 알아야 한다. 혹, "농담 속에 진담 있다." 또는 "농담 반 진담 반"이라는 말로서 농담에도 진실성이 있음을 언급할 수도 있겠으나 이는 어디까지나 역설적인 표현일 뿐이다. 둘째는 농담에 비해 유머가 더욱 창의적 표현인 경우가 많다. 유머는 창의적 표현이 지니는 비예측적 우회성이나 적확성 등이 농담에 비하여 매우 두드러진다. 다시 말하면 농담보다 유머가 예술성을 띤다고 하겠다.

결론적으로 유머와 농담은 많은 부분을 공유하기 때문에 개념상 잘 구분이 안 되는 것이 사실이다. 그러나 부담 없이 상대에 대한 진실성이나 성실성이라는 태도가 없이 가볍게 하는 우스갯소리, 또는 말장난을 특히 농담이라고 규정해서 유머와 구분하고자 한다.

유머는 어떤 대화나 연설 등에서 돌발적인 상황에 따라 순간적으로 발생하느냐, 아니면 사전에 의도적으로 만들어진 에피소드냐에 따라서 두 가지 종류로 나눌 수 있는데, 필자는 전자를 '맥락 의존적 유머', 후자를 '에피소드적 유머'로 명명하고자 한다.

> 한번은 어떤 분의 초청을 받아 꽤 괜찮은 음식점에 간 적이 있었다. 비싼 고기 요리가 나왔는데 그분은 무척 실망하는 눈치였다. 그도 그럴 것이 고기에 웬 비계가 그렇게 많이 붙었는지 지글지글 타들어가는 고기에 기름기가 흥건했다. 민망하기도 하고 화가 나기도 한 그분이 식당 종업원을 불러 "고기가 왜 이 모양이냐?"고 물었다. 그런데 변명을 늘어놓을 줄 알았던 그 종업원은 뜻밖의 답변을 했다.
> "어? 고기가 운동을 안 했나보죠?"
> 그 한마디로 식사 분위기가 갑자기 달라졌다. 자칫 불쾌한 말들이 오갈 수 있는 상황에서 종업원의 유머가 우리 모두를 웃게 했던 것이다.

위의 예와 같이 일상 대화에서 던진 말 한마디가 유머가 되어 상대방을 웃게 했을 때 이를 '맥락 의존적 유머'라고 한다. 물론 이러한 '맥락 의존적 유머'를 상황과 함께 다른 사람에게 그대로 말한다면 그것은 이미 맥락 의존적 유머가 아니라 '에피소드적 유머'로 변화시켜서 이야기한 것이 된다. 왜냐하면 맥락 의존적 유머는 특별히 주어진 상황에서 단 한 번만 사용할 수가 있는, 순간 발상의 창의성이 있는 것이기 때문이다. 바로 이 점이 중요한 것이다.

다음의 예는 남을 웃길 목적으로 의도적으로 만든 일정한 구조를 갖춘 이야기인 '에피소드적 유머'이다.

> 한 농부가 황폐한 농장을 사서 열심히 일한 끝에 훌륭하게 가꾸어 놓았다. 어느 날 목사가 지나가다 들러보고는 그 농부에게 축하인사를 건넸다.
> "하나님과 인간이 함께 이처럼 놀라운 일을 해냈군요."
> 그러자 그 농부가 이렇게 대꾸했다.
> "네, 그럴지도 모르지요. 하지만 하나님 혼자서 이 농장을 운영하고 계셨을 때 농장이 어떤 꼴이었는지를 목사님이 꼭 보셨어야 했는데."

이것은 물론 에피소드적 유머다. 그러나 이것이 실제 상황이고 농부와 목사가 일인칭 이인칭이라면 맥락 의존적 유머라고 할 수 있다. 그리고 사람에 따라서는 유머가 아니라 위트라고 할 수도 있을 것이다. 다만 기독교인 입장에서는 위트보다 유머로 보는 것이 나을 것이다. 왜냐하면 웃음을 목적으로 하는 유머와 문제 해결을 목적으로 하는 위트는 다르기 때문이다.

이처럼 상황에 따라서 맥락 의존적 유머가 에피소드적 유머가 될 수 있으며, 유머와 위트가 구분이 되지 않을 수도 있다.

2. 유머의 웃음유발의 원리

1) 웃음의 고전적 이론들

사람들이 왜 웃는가에 대해서는 2,000년 전부터 철학자, 심리학자 등에 의해 수많은 학설들이 제기되어 왔다. 이 학설들은 크게 다음의 세 가지로 나누어 볼 수 있다.

■ 우월감(Superiority) 이론

왜 사람들은 어떤 사람이 바나나 껍질로 인해 넘어졌을 때, 또는 케이크가 그들의 얼굴에 던져졌을 때 웃을까? 우월감 이론에 의하면 이들 상황이 우리에게 다른 사람에 대한 우월감을 만들기 때문에 웃게 되는 것이다. 바나나 껍질에 넘어지는 사람, 또는 케이크를 뒤집어쓰는 사람은 어리석어 보이고 우리를 기분 좋게 만든다.

아리스토텔레스의 '보통 이하의 악인을 모방한다'는 명제는 우월론(superiority)의 출발점이 된다. 인기 코미디나 개그 프로그램에서 '바보' 캐릭터가 끊임없이 등장하는 이유를 우리는 우월감 이론으로 설명할 수 있다. 이러한 우월감이 바로 웃음의 원인이다. 이러한 악인의 열등감은 그러나 특정한 종류의 악, 즉 실수나 기형과 같이 우스꽝스럽기만 할 뿐, 남에게 고통이나 해를 끼치지 않는 특별한 종류의 악이다.

철학자 토마스 홉스(Thomas Hobbes)는 웃음이 우리 자신의 승리에서 가질 수 있거나 또는 다른 사람에 의해 겪는 무례에서 가지는 '갑작스러운 명예'라고 특징지었다. 이것은 '사람들이 왜 바나나 껍질 위에서 미끄러지는 사람을 보고 웃는가?'를 설명할 수 있다. 그것은 다른 사람의 몰락에서 웃음을 재촉한다.

그러나 우월감이 단지 웃음이 원인이라고 주장하기는 어렵다. 상당수의 경우에는 우월감으로 인한 웃음이 바람직하지 않은 웃음일 경우가 있다. 그것은 이미 불안정하게 억압된 집단의 잔혹한 놀림으로 보일 수 있다.

> 한 여자가 오리와 함께 카페에 갔다. 그녀는 오리를 의자에 앉힌 후 그 옆자리에 앉았다. 웨이터가 다가와서 말했다.
> "안녕하세요. 그렇게 못생긴 돼지는 본적이 없어요."
> 그러자 그 여자가 말했다.
> "이건 오리예요. 돼지가 아니예요."
> 그러자 웨이터가 말했다.
> "난 오리에게 말했어요."

이 예는 에피소드적 유머일 때만 유머의 범주에 들어간다. 만약에 맥락 의존적인 경우라면, 그래서 '여자'와 '웨이터'가 일인칭과 이인칭이라면 이것은 웨이터가 손님인 여자의 생김새를 가지고 명예를 훼손한 공격 행위이지 결코 유머라고 할 수 없는 것이다. 에피소드적 유머일 경우에는 남의 이야기니까 유머로 받아들일 수 있을 것이다. 그러나 품격이 없는 유머이다. 다만 공격하는 사람의 입장에서 아리스토텔레스나 토마스 홉스의 우월론이란 입장을 뒷받침해주는 예화라고는 할 수 있다.

■ 해소론(relief theory)

해소론이란, 웃음을 심리적 긴장의 해소와 연관짓는 이론을 말한다. 이 경우, 웃음은 일종의 안도(relief) 혹은 긴장완화(release)로 정의할 수 있다.

안도의 개념으로 웃음의 문제에 접근한 가장 고전적인 논의는 프로이트(Freud)로부터 시작한다. 프로이트는 사회를 인간의 쾌락을 억압하는 주체로 보았다. 그에 의하면 인간은 모두 성적이고 공격적인 생각을 가지고 있지만, 사회는 우리에 이런 생각들을 겉으로 드러내는 것을 허용하지 않는다는 것이다. 결국 인간의 쾌락은 우리의 무의식에 깊이 빠져들어 있고, 오직 꿈에서만 혀의 묘한 미끄러짐(일명 'Freudian slip')을 거쳐 나오거나 어떤 정신요법의 형태로 나온다.

그는 유머를 꿈과 같은 맥락에서 이해했다. 유머들이 사회적으로 받아들인 사람들의 갇힌 생각들을 풀어주는 여러 방식으로 표현된다고 믿었다. 죽음, 성, 결혼, 권력, 어떤 육체적 기능, 그 어떤 것에 대한 사상들은 진지한 표정으로 말하는 것을 사회에서는 사실상 받아들일 수 없다. 우리 삶의 문제들, 또는 우리가 직면하는 것을 싫어하는 주제들을 처리하는 방법으로 유머는 일종의 위안을 제공한다.

> 한 여자가 친구에게 말했다.
> "18년 동안 나의 남편과 나는 세상에서 가장 행복한 사람이었어. 그때 우리는 만났어."

■ 부조화론(incongruity theory)

웃음 발생의 가장 대중적인 이론은 웃음을 '부조화(incongruity)'로 설명하는 것이다. 부조화론은 '이중결합이론(bi-sociation theory)'이라고도 불리는데, 특정한 담화나 행동이 그것의 본래 취지와는 어긋나게 다른 맥락의 이야기로 전치됨으로 발생하는 오해와 이 오해의 발견으로 특징지어진다.

18세기 독일의 철학자 임마누엘 칸트(Immanuel Kant)에 의하면 우리는 사람들이 역할(신분)을 벗어난 것처럼 보이기 때문에 우리를 놀라게 하는 것들에 웃게 된다고 한다. 예를 들면, 광대가 도리에 어긋나게 커다란 신발을 신고 있을 때 우습고, 사람들이 특별히 커다란 코를 갖고 있을 때 우습다.

일반적으로 부조화는 '구조 만들기(set-up)'와 '급소 찌르기(punch line)' 사이에서 나타난다.

> 탱크(tank) 안에 물고기 두 마리가 있었다.
> 그런데 한 마리가 다른 한 마리에게 이렇게 말했다.
> "너 이거 운전할 줄 알아?"

구조 만들기는 수용자에게 물고기 저수지(tank) 안에 있는 두 마리 물고기에 대해 생각하도록 이끈다. 그러나 급소 찌르기가 수용자를 놀라게 한다. 왜 물고기가 물고기 저수지를 운전할 수 있어야 하는가? 그런데, 수용자는 곧 '탱크(tank)'라는 단어가 두 가지 의미를 가지고 있다는 것을 깨닫는다. 물고기는 사실상 군대의 탱크 안에 있는 것이다. 이러한 사실을 인식하는 순간 수용자는 급소 찌르기에 의해 야기된 부조화를 해결하고, 갑작스런 놀라움의 감정이 수반되면서 웃음을 터트리게 된다.

2) 비예측성

앞서 우리는 웃음 유발의 원인에 대한 세 가지 고전적 이론들을 살펴보았다. 세 가지 이론들은 각각 장단점을 지니고 있어, 어느 한 이론만으로 웃음 발생의 원인을 설명하기는 부족하다. 또한 이 이론을 유머에 그대로 적용하기도 어렵다.

인간이 상대에 대해 '우월감'을 느낀다고 해서 무조건 웃게 되는 것은 아니다. 바보나, 못생기고 뚱뚱한 사람을 보았을 때 우월감을 느끼기는 하겠지만 반드시 웃음과 연결되지는 않는다. 또한 나보다 우월한 사람이 미끄러져 넘어지는 모습이 우스워서 웃었다고 했을 때 넘어진 사람에 대해서 실제로 우월감을 느낀다고 할 수는 없을 것이다. '해소론'이나 '부조화론'의 경우도 마찬가지이다. 두 이론은 일종의 불균형 상태를 상정하고, 이러한 불균형점이 균형을 되찾게 될 때 웃음이 발생한다고 보고 있다. '웃음'은 이러한 불균형에서 균형을 되찾음으로써 유발되는 신체적인 반응이다. 그러나 인간의 갇힌 생각들이 풀어지고, 부조화를 회복한다고 해서 언제나 웃음이 유발되는 것은 아니다.

더구나 유머의 경우에는 우월감이나, 긴장의 완화, 부조화의 모습 등을 텍스트로 표현해야 하는데, 단순히 이러한 상황을 이야기한다고 해서 포복절도한 웃음을 유발하기는 어렵다. 오히려 수용자로서는 상상도 할 수 없는 엉뚱한 이야기로 문제가 극적으로 해결될 때 강도 높은 웃음이 유발될 수 있는 것이다. 이때의 상상도 못할 엉뚱함의 속성을 '비예측성'이라고 이름붙이고자 한다.

> ㉠ 두 사람의 사냥꾼이 숲 속에서 사냥을 하다가 그 중 한 명이 땅에 쓰러졌다. 그는 숨을 쉬는 것처럼 보이지 않았고, 그의 눈꺼풀은 뒤집어졌다. 다른 사냥꾼이 휴대폰으로 구조 센터에 전화를 걸었다. 그는 상담원을 붙들고, "내 친구가 죽었어. 나는 어떻게 해야 돼요"라고 흥분하며 말했다. 상담원은 차분한 목소리로 말했다. "자, 침착하세요. 내가 도와드릴게요. 먼저 그가 죽었는지 확인해야 돼요."
> ㉡ 잠시 침묵이 흘렀고, 총성이 들렸다. 그리고 그 남자가 전화로 말했다. "됐어요. 이젠 어떻게 하지요?"

위 유머는 영국의 한 연구 기관에 의해 세계에서 가장 재미있는 유머로 선정된 텍스트이다. 물론 이 유머에서 어리석은 사냥꾼에 대한 수용자의 우월감, 사냥꾼을 오해하게 한 상담원의 부조화 등이 수용자가 웃는데 기여한다. 그러나 단순한 우월감과 부조화에 대한 깨달음만 가지고 웃을 수는 없다.

수용자의 예측을 빗나가게 하기 위해 <구조 만들기>와 <급소 찌르기>라는 유머 텍스트만의 독특한 유형이 웃음 유발에 기여하고 있는 것이다. 일반적으로 유머 텍스트는 이러한 유형을 갖추고 있다.[1]

㉠의 <구조 만들기> 단계에서 수용자는 사냥꾼이 다른 사냥꾼의 죽음을 확인하는 결말을 예상하게 된다. 물론 유머 텍스트의 유형에 익숙한 수용자는 결말이 단순하지 않을 것이라는 것을 예상할 수 있다. 그러나 결국 사냥꾼은 다른 사냥꾼의 죽음을 확인하는 절차를 기다릴 수밖에 없다. 이런 상황에서 상상도 할 수 없는 행동이 일어난다. 이처럼 상상할 수도 없는 언행이 일어나는 것, 그리고 그것으로 문제가 해결되는 과정을 <급소 찌르기>라고 하자. ㉡의 잠시 침묵이 흐르는 시간은 누구나 죽음을 확인하는 과정을 예측할 것이다. 그러나 총성이 울린다. 유머에서의 <급소 찌르기>는, 그 전에 ⓐ 가능한 한 너무나 당연한 상황으로 이야기를 이끌어가야 한다. ⓑ 그런 상황에서 실로 상상할 수 없는 말이나 행동이 나온다(총성이 울린 것). ⓒ 상상 밖의 결과로서 문제가 해결되거나 끝난다("됐어요. 이젠 어떻게 하지요?). 여기서 ⓐ를 <구조 만들기>라고 하고 ⓑ와 ⓒ를 비예측적 상황제시를 통한 <급소 찌르기>라고 한다. 그러니까 수용자는, ⓑ에서 너무도 예측 못한 상황에 황당하던 것이 ⓒ에 이르러서는 오히려 너무나 당연한(말이 안 되긴 하지만 다른 시각에서는 너무나 말이 되는) 내용으로 공감한다. 그리고 감탄을 하게 되는 것이다("됐어요. 이젠 어떻게 하지요?"). 순간 웃음이 폭발한다.

---

1) 부수적으로 유머 텍스트의 길이도 유형화에 관련된다. (1)의 유머 텍스트는 105단어로 이루어져 있다. 보고서에 의하면 평균적으로 유머들은 50개 정도의 단어를 포함하고 있었고, 가장 재미있는 유머는 103개의 단어로 이루어져 있었다. 유머 텍스트가 너무 짧으면 사람들은 열중하지 않고, 너무 길면 흥미를 잃는다. 데이터에 따르면 103개가 가장 적당하다 (LaughLAB, 2002 : 63).

결국 유머는 수용자를 너무나 당연한 방향으로 예측을 유도한 상태에서, 수용자의 예측과는 전연 다른 언행이 벌어져서 수용자를 황당하게 만들고(비예측성), 결말에서는 황당하던 것을 (전혀 다른 시각에서의) 정확한 타당성을 제시함으로써 공감을 유도하게 하는 것이 핵심이다. 그 순간에 웃음이 폭발하게 되는 것이다. 이것이 유머의 웃음 유발 요인이요, 과정인 것이다. 단, ⓑ와 ⓒ를 겸하는 경우도 있다.

3. 유머의 텍스트성 분석

지금까지의 논의를 통해 필자는 유머 텍스트[2]의 웃음유발의 원리를 '비예측성'에 있다고 주장했다. 유머 텍스트가 수용자의 웃음을 유발하기 위해서는 창의적 표현이 가져오는 비예측성이 허를 찌르듯이 갑자기 실현되어야 하는 것이다. 그런데 이러한 웃음 유발의 원리는 텍스트성(textuality)의 분석을 통해 보다 명확히 규명할 수 있다.

이 장에서는 보그랑드와 드레슬러(1981)에서 제시한 텍스트성을 중심으로 유머 텍스트의 텍스트성을 분석해서 어떤 특성이 웃음유발에 관여하고 있는지를 규명하고자 한다. 이는 웃음의 원리를 규명하는 데 도움을 줄 수 있을 뿐 아니라 유머 텍스트의 유형화에도 기여할 수 있을 것이다.

1) 유머 텍스트의 응결성과 응집성

응결성과 응집성은 텍스트의 연결 관계를 나타내는데 응결성은 텍스트

---

[2] 여기서 유머 텍스트는 '남을 웃기게 하기 위해 의도적으로 만든 일정한 구조를 갖춘 이야기, 즉 에피소드적 유머'를 의미한다. 따라서 여기에서도 논의 대상은 '유머 텍스트'로 한정한다.

표층의 문법적 연결성을, 응집성은 텍스트의 내용적, 의미적 연관성을 가리킨다.

보다 쉽게 생각한다면 텍스트의 응결성과 응집성이 대체로 텍스트의 형식과 내용에 해당된다고 볼 수 있다(고영근, 1999 : 162).

■ 응결성(cohesion)

응결성은 당연히 문법적 의존관계 또는 통사규칙을 바탕으로 한다. 그런데 추상문법에서 통사구조의 주요단위들이 구, 절, 문장이라면, 텍스트의 응결성은 문장 이상의 단위들의 결합으로 이루어지는 경우가 대부분이므로, 문장을 뛰어넘는 긴 텍스트의 경우 이미 사용된 구조와 패턴들이 어떻게 다시 사용되고 수정되면 또한 압축되고 생략될 수 있는가에 관심이 집중된다. 이러한 것들은 텍스트 생산과 수용에 있어서 안정성과 경제성을 동시에 높이는 역할을 한다(이석규 편, 2003 : 89).

이러한 통사구조의 구성요소들의 상호 연결은 여러 장치들에 의해 이루어지는데, 이를 응결성 장치(cohesive devices)라고 한다. 응결성 장치들은 표층구조에서 상호 관련성을 맺으면서 하나의 텍스트를 텍스트답게 만드는 데 기여한다. 여기서는 응결성 장치가 유머 텍스트에서는 어떤 기능을 수행하면서 웃음 유발에 기여하고 있는지를 살펴보고자 한다.

먼저 대용형(pro-form)을 살펴보자. 대용형은 표층텍스트에 일시적인 문제를 일으켜, 수용자들로 하여금 이야기 속에 몰입하게 만든다. 유머 텍스트에서도 특히 수수께끼 유형에서 많이 사용되는 장치이다.

미국의 한 일간 신문사에서 현상금을 내걸고 '성실하고 모범적인 남자'를 뽑기로 했다. 대륙의 구석구석에서 몇 만 통의 편지가 쇄도했는데 그중에 눈에 띄는 한 통의 편지 내용은 이러했다. '나는 한 방울의 술도 마시지 않으며 담배도 피우지 않습니다. 물론 섹스도 하지 않으며 집안에 문지기를 세워 여자와 만나지도 않습니다. 그리고 나는 매일 열심히 일하며 극히 평화스럽고

> 규칙적인 생활을 하고 있습니다. 밤에는 일찍 자고 아침에는 일찍 일어나며 영화 관람도 하지 않으며 일요일엔 빠짐없이 미사에 참여합니다. 나는 이런 청정무구한 생활을 5년이나 계속하고 있으며, 앞으로 5년은 더 할 겁니다.'
> 그는 주립교도소에서 10년형을 선고받고 복역 중인 죄수였다.

수용자는 '나'라는 사람에 대한 호기심을 갖게 되고 그가 과연 누구일까 하는 궁금증이 증폭된다. 이때 수용자들이 전혀 예측하기 어려운 엉뚱한 결과(죄수)는 수용자들의 웃음을 유발한다.

다음은 병행구문의 경우를 살펴보자. 병행구문(parallelism)은 기존 텍스트와 동일한 표층적 표현 형식에 새로운 의미 내용을 채워서 사용하는 방법을 말한다. 일반적인 글에서 병행구문은 불확실성이나 논란의 여지를 텍스트에서 배제하고자 할 때 사용된다.

이와는 달리 유머 텍스트에서 병행구문의 사용은 수용자에게 원 텍스트와의 관련성에서 유머 텍스트를 살필 수 있는 기회를 제공한다. 금언이나 격언, 속담 등을 패러디한 유머가 이에 속한다.

> • 지렁이도 밟으면 꿈틀거린다 : 지렁이가 밟혀서 꿈틀대봤자다.
> • 작은 고추가 맵다 : 작은 고추는 맵지만, 수입 고추는 더 맵더라.
> • 낮말은 새가 듣고 밤말은 쥐가 듣는다 : 낮말이나, 밤말이나 도청장치 한 놈이 듣는다.
> • 여자의 마음은 갈대와 같다 : 남자의 마음은 선풍기와 같다.
> • 미국 사람 셋이 모이면 줄이 생기고,
> 이스라엘 사람 셋이 모이면 세 개의 정당이 생기고,
> 일본 사람 셋이 모이면 세 개의 상사(商社)가 생기고,
> 한국 사람 셋이 모이면 방석을 편다.

전자의 경우 속담을 패러디해서 원전과 같은 표층형식을 지닌 새로운 속담을 구성하고 있다. 이때 원 텍스트의 교묘한 변형이 웃음 유발의 동

인이 된다. 후자와 같은 비교형 유머에서는 "~사람 셋이 모이면 ~가 생긴다"라는 표층적 형식에 다른 내용을 집어 넣어가면서 <구조 만들기>를 하고, 수용자의 흥미를 유발시킨다. 그리고 마지막 <급소 찌르기>의 비예측적 표현이 웃음을 유발한다.

병행구문은 대구를 이루게 하여 리듬감을 부여하고 이러한 리듬감이 웃음을 유발하는 경우도 있다. 특히 전통적인 판소리나 판소리계 소설에서는 이러한 리듬감이 웃음 유발의 원인이 된다.

> 흥보는 정말 모르는 줄 알고 갔던 연조까지 고하여, "갑술년에 나간 흥보요"
> 놀부가 무수히 되씹으며,
> "흥보, 흥보, 일 년 새경 먼저 받고 모심을 때 도망간 놈, 그 놈은 황보렸다. 쟁기질 보냈더니 소 가지고 도망한 놈, 그 놈은 숭보렸다. 흥보, 흥보, 암만해도 기억치 못하겠다."
>
> —'흥보가' 중에서

신윤상(1963 : 89~92)에서도 향가에 사용된 첩음(疊音), 첩어(疊語), 첩구(疊句), 대어(對語), 대구(對句)의 반복 사용이 음조(音調)의 경쾌한 느낌을 가져다주어서 해학미를 느끼게 한다고 하였다.

> 셔블 볼기 드래
> 밤드리 노니다가
> 드러사 자리 보곤
> 가른리 네히어라
> 둘흔 내해엇고
> 둘흔 뉘해언고
>
> —'처용가' 중에서

처용가(處容歌)에서 '―블'과 '블', '리'와 '리'의 첩음 반복과, '둘흔 내해엇고'와 '둘흔 뉘해언고'의 대구가 음조의 경쾌한 리듬감을 불러일으키고 나아가 해학미를 느끼게 하는 원동력이 된다.

  '억양(intonation)'도 웃음 유발에 기여하는 경우가 있다. 억양은 청취 가능한 음조와 조성의 특징적인 억양 곡선을 담화 텍스트에 부과하여, 생산자의 기대, 의도, 태도 그리고 반응에 대한 주요한 단서를 제공한다. 다음 문장에서 끝 부분의 어조를 달리함으로써 서술, 의문, 명령, 권유의 대립이 나타난다(이기문 외, 1984 : 52).

    a. 학교에 가요.　　　　　　(서술)
    b. 학교에 가요?　　　　　　(의문)
    c. 학교에 가요!　　　　　　(명령)
    d. 학교에 가요.　　　　　　(권유)

  이러한 억양의 변화에 의해 다양한 의미가 전달되는데 유머 텍스트에서는 사투리를 활용하는 예가 대표적인 경우이다.

〈'가'의 여러 의미〉
 • 가! : 가거라!
 • 가? : 그 사람? 조금 전 그 사람?
 • 가가 : 가씨 집안
 • 가가가? : 성이 가씨냐?
 • 가가 가가! : 그 사람이 바로 그 사람이었구나.
 • 가가 가가? : 그 사람이 아까 그 사람이었어?
 • 가가 가가가? : 그 사람 성이 가씨냐?

〈나는 당신을 사랑합니다〉
 • 전라도 : 아따~ 거시기 허여~!
 • 경상도 : 내 아~를 낳아도~!

〈당신 참 이쁘십니다〉
 • 전라도 : 아따~참 정말로~!
 • 경상도 : 몇 살이고~?

전자에서는 경상도 사투리의 독특한 억양, 즉 서술형이냐 의문형이냐에 따라, 다양한 의미가 전달되고 이러한 독특한 억양에 의한 의미 변화가 수용자, 특히 표준어 사용자의 웃음을 유발한다. 후자의 경우도 사투리 특유의 억양이 웃음 유발에 기여하고 있다.

다음은 회기법(recurrence)에 대해 살펴보자. 회기법은 언어 요소들의 직접적인 반복을 말하는데, 원래의 발화체가 단순히 다시 나타나는 것을 말한다. 유머 텍스트에서는 사실을 재삼 강조하고 나아가 마지막 반전을 극대화하기 위한 장치로 회기가 사용되고 있다.

> 아기 북극곰이 엄마에게 물었다.
> "엄마, 나 북극곰이야?"
> "물론이지." 엄마가 대답했다.
> "그럼 나는 회색곰은 아니네."
> "그래, 아가야."
> 아기 곰은 아빠에게 물었다.
> "아빠, 나 정말로 북극곰이야? 혹시 코알라나 흑곰은 아니야?"
> 아빠가 대답했다.
> "아니야, 너는 아빠와 엄마처럼 북극곰이란다."
> 그러자 아기 곰이 대답했다.
> "그런데 왜 나는 피가 얼어붙어?"

아기 북극곰은 자기가 북극곰이 맞는지 엄마 북극곰에게 묻고, 엄마 북극곰은 그 사실을 확인해 주고 있다. 이 사실은 너무나 명백하다. 위 텍스트에서는 아기 북극곰이 북극곰이라는 사실을 여러 번 반복함으로서 그 사실은 불변임을 계속 강조하고 있다. 이러한 강조로 인해 수용자도 그 사실은 변함이 없으리라는 확신을 갖게 된다. 그러나 아기 북극곰의 마지막 말은 수용자의 확신에 혼란을 가져오고 수용자의 예측은 빗나가게 된다.

생략도 웃음 유발에 기여하는 응결성 장치이다. 일반적인 텍스트에서 생략은 말하는 노력을 줄이고 되풀이되는 것을 피하려는 말하는 이의 심리에서 비롯된다고 할 수 있다. 결국 간결성과 명료성과의 상호 타협 사이에서 생략이 이루어지는 것이다.

그런데 유머 텍스트에서의 생략은 수용자를 혼동시키려는 생산자의 의도에 의해 일어난다.

> 한 남자가 버스 정류장에서 햄버거와 포테이토칩을 먹으면서 버스를 기다리고 있었다. 그때 중년 부인이 애완견을 끌고 다가와서는 그 남자의 옆에 섰다. 그 부인도 버스를 기다리는 눈치였다. 애완견은 그 남자의 햄버거 냄새에 매우 자극되어 낑낑거리더니, 그 남자에게 뛰어오르며 귀찮게 했다. 그러자 그 남자가 중년 부인에게 물었다. "제가 (   ) 조금 던져 줘도 괜찮겠습니까?", "그럼요. 매우 친절하시군요." 그러자 그 남자가 개를 집어 들더니 길바닥에 던져 버리는 것이었다.

위에서 "제가 (   ) 조금 던져 줘도 괜찮겠습니까?" 라는 남자의 말에서 (   )부분의 목적어가 생략되어 있다. 텍스트 속의 중년부인뿐만 아니라 수용자도 생략된 부분에 들어갈 목적어로 햄버거나 포테이토칩을 예상하게 된다. 그러나 생산자가 생각한 (   )에 들어갈 목적어는 엉뚱하게도 '개'였다. 이는 목적어를 생략했다가 나중에 임의로 바꾸어서 수용자를 혼란하게 만드는 생산자의 계획된 의도이다.

생략은 유머 텍스트에서 수용자의 엉뚱한 상상력을 크게 불러일으키는 작용을 하기도 한다.

> 나 너랑 해보고 싶어
> ------------------------------
> ------------------------------ 달도 보고 싶고.

위와 같은 문자메시지 시리즈는 잠정적 생략 기법을 사용하고 있다. 즉 실제 생략된 것은 없지만 수용자가 그렇게 느끼도록 만들어서 엉뚱한 예측을 하게 만드는 기법이다. '나 너랑 해보고 싶어'라는 앞 구절에서 대부분의 수용자는 섹스를 떠올린다. 혹자는 '왜 수용자가 꼭 섹스만을 떠올린다고 생각하느냐?'라고 반문할지 모른다. 그러나 '하다'라는 동사는 특별한 목적어 없이 남녀 간에 쓰일 때는 대개 '성행위를 하다'라는 의미로 이해되고 있다. 이러한 쓰임에 익숙한 수용자는 섹스를 떠올리다가 '달도 보고 싶고'라는 구절을 듣고 자신의 엉뚱한 상상에 웃음을 터뜨리게 된다. 이 유머 텍스트는 중의성을 이용하고 있는데, 중의성보다는 잠정적 생략으로 인한 엉뚱한 상상이 웃음 유발의 주요인으로 작용하고 있다.

이상에서와 같이 유머 텍스트의 응결성 장치들은 여타 텍스트에서와는 조금 다른 기능을 담당한다. 이는 웃음 유발을 목적으로 하는 유머 텍스트가 갖는 응결성의 특성에서 비롯된다고 할 수 있다.

응집성(coherence)

응집성은 텍스트를 이루는 여러 개념과 그 개념들 사이의 관계가 발화체 내부에서 서로 조화하고 의존하는 의미구조를 말한다. 다른 말로 응집성은 텍스트 안에서의 '의의의 연속성'이라고 할 수도 있다. 한 텍스트가 '의미가 있다'는 것은 텍스트를 이루는 표현들 사이에 의의의 연속성(continuity of senses)이 존재한다는 뜻이며, 어떤 텍스트가 무의미하다는 것은 수용자가 바로 이 의의의 연속성을 발견할 수 없거나, 텍스트가 수용자의 세계지식(world knowledge) 또는 인간적 기대(human expectation)와의 불일치가 일어나고 있다는 것을 의미한다.

그런데 유머 텍스트에서는 표면상으로 볼 때, 구성 성분들 사이의 적합성이 파괴되는 경우가 많다. 이 경우 수용자의 지식체계와 유머 텍스트의 개념들 사이에서 의의의 불연속성[3]이 나타나게 되고, 이것이 수용자의 예측을 빗나가게 한다.

> 학교에서 국회에 대해서 배운 꼬마가 집에 와서 아빠에게 물었다.
> "아빠, 국회에서 몇 명이나 일해요?"
> 그러자 아빠가 머뭇거림도 없이 대답했다.
> "글쎄, 반이나 일할까?"

꼬마의 질문은 '국회에 근무하는 인원이 몇 명인가?'하는 것이었다. 그러나 아빠의 대답은 '글쎄, 반이나 일할까?'였다. '몇 명이 근무하는가?'라는 물음과 '반이나 일할까?'라는 대답 사이에서 수용자는 순간 혼란을 느끼게 된다. 그러나 아빠의 대답이 국회에서 제대로 일하지 않는 많은 국회의원들을 야유하는 것임을 알아차리는 순간 수용자는 웃음을 짓게 된다.

그러나 이 유머 텍스트도 표면상으로 연속성에 문제가 있는 것처럼 되어 있지만 사실은 고도로 계산된 내면상의 연속성이 존재하는 것이다. 이처럼 표면상의 불일치는 수용자를 황당하게 만들지만, 곧 내면적으로 명백하게 존재하는 의의의 연속성을 발견하게 되는 순간 웃음이 유발되는 것이다. 곧 예측이 빗나간 후 무의미 속의 의미를 발견하는 과정에서 웃음이 발생하는 것이다

또 다른 예를 보자.

> "셀리, 너는 'water'의 철자를 말할 수 있니?" 선생님이 물었다.
> "H I J K L M N O" 셀리는 신속히 대답했다.
> 그녀의 선생님은 황당했다.
> "그것은 'water'의 철자가 아니야!" 선생님이 말했다.
> "그것은 확실해요." 셀리가 말했다.
> "그것은 모두 H에서 O까지의 문자에요."

---

3) 의의의 불연속성(意義의 不連續性)이란 제시된 개념 및 구조적 패턴들이 수용자의 기억 속에 저장되어 있는 지식의 패턴과 합치하지 않는 것을 의미한다.

물의 원소 기호가 H_2O라는 것에 착안해 물의 H_2O를 'H to O'(H에서 O까지)로 해석해 수용자를 혼동시키고 있는 수수께끼형 유머이다. 이 텍스트에서도 의의의 불연속성이 발생했고, 이러한 의의의 불연속성이 수용자를 비예측의 혼란 속으로 몰아가는 유머 텍스트 특유의 응집성을 확보하게 한다.

〈"미닫이"를 소리 나는 대로 쓰시오.〉
　정답 : "미다지"
　엽기적인 답 : "드르륵"

위의 예는 최근 유행하고 있는 엽기[4] 유머이다. 엽기적인 답은 수용자를 낯설게 하고, 혼란에 빠뜨리지만 이내 의미를 파악한 수용자는 웃게 된다.

이상의 예를 통해 우리는 중요한 사실을 발견할 수 있다. 그것은 유머 텍스트에서 표면적으로 응집성이 파괴된다고 해서 유머 텍스트가 텍스트다움을 갖지 못하는 비텍스트가 되는 것은 아니라는 사실이다. 표면적으로는 응집성이 파괴된 형태인 것처럼 나타나지만 내면적으로 굳건한 의의의 연속성을 갖는 텍스트, 그것이 유머 텍스트의 응집성인 것이다.

유머 텍스트에서는 응집성의 측면에서 비예측적인 사실이 상당히 발견된다. 실제로 유머 텍스트의 기능은 틀에 박힌 일상적 지각 방식에 의하여 강화된 습관적인 인지 패턴을 파괴하는 데 있다. 그것이 친숙한 것의

---

4) 원래 엽기라는 말은 기괴한 것을 수집한다는 사전적 의미와 일반적인 상식과 도덕 감정으로는 상상할 수조차 없는 반인륜적인 범죄 사건이라는 관용적 의미를 갖고 있으며, 기본적인 이미지는 '그로테스크(grotesque)'와 많은 부분 겹쳐 있다. 인간과 동물의 잡종 내지는 혼합이라는 의미와 흉하고 일그러지고 기괴한 것이라는 의미가 엽기라는 말에 결부되어 있는 것은 이 때문이다. 그런데 요즘 사용되는 엽기라는 말은 학술적인 개념으로는 포착하기 어렵고, 다만 10대와 20대에 걸친 신세대들의 일정한 감정을 통칭해서 부르는 기호로서 '상식에서 좀 벗어난' 정도의 의미를 갖고 있다.

비친숙화(defamiliarity)의 과정, 이른바 '낯설게 하기'이다. 이러한 표현은 수용자의 흥미를 유발시키며 비예측적인 정보를 격하하는 과정 속에서 수용자는 웃음을 얻게 되는 것이다. 이는 유머 텍스트의 유형화에 시사하는 바가 크다고 할 수 있다.

롱에이커(1983)에서는 이야기 텍스트의 거시구조를 다음과 같이 제시했다(한국텍스트언어학회, 2004 : 87 재인용).

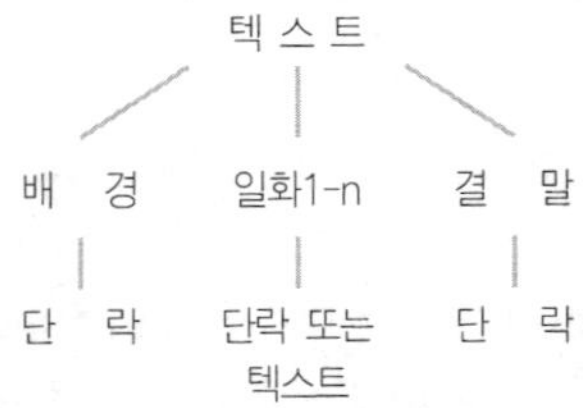

위의 도식에 따르면 하나의 이야기 텍스트는 여러 개의 단락으로 구성되며 최초의 단락은 배경을 이루고 마지막 단락은 결말을 이룬다. 하나의 텍스트는 여러 개의 일화를 가질 수 있으며 때로는 또 다른 하위의 텍스트를 내포할 수도 있다.

유머 텍스트는 이러한 이야기 텍스트와는 조금 다른 거시구조를 지닌다. 여기서는 유머 텍스트의 세부적인 망을 분석하지는 않고, 서사구조의 분석을 통해 유머 텍스트의 거시구조를 도출해 보고자 한다. 다음에 제시하는 유머는 3인 비교형(논쟁형) 유형의 유머이다.

> ㉠ 교황이 바티칸 안에 정원을 만들기로 결심했다. 명상을 위해 만들어 놓은 개인 정원만으로는 부족하다고 생각한 그는 마침내 정원사들을 대상으로 입찰 공고문을 내걸었다. 얼마 후, 세 사람의 정원사가 입찰에 응했고 각각 폴란드인, 이탈리아인, 시카고 출신 미국인이었던 그들은 한 사람씩 응찰 조건을 교황에게 제시했다.

ⓛ 첫 번째는 폴란드인 정원사의 순서로, 그는 이렇게 말했다. "교황 성하, 저는 성하와 같은 폴란드인으로서 사탕무 같은 폴란드 향료와 폴란드 관상수 등으로 장식된 멋진 폴란드의 정원을 선사해 드리겠습니다. 비용은 겨우 600달러입니다. 그 가운데 200달러는 재료비, 200달러는 인건비 그리고 나머지 200달러는 제가 취할 이익입니다."

"놀라운 조건이군요." 교황이 고개를 끄덕이며 말했다. "하지만 다른 분들의 조건도 들어 봐야겠습니다."

ⓒ 다음은 이탈리안 정원사의 차례였다. "교황 성하, 금방 폴란드인 정원사가 나가는 것을 봤습니다. 성하께서 그를 마음에 들어 하신다는 것은 저도 짐작하고 있습니다만 성하, 여긴 로마입니다. 멋진 이탈리아식 정원을 꾸미는 것이 훨씬 나을 것이라는 뜻이지요. 토마토와 오레가노, 바실 등의 이탈리아 향료로 가꾸어진 멋진 정원을 만들어 드리겠습니다. 그러면서도 비용은 단돈 1천 2백 달러만 받겠습니다. 400달러는 재료비, 400달러는 인건비 그리고 나머지 400달러는 제가 취할 이익입니다."

"훌륭하군요." 교황이 말했다. "좋은 계획입니다만 일단 마지막 응찰자의 이야기도 들어 봐야겠습니다."

ⓔ 마지막으로 시카고인 정원사가 들어왔다. "좋아요, 교황님. 제가 교황님께서 좋아하실만한 걸 준비했죠. 여기 추천장이 있습니다. 구청장님이 쓴 거죠. 교황님이 원하신다면 시카고 시장, 공원 담당 과장 등등 누구에게든 추천장을 받아드릴 수 있습니다. 그리고 비용은 1천 8백 달러입니다."

"잠깐, 잠깐." 교황이 의아한 표정으로 물었다. "당신은 어떤 정원을 만들지는 전혀 말을 하지 않는군요. 그리고 1천 8백 달러는 도대체 어떻게 나온 액수인가요?"

ⓜ 그러자 시카고인이 대답했다. "에이, 교황님도. 다 아시면서……. 600달러는 교황님 몫, 600달러는 제 몫, 나머지 600달러는 일을 시킬 폴란드인 정원사 몫이죠."

위 텍스트에서는 세 가지 요소가 복합적으로 나타난다. 첫째, 세 명의 인물이 등장한다. 둘째, 전형적으로 세 명의 인물의 각각의 같은 방식을 반영하는 세 가지 균형적인 사건으로 구성되어 있다. 끝으로 세 번째 사건에 시카고인의 불합리가 포함된다. 시카고인의 비예측적 행동이 이 유머의 <급소 찌르기>가 된다. <급소 찌르기> 이전의 ㉠~㉣는 단지 마지막 해결(resolution)을 위해 구성된 <구조 만들기>에 해당한다.

유머는 문제 해결 처리과정을 지닌 텍스트라고 할 수 있다. 따라서 유머 텍스트를 이해한다는 것은 <구조 만들기>에서 던져진 문제를 <급소 찌르기>에서 해결함을 의미한다. 치아로(chiaro, 1992 : 50)에 의하면 일반적으로 담화에서 문제(Problem)와 해결(Solution)의 패턴을 지니는 텍스트의 표층패턴은 '상황(Situation) → 문제(Problem) → 반응(Response) → 결과(Result) / 평가(Evaluation)'와 같이 나타난다. 이러한 문제와 해결의 패턴은 유머 텍스트에도 그대로 적용할 수 있다.

이러한 관점으로 위의 유머 텍스트의 서사구조를 분석하면 다음과 같다.5)

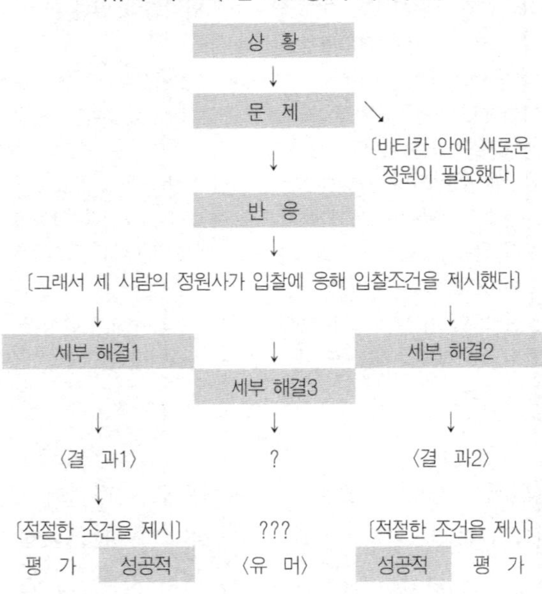

〈유머 텍스트(3인 비교형)의 서사구조〉

---

5) 여기서 유머 텍스트의 서사구조의 분석의 틀은 치아로(Chiaro, 1992 : 51)에서 가져왔다.

처음 두 이야기에서 폴란드인과 이탈리아인은 적절한 조건을 제시하고 교황에게 긍정적 평가를 받음으로써 <결과1>, <결과2>와 같이 성공적으로 문제를 해결했다. 이 부분에서 수용자는 <결과1>과 <결과2>를 바탕으로 [세부 해결3]의 결과를 판단하게 된다. 이 유머에서 생산자는 이야기를 시작할 때 하나의 강력한 관점을 제시함으로써 수용자가 이야기 속의 상황들을 생산자 자신이 의도한 관점으로 보도록 유도하는 구성 전략을 사용했기 때문이다. 그런데 그 <결과3>, 즉 교황의 평가를 유머텍스트에서는 제시하지 않고 있다. 그래서 위 도표에서는 물음표(?)로 처리했다.

그러나 수용자는 미국인의 입찰 조건에 교황이 긍정적이지 않음을 쉽게 판단할 수 있다. 이러한 결과의 세부적 언급은 필요 없다. 문제가 성공적으로 해결되지 않고, 엉뚱한 결론에 도달하게 되는 비예측성이 바로 웃음을 유발하게 하는 것이고, 바로 이것이 유머가 아닌 것을 유머 텍스트로 변화시킨다.

이상에서 분석한 유머 텍스트의 서사구조를 토대로 유머 텍스트의 거시구조를 도식화하면 다음과 같다.

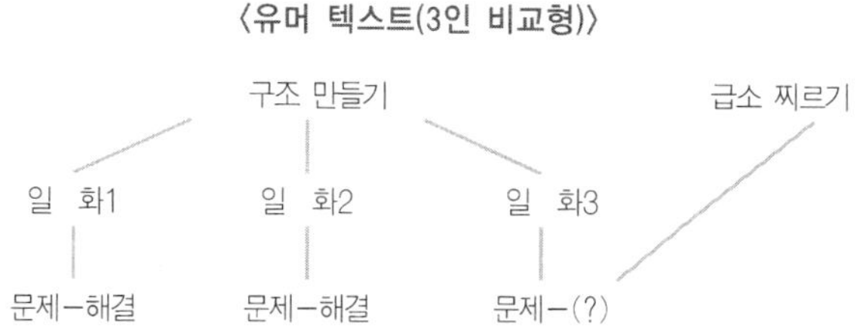

3인 비교형 유머 텍스트는 3개의 일화로 구성되며, 일화는 '문제−해결'의 패턴을 지니면서 수용자를 일정한 해결의 틀로 유도하게 된다. 그러나 마지막 일화에서 문제는 해결되지 않고 엉뚱한 결말(?)에 도달하게 된다. 이러한 비예측적인 결말인 <급소 찌르기>가 유머가 아닌 텍스트를 유머로 만들면서 수용자에게 웃음을 주게 된다.

2) 유머 텍스트의 의도성

의도성(intentionality)은 좁은 의미에서는 텍스트 생산자가 지금 생산하고 있는 언어 구성체를 응결성과 응집성을 구비한 텍스트로 만들고자 의도한다는 것이다. 보다 넓은 의미에서는 텍스트 생산자가 의도하는 바를 추구하고 달성하기 위해서 텍스트를 사용하는 모든 방식을 가리킨다.

유머 텍스트에는 웃음을 일으키려는 수용자의 의도가 나타나게 된다. 패러디 텍스트에서 원 텍스트의 원리를 교묘히 변형시키는 것이나, 수수께끼형에서 질문에 수용자가 풀 수 없도록 방해 요소들을 적절히 사용하는 것들이 모두 의도성과 관련이 있다. 또한 그라이스가 제시한 대화의 격률을 위배하는 것도 자신의 플랜(plan)을 달성하려는 생산자의 의도에 의한 책략으로 의도성과 관련이 있다.

여기서는 유머 텍스트의 구조, 대화의 격률 위배 그리고 배경지식의 활용 등을 통해 구현되는 유머 텍스트 생산자의 의도를 살펴보도록 하겠다.

■ 유머 텍스트의 구조에 반영된 생산자의 의도

유머 텍스트는 일반적으로 <구조 만들기 → 급소 찌르기>의 구조로 이루어져 있다.6) 구조 만들기에서는 다른 담화와 구별되지 않는 내용으로

---

6) 쉐르쩌(Sherzer, 1985)에서는 "이야기 놀이담화"는 도입단계, 준비단계(the set up), 반응 완성단계(the punch line)로 이루어진다고 하였다. 도입 단계에서는 "너 이런 이야기 들어 봤니?"나 "내가 재미있는 이야기 해 줄게." 등의 방식으로 이야기의 시작을 알리고, 준비단계에서는 도입부분과 함께 반응 완성부분을 극대화하는 이야기를 제시한다. 반응 완성단계에서는 다양한 장치를 사용하여 "이야기 놀이담화"의 목표인 수용자의 반응(웃음)을 도출한다.

코언(Cohen, 1999)도 유머 텍스트를 두 가지 종류로 나누었는데, 첫 번째 유형의 경우 매우 짧은 길이의 지어낸 이야기로, 사람들과 그들이 처한 상황과 그리고 그들의 행동에 대

이야기가 구성되어 가다가 급소 찌르기에서 나타나는 놀라움과 의외성이 웃음을 만들어 낸다. 이때 가장 중요한 것은 수용자가 생산자의 의도를 예측하지 못하도록 해야 한다는 것이다. 결말에 대한 예측이 빗나갈수록 놀라움과 함께 웃음 유발의 강도가 커지기 때문이다. 수용자의 예측을 방해하기 위해서 생산자는 <구조 만들기> 단계에서 다양한 책략을 구사하여야 한다. 결국 유머 텍스트의 구조는 수용자의 예측을 방해하여 궁극적으로 웃음 유발이라는 의도를 실현시키려는 생산자의 의도를 반영하고 있는 것이다.

이러한 유머 텍스트의 구조를 조금 더 세부적으로 살펴보면, 세 가지 유형의 구조로 나누어 볼 수 있다.[7] 첫째는 수용자가 방심한 상태에서 급소 찌르기를 하는 구조, 둘째는 수용자가 예측하기가 어려운 상태에서 급소 찌르기를 하는 구조, 셋째는 수용자가 예측하도록 한 상태에서 급소 찌르기를 하는 구조이다. 여기서는 이 중 예측 오류형 하나만을 살펴보자.

예측 오류형 구조를 지닌 유형의 텍스트에서는 생산자가 수용자에게 많은 것을 예측하도록 유도한다. 이러한 생산자의 의도대로 수용자는 나름대로의 예측을 시도한다. 그런데 전혀 엉뚱한 결론에 도달하게 되고 이러한 비예측성이 웃음을 유발한다.[8] 이 구조에서 생산자는 이야기를 시작할 때 하나의 강력한 관점을 제시함으로써 수용자가 이야기 속의 상황들을 생산자 자신이 의도한 관점으로 보도록 유도하는 구성 전략을 사용한다.

한 설명으로 시작하여 이른바 '펀치라인'이라는 짤막한 결론(보통 한 문장으로 된)으로 마무리된다.

7) 이러한 세 가지 구조는 한성일(2002)에서 제시한 것으로 분류 기준이 다소 주관적이라는 한계를 지닌다. 보다 객관적인 분류 기준을 제시하는 것은 앞으로의 연구 과제이다.

8) 결말에 대한 예측은 수용자에 따라 전혀 다르게 나타날 수 있다. 수용자에 따라서는 동일한 텍스트에 대해 정확하게 예측할 수도 있고, 전혀 예측하지 못할 수도 있다. 따라서 여기에서 예측의 어려움에 대한 결정은 전적으로 필자의 판단에 의한 것임을 밝혀둔다.

> ㉠ 아프리카의 한 장관이 러시아를 공식 방문해 러시아 장관 집에 저녁 초대
> 를 받았다. 으리으리한 저택과 벽을 가득 메운 예술품들을 본 아프리카의
> 장관은 경악했다. 쥐꼬리만한 월급을 받는 줄로 알았던 러시아 장관이 엄
> 청나게 호화롭게 사는 것이 아닌가.
> ㉡ 러시아 장관은 그를 창가로 데리고 갔다.
> “저기 고속도로가 보이죠?”
> “예.”
> “실은 공사비용이 200억 루블이었고 업체는 250억 짜리 계산서를 끊었습
> 니다. 그 차액은 나에게 보냈구요.”
> ㉢ 2년 뒤 러시아의 장관이 아프리카를 공식 방문해 그 장관 집을 방문했다.
> 그는 생전에 보지 못한 궁전을 보고 놀라 물었다. “이해할 수 없군요. 2년
> 전에 당신은 내 생활이 왕과 같이 화려하다고 하지 않았습니까? 그런데
> 당신에 비하면……”
> ㉣ 아프리카의 장관이 어리둥절해 있는 그를 창가로 데리고 갔다.
> “저기 고속도로가 보이죠?”
> “아뇨.”
> ㉤ “바로 그겁니다.”

위 텍스트에서 ①~④는 구조 만들기에 해당하고 ⑤는 급소 찌르기에
해당한다. 생산자는 역시 ①과 ②를 통해서 수용자가 ⑤에서 앞선 내용과
유사한 결과를 예측하게 한다. 특히 ④를 듣는 순간 수용자는 ‘아프리카
장관이 러시아 장관과 마찬가지로 고속도로 공사비를 일부 착복했구나.’
라는 예측을 하기 쉽다. 그러나 결과는 전혀 엉뚱하다. 아프리카 장관은
고속도로 자체를 건설하지 않고 그 많은 공사비를 착복한 것이다. 급소
찌르기에 의한 이러한 놀라움이 수용자를 웃음 짓게 하는 것이다.

그런데 텍스트의 이러한 구조가 전형화 되면서 많은 수용자들은 유머
텍스트의 원리에 익숙해져 있다. 다시 말해서 생산자의 의도대로 쉽게 예
측하지 않는다는 것이다. 이러한 상황에서 수용자의 의도를 역이용하는
텍스트가 만들어졌다.

> 　어느 아이에게 남다르게 '칠칠맞은' 개 한 마리가 있었는데, 보는 사람들
> 마다 녀석의 남다른 칠칠맞음에 대해 한 마디씩 하곤 했다. 어느 날 아이는
> '칠칠맞은 개 경연대회'가 있다는 걸 알게 되었고, '남달리 칠칠맞은' 자신의
> 개를 출전시킨 아이는 예선에서 본선까지 상이란 상은 모조리 휩쓸기에 이
> 른다. 결국 아이는 '세계 칠칠맞은 개 경연대회'에까지 출전하게 되었는데,
> 대회에 출전한 모든 '칠칠맞은' 개들을 둘러본 심사위원들은 마지막으로 등
> 장한 아이의 개를 보곤 이구동성으로 이렇게 말했다.
> 　"별로 칠칠맞지 못한걸?"

　작품이나 유머를 접하는 수용자의 입장에서는 그저 실망스러운 것이든, 완전히 허를 찌르는 것이든 결말에 대한 어떤 기대를 갖게 마련이다. 그런데 위 유머는 다소 따분한 이야기로 생산자는 짜릿한 결말을 기대하는 사람들의 심리를 역이용하고 있다(강현석 역, 2001 : 26).

　수용자는 너무 상식적인 질문을 듣고 생산자가 무언가 새로운 대답을 의도하고 있으리라고 생각하면서 새로운 것을 찾으려고 노력하게 된다. 이때 나온 대답은 너무나 당연한 사실로 수용자의 예측은 빗나가게 된다.

　이상에서 유머 텍스트의 일반적인 구조를 살펴보았다. <구조 만들기→ 급소 찌르기>로 이루어진 유머 텍스트의 구조는 수용자의 예측을 빗나가게 하여 웃음을 유발시키는 효율적인 구조로 생산자의 의도를 적절히 반영하고 있다고 할 수 있다.

◼ 대화 격률의 위배

　그라이스(Grice, 1975)는 대화에서의 '협력의 원리'를 제시하고, '격률(maxims)' 이라고 불리는 네 개의 소원리들을 다음과 같이 제시했다.

협력 원리 : 대화가 진행되는 단계에서, 당신이 참가하고 있는 대화교환의 방향으로 필요 되어지는 만큼 대화하라.

> **격률들**
> ① 양(quantity)의 격률 : 필요한 양만큼의 정보를 제공하라.
> ② 질(quality)의 격률 : 진실된 사실만을 말하라.
> ③ 관련성(relevance)의 격률 : 적합성이 있는 말을 하라.
> ④ 방법(manner)의 격률 : 명쾌하라, 표현의 애매함을 피하라, 중의성을 피하라,
>   간결해라, 순서대로 말하라.

대화의 참여자들이 협력의 원리와 그 격률을 따르는 한, 그들이 무엇을 전달할 의도를 가졌는지는 쉽게 파악된다. 그러한 의도적으로 격률을 위반할 경우에는 대화의 함축이 발생할 가능성이 커진다. 따라서 텍스트 생산자는 격률을 적절히 위해함으로써 자신의 의도대로 대화를 이끌어갈 수 있다.

구현정(1999)에서는 이러한 점에 착안하여 유머에서의 불일치는 대화 전제의 위배와, 대화의 원리가 되는 기본 격률을 지키지 않아서 발생한다고 보았다.[9] 대화 전제(conversational presupposition)는 대화에서 당연하다고 여기는 사실들을 말한다. 대화 전제를 구성하는 것은 배경지식이나 세상사에 대한 지식, 문법이나 표현의 특징으로부터 분명하게 드러나는 고정 전제, 동일한 민족이나 문화 공동체에서 공유되는 문화적 전제 등이 포함된다. 유머 텍스트에서는 이와 같이 당연하다고 생각되는 전제를 위배함으로써 불일치를 일으키고, 이것이 결과적으로 웃음을 발생시키는 원인이 된다는 것이다.

---

9) 최지현(1994 : 144)에서는 '덩달이 시리즈' 한 편을 소개하면서 이 텍스트가 대화의 격률 중 관계의 격률을 위배하고 있고, 이러한 격률의 위배가 대화의 단절을 가져오지 않고 대화를 지속적으로 이끌고 있음에 주목하였다. 물론 그는 대화 격률의 위배가 유머의 웃음 유발의 원리라는 점을 직접 언급하지는 않았지만, 대화 격률의 위배가 유머 텍스트의 원리가 됨을 인지하고 있었던 것으로 보인다.

> 남　자 : 아버님 희정 씨를 제게 주십시오. 열심히 살겠습니다.
> 아버지 : 내 집사람은 만나봤나?
> 남　자 : 예!
> 아버지 : 그래, 어떻던가?
> 남　자 : 예쁘시긴 하지만, 저는 역시 희정 씨와 결혼하고 싶습니다.

"내 집사람을 만나봤나?"라는 아버지의 질문 속에는 '내 집사람에게 허락을 받았는가'하는 전제가 함축되어 있다. 그런데 남자는 그 대화의 전제를 위배하는 답변을 함으로써 불일치가 일어나고 웃음이 발생하게 된다.

> 한 남자가 거리에서 커다란 개와 함께 걸어가는 사람을 보았다.
> 남자는 그 사람에게 "당신의 개는 뭅니까?"하고 물었다.
> 그 사람은 "내 개는 물지 않습니다."라고 대답했다.
> 이에 남자는 그 개를 쓰다듬었는데 그 순간 개가 손을 물었다.
> 손을 다친 남자는 "당신의 개는 물지 않는다면서요!"라고 소리를 질렀다.
> 그러자 그 사람이 하는 말,
> "그 개는 내 개가 아니에요."

위 유머 텍스트의 한 가지 문제점은 의사소통과 관련 있는데, 특히 발화되어진 것보다 그 이상의 것을 가정하게 된 남자에게 문제가 있다. '당신의 개' 속의 가정은(즉 그 사람은 개를 가지고 있다) 두 화자 청자에게 사실이므로, 전제에는 아무 문제가 없다.

사실 진짜 문제는 그의 질문 '개가 뭅니까?'와 그 사람의 대답 '아니오' 둘 다를 그들 앞에 있던 개에 적용한 한 남자의 가정에 있는 것이다. 이 남자의 입장에서 볼 때, 그 사람의 대답은 예상보다 적은 정보를 주었던 것이다. 즉 남자는 그 사람이 위의 대화 맨 마지막에 나타난 정보, 즉 '그 개는 내 개가 아니에요'라는 정보를 제공해 주기를 기대했던 것이다. 그러나 만약 그 사람이 이 정보를 좀 더 일찍 제공했다면 위 텍스트는 유머 텍스트로서 성립하지 못할 것이다. 위 유머 텍스트에서는 이러한 '양의 격률'을 위배함으로써 웃음을 유발시키고 있다.

이상에서와 같이 효율적인 대화의 격률을 위배하는 것이 오히려 효율적인 대화를 이끌 수 있다는 점을 유머 텍스트에서 확인할 수 있었고, 이는 텍스트 생산자의 의도가 반영되어 있는 것이다.

■ 배경지식의 활용

유머 텍스트를 이해하기 위해 필요한 배경을 청자의 몫으로 돌리고, 그러한 배경을 철저히 활용하는 것, 역시 생산자의 의도에 의한 책략이다. 생산자는 수용자가 잘 알고 있을 법한 배경지식을 전경화해서 생산자의 예측을 일정한 방향으로 유도해 나간다.

> 공주병 증세가 심한 여자가 어느 날 꿈을 꾸고는 심령술사를 찾아갔다. 꿈 얘기를 듣고 난 심령술사는 여자의 꿈이 전생의 모습일 것 같다면 더 자세한 것을 알아보기 위해 여자에게 최면을 걸었다.
> "자~ 눈을 감으세요. 이제 깊은 잠에 빠집니다."
> 잠시 후 심령술사는 여자에게 물었다.
> "자~ 뭐가 보이나요?"
> "제가요…… 숲에 쓰러져 있고 웬 난쟁이들이 보여요!"
> 잠시 뒤 최면에서 깨어난 여자는 자신이 전생에 틀림없이 백설공주였을 거라고 생각하면서 확인하기 위해 심령술사에게 물었다.
> "제가 전생에 뭐였지요?"
> 심령술사가 대답했다.
> "당신은 전생에 걸리버였군요!"

위. 텍스트에서 생산자는 수용자가 '백설공주'에 대한 배경지식을 가지고 있다는 사실을 전제하고 있다. '숲에 쓰러져 있고, 난쟁이들이 보인다'는 여자의 말은 수용자를 의도된 결말로 끌고 간다.

그런데 마지막 결말은 여자는 전생에 '걸리버'였다는 것이다. 물론 수용자는 '걸리버'에 대한 배경지식을 가지고 있어야 한다. 그래야만 이 유머의 엉뚱한 결말이 엉뚱한 것이 아니라는 사실을 이해할 수 있고, 웃음을 터트리게 된다.

> ㉠ 산신령이 연못에서 나와 나무꾼에게 물었다.
> "금도끼, 은도끼가 네 것이냐?"
> 고개만 젓던 나무꾼은 쇠도끼가 나오자 고개를 끄덕인다.
> ㉡ 그런데 산신령이 갑자기 묻는다. "쇠도끼는 뭐에 쓰려고?"
> 그때 나무꾼이 갑자기 쇠도끼를 들며 신령을 위협한다.
> "가지고 있는 금도끼 다 내놔."

위의 텍스트의 책략 또한 '걸리버 이야기'와 동일하다. 생산자는 ㉠에서 원 텍스트(Ur-text)의 전경화[10]로 상황을 점검한다. ㉠은 우리가 잘 알고 있는 옛날이야기 '금도끼 은도끼 텍스트'와 내용이 똑같다. 이때 수용자는 자신의 배경지식을 활성화해서 원 텍스트의 뒷부분을 떠올리게 된다. 그런데 ㉡에서 신령이 나무꾼에게 "쇠도끼는 뭐에 쓰려고?"하고 묻는 대목, 즉 원 텍스트의 내용이 새롭게 변용되는 순간 수용자의 호기심은 최고에 달한다. 그 순간 생산자에 의해 새롭게 개작된 "금도끼 다 내놔."라는 표현에서 수용자는 원 텍스트의 착한 나무꾼에서 강도로 돌변한 새로운 모습의 현대판 나무꾼의 모습에 당황하게 된다.

생산자는 수용자가 원 텍스트의 내용을 알고 그 내용을 떠올리기를 기대하고 있는 것이다. 여기에 생산자의 의도가 담겨 있다. 이러한 생산자의 의도대로 수용자의 예측은 빗나가게 되고 이러한 비예측이 웃음을 유발한다.

---

10) 정끝별(1997 : 60)에 의하면 '전경화(foregrounding)'란 독자들의 주의를 환기시키기 위하여 전체 문제에서 그 부분이 앞으로 돌출되어 있음을 의미한다. 패러디란 원 텍스트를 어떤 형태로든지 독자에게 알리기 위해 주의를 환기하도록 장치해야 한다는 점에서, 그 모든 장치를 '원 텍스트의 전경화 장치'라 부른다.

3) 유머 텍스트의 용인성

가장 좁은 의미에서 용인성(acceptability)은 텍스트 수용자로 하여금, 한 언어 구성체를 응결성과 응집성을 만족시킨 사용 가능한 텍스트로서 수용하려 하는 것이다. 넓은 의미에서 용인성은 담화에 참여하고 공통의 목표를 가지려는 능동적 의지로서 수용 행위를 포함한다.

동일한 내용의 유머 텍스트를 들었을 때 어떤 수용자는 박장대소를 하는 반면 다른 수용자는 아주 썰렁하다는 듯이 반응하는 경우가 있는데, 이는 바로 용인성과 관련이 있다. "익살의 성공은 익살을 듣는 이의 귀에 달린 것이지, 익살을 하는 이의 혀에 달린 것은 아니다."(세익스피어, 『사랑의 헛수고』 5막 2장)라는 말에서도 알 수 있듯이 유머의 성패는 수용자의 용인 여부에 달려 있다고 해도 과언이 아니다.

이러한 용인성의 문제는 좀 더 세부적으로 두 가지 측면에서 접근할 수 있는데, 첫째는 수용자의 배경지식의 문제, 둘째는 적합성의 문제이다. 그 각각에 대해 살펴보자.

■ 배경지식의 문제

여기서 배경지식의 문제는 앞서 다룬 의도성의 측면에서 본 배경지식과는 조금 다른 관점에서 접근해야 한다. 수용자의 배경지식에 따라 유머의 성패가 결정된다는 점에서는 같은 이야기이지만, 의도성의 관점에서는 수용자가 익히 알고 있을 만한 내용을 활용해야하는 책략적 측면으로 이해할 수 있다.

반면에 용인성의 관점에서는 수용자가 용인할 수 없는 유머, 즉 수용자의 배경지식으로 이해할 수 없고 공감할 수 없는 유머는 좋은 유머 텍스트가 될 수 없기 때문에 생산자는 수용자의 배경지식을 고려한 유머를 구사해야 한다는 것이다.

> 프랑스를 여행 중인 한 외국인이 성당에서 결혼식을 구경하다가 옆에 있
> 던 사람에게 물었다.
> "신랑이 누굽니까?"
> "쥬느쎄빠."
> 다음날 다시 성당에 들러보니 이번엔 장례식이 열리고 있었다. 그는 옆자
> 리의 중년 부인에게 물었다.
> "죽은 사람이 누굽니까?"
> "쥬느쎄빠."
> 대답을 들은 외국인이 혀를 차며 가엾다는 듯 말했다.
> "쯧쯧, 결혼한 지 하루 만에 죽다니."

이 유머 텍스트는 '쥬느쎄빠'라는 프랑스어의 의미를 수용자가 이해하
느냐 하지 못하느냐에 따라 그 성패가 달라진다. '쥬느쎄빠'는 불어로 '모
른다'는 뜻이다. 잘 모르겠다는 프랑스인의 대답을 외국인의 이름으로 착
각했다는 것이 웃음의 포인트이다. 그러니 '쥬느쎄빠'가 뭔지 아는 사람은
웃지만 그게 뭔지 모르는 사람은 웃을 수가 없는 것이다.

그렇다면 생산자가 수용자들에게 유머를 알아듣는 데 필요한 정보를 먼
저 제공하면 어떨까? 결론부터 말하자면 수용자는 유머와 관련된 배경지
식을 생산자가 말해 주지 않은 상태에서 알고 있어야 한다. 물론 문제에
대한 사전 지식이 없는 사람이라 해도 해법을 충분히 이해하고 받아들일
수 있다. 생산자가 자세히 설명해 주면 그만이다. 하지만 유머를 나눌 때
이런 방법을 쓰면 유머는 거의 실패하게 마련이다.

왜냐하면 우스개는 두 사람이 같은 배경을 공유하고 있다는 암묵적인
합의에서 출발하는 것이기 때문이다. 이것이 바로 우스개의 기반이 되는
'친교'이다. 친교란 공동체에 속한 사람들이 함께 나누는 느낌이라 할 수
있다. 구체적으로 말하면 공통의 세계관과 어떤 일에 대한 공통된 반응이
다(코언 1999, 강현석 역 2001 : 68).[11]

---

11) 실제로 생산자와 수용자의 '친교'가 유머 텍스트의 성패에 커다란 역할을 한다고 볼 수

▣ 적합성의 문제

용인성은 그 범주를 넓힐 경우 상황의 적합성과도 관련이 있다. 유머 텍스트는 생산자와 수용자 사이의 상호 작용이 완벽하게 조화를 이루었을 때 가장 이상적인 텍스트가 될 수 있다. 상대방과의 대화에서 적절한 상황에서 표현된 유머는 상대방의 웃음을 유발하지만 적절한 상황에서 벗어난 유머는 오히려 대화 분위기를 서먹하게 만드는 역효과를 가져올 수가 있다.

구현정(2000 : 365~371)에서는 유머 텍스트가 표적으로 삼는 특정 부류를 열등집단과 우월집단으로 나누어 설명하고 있다. 그에 따르면 열등집단에는 약자인 여성, 유색인종, 특정 방언권의 사람들, 정신적·육체적 열등집단, 사회적 열등집단 등이 포함되고, 우월집단에는 정치인, 의사, 판사, 변호사, 교수, 종교인, 연예인 등이 포함된다. 열등집단을 유머 텍스트에 등장시키는 이유는 유머 텍스트의 수용자에게 상대적 우월감을 느끼게 함으로써 웃음을 유발시킬 수 있기 때문이다.

반면에 우월집단을 대상으로 한 유머 텍스트는 주로 그 집단의 부정적인 면을 폭로하고 풍자함으로써 상대적 열등감에 빠져 있는 대부분의 수용자들에게 쾌감을 줄 수 있다. 또한 풍자의 대상이 되는 우월집단에 속한 수용자들의 경우에도 그러한 유머 텍스트를 통해 자신들에 대한 비판을 겸허하게 수용하고 반성할 수 있는 계기가 될 수 있다.

그러나 특정 집단을 소재로 한 유머 텍스트는 특정 집단을 대상으로 구연될 경우 심한 불쾌감을 초래할 수도 있다.

> 오랜 세월을 함께 한 할아버지, 할머니가 있었다. 그런데 해가 갈수록 할아버지는 할머니한테 기가 죽었다. 그도 그럴 것이 젊었을 때 할머니 속을

있다. 그러나 이에 대한 객관적 검증은 아직까지 이루어지지 못하고 있다.

꽤나 썩였으니 나이 들어서 자꾸 구박을 받는 것이었다. 어느 날 할아버지는
'더 이상 이렇게 살 수 없다'는 생각이 들어 할머니한테 내기를 제안했다.
　"할망구, 우리 내기 한번 합시다. 내기에 진 사람이 죽을 때까지 이긴 사
람 말 들으면서 종처럼 살기. 어때?"
　안 그래도 맘 편히 살고 있던 할머니는 단칼에 거절을 했지만, 할아버지
는 집요하게 물고 늘어졌다. 결국 지친 할머니가 '도대체 무슨 내긴데 그러
냐'고 물었다. 그러자 할아버지는 어이없게도 '누가 오줌을 더 멀리 누는가'
를 시합하자는 것이 아닌가. 버럭 성질을 낼 줄 알았던 할머니는 뜻밖에도
흔쾌히 승낙을 했다.
　"대신에 규칙은 내가 정하는 거야. 알았수, 영감?"
　신이 난 할아버지는 고개를 끄덕였다. 그런데 시합 결과, 놀랍게도 할아버
지는 완패를 당했다. 할머니가 정한 규칙은 딱 한 가지였다.
　'손대기 없기.'

위 유머는 자칫 노인에 대한 비하라는 측면으로 이해되기 쉽다. 특히
노인들을 대상으로 이러한 유머를 구사한다면 웃음보다는 불쾌감을 주기
쉽다.

외설적 유머 텍스트에서도 그 내용이 수용자나 수용자와 관련된 사람의
이야기일 경우 웃음을 유발하지 못한다. 또한 여성들 앞에서의 노골적 음
담패설은 웃음보다는 오히려 심한 불쾌감을 줄 수 있다.

4. 위트

1) 위트에 관한 여러 견해

위트는 원래 언어를 무기로 해서 적대자를 조소(嘲笑)하는 것에서 시작
되었다고 한다. 그러다가 적대자라는 관점이 점점 희미해지면서 말 자체
를 대상으로 하는 '지적 유희'라는 측면이 강조되어 왔다.

그동안 유머와 위트에 관한 서적이 많이 나왔는데, 출전이 불분명하지만 나름대로 위트에 대하여 정의한 말들을 모아보면 대충 다음과 같다.

- 위트는 때와 장소 그리고 경우에 따라 그때그때 재치 있게 대응하는 슬기요, 임기응변이라고 정의할 수 있다.
- 기지의 말은 의도적인 것으로 상대방의 허를 찔러 전세를 역전시키는 말의 화살이라고 할 수 있다. 따라서 위트에 의한 웃음은 만들어지는 웃음이다.
- 위트는 이중적 의미를 갖는다. 언어의 표면적 의미 배후에는 참된 의미가 숨어 있다. 상대방에게 직접적으로 표현할 수 없는 것을 우회적으로 표현하는 데 효과적이다. 위트는 독설(毒舌)과 종이 한 장의 차이로 노골적인 독설이 되지 않게 하는 것이 중요하다. 이러한 위트를 자유자재로 구사하기 위해서는 상대방의 급소나 약점을 재빨리 파악하고, 적절한 대응 시점을 판단하는 지적 능력이 필요하다.
- 보통 결부시켜 생각할 수 없는 사물 사이에 남이 알아차리지 못한 관계를 발견하고 이것을 흥미 있는 말로 교묘하게 표현하는 재능이 위트이다. 유머는 미소를 자아내게 하는 정적 표현이요, 위트는 웃음을 터뜨리게 하는 지적 표현이다.
- 프로이트는 위트를 악의 없이 웃음이나 미소를 자아내는 '무해한 위트'와 공격적이고 상대를 해치는 '저의가 있는 위트'로 구분하고, '무해한 위트'는 때와 장소에 알맞은 적절할 위트로 대화를 재미있게 하고, 분위기를 부드럽게 하는 데 기여한다.
- 위트는 기지라고 부를 수 있으며, 사람의 지적 재능을 토대로 해서 웃음을 일으키는 것이다. 그 웃음은 말한 사람 그 자신이 의식적으로 만들어 낸 것으로 대응하는 재담 속에는 상대방을 다시 공격하는 의도가 담겨 있다.
- 위트는 야유를 받음으로 해서 묘한 입장에 처하게 된 사람이 순간적으로 지적 재능을 발휘해서 웃음으로 받아넘긴 것이다. 그리고 그 웃음은 말한 사람 자신이 의식적으로 만들어낸 것이다. 또한 대응하는 재담 속에는 상대방을 다시 공격하는 의도가 담겨 있다. 말은 매우 부드럽게 했으나 말 속에 칼날이 번뜩이고 있다.
- 위트는 짧고 교묘하고 희극적인 놀라움을 일으키도록 계획적으로 고안된 언어적 표현을 의미한다. 그 놀라움은 흔히 단어들이 개념 사이의 예견치 못했던 관계나 구별의 결과로 나타나는데, 그것은 듣는 사람의 기대를 좌절시키는 것이지만 결과적으로는 다른 방식으로 충족시킨다.

이상의 여러 견해들은 나름대로 어느 정도 위트의 개념을 분명히 드러내고 있다. 이들의 견해를 염두에 두고 위트의 개념을 살펴보기로 하자.

2) 위트의 개념

위트란 ① 순간적으로 발생한 상황에서 ② 기지(機智), 재치(才致), 말재주, 임기응변(臨機應變)의 능력으로 아주 ③ 정확한 타이밍에 가장 적절한 내용을 ④ 그리고 짧게 말하는 언어 예술이다. 위트는 화자의 의도와 그때의 상황을 정확히 파악하고 문제가 무엇인지를 정확히 아는데서 출발한다. 그리하여 위트는 ⓐ 문제를 해결하고, ⓑ 곤경을 벗어나며, ⓒ 어려운 분위기를 일시에 전환한다든지 ⓓ 방어를 넘어서 상대를 곤경으로 몰고 가기까지 한다. 또 경우에 따라서는 ⓔ 좌중을 웃기기도 하고, ⓕ 세태나 인간성 또는 사람의 인성을 비웃고 고발할 수도 있다. 이것은 위트의 효용이다. 위트는 말 그 자체의 진실을 추구하지는 않으나, 거시적 구조에서 보면 그 어떤 종류의 표현보다 진실을 추구한다.

■ 순간적으로 발생한 상황

순간적이라는 말의 의미는, 예측하지 못한 돌발 '상황'을 가리킨다. 아주 오랜 시간을 가지고 궁리한 끝에 하는 이야기는 아무리 정곡을 찔렀다 해도 위트라고 할 수는 없다. 그냥 위대한 지혜가 될 수는 있을지언정 위트라고 하기는 어려울 것이다. 실제로 이야기 현장에서 앞 사람의 말이나 행동에 대한 즉각 반응으로 나오는 경우만을 위트로 인정할 수 있는 것이다.

그러나 시간이 지속된 뒤에 후속조치로 나오는 경우도 전혀 없지는 않다.

> ① 어느 날 아침, 어떤 현자가 자기한테 배달된 편지를 뜯어보았다. 그런데 편지에는 다만 '바보!'라는 단어밖에 없었다. 다음 날, 현자는 제자들을 불러놓고 편지를 내보이며 말했다.

> "나는 지금까지 내용을 다 쓰고 나서 자기 이름을 안 쓴 편지는 많이 받
> 아보았다. 그런데 어제는 자기 이름만 쓰고 내용은 안 쓴 편지를 한 통
> 받았다. 여러분은 매사에 이렇게 건망스러운 일이 없기 바란다."
>
> ② 어떤 신문에 '이 나라 국회위원의 절반은 도둑이다!'라는 기사가 나갔다.
> 그 기사가 보도된 후, 온 국회가 발칵 뒤집혀 격렬하게 항의했다. 국회는
> 즉각 압력을 가해 신문사에 정정 기사를 싣도록 요구했다. 결국 권력의
> 힘에 굴복한 그 신문사는 다음 날 정정 기사를 게재했고, 그때서야 비로
> 소 잠잠해졌다. 정정 보도된 기사 내용은 다음과 같았다.
> '이 나라 국회의원의 절반은 강도가 아니다.'

①은 상대와 마주 대하고 대화를 하는 가운데 일어난 것이 아니라 편지
에 의해서 상황이 주어진다. 그리고 화자가 즉각 대응하지 않고 하루를
지난 다음에 대응을 한다. 이 두 가지 이유 때문에 고도의 지능으로 자신
의 체면을 세우고 있기는 하지만, 그 뛰어난 재치에 비하여 효과가 상당
히 떨어지는 것을 느낄 수 있다.

②는 신문 발간과 관계되는 것이기 때문에 신문사측에서 즉각적으로 대
응할 수가 없다. 그러나 다음날 기사내용을 확인할 때까지는 대상인 국회
나 제삼자인 수용자가 미리 정보를 알 수가 없다. 더구나 당사자인 국회
에서는 미리 정보를 알게 되었지만 제삼자인 독자나 청자는 마지막 순간
까지 전연 알 수가 없다. 작중화자가 기사내용을 공개해야 비로소 알 수
있다. 이 점이 ①에 비하여 '순간적 상황'이라는 위트로서 조건이 낫다고
할 수 있다. 그 대신 ②는 단순한 위트라고 보기 어려운 측면이 있다. 그
것은 우선 내용이 풍자적이라는 것과 정황으로 볼 때 위트라기보다는 오
히려 에피소드적 유머에 가깝기 때문이다. 다시 말하면 지적(知的)으로 접
근하고 있다는 점 때문에 위트와 같은 느낌을 주기도 하지만 이글을 읽거
나 듣고 난 뒤의 반응이 오히려 웃음을 유발하는 데 가깝기 때문이다.

아무튼 상당한 시간이 지난 뒤에 비예측적 급소 찌르기가 실현되는 위

트는 그 실례가 여간해서는 발견되지 않는다. 그러므로 위트가 성립하기 위해서는 '순간적으로 발생한 상황'이라는 조건이 있어야 한다.

■ 기지(機智), 재치(才致)

위트의 가장 중요한 특성이 바로 '기지'와 '재치'이다. 위트를 이루는 모든 조건이 아무리 잘 갖추어져 있다 해도 이 조건이 충족되지 않으면 위트라고 할 수 없다. 이 말의 뜻은 여러 가지 조건이 갖추어지지 않았다 해도 빛나는 기지나 재치가 나타나면 일단 그것을 위트라고 생각하게 된다.

그러면 위트에서 '기지' 또는 '재치'의 개념은 무엇인가? 물론 주어진 상황에서 '적절한 내용'의 말을 해내는 것이다. 그것이 가장 중요하다. 그러나 그것만은 아니다. 정확하게 타이밍을 잡는다든가 짧은 말로 촌철살인의 효과를 거둘 수 있도록 하는데 밑바탕이 되는 모든 작용이 다 기지에 속한다. 예컨대, 목소리의 크기, 억양, 표정, 제스처 등을 상황과 일의 흐름에 아주 알맞게 조정하는 모든 것이 기지에 속한다. 그러나 여기에서는 '적절한 내용의 말을 생각해내는 능력'만을 이야기하고자 한다.

③ 계속해서 사업에 실패한 어느 사업가가 하나님께 여쭈어 보았다.
　"하나님, 한 가지 질문이 있사옵니다."
　"그래, 무엇이야? 말해 보거라."
　"인간 세상의 1억년은 하나님께는 얼마나 되는 시간이지요?"
　"그야 1초밖에 안되지."
　"그럼, 1억 원은 하나님께 얼마나 되는 금액인지요?"
　"그야 1원밖에 안 되지."
　"하나님, 그럼 제게 1원만 주십시오."
　"알았다. 얼마 안 되는 금액이니까 주도록 하지."
　"하나님 정말 고맙습니다. 그런데 언제 주실 건가요?"
　"1초만 기다려라."

　이 예는 실제 상황이 아니라 구조화된 하나의 이야기이다. 그리고 이 글을 통해서 청자가 느끼는 것은 문제가 해결됐다는 점보다는 대화가 재치가 있고 감각적이라는 점에서 위트라는 느낌을 가질 수 있다. 그러나 그것으로 인하여 어떤 문제가 해결되는 것은 없다. 단지 하나님의 기지로 인하여 웃음이 유발되는 가운데 뭔가 인간사에 대하여 깨달음을 얻게 해 준다. 그런 의미에서 이 경우도 에피소드적 유머라고 보는 것이 옳을 것이다. 이처럼 기지가 발휘된 경우에도 위트로 보기 어려운 것도 있다.

　또 한 가지 일반적으로 위트라고 할 때 기지와 재치 외에도 임기응변, 말재주도 포함하는 것이 보통이다. 그런데 임기응변이란 어휘에는 '언 발에 오줌 누기' 식의 근본적 해결이 아닌, 고식적(姑息的)인 임시변통의 의미도 포함된다는 점에서, 또 '말재주'란 어휘도 진실성이 결여된, 꾸며대는 재주도 포함된다는 점에서 기지와는 다르다. 기지는 순간적으로 일어나는 두뇌 작용이면서도 문제를 근본적으로 해결하고, 또한 진실성과 성실성도 갖추는 것이다. 따라서 앞으로 위트를 논함에 있어서 말재주나 임기응변이라는 어휘는 사용하지 않고 '기지'와 '재치'라는 용어만을 사용하고자 한다.

④ 2차 대전 초기 영국의 처질 수상이 미국의 원조를 얻기 위해 루즈벨트 대통령을 만나러 갔을 때의 일이다.
　숙소에서 목욕을 한 뒤 수건만 두르고 있는 처칠의 앞에 돌연 루즈벨트 대통령이 예고도 없이 불쑥 나타났다. 순간, 몸을 일으키던 처칠의 허리에서 갑자기 수건이 흘러내렸다.
　그때 처칠은 빙그레 웃으면서 이렇게 말했다.
　"보시다시피 영국의 수상은 미국 대통령 앞에서 숨길 것이 아무것도 없습니다."

⑤ 주은래와 후루시초프의 대화
　주은래 총리가 소비에트연방의 초청을 받아서 소련을 방문하게 되었다. 흐루시초프 공산당 서기장을 만날 때 주은래는 흐루시초프가 수정주의를 전면적으로 추진한 것을 비난했다. 흐루시초프는 정면으로 대응하지 않고 당시

> 민감했던 출생문제로 주은래를 자극했다. "비판은 좋지만 주의할 점이 하나 있어요. 저는 노동자계급에서 출생했지만 당신은 자본가 계급에서 출생했지요?" 주은래는 잠깐 생각을 하더니 이렇게 대답했다. "맞아요. 그런데 다른 계급 출신인 우리에게는 공통점이 있지요. 우리는 둘 다 기존의 신분을 배반했지요."

④는 목욕 후 수건을 두르고 있는 상황에서 원조를 부탁해야 할 미국 대통령이 나타났다. 환영을 하고 접대를 해야 할 처지에서 일어서려는데 수건이 흘러내리고 만다. 이러한 절대 절명의 순간에 작동하는 기지는, 접대의 부담, 벗은 상태의 난처함을 비롯한 체면유지를 해결하는 것은 물론, 미국과의 외교적으로 가장 중요한 신뢰를 해결하고 있다. 이를테면 한 큐에 모든 일을 끝내버리고 만 것이다. 이쯤 되면 절대 절명의 난처한 처지가 백팔십도로 반전되면서 어떤 수단보다 더 높은 문제 해결의 결과를 가져오고 있음을 알 수 있다. 이야말로 기지의 승리요, 위트의 표상이라 할 만하다. 이처럼 위트의 생명은 기지와 재치에 있는 것이다.

⑤에서 주은래의 답변도 공산주의에서 가장 중요시하는 출신 성분으로 공격하는 흐루시초프를 놀라운 기지로 적시에 곤경에서 탈출했을 뿐 아니라 오히려 상대를 곤란하게 만들고 말았다. 이러한 것들이 이른바 기지요 재치의 효능인 것이다.

■ 정확한 타이밍

①의 '현자의 교훈'은 기지를 발휘할 타이밍이 제자들을 처음 만나는 순간이다. 그 타이밍을 놓치지 않고 정확히 활용하고 있다. ②도 신문기사를 청자(독자)에게 공개하는 타이밍을 정확히 지키고 있다. 앞의 예는 모두 기지발휘의 타이밍을 정확히 지키고 있음을 알 수 있다. 특히 ④의 경우는 수건이 흘러내려 상대가 화자의 벗은 몸을 본 순간을 정확히 포착해서 말을 하고 있다. 만약에 한 템포가 지나서 다음 이야기가 시작된 후, 그러

니까 이미 관심이나 기억에서 화제의 핵심이 벗어난 뒤에 생각이 떠올라서 그제야 재치 있는 말을 꺼낸다면 그 재치는 이미 의미가 없다.

■ 짧은 말

아무리 기지가 뛰어나다 해도 그것이 중언부언으로 길어지면 상대나 청자들은 기지로 느끼지 못한다. 그래서 앞에서 좋은 내용, 적절한 아이디어가 기지의 본령이기는 하지만 그것을 짧게 표현하는 능력도 기지에 속한다고 한 것이다. 위에서 예로 든 것들도 모두 문제를 해결하는 기지의 말은 아주 '짧다'는 것을 확인할 수 있을 것이다. 그야말로 좋은 말 적절한 생각을 촌철살인의 말로 급소를 찌르는 것, 그것이 위트인 것이다.

3) 위트의 효용성

이제까지 위트가 되는 조건을 몇 가지로 이야기했지만, 그 모든 것의 핵심은 '기지', '재치'에 있음을 강조하였다. 그런데 기지와 재치가 아무리 중요하더라도 그 효과나 결과가 없다면 위트 자체의 의미가 없을 것이다. 위트의 효용성은 뛰어난 기지로 문제를 해결하고 곤경에서 벗어나며 분위기를 전환한다든지 경우에 따라서는 상대를 궁지에 몰아넣을 수도 있다는 데 있다. 따라서 위트는 참으로 편리하고 긴요한 언어사용 방법인 것이다.

■ 문제를 해결한다

⑥ "엄마 나 어디서 나왔어?"하고 어린이가 물으면 옛날 어른들은 "다리 밑에서 주워왔다."고 대답했다. 이것은 다리(橋)가 아니고 다리(脚) 밑이라는 뜻일지도 모른다.

⑦ 다섯 살 영수의 아빠와 엄마는 영수의 교육을 위해 시골에서 도시로 올라왔다. 유치원 근처에 셋방을 얻으려고 하루 종일 돌아다니다가 해가 질

> 무렵에야 겨우 복덕방에서 알려준 집을 찾아간 영수 아버지는 그 집 현관
> 문을 조심스럽게 노크했다.
> "복덕방 소개로 왔습니다. 댁에서 세 놓으신 방을 좀 얻으려고요."
> 집 주인은 영수네 세 식구를 훑어보고는 이렇게 말했다.
> "미안합니다만, 아이가 있는 가족에게는 세를 줄 수가 없습니다."
> 주인은 현관문을 닫고 들어가 버렸다. 영수의 부모는 크게 실망을 하고
> 무거운 발길을 돌렸다. 바로 이때였다. 뒤에 남아 있던 영수가 주인 집 현
> 관문을 다시 노크하면서 말했다.
> "아저씨, 아까 그 셋방을 저에게 빌려주세요. 저에게는 아이가 없고 대신
> 아빠와 엄마가 있을 뿐이에요."
> 그러자 집 주인은 빙그레 웃으면서 고개를 끄떡였다.

⑥의 경우 특히 성과 관계되는 이야기를 금기시하던 시절에 어린아이들의 이 같은 물음에 대답하기가 참으로 어려웠을 것이다. 그렇다고 자세히 있는 그대로 설명하기도 어렵고 이러한 때에 동음어(同音語)를 이용하여 대답을 해준다. 일종의 희언(punning)이라고 할 수 있는 이 대답은 순간적 기지를 발휘하여 직접적인 설명도 피하면서 거짓말이 아닌, 그러나 성장해서는 이해할 수 있는 적절한 대답을 하여 문제를 해결한 장면이다.

⑦ 역시 아이들 있는 집에 셋방을 주지 않으려는 세태에 어울리는 어른들의 생각을 어린아이의 기지어린 위트로 해결하고 있다. 다소 꾸며낸 말 같기도 하고, 어린 아이의 애교로 느껴지는 구석도 없지는 않지만, 예로부터 어린아이가 총명하게 자라주기를 바라는 우리의 풍속이 이런 이야기를 만들어 낸 것으로 보인다.

■ 곤경에서 벗어난다

이것은 위의 '문제 해결'과 많은 부분이 겹치기 때문에 잘 구분이 되지 않는 점이 있기는 하다. 그래도 특히 곤란한 경우를 벗어나는 위트를 몇 개 살펴본다.

⑧ 옛날 왕을 위해 열심히 일한 광대가 있었다. 그런데 어느 날 커다란 실수를 하여 왕의 노여움을 사고는, 사형에 처해지게 되었다. 왕은 그동안의 광대의 노고를 생각해서 마지막으로 자비를 베풀기로 하였다.
   "너의 그동안의 노고를 생각해서 네가 원하는 방법으로 사형을 하도록 하겠다. 네가 선택을 하여라. 어떤 방법으로 죽기를 바라느냐?"
   그러자 광대가 말했다.
   "자비로우신 왕이시여. 제가 죽고 싶은 방법이 꼭 하나 있습니다. 저는 늙어 죽고 싶사옵니다."

⑨ 기생들을 데리고 한강에서 뱃놀이를 좋아하던 연산군에게 표연말이라고 하는 충신이 뱃머리를 붙잡고 간곡히 말렸다. 그러나 포악한 연산군은 화를 버럭 내며 사공을 시켜 표연말을 물속에 빠뜨려 버렸다.
   물에 빠져 허우적거리는 신하를 웃으면서 바라보던 연산군은 무슨 생각을 했는지 다시 사공을 시켜 건져내게 한 후,
   "네 이놈! 물속에 무엇 하러 들어갔다 왔느냐?"하고 물었다. 그러자 표연말은 주저하지 않고 대답했다.
   "예, 다름이 아니오라, 신은 초나라 회왕의 신하 굴원(屈原)을 만나려고 갔다 왔습니다."
   굴원은 초나라 회왕에게 바른 말을 하다가 왕이 듣지 않자 물에 투신하여 죽은 충신의 이름이다. 이 말을 들은 연산군은 자기를 어리석은 초나라 회왕에게 비교한 것에 더욱 화가 났다.
   "이놈! 네가 굴원을 만난 것이 틀림없는 사실이렸다."
   "예, 굴원으로부터 시 한 수까지 얻어 왔나이다."
   "그래? 무슨 시냐? 어서 읊어 보아라."
   표연말은 즉흥적으로 다음의 시 한 수를 읊었다.
   "나는 어리석은 임금을 만나 뜻을 이루지 못하고 강물에 빠져 죽었지만 당신은 어진 임금을 만나고도 무슨 일로 물에 빠져 이곳으로 왔느냐?"
   이에 연산군은 자기를 어진 임금으로 추켜세운 표연말의 재치와 유머에 놀라 화를 풀지 않을 수 없었다.

⑧은 생명이 경각에 달린 상태에서 기지를 발휘하는 장면이다. 어떤 방법으로 죽든지 죽기는 마찬가지이다. 이럴 때에 너무나 당연한 소원인 '살아날 방법'을 왕이 말한 '죽는 방법'으로 바꾸어 표현하는 기지를 발휘한

다. 물론 옛날이야기이다. 그리고 이 이야기에 대해 어떻게 하든지 문제를 제기하고 평가를 할 수도 있다. 그러나 위트를 통하여 살아날 방법을 마련하여 곤경에서 탈출하고 있음을 볼 수 있으며, 정황을 볼 때 왕이 살려 줄 것 같은 느낌이 드는 이야기이다.

⑨는 조선 최대의 폭군인 연산군의 행패 앞에서 충신이 끝까지 상대에게 바른길로 가도록 간언하며, 목숨의 위험 속에서도 순간적 기지와 뛰어난 학식으로, 상대의 체면을 세워 주고 위기에서 탈출하는 장면이다. 여기서 기지는 두 가지인데, 굴원을 만났다고 꾸며댄 사실과 그가 지었다는 시를 순간적으로 지어 보인 솜씨다. 옛날 선비들이 즐기던 기지 중에 하나는 즉흥시를 짓는 것이었는데, 마치 조조의 아들 조비의 다섯 발자국 시가 떠오르는 장면이다. 아무튼 위트에서 동시에 두 번씩 기지와 재치가 나타나는 경우는 흔치 않다.

⑧과 ⑨의 공통점은 곤경 또는 위기에서 탈출하되 끝까지 상대에게 정중하고 공손하며 곤경을 벗어날 뿐 그 이상 상대에게 부담을 주지는 않는다는 점이다.

> ⑩ 1980년 미국 대선 때, 텔레비전 토론에서 먼데일 후보는 경쟁자인 레이건 후보의 약점을 들추어 이렇게 물었다.
> "귀하는 대통령이 되기에 너무 늙었다고 생각하지 않습니까?"
> 상대방의 느닷없는 정치공세에 레이건은 전혀 당황하지 않고 이렇게 받아 넘겼다.
> "저는 이번 선거에서 나이를 문제 삼지 않겠습니다. 당신이 너무 젊다거나 경험이 없다는 것을 정치 목적에 이용하지 않을 방침입니다."
> 그 후 레이건은 당선 되었고 먼데일은 낙선했다.

⑩은 자신이 곤경에서 탈출하고 같은 정도의 내용으로 되받아치면서도 주변사람들 또는 청중의 동정을 살 뿐 아니라 그들을 내 편으로 만드는 유머이다. 이것은 대답 내용의 재치 외에도 그 말을 완곡하게 정중하게

표현함으로써 화자의 점잖은 인품을 드러냈기 때문이다.

■ 말싸움에서 승리한다

⑪ 권투선수 무하마드 알리가 비행기를 탔다. 비행기가 이륙하려고 활주로를
향해 천천히 나아가자 한 여승무원이 그에게 안전벨트를 매라고 주의를
주었다.
그러자 알리는 미소를 지으며 말했다.
"슈퍼맨에게 안전벨트가 무슨 필요가 있소?"
그러자 여승무원 또한 미소를 지으며 말했다.
"슈퍼맨에게 비행기가 무슨 소용이 있죠?"

⑫ 정치인이 동료 정치인과 함께 레스토랑으로 점심을 먹으러 갔다. 식사를
끝내고 식사대금을 지불할 차례가 되자, 그는 웨이터에게 주인을 불러달
라고 했다.
곧 이어 중년의 여주인이 나타났다.
"부르셨어요? 무슨 하실 말씀이라도…"
정치인은 주인에게 가볍게 인사를 하고 나서 진지한 말투로 말했다.
"아주 맛있습니다. 그래서 답례의 뜻으로 윤회에 대한 이야기를 해드릴까
해서요."
"그래요? 재미있는 이야기라면 들어보죠."
그러자 정치인은 다음과 같이 이야기를 시작했다.
"이 세상의 일이란 백년을 주기로 해서 다시 일어나게 마련입니다. 즉, 100
년이 될 때마다 원상태로 되돌아간다는 얘기지요. 그러니 저는 100년이 지
나면 다시 지금과 똑같이 여기 앉아서 식사를 하게 된다는 것입니다."
"그거 참 신기하네요."
"그래서 말씀인데, 오늘 식사 대금을 그때까지 외상으로 해주실 수 있습
니까?"
여주인은 웃으면서 대답했다.
"좋아요. 그렇게 하죠. 그런데 지금부터 꼭 100년 전에도 역시 손님께서
는 저희 집에서 오늘과 같이 식사를 하셨을 테니, 그때 외상값은 지금 주
시죠!"

⑪, ⑫의 경우도 전형적인 위트로 상대의 말을 되받아치는 방법으로 말

싸움에서 논리적으로 상대를 꼼짝 못하게 하는 방법이다. 이런 위트의 비밀은 상대의 말을 그대로 따라하되 상대의 허점을 찾아 그 빈틈을 똑같은 방법으로 공격하는 데 있다.

■ 분위기를 바꾼다

⑬ 처칠이 처음으로 하원의원 후보로 출마했을 때 그의 라이벌 후보는 합동 정견발표회에서 이렇게 말했다.

"내가 듣기로는 나의 상대방 후보는 아침에 일찍 일어나지 않는다고 합니다. 만일 그게 사실이라면, 그런 게으른 사람은 의회에 앉을 자격이 없다고 생각합니다."

뒤 이어 등단한 처칠은 웃으면서 이렇게 응수했다.

"글쎄요. 당신이 나 같이 예쁜 마누라를 데리고 산다면, 당신도 아침에 일찍 일어나지 못할 걸요."

⑭ 한번은 어떤 분의 초청을 받아 꽤 괜찮은 음식점에 간 적이 있었다. 비싼 고기 요리가 나왔는데 그분은 무척 실망하는 눈치였다. 그도 그럴 것이 고기에 웬 비계가 그렇게 많이 붙었는지 지글지글 타들어가는 고기에 기름기가 흥건했다. 민망하기도 하고 화가 나기도 한 그분이 식당 종업원을 불러 "고기가 왜 이 모양이냐?"고 물었다. 그런데 변명을 늘어놓을 줄 알았던 그 종업원은 뜻밖의 답변을 했다.

"어? 고기가 운동을 안 했나보죠?"

그 한마디로 식사 분위기가 갑자기 달라졌다. 자칫 불쾌한 말들이 오갈 수 있는 상황에서 종업원의 유머가 우리 모두를 웃게 했던 것이다.

⑬, ⑭는 위트인지 유머인지 잘 구분이 안 되는 면이 있기는 하다. 아무튼 ⑬은 공개 석상에서 인품에 치명적일 수도 있는 게으름에 관한 공격을 받았다. 언제나 그렇듯이 공개된 장소에서 공격을 당하거나 약점이 노출되었을 때 변명은 금물이다. 처칠의 대답은 상대의 말을 깨끗이 수용하는 태도를 취한다. 결코 예민하거나 감정을 드러내지 않고 오히려 느물거리는 느낌마저 준다. 그러면서 인간의 상정에 호소함으로써 누구나 그럴 수

밖에 없다는 인식을 심어준다. 아울러 어느 정도 장난기까지 느끼게 해서 상대의 공격에 간접적으로 대응한다. 이러한 대응은 대답한 말의 내용이 우스갯소리로 긴장을 확 풀어버리는 효과를 주며 듣는 이들로 하여금 동류의식을 느끼게 해준다. 그런 생각을 떠올릴 수 있는 것이 바로 이 예의 재치라고 할 수 있다.

⑭는 상당히 재치 있는 말이기는 하지만 자칫하면 뻔뻔하다든가 건방지다는 오해를 살 수도 있다는데 문제가 있다. 왜냐하면 손님은 음식의 질이 안 좋아 상당히 불만스러운 입장에 있기 때문이다. 그래서 주인 측에서 사과를 하거나 음식을 바꾸어 줄 것을 기대하고 있는 상황이다. 따라서 이런 경우의 이런 경우에는 목소리, 억양, 표정 등 말을 하는 태도가 특히 중요하다. 재치 있게 하되 겸손하고 상대를 존중하는 느낌이 들도록 하는 것이 필수적이다.

⑮ 어느 회사에서 실제 있었던 일이다.
대학을 우수한 성적으로 마친 한 청년이 그 회사를 지원하게 되었는데, 면접장은 긴장감으로 가득했다. 유난히 내성적이며 소극적이었던 그 청년은 면접대기실에서부터 초조해하며 어쩔 줄을 모르고 있었다.
드디어 순서가 되어 다른 수험생들과 함께 면접실로 들어가 앉으려는 순간, 의자가 밀리면서 그만 '꽈당'하면서 바닥에 엉덩방아를 찧고 말았다. 가뜩이나 내성적인데다 초긴장상태였던 그는 이내 울먹였고, 면접장은 묘한 분위기에 휩싸였다.
그때 면접 위원 중 한 사람이 조용히 말했다.
"이 과장, 바닥청소를 너무나도 열심히 한 청소 아주머니를 불러 와서 표창장을 주시오!"
순간, 면접장은 웃음이 터져 나왔고, 그 청년도 눈물이 그렁한 상태로 웃음을 터트리고 말았다. 화기애애한 분위기 속에서 면접은 진행되었고, 그 청년은 편안하게 면접을 마칠 수 있었다. 나중에 회사는 우수한 성적의 그를 채용하였고, 하마터면 실력을 발휘하기도 전에 회사와 인연이 없을 뻔했던 그 청년은 현재 중책을 맡은 회사의 간부로 회사의 발전에 크게 기여하고 있다고 한다.

자신이 곤경을 탈출하기 위하여 분위기를 전환하는 위트는 상당히 많다. 그리고 그것이 거의 정석으로 인식되고 있다. 그러나 ⑮처럼 순간적인 재치로 상대의 어려운 처지를 벗어나게 해주는 경우도 간혹 있기는 하다. 그러나 아주 드물다. 이런 경우는 위트의 효용과 가치도 놀랍지만 특히 말하는 사람의 남을 배려하는 따뜻한 인품이 돋보이는 위트다. 진실로 배워야 할 위트라 하겠다.

■ 공격을 할 수도 있다

위트의 효용 중에서 가장 많은 경우가 바로 문제를 해결하거나 곤경에서 벗어나기 위해 자신을 방어하는 일이다. 그러나 가끔 방어의 수준을 넘어서 공격적인 방어를 하는 경우도 상당히 발견된다. 그리고 공격성의 정도도 천차만별이다. 경우에 따라서는 마음에 안 드는 상대를 의도적으로 공격하는 데도 위트가 사용될 수 있다.

> ⑯ 뚱뚱하고 무식한 어떤 귀부인의 거동에 비위가 상한 사내가 거리에서 어깨가 부딪히자 "이 돼지야!"하고 고함을 쳤다.
> 이 일로 사내는 고발을 당하고 법정에 서고 말았다. 재판장은 다음과 같이 선고했다.
> "피고는 귀부인에게 돼지라는 모욕적인 언사를 사용하였다. 이에 벌금형에 처한다."
> "재판장님. 벌금은 물론 물지요. 귀부인에게 돼지라고 하는 말에 대해서 벌금을 물었는데, 그럼, 돼지에게 귀부인이라고 하는 것은 어떨는지요?"
> "그건 상관없지요."라고 재판장이 말하자 사내는 그 귀부인을 향해 정중하게 말했다.
> "귀부인, 그럼 안녕히 가십시오."

이와 같은 위트는 공격적이면서도 매우 뛰어난 기지 때문에 설혹 의도가 조금 나쁘긴 해도 좋은 위트로 느껴진다. 그러나 공격적인 위트로는 참으로 강하고 심각한 것도 있다. 또 공격을 위한 공격을 위트로 하는 경우도 있다. 그러나 아무리 공격적인 것이라 하더라도 위트로 하지 않고 그냥 무식하게 욕을 하는 것보단 낫다고 생각한다.

4) 위트와 유머 그리고 풍자

유머, 풍자들은 모두 위트와 마찬가지로 기지와 순간적인 재치를 필요로 하는 표현법이다. 그렇기 때문에 위트는 이들과 많은 부분을 공유한다. 이 말의 뜻은 위트와 유머, 위트와 풍자가 서로 겹치는 영역이 많다는 것이다. 그러므로 이런 경우는 듣는 사람의 입장에서 특별히 감동하는 또는 어필하는 관점에 따라 위트, 풍자 또는 유머로 받아들일 수가 있는 것이다. 다시 말하면 위트와 유머, 위트와 풍자 그리고 유머와 풍자가 구분이 안 되는 경우가 어느 정도 있다는 말이다. 그렇다 해도 여기에서는 유머나 풍자의 속성이 없는 것만을 따로 위트라고 하고자 하는 것이다.

■ 위트와 유머

일반적으로 위트와 유머의 차이를 지적(知的)이냐 감정적이냐에 의하여 구분한다. 실제로 위트가 지적인 것은 사실이지만 지적인 요소를 포함하고 있는 유머도 상당히 많이 있다. 한편 위트는 기지(機智)라는 용어에 이미 지적이라는 의미가 드러나 있는 만큼 지적인 요소가 더욱더 큰 비중으로 작용하고 있다. 따라서 지적이냐 아니냐만을 가지고 구분하기에는 좀 문제가 있다.

이에 못지않게 유머와 위트의 구분은 목적의 차이에 의한다고 보아야 한다. 유머의 목적은 웃기는 것이고 위트는 그 목적이 웃기는 것을 포함하기는 하지만 주로 '문제를 해결'하는 데 있다. 앞에서 살펴본 바와 같이 남의 공격을 받거나 난처한 상황 속에 있을 때 그것을 촌철살인의 일격으로 벗어나도록 하는 명쾌하고도 짧은 말, 그것이 위트이다.

특별히 유머와 구분한다는 측면에서 위트의 특징은, 지금까지 언급한 것 외에 그 형식에 있어서 구조 만들기의 예비상황이 필요 없고 단지 어렵거나 난처한 상황이 화자의 의도와 관계 없이 돌발적으로 나타난다. 이 점은 에피소드적 유머와는 매우 다르지만 맥락 의존적 유머와는 매우 비슷하다. 사실 맥락 의존적 유머는 대부분 재치와 기지가 번득여 상당한 경우 위트와 구분이 안 되는 것이 사실이다.

그래도 차이가 있다면 그 결과에서 나타난다. 위트의 경우 화자는 어렵거나 난처한 또는 곤란한 상황에서 완전히 벗어나고 통쾌한 기분이 든다. 그리하여 화자는 기쁠 수 있고 웃음이 나올 수도 있다. 물론 언제나 그런 것은 아니나 청자는 감탄을 하며 수긍하게 된다.

또 한 가지 차이는, 똑같은 창의적 표현이라 해도 대개 표현에 유머는 우회성이 있는데, 위트는 우회성이 적고, 그 대신 적확성이 더욱 두드러진다. 맥락 의존적 유머도 그렇기는 하지만 위트는 또한 전적으로 상황 의존적이다.

⑰ 평생에 우스운 소리를 많이 한 정만서가 임종 때 한 말은 더욱 유명하다. 병이 중하여 더 어찌할 수 없게 되었을 때, 친구 하나가 문병을 와 자못 슬픈 표정을 지으며 물었다. "여보게 좀 어떤가?"
그러자 정만서가 이렇게 대답했다.
"글쎄 처음 죽는 게 돼놔서 죽어봐야 알겠네."

⑱ 남아프리카 샤트하크라하(비폭력불복종운동)을 벌이고 있는 간디에게 하루는 백인 검사가 찾아왔다. 그는 구속영장을 내놓고 간디를 체포한다고 했다.
그러자 간디는 이렇게 말했다.
"아, 어느새 내가 승진했군요. 날 잡으러 늘 순경을 보내더니 이번에는 검사께서 직접 나오셨으니까요."

⑰은 평소의 정만서다운 재담이다. 그러나 이 경우는 그것을 통하여 어떤 문제도 해결되지 않는다. 단지 무거운 분위기를 밝게 하는 역할을 할 뿐이다. 그런데 분위기를 전환하는 효과는 위트에만 있는 것이 아니다. 유머도 위트 못지않게 분위기 전환이 효과를 가지고 있다. 더구나 이 경우는 에피소드적 유머이므로 위트라기보다는 유머에 가깝다고 하겠다. ⑱의 간디의 경우도 마찬가지다. 어떤 문제도 해결하지 못하고 그렇다고 검사에 대하여 어떤 영향을 미칠만한 메시지를 주는 것도 아니다. 그냥 주변 사람들에게 작게나마 위로가 된다면 된다고 할까 하는 정도이다. 단지 우스갯소리로 분위기를 부드럽게 하는 정도이기 때문에 이 역시 유머에 가깝다고 하겠다. 그러나 위의 ⑱의 예는 유머의 속성도 어느 정도 가지고 있기는 하지만 재치 있는 끝말은 전형적인 위트라고 할 수 있는 것이다.

■ 위트와 풍자

풍자(satire)에 관하여 김열규(1997)는 '욕은 약한 자의 칼이며, 당하고 사는 사람들의 폭탄'이라고 했다. 가령, 정치세력이나 기업들의 부도덕한 관행 또는 사회에 대한 패악을 경험하게 될 때 힘없는 서민들은 이들에 대하여 욕으로 대응하려는 것은 자연발생적인 반응이다. 그러나 문제는 드러내놓고 욕을 할 수 없다는 데 있다. 사회적으로 용납될 수 없기 때문이다. 이때 사회가 용인할 수 있는 강자에 대한 비판, 냉소적 야유, 불만족 등을 표현할 수 있는 방법을 찾게 된다. 그것이 풍자이다. 비판은 어느 사회든지 반드시 필요하다는 일반적 인식에 편승하는 전략이다. 그리하여 간접적으로 욕도 하고 강한 상대나 사회적 반격도 피하면서, 사회의 개선, 개혁을 꾀하는 것이다. 풍자는 고도의 우의적, 환유적 표현이다. 따라서 기지나 재치를 필요로 하는 창의적 예술적 텍스트이다.

⑲ 밤늦은 시간, 도심 한 복판에서 스키용 마스크를 쓴 한 강도가 불쑥 튀어나와, 잘 차려입은 행인의 길을 막고 권총을 들이댔다.
"가진 돈 전부 내놔."
그러자 돈이 많아 보이는 그 사람은 화를 버럭 내면서 말했다.
"이게 무슨 짓이야? 난 국회의원이란 말이야."
상대가 조금도 겁을 내지 않자 강도는 움찔했지만, 짐짓 마음을 가다듬고 다시 말했다.
"그럼 잘 됐어. 내 돈 내놔!"

⑳ "노동당의 진짜 창시자가 누구냐?"하며 노동당을 비난하는 의원들에게 윈스턴 처칠이 벌떡 일어나 당연하다는 듯이 말했다.
"그건 콜럼버스지."
의원들이 모두 놀란 표정을 지으며 처칠을 바라보았다. 처칠은 그들을 바라보며 다음과 같은 설명을 덧붙였다.
"콜럼버스는 출발할 때 어디로 갈 것인지 알지 못했어. 그리고 도착했을 때도 거기가 어딘지 몰랐지. 게다가 출발해서 돌아올 때까지 비용을 전부 남의 돈으로 댔잖아."

⑲는 순간적으로 '상대의 돈'에서 '(세금으로 낸) 내 돈'으로 바꾸는 기지가 뛰어나다. 그러나 이처럼 뛰어난 재치로서 이루어진 말이라 해도 위트라기보다는 풍자로 보는 것이 타당하다. 세금을 받아서 낭비하는 정치가를 비판, 비난하는 풍자성의 내용이기 때문이다.

⑳은 난데없이 콜럼버스를 끌어들인 것과, 그것이 노동당과 어떻게 같은지를 코믹하게 비유하고 있다. 비유 중에서도 계단식 비유를 하고 있는데 재치의 극치라고 할 만하다. 정치적 색채를 띠고 있기 때문에 풍자로 볼 수도 있지만 여기서는 역시 순간적으로 둘러대는 기지에 초점을 두고 위트로 보는 것이 타당하다고 생각한다.

5) 위트의 표현전략

■ 되받아치기

㉑ 백화점 점원은 까다로운 손님을 맞아 참을성 있게 시중을 들었으나 알맞은 물건을 찾아내기가 여간 어려운 것이 아니었다.
점원이 내보이는 어떤 물건도 그 손님이 원하는 것과 똑 맞아 떨어지지를 않았다.
그러자 손님은 "좀 더 똑똑한 점원 누구 없어요?"라며 화를 냈다.
그러자 점원이 말했다.
"없습니다. 똑똑한 점원은 손님이 들어오는 걸 보고는 사라져 버렸습니다."

㉒ 영국의 어느 장관이 의회에서 국민 보건을 주제로 연설할 때였다. 한 의원이 벌떡 일어나 외쳤다.
"장관은 수의사 출신 아니요? 수의사가 사람 건강에 대해서 얼마나 안다고 그렇게 떠들어 대는 거요."
그러자 장관은 미소를 지으며 대답했다.
"네, 저는 수의사입니다. 혹시 어디가 편찮으시면 언제라도 찾아오십시오."

㉑과 ㉒는 표현하는 방법이 똑같다. 먼저 불의에 상대가 공격적인 언사를 사용한다. 그 내용을 정확히 알아듣고, 상대의 말의 내용과 똑같은 방식으로 상대의 허점을 찾아서 받은 대로 돌려주되 상대의 공격만큼 돌려준다. 이러한 표현방법을 '되받아치기'라고 한다.

■ 우회하기

㉓ 고속도로에서 한 신사가 과속을 하다가 교통경찰관의 단속에 걸렸다.
그 신사는 다소 억울한 듯 경찰관에게 항의하면서 대들었다.
"아니 다른 자동차들도 다 속도위반인데 왜 하필 내 자동차만 잡아요?"
그러자 경찰관이 웃으면서 이렇게 물었다.
"당신 낚시해 봤수?"
"물론 해봤죠"

> "그럼 댁은 낚시터에 있는 물고기를 몽땅 잡수?"
>
> ㉔ 어떤 사람이 애정소설 작가인 소 듀마에게 그의 아버지에 대한 나쁜 소문을 이것저것 들려주었다. 그러자 잠자코 듣고 있던 아들 듀마가 천천히 입을 열었다.
> "솔직히 들려주어서 고맙소. 그러나 그까짓 것은 문제가 되지 않습니다. 아버지의 작품은 큰 강과 같은 것이라서 많은 사람들 중에는 거기다가 소변을 누는 작자도 있을 테니까요."

'우회하기'란 상대의 발화에 대하여 직선적으로 되받아치는 것이 아니라 엉뚱한 이야기를 함으로써 상대의 대화의 문제점을 해결하려 하는 위트 표현방식의 이름이다. '우회하기'는 시에서는 '낯설게 하기', 다른 텍스트에서는 '비유법' 등을 포함하는 의미로 사용하였다. 그런데 바로 위트의 표현방식에서도 주로 비유를 포함하여 직접적으로 맞대응하는 것이 아니라 한 템포 늦춰서 다른 이야기로부터 출발한다. 그러나 위트에 나타나는 기지는 매우 짧기 때문에 우회자체가 지속적으로 오래가지는 못하는 것이 일반적이다.

㉓과 ㉔는 상대에게 납득을 시키기 위하여 비유를 한 것인데, 너무나 간결하고 정확해서 더 이상 살을 붙이거나 뗄 수가 없도록 아름답게 표현되어 있다. 그러면서도 위트 특유의 작가의 입장을 잘 살려내고 있다. 정말로 멋진 표현이라고 아니할 수 없다.

> ㉕ 1970년대 초, 6 · 25 이후 긴장 상태에서 처음으로 남북 교류가 이루어져서 북한 적십자 대표들이 남한에 와서 명동에 있는 대연각 호텔에 머무르게 되었을 때의 이야기다. 남북 간에 완전히 단절된 채로 서로간의 정보가 거의 전무하였고 전쟁 때의 감정이 그대로 남아있어서 서로 간에 체제와 국력을 경쟁적으로 과시하던 때였다.
> 북한 적십자 대표들이 호텔에서 명동거리를 내려다보니 사람도 많고 자동차도 많았다. 북한에서는 그렇게 많은 자동차를 본 적이 없었던 북한

> 적십자사 대표 중의 한 명이 우리 대표에게 말했다.
> "우리에게 보여주기 위해서 전국에 있는 자동차를 긁어 모아오느라고 수
> 고 많았수다."
> 남측 대표 중에 한사람이 잠깐 생각하다가 빙긋이 웃으며 말했다.
> "자동차를 모아오는 것은 뭐 그리 힘들지 않았소. 저 많은 빌딩을 모아
> 오느라고 힘들었지."

㉕ 역시 핵심은 상대를 납득시키는 데 있다. "자동차를 전국에서 모아 온 게 아니고 원래 남한에는 자동차가 그렇게 많으며, 그만큼 현대화가 됐고…" 이런 식으로 얼마나 여러 말을 해야 되고 또 들어야 하며, 그렇다고 문제는 하나도 해결되지 않은 상태에서 옳으니 그르니 하는 이야기가 끊임없이 이어질 것이 뻔하다. 오히려 잘못돼서 감정이 상하면 자칫 적십자 회담에 역작용을 하게 될지도 모른다. 그런 상황에서 '전국에 있는 빌딩을 모아 왔다'는 발상을 했다. 빌딩은 모아 올 수 있는 게 아니다. 상대가 자동차를 모아 왔다니까 그러면 이 많은 빌딩은 어떻게 이 자리에 있을 수 있겠느냐는 것이다. 그것을 한 걸음 더 나가서 빌딩을 모아왔다고 한 것이다. 기상천외의 발상이라 하지 않을 수 없다. 그러니까 움직일 수 없는 수많은 빌딩을 들어서 옮기고 그것을 모아오는 데까지 우회한 것이다. 우회한 거리가 멀수록 남들이 생각하기 힘들다. 그것이 개성이다. 그리고 놀랍다. 그러나 대개의 경우 원래의 의미와 연결이 잘 되지가 않기 때문에 청자가 알아듣기가 난해한 것이 늘 문제이다. 그러나 이 이야기는 멀면서도 아주 쉽다. 단 한 마디말로 모든 것을 해결하는 이러한 표현은 언어 예술 중에서도 극치요, 그 효용도 어떤 문학작품 못지않게 크다고 할 수 있다. 뛰어난 위트라고 하지 않을 수 없다.

■ 같이 가기

> ㉖ 나치 돌격대원이 길거리에서 유대인 청년을 불러 세우더니,
> "이봐! 유대 놈아! 우리나라가 제1차 세계대전에서 패한 건 순전히 지저
> 분한 너희 유대 놈들 때문이야!"하며 화를 냈다.
> "정말 그렇습니다! 모두 유대인과 토끼 때문입니다!"
> 유대인 청년이 대답했다.
> "뭐라고? 토끼가 뭘 어쨌는데?" 돌격대원이 깜짝 놀라 물었다.
> 그러자 유대인 청년이 되물었다.
> "그렇다면 유대인은 뭘 어쨌는데요?"

너무나 재치 있는 대답에 뒷머리가 시원해지는 느낌이다. '같이 가기'는 먼저 상대의 비난에 긍정한다. 다만 상대가 비난하는 대상과 아무 상관없는 대상을 하나 더 끼워 넣는다는 데 묘미가 있다. 그리고 '원래 비난의 대상'과 '상관없는 대상'이 같이 가는 것이다. 그렇게 되면 상대는 기고만장해진다. 그러나 비난의 대상에 대해서는 알지만, 끼워 넣은 대상에 대해서는 뭘 잘못했는지 알 수가 없다. 결국 상대는 질문을 할 수 밖에 없는데, 바로 그 기회를 포착하여, 상대의 비난과 끼어들어온 대상과 전혀 관계 없듯이, 화자와도 관계가 없음을 스스로 알게 해주는 것이다. 이것은 흔치 않은 표현으로 '같이 가기'와 '받아치기'의 표현 방식을 합쳐놓은 형식이다. 기지와 재치의 참으로 놀라운 발현이다.

■ 공격하기

이제까지 예시한 위트 중에서 ⑤, ⑯, ㉑, ㉖ 등이 상대의 공격을 공격으로 맞선 경우이다. 그러나 이들은 상대의 공격을 방어하고 되받아치기로 공격을 하기는 했지만, 상대의 공격정도의 수준을 넘어서지는 않았다. 그러나 위트는 흔하지는 않지만 상대를 무참히 공격할 수도 있고 선제공격할 수도 있다.

㉗ 철학자 칸트는 옷을 입는 데는 매우 대범하여 매무새에 그다지 신경을 쓰지 않았다.
어느 날 그의 해어진 옷소매를 보고 수다쟁이 친구가 제 딴에는 제법 유머러스하게 말한다고 이렇게 중얼거렸다.
"여기 이 소매로 학식이 빠져나와 있군."
그러자 칸트는 즉시 이렇게 대꾸했다.
"그리고 그것을 한 어리석음이 들여다보고 있군."

㉘ 통감부시대에 조선 미술협회가 창립되었다. 그 발회식이 성대하게 거행되는 자리에 이등박문을 위시하여 일본 고관들과 이완용, 송병준 등 친일파의 거두들이 참석하였고, 당대의 명사이던 이상재 선생도 미상불 초대되었다.
선생이 자리에 앉고 보니 공교롭게도, 맞은편에 이완용과 송병준이 있는 것이 자기 비위에 거슬렸던지,
"대감들도 동경으로 이사가시지."하니 송가와 이가가 무슨 영문일지 몰라서,
"영감, 별안간 그게 무슨 소리요?"하고 놀란 표정을 지었다.
선생은 태연하게,
"대감들이 망하게 꾸미는 데는 천재니까, 동경에 가면 일본이 또 망할 것 아니요?"라고 하였다. 친일파 두 사람은 물론이요, 그 자리에 있던 모든 아첨꾼들의 얼굴이 파랗게 질렸다.

㉗은 수다쟁이가 조금 당돌한 점은 있었다. 그러나 되받아친 말의 내용이 너무 냉소적이다. 상대를 무시할 뿐 아니라 경멸하는 정도의 독설로 느껴질 정도이다. 나타난 말을 액면 그대로 받아들인다면, 칸트의 인격이 의심이 갈 정도다. 그러나 위트는 위트다. 기지가 발휘되고 있으니까.

한편 ㉘은 미워하는 사람이 나타나자 가만히 있는 사람에게 시비를 건 형국이다. 일본의 총리대신 이등박문이 참석을 하였고, 이완용과 송병준은 누가 뭐래도 대신들이다. 오늘 날도 어려운데, 관료의 힘이 서슬이 퍼렇던 시절에 이렇게 공격적이려면, 무엇보다도 담력이 없으면 불가능하다. 게다가 가만히 있는 사람들에게 선제공격을 한 것이다. 이완용 송병준은 물론

주변에 있던 많은 친일파들이 새파랗게 질리면서도 가만히 있을 수밖에 없었던 것은 평소에 이상재 선생의 인품과 권위가 인정되고 있었다는 것 외에도 표현이 위트로 빈틈없는 기지 때문이었을 것이다.

아무튼 위트는 상대를 이처럼 무참히 공격하거나 선제공격을 할 때도 쓰인다.

◾한술 더 뜨기

> ㉙ 국회위원 합동 연설장에서 한 후보가 연설을 하고 있었다. 그때 갑자기 청중 속에서 달걀이 날아와 연설을 하고 있던 후보에게 맞았다. 갑작스런 달걀 세례로 인해 합동연설장은 술렁이기 시작했다.
> 이 순간 연설을 하던 후보가 외쳤다.
> "이왕 달걀을 던지시려면 소금도 좀 부탁합니다."
>
> ㉚ 프랑스의 정치지도자 클레망소에게 신문기자가 물었다.
> "지금까지 본 정치가 중에서 누가 최악입니까?"
> "이 나이가 되도록 아직 최악의 정치가를 찾지 못했습니다."
> "그게 정말입니까?"
> 그러자 클레망소가 분하다는 표정으로 말한다.
> "저 사람이 최악이다 싶은 순간 꼭 더 나쁜 사람이 나타나더군요."

이 경우는 되받아치기와는 정반대되는 표현방식이다. 곧, 상대가 기대하는 것보다 한술 더 떠서 한 발자국을 전진하는 것이다. 달걀을 던지면 소금을 달라든가, 최악의 정치가가 있을 것이라고 기대하면 그보다 한 걸음 더 나가는 수법이다. 이처럼 기지와 재치는 두뇌작용을 상대와 대립하는 방법뿐 아니라 그 반대의 방법 그리고 또 다른 방법 등 모든 경우를 활짝 열어 놓고 있는 것이다.

■ 당연한 말 하기

> ㉛ 가수 조영남이 폐암으로 입원 중이던 코미디언 이주일 씨의 병문안을 갔
> 을 때의 일이다. 조영남이 경과를 물으러 담당 의사인 이진수 박사를 만
> 나러 갔다.
> 조영남이 처음 만나는 자리여서 인사차 "죽음을 앞둔 사람들과 늘 함께
> 하시는 얼마나 힘드십니까?"라는 말을 건넸더니 이 박사는 이렇게 받아
> 넘겼다고 한다.
> "우리는 모두가 죽어가고 있는 사람이 아닙니까?" 그래서 그 자리에 있
> 는 사람들이 모두 웃었다고 한다.

㉛은 창의적이기보다는 우리가 잘 알고 있는 사실을 재발견하여 적절
히 활용한 것이다. 그러니까 우리가 알고 있는 상식이나 인생의 원리를
타이밍을 맞추어 적소에 활용하는 것도 재치다. 따라서 이 경우도 충분히
훌륭한 위트가 된다. 여기서는 조영남의 어휘선택에 약간의 문제가 있었
다. 그 표현이 약간 부담이 됐던 이진수 박사는 분위기를 전환하기 위해
서 적절한 대답을 하게 된 것이다. 이런 경우 우문현답이라고 할 수 있다.

■ 핑계대기

> ㉜ 어떤 영향력 있는 영국 정치가가 남작 작위를 달라고 디즈레일리 수상을
> 졸랐다. 수상은 그 청을 들어 줄 수가 없었기 때문에, 최대한 부드럽고
> 유쾌한 방법으로 거절을 했다.
> "죄송합니다. 작위는 드릴 수가 없지만, 더 좋은 것을 드리겠습니다. 이제
> 친구들한테 '수상이 남작 작위를 주겠다'고 했지만 사양했노라고 말씀하
> 실 수 있을 겁니다."

보통 들어주기 어려운 요구나 부탁을 받을 때, 아주 난처한 경우에 처
하게 되는데, 이때 상대의 체면을 세우든가, 다른 방법으로 위안이 될 수
있는 핑계를 대는 방법이다. 여기서는 분명히 거절하면서도 명분을 줌으

로써 상대의 체면을 세워 주는 선에서 해결하고 있다.

꾸며대기

> ㉝ 어느 서양기자가 중국의 주은래 총리를 만난 자리에서 물었다.
> "총리님, 당신들 중국 사람들은 왜 도로를 마로(馬路, 중국에서는 큰 도로를 마로라고 함)라고 합니까?"
> 이에 대해 주은래는 즉각적으로 대답하였다.
> "우리가 걷는 길은 마르크스주의의 길이기 때문입니다."

이 기자의 속셈은 중국 사람들이 동물처럼 말이 다니는 길을 걷는다는 점을 부각시켜 은근히 비하하려는 속셈이었는데, 주은래는 마로의 기원에 대하여 설명할 수도 있었겠지만 그렇게 하지 않고 마로의 '마'를 마르크스의 '마'로 꾸며대는 방법으로 기자의 의도를 봉쇄하고 그들이 신봉하는 공산주의를 자신 있게 선전하기까지 하였다. 이처럼 그때그때 적당한 말을 꾸며 대는 것도 중요한 기지의 하나이다.

협박하기

> ㉞ 루이 11세는 갖가지 불길한 예언을 하여 순박한 농민들을 현혹시켜 온 예언자를 체포하여 사형에 처하려고 하였다.
> "너는 남의 운수를 봐준다는 말로 교묘하게 농민들을 속였겠다. 그렇다면 자신의 운세에 대해서는 어떠냐? 네가 앞으로 얼마나 더 살아 있으리라고 생각하느냐?"
> "예, 폐하! 실은 예언자라고 하면 자신의 신수에 대해서는 잘 알지 못하는 법이오나, 아무튼 폐하보다 3일 전에 죽는다는 것만은 알고 있습니다."
> 루이 11세는 끝내 이 예언자를 죽이지 못했다고 한다.

곤경에서 벗어나기 위하여 상대를 위협하고 있다. 그런데 위협의 내용이 상대의 약점이 아니라 모든 인간의 공통적이고 근본적인 약점을 가지고 협박을 하는 것이다. 질이 좋다고 할 수는 없지만 아무튼 자기의 생명을 구한다는 차원에서 보면 아주 좋은 위트라고 할 수 있다.

▧ 기타

> ㉟ 아프리카 오지에서 죽어가는 사람들의 생명을 구하기 위해 일생을 바친 슈바이처 박사가 오랜만에 고향에 들렀다. 수많은 사람들이 이 위대한 성자를 마중하기 위해 기차역으로 몰려들었다. 그런데 1등 칸이나 2등 칸에서 나오리라고 예상했던 마중객들의 예상과는 달리 슈바이처 박사는 허름한 3등 칸에서 모습을 나타내는 것이었다.
> 사람들은 왜 편안한 자리를 마다하고 굳이 비좁고 지저분한 3등 칸을 이용했느냐고 물었다. 그때 박사는 웃으면서 이렇게 대답했다.
> "이 열차에는 4등 칸이 없더군요."

기지와 재치로 말을 하기 위해서는 어떤 표현 방식이든 사용할 수 있다. 여기서 슈바이처의 말이 진심으로 한 말이었다면 위트가 아니다. 그분의 진실하고 겸손한 마음자세가 드러나는 보통의 말일 수도 있다. 그러나 마중객들의 질문에 재미있게 대답하려는 의도가 있다면 유머 또는 위트로 볼 수 있다. 이런 경우의 위트는 대개 훌륭한 위인들의 일화에서 발견되는 것으로 그들을 칭송하는 예화라고 할 수 있다.

6) 마무리

위트는 한마디로 기지와 재치의 예술이다. 기지와 재치가 언어에 섞이면 못하는 일이 없다. 그것으로 위기나 곤경을 벗어날 수도 있으며, 문제를 해결할 수도 있다. 말싸움에서 이길 수도 있으며, 곤란한 분위기를 반전시킬 수도 있다.

위트는 고도의 지성이 순간적으로 발현되는 것이기 때문에 강자가 약자를 억압하거나 핍박, 수탈할 때는 잘 쓰이지 않는다. 왜냐하면 그러한 것은 기지나 재치로 하는 것이 아니라 힘으로 하는 것이기 때문이다. 그렇기 때문에 기지나 재치는 남을 해치는 데 쓰이는 경우는 드물고, 남의 억압이나 곤경으로부터 벗어나고 일어나는 데 쓰는 것이다. 뿐만 아니라 위트는 남의 입장이나 체면을 세워준다. 이야기를 재미있게 하는 데도 크게 기여한다. 그러므로 위트는 유머와 함께 인간관계를 이루는 데 참으로 중요하다.

힘이 아닌 지혜로 말이다. 기지나 재치로 할 수 있는 것이 또 있다. 그것은 남을 웃기거나 비판하는 일이다. 전자를 유머, 후자를 풍자라고 한다. 물론 위트와 겹치는 경우가 있음을 위에서 살펴보았다. 그중에서도 더 지적인 것, 더 문제를 해결하는 쪽으로 기울어진 것만을 위트라고 하고 그렇지 않은 것은 유머 또는 풍자라고 하는 것이 좋겠다고 생각한다.

유머나 위트를 잘하기 위하여서는 먼저 갑자기 위험이나 곤경의 상황에 처하게 되었을 때 당황하지 않는 여유를 갖는 것이 중요하다. 평소에 마음을 다져두어서 우선 미소를 띠는 습관을 갖는 것이 좋다. 그리고 편안한 상태에서 상대의 의도를 정확히 파악한다. 의중을 읽는다. 그리고 상황 또는 정황을 이해한다. 상대의 말의 진의와 문제점을 정확히 안다. 그런 상태에서 자신의 상황과 처지를 확인한다. 그리고 그 상황에 적절한 말을 생각한다. 물론 이러한 일은 설명을 하자면 길지만, 동시에 일어나는 일이다. 모든 사람들에게 개인의 차가 있다. 그래서 이 중에 부분적으로 놓치는 수도 있을 것이다. 그러나 이 정도를 할 수 있는 능력은 누구에게나 있는 것이다. 여기서 강조하고 싶은 것은 서두르지 말라는 것이다. 서두를 필요가 전혀 없기 때문이다. 왜냐하면 순간적 재치는 서두르는 데서 나오는 것이 아니라 여유 속에서 나오는 것이기 때문이다.

끝으로 유머와 위트는 구어체에서 가장 중요한 언어 예술이라는 점을 강조하고자 한다.

제 3 부
속 담

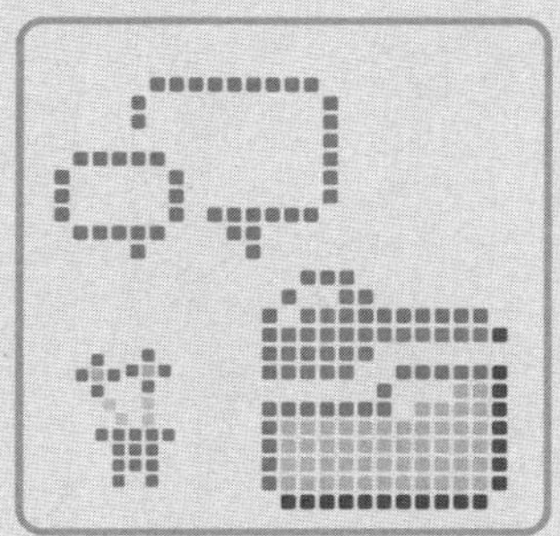

제 3 부 속 담

1. 속담의 문체론적 연구

1) 들어가기

속담(俗談)은 언중(言衆)의 시(詩)[1]라고 한다. 참으로 의미심장하고도 적절한 말이라고 아니할 수 없다. 그러나 왜 언중의 시라고 하는지에 관하여는 뚜렷한 근거를 제시하고 있지는 않다.

가령 "솔잎이 가랑잎더러 바스락거린다고 한다."라든지, "노루 때린 막대기 삼 년을 삶아 먹는다." 따위의 속담을 보면 그 함축하고 있는 뜻도 뜻이려니와 정말로 아름답고 세련된 표현에 그냥 매료당하는 느낌을 금할 수가 없다. 어떤 이야기 속에서 그 내용을 설명하는 대신 속담을 인용할 경우, 여러 말을 하지 않고도 최대의 공감을 불러일으키고 또한 그 말에

---

1) 김종택(1967)에서는 하야가와(Hayakawa)의 "俗語라고 불리는 것은 일상생활의 詩로 간주할 것이다. 즉 사람들의 인생이나 인생에서 만나는 사물에 대한 느낌을 싱싱하게 표현하고 있기 때문이다."라고 한 말을 재인용하면서 거기에서 한 걸음 더 나아가 필자 스스로가 "俗談은 言衆의 詩"라고 주장하고 있다. 그러나 왜 시라고 할 수 있는지에 관하여서는 비유하고 있을 뿐 어떠한 자료나 합리적 근거를 제시하고 있지는 않다.

확실한 권위를 불어 넣어주는 역할을 한다. 이런 경우에 속담보다 더 효과적인 표현을 찾아보기는 힘들 것이다. 뿐만 아니라 그 표현의 적절성 때문에 때때로 그렇게 사용된 속담을 곱씹어보게까지 되는 것이다. 이처럼 속담은 우리들의 일상 언어생활의 매순간마다 효과적으로 사용되어 메마른 생활을 다채롭게 하고 생동감 넘치게 한다.

이 글에서는 속담의 어떠한 특성이 이러한 효과를 가져오는지를 가려내기 위하여 먼저 국어사전 및 속담과 관계되는 속담, 격언 사전과 전문가들의 논저에 나타난 속담에 관한 인식을 격언과 대비하여 살펴보고, 둘째로 속담의 특성을 보다 분명히 하기 위하여 격언, 관용적 표현 등과 함께 문체론적으로 접근하여, 예컨대 어휘의 종류, 문장의 길이, 수사법을 포함한 표현기법 등에 관하여 통계적으로 분석하고, 그것을 토대로 속담의 개념과 범주를 분명히 밝히고자 한다. 또한 속담은 어떤 특징을 가지고 있으며, 전달하고자 하는 말의 효용성을 어떻게 살리고 있는지도 살피고자 한다. 그리고 서두에 인용한 대로 "속담을 언중(言衆)의 시(詩)"라고 할 만한 것인지에 관하여서도 구체적인 근거를 제시하여 언급하고자 한다.

2) 속담의 개념과 범주

■ 일반적 인식

속담의 가장 두드러진 외형적인 특징은 그것이 매우 짧다는 것이다. 대개 경구(警句)의 형식으로 되어 있는데, 전통적으로 이처럼 짧은 형식으로 표현의 경제성을 극대화하여 표현하는 경구의 부류로 속담, 격언, 표어 등이 대표적인 예라고 할 것이다. 그밖에도 속담과 잘 구분이 되지 않는 형식의 표현으로 고전 소설이나 판소리 또는 탈춤 가사에 나오는 '관용적 표현'들이 있는데 이에 대하여서도 간단히 언급하고자 한다. 최근 산업사회의 발달과 함께 매스컴을 이용한 선전 및 광고문화의 확산에 따른 선전 문구나 광고문 등이 새로운 표현형식으로 크게 붐을 일으키고 있으나 이에 관하여서는 따로 살피기로 하고 여기서는 일단 논의에서 제외하기로 한다.

속담과 격언

✔ 사전(辭典)의 뜻풀이

속담과 가장 경계가 불분명한 것은 아무래도 격언일 것이다. 격언은 오랜 세월동안 일반인들에 의하여 속담과 혼용되어 왔다. 어떤 속담들은 격언에서 나왔고 어떤 격언은 특정한 시대의 속담을 원용해서 쓴 것이 그 사람의 말로 기록되어 격언이 된 것도 있다. 그런 의미에서 속담과 격언은 매우 가까운 거리에 있다고 할 수 있다.[2] 그러나 그렇게 간단하지만은 않은 것이 또한 속담과 격언의 관계이다. 격언과 속담은 분명히 다른 것이다.

격언과 거의 동의어로 쓰이고 있는 말로 금언(金言), 잠언(箴言) 등이 있는데, 먼저 사전의 뜻풀이를 비교하면 다음과 같다. 조사에 사용한 국어사전은

① 국어사전, 운평어문연구소 편, 김민수 감수, 금성출판사(1992).
② 새 우리말 큰 사전, 신기철, 신용철 편, 삼성출판사(1974).
③ 새 한글 사전, 한글학회 편, 광명인쇄사 (1973).

등 세 권이며 그 뜻풀이는 다음과 같다.

---

2) 강재철(1980)에서는 속담의 발생과정에 관하여 ㉠ 先說話 後俗談型, ㉡ 先俗談 後說話型, ㉢ 獨立俗談型의 세 가지로 나누고 있는데 격언과의 관계에 관한 연구는 없다. 그것은 격언은 대체로 특정한 위인이나 성현이 사색이나 언행을 통하여 또는 저서를 쓰는 과정에서 삶의 진실을 남김으로써 발생한 개인적인 것이기 때문에 고려하지 않은 것으로 생각된다.

속담(俗談)

1. ① 옛적부터 민간에 전하여오는 알기 쉬운 격언(格言), 또는 잠언(箴言).
   ② 속된 이야기. 세언(世諺), 속설(俗說), 속어(俗語).
2. ① 어느 때 누가 어디서 말했는지는 모르나, 그것이 주위 사람들의 마음속
   에 깊은 동감을 얻고, 널리 펴서 온 민족에게 공통된 격언, 비언(鄙諺),
   속설(俗說).
   ② 속된 이야기, 속언, 상말 비언 : 품위가 매우 낮은 말.
3. 세상에 흔히 돌아다니는 쉬운 격언.

격언(格言)

1. 사리에 맞아 교훈이 될만한 짧은 말. 흔히 옛 성현이나 위인들이 남긴 말을
   가리킴.
2. 사람이 오랜 역사적 생활체험에서 이루어진, 인생에 대한 교훈과 경계 따위
   를 간결하게 표현한 짧은 말⇒금언.
3. 사리에 적당하여 본보기가 될 만 하도록 묘하게 된 짧은 말 토막.

금언(金言)

1. ① 행동이나 생활에 있어서 지도적인 구실을 할 만한 귀중한 내용이 담긴
   짧은 어구.
   ② 부처의 입에서 나오는 불멸의 법어(法語). ▷ 격언.
2. ① 생활의 본보기가 될 만한 귀중한 내용을 가진 격언. 이를테면 '아는 것
   이 힘이다.' 따위⇒격언.
   ② 부처의 입에서 나온 불멸의 법어.
3. ① 귀중한 격언.
   ② 부처의 입에서 나온 법어.

잠언(箴言) ＊箴 : 바늘 잠, 경계할 잠

1. ① 가르쳐서 훈계가 될 만한 말.
   ② 구약성서의 한 편. 헤브리 민족의 지혜문학 중 으뜸이 가는 것으로, 솔
   로몬 왕의 경계(警戒)와 교훈을 내용으로 함.
2. ① (가르쳐서) 훈계가 되는 말. 경계 말.
   ② <성>구약성서의 한 편. 솔로몬 왕의 훈언(訓言)을 내용으로 하며 모두
   31장임.
3. 가르쳐서 경계가 되는 말.

논의의 편의를 위하여 먼저 격언, 금언, 잠언의 의미를 비교해볼 필요가 있다.

'격언', '금언', '잠언'의 뜻풀이를 보면, 서로 다른 뜻으로 쓰기도 하지만 대체로 동의어로 사용하고 있음을 알 수 있다. 뜻풀이 ①을 비교해보면, '격언, 금언 잠언'은 모두 '사리에 맞고' '교훈적'이며 '훈계가 될 만하며', '생활의 본보기'가 되는 '귀중한 내용'을 담고 있는 말이라는 점에서 동의어로 사용되고 있다. 다만, ②의 의미를 볼 때 '금언'은 불교 쪽에서 '잠언'은 기독교 쪽에서의 '가르침 또는 교훈적인 말'이라는 의미를 함축하고 있으며 격언은 이 모든 것을 망라하고 있음을 알 수 있다.

그러나 여기서 주의할 것은 ②의 의미보다는 ①의 의미가 일반적으로 사용되고 있다는 점이다. 금언이 불교의 법어(法語)를 가리키는 경우가 없지는 않지만 일반적으로는 불교는 물론 여타의 종교, 그리고 종교와 관계없는 위인들의 말도 지칭한다는 사실과, 잠언이 '기독교 구약성서의 한 부분'이지만 기독교 외의 다른 종교에서 나온 말, 그리고 종교와 상관이 없는 위인이나 현자들의 가르침이 될 만한 경구를 모두 잠언이라고 하는 사실이, 그것을 입증하고 있다.[3] 요컨대 '격언', '금언', '잠언'은 뜻이 서로 다른 낱말이 아니라 동의어라고 개념을 정리할 수 있다.

다음으로 남은 문제는 '속담'과 '격언(금언, 잠언)'의 개념에 관하여 비교해볼 차례이다.

위에 제시된 '속담'의 뜻풀이를 보면 1, 2, 3 세 개의 사전 모두가 모두 속담과 격언을 같은 것으로 풀이하고 있다. 다만 "㉠ 알기 쉽다. ㉡ 민간

---

3) 원래 그 어원을 정확히 알 수는 없으나 금언이 부처님의 말씀을 지칭하며, 잠언이 구약성서의 솔로몬왕의 어록을 기록한 '구약성서의 한 부분'에서 출발한 것은 분명하다. 그것이 환유적으로 의미가 확산되면서 불교나 기독교 등 종교적 범주를 초월해서 모든 교훈적이며 삶의 지표가 되는 성현, 철인, 위인들의 가르침을 통칭하는 말로 일반화된 것으로 보인다. 따라서 이 글의 논지와 관련되는 부분은 사전의 뜻풀이 ①뿐이며, ②는 이 글의 논지와 관계가 없으므로 언급하지 않았다.

에서 전해온다. ⓒ 온 민족에게 널리 퍼져 있다. ⓔ 세상에 흔히 돌아다니는 말이다."라는 단서가 붙어 있다는 점이 차이라면 차이일 뿐이다. 그리고 "ⓜ 어느 때 누가 어디서 한 말인 지 알 수 없다"고 못을 박고 있다. 세 개의 사전 모두에서 '속담'을 '격언'이라고 풀이하고 있으면서도 이처럼 다섯 가지의 단서를 붙이고 있는 것을 보면 역시 격언과 속담은 완전히 똑같지는 않은 모양이다. 물론 위의 다섯 가지 단서 중에 둘째, 셋째, 넷째가 같은 뜻이라고 본다면 ⓐ 어느 때 누가 한 말인지 모른다. ⓑ 민간에서 전해오며, 널리 퍼져있다. ⓒ 알기 쉽다는 특성을 갖는다고 요약할 수 있다. 한편 사전에 나타난 '격언'의 개념을 살펴보면 ⓐ 말한 사람이 알려져 있다. 예컨대, 성현이나 위인 또는 철인들이 그들이다. ⓑ 민간에 널리 퍼져있다기보다는 경전을 비롯한 고전 등에 실려 있다. 다시 말하면 출전이 있다는 점이 그 특성이다.

끝으로 사전의 뜻풀이가 '속담'이 '일반인들의 깊은 동감(공감)을 얻는 말'이라는 점에 의미를 두는데 비하여 '격언(금언, 잠언)'은 귀중함, 지도적, 가르침, 경계 등 교훈적인 측면에 무게를 두고 있다는 점이 차이점이다. 그러므로 격언은 일반인들에게 교훈의 대상으로 무조건 따라야할 인생의 지침으로 인식하고 있는데 비하여 속담은 깊이 공감하는 다소 동류적 인식을 나타내고 있다고 하겠다.

✔ 속담과 격언에 대한 관계 서적들의 인식

'속담'과 '격언'에 관한 개념을 보다 분명히 하기 위하여 사전풀이 외에도, 속담집이나 격언집, 또는 속담사전과 격언사전들에 실려 있는 견해를 살펴볼 필요가 있을 것이다. 물론 대부분은 사전의 뜻풀이와 비슷한 말이 반복되며, 상식적 표현으로 일관하는 경우가 많은 것도 사실이다. 그리고 이들의 표현을 자세히 관찰해도 경계가 불분명하기는 마찬가지다. 그러나 그것은 속담과 격언의 인식적 차이의 경계가 불분명한 것이지 속담과 격언의 개념적 차이가 없기 때문은 아니다.

　다음은 몇몇 속담, 격언 사전에 나타난 격언과 속담에 관한 인식을 표현한 부분들이다.

- 이언(里諺)은 흔히 속담이라고도 하며, 누가 언제 이런 말을 하였는지 모르는 사이에 사회적 민속적으로 오랜 옛날부터 일상생활어로 써오던 말이요, 격언은 '금언(金言)', '잠언(箴言)'이라고 말하는, 개인적 개성적으로 명현(名賢), 철인(哲人)들이 써 오던 단구(短句)로서 대개는 도덕적 교훈을 내포하고 있다(최근학, 1980).

- 속담은 문자 그대로 속된 말이다. 그것은 본질적으로 민중의 것이다. 그 구슬 같은 한 마디 한 마디는 민족사회의 오랜 경험과 지혜를 단적으로 반영하는 것이다.
  속담은 사회적 소산이다.
  속담은 향토성을 반영한다.
  속담은 간결한 것을 특징으로 한다.
  속담의 다른 표현으로 속언(俗言), 이언(里彦), 언(諺)(이기문, 1995).

- 속담은 민중 속에 감추어져 있으며, 또한 우리의 고전은 물론 중국문헌 중에도 우리의 것과 아주 밀접한 관계가 있는 것이 많다(지윤환, 1997).

- 인류변천의 역사와 함께 줄기차게 변화하며 물려받은 정신적 유산. 속담은 쉽게 흘려버릴 것 같은 짧은 토막의 말수 같지만 그 말 속에 포함된 무궁한 철학적 진리는 천 마디 만 마디 미사여구와도 비할 바가 아니다. …… 우리의 역사와 함께 면면히 전해온 속담은 조선시대에 와서 그 절정에 이르렀으며 당쟁을 비유한 이야기나, 최근세 일제점령하나 자유당 말기의 서민적 풍자는 가히 절정에 이르고 있다(오행자, 1986).

　이상의 내용을 살피면 사전 풀이의 내용과 매우 흡사하여 반복되는 표현이 많은데 다음과 같이 요약된다.

　격언은 ㉠ 격언은 명현, 철인들의 말로 개인적 개성적이다. ㉡ 도덕적 교훈을 내포하고 있다. 그에 비하여 속담은 ㉠ 누가 언제 이런 말을 하였는지 모른다. ㉡ 오랜 옛날부터 전해오는 말이다. ㉢ 일반 민중이 일상생활어로 써오던 속된 말이다. ㉣ 민족사회의 오랜 경험과 지혜를 단적으로 반영한다. ㉤ 시대상을 반영한다.

✔ 논저에 나타난 인식

학자들의 논저에 나타난 격언과 속담에 관한 인식을 살펴보면 아래와 같다.

먼저 김종택(1967)에서는 "속담의 한계를 결정짓기 위해서는 먼저 그 정의부터 내려져야 하겠으나 이것 역시 아리스토텔레스(Aristoteles) 이래 미결의 과제로 남겨진 채 속담은 여전히 언중의 편이 되어 쓰이고 있는 것이다. 적어도 하나의 진술이 속담이 되려면 첫째, 속담적 구조를 갖추고 둘째, 기능적인 의미전달을 하며 셋째, 관용성과 대중성을 지녀야 한다."고 주장하고 있다. 특히 의미기능에 관한 보충 설명을 통하여서 "진정한 의미의 속담이란 의미기능으로 보아 단순한 서술적 개념의 전달을 하는 것이 아니고, 속담적 구조에 의하여 기능적 의미전달을 하는 것을 말한다. … 시가 그렇듯이 속담의 의미는 전혀 말과 말의 결합관계 즉, 구조에 의해서만 가능하다. 시의 의미가 산문적 개념의 총화가 아니듯이 속담의 의미도 개념의 문법적인 총화가 아닌 것에 그 특징이 있다. 속담의 의미는 상징적 직감적인 방법에 의해서 표시되는데, 시와 시 아닌 것의 한계가 분명하듯 속담인 것과 아닌 것의 한계도 그 구조에 의하여 분명해진다."고 덧붙이고 있다.

이 주장을 요약하면 속담의 특성은 ㉠ 속담적 구조, ㉡ 기능적 의미 전달, ㉢ 관용성과 대중성 등이다.

최기호 / 김미형(2000)에서는 "속담은 격언과도 같이 교훈을 주는 것이 많아서 격언과 구별이 모호하게 생각되기도 한다. 그러나 속담은 어디까지나 민간에 전해 내려온 말이라는 큰 범주에 속하는 것으로 그 가운데에서 격언과도 같이 교훈적인 말들이 있는 것으로, 격언과는 구별될 수 있다. 격언은 사리에 들어맞는 사상이나 결론 등을 표현한 짤막한 교훈적인 말로 속(俗)의 의미를 가지지 않는다.”고 하여 격언과 속담을 분명히 구분할 수 있음을 시사하면서도 단지 ‘민간전승’이라는 차이점만을 내세우고 있어 그 구별이 뚜렷하지 않다. 한편 최창렬 외(1986 : 293~294)에서는 속담과 격언이 혼동되고 있는 까닭을 ‘속담’이라는 명칭에 대한 의미기능을 완전히 파악하지 못한 채 언어대중들에 의하여 자연발생적으로 붙여졌기 때문이며, 또한 속담과 비슷한 특성과 기능을 가진 다른 표현 어구들이 있어서 그러한 표현어구들의 차이가 일반 언중에게 쉽게 식별되지 않기 때문이라고 하면서 속담을 정의하기 위해서 ‘관용표현(慣用表現)’이라는 유개념(類槪念)을 제시하고 그 하위 범주로 어휘와 어구로 나누어 다음과 같은 어휘장을 제시하고 있다.

〈그림 1〉 관용표현의 어휘장

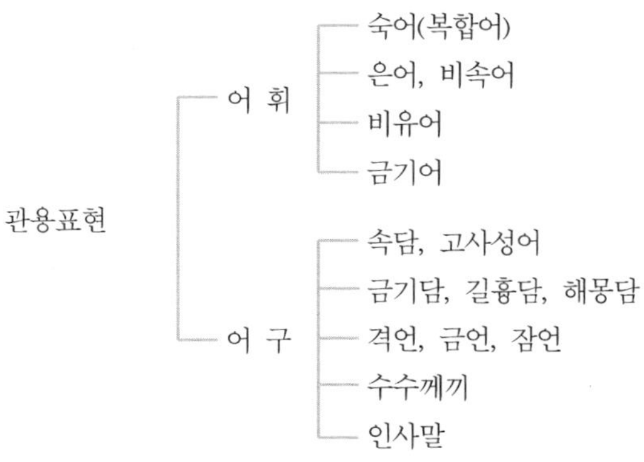

그리고 이에 덧붙여서 격언, 금언, 잠언이 교훈을 기본 의미기능으로 삼고 있다면 속담은 특정사실의 의미기능에 대한 ‘비유적 서술’이라고 단정하면서 첨가하여 “어떤 사실을 비유로 서술하는 데 쓰이는 관용어구”라고 속담을 정의하고 있다.

따라서 격언과 속담은 관용 표현이라는 유개념의 하위개념들로 발생적 특성 때문에 속담과 격언이 혼동되기도 하나, 격언은 기본의미가 '교훈'인데 비하여 속담은 기본의미가 '비유적 서술'이라고 보고 이들을 분명히 구분하고 있다. 조재윤(1998)에서는 간결성, 비유성, 시가성, 교훈성, 관용성, 사회성, 상황성, 통속성, 지관성, 자극성, 일면성의 11가지를 속담의 특성으로 제시하고 그 중에 시가성, 교훈성 통속성, 일면성은 적용되지 않는 경우도 있어서 이를 제외한 나머지 7가지를 속담의 필수적 특성으로 구분하고 있다. 조재윤(1998)에서는 보다 분석적으로 속담의 특성을 분명히 하여 개념을 정립한 셈이다.

✔ 종합

이제까지 격언과 비교하여 속담의 특성을 찾고 그 개념을 정립하기 위하여, 국어사전의 정의, 속담, 격언 사전, 속담풀이사전 및 학자들의 견해를 고찰하여 보았다. 이들은 서로 많은 부분을 공통적으로 인식하기도 하였으나, 또 나름대로 특성을 갖고 있음을 알 수 있었다. 이제 이들을 종합하여 특성을 구명하면 다음과 같다.

〈표 1〉 속담과 격언의 비교

속 담	㉠ 어느 때 누가 한 말인지 모른다. ㉡ 민간에서 전해오며, 널리 퍼져있다. ㉢ 알기 쉽다. ㉣ 공감(동감)—동류적. ㉤ 속되다. ㉥ 민족사회의 오랜 경험과 지혜를 반영한다. ㉦ 시대상을 반영한다. ㉧ 상징적, 직감적, 비유적 서술
격 언	㉠ 말한 사람(성현, 철인 위인)이 있다. ㉡ 개인적 개성적이다. ㉢ 경전, 고전 등에 실려 있다(출전이 있다). ㉣ 귀중함, 지도적, 가르침, 경계 등 도덕적 교훈적, 인생의 지침으로서의 가치. ㉤ 언중은 수동적 상위적 개념으로 인식하고 수동적으로 수용한다.

<table>
<tr><td>속담과 격언의
공통점</td><td>그러나 속담과 격언을 자주 혼동하고 혼용하는 것을 보면 많은 공통점이 있기 때문이다. 그 공통점 요약하면 다음과 같다.
㉠ 표현이 짧고 간결하다.
㉡ 수사법을 쓰고 있다.
㉢ 교훈적이다.
㉣ 관용적이다.</td></tr>
</table>

이상에서 정리된 격언과 속담의 차이점과 공통점의 제시에도 불구하고, 그리고 그러한 개연성을 인정하면서도 여전히 막연한 느낌이 드는 것은, 그냥 설명에만 의존하고 있을 뿐이지 구체적 자료에 근거하는 논증이 없기 때문이다. 따라서 이 시점에서 필요한 것은 구체적 자료와 논증이다.

3) 속담의 특성화를 위한 문체론적 접근

■ 간결성 그리고 구체성

이상의 논의를 통하여 속담과 격언을 비교를 통한 개념정립이 일단 마무리되었다고 할 수 있겠다. 그러나 그럼에도 불구하고 보다 구체적인 개념 정립이 필요하다고 본다. 가령 속담과 격언이 모두 짧고 간결한 표현이며, 수사법을 쓰고 있다. 그렇다면, 그것이 얼마나 짧으며, 어떤 수사법을 쓰고 있는지, 격언과 속담의 차이가 거기서 드러나는지, 그리고 속담의 수사법과 격언의 수사법의 사용 비율은 어느 정도에 이르고 있으며, 어떻게 다른지 그것으로 이들의 특성을 분명히 할 수 있는지 하는 따위다. 이러한 모든 것을 체계화함으로써, 격언과 비교 상황에서의 상대적 속담의 특성을 분명히 할 뿐 아니라, 속담의 문체 의미론적 특성을 확실히 할 것으로 본다. 나아가 격언의 개념적 특성까지도 뚜렷이 정립할 수 있을 것이다.

아울러 속담의 근본적인 개념을 보다 분명히 하기 위하여 여기에서 '관용적 표현'과의 비교도 필요하다. 관용적 표현에 관하여 최창렬 외(1986)에서는 속담, 격언 등을 포함하는 상위의 유개념으로 제시한 바 있는데, 여기서는 개념의 폭을 좁혀서 속담과 대등한 종(種)의 개념으로 설명하고자 한다.

관용적 표현은 속담이나 격언과는 달리 단지 어떤 대상에 대한 묘사를 잘하는 데 그 목적이 있다. 따라서 관용적 표현은 단지 기발성, 적절성, 감각성 등 표현의 아름다운 특성으로 인하여 많은 문인 묵객 또는 사랑방 방담(放談) 속에서 사랑을 받아 온 표현으로, 그것이 오랜 세월에 걸쳐 언중의 공감을 받고 반복적인 재인용으로 인하여 일반화된 상투적 표현이라는 점에서는 속담과 다를 바가 없지만,[4] 단지 묘사적 표현일 뿐 그 밖에 속담이 갖는 특성이 없다는 데서 속담과 구별되어야 한다.

관용적 표현은 유머나 고전소설, 판소리 사설 또는 농담 등에서 사용되는 상투적인 표현 형태인 것이다. 가령 '쥐꼬리만한 봉급'이나 '풍년거지 쪽박 잃어버린 형상', '고양이 달걀 굴리듯 한다' 따위의 표현은 그 속에 이미지가 살아 있고 리얼리티가 숨 쉬고 있음을 본다. 그러나 속담적인 표현, 예컨대, 교훈적이거나[5] 비판적, 풍자적 표현 그리고 무엇보다도 풍유적 표현이 되지 못하다는 점에서 속담과는 현저한 차이점이 있다.

이제 격언, 속담, 관용적 표현에 관하여 그 특성을 요약하였지만 보다

---

4) 최창렬 외(1986 : 293~294)에서는 속담의 생성과정을 다음과 같이 제시하고 있다.

개인적 차원	① 특수사례의 발생
	② 그 사례의 묘사(표현)
	③ 묘사(표현)의 정제
사회적 차원	④ 언중의 공감과 재인용

이것은 관용적 표현의 생성과정과 전연 다를 바가 없다.

5) 임지룡(1998 : 197)에서는 "관용어와 속담은 모두 표현형식이 고정되어 있다는 점에서 공통점을 지니나 속담은 비유성, 풍자성 교훈성이 강한 반면, 관용어는 그러한 특성이 약하거나 없다는 점에서 차이를 갖는다."고 하고 있으며, 문금현(1996 : 22)에서는 "순수 관용 표현과 속담문은 기본적으로 둘 다 비유의 의미를 가진다. 그런데 속담문은 비유의미 위에 교훈성이나 풍자성이 더해진다."고 주장하고 있다.

확실한 이해를 돕기 위하여 몇 개씩을 예시하면 다음과 같다.

격 언

- 가난한 자를 학대하는 자는 그 조물주를 업신여기는 것이다.
- 교만은 멸망의 선도자이며 자랑은 실패의 선도자이다.
- 스스로 칭찬하지 말고 남으로 하여금 나를 칭찬하게 하라.
- 아는 것이 힘이다.
- 너 자신을 알라.
- 지혜의 첫걸음은 자신의 어리석음을 아는 것이다.
- 인생은 짧고 예술은 길다.

속 담

- 낮 말은 새가 듣고 밤 말은 쥐가 듣는다.
- 등잔 밑이 어둡다.
- 꼬리가 길면 밟힌다.
- 종로에서 뺨맞고 한강에 가서 눈 흘긴다.
- 구슬이 서 말이라도 꿰어야 보배다.
- 꼬부랑 자지 제 발등에 오줌 눈다.
- 늙은 말이 콩 더 달라고 한다.

관용적 표현

- 저녁 굶은 시어머니 상이다.
- 물찬 제비 같다.
- 복날 개 패듯 한다.
- 다람쥐 쳇바퀴 돌듯 한다.
- 엎어지면 코 닿을 만큼 가깝다.
- 중 대가리에 녹두알 굴러가듯 한다.
- 댑싸리 밑 개 팔자.

이제 속담과 격언 그리고 관용적 표현의의 평균 길이를 제시하면 다음과 같다. 이러한 작업을 하기 위하여 최학근 편(1980), 이기문 편(1995), 지윤환(1997), 오행자 편(1986) 등에 나타난 속담과 격언을 가장 익숙한 것을 위주로 속담 309개, 격언 146개, 관용적 표현 40개를 발췌하여 통계를 낸 것이다. 격언은 외국 격언과 국내 격언을 가리지 않고 뽑았으며 속담은 중국에서 들어온 것도 있겠으나 대체로 우리의 속담으로 알려진 것들을 뽑았다. 또한 각 사전에 속담과 격언 구분 없이 섞여 있는 경우가 많기 때문에 대체로 <표 1>의 기준에 의거하여 발췌했다. 다만 최학근 편(1980)에 수록된 격언들은 출전과 말한 사람이 기록되어 있기 때문에 주로 그것에 의존하여 뽑았으며 그래도 가급적이면 국내의 격언을 중심적으로 고르려고 노력하였다. 또한 속담은 한자 4언, 6언으로 된 성어(成語)들도 있는데 이러한 것들은, 격언이나 관용적 표현과의 구색을 맞추기 위하여, 발췌에서 제외하고 완결된 문장으로 되어있는 것들을 취하였다.

<표 2> 문장의 길이

	문 항	글자 수	평균 길이
격 언	146	2294	15.7
속 담	309	3444	11.2
관용적 묘사	40	356	8.9

<표 2>를 통하여 격언, 속담 및 관용적 표현의 길이를 495개 문장을 통계 낸 결과 격언, 속담, 관용적 표현이 모두 짧고 간결한 표현으로 되어 있지만 그 중에서도 가장 길이가 긴 격언이 평균 15.7자, 속담이 11.2자, 그리고 관용적 표현이 8.9자로 어떤 표현형식보다 문장이 짧고 간결하다는 것을 확인할 수 있다. 격언과 속담만을 비교하면 속담이 상당히 짧은 것으로 나타난다. 그 까닭은 아마도 격언이 속담에 비하여 설명적 표현이 많기 때문인 것으로 보인다.

간결성과 관련하여 이에 못지않게 중요한 표현상의 특징은 구체어를 쓰는 비율이 어떠하냐 하는 것이다. 먼저 이들을 통계로 나타낸 결과를 보면 다음과 같다.

<표 3> 어휘의 구성

	총어휘수	구체명사 1		구체명사 2		추상명사		
		어휘수	비율(%)	어휘수	비율(%)	어휘수	구체 1과의 비율	구체 2와의 비율
격 언	347	56	20.7	133	38.3	214	79.3	61.7
속 담	693			681	98.3	12		1.7
관용적 표 현	75			74	98.7	1		1.3

<표 3>에 나타난 구체명사를 쓰는 비율을 보면 격언과 속담이 매우 대조적임을 알 수 있다. 위의 표에서 "구체명사1"로 표시된 것은 '사람을 나타내는 명사' 예컨대, 군자, 소인, 사람, 친구, 지자(知者), 인간, 소년, 노인, 어머니, 여자, 백성, 조물주 등을 제외한 것이다. 이들은 구체 명사이면서도 개인을 가리키기보다는 집단을 가리킴으로써 상당히 추상성을 띠고 있기 때문인데, 이 경우 구체명사와 추상명사의 비율은 20 : 80이며, '사람을 나나내는 명사'를 포함할 경우는 38 : 62로 여전히 추상명사의 사용이 압도적으로 많음을 알 수 있다. 이에 비하여 속담은 구체명사와 추상명사의 비율이 98.3 : 1.7로 거의 구체명사만으로 되어 있음을 알 수 있다. 구체명사의 사용비율이 관용적 표현은 속담과 거의 비슷한 수준으로 격언과는 매우 대조되는 모습을 확인할 수가 있는 것이다.

일반적으로 설명(說明)은 주로 추상어를 많이 쓰고 묘사(描寫)는 구체어를 많이 쓰는 것으로 되어 있으며, 소설이나 수필 등 문학적인 글에서는 설명이 아니라 묘사와 보여주기 수법으로 글을 쓰는 것이 관례이므로 아무래도 구체어를 많이 쓰기 마련이다. 특히 시(詩)에서는 관념어나 추상어 사용을 극도로 피하고 되도록이면 구체어, 심지어 감각어를 써야 하며, 시를 쓰는 사람들에 따라서는 추상어나 관념어는 어떤 경우든 쓰지 않는 것을 원칙으로 하는 유파도 있다. 그것은 추상어나 관념어를 쓰면 이미지 창출을 하기가 어렵고 글의 내용이 설명으로 변하기 때문이다.

이러한 관점에서 볼 때 격언이 매우 철학적, 관념적, 추상적인 표현을 주로 하여, 인생살이에 대한 가르침, 깨우침, 교훈, 경계를 설명하는 교육적 철학적 표현임에 비하여 속담은 구체적, 감각적, 이미지적 표현을 주로 하는 설명적이기보다는 묘사, 보여주기, 철학적이기보다는 다분히 예술적 표현임을 확인할 수 있다.

■ 비유 그리고 수사법

다음은 보다 구체적으로 표현기법을 수사적인 면에서 살펴보고자 한다. 먼저 격언부터 살펴보면 총 146개의 격언 가운데 대조 26회(17.8%), 대구(對句) 21회(14.4%), 은유 22회(15.1%), 직유 1회(0.7%), 과장 3회(2%), 역설 11회(7.5%), 반어 1회(0.7%), 도치 2회(1.4%), 설의 1회(0.7%)가 나타나 있다. 이들을 분석해보면 146개 격언에 수사법이 모두 88회 사용되고 있으며 이는 60.4%의 격언이 수사법을 사용하고 있음을 나타낸다. 또 한 가지 유의해야 할 점은 수사법 가운데에도 비유는 은유, 직유, 환유를 합하여 27회(약 18%)가 나타나 있으며 강조, 대조, 과장 등 강조법(29회, 약 21%)과 대구, 반어, 도치, 설의 등 변화법(25회, 약 16%)이 고루 사용되고 있다. 그리고 그밖에도 역설이 11회(7.5%)가 나타난다.

이에 비하여 속담은 매우 대조적인 모습을 볼 수 있는데, 직유 22회(7.1%), 은유 37회(11.9%), 풍유 289회(93.5%), 대조 25회(8.1%), 과장 44회(14%), 비교 7회(2.3%), 대구 36회(11.6%), 설의 9회(2.9%), 그밖에도 아이러니(역설을 포함하여) 138회(44.7%)가 나타나 있다. 이중에 비유는 직유, 은유, 풍유 등을 합하여 총 348회에 달하며 총 309문장을 고려하면 비유가 무려 112.6%나 사용되고 있다. 또한 대조, 과장, 비교 등 강조법도 76회에 24.6%가 나타나 있으며, 변화법도 대구, 설의를 합하여 45회(14.6%)에 달한다. 이것을 격언과 비교하면, 격언은 비유가 적고(18%) 속담은 비유가 비교할 수 없을 정도로 많이 사용되고 있다(112.6%). 강조법과 변화법은 대체로 격언과 속담이 비슷하게 사용되고 있다. 특히 아이러니가 138회(44.7%)나 나타나는데 이는 그 어떤 표현 형식에서도 볼 수 없을 만큼 많이 나타나 있다고 하겠다.

한편 관용적 표현은 총 40문장에, 직유가 23회(55.5%), 은유가 12회(30%), 과장이 4회(7.5%), 설의가 3회(7%)가 나타나 있다. 따라서 비유가 직유, 은유를 합하여 35회(85%), 강조가 4회(7.5%), 변화가 3회(7%)로 나타나 있어 거의 비유법이 대부분을 차지하고 있으며, 그중에서도 직유가 주조를 이루고 있다.

이상의 결과를 바탕으로 먼저 격언과 속담을 비교해보면, 격언은 인생의 교훈적 내용을 가르침을 목적으로 직접적으로 말하는 것이다. 그러므로 비유나 구체적 표현, 감각적 표현, 또는 이미지적 표현이 상대적으로 매우 적고 그 대신 추상적이고 관념적인 내용을 그냥 지시적, 직설적, 설명적으로 표현하고 있다. 물론 이런 경우에 비유적인 표현을 하기는 어렵다. 그러나 그런 가운데도 그것을 효과적으로 전달하기 위하여 강조와 변화를 추구하는 표현을 최대한으로 활용하고 있음을 알 수 있다.

이와 대조적으로 속담은 격언과 비슷한 인생의 교훈적 내용을 구체적인 삶 속에서 깨달은 경험을 바탕으로, 아주 구체적인 언어로 감각적 이미지를 창출하는 표현을 최대한으로 활성화하고 있음을 본다. 특히 비유를 많이 쓰고 있는데 그중에도 대부분이 풍유로서, 아마도 다른 어떤 표현형식에서도 짧으면서 속담처럼 풍성한 풍유는 그 유례를 찾아 볼 수가 없을 것이다. 그것은 지시나 설명이 아니고 '보여주기'이다. 받아들이고 안 받아들이고는 독자나 청자의 자유에 맡기는 형식이다. 그것이 속담이다. 그러므로 격언에서처럼 그것을 배움으로써 수동적으로 받아들이는 것이 아니라, 보이는 현상과 모습을 통하여 저절로 공감하는 방식으로 접근하게 된다. 그러므로 일반 언중에게 아주 쉽게, 거부감 없이, 일상생활에서 발견되는 구체적 현상으로 인식하면서 자연스럽게 받아들이게 되는 것이다.

물론 비유 외에도 강조나 변화법이 많이 사용되고 있지만 그것은 격언의 그것과 큰 차이가 없다. 물론 비유에 비하면 강조법이나 변화법이 상대적으로 적게 나타나 있다. 하지만, 그럼에도 불구하고 일반적인 다른 표현 형식에 비하여서는 그것도 매우 풍성하게 사용되고 있다는 점을 유의해야 할 것이다.

다음은 속담과 관용적 표현과의 비교인데, 위의 통계에 나타나 있는 바와 같이 비유는 풍유를 빼놓고 본다면 관용적 표현이 속담보다 훨씬 더 풍부함을 알 수 있을 것이다. 그것은 앞에서 언급한 바와 같이 관용적 표현은 어떤 대상에 대한 묘사를 잘하는 데 그 목적이 있기 때문이다. 가령 '쥐꼬리만한 봉급'이나 '풍년거지 쪽박 잃어버린 형상', '고양이 달걀 굴리듯 한다' 따위의 관용적 표현은 그 속에 이미지가 살아 있고 리얼리티가 숨 쉬고 있음을 본다. 그러나 속담적인 표현, 예컨대, 교훈적이거나[6] 풍유적, 풍자적 요소, 아이러니적 요소가 없다. 그냥 묘사로서 그치기 때문이다. 따라서 당연히 비유적 표현이 발달해 있고, 비유 중에서도 풍유를 제외한 직유, 은유 쪽에만 치우친 표현이 주조를 이루고 있다.

그러나 속담은 그렇지 않다. 설혹 직유와 은유는 관용적 표현에 비하여

---

6) 속담의 교훈성과 관련하여 조재윤(1998 : 29~30)에 의하면 속담의 특성에는 간결성, 비유성, 시가성, 교훈성, 관용성, 사회성, 상황성, 통속성, 지관성, 자극성, 일면성의 11가지가 있는데, 모든 속담이 이 특성을 보유하는 것은 아니며 속담이 가진 일반적인 경향이다. 우선 간결성, 비유성, 관용성, 사회성, 직관성, 자극성, 상황성 등은 어느 속담에나 나타나는 필수적 특성으로 규정하고 있으며 그중에서 교훈성은 시가성, 통속성, 일면성 등과 함께 적용되지 않는 경우도 있다고 하였다. 또한 주경희(2002 : 290)에서는 속담의 교훈성에 관하여 첫째 속담은 의미만으로 의미 실현을 하지 않으므로 이를 기준으로 교훈성을 판단한다는 것은 객관적인 논의가 되기 어렵다. 둘째, 교훈성 유무를 판단하는 객관적 기준 설정의 문제이다. 속담의 내용에 따라 교훈성을 파악할 수 있다면 내용에 따라 교훈성이 있는 것과 없는 것으로 나누어야 하는데 이것은 쉽지 않다고 하여 속담 그 자체의 내용을 가지고 교훈성을 판별하기는 곤란하다는 입장을 취하고 있다.
그러나 속담이 관용어구와 다른 점은 속담은 언뜻 보기에 교훈성이 드러나 있는 것도 있고 얼른 발견되지 않는 것도 있으나 이리저리 연결을 하면 결국 교훈적으로 활용할 수 있는 데 비하여, 관용어구는 어떤 식으로 관련을 지으려 하여도 교훈적으로 연결이 되지 않는다는 점에서 근본적인 차이가 있는 것이다.

적으나, 풍유는 비교할 수 없을 만큼 많다. 잘 아는 바와 같이 풍유는 우의 또는 우화라고도 하며 그 말 자체의 의미에 이미 현실 속의 구체적인 상황에 알맞게 활용하여 교훈이 될 수 있음이 내포되어 있다. 그러므로 풍유라는 말속에 이미 교훈적이라는 의미가 포함되어 있는 것이다. 관용적 표현과 다른 속담의 또 한 가지 특성은 위의 통계에서 보는 바와 마찬가지로 아이러니적 표현이 많다는 것이다. 원래 아이러니란 두 개의 모순되고 상반된 것의 대립을 조화로 받아들이는 인식작용으로 그 속에 세상만사에 대한 풍자와 비판과 새로운 의미부여의 기능을 내포하고 있다. 그리하여 모든 시적인 것은 아이러니에 의해서 가능해진다고 할 만큼 시에 있어서 중요한 역할을 하는 것이다. 속담이 44.7%에 이를 만큼 아이러니를 내포하고 있는 것은 격언이나 관용적 표현과는 사뭇 다른 속담의 의미적 효용성과 문체론적으로 속담이 시적인 특성을 공유하고 있다는 증거가 될 것이다.

수사법의 통계를 바탕으로 한 격언, 속담, 관용적 표현의 특성을 다시 정리하면 격언은 비유가 적고, 속담은 비유가 비교할 수 없을 정도로 매우 활발히 사용되고 있으며, 강조법과 변화법은 대체로 격언과 속담이 비슷하게 사용되고 있다. 특히 속담의 두드러진 특징의 하나는 아이러니가 특별히 많이 나타나 있다는 것이다.

또한 속담과 관용적 표현을 볼 때, 관용적 표현은 직유, 은유 등 단순 묘사를 위한 표현이 발달되어 있고 속담은, 표현 자체의 아름다움도 아름다움이려니와 풍유적 표현의 풍성함을 통하여 교훈적 기능을 극대화하고 있으며, 아이러니의 활발한 표현으로 풍자, 비판, 새로운 의미발견 및 부여의 기능을 지니고 있는 다이나믹한 표현형식이라고 하겠다.

■ 종합

이제까지 격언과 속담 그리고 관용적 표현을 문체론적으로 비교하여 살펴보았다. 그 결과 <표 1>에 나타난 속담과 격언의 특성과 공통성을 확인하고 나아가 그 특성에 대한 뚜렷한 근거를 제시하였다고 할 수 있다. 게다가 다음의 특성을 첨가함으로써 격언과 속담의 개념을 분명히 하였다. 또한 관용적 표현의 개념, 그리고 속담과의 경계선도 뚜렷이 할 수 있게 되었다. 다시 말하면 격언은 비유가 적고, 속담은 비유적 표현이 매우 활발하며, 강조법과 변화법은 대체로 격언과 속담이 비슷하게 사용되고 있다. 특히 아이러니가 많이 나타나 있는데 이는 그 어떤 표현 형식에서도 보기 드물 만큼 많이 나타나 있다고 하겠다.

관용적 표현은 거의 비유법이 대부분을 차지하고 있다.

격언과 속담을 비교해보면, 격언은 인생의 교훈적 내용을 가르침을 목적으로 그 표현이 지시적, 직설적, 설명적이다. 그러므로 비유나 구체적 표현, 감각적 표현을 통하여 이미지를 창출하는 경우가 아주 적고, 추상적이고 관념적인 내용을 그냥 직설적, 설명적으로 표현하는 형식을 취하고 있다. 다만 효과적으로 전달하기 위한 방법으로 강조나 변화를 추구하는 표현을 쓰고 있다.

속담은 격언과 비슷한 인생의 교훈적 내용을 아주 구체적이고 감각적 언어로 이미지를 창출하고 있다. 특히 비유를 많이 쓰고 있는데 그 중에도 대부분이 풍유로서, 똑같은 교훈적 내용이라 하더라도 설명이 아닌 보여주기의 형식을 취함으로써 수용의 주체를 독자나 청자에게 위임하고 있다는 점이 특징이다. 강조나 변화법도 사용되고 있는데 그것은 격언의 그것과 큰 차이가 없다.

관용적 표현은 비유적 표현이 풍유를 제외하면 속담보다 훨씬 더 풍부하다. 그것은 관용적 표현이 어떤 대상에 대한 묘사를 하는 것이기 때문인데 결과적으로 묘사로서의 관용적 표현은 이미지와 현장감이 살아 숨쉬고 있는 표현이다. 그러나 관용적 표현에는 풍유적, 풍자적 요소, 아이러니적 요소가 없다.

속담은 풍유를 아주 많이 활용함으로써 교훈적 기능을 극대화하고 또한 아이러니적 표현을 많이 사용함으로써 예컨대, 비판, 풍자, 교훈 등 의미 기능의 효용성을 극대화하고 있으며, 문체론적으로 시적인 특성에 가장 가까운 표현 방식을 취하고 있다. 따라서 서두에서 언급한 바와 같이, 속담은 "언중의 시"라는 주장을 뒷받침해주고 있다.

4) 마무리

이제까지 속담에 관한 일반적 인식에 관하여, 국어사전, 격언, 속담 사전을 비롯한 일반 서적에 나타난 격언과 속담에 관한 인식, 그리고 논저에 나타난 속담에 관한 연구 등을 고루 살핌으로써 격언과 속담, 그리고 관용적 표현에 관하여 그 특성을 체계화하는 작업을 하였다. 그 결과 격언과 속담 그리고 관용적 표현은 서로 혼동될 수 없는, 뚜렷한 특성을 가진 표현형식임을 확인하였다. 그리고 이들에 특성에 관한 보다 분명한 자료를 제시하고 그 위에 표현 방식의 특성을 확인하기 위하여 문체론적으로 접근하여 문장의 길이, 사용된 어휘의 종류, 각종 수사법을 망라한 표현방식들에 관하여 살펴보았다. 그 결과 이제까지의 연구에서 밝히지 않았던 몇 가지 특성을 발견하였으며 그것을 토대로 격언과 속담의 개념과 범주적 특성을 분명히 하였다.

문장의 길이는 모두 간결하고 짧으나 격언이 가장 길고(15.5자) 속담이 훨씬 짧으며(11.2자) 관용적 표현은 가장 짧았다(8.9자). 대체로 격언은 관념어, 추상어를 많이 쓰고 있으며, 속담과 관용적 표현은 철저하게 구어체를 사용하였다. 또한 격언은 상대적으로 비유를 적게 사용하고 있는 데 비해 속담과 관용적 표현은 비유를 그 어떤 표현 형식보다 많이 사용하고 있었다. 속담과 관용적 표현의 차이는 속담이 비유 중에 주로 풍유를 많이 사용함으로써 교훈적 기능을 극대화하고 있는 데 반하여 관용적 표현은 직유를 가장 많이 씀으로서 어떤 사물이나 상태를 묘사하는 기능적 특성을 잘 나타내주었다. 또한 관용적 표현에는 없는 아이러니가 속담에는 아주 많이 있어, 경계, 비판, 풍자의 기능을 잘 하고 있음도 확인하였다. 특히 격언과 속담의 차이는 많은 경우, 교훈적인 특성을 보여주고 있으나 격언은 지시적, 직설적인 표현법을 쓰는 반면 속담은 비유에 의한 보여주기 수법으로 독자와 청자의 공감을 유도하는 방식을 사용하고 있음을 확인하였다.

이밖에도 속담연구에 남아 있는 과제는 속담의 형성과정에 관한 개별 연구, 의미론적 접근을 통하여 속담과 격언의 의미개념을 체계화하는 일, 속담을 사용하는 방법과 통시적 체계를 세우는 일 등이 있으며, 속담에 대한 새로운 인식과 보다 쉽고 정제된 속담을 발굴 개발하는 문제가 남아 있다.

2. 속담의 의미론적 연구

1) 접근 방법

앞장에서 우리는 속담이란 무엇인가? 속담은 격언과 어떻게 다르며 오랜 세월 동안 우리 언중들이 사용해온 관용적 표현과는 어떤 관계가 있는가? 등에 대해 구체적으로 살펴보았다. 그 내용을 다시 한번 정리하면 다음과 같다.

 〈속담의 특성〉
① 어느 때 누가 한 말인지 모른다.
② 민간에서 전해오며, 널리 퍼져있다.
③ 알기 쉽다.
④ 공감(동감)을 유발한다 — 동류적.
⑤ 속되다.
⑥ 민족사회의 오랜 경험과 지혜를 반영한다.
⑦ 시대상을 반영한다.
⑧ 상징적, 직감적, 비유적 서술

물론 이밖에도 풍자, 아이러니, 역설, 풍유적 표현, 그리고 유머와 위트로 가득한 표현 등이 문체론적 특징이기도 하다. 그리고 과거에서 현재까지 우리 언중들의 사회상을 잘 반영하고 있다는 것도 아주 중요한 특성들이다.

또한 앞장에서 격언과의 혼동을 막기 위하여 그 특성을 살피는 한편 공통점을 지적하였는데 그것을 다시 정리하면 다음과 같다.

 〈속담과 격언의 공통점〉
① 표현이 짧고 간결하다.
② 수사법을 쓰고 있다.
③ 교훈적이다.
④ 관용적이다.

그런데 격언은 성현(聖賢)이나, 위대한 철인, 문인, 예술가, 과학자 등 역사적으로 이름이 있는 위인들에 의해서 개인적, 개성적 권위와 도덕적, 교훈적 가르침 및 일상생활에서의 경계(警戒)를 그 내용으로 하고 있다. 따라서 일반 대중은 수동적으로 그 권위에 눌려 무조건 수용하고 따를 수밖에 없는 '일방적 말씀'이다. 이러한 점에서 속담과는 매우 대조적임을 확인한 바 있다.

요컨대 속담은 오랜 세월동안 누가 한 말인지 모르면서 모든 백성들,

특히 서민들 간에 애용되어온 말들로 속되고 알기 쉬우며 삶의 모습이 그대로 담겨 있는 교훈적인 짧은 경구라고 할 수 있을 것이다. 다시 말하거니와 속담은 왕후장상(王侯將相)은 물론 초동급부(樵童汲婦)까지, 특히 평범한 서민층에서 애용한 우리 민족의 삶과 지혜가 담겨져 있는 말이라고 하겠다. 따라서 속담은 언어사회학적인 면에서 여러 가지 문제 해결을 위한 중요한 자료가 될 것이다. 만약에 속담의 의미분석이 가능하다면, 속담의 전체적 의미는 우리민족의 생활상, 관심사, 문화나 규범, 문화수준 그리고 삶의 지혜 및 삶의 방식에 관한 일까지도 정확하고 바람직한 해답을 제시할 수 있을 것이다. 특히 지난 수백 또는 수천 년 동안 우리민족의 가장 중요한 관심사가 무엇이었으며 우리민족의 사고(思考) 내용은 무엇이었는가를 확인하는 데 둘도 없는 좋은 자료가 될 것이다.

속담은 나라 사이에서도 서로 주고받으면서 영향을 끼쳐왔을 것이다. 예컨대 인도, 중국, 일본의 속담과 동일한 것도 있을 수 있고, 일부 나라와만 공유하는 것, 부분적으로만 동일한 것 등도 충분히 있을 수 있다. 이처럼 속담이 나라와 민족을 넘어서 서로 주고받고 영향을 끼치면서 발전되기도 했을 것이었다. 그러나 그것은 일부에 불과할 뿐 그리 많다고 보지 않는다.[7] 또한 외국으로부터 들어온 속담이나 속담을 이루는 아이디어가 있을지라도 우리 언중사회에서 필요하지 않는 이상 그것이 속담으로 수용 발전되기는 쉽지 않았을 것으로 보인다. 이러한 점에서 볼 때, 속담은 말 그대로 우리민족의 애환, 바람과 꿈이 담겨 있는 삶의 보고(寶庫)라고 할 수 있을 것이다.

---

7) 속담을 이루는 어휘는 반드시 그 언어사회의 사회적 배경을 드러내는 구체적이며 독특한 어휘로 되어 있다. 따라서 대부분의 속담은 외국의 속담을 그대로 수용할 수가 없으며, 수용한다 해도 필연적으로 구성 어휘가 바뀔 수밖에 없다. 이에 비해 격언은 대부분 관념적 추상적 언어를 사용함으로써 다른 언어사회에서 그대로 수용할 수 있는 것이다. 이러한 점에서 속담은 언어사회의 특성을 넘어서 모든 언어사회가 공유할 수 있는 격언과는 대조적이라고 할 수 있다.

여기서는 다음과 같은 가설을 바탕으로 논의를 전개하고자 하는 것이다. 즉 각 속담의 주제를 하나의 의의소로 간주하고, 모든 의의소를 포괄하는 개념을 하나의 원의의소로 본다. 그리고 이들의 의미의 구조를 의미장(semantic field)으로 간주한다. 따라서 속담 전체의 주제가 하나의 의미장을 이룬다고 생각한다. 이러한 가설을 바탕으로 속담의 의미 분석을 시도해 보고자 한다.[8]

이러한 작업은 속담의 내용이 무엇인지를 분명히 밝히는 데 크게 기여할 것으로 확신한다. 그리고 이러한 속담 내용에 대한 인식은 우리민족의 사고 방향과 삶의 애환 및 삶의 본질의 정체성과 수준을 파악하는 데 중요한 자료가 될 것이다.

여기서 다룬 속담은 이기문 편(1995), 오행자 편(1986), 지윤환(1997), 최근학 편(1980)에서 중복되는 것을 제외하고 일반적으로 가장 많이 쓰이는 속담 349개를 선정하여 분석하였다.

2) 속담의 의미장

속담은 크게 볼 때, 우리의 언중들이 삶의 내용과 삶을 이루는 모든 분야들에 대하여 다양하고 풍성하게 나타나 있다. 각 속담들의 주제를 정하는 것은, 동시에 여러 가지의 주제를 나타내는 것도 있고, 그 속담을 인용, 활용하고자 하는 목적과 관점에 따라 여러 가지로 나타날 수가 있다 따라서 여기서 의미 분석의 바탕이 되는 각 속담의 주제를 결정하는 것은 어느 정도 상대적인 성격을 띤다. 그렇다고 해서 근거가 없는 것은 아니다. 가급적이면 어떤 특수한 경우의 관점을 배제하고 일반적인 관점에서, 그리고 개연성을 중요시하는 관점에서 파악하려 하였다.

---

8) 원 어휘소(Archilexem), 어휘소(Lexem), 의의소성(Sem)의 개념은 코세리우(E.Coseriu)의 의미장 분석이론에 사용한 용어로, 이 세 가지를 의미장의 구성요소로 보고 있다.

이제 논지 전개의 편의를 위하여 결론부터 말한다면, 속담의 주제는 크게 다음 세 가지로 나누어 접근할 수 있다. 첫째, "인간 자체"에 관한 것, 둘째, "인간의 생활"에 관한 것, 셋째, "인간의 일"에 관한 것 등이 그것이다. 먼저 "인간 자체에 관한 속담"들로부터 접근을 시도하기로 한다.

■ 인간 자체에 관한 속담

인간 자체에 관한 속담은 다시 ① 인간성(심리)에 관한 것, ② 인간의 의지에 관한 것, ③ 인정에 관한 것, ④ 인간의 능력에 관한 것, ⑤ 인간의 외형에 관한 것 등 다섯 가지로 나눌 수 있다. 이것을 순서대로 열거하고 그 의미 내용을 서술하기로 한다.

✔ 인간성(심리)에 관한 것

│ 신 뢰

ㄱ 물은 건너보아야 알고 사람은 사귀어 보아야 안다.   [−신뢰]

ㄴ 열 길 물 속은 알아도 한 길 사람의 속은 알 수 없다.   [−신뢰]

ㄷ 콩으로 메주를 쑨다 하여도 곧이 듣지 않는다.   [−신뢰]

ㄹ 믿는 나무에 곰팡이 생긴다.   [−신뢰]
   (잘못 신뢰, 배반)

ㅁ 고양이 보고 반찬가게 지키라는 격이다.   [−신뢰]
   (잘못 신뢰, 배반)

ㅂ 내 밥 먹은 개가 발뒤축을 문다.   [−신뢰]
   (은혜 베풂, 배반)

ㅅ 믿는 도끼에 발등 찍힌다.   [−신뢰]
   (잘못 신뢰, 배반)

ㅇ 머리 검은 짐승은 남의 은혜를 모른다.   [−신뢰]
   (인간의 속성)

ㅈ 웃음 속에 칼이 있다.   [−신뢰]
   (표리부동)

ㅊ 동네 색시 믿고 장가 못 간다.   [−신뢰]
   (잘못 신뢰, 놓침)

ㅋ 내가 아니면 건너지 말고 인정이 아니면 사귀지 마라.   [−신뢰]

※ 이른바 '의미자질'로 판단되는 것은 [ ]로 묶고, 의미 자질이라고 말할 수
  도 있지만 설명이나 부연에 해당하는 것은 ( )로 묶었음.

신뢰에 해당하는 속담들의 내용은 주로 의미자질이 [−신뢰]로 나타나 있어, 인간의 마음의 믿을 수 없음을 경계하는 것들이 주조를 이루고 있다. 실제로 [+신뢰]를 나타내고 있는 속담은 단 하나도 없다. 이러한 점이 격언에 비해 속담이 서민들의 실생활에서 우러나온 것임을 실감하게 해주는 요인들이다. 인간의 속성이 신뢰를 만족시켜줌으로써 안심하게 만드는 것보다는 순진하게 믿었다가 낭패를 당하는 경우가 일반 언중들에게는 흔한 일인 동시에 가슴 아픈 생활의 한 부분임은 주지의 사실이다. 따라서 자연스럽게 [−신뢰]에 관한 속담들이 많이 생겨날 수밖에 없었을 것이다.

㉠, ㉡, ㉭, ㉨은 일반적인 사람들의 믿을 수 없는 품성을 경계하여 실수하지 않도록 하여야 한다는 교훈적 내용들이고, ㉣, ㉤, ㉥은 사람을 잘못 믿어서 구체적으로 손해를 보거나 배반당한다는 내용의 것이다. 그 중에 ㉩은 다소 풍자적이고 희화성이 있는 속담으로, 떡 줄 사람은 생각도 않는데 김칫국부터 마신다고, 기약이 없는 사실에 대하여 잘못 판단으로 인한 신뢰와 그 결과 당하게 되는 낭패를 풍자적으로 나타내고 있다. 이러한 일이 다반사임을 우리는 경험으로 알고 있다. 그러나 그럼에도 불구하고 자꾸만 빠져들 수밖에 없는 인간의 허술함을 깨우치고 경계하는 속담이다.

객관성

사람은 누구나 현재 눈앞에 벌어지고 있는 자신의 처지나 입장밖에 모르는 경향이 있다. 이러한 근시안적 주관성 때문에 우리 사회는 끊임없는 어려움과 분쟁 그리고 비극에 휘말리게 되는 것이다. 그래서 공자도 논어

(論語)에서 "역지사지(易地思之)하여 자기가 원하지 않는 바를 남에게 베풀지 말라(己所不欲 勿施於人—顔淵)"고 하였으며, 예수도 성경에서 "남에게 대접받고자 하는 대로 남을 대접하라(마태 7 : 12)"고 하였다. 이런 일은 배운 사람들 특히 깊이 인격을 수양한 사람들조차 지키기 어려운 일이다. 하물며 보통 서민에게는 더욱 어렵지 않을 수가 없다. 아니, 자기가 그렇게 하고 있다는 것조차 알아채지도 못하는 경우가 비일비재하다. 그럼에도 불구하고 그것을 알고 가능한 한 객관적으로 남의 입장이나 처지를 이해하고 혜아려 남에게 피해와 상처를 주지 않고 서로 이해와 협동을 바탕으로 매사를 공정하게 처리하는 생활 태도가 바람직하다.

속담에서도 이런 종류의 속담이 많이 발견된다. 그것을 열거하면 다음과 같다. 이 속담의 내용을 다시 한 번 언급하면, 사람들의 객관적이지 못한 안목과 좁은 소견, 현재의 입장만을 알고 남의 처지를 헤아릴 줄 모르는 인간성에 관한 고발이 주조를 이룬다.

이러한 인간성은 자기중심에서 연유된 [−객관성]이 주제라고 할 수 있다. 그리고 [−객관성]은 [+자기중심]과 거의 같은 의미로 받아들이게 된다.

㉠ 개구리가 올챙이 적 생각을 못한다.	[−객관성]	
	(때, 처지의 변화)	
㉡ 똥 누러 갈 때 마음 다르고 올 때 마음 다르다.	[−객관성]	
	(때, 처지의 변화)	
㉢ 제 똥 냄새 구린 줄은 모른다.	[−객관성]	
	(나의 입장)	
㉣ 겨 묻은 개가 똥 묻은 개 나무란다.	[−객관성]	
	(나, 남 비교)	
㉤ 가랑잎이 솔잎에게 바스락거린다고 한다.	[−객관성]	
	(나, 남 비교)	
㉥ 남의 염병이 내 고뿔만 못하다.	[−객관성]	
	(나, 남 비교)	
㉦ 주인 배부르면 종에게 밥 주지 말라고 한다.	[−객관성]	
	(남의 처지 인식)	

ⓞ 제 논에 물 대기.   [−객관성]
                                               (나의 입장)

ⓩ 잘 되면 제 탓 못되면 조상의 탓.   [−객관성]
                                               (나, 남 비교)

ⓒ 손톱 밑에 가시 박힌 줄은 알아도 염통 밑에 쉬 스는 줄은 모른다.
                                               [−객관성]
                                               (큰 것, 작은 것 구분)

ⓚ 초가삼간 다 타 넘어가도 빈대 죽는 것만 생각나서 시원하다.
                                               [−객관성]
                                               (큰 것, 작은 것 구분)

ⓣ 구더기 무서워 장 못 담근다.   [−객관성]
                                               (큰 것, 작은 것)

ⓟ 굿하고 싶어도 맏며느리 춤추는 꼴 보기 싫어서 안 한다.
                                               [−객관성]
                                               (편견)

ⓗ 며느리 미우면 발뒤축이 달걀 같다고 한다.   [−객관성]
                                               (편견)

ㄱ, ㄴ은 시간의 변화에 의한 처지나 환경 또는 지위가 달라졌을 때의 생각의 차이를 경계한 말이다. 과거에 힘든 경험이 있는 사람들일수록 자신의 과거와 똑같은 사람들에 대하여 더 이해를 하지 않고 오히려 사뭇 다른 태도를 취하는 경우를 많이 보게 된다. ㄷ, ㄹ, ㅁ, ㅂ, ㅅ, ㅇ, ㅈ은 자신과 남을 비교하여 자신의 입장만을 생각하고 남의 입장을 이해하지 못하는 경우이다. 예컨대 남은 못생기고 자기는 잘생겼으며, 남은 무능하고 자신은 유능하며, 남은 괜찮고 나는 아프다. 남의 입장은 이해하거나 전연 배려하지 않고 자기 자신의 입장만을 생각하고, 내세우고, 주장하는 따위이다. ㅊ, ㅋ, ㅌ은 약간 성질이 달라서 다소 지혜와 관계되는 것들로, 객관적이지 못한 점은 동일하나, 이들은 크고 작은 것, 중요하고 중요하지 않은 것을 구별 못함으로 인하여 일어나는 문제점들을 지적하고 경계하는 속담들이다. ㅍ, ㅎ은 객관적이지 못한 것이 지나쳐서 편견에 가득 찬 인간성을 경계하는 속담들이다.

분 수

한편 우리의 옛 조상들은 늘 분수를 알라고 가르쳤다. 분수를 알라는 것은 과욕을 부리지 말고 자기 처지에 알맞은 정도에서 만족하고 적응하라는 것과 같은 뜻이 된다. 그러므로 [+분수]는 [-과욕]과 같은 의미라 할 수 있다. 분수를 모르고 날뛰면 남에게 피해를 줄 수 있을 뿐 아니라 결국은 본인도 좌절하고 심지어는 패가망신(敗家亡身)하는 경우도 많다. 나아가 나랏일까지도 그르칠 수가 있다. 더구나 반상제도가 엄격하고 관료의 서슬이 퍼렇던 시절, 더구나 오늘날처럼 법이 공정하게 시행되지도 않던 시절에 자기 자신을 보호하게 하기 위하여서도 인간의 심성이 과욕에 치우쳐 있는 점을 고발하고 경계하는 일이 필요했다. 분수를 모르는 것은 바로 과욕, 과분한 생각과 행동을 동반하게 된다. 이런 부류의 속담으로는 다음과 같은 것들이 있다.

㉠ 뱁새가 황새 따라 가려면 가랑이가 찢어진다.	[−분수] (과욕, 좌절)
㉡ 올라갈 수 없는 나무는 처다보지도 말라.	[+분수] (과욕 경계)
㉢ 적게 먹고 가는 똥 누어라.	[+분수] (과욕 경계)
㉣ 늙은 말이 콩 더 달라고 한다.	[−분수] (과욕, 노회, −주제파악)
㉤ 기도 못 하면서 뛰려고 한다.	[−분수] (−주제파악)
㉥ 하룻강아지 범 무서운 줄 모른다.	[−분수] (−주제파악)
㉦ 숭어가 뛰니까 망둥이도 뛴다.	[−분수] (−주제파악)

㉠~㉦이 모두 분수를 모르고 과욕을 부리다가 크게 낭패를 보게 될 것을 경계하고 있는데, 그 중에서 ㉠~㉢은 분수를 모르고 과욕을 부리다가

낭패를 보지 말고 미리 조심할 것을 경계하는 속담이고, ㉣~㉧은 자기의
입장에 대한 주제파악을 하지 못한 상태에서 가당치도 않은 일에 덤벼드
는 것을 풍자의 수법으로 경계하는 속담들이다.

허 세

　[−분수]의 자질을 가진 속담과 매우 비슷하면서도 차이가 나는 것으로
[허세]에 관한 속담들이 있다. 전자는 자기 자신에 대한 주제 파악을 하지
못한데서 오는 과욕이 빚어내는 문제점들인데 비하여, 허세는 자신의 입
지나 능력 또는 처지를 잘 안다. 그러면서도 강자가 아닌 주제에 강자인
척하거나 강자의 힘과 권위를 겉으로 드러내려는 의도를 지니고 있는 것
들이다.

　　㉠ 냉수 먹고 이 쑤신다.　　　　　　　　　　　　[+허세]
　　　　　　　　　　　　　　　　　　　　　(약자가 강자인 척)
　　㉡ 양반은 물에 빠져 죽어도 개헤엄은 안 친다.　　[+허세]
　　　　　　　　　　　　　　　　　(강자가 곤란지경에서 체면유지)
　　㉢ 이불 속에서 활개친다.　　　　　　　　　　　[+허세]
　　　　　　　　　　　　　　　　　　　(약자가 강자인 줄 착각)
　　㉣ 도둑이 매를 들고 나선다.　　　　　　　　　　[+허세]
　　　　　　　　　　　　　　　　　　　　　(잘못을 감추려고)
　　㉤ 방귀 뀐 놈이 성낸다.　　　　　　　　　　　　[+허세]
　　　　　　　　　　　　　　　　　　　　　(잘못을 감추려고)
　　㉥ 똥 싼 주제에 매화타령 한다.　　　　　　　　　[+허세]
　　　　　　　　　　　　　　　　　　　　　　(잘못을 모르고)
　　㉦ 벼룩도 낯짝이 있다.　　　　　　　　　　　　　[−허세]
　　　　　　　　　　　　　　　　　　(최소한의 체면도 못 지킴)
　　㉧ 물에 빠진 놈 건져 놓으니까 보따리 내 놓으라 한다.　[+허세]
　　　　　　　　　　　　　　　　　　(은혜도 모르고 적반하장)
　　㉨ 노루 때린 막대 삼 년을 국 끓여 먹는다.　　　　[+허세]
　　　　　　　　　　　　　　　　　　　　　(생색내기, 반복)

인간은 누구나 강자이기를 소망한다. 강자가 되지는 못하더라도 남 앞에서 강자인척이라도 해보고 싶은 심성을 일반적으로 누구나 갖고 있다. 강자가 되고 싶은 소망, 강자인 체라도 해보고 싶은 마음 그것이 바로 '허세'이다. ㉠은 약자가 강자인 체 하는 전형적인 경우이고, ㉡은 원래는 강자인데 지금 형편이 순간적일지는 몰라도 어려운 처지에 처해 있는 경우로, 그런 순간에도 강자인 체 하는 허세이며, ㉢, ㉣, ㉤은 약자거나 잘못을 저질러서 곤란한 처지에 있는 사람이 오히려 강한 척함으로써 잘못이나 문제점을 감추려는 허세이다. 그중에서 ㉢은 자신의 주제를 정확히 알지 못해서 자신이 강자인 줄로 오해하고 있는 경우로서 자신의 행위가 허세인 줄도 모르는 경우이다. 그런 점에서 ㉥과 매우 비슷한데 창피한 줄도 모르고 설쳐대는 것을 풍자하는 뜻을 가지고 있다. ㉦은 그 의미가 [−허세]로서 잘못이나 부족함으로 인하여 최소한의 체면도 유지하지 못하는 경우로서 허세와 정반대가 되는 개념이지만 여기에 포함하였다. ㉧은 ㉣, ㉤과 비슷하나 허세를 넘어서서 은혜를 모르고 오히려 큰 소리를 치는 그야말로 적반하장의 모습을 풍자하는 속담이다. ㉨은 습관성 공치사를 통하여 생색내고 싶어 하는 인간의 헛된 성정을 반영하고 있다.

나 약

인간은 분수를 모르고 날뛰기도 하고 허세를 부리기도 하지만 아울러 나약하기 그지없는 존재이다. 더구나 우리의 서민들은 놀라움도 많았고 가슴 조이는 일도 많았을 것이다. 인간의 이런 성정에 관한 속담은 그리 많지는 않다.

㉠ 서울이 무섭다니까 과천서부터 긴다.　　　　　　　　　　[+나약]
　　　　　　　　　　　　　　　　　　　　　　　　　　(지레 겁먹음)
㉡ 거북이 보고 놀란 가슴 솥뚜껑 보고 놀란다.　.　　　　　[+나약]
　　　　　　　　　　　　　　　　　　　　　　　　　(놀람에 의한 두려움)

ⓒ 서울에서 매 맞고 한강 가서 눈 흘긴다.　　　　　　　[+나약]
　　　　　　　　　　　　　　　(강자한테 당하고 엉뚱한데 분풀이)
ⓔ 지렁이도 밟으면 꿈틀한다.　　　　　　　　　　　[+나약]
　　　　　　　　　　　　　　　(강자에게 저항하지 못함)
ⓜ 급히 더운 방이 쉬 식는다.　　　　　　　　　　　[+나약]
　　　　　　　　　　　　　　　(금방 변함)
ⓗ 벼룩도 낯짝이 있다.　　　　　　　　　　　　　[+나약]
　　　　　　　　　　　　　　　(최소한의 체면도 못 지킴)

ⓐ은 순진하고 겁이 많았던 옛날의 백성들에게는 서울 한 번 가는 것도 크고 두려운 일이었다. 서울을 가려면 아직 멀었는데 과천부터 기기 시작하는 겁 많고 두려움 많으며 순진한 모습에 웃음조차 난다. 물론 순박한 사람이 지레 겁먹는 일을 풍자하는 속담이다. ⓑ은 큰일에 놀란 경험이 있는 사람은 금방 이해를 할 수 있을 것이다.

ⓒ은 강자에게 당하고 분풀이를 못하고 엉뚱한 약자나 분풀이를 받아 줄 만한 다른 데 가서 분풀이를 할 수밖에 없는 나약한 보통사람들의 모습을, ⓔ은 그야말로 약자가 반항이나 저항의 몸짓 한 번 못하고 겨우 꿈틀거리는 것으로서 반응하는 것이 전부인, 그 이상은 아무 것도 할 수 없는 약자의 모습이 슬프게까지 느껴진다. ⓜ은 약하고 얄팍해서 금방 변할 수밖에 없는 인간의 성정을 나타내고 있으며 ⓗ은 최소한의 체면도 지키지 못하는 무력한 인간의 모습을 나타내고 있다.

　조 급 성

오늘날에는 냄비 근성이니 뭐니 해서 우리의 성정이 매우 조급한 것으로 알려지고 있는데, 실상 옛날에는 그리 급하지는 않았던 것 같다. 시조를 비롯한 음악의 중중모리장단을 봐도 그렇고 말씨가 느려터진 것을 봐도 그렇다. 그러나 그런 가운데도 조급해서 일을 그르치는 경우가 없지는 않았으리라. 이에 관한 속담을 살펴보자.

㉠ 급하기는 우물에 가서 숭늉 달라고 한다.　　　　　　[+조급]
　　　　　　　　　　　　　　　　　　　　　　　　　　（절차 무시）

㉡ 시집도 아니 가서 포대기 장만한다.　　　　　　　　[+조급]
　　　　　　　　　　　　　　　　　　　　　　　（절차, 가능성 무시）

㉢ 떡 줄 놈은 생각도 않는데 김칫국부터 마신다.　　　[+조급]
　　　　　　　　　　　　　　　　　　　　　（절차 무시, 공것 바람）

㉣ 급하면 바늘 허리에 실 매어 쓸까?　　　　　　　　[+조급]
　　　　　　　　　　　　　　　　　　　　　　　　　　（절차 무시）

㉤ 첫 술에 배부르랴.　　　　　　　　　　　　　　　　[−조급]
　　　　　　　　　　　　　　　　　　　　　　　　　（순리, 기다림）

㉥ 천리 길도 한 걸음부터 시작된다.　　　　　　　　　[−조급]
　　　　　　　　　　　　　　　　　（순리, 기다림, 시작의 중요성）

㉦ 송곳도 끝부터 들어간다.　　　　　　　　　　　　　[−조급]
　　　　　　　　　　　　　　　　　　　（순서, 과정의 중요성）

㉧ 번갯불에 콩 볶아 먹기.　　　　　　　　　　　　　　[+조급]
　　　　　　　　　　　　　　　　　　　　　　　　　　　（신속）

　㉠, ㉡, ㉢은 조급한 나머지 일의 절차와 과정을 무시할 만큼 조급함을
풍자한 것으로, ㉡은 ㉠과 같으나 시집가는 일을 실패할 가능성을 무시한
허황됨, 주책없음의 의미가 더 있고, ㉢은 절차를 무시한다는 의미는 약한
대신에 공것을 바라는, 이를테면 조급함에서 약간 벗어난 의미가 있다.
㉣, ㉤, ㉥, ㉦은 모두 절차를 기다려 순리대로 행할 것을 가르치고 있다
는 점에서 같으나 ㉥은 시작의 중요성이 강조되어 있고, ㉦은 순서 과정
의 중요성을 나타내주고 있다는 점에서 각각의 특성이 있다. ㉧은 급한
행동을 묘사하기도 하지만 신속하고 빠름을 형용하는 관용적 표현의 성격
이 강하다.

겸 손

　겸손은 인간의 가장 바람직한 품성으로 모든 사람이 기리는 바인데, 겸
손을 나타내는 속담은 그리 많지 않은 것이 이상하다. 아무튼 아래의 속
담들이 그것이다.

ㄱ 벼는 익을수록 고개를 숙인다.　　　　　　　　　[+겸손]
ㄴ 빈 수레가 더 요란하다.　　　　　　　　　　　[−겸손]
ㄷ 뛰는 놈 위에 나는 놈.　　　　　　　　　　　[+겸손] (당위)

ㄱ만 순수하게 겸손할 것을 권유하는 속담이고, ㄴ은 겸손의 반대로 못난 사람이 잘난 척하는 것을 풍자함으로써 겸손을 유도하는 것이다. ㄷ은 아무리 잘 해도 세상에는 더 잘하는 사람이 있다는 당위성을 강조함으로써 간접적으로 겸손할 것을 권유하는 내용이다.

인 색

ㄱ 이마를 뚫어도 진물도 안 난다.　　　　　　　　[+인색]
ㄴ 이마를 찔러도 피 한 방울 안 날 수전노다.　　　[+인색]
ㄷ 대추나무 방망이다.　　　　　　　　　　　　[−인정] (다부짐)
ㄹ 반들거리기는 삼 년 묵은 박달나무 몽둥이.　　　[−인정]
ㅁ 친구 줄 것은 없어도 도둑맞을 것은 있다.　　　[+인색] (−인정)

ㄱ~ㄹ은 외모로부터 풍기는 옹고집에 인색함을 나타내고 있다. 특히 ㄷ, ㄹ은 다부지고 야무진 외모와 함께 그 속에 깃든 마음의 인색함을 환유적으로 표현하고 있다. 반면에 ㅁ은 여유가 있어도 남의 어려운 처지에는 인색한 인간의 심성을 보여준다. 이처럼 [+인색]의 주제를 지닌 속담들은 인간의 성품을 풍자하는 데 목적이 있다.

선 호

ㄱ 같은 값이면 다홍치마.　　　　　　　　　　　[+선호]
ㄴ 같은 새경이면 과부 집 새경 살이.　　　　　　[+선호]
ㄷ 평안감사도 저 싫으면 그만이다.　　　　　　　[−선호]
ㄹ 때리는 시어미보다 말리는 시누이가 더 괘씸하다.　[−선호]
ㅁ 염불에는 마음이 없고 잿밥에만 신경이 쓰인다.　[+선호]

㉠, ㉡은 [+선호], ㉢은 선호하지 않는 마음[-선호]를 나타내고 있다. ㉣은 인간관계에서 손해를 끼치는 사람, 피해를 주는 사람보다, 표리부동한 경쟁상대를 더 싫어하는 인간의 심리를, ㉤은 근본적인 일이라도 그보다는 자신과 이해가 되는 일을 선호하는 심리를 잘 나타내고 있다. ㉠~㉢은 자연스러운 인간의 상정에 따른 선호를 나타내고 있는 반면에 ㉣, ㉤은 중요하고 중요하지 않음과 선호 사이에 모순된 인간의 심사를 꼬집어 밝히고 있다.

게으름

　㉠ 게으른 일꾼 밭고랑 세듯 한다.　　　　　　　　　　　[+게으름]
　　　　　　　　　　　　　　　　　　　　(하기는 싫고, 결과는 바라고)
　㉡ 게으른 여편네 설달 그믐날 밤 빨래한다.　　　　　　[+게으름]
　　　　　　　　　　　　　　　　　　　　(실기, 엉뚱한 때 부지런 떨음)

㉠은 일은 하기 싫고 결과는 빨리 이루어지기를 바라는 인간의 심리를, ㉡은 게으름 때문에 실기를 하고 엉뚱한 때에 부지런을 떠는 인간의 심리를 풍자하는 속담이다.

심리

　㉠ 때린 사람은 다리를 오그리고 자고 맞은 사람은 펴고 잔다.　[+평안]
　　　　　　　　　　　　　　　　　　　　　　　　　　　(피해자)
　㉡ 매도 먼저 맞은 놈이 낫다.　　　　　　　　　　　　[+평안]
　　　　　　　　　　　　　　　　　　　　　　　　　　　(해결)
　㉢ 때리는 시어미보다 말리는 시누이가 더 괘씸하다.　　[-평안]
　　　　　　　　　　　　　　　　　　　　　　　　(경쟁 상대 의식)

이웃과 함께 사는 사회에서 사람을 상대하고 마음의 평화를 누리며 마음의 평화를 깨뜨리는 요인들을 인간의 심리라는 측면에서 제시하고 있는 속담들이다.

㉠은 마음의 평안은 손해를 보지 않고 이득을 얻는 데서 온다고 생각하기 쉬우나 실은 악한 일을 하지 않고 선한 일을 했을 때 오는 것이라는 것을 교훈적으로 가르치는 속담이다. 때리는 것보다는 손해를 보더라도 차라리 맞는 것을 택하라는, 남에게 피해를 주는 것보다는 손해를 감수하는 것이 더 마음의 평화를 이루는 현명한 길임을 갈파하고 있다. ㉡은 어렵더라도 닥친 일을 해결하여 책임을 끝낸 뒤의 마음의 편안함을 강조한 속담들이다. 이에 비해서 ㉢은 때리기는 시어머니가 하고 말리는 것은 시누인데 시누이가 더 미운 것은 시누이의 표리부동한 이중성, 경쟁상대에 대한 체면과 자존심 등 인간의 심리를 보여주는 속담이다.

✔ 습성

습성은 인간의 성격이나 품성이라고 할 수는 없으나, 습관을 제2의 천성이라고 하듯이 역시 인간의 성정과 깊은 관계가 있다고 판단이 되어 여기에 포함시켰다.

㉠ 세 살 버릇 여든까지 간다.   [+습성]
          (지속)

㉡ 중이 고기 맛을 보더니 절에 빈대가 없다.   [+습성]
    (나쁜, 무서움)

㉢ 늦게 배운 도둑질이 날 새는 줄 모른다.   [+습성]
    (나쁜, 무서움, 빠짐)

㉣ 바늘 도둑이 황소 도둑 된다.   [+습성]
    (나쁜, 무서움, 커짐)

㉤ 집에서 새는 바가지 밖에 나가서도 샌다.   [+습성] 또는 [+성정]
    (나쁜)

㉥ 개살구도 맛들일 탓이다.   [+습성]
    (긍정적, 적응)

㉦ 동네 송아지는 커도 송아지라고 한다.   [+습성]
    (인식 길들여짐)

습성에 관한 속담은 습성의 좋은 측면보다는 주로 나쁜 습성의 무서움을 나타내는 속담들이 주조를 이룬다. ㉠은 한번 습성이 되면 오래 지속되어 고치기 어려움을 ㉡, ㉢, ㉣, ㉤은 나쁜 습성의 무서움을 나타낸 것들인데, ㉡은 심한 정도를, ㉢은 완전히 빠져버림을, ㉣은 점점 나쁜 습성이 자라남을 나타내고 있다. 이 중 ㉤은 인간의 성품, 속성을 나타내는 속담으로서의 의미가 크다. 한편 ㉥은 습성의 좋은 긍정적인 측면을 나타내는 것으로 어려운 처지에서 적응하는 능력을 습관으로 이겨나가야 한다는 교훈적 속담이다. ㉦은 인식이 길들여져서 습관화된 것으로 역시 잘못된 습관을 풍자적으로 나타내고 있는 경우이다.

✔ 인간의 의지에 관한 것

다음은 인간의 성격이라고 할 수는 없어도 그와 관계가 깊은 인간의 의지에 관한 속담이다. 의지는 성격이라기보다는 태도에 더 가까우므로 수는 적지만 따로 구분한다.

인 내

㉠ 참을 인자 셋이면 살인도 면한다.   [+인내]
       (인내의 중요성, 무사한 인생)
㉡ 우물을 파도 한 우물을 파라.   [+인내]
       (일관성, 성공 가능성)
㉢ 똥이 무서워 피하느냐 더러워 피하지.   [+인내]
       (피함의 당위성)

㉠은 인내를 잘하면 인생의 어려운 고비를 무사히 넘길 수 있다는 교훈을, ㉡은 일관성을 갖고 한 가지 일에 집중하는 인내만이 인생의 성공을 가능하게 한다는 교훈을 나타내고 있다. ㉢은 대결 구도 속에서 피하는 것을 용기 없는 행위로 인식하는 일반적 통념을 넘어서, 두려운 것을 피

하는 것은 용기가 없는 것이지만, 더러운 것을 피하는 것은 지혜임을 일깨움으로서 대결구도 속에서 인내로서 피할 것을 권유하는 속담이다.

희 망

　　㉠ 하늘이 무너져도 솟아날 구멍이 있다.　　　　　　[+희망]
　　　　　　　　　　　　　　　　　　　　　　　　　　　(난관 극복)
　　㉡ 산 사람 입에 거미줄 치겠느냐?　　　　　　　　　[+희망]
　　　　　　　　　　　　　　　　　　　　　　　　　　　(가난 극복)

　㉠, ㉡은 어려운 현실을 긍정적인 시각으로 바라보고 어떤 난관 앞에서도 결코 희망을 잃지 않고 의지로서 극복할 것을 권유하고 있다. 다만 ㉠은 모든 경우의 '난관'을, ㉡은 '가난'을 극복할 수 있는 희망을 대상으로 하고 있다.

조 심

　　㉠ 돌다리도 두드려 보고 건너가라.　　　　　　　　[+조심]
　　　　　　　　　　　　　　　　　　　　　　　　　　　(강조)
　　㉡ 범에게 물려가도 정신만 차리면 산다.　　　　　　[+조심]
　　　　　　　　　　　　　　　　　　　　　　　　　　　(정신 차림)
　　㉢ 꼬리가 길면 밟힌다.　　　　　　　　　　　　　　[+조심]
　　　　　　　　　　　　　　　　　　　　　(몰래, 나쁜 짓, 반복)

　㉠은 '조심'을 더 이상 강조할 수 없을 만큼 강조한 것이고, ㉡은 '조심'의 내용이 정신을 차리는 것으로서, 아주 어렵고 급박한 상황이라도 정신을 바짝 차리고 대처하면 문제를 해결할 길이 있음을 나타내고 있으며 ㉢은 남모르게 나쁜 짓을 반복하는 것을 경계한 말이다. 이들은 모두 삼가고 조심할 것을 권유하는 말로 인간성보다는 인간의 태도, 의지와 관계있는 것들이다.

| 명 예 |

명예에 관한 속담은 많이 발견되지 않는다. 그것은 굳이 명예를 따질만한 일이 없는 서민들에 해당하는 속담은 없고, 양반 등 지도계급에서 유행했던 속담만 있기 때문인 것으로 풀이된다.

㉠ 사람은 죽어서 이름을 남기고 범은 죽어서 가죽을 남긴다.   [+명예]

✔ 인정에 관한 것

인성과는 분명히 다른, 사람의 정이 흐르는 방향이 있다. 그것을 인정 또는 상정이라고 하는데, 사람은 그것대로 행동하기를 희망한다. 그리고 그것에 의해서 사람들은 서로 이해하고 의지한다. 때로는 알아주고 배려하면서 사는 것이다. 일반적으로 사람은 그것을 가장 소중하게 생각한다고 할 수 있다. 그것이 있으면 행복하고 그것이 없으면 불행하게 느낀다. 어쩌면 그것을 위해서 인간은 이 세상에 존재하고 있는지도 모른다. 그런데도 그것의 중요성을 망각하고 그보다 훨씬 값어치가 적은 보잘것없는 이득을 탐하기 위해서 그것들을 마구 버리고 포기하는 일 들이 우리 주변에 얼마나 비일비재한가. 그것은 강자든 약자든, 가진 자든 안 가진 자든, 또는 지도층 인사이든 서민이든 상관없이 다 똑같다고 보아야 한다. 아니 오히려 서민에게 그것이 더 절실할지도 모른다. 이런 내용은 담고 있는 속담도 그런대로 꽤 있다. 주로 가족을 비롯한 가까운 주변사람들로부터 점점 멀리까지 인간의 관계를 그리고 있다. 먼저 가족에 관한 내용이 가장 중요하다.

| 가 족 |

㉠ 열 손가락 깨물어 안 아픈 손가락 있나?   [+자식 사랑]
(같음)

ⓛ 배 썩은 것은 딸 주고 밤 썩은 것은 며느리 준다.　　　　[＋친자식 사랑]

ⓒ 친손자는 걸리고 외손자는 업고 간다.　　　　　　　　[＋친자식 사랑]

ⓡ 아내가 소중하면 처갓집 말뚝보고도 절을 한다.　　　　[＋아내 사랑]
　　　　　　　　　　　　　　　　　　　　　　　　　　　　　(풍자)

ⓜ 부부싸움은 칼로 물 베기.　　　　　　　　　　　　　　[＋부부 사랑]
　　　　　　　　　　　　　　　　　　　　　　　　　　　(허물 없음)

ⓗ 죽은 시어미도 방아 찧을 적에는 생각난다.　　　　　　[＋부모 사랑]
　　　　　　　　　　　　　　　　　　　　　　　　　　　　(미운 정)

ⓢ 때리는 시어미보다 말리는 시누이가 더 괘씸하다.　　　[－가족 사랑]
　　　　　　　　　　　　　　　　　　　　　　　　　　　(적개심)

ⓞ 팔이 들이 굽지 내 굽나?　　　　　　　　　　　　[＋가까운 사람 사랑]
　　　　　　　　　　　　　　　　　　　　　　　　　　(정의 쏠 림)

ⓩ 좋은 일에는 이웃이요, 나쁜 일에는 친척.　　　　　　　[＋친척 사랑]
　　　　　　　　　　　　　　　　　　　　　　　　　　(의지하는 마음)

ⓣ 옷은 새 옷이 좋고 임은 옛 임이 좋다.　　　　　　　[＋임에 대한 사랑]
　　　　　　　　　　　　　　　　　　　　　　　　　　(두터운 정)

ⓚ 아비 만한 자식 없다.　　　　　　　　　　　　　　　　[＋자식 사랑]
　　　　　　　　　　　　　　　　　　　　　　　　　　(사랑의 흐름)

ⓔ 형 만한 아우 없다.　　　　　　　　　　　　　　　　　[＋형제의 사랑]
　　　　　　　　　　　　　　　　　　　　　　　　　　(사랑의 흐름)

　㉠은 어느 자식에게나 똑같은 부모 사랑의 절대성을, ⓛ, ⓒ은 특히 남성보다는 여성에게 해당하는 것으로, 자기 배 아파서 나은 친자식에게 사랑이 더 감을 나타내고 있다. 그리고 그것은 손자 대까지 영향을 미친다는, 그 누구도 끼어들 수 없는 모녀지간의 정, 딸에 대한 어머니의 어쩔 수 없는 사랑을 나타내는 속담이다. ⓡ은 아내가 너무 좋아서 아내와 관계되는 모든 것이 다 좋아진 순수한 새신랑의 심정을 나타낸 것으로 저절로 미소가 감돌게 하는 속담이요, ⓜ은 부부라고 하는 이 세상에서 가장 가깝고 허물없는 존재에 관한 것이다. 그러나 그 사이에도 끊임없는 다툼과 의견 충돌이 있게 마련인데, 그런 모든 것을 무의미하게 만들 만큼 부부의 사랑이 크다는 것을 보여주고 있다. ⓗ은 방아 찧는 일의 힘듦을 드러내고 있지만 아울러 구박으로 일관했던 시어머니가 실은 원수가 아니라

미운 정이 가득 들어 있었음을 나타내고 있다. ⓐ은 가해자보다 경쟁상대에 대한 적개심이 강한 것을 나타내고 있으며, ⓞ은 더 가까운 사람, 가족, 고향사람, 같은 민족의 편을 들게 되는 인간의 성정을, ⓙ은 멀리 떨어져서 함께 하지 못하는 경우가 많아도 친척은 역시 다른 피붙이보다 의지할 수 있음을 나타내는 말이다. ⓩ은 사람 사이 특히 연인 사이에 정이 깊은 것의 중요성을, ⓠ, ⓣ은 사랑의 흐름을 또는 책임의식을 나타내는 속담으로 아랫사람보다는 윗사람이 하는 이른바 내리 사랑이란 사랑의 속성을 보여주고 있다. 이 모든 것들이 가족 또는 친척 사이의 인정의 흐름을 나타내는 속담들이다.

동류의식

㉠ 가재는 게 편이다.	[+동류의식] (편)
㉡ 과부 설움은 홀아비가 안다.	[+동류의식] (이해)
㉢ 초록은 동색이다.	[+동류의식] (동지)
㉣ 친구 따라 강남 간다.	[+동류의식] (어울림)
㉤ 바늘 가는 데 실 간다.	[+동류의식] (함께 함)
㉥ 제 눈에 안경.	[+동류의식] (취향)

유유상종(類類相從)이란 말 그대로다. 끼리끼리 같이 잘 어울리고 서로 이해하며 서로 함께 한다는 인간의 상정을 이야기하는 속담들이다.

인간관계

㉠ 웃는 얼굴에는 침 못 뱉는다.	[+인간관계] (웃음의 중요성)
㉡ 사나운 개도 사귀면 안 짖는다.	[+인간관계] (사귐의 중요성)
㉢ 소 닭 보듯 한다.	[−인간관계] (무심)
㉣ 고양이 앞에 쥐.	[−인간관계] (종속관계)
㉤ 헌 짚신 짝 버리듯 한다.	[−인간관계] (배반)
㉥ 소도 언덕이 있어야 비빈다.	[+인간관계] (의지)

㉠, ㉡은 인간관계의 방법과 중요성을 이야기하고 있는 반면에, ㉢, ㉣, ㉤은 인간관계의 유형을 가축 등을 통하여 비유적으로 나타내고 있다. 그리고 ㉥은 단순히 인간관계에만 해당되는 것은 아니지만 그래도 좋은 인간관계를 맺고 아는 사람이 있어야 그것을 의지하고 힘을 쓸 수 있음을 비유적으로 표현한 것이다.

✔ 인간의 능력

인간 자체에 관한 것 중에서 인간의 능력을 대상으로 하는 것들도 상당히 있다. 대부분 능력과 재주가 아주 중요하지만, 그것만으로 모든 일이 해결되는 것도 아니라는 것, 외모로 볼 때는 우스워 보이지만 나름대로 세상을 사는 능력과 재주를 가지고 있다는 것, 그리고 재주는 끝이 없는 것이므로 그것을 가지고 자만하지 말라는 등의 내용이 주류를 이룬다.

재 능

㉠ 굼벵이도 뒹구는 재주는 있다.	[+재주] (−외모)
㉡ 참새가 작아도 알만 잘 깐다.	[+재주] (−외모)
㉢ 호랑이 날고기 먹는 줄 모를까?	[+외모] (+재주)
㉣ 뛰는 놈 위에 나는 놈 있다.	[+재주] (+겸손)
㉤ 열두 가지 재주 가진 놈이 끼니 간 데 없다.	[+재주] (−행운)
㉥ 고양이 달걀 굴리듯 한다.	[+재주]

㉠, ㉡은 겉으로는 보잘것없어 보이지만 나름대로 독특한 재주를 가지고 세상을 살고 있다는 것이다. 외모만 가지고 무시해서는 안 된다는 것을 경계하고 있다. ㉢은 '겉 볼 안'이라고 외모가 그럴 듯하면 그런 재주를 가지고 있음을 말한 것이요 ㉣은 조그마한 재주를 가지고 너무 잘난 체하지 말고 겸손하라는 경계의 말씀이요, ㉤은 역시 경계의 의미를 지니지만 재주는 많고 박복한 것을 경계하여 재주가 많다고 자랑하거나 자만

하지 말고 겸손한 덕으로 사람을 대하라는 가르침의 의미가 있다. ⑪은 뛰어난 재주를 찬양하는 이를테면 관용적 표현이다.

| 자 질 |

　⑦ 물어도 준치 썩어도 생치.　　　　　　　　　　　　[+자질]
　ⓛ 될 성싶은 나무는 떡잎부터 알아본다.　　　　　　[+자질] (가능성)
　ⓒ 개꼬리 삼년 묻어놓고 빌어도 황모 못된다.　　[−자질] (−기대)
　ⓔ 개에게 대학을 가르칠까?　　　　　　　　　　　　[−자질] (−기대)
　ⓜ 고름이 살 되랴?　　　　　　　　　　　　　　　　[−자질] (−기대)
　ⓗ 볶은 콩에 싹이 트나?　　　　　　　　　　　　　　[−자질] (−기대)
　ⓢ 서당 개 삼 년에 풍월을 한다.　　　　　　　　　[−자질] (+결과)

이 부분은 인간 자체에 관한 것 중 자질에 관한 속담들인데, 자질이 중요함과 그러나 자질만 믿어서는 안 된다는 것, 또 자질이 없으면서 쓸데없는 기대를 가지고 사는 것도 문제지만, 자질이 없다고 포기하지만 말고 노력을 하면 그에 걸맞은 결과를 기대할 수도 있음을 보여주고 있어 자질에 관한 상반되고 모순되는 여러 경우를 살필 수 있다.

　⑦은 타고난 자질의 범상치 않음과 그것은 환경의 변화에도 변함없이 의연함을 나타내고 있으며, ⓛ은 자질이 있는 것은 처음부터 가능성이 보임을 보여준다. ⓒ~ⓗ은 자질이 없는 데에 기대를 걸고 노력하는 것은 헛된 일임을, 다시 말하면 자질이 없으면 결과도 기대할 것이 없음을 보여주는 것이고, ⓢ은 그와 반대로 자질이 없어도 옆에서 열심히 노력하면 흉내라도 낼 수 있다는 상반된 의미의 속담이다.

| 지혜, 식견 |

　⑦ 우물 안 개구리.　　　　　　　　　　　　　　　　[−식견]
　ⓛ 이불 속에서 활개친다.　　　　　　　　　　　　[−식견] (강자인줄 착각)
　ⓒ 초가삼간 다 타 넘어가도 빈대 죽는 것만 생각나서 시원하다.
　　　　　　　　　　　　　　　　　　　　　　　　　　[−분별]

ㄹ 손톱 밑에 가시 박힌 줄은 알아도 염통 밑에 쉬 스는 줄은 모른다.
　　　　　　　　　　　　　　　　　　　　　　　[−분별]
ㅁ 구더기 무서워 장 못 담근다.　　　　　　　　　[−분별] (기우)
ㅂ 좁쌀 한 섬 두고 흉년 되기만 기다린다.　　　　[−식견] (엉뚱)
ㅅ 병신 육갑한다.　　　　　　　　　　　　　　　[−분별] (엉뚱한 꼴값)
ㅇ 뜨물 먹고 주정한다.　　　　　　　　　　　　[−분별] (엉뚱한 꼴값)
ㅈ 젓가락으로 김칫국을 집을 녀석.　　　　　　　[−분별] (엉뚱 꼴값)
ㅊ 미친년이 아이를 씻겨 죽인다.　　　　　　　　[−분별] (일 저지름)
ㅋ 소경이 제 닭 잡아먹기.　　　　　　　　　　　[−분별] (손해)

　사람의 능력 중에 지혜에 속하는 능력이 가장 중요할 것이다. 지혜란 식견이나 분별, 통찰력, 판단 등을 포함하는 종합적 창의적 지성(知性)의 작용이다. ㄱ, ㄴ은 식견이 부족함을, ㄷ, ㄹ, ㅁ은 큰 것과 작은 것, 중요한 것과 중요하지 않은 것을 분별하지 못하여 판단을 잘못 하게 되고 그로 하여 일을 그르치는 것을 경계하여 풍자적으로 표현한 것이다. ㅂ은 식견과 분별이 없어서 엉뚱한 생각을 하는 어리석음을 풍자하고 있고, ㅅ, ㅈ은 분별력이 없어서 엉뚱한 일을 하는 어리석음을, ㅊ, ㅋ은 분별력이 없어서 일을 저지르는 경우나 자기 스스로 손해를 보는 경우를 풍자적으로 표현한 것으로 이 모두가 지혜, 식견, 분별이 없음을 경계하고 풍자하여 조심하도록 하는 교훈적 속담들이다.

✔ 인간의 외형

외형 1

ㄱ 보기 좋은 떡이 먹기도 좋다.　　　　　　　　　　　[+외형] [+실제]
ㄴ 겉 볼 안이다.　　　　　　　　　　　　　　　　　[+외형] [+실제]
ㄷ 입은 거지는 얻어먹어도 벗은 거지는 못 얻어먹는다.　[+외형] [+실제]
ㄹ 키 큰 놈의 집에 가면 먹을 것 없다.　　　　　　　[+외형] [−실제]
ㅁ 키 크고 싱겁지 않은 사람이 적다.　　　　　　　　[+외형] [−실제]
ㅂ 점잖은 강아지 부뚜막에 먼저 올라간다.　　　　　[+외형] [−실제]
ㅅ 빛 좋은 개살구.　　　　　　　　　　　　　　　　[+외형] [−실제]

ⓞ 소문난 잔치에 먹을 것이 없다.   [+외형] [−실제]
ⓩ 무서운 호랑이 뿔이 없다.   [+외형] [−실제]
ⓒ 웃음 속에 칼이 있다.   [+외형] [−실제]
ⓚ 굽은 나무 선산 지킨다.   [−외형] [+실제]
ⓣ 작은 고추가 맵다.   [−외형] [+실제]
ⓟ 쭈그렁 밤송이 삼 년은 족히 간다.   [−외형] [+실제]
ⓗ 참새가 작아도 알만 잘 깐다.   [−외형] [+실제]
㉮ 굼벵이도 뒹구는 재주는 있다.   [−외형] [+실제]
㉯ 서투른 무당이 사람 잡는다.   [−외형] [−실제]
㉰ 꼬부랑 자지 제 발등에 오줌 눈다.   [−외형] [−실제]
㉱ 싼 게 비지떡이다.   [−외형] [−실제]
㉲ 어물전 망신 꼴뚜기가 시킨다.   [−외형] [−실제]
㉳ 못된 송아지 엉덩이에 뿔난다.   [−외형] [−실제]
㉴ 미운 며느리 제삿날 병난다.   [−외형] [−실제]

이 부분은 때로는 풍자적으로, 때로는 역설 또는 아이러니의 형식을 빌려 '외형'과 '실제 내용'과의 관계를 보여주고 있다. ㉠~ⓒ은 외형의 모습과 실제 내용이 모두 좋은 것으로 외형이 좋으면 내용이 좋다는 형식으로 표현되어 있으며, ㉢~ⓒ은 '외형'은 그럴 듯한데 '실제 내용'은 반대로 좋지 못한 것, 이를테면 꼴값을 제대로 하지 못하는 것들이다. 반면에 ㉤~㉮는 '외형'은 보잘것없으나 의외로 '내용'은 실한 의미가 있는 것들이다. 특히 ㉢~ⓒ과 ㉤~㉮는 대개 아이러니나 역설적 수법으로 표현되어 있다. 그리고 ㉯~㉴는 '외형'도 보잘것없고 '실제 내용'도 외형과 마찬가지로 신통할 것이 없는 것들에 대한 풍자적 표현이다. 그 모양에 그럴 수밖에 더 있느냐는 식의 표현들이다. 결국 사람을 판단함에 있어 외형에 의존할 수밖에 없기는 하지만 보잘것없다고 무시해서도 안 되고 그럴 듯하다고 해서 무조건 믿어도 안 되므로 신중하게 판단해야 한다는 교훈을 포함하고 있다.

외형 2(인상)

㉠ 떡두꺼비 같다.	[+외형] (복스러운 모습 형용)
㉡ 부처님 가운데 토막 같다.	[+외형] (착한 모습)
㉢ 물찬 제비 같다.	[+외형] (날씬한 모습)
㉣ 저녁 굶은 시어머니 상.	[+외형] (찌푸린 상)
㉤ 풍년 거지 쪽박 잃어버린 형상.	[+외형] (찌푸린 상)
㉥ 궁궐 지키는 내시의 상.	[+외형] (찌푸린 상)
㉦ 꾸어온 보릿자루.	[+외형] (우두커니 있는 모습)
㉧ 물에 빠진 생쥐 같다.	[+외형] (초라한 모습)

이 부분은 속담이라기보다는 관용적 표현이다. 그러므로 아이러니나 역설 또는 교훈적이거나 삶의 지혜를 담고 있는 것이 아니라, 단순히 모습을 형용하고 있을 뿐이다. 주로 사람의 인상을 나타내고 있는 것들인데 ㉠~㉢은 보기 좋은 인상, ㉣~㉥은 보기 싫은 인상, ㉦, ㉧은 보기 딱한 인상을 형용한 것들이다. 보다 사실적인 재미를 더하기 위하여 다소의 과장과 함께 직유, 은유 등 비유적 표현이 많이 보인다.

지금까지 속담의 내용을 크게 [인간 자체], [인간의 일], 그리고 [인간의 삶] 세 분야로 나누고 그 중에서 [인간 자체]와 관계되는 속담을 유형별로 나누어 의미자질을 분석하였다. 이상 논의한 내용을 가지고 의미장을 만들면 다음과 같다.

[인간 자체]에 관한 속담은 [인간성], [인간의 의지], [인간의 인정], [인간의 능력], [인간의 외형] 등 다섯 가지로 분류된다. [인간성]에는 마음이 떳떳하고 평안하기를 바라는 '마음의 자세', 인간에 관한 '신뢰성', 인간 세계에 일어나는 모든 문제가 객관적이지 못한 '자기 중심성'에서 발생한다는 점, 그리고 '과욕', '두려움', '조급성', '겸손', '선호', '게으름', 그리고 인간성으로 보기에 적합지 않은 점이 없지는 않지만 습성을 포함하였다. 이들 중에서 특히 '과욕'은 '분수'와 '인색함'으로 '두려움'은 '나약'과

‘허세’로 더 나뉘어진다.

  [인간의 의지]는 ‘인내’와 ‘조심’, ‘희망’으로 나눌 수 있고, [인정]은 그 대상에 따라 ‘가족’ ‘친척’ ‘이웃’ 등 가까운 사람간의 문제를 다루고 있으며, ‘인간관계’에 관한 것도 이 부류에 속한다고 보았다. [인간의 능력]에 해당하는 부분은 ‘재능’, ‘자질’, ‘지혜(분별, 식견)’ 등이 있으며, ‘인간의 외형 1’은 외형과 실제 내용의 관계에 따라서 ‘외형이 좋고 내용이 좋은 것(+외형, +내용)’, ‘외형이 좋은데 내용은 보잘것없는 경우(+외형, −내용)’, ‘외형은 형편없으나 내용이 좋은 경우(−외형, +내용)’, 그리고 ‘외형도 내용도 모두 보잘것없는 것(−외형, −내용)’ 등 네 가지의 경우가 있으며, ‘외형 2’는 외형을 묘사한 것이다. 이상을 요약하여 표로 나타내면 다음과 같다.

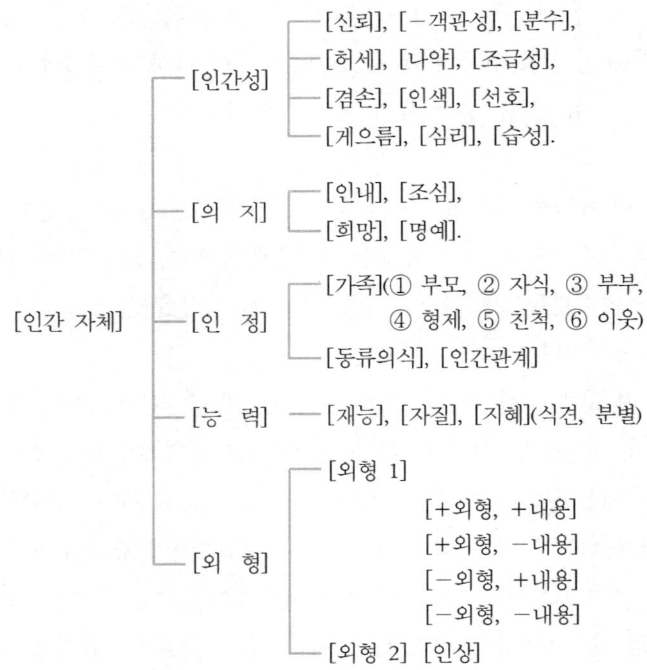

■ 인간의 일에 관한 속담

인간의 일에 관한 속담의 내용은 가난, 돈, 먹는 것 등 생존과 관계되는 것과, 일을 위하여 사람 사이의 협동, 일 처리, 일을 처리함에 있어서 타이밍 등 일 처리 방식과 관계되는 것, 필요, 흥정 등 인간의 보통 일 등이 있다.

✔ 생존에 관계되는 것

가 난

㉠ 가난 구제는 나라도 어렵다.	[+가난] (무서움, 거시적)
㉡ 똥구멍이 찢어지도록 가난하다.	[+가난] (정도)
㉢ 없어서 비단옷 입는다.	[+가난] (겉-화려, 속-가난)
㉣ 가난한 집 제사 돌아오듯 한다.	[+가난] (쓸 일은 많음)
㉤ 사흘 굶어 도둑질 안 할 녀석 없다.	[+가난] (무서움)

우리 서민들의 경제적 여건을 반영하는 속담이다. 우리민족은 위에서 보았듯이 특별히 인정이 많아 서로 이해하고 돕는 미풍양속을 지켜왔던 착한 백성들이었다. 그러나 가난이 얼마나 무서운지 체험을 통해서 잘 알고 있었다. 따라서 가난에 관한 속담들은 가난의 무서움을 나타낸 속담이 주조를 이루고 있으며 그 내면에는 가난을 벗어나고 싶은 간절한 소망이 담겨져 있다. ㉠, ㉡은 가난이 얼마나 헤어나기 어려우며, 그 정도가 얼마나 심한가를 보여주는 것이고, ㉢은 한때 괜찮았던 사람이 몰락해서 외면은 화려해 보이지만 가난의 힘듦을 남모르게 체험하고 있는 모습이고, ㉣, ㉤은 가난이 꼭 해야 할 일도 할 수 없게 하는 부담스러운 것인지, 그리고 얼마나 견디기 어려운 것인지를 나타내 주고 있는 것들이다.

먹는 것

㉠ 마파람에 게눈 감추듯이 먹어 치운다.	[+먹는 것] (게걸스러움)

ⓛ 먹는 개도 안 때린다.   [+먹는 것]
                                                            (중요성)

ⓒ 귀신 듣는 데 떡 소리 못한다.   [+음식]
                                                            (귀함)

ⓔ 금강산도 식후경이라.   [+먹는 것]
                                                        (외화보다 실리)

ⓜ 수염이 석 자라도 먹어야 샌님.   [+먹는 것]
                                                        (외화보다 실리)

ⓗ 동냥은 못 주면 쪽박이나 깨지 마소.   [+음식]
                                                      (인색, 못된 성품)

ⓢ 미운 자식 떡 한 개 더 준다.   [+음식의 귀함]
                                                       (화목이 더 중요)

ⓞ 미운 자식 밥 많이 먹인다.   [+음식의 귀함]
                                                  (화목, 인간성이 더 중요)

ⓩ 염불에는 마음이 없고 잿밥에만 신경이 쓰인다.   [+음식의 귀함]
                                                        (주객전도)

ⓒ 꿩 먹고 알 먹는다.   [+먹는 것]
                                                        (일석이조)

ⓚ 그림의 떡이다.   [+음식의 귀함]
                                                       (얻을 수 없음)

ⓣ 수박 겉핥기.   [+음식]
                                                      (대충 살핌, 풍자)

ⓟ 울며 겨자 먹기.   [+음식]
                                                   (공교로운 피해 감수)

ⓗ 누워서 떡 먹기.   [+음식]
                                                        (쉬움 풍자)

㉮ 개밥에 도토리.   [+음식]
                                                        (가치 없음)

㉯ 절에 가서 젓국을 찾는다.   [+음식]
                                                    (번지 수 잘못 찾음)

㉰ 소경이 제 닭 잡아먹기.   [+먹는 것]
                                                      (자기 손해 풍자)

가난하던 시절에 먹는 것을 탐하는 것은 당연지사다. 우주의 삼라만상
은 먹기 위해서 활동한다. 오죽하면 '먹기 위해서 사느냐 살기 위해서 먹
느냐'라는 말이 나왔겠는가? 더구나 가난하던 시절에 먹는 문제는 생존과

직결되는 것이었으니 그 중요성은 더 말할 나위가 없을 것이다. 당연히 이와 관련된 속담들이 발달되었다. ㉠은 굶주리다가 생긴 음식을 대하는 모습을 형용한 것이요 ㉡, ㉢은 먹는 것의 중요함, 무서움을 보여주고 있다. ㉣, ㉤은 먹는 데 있어서 외적인 화려함이나 체면 따위는 문제가 될 수 없는 것임을 나타내고 있다. ㉥은 가난한 사람에 대한 부자들의 태도를 원망한 것이요, ㉦, ㉧은 음식이 그렇게 중요한 것이기는 하지만, 가정의 화평과 인간다운 품성을 지키려는 인내와 반듯한 자기 다스림의 태도를 권면하는 속담이다.

㉨은 고귀한 종교행위보다도 음식에만 관심을 갖는 주객전도의 철딱서니 없음을 꼬집는 말이기도 하지만, 그만큼 음식이 충분하지 못했던 시대상을 반영하고 있다. 일석이조의 효과적인 일 처리도, 꼭 갖고 싶은데 가질 수 없는 안타까움도 음식으로 나타낸 것(㉨, ㉩)을 봐도 음식을 얼마나 귀하고 소중하게 생각했는지를 미루어 짐작할 수 있다. ㉪~㉭는 직접적으로 먹는 것의 중요성을 이야기하는 것들은 아니지만 그러한 풍자까지 먹는 것과 연결시켜서 표현했던 서민들의 충정을 충분히 이해할 만하다고 하겠다.

돈

㉠ 돈만 있으면 처녀 불알도 산다.	[+돈] (위력)
㉡ 대추나무에 연 걸리듯.	[+돈] (복잡한 사채)
㉢ 딴딴한 땅에 물이 괴인다.	[+재산] (근검절약)
㉣ 가랑비에 옷 젖는 줄도 모른다.	[+재산] (작은 소비의 무서움)
㉤ 티끌 모아 태산.	[+재산] (작은 저축의 중요성)

인간의 생존에 절대적으로 필요한 것은 먹는 것과 그리고 그것 이상의 의미를 갖는 돈이라 하겠다. ㉠은 말 그대로 돈의 위력이 얼마나 대단한가를 여실히 나타내고 있으며, ㉡은 빚지는 것의 무서움, ㉢~㉤은 저축의

중요성과 낭비의 무서움을 실감나게 표현하고 있다.

✔ 일 처리에 관한 것

타이밍

㉠ 쇠뿔은 단 김에 빼라.	[+타이밍]
㉡ 가는 날이 장날이다.	[+타이밍]
㉢ 가을 논엔 부지깽이도 바쁘다.	[+타이밍] (한때)
㉣ 메뚜기도 오뉴월이 한창이다.	[+타이밍] (한때)
㉤ 까마귀 날자 배 떨어진다.	[+타이밍] (우연, 오해)
㉥ 원수는 외나무다리에서 만난다.	[+타이밍] (우연, 난처)
㉦ 도둑맞고 열쇠 고친다.	[−타이밍] (실기)
㉧ 소 잃고 외양간 고친다.	[−타이밍] (실기)
㉨ 사또 지나간 뒤에 나팔 분다.	[−타이밍] (실기)
㉩ 간다 간다 하면서 아이 셋 낳고 간다.	[−타이밍] (미룸)
㉪ 호미로 막을 것을 가래로도 못 막는다.	[−타이밍] (실기)
㉫ 하던 지랄도 멍석 펴놓으면 못한다.	[−타이밍] (실기)
㉬ 개똥도 약에 쓰려면 없다.	[−타이밍]
㉭ 발등에 불이 떨어졌다.	[+타이밍] (다급함)

일을 제대로 잘 처리하기 위해서는 예나 이제나 타이밍이 중요하다. 이에 관한 속담이 상당히 있는데 타이밍을 잘 맞추어야 한다는 것과 타이밍을 놓치면 어떻게 되는가를 보여주는 것들로 대별된다. ㉠~㉥은 타이밍을 맞춘 경우로, ㉠은 성공적인 일 처리 방식을 제시하고 있으며, 나머지는 타이밍이 맞았을 때 일어나는 여러 가지 재미있는 현상들을 구체적으로 보여준다. 개중에는 타이밍이 맞아 한창 때임을 나타내는 것도 있고, 우연한 타이밍으로 하여 오해를 받게 되거나 난처한 입장에 처하는 경우도 포함된다. ㉦~㉫은 타이밍을 놓쳐서 일어나는 여러 가지 문제가 제기되고 있는데 주로 실기(失機)를 하면 일을 그르친다는 내용의 것이 주조를 이루고 있다. ㉬, ㉭은 타이밍 그 자체를 말하고 있는 것은 아니지만 관련이 없는 것만은 아니어서 여기에 포함시켰다.

> **대 충**
>
> ㉠ 구렁이 담 넘어가듯 한다.　　　　　　　[+대충]
> ㉡ 수박 겉핥기.　　　　　　　　　　　　　[+대충]
> ㉢ 물 덤벙 술 덤벙.　　　　　　　　　　　[+대충]
> ㉣ 언 발에 오줌 누기.　　　　　　　　　　[+대충] **(임시변통)**

일 처리에서 대충대충 넘어가는 것들도 있다. ㉠~㉢이 그러한 경우를 나타내 보이는 것들이다. ㉣은 조금 성격이 다른 것으로 임시방편의 미봉책을 이야기한 것이나 궁극적으로 볼 때는 일을 해결하지 않고 대충 넘어가려는 의도와 연관이 있다고 하겠다.

> **협 동**
>
> ㉠ 중이 제 머리 못 깎는다.　　　　　　　[+협동]
> ㉡ 백지장도 맞들면 낫다.　　　　　　　　[+협동]
> ㉢ 도둑질도 손발이 맞아야 한다.　　　　　[+협동]

일 처리 방식에 있어서 가장 중요한 것 중의 하나가 여럿이 협동하는 것이다. 자기 혼자 할 수 없는 일에서부터 쉬운 일이라도 함께 협동하는 것이 쉽다는 것, 심지어 도둑질 같은 해서는 안 될 일조차 협동을 해야만 가능하다고 하여 협동의 중요성을 강조하고 있음을 본다.

> **능률-효과**
>
> ㉠ 꿩 먹고 알 먹는다.　　　　　　　　　　[+일석이조]
> ㉡ 누이 좋고 매부 좋다.　　　　　　　　　[+일석이조]
> ㉢ 임도 보고 뽕도 딴다.　　　　　　　　　[+일석이조]

일을 처리하는 데 있어서, 능률적으로 커다란 효과를 내는 것보다 좋은 일은 없다. 위의 속담들은 그러한 것을 이야기하고 있다. 일거양득에 일석이조의 효과는 누구나 바라는 바다.

실 질

  ㉠ 구슬이 서 말이라도 꿰어야 보배다.   [+실질]
  ㉡ 부뚜막의 소금도 집어넣어야 짜다.   [+실질]
  ㉢ 산에 가야 범을 잡지.   [+실질]
  ㉣ 꿩 잡는 것이 매.   [+실질]
  ㉤ 뚝배기보다 장맛이다.   [+실질]
  ㉥ 그물이 삼천 코라도 벼루가 으뜸.   [+실질]

일 처리에 있어서 명분도 좋고 화려함도 좋지만 뭐니 뭐니 해도 가장 중요한 것은 실질적인 결과이다. 세상에는 일도 많고 말도 많다. 그러나 정작 마지막 일을 이루는 핵심적 요체에 관해서는 외면한다. 그래서는 결코 좋은 결과가 나타날 수가 없는 것이다. 이것을 경계하는 속담들이다. 위의 ㉠~㉥은 바로 그러함을 강조한 것들이다.

실 리

  ㉠ 금강산도 식후경이라.   [+실리] (−외화)
  ㉡ 수염이 석 자라도 먹어야 샌님.   [+실리] (−외화)
  ㉢ 옆으로 가도 서울만 가면 그만이다.   [+실리] (−과정, −모양)
  ㉣ 말똥처럼 굴러도 이승이 좋다.   [+실리] (현실과 생명의 중요성)
  ㉤ 굿이나 보고 떡이나 먹지.   [+실리] (−참여)

실질 가치와 함께 일 처리에서 중요한 것은 실리를 챙기는 것이다. ㉠~㉤은 그러한 것들을 나타내는 것으로 ㉠, ㉡은 외화보다도 실리의 중요함을, ㉢은 수단방법이야 어쨌든 실리를 챙기는 것의 중요함을, 그리고 ㉣은 현재 눈앞의 현실을 챙기는 것의 중요함을, ㉤은 참견하여 옳고 그름 따지지 말고 실리를 챙기는 것이 현명하다는 것을 보여주고 있다.

주 견

  ㉠ 남의 장단에 춤춘다.   [−주견] (실패)

  ⓛ 상좌가 많으면 가마를 깨뜨린다.   [−주견] (실패)
  ⓒ 사공이 많으면 배가 산으로 간다.   [−주견] (실패)
  ⓔ 남의 잔치에 감 놓아라 배 놓아라.   [+간섭] (잉여)
  ⓜ 내 코가 석자.   [−간섭] (−여유)

    이것은 '일을 처리하는 주체'의 마음가짐을 지적한 것으로, ㉠~ⓒ은 뚜렷한 주견과 줏대가 없이 남의 의견에 휘둘리거나, 여러 사람이 함께 일을 처리할 경우 통일된 의견이나 지휘자 없이 일을 처리하면 반드시 실패한다는 교훈을 비유와 풍자로서 나타내 보이고 있다. ⓔ은 그와는 반대로 남의 일에 쓸 데 없이 간섭하는 일의 문제점을 지적하고 있다. 자신의 일을 처리함에 주견머리가 없는 것도 문제이지만 남의 일에 무조건 간섭하고 참견하는 것도 일을 처리하는 데 있어서 도움이 안 되는 고쳐야할 문제들인 것이다. ⓜ은 남의 입장을 살피거나 참견할 겨를이 없음을 환유적으로 표현한 것이므로 [주견]과는 직접적 연관성이 있는 것은 아니지만, ⓔ과 처지가 반대이므로 간접적 연관성이 있다고 하겠다.

문제 해결

  ㉠ 앓던 이가 빠진 것 같다.   [+해결]

    이것은 자신이 문제를 해결했다기보다는 저절로 해결된 경우이다. 문제가 해결돼서 시원한 느낌을 형용하고 있다.

헛수고

  ㉠ 밑 빠진 독에 물 붓기.   [+헛수고] (−가망)
  ⓛ 죽은 자식 불알 만져보기.   [+헛수고] (−가망)
  ⓒ 십 년 공부 나무아미타불.   [+헛수고] (오랜 정성)
  ⓔ 죽 쑤어 개 좋은 일만 시켰다.   [+헛수고] (빼앗김)
  ⓜ 다 된 밥에 코 빠뜨리기.   [+헛수고] (마지막 순간의 실수)

ⓗ 길 쓸어 놓으니까 미친년부터 지나간다.   [+헛수고] (마지막 순간 마가 낌)
ⓢ 닭 쫓던 개 지붕 쳐다보기.   [+헛수고] (허망)

일을 처리하는 데 있어서 해도 안 되는 경우가 있고, 될 수 있었는데 실수나 그 밖의 요인으로 실패하는 경우가 있다. 그 모든 경우의 미묘한 차이점을 우리의 속담은 골고루 나타내 보이고 있다. ㉠, ㉡은 가망이 없는 일에 대한 헛수고를 이야기하는데, 전자는 약간의 희망을 갖고 하는 지속적인 헛수고이고 후자는 아예 가망이 없는 처절한 심경에서의 헛수고이다. ㉢~ⓗ은 일 처리를 잘 해서 성공적으로 마무리 짓게 된 순간에 마가 끼어서 실패하는 경우이다. 그중에 ㉢은 실패의 원인이 나타나 있지 않고, 오랜 정성이 헛수고로 변한 안타까움 쪽에 의미가 모여 있고, ㉣은 실패의 결과 엉뚱한 대상이 이득을 차지하게 된 구체적 대상자가 제시된 것이 특색이며, ㉤, ⓗ은 실패의 요인이 되는 미디어가 개입된 것이 특색이다. 또한 ⓢ은 실패의 결과가 허망하다는 점에 초점이 놓여 있다.

일 저지름

ㄱ 불난 집에 부채질한다.   [+일 저지름] (악화)
ㄴ 섶을 안고 불로 뛰어든다.   [+일 저지름] (악화, 손해)
ㄷ 자는 범 코침 주기.   [+일 저지름] (악화, 위험)
ㄹ 누워서 침 뱉기.   [+일 저지름] (손해 자초)

일을 저지른다는 것은 일을 한답시고 문제를 일으키는 경우를 의미한다. 그 중에 ㉠, ㉡은 문제를 악화시키는 경우인데, 전자는 그 결과가 남을 힘들게 하는 경우요, 후자는 자신에게 치명타가 될 수 있는 경우이다. ㉢은 평지풍파를 일으켜 남을 화나게 하고 그 결과 엄청난 위협이 될 수 있는 일 저지름이요, ㉣은 빤히 부메랑이 되어 돌아올 일을 저지르고 있는 경우를 나타낸 것이다. 결국 이 모든 속담들이 일을 저지르지 않도록 조심하고 경계하라는 뜻을 담고 있다.

✔ 일상적인 일에 관한 것

필요(가치)

㉠ 물 마시고 싶은 놈이 우물 판다.	[+필요]
㉡ 죽은 시어미도 방아 찧을 적에는 생각난다.	[+필요]
㉢ 약방에 감초다.	[+필요] (모든 일에 관여)
㉣ 끝 부러진 송곳.	[−필요] (제구실을 못함)
㉤ 그림의 떡이다.	[−필요] (현실성이 없음)
㉥ 딸 없는 사위.	[−가치]
㉦ 개밥에 도토리.	[−가치]
㉧ 사또 밥상에 지렁 종지 같다.	[−가치]

필요는 발명의 어머니라는 말이 있지만 필요에 관한 우리 속담에는 그런 의미가 내포되어 있는 것은 거의 없는 것 같고, 일상사 속에 나타나는 [필요], [−필요], 또는 [−가치]에 관한 것들이다.

㉠~㉢은 필요와 관계되는 것들로 '필요'는 그것을 충족하고 싶은 마음으로, ㉠은 필요한 당사자가 해결한다는 것이고, ㉡은 필요를 해결할 사람의 부재에 대한 아쉬움을 나타내고 있으며, ㉢은 무슨 일에나 필요한 사람 그래서 무슨 일에나 끼어드는 사람을 빗대어 풍자한 것이다. ㉣~㉧은 원래는 가치 있는 것들이었으나 현재의 형편상 가치가 없는 것으로 전락된 것들을 비유한 속담들이다.

난이

㉠ 잔솔밭에 바늘 찾기.	[+어려움]
㉡ 선생의 똥은 개도 안 먹는다.	[+어려움] (가르치는 것)
㉢ 열 놈이 지켜도 한 놈의 도둑을 못 막는다.	[+어려움]
㉣ 누워서 떡 먹기.	[−어려움]
㉤ 호박에 침 주듯 한다.	[−어려움]

　'난이'에 관한 것은 "②일 처리"에 포함시킬 법도 하다. 그러나 일 처리의 방식이라기보다는 '일상적인 일'의 속성이라는 관점에서 여기에 포함시켰다. ㉠～㉢은 어려움을 이야기하고 있고, ㉣, ㉤은 아주 쉬운 일을 형용하고 있다. ㉠은 단순히 일의 어려움 그 자체만을 비유적으로 표현하고 있으나 ㉡은 선생이라는 직업, 사람을 가르치는 일의 어려움을 풍자적, 우의적으로 표현하고 있다. ㉢ 역시 도둑이라는 특정한 대상을 막기가 얼마나 어려운 일인가를 보여주고 있다. ㉣, ㉤은 다시 말하지만 일상 속에서 하기 쉬운 일들에 관한 비유적 형용으로 그치고 있다.

> **흥 정**

　　㉠ 흥정은 붙이고 싸움은 말린다.　　　　　　　[＋흥정]
　　㉡ 원님과 급창이가 흥정을 해도 에누리가 있다.　[＋흥정] (에누리)

　물건을 사고파는 것은 흔한 일상 일이다. 흥정은 사람의 삶의 방식이다. 그러므로 흥정은 권해야 한다(㉠). 또한 흥정에는 에누리가 있다. 오늘날에는 백화점 같은 큰 매장에서는 정찰제가 정착되고 있고, 선진국에서도 정찰제가 현대적 추세지만, 역시 흥정에는 에누리가 따르기 마련이고, 그것이 턱없는 농간으로 훼상되지만 않는다면, 에누리는 때로 인간의 관계, 인정의 교환도 동반하는 삶의 기본 속성의 발현이다. 실로 교환의 원리는 에누리에 의해서 자동조절 되는 것이라 하겠다. ㉡은 반상제도의 엄함이 서릿발 같던 시대 속에서 나타난 참으로 유머와 애교를 겸비한 속담이라 하겠다.

> **교 육**

　　㉠ 사람의 자식은 서울로 보내고 말의 새끼는 시골로 보내라.
　　　　　　　　　　　　　　　　　　　　[＋교육] [＋출세]

전 세계에서 교육열이 으뜸이라는 우리나라에 교육에 대한 속담은 의외로 그리 많지가 않다. 양반의 자제가 아닌 이상 서민들에게는 일반적으로 제도적 교육 행위가 이루어지지 않았기 때문이라고 생각된다. 그러나 정치·경제를 포함한 모든 문화가 완전히 중앙 집권이었고, 정보의 유통이 거의 없이 모든 것을 서울에서 혼자 독점하던 시대에 위와 같은 속담이 나타난 것은 당연한 것으로 보인다. 오히려 이런 종류의 속담이 좀 더 풍부하지 않은 것이 이상할 정도이다.

이상에서 논술한 내용을 정리하면 다음과 같다.

(2)장에서는 주제가 [인간의 일]에 관한 것의 의미장에 속하는 속담들을 의미 자질을 분석하여 정리하였다. [생존과 직접 관계되는 것]으로 '가난'과 '돈' 그리고 '먹는 것'이 포함되며, [일 처리] 방식과 관계되는 속담으로는 '타이밍'과 관계되는 것, '대충대충' 처리하려는 것, '협동' 일석이조식의 '능률적 처리'에 관한 것, 일이 되기 위하여서는 실질적인 결과가 나와야 한다는 '실질'에 관한 것들, '실리' 그리고 행위의 주체자가 '주견머리가 없을 때' 일어나는 결과와 관계되는 것들, 시원한 '문제 해결', '헛수고'에 관한 것들, 그리고 일을 저질러서 실패에 이르게 하는 것들 등이 포함된다. [일상적인 일]에는 '필요', '난이', '흥정' '교육'들이 이에 속한다.

[인간의 일]의 의미장은 다음과 같다.

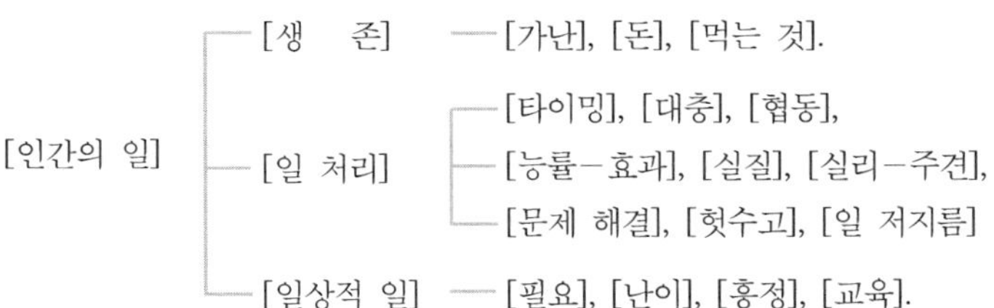

■■ 인간의 삶에 관한 속담

인간의 삶에 관한 것으로 ① 삶의 편린(모습)에 관한 것, ② 운명에 관한 것, ③ 삶의 이치에 관한 것 등이 있다.

✔ 삶의 편린(모습)에 관한 것

말

㉠ 가는 말이 고와야 오는 말도 곱다.	[+말의 방법]	(고운 말)
㉡ 말 한마디로 천 냥 빚을 갚는다.	[+말의 방법]	(진실한 말)
㉢ 낮말은 새가 듣고 밤 말은 쥐가 듣는다.	[+말조심]	(비밀)
㉣ 발 없는 말이 천리 간다.	[+말조심]	(소문의 무서움)
㉤ 열 벙어리가 말을 하여도 가만히 있거라.	[+말조심]	(인내)
㉥ 뒷간과 사돈집은 멀수록 좋다.	[+말조심]	(소문 경계)
㉦ 입은 비뚤었어도 말은 바로 하여라.	[+말의 방법]	(바른 말)

'말'을 어떤 의미장에도 포함시키기가 어렵다. 그만큼 독자성이 강하다. 그러나 우리 속담에서의 말은 언어학적 의미는 전혀 없고, 주로 처신이나 보신(保身)과 관계되는 말조심할 것을 권유하는 측면으로만 나타나 있다. 그러므로 '삶의 모습'의 한 부분으로 처리하게 된 것이다.

㉠, ㉡은 말을 곱게 쓰거나 정성스럽게 진정을 담아 하라는 '좋은 말 쓰기'와 맥락을 같이하는 것들이고, ㉢~㉥은 '말조심'에 관한 것들인데, ㉢은 나쁜 일, 비난, 비밀에 관해서 함구하라는 뜻이요, ㉣, ㉤, ㉥은 소문의 무서움과 함께 인내로써 말을 삼가고, 말조심할 것을 강조하고 있는 것들이다. 그러면서도, ㉦은 정직한 말, 진실한 말, 합리적인 말을 할 것을 권유하고 있다.

약자의 피해

㉠ 고래 싸움에 새우 등 터진다.	[+피해]	(약자)

  ⓒ 동냥을 못 주면 쪽박이나 깨지 마소.   [＋피해] (약자)
  ⓒ 동네북인가?   [＋피해] (약자, 반복적)
  ⓔ 모르는 게 약이다.   [－피해] (외면, 보신)
  ⓜ 벙어리 냉가슴 앓듯.   [＋피해] (－내색)
  ⓗ 울며 겨자 먹기.   [＋피해] (감수)

    서민들은 대개 약자이다. 권력이나 관료 또는 반상제도 등에 의해서 선량한 그들은 수시로 피해를 볼 수밖에 없다. 뿐만 아니라 법은 멀고 주먹은 가깝던 시대에 힘센 놈이나 부자들에 의한 침해현상도 만만치 않았을 것이다. 이에 관한 속담도 그리 많지는 않지만 몇 가지가 있다.

    ㉠, ㉡, ㉢은 약자가 일방적으로 당하는 피해에 관한 것이고, ㉣은 약자의 피해방지 및 보신의 방법에 관한 것이다. 피해를 당하지 않으려면 아무 것도 모르거나 외면하거나 멀리 도망을 가 있어야 되었던 것이다. ㉤, ㉥은 피해인줄 알면서 그것을 피하지 못하고 고스란히 당하되 내색조차 못하는 경우이다. 그것은 본인의 잘못 때문일 수도 있고 잘잘못과는 상관없이 공교롭게 당하는 것일 수도 있다.

인 연

  ㉠ 하룻밤 새 만리장성을 쌓는다.   [＋인연] (짧은 시간, 큰 일)

    신라와 고려, 그리고 조선시대를 거쳐 현재까지 무려 14~5세기 동안 국민정신을 지배해온 불교 발흥에도 불구하고 '인연'에 관한 속담은 흔치 않다. 그러나 인연만 닿으면 시간이 아무리 짧다고 해도 큰 일도 이룰 수 있음을 이 속담은 보여주고 있다.

재 미

  ㉠ 신선놀음에 도끼 자루 썩는 줄 모른다.   [＋재미] (몰두)

　도교 사상의 영향과 함께 재미에 몰두하는 것을 최고의 낙으로 여기던 시대적 풍조를 엿볼 수 있다.

모 호

　㉠ 귀에 걸면 귀걸이 코에 걸면 코걸이.　　　　[+모호]
　㉡ 안방에 가 들으면 시어미 말이 옳고 부엌에 가 들으면 며느리 말이 옳다.
　　　　　　　　　　　　　　　　　　　　　　[+모호]
　　　　　　　　　　　　　　　　　　(주관적 관점 차이, 판단 어려움)

　우리의 삶 속에는 모호하기 짝이 없는 것들도 있다. 그것을 빗대어 표현한 속담들이다. ㉠과 ㉡은 같은 '모호함'을 나타내는 것 같으면서도 상당한 차이를 발견할 수가 있는데, ㉠은 단순히 이렇게도 저렇게도 해석할 수 있는 것을 빗대어 말한 것이고, ㉡은 사안을 보는 것이 주관적 관점에 따라서 엄청난 차이가 있을 수 있음과 아울러 사람의 주관적 말을 듣고 사리를 판단하기 어려움을 보여주고 있다.

적 응

　㉠ 이 없으면 잇몸으로 살지.　　　　　　　　[+적응]

과 분

　㉠ 개발에 편자.　　　　　　　　　　　　　[+과분] (어울리지 않음)
　㉡ 갓 쓰고 자전거 탄다.　　　　　　　　　　[+과분] (어울리지 않음)

반복적 일상

　㉠ 다람쥐 쳇바퀴 돌듯 한다.　　　　　　　　[+반복] (−보람 없는 일상)

처 지

　㉠ 막다른 골목.　　　　　　　　　　　　　[+어려운 처지] (−활로)

ⓛ 독 안에 든 쥐.　　　　　　　　　　　　[＋어려운 처지] (−**활로**)

　삶의 모습은 다양하다 그중에 [적응]은 어려움에 적응하는 모습을 보여 주는데, 어려움의 원인이 환경의 변화에 의한 것이 아니라 내가 소유한 중요한 것이 없어졌을 때의 모습이다. 인간의 적응력이 얼마나 무서운가를 알 수 있다

　[과분]은 과분한 혜택에 대하여 어울리지 않게 여기고 풍자한 말들인데 비유가 아주 적절해서 리얼리티가 극대화되고 있다. ㉠과 ㉡은 같은 의미를 지니지만, 보다 ㉡에 행위자의 의도가 포함되어 있다. 따라서 ㉠은 행위자 자신의 자각도 포함되지만 ㉡은 제삼자의 비판적 시각이 가미되어 있는 것으로 보인다.

　[반복적 일상]은 인간의 삶의 모습 가운데 변화 없는 일상이 반복되는, 보람 없는, 무의미한 삶의 모습을 구체화하고 있다. 삶에 있어서 발전과 보람, 의미 있는 뭔가를 바라는 인간의 간절한 소망이 반영된 표현이다.

　[처지]는 인간의 삶의 모습 가운데 활로가 보이지 않는 절박하고 난처한 처지를 형용한 표현으로 관용적 표현에 가깝다고 하겠다.

✔ 운명

행운

㉠ 복 있는 과부는 앉아도 요강꼭지에 앉는다.　　　　　[＋행운]
㉡ 자빠져도 코가 깨진다.　　　　　　　　　　　　　　[−행운]
㉢ 도둑을 맞으려면 개도 안 짖는다.　　　　　　　　　[−행운]
㉣ 재수 없는 년은 봉로방에 누워도 고자 옆에 눕는다. [−행운]
㉤ 절이 망하려니까 새우젓 장수가 들어온다.　　　　　[−행운] (조짐)
㉥ 노루를 피하니 범이 나온다.　　　　　　　　　　　[−행운] (겹침)
㉦ 산 너머 산이라.　　　　　　　　　　　　　　　　[−행운] (겹침)
㉧ 열두 가지 재주 가진 놈이 끼니거리가 없다.　　　　[＋재주] (−행운, 가난)

㉠은 재수 좋은 [+행운] 경우이고 나머지는 재수 없는 [−행운]의 경우이다. 사람은 누구나 운명에 대해 궁금하게 여기고 행운이 찾아오기를 기대한다. 동시에 불행을 피해가기를 간절히 소망한다. 그런데 실제 우리는 [−행운]의 경우를 훨씬 더 많이 경험하고 그것을 더욱 아프게 느끼고 기억한다. 따라서 [−행운]에 관한 속담이 많은 것은 당연한 결과다.

[+행운]의 ㉠은 외설적이면서도 유머가 깃든 재미있는 표현이다. ㉡~㉣은 ㉠과는 반대로 묘하게도 재수 없는 [−행운]의 경우를 보여주고 있다. ㉤은 같은 [−행운]이어도 재수 없을 조짐을 중요시하고 그것에 초점을 두는 의미가 있고, ㉥, ㉦은 [−행운]이 설상가상(雪上加霜)식으로 겹쳐 나타나는 경우에 대한 표현이다. ◎은 [−행운]의 의미 못지않게 재주 많음을 강조하는 특색이 있다. 그런데도 결과는 [−행운]으로 나타나며, [−행운]의 내용은 [가난]이다. 따라서 너무 재주 좋은 것, 재주 많은 것을 부러워하지 말라는 역설적 의미까지 포함되어 있는 것이다. 물론 핵심의미는 [−행운, 가난]이다.

화복 처지

㉠ 음지가 양지된다.	[+화복 변동] (희망)
㉡ 쥐구멍에도 볕들 날 있다.	[+화복 변동] (희망)
㉢ 개똥밭에도 이슬 내릴 때가 있다.	[+화복 변동] (희망)
㉣ 죽은 나무에 꽃이 핀다.	[+기사회생(起死回生)] (희망)
㉤ 의주 파발도 똥마려울 때가 있다.	[+시세 변동] (인간사 불완전함)
㉥ 원님 덕에 나팔 분다.	[+작은 덕]

앞에서도 말했지만 사람은 누구나 행복하기를 바라고 행운이 따르기를 기대한다. 그러나 많은 사람들의 대부분 경우가 그렇지 못하고 따라서 그럴수록 전화위복(轉禍爲福)의 상황 역전을 갈구한다. ㉠~㉣은 바로 그러한 경우를 직접적으로 나타내는 것인데, ㉠~㉢이 상황의 역전으로 화복의

처지가 바뀌게 되는 것과는 달리 ㉣은 상황의 역전일 뿐 아니라 기사회생(起死回生), 꺼져가던 생명에 새 희망이 생겨남을 의미한다.

㉤은 시세와 처지의 변화를 포착한 표현이기는 하지만, 원 뜻은 인간사의 불완전함, 곧 아무리 바빠도 여유가 있게 마련임을 나타내주는 말이고 ㉥은 별 것도 아닌 작은 덕을 보게 됨에 관한 풍자적 표현이다.

의 외

㉠ 개천에서 용 난다.	[+의외] (나쁜 여건, 출세)
㉡ 미꾸라지가 용 되었다.	[+의외] (천한 출생, 출세)
㉢ 아닌 밤중에 홍두깨.	[+의외] (놀라움)
㉣ 마른하늘에 날벼락.	[+의외] (놀라움)

사람의 운명에는 뜻밖일 수밖에 없는 것들도 많다. ㉠, ㉡은 도저히 상상도 할 수 없는 사람이 크게 출세한 것을 두고 하는 말들인데, ㉠은 출생이나 환경의 비천함 때문에 그렇게 출세할 수 있으리라고 상상할 수 없는 여건에서 뜻밖의 출세를 이룬 경우를 이름이고 ㉡은 비천하기는 마찬가지이지만 특히 사람됨이 보잘것없어 보였음에도 불구하고 뜻밖에 크게 출세한 경우이다.

㉢, ㉣은 출세와는 상관이 없지만 역시 뜻밖의 사건을 표현하고 있다. 허를 찌르고 기습적으로 나타난 사건을 가리키는데, 특히 후자는 천재지변의 불상사일 경우를 표현한다.

✔ **삶의 이치**

처 신

㉠ 우는 아이 밥 한 술 더 준다.	[+바른 처신] (역설)
㉡ 미운 자식 떡 한 개 더 준다.	[+바른 처신] (역설)
㉢ 미운 자식 밥 많이 먹인다.	[+바른 처신] (역설)

    ㉣ 누울 자리 보고 발 뻗는다.   [+바른 처신] (눈치)

  ㉠~㉢은 모두 역설이다. 인간의 상정에 역행하고 있기 때문이다. 그러나 보다 큰 차원에서 보면 이야말로 모든 문제를 해결하고 화목하며 약자를 보호하는 최선의 지혜요 삶의 처세임을 알게 된다. 조금 참고 모두를 행복하게 하는 지혜의 발로라 할 것이다. ㉣은 역설은 아니다. 그러나 삶의 이치이며 바른 처신이라고 할 수 있다.

인간사

    ㉠ 아이는 때릴수록 운다.   [+인간사] (역설)

    ㉡ 도끼 가진 녀석이 바늘 가진 놈 못 당한다.   [+인간사] (역설)

    ㉢ 법은 멀고 주먹은 가깝다.   [+인간사] (법보다 힘)

    ㉣ 뒤에 난 뿔이 더 우뚝하다.   [+인간사] (역설)

    ㉤ 재주는 곰이 부리고 돈은 왕 서방이 번다.   [+인간사] (불공평)

    ㉥ 안방에 가 들으면 시어미 말이 옳고 부엌에 가서 들으면 며느리 말이 옳다.
                                  [+인간사]
                                (관점의 차이, 판단의 어려움)

    ㉦ 아이 싸움이 어른 싸움된다.   [+인간사] (인정, 조심)

    ㉧ 아이 보는 데 냉수도 못 먹는다.   [+인간사]
                                (필요 없는 것 모방)

    ㉨ 핑계 없는 무덤 없다.   [+인간사] (변명, 핑계)

  인간 사회의 일은 모든 것이 공평하고 이치에 합당해야 할 것 같다. 그런데 실제는 반드시 합리적일 수만도 없고, 생각대로 되는 것만도 아니기도 한 보다 복잡하고 다양한 무엇인가가 있다. 이러한 점을 이해하지 않으면 세상을 살아가는 데 상처를 받거나 문제를 일으킬 수도 있다. 이런 내용들은 <인간사>라는 의미장 속에 포함시키는 것이 가장 합당할 것이다. ㉠~㉤은 비상식적이고 비합리적이며 공평하지도 못한 내용들이다. 어떻게 보면 역설일 수도 있고 아이러니일 수도 있다. 그러면서도 그것이 현실이고 또한 그것이 사람 살아가는 이치이기도 한 것이다. ㉠은, 요즘은 많이 달라졌지만 전에는 아이를 많이 낳아 키웠고, 대가족이 공동생활을 하는 처지에서 아이들이 우는 것이 많은 어른들에게 피해가 될 수 있었기 때문에 울지 못하게 하기 위해서 때리는 수가 있었다. 그때를 두고 한 말이다. 울지 말라고 때리는데 그럴수록 더 크게 우는 것이다. 우격다짐이나 힘으로 해결해서는 안 되는 것이 인간이 사는 이치일 것이다. ㉡은 극단적인 일은 함부로 하지 못하는 인간의 상정을 이야기하는 것이고 ㉢은 일상생활에서는 법이 닿지 않는 구석이 많고 법 이전의 인간이 사는 원리(힘의 원리)의 적용을 받음을 보여주는 것이다. ㉣은 연륜만 따지는 사회의 통념을 깨우치기 위한 것으로 흔하지는 않지만 그런 경우를 인정하는 것이 필요함을 일깨우고 있다. ㉤은 인간사가 공평하지만은 않은 것이 현실임을 지적하고 있으며 ㉥은 각각의 처지와 입장에 따른 시각과 관점의 차이로 객관적으로 정확히 판단하기 어려움을 ㉦은 자식을 사랑하는 부모의 상정에 따라 흔히 일어날 수 있는 문제를 경계하고 있다. ㉧은 필요 없는 것까지 무조건 모방하는 사람들을 경계한 말이다. 이 모든 것이 사람 사는 동네에서 흔히 일어날 수 있는 문제들인 것이다.

> **이 치**
>
> | | | |
> |---|---|---|
> | ㉠ 집에서 새는 바가지 밖에 나가서도 샌다. | [+이치] | (성정 불변) |
> | ㉡ 비 온 뒤에 땅이 굳어진다. | [+이치] | (고난, 성장) |
> | ㉢ 등잔 밑이 어둡다. | [+이치] | (가까운 일, 소홀) |
> | ㉣ 꼬리가 길면 밟힌다. | [+이치] | (나쁜 짓 반복 경계) |
> | ㉤ 윗물이 맑아야 아랫물이 맑다. | [+이치] | (윗사람 귀감) |
> | ㉥ 가지 많은 나무 바람 잘 날이 없다. | [+이치] | (인간사, 호사다마) |
> | ㉦ 옥에도 티가 있다. | [+이치] | (인간사, −완전무결) |

이 부분에 제시된 속담은 모두 이치에 딱 들어맞는 자연 현상에 관한 것들이다. 그러면서 그 내면에는 사람이 사는 원리를 함축하고 있다. ㉠은 속성이나 성정의 불변을, ㉡은 고난이나 시련이 인간을 단련시킨다는 진리를 나타내고 있다. 그리고 고통에 처한 사람들에게 용기를 주는 덕담이다. ⓒ은 익숙하고 가까운 일이면서도 중요할 수도 있는 일을 소홀히 여기기 쉬움을 일깨워 주는 말이다. ㉣은 나쁜 짓을 되풀이하지 않도록 경계하고, ㉢은 윗사람의 처신을, ㉤은 인간사의 호사다마(好事多魔)를 지적한다. 또한 ㉦은 인간의 일이 완전무결하기가 어려움을, 그리하여 너그러워야 함을 깨우치는 속담이다.

모순. 주객전도

㉠ 배보다 배꼽이 더 크다.   [−이치]
(주객전도)

㉡ 쇠를 잡다가 소 죽인다.   [−이치]
(주객전도)

㉢ 염불에는 마음이 없고 잿밥에만 신경이 쓰인다.   [−이치]
(주객전도, 성정)

㉣ 절에 가서 젓국을 찾는다.   [−이치]
(인간사, 아이러니)

㉤ 처녀 불알.   [−이치]
(역설, 불가능)

㉥ 귀신이 곡을 한다.   [−이치]
(역설, 납득할 수 없음)

㉦ 소금이 쉰다.   [−이치]
(역설)

이 부분에 속하는 속담들도 이치에 맞지 않는 사실을 이야기하고 있다. 그것은 아이러니며 역설이다. 그러나 인간이 저지르기 쉬운 생활 속의 사고와 행동을 경계하고 깨우친다. 그런 관점에서 이것은 사실보다 더 강한 진실성을 담고 있다. ㉠, ㉡은 이치에 맞지 않는 주객이 전도된 사실을 지적한다. 그리고 그것을 통해서 삶 속에서 다반사로 저지르는 치우침을 깨우치게 한다. ㉢은 형식적 행사나 대의명분보다 실리에 급급한 인간의 얄팍한 성정을 고발하고 있으며 ㉣~㉦은 모순, 역설, 부조리한 사실을 허구적으로 표현하여 인간사를 풍자하고 있다.

> **성 실**

> ㉠ 공든 탑이 무너지랴?　　　　　　　　　　　　　　[+성실] (성공)

일을 함에 있어 성실과 정성을 다하면 결코 실패하지 않음을 지적하는
교훈적 속담이다. 역시 삶의 기본적 이치를 지적하고 있다.

> **인 과**

> ㉠ 아니 땐 굴뚝에 연기 날까?　　　　　　　　　　　[+인과]
> ㉡ 콩 심은 데 콩 나고 팥 심은 데 팥 난다.　　　　　[+인과]
> ㉢ 방귀가 잦으면 똥이 마렵다.　　　　　　　　　　　[+인과] (징조)
> ㉣ 쿵 소리하면 울타리 너머 호박 떨어지는 지 안다.　[+인과] (예측)
> ㉤ 되로 주고 말로 받는다.　　　　　　　　　　　　　[+인과] (욕심, 손해)
> ㉥ 혹 떼러 갔다가 혹 하나 더 붙이고 온다.　　　　　[+인과] (욕심, 손해)
> ㉦ 가는 방망이 오는 홍두깨.　　　　　　　　　　　　[+인과] (공격, 손해)
> ㉧ 아이 싸움이 어른 싸움된다.　　　　　　　　　　　[+인과] (인간사, 상정)

㉠~㉢은 모든 현상에는 원인과 결과가 있음을 보여준다. 원인이 있으
면 반드시 그에 합당한 결과가 있다는 것이다. 따라서 좋은 원인을 만드
는 일이 중요하다는 것이다. ㉣은 인과관계를 바탕으로 일의 추이를 예측
하는 지혜를 가르치고 있다. ㉤~㉦은 원인이 욕심에서 출발한 것이고 그
결과 엄청난 피해를 보게 됨을 말한다. 그 중에 ㉤과 ㉦은 남에게 피해를
끼친 것이 원인이 되어 그 결과 엄청난 피해가 돌아옴을 ㉥은 작은 이득
을 보려고 했다가 큰 손해를 볼 수 있음을 인과관계를 원리로 깨우쳐주는
속담이다.

이상에서 [인간의 삶]의 의미장에 속하는 것으로 보이는 속담들을 정리
하였다 [인간의 삶]에 속하는 속담은 다시 [삶의 모습]과 관계되는 것들,

[운명]에 속하는 것들, [삶의 이치]를 나타내주는 것들의 세 가지로 분류된다.

[인간의 삶]에 속하는 것들로는 인간의 '말', '말조심'에 관한 것들, 약자로서의 억울한 '피해'에 관한 것들, 그리고 '인연', '재미', '모호', '적응', 보람 없는 '반복적 일상'에 관한 것, 어울리지 않게 '과분'한 것을 누리는 것에 관한 것, 어려운 '처지'를 묘사한 것 등이 이에 속한다. 한편 인간의 [운명]에 관한 것으로는 누구나 바라는 '행운'과 불행에 관한 것, '화복의 처지'가 어떻게 바뀌며 어떻게 바뀌기를 희망하는가 하는 따위, 또는 '의외'의 출세나 사건 등에 관한 것이 있다.

[삶의 이치]에 속하는 것으로, 일견 역설적으로 보이지만 그야말로 문제를 해결하는 '바른 처신'에 관한 것들, 역시 아이러니 역설투성이인, 그러나 그것이 우리가 사는 이 세상의 '인간사'에 해당하는 속담들, 올바른 자연의 이치로서 우리의 삶과 직결되는 교훈을 주는 것들, '모순'이며 나아가 주객이 전도된 그러나 현실에서 일어나는 사실들에 대하여 경계하는 것들, '성실', 그리고 '인과'를 통해서 삶의 이치를 드러내는 것들이 이에 속한다.

이상 [인간의 삶]을 의미장으로 나타내면 다음과 같다.

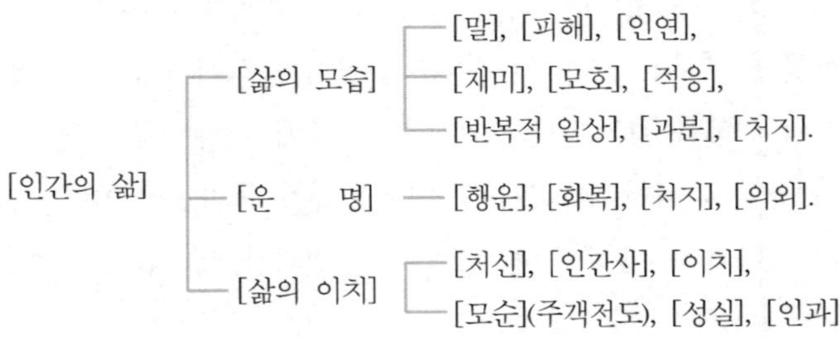

속담의 의미장을 모두 함께 정리하면 다음의 표를 얻을 수 있다.

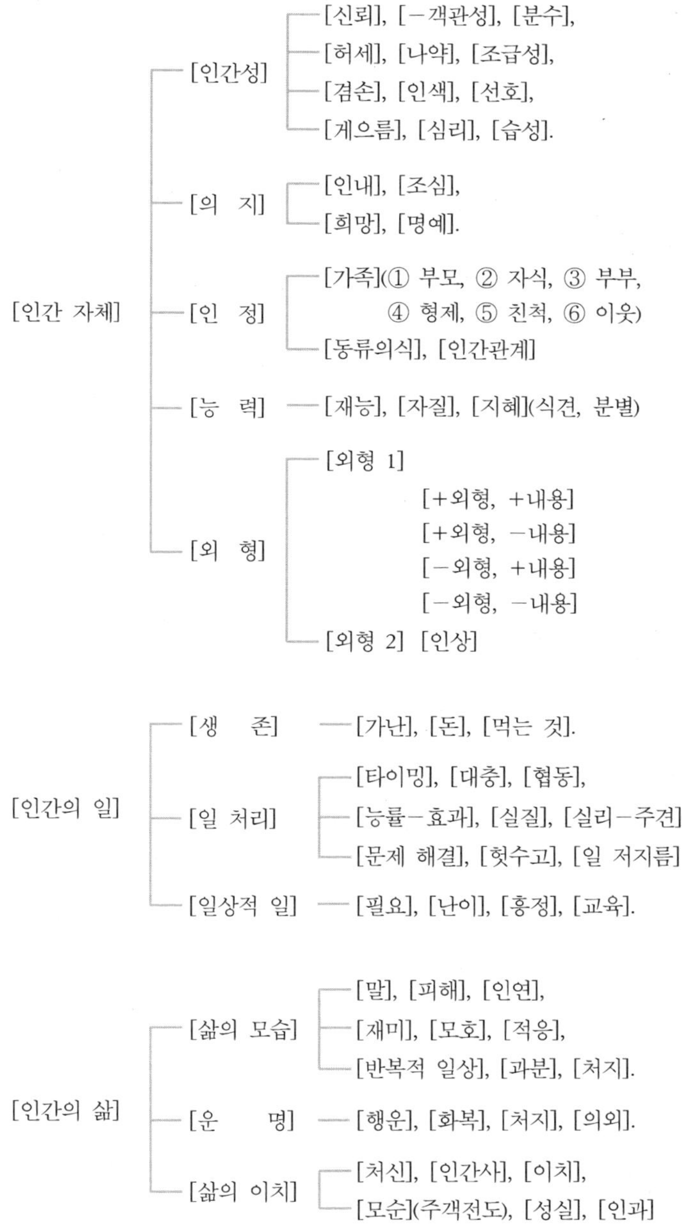

[인간 자체]
[인간성]
[신뢰], [−객관성], [분수],
[허세], [나약], [조급성],
[겸손], [인색], [선호],
[게으름], [심리], [습성].
[의 지]
[인내], [조심],
[희망], [명예].
[인 정]
[가족](① 부모, ② 자식, ③ 부부,
④ 형제, ⑤ 친척, ⑥ 이웃)
[동류의식], [인간관계]
[능 력]
[재능], [자질], [지혜](식견, 분별)
[외 형]
[외형 1]
[+외형, +내용]
[+외형, −내용]
[−외형, +내용]
[−외형, −내용]
[외형 2] [인상]
[인간의 일]
[생 존]
[가난], [돈], [먹는 것].
[일 처리]
[타이밍], [대충], [협동],
[능률−효과], [실질], [실리−주견],
[문제 해결], [헛수고], [일 저지름]
[일상적 일]
[필요], [난이], [흥정], [교육].
[인간의 삶]
[삶의 모습]
[말], [피해], [인연],
[재미], [모호], [적응],
[반복적 일상], [과분], [처지].
[운 명]
[행운], [화복], [처지], [의외].
[삶의 이치]
[처신], [인간사], [이치],
[모순](주객전도), [성실], [인과]

　이상의 논의를 통해 알 수 있는 것은 속담은 크게 [인간 자체]에 대하여, [인간의 일]에 관하여, 그리고 [인간의 삶]에 관한 내용으로 되어 있음을 확인할 수 있었다. 여기서 [인간]이란, 물론 과거에서 현재까지 이 땅에 살아온 우리민족을 가리키는 것이요, 그 중에서도 백성, 서민, 일반 대중을 의미는 것이다. 따라서 속담의 의미, 다시 말해서 속담의 내용은 우리민족의 일반 대중 사람됨에 관한 것, 우리민족 일반 대중의 보통 일에 관한 것, 우리민족 일반 대중의 삶 또는 생활에 관한 것들이라고 결론지을 수가 있는 것이다.

3) 마무리

　지금까지 속담의 내용을 주제별로 크게 [인간 자체], [인간의 일], 그리고 [인간의 삶] 세 분야로 나누었다. 그리고 그 중에서 [인간 자체]와 관계되는 속담을 유형별로 나누어 하위 의미자질을 부여한 결과 [인간성], [인간의 의지], [인간의 인정], [인간의 능력], [인간의 외형] 등으로 분류할 수 있었다.

　[인간의 일]에 관한 것의 의미장에 속하는 속담들은 [생존]과 직접 관계되는 것, [일 처리] 방식과 관계되는 것 그리고 [일상적인 일] 등으로 하위분류 하였다.

　[인간의 삶]의 의미장에 속하는 것으로는 [삶의 모습]과 관계되는 것들, [운명]에 속하는 것들, [삶의 이치]를 나타내주는 것들의 세 가지로 분류하였다. 그 이하의 하위 단계의 자질들은 본문 <속담의 의미장>에서 제시한 바와 같다.

　여기서 '인간'이란 왕후장상이 포함되는 경우도 없지는 않지만 거의 절대적으로 우리민족의 서민들, 보통 백성, 일반 대중을 의미한다.

　따라서 속담은 과거에서부터 현재에 이르기까지 우리민족의 일반 서민들 자신의 정체성에서부터 성정의 진실, 다양하면서도 조화와 모순을 함께 안고 있는 인간으로서의 모든 문제를 나타내주기에 부족함이 없었다. 또한 서민들의 당면한 일과 해결 방안에 관한 사고와 태도 등이 고르게 잘 나타나 있으며, 마지막으로 서민들의 삶의 모습과 삶에 대한 인식 그리고 삶을 영위해 가는 데 있어서의 이치와 지혜 등 근본적인 문제까지 골고루 보여주고 있다.

풍자와 역설, 아이러니 또는 비유 등으로 표현한 감칠맛 있는 깨우침이 있는가 하면, 때로는 풍성한 유머와 위트로 의표를 찌르기도 한다. 풍자와 역설 또는 아이러니로 인간의 본성에서 삶의 이치까지를 드러내 보여주기도 하고 다양한 환유와 풍유로 감칠 맛 있는 교훈을 주기도 한다. 특히 그 속에는 '살아 있는 인간'이 있고 '인간의 일'과 '삶의 모습'이 푸근하게, 예리하게 그리고 진솔하게 들어 있음을 확인하였다. 그리고 그것은 주로 과거 농경문화와 구시대의 사회 질서를 바탕으로 하고 있는 것이 특징이다.

서론에서도 언급한 바 있지만, 속담은 시대상, 사회상, 그리고 그 속의 인간의 삶의 모습을 나타내주고 있다. 그리고 이러한 속담의 의미를 고찰함으로서 언어를 통한 사회현상을 확인하는 데 있어 다시 없는 자료가 된다. 이 논문은 그런 의미에서 속담의 의미를 하나의 의미장 속에 체계화하였다는 것과 그것을 통하여 시대적, 사회적 삶의 모습을 보다 구체적으로 확인할 수 있었다는 점에 그 의의를 찾을 수 있을 것이다.

인터넷 시대를 사는 현대의 급변하는 삶의 모습을 담는 속담은 아직 정착하지 못하고 있다. 속담이 정착되는 데 있어서 과거와는 상당히 다른 과정과 모습을 띨 것으로 예상된다. 그러나 그런 가운데도 생명력이 있는 현대적 속담이 정착되도록 하기 위한 가시적인 노력이 필요하다고 본다.

제 4 부

대 화

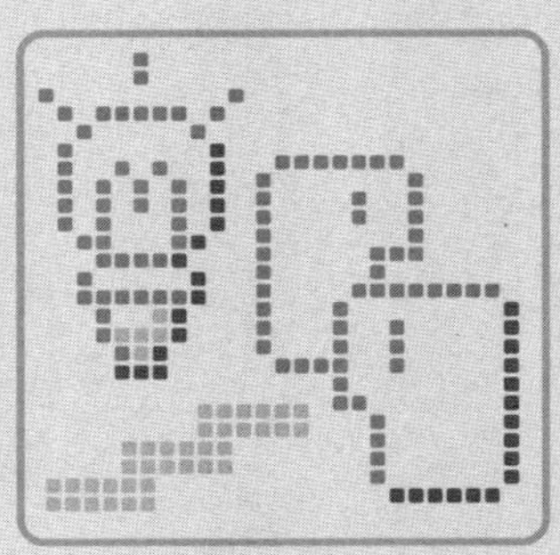

제 4 부 대 화

1. 대화에 관한 작은 생각[1]

1) 대화에 관한 몇 가지 견해

사르트르(Jean Paul Sartre, 1905~1980)는 그의 『출구 없음』(1943)이라는 희곡에서 "타인(他人)은 나의 지옥이다."라고 말하고 있다. 이것은 언뜻 보면 대화의 가능성을 부정하는 말로 해석된다. 즉, 타인 없이는 살 수 없는 것이 인간이지만, 바로 그 타인이 자기 인생을 망친다는 것이다. 그러나 다른 해석도 가능하다. 대화로 인한 인간관계가 서로를 해칠 때, 각자는 서로에게 지옥과 같은 상황이 될 수 있다는 것으로, 대화의 역기능을 고발하는 것으로도 해석이 된다.

이 희곡 내용을 조금 더 소개하면 다음과 같다.

장면은 지옥이다. 거기에는 남자 한 명, 여자 두 명이 방에 갇혀 있다. 그들은 죽은 것으로 되어 있으나 서로 말을 건다. 바로 이 모순된 장면이 이 극의 의미를 암시하고 있다. 이들 세 사람은 서로 말을 거는 한은 살아

---

1) 이 부분은 가톨릭대학교 인간학교육원 편저 『인간학』(1997) '제8장 대화' 부분을 참조하였다.

있지만, 각기 제 나름대로의 세계 속에 살고 있다. 따라서 서로를 이해하고 위로하기 위해서 말을 하는 것이 아니라 상대에게 상처를 주기 위해서 말을 한다. 그들은 오직 타인을 괴롭히는 것으로 삶의 의미를 느낀다. 그들은 상대를 파괴할 뿐 아니라 자기 자신마저 파괴한다. 자기 스스로의 존재의미가 없으므로 영원히 지옥에서 벗어날 수가 없다.

이 희곡은 부조리한 인간상황(人間狀況)에 관한 사르트르식의 고발이라고 보는 것이 타당할 것이다.

마틴 부버(Martin Buber, 1878~1965)는 '참으로 사는 것'과 '겉보기로만 사는 것'을 대조시키고 있다. 참으로 사는 사람은 상대에게 비치는 자신의 이미지에 신경을 쓰지 않고 자연스럽게 자기를 내보이지만, 겉보기로만 사는 사람은 역(逆)으로 우선 타인이 자기를 어떻게 보고 있는가에 관심을 두고, 남에게 받아들여지기를 원하는 모습으로 자신을 꾸민다는 것이다. 거짓으로라도 '자신의 존재를 확인받고 싶다'는 욕구 때문이다.

부버에 의하면 '대화'는 '타인과 마주보는' 일이다. 타인과 마주본다는 것은 관심을 상대의 말뿐만 아니라 '살아 있는 존재'로서의 상대에 집중한다는 것이다. 이러한 관심은 자기 자신을 온전히 상대에게 투신하는 데에서 생기는 것이다. 반대로 자기에게 틀어박힌다는 것은 상대방을 있는 그대로 보는 것이 아니라 자신의 마음에 비친 상대방의 이미지만을 보는 것이다. 다시 말하면, 전자는 타자와 마주하려는 데 반하여, 후자는 타자를 자기 안으로 끌어들이려는 것이다.

'타인과 마주보는' 일은 비록 서로 의견을 달리하고 있다고 하더라도 상대를 눈앞에 실존하고 있는 존재로서 승인하는 것이다. 그것은 단순히 이성적 행위에서 그치는 것이 아니라 몸과 마음 전체의 행위인 것이다.

세계는 사람에게 있어서는 양면적이다. 세계를 맞이하는 사람의 몸가짐이 양면적이기 때문이다. 사람이 할 수 있는 근원적(根源的)인 말은 두 가지이며 사람의 몸가짐은 여기에 맞추어져 있다.

근원적인 말은 홀로 있는 낱말이 아니라 어울려 있는 낱말이다. 근원적이 말 가운데 하나는 복합어 '나－너'이고 다른 하는 '나－그것'이다. 이 경우 '그것'의 자리에 '그 사람'이나 '그녀'를 대치시켜도 그 의미에 변화는 없다.

이와 같이 근원적인 말이 둘일 때는 사람의 '나'도 두 겹일 수밖에 없다. 왜냐 하면 근본적인 말 '나－너'에 있어서의 '나'와 '나-그것'에 있어서의 '나'는 서로 그 의미를 달리하고 있기 때문이다. (중략)

'나' 그 자체라는 것은 존재하지 않는다. 존재하는 것이라고는 다만 근본적인 말 '나－너'에 있어서의 '나'이거나, '나－그것'에 있어서의 '나'뿐이다. 다시 말 해, '나'라고 말할 때 사람은 '나－너'의 나이거나 '나－그것'의 나이거나 그 둘 중의 어느 하나가 되는 것이다.

—부버, 『나와 너』

대화의 단절에 관해서 깊이 연구한 바 있는 카를로스 피노(Carlos C.der Pino, 1922~)는 대화의 성격을 다음과 같이 설명하고 있다.

사람은 사회적 위치에 따라 서로 다른 관계를 맺는다. 물론 대화의 방식도 달 라지게 된다. 이러한 사실은 사회적 측면에 있어서나 심리적 측면에 있어서나 심 각한 갈등을 야기한다. 사회적 측면에서는, 예를 들면 계층 간의 차이와 간격에 따라 대화의 성립이 어렵게 된다. 노동자와 고용주는 서로의 입장에 따라 서로 다른 차원의 말을 하기 때문이다. 심리적 측면에서는 예를 들면 부버가 말하는 '존재 확인'의 욕구를 사회적 위치가 다르면 충족시킬 수 없다는 문제가 발생한 다. 이같은 상황에 의한 욕구 불만은 커뮤니케이션에 있어서 치명적인 단절을 불 러오는 요인이 된다.

이상의 비교를 통해서, 사르트르는 왜곡된 대화의 모습을 통하여, 올바 른 관계의 파괴, 나아가 자신과 타인에 대한 파괴를 고발하는 반면에, 부 버는 사람 사이의 올바른 만남과 대화, 그로 인한 창조적 의미에서의 관 계를 묘사하고 있다. 또한 카를로스 피노는 사회적 위치가 대화를 단절시 키는 심각한 문제를 지적하고 있다.

요컨대 자신을 스스로 격리시키거나, 사회적 거리감을 극복하고 '나'와 '너'가 근본적으로 교감하는 대화가 전혀 없다면, 참으로 인간답게 산다는 것은 불가능하다는 사실을 깨우쳐준다. 또한 그것을 통해서 대화의 중요성을 강조하고 있는 것이다.

2) 대화의 길

사람은 자기 마음속의 잡음(雜音) 때문에 상대방이 하는 말을 듣지 못할 때가 있다. 이런 잡음은 주의가 산만한 경우에 생길 수도 있고 신경 쓰이는 일을 놓지 못하기 때문에 생기는 경우도 있다. 주의 산만이란 자신의 내면적인 부족을 잊기 위해서 주변의 사물로 자신의 마음을 채우려는 욕구에서 생기는 것이라고 한다. 자기 자신이 싫거나 두려워하고 있는 경우에는 진실을 구하지는 않고 신기한 것만을 구하게 된다.

비록 잡음 없이 밖의 소리가 잘 들려온다고 할지라도 그냥 듣는 것과 귀담아 듣는 것과는 또 다르다. '들려 옴'이란 타인의 목소리가 포착되는 것이고, '귀담아 들음'이란 그 의미를 이해하는 것이다.

귀담아 듣는다는 것은 잠시 동안 자기를 제쳐놓고 상대방이 하는 말에 집중하는 것이다. 그렇다고 자기를 완전히 잊어버리는 것은 아니다. 다만 자기를 강조하지 않는다는 것뿐이다. 다시 말하면, 자기 자신의 사물 관찰 방법을 제쳐놓고 상대방의 사물 관찰 방법으로 세계를 보는 것이다. 귀담아 듣는다는 것은 마치 자기가 상대방이 된 것처럼, 그러면서도 자신의 고유한 개성을 잃지 않고 상대방의 세계와 접촉함을 의미한다.

그런데 귀담아 듣는다 해도 행동하지는 않는다는 문제가 남아 있다. 여기서 말하는 '행동'이란 신체적 움직임이라는 좁은 의미에서가 아니라 '변화한다'는 넓은 의미에서이다. 참된 대화의 한 가지 뚜렷한 증거는 대화를 통해서 양자가 변화한다는 사실이다. 귀담아 듣고도 행동하지 않는 사람은 대개의 경우 자기 상실을 두려워하고 있기 때문에 변화를 거부한다.

참된 대화에서 귀담아 듣는다는 것은 또한 사물을 관찰하는 방법을 상대의 그것으로 바꿈으로써 내면에서 사고의 '역할'을 맡는 관점을 바꾼다는 뜻이다. 그러므로 행동을 한다는 것은 그때그때 주변 상황에 대처해서 변화의 흐름을 탄다는 것을 의미한다.

3) 대화의 의미

대화라는 주제에서 매우 중요한 사실은 대화가 '지금' 행해진다는 것이다. 내가 괴로워하거나 웃거나 졸리거나 도망치고 싶어지거나 하는 것은 '지금'이다. 그러나 이것은 과거나 미래를 무시하거나 배제하는 것을 의미하지는 않는다. 현재에 산다는 것은 오직 현재만을 위해서 산다는 것이 아니다. 현재에 산다는 것은 과거와 미래를 '지금' 경험함을 말하는 것이다. 바꾸어 말하면, 현재가 없다면 과거도 미래도 없다는 것이다. 나의 과거란 객관적인 과거가 아니라 내 안에서 지금 살아 있는 과거이다. 나의 미래란 내 안에서 지금 상상되고 있는 미래이다. '지금'을 의식하고 있지 않다는 사실은 사소한 것 같지만 대화를 가로막는 최대의 장애물 가운데 하나이다.

여기서 중요한 것은 대화가 '흐른다'는 사실이다. 그것은 상대방에게 영향을 주고 동시에 상대방에게서 영향을 받는 것을 의미한다. 그것은 상대방으로부터 떨어져서 흐르는 것도 아니고 거꾸로 상대방에게로 거슬러 올라가는 것도 아니다. 상대와 함께 이루면서 더불어 흘러가는 것이다. 그 과정에서 자신의 감정을 숨김없이 드러내지만, 그것은 상대방과 경쟁하거나 압도하기 위해서가 아니라 함께 흘러가기 위해서 하는 것이다. 감정은 다양한 가치에 대한 반응이므로 그냥 반응으로 받아들일 뿐, 자기의 감정에 정신을 파는 일로 대화의 '흐름'을 멈추게 하지는 않는다.

다음으로 필요한 일은 상대방의 마음속에서 무엇이 일어나고 있는지를 상상하고 상대방이 느끼고 있는 바를 감지하는 일이다.

대화를 함에 있어서 아무리 내가 상대방과 마주하고 싶어 해도 상대방이 자신을 나에게 털어놓지 않으면 나는 그와 마주할 수가 없다. 그러므로 마주하려는 그의 의지는 나에게는 일종의 은혜이다. 은혜는 인간의 의지와 무관하지 않지만 의지만으로는 얻을 수 있는 것도 아니다.

물론 그 반대도 성립한다. 아무리 은혜의 기회가 많이 주어진다 해도 내가 상대와 마주하고 싶지 않으면 그와 마주할 수는 없는 법이다. 그런 의미에서 대화는 '나의 의지가 상대방에게는 은혜이고, 상대방의 의지도 나에게는 은혜이다.

결국, 대화는 반드시 '상호적(相互的)'인 것이다. 상호적이 아닌 대화는 단순한 말을 거는 것에 지나지 않는다. 나는 상대방에게 말을 걸고 상대방을 향하여 열어 놓고 있는데, 상대는 나에게 응답하지 않는다. 거기에는 대화가 없다. 서로 관계하는 각자에게 물음이 답이 되고 답이 물음이 될 때 대화가 성립한다. 상대방의 응답이 내 존재에 물음을 던지고 내 응답이 상대방의 존재에 물음을 던진다. 방향은 비록 다를지 몰라도 대화는 함께 흐르는 것이며, 더불어 이루어지는 것이다.

4) 대화의 자세

심리학 분야에서 로저스(Carl R. Rogers, 1902~1987)의 대화의 태도에 관한 견해를 살펴본다. 그는 약 30여 년에 걸쳐 '대화를 가능하게 하는 태도', 즉 '상호 보완적(相互 補完的) 관계의 성립을 촉진하는 태도'에 관해서 연구하고 대화의 태도에 관하여 다음 세 가지 지침을 제시했다.

첫째는 '성실성(誠實性)'이다. 이것은 자기에 대해서 정직하고 상대에 대해서 정직해야 한다는 것이다. 자기에 대한 정직이란 자기가 체험하고 있는 일을 그대로 지각(知覺)하는 것이며, 자기 자신에게 아무것도 감추지 않는다는 것이다. 상대에 대한 정직이란 자기의 감정을 경험하는 그대로 타자에게 전달하는 것인데, 그것은 자기가 경험하는 모든 것이 아니라 타자가 알고 싶어 하는 것을 전달한다는 것이다. 그것이 부정적 감정의 경우일지라도 마찬가지이다. 다만 상대에게 상처를 주려고 의도한 것이 아니라 서로의 관계를 심화(深化)시키기 위해서 그렇게 하는 것이다.

둘째는 '무조건적 수용'이다. 이것은 타자의 단점이나 결점에 대해서 모르는 체 하는 것이 아니라 이런저런 단점이 있음에도 불구하고 그 사람을 받아들인다는 것이다. 이같은 수용은 평가를 포기하는 것이 아니라 부정적 평가에도 불구하고 그 사람을 받아들이려고 노력하는 것이다. 이것은 무조건적(無條件的)인 것이다.

셋째는 '내적 이해(內的 理解)'이다. 내적 이해란 상대의 사고(思考)나 감정의 세계에 파고들기 위해 시도하고 그 세계를 마치 자신의 세계처럼 느끼려고 노력하는 데서 오는 이해이다. 그렇다고 상대방과 일체화(一體化)하는 것이 아니고 일정한 거리를 둔다. 이 거리는 '두 사람' 사이의 대화에 필요한 거리이다. 그러나 그것은 무관심의 거리가 아니라 존경의 거리이며, 자신의 개성을 잊지 않고 서로 접촉하려는 사람들 사이에 존재하는 거리이다.

5) 대화의 모형

구현정(2002)에서는 음성언어와 동작언어를 논하는 과정에서 화자의 심리상태와 음성언어 그리고 동작언어가 일치되느냐 일치되지 않느냐에 따라서 전자를 단선적 대화 모형, 후자를 복선적 대화 모형으로 나누고 있다.

먼저 복선적 대화는, 대체로 자존감이 낮으며, 자신이 없고, 열등감이 강하기 때문에 의도적으로 남에게 잘 보이기를 원하는 사람은 자기도 모르는 사이에 음성언어와 동작언어가 다르게 나타나게 되어 이중메시지를 전달하게 된다는 것이다.

이 복선적 대화 모형은 네 가지로 나눌 수 있는데, 첫째가 '회유형'으로 대화에서 무슨 일이건 상관없이 상대의 비위를 맞추려하고, 사과하고, 결코 반대하지 않는 형이다. 여기에 속하는 사람은 자기 가치를 인정하지 않으며 스스로는 아무 일도 할 수 없다고 믿는 사람들에게서 나타난다.

둘째는 '비난형'으로 내면적으로 스스로를 실패자로 여기고, 소외감을 느끼는 자의식을 지니고 있으면서, 겉으로는 남의 결점만 찾아내고 스스로는 아주 높은 사람처럼 행동하는 특성을 지닌다.

셋째는 '계산형'으로 내면으로는 자신감 결여로 자기보호에 급급하지만 겉으로는 대단히 이성적이고 냉철하며 차분한 듯이 표현하는 부류이다. 특히 아무에게도 상처 받고 싶지 않다는 자기 방어적인 생각으로 가득 차 있는 타입이다.

넷째는 '혼란형'으로 자신감이 없고 열등감이 강해서 어수선하고 침착하지 못하며 목소리는 단조롭고 말의 내용과 조화가 되지 않는 부류가 여기에 속한다.

한편, 단선적 대화는 대화상황에서 있는 그대로의 진실을 드러내기 때문에 음성언어와 동작언어가 분리되어 다르게 표현될 수가 없다. 동작과 감각, 생각, 감정 모두가 통일성 있는 전체로서 나타난다. 단선적 대화는 찬성해야 하기 때문에 찬성하는 것이 아니라, 찬성하기 때문에 찬성하며, 반대하지 않으면 불이익을 당하기 때문에 반대하는 것이 아니라, 반대하기 때문에 반대한다. 단선적 대화를 하는 사람은 머리, 가슴, 감정과 몸이 일치하는 총체적인 사람으로 살아갈 수 있다. 단선적 대화를 하기 위해서는 어느 정도의 신념과 용기, 긍정적 자아관이 뒷받침이 되어야 한다. 우리는 단선적 대화를 통해서만 자기 자신을 값있게 여기고, 전체적으로 느끼며, 창의성 있고, 정직하게 살 수 있다. 또한 단선적 대화를 통해서만 진정한 인간관계가 형성되고, 왜곡된 관계를 바로 잡을 수가 있다.

사실 대부분의 사람들은 어려서부터 상처를 받고 과도한 경쟁으로 열등감을 경험할 수가 있다. 그리고 그것이 자신감을 훼손하거나 소외감 또는 열등감을 자극할 수가 있다. 우리나라처럼 사람은 많고 나라는 작아서 특별히 경쟁이 치열한 경우는 더욱 그렇다. 그럴수록 스스로에게 정직하고 성실하며 세상을 긍정적인 눈으로 바라보는 심성을 훈련하여, 겸손한 가운데 오히려 자신감을 키우고, 정중한 가운데 자존감을 높이는 건전한 생활 태도를 견지함으로써 단선형 대화를 하는 훈련을 쌓아야 할 것이다. 대화는 외면적 성공뿐 아니라 내면적 인격수양을 포함하는 모든 일의 성패를 결정하고, 인생의 행복과 불행을 가름하는 가장 소중한, 아니 인생의 거의 전부를 차지할 만큼 중요하다는 것을 이해한다면, 이러한 훈련의 중요성은 무시할 수 없을 것이다.

2. 예수의 대화

1) 선한 사마리아 여인

■ 텍스트

25 어떤 율법사가 일어나 예수를 시험하여 가로되 선생님 내가 무엇을 하여야 영생을 얻으리이까

26 예수께서 이르시되 율법에 무엇이라 기록되었으며 네가 어떻게 읽느냐

27 대답하여 가로되 네 마음을 다하며 목숨을 다하며 힘을 다하며 뜻을 다하여 주 너의 하나님을 사랑하고 또한 네 이웃을 네 몸과 같이 사랑하라 하였나이다

28 예수께서 이르시되 네 대답이 옳도다. 이를 행하라 그러면 살리라 하시니

29 이 사람이 자기를 옳게 보이려고 예수께 여짜오되 그러면 내 이웃이 누구오니이까

30 예수께서 대답하여 가라사대 어떤 사람이 예루살렘에서 여리고로 내려가다가 강도를 만나매 강도들이 그 옷을 벗기고 때려 거반 죽은 것을 버리고 갔더라

31 마침 한 제사장이 그 길로 내려가다가 그를 보고 피하여 지나가고

32 또 이와 같이 한 레위인도 그곳에 이르러 그를 보고 피하여 지나가되

33 어떤 사마리아인은 여행하는 중 거기 이르러 그를 보고 불쌍히 여겨

34 가까이 가서 기름과 포도주를 그 상처에 붓고 싸매고 자기 짐승에 태워 주막으로 데리고 가서 돌보아주고

35 이튿날에 데나리온 둘을 내어 주막 주인에게 주며 가로되 이 사람을 돌보아 주라 부비가 더 들면 내가 돌아올 때에 갚으리라 하였으니

36 네 의견에는 이 세 사람 중에 누가 강도 만난 자의 이웃이 되겠느냐

37 가로되 자비를 베푼 자니이다 예수께서 이르시되 가서 너도 이와 같이 하라 하시니라

－누가복음, 10 : 25～37

■ 텍스트의 배경

먼저 위 텍스트의 대화를 성경 전체 텍스트를 통해 시대적 배경을 살펴

보겠다.

이 사건이 일어난 당시는 이스라엘 민족이 로마의 지배 하에 있었다. 그런데 행정적 지배자는 로마인이었으나 유대교적 질서체계를 어느 정도 인정하여 주었으므로 이스라엘 민족은 바리세인, 율법학자, 제사장 등을 여전히 이스라엘의 정체성을 지켜가는 랍비(선생)로 존중을 하고 있었다.

그러나 어느 날 하나님의 아들로 자처하는 어떤 시골 목수의 아들로 인해 그들은 이스라엘의 정신적 지배층으로서의 지위에 불안감을 갖기 시작한다. 구약시대, 계속되는 포로생활과 식민생활에서 독립운동의 중심이 되기도 했던 이들은, 예수가 새 나라를 건설하여 이스라엘을 구원할 것이라는 소문과 그가 일으키는 여러 이적들로 이스라엘의 정신적 지지를 빼앗겨 가는 현실에 대해 심히 불안감을 느끼고 있었다. 따라서 이들은 예수에 대한 의구심과 적대감을 키워가고 있었다.

■ 접근 방법

하나의 텍스트는 절차적으로 볼 때, 텍스트 생산의 첫 번째 국면은 플랜작성이다. 여기에는 목표 설정과 텍스트유형의 선택이 포함된다. 다음은 아이디어화 단계를 거쳐 아이디어의 전개 과정으로 가는데, 이 과정에서 텍스트의 내용이 결정되며 프레임(frame), 스키마(schema), 스크립트(script)의 형태로 나타난다. 다음은 선형화 단계인데 이 과정은 통사 분석 및 어휘 선택 단계에 이어 말이나 글로 표현하는 과정을 거친다.

그러나 수용단계는 당연히 그 반대의 과정을 겪게 된다. 먼저 표층처리 관계, 즉 선형 연쇄를 접하게 되고 거기서 문법적 의존관계 확인에 이어 그리고 개념 회수, 아이디어 회수, 플랜 회수의 단계를 거치게 된다. 따라서 먼저 텍스트의 표면적인 문제를 통해서 개념, 그리고 아이디어, 아이디어를 통해서 플랜의 단계에 속한 텍스트의 목적이나 화자의 의도를 파악하는 단계까지 이르게 되는 것이다.

그러나 그것은 진행 순서가 이렇다는 이야기이고, 실제로 텍스트 생산 수용은 이러한 단계와 동시에 일어나기도 하고 인지 작용에 따라 그 순서가 앞뒤로 탄력성을 가지고 바뀌기도 한다.

이 텍스트를 분석하는 것도 마찬가지다. 먼저 제일 먼저 드러나는 것이 율법사의 의도이다. 배경에서도 언급한 바와 같이 예수에게 호의를 가지고 오거나 단순히 영생을 얻는 방법에 관하여 토론하러 오지는 않았을 것이다. 한편 예수의 입장도 율법사와 논쟁을 하거나 경박하게 옳고 그른 것을 따지고 싶은 생각은 전혀 없을 것이라는 점이다. 예수의 입장은 논쟁을 피하되 스스로가 실현하려는 복음 전파와 율법사에 대해서도 사명을 시행하는 과정에서의 태도를 그대로 견지하려는 의도를 가졌을 것으로 판단된다.

그 다음은 개념 회수 과정에서, 30절의 이야기부터 대화의 초점이 엉뚱한 방향으로 바뀌고 있다는 사실을 발견하게 된다. 이러한 전제 하에 화자들의 상황관리와 책략을 종합적으로 논의해 가기로 하겠다. 또한 텍스트에 나타난 화자의 의도(의도성)와 개념(응집성)과 그것을 통해 어떤 지식적 정보성을 얻을 수 있느냐 하는 문제가 분석의 초점이 될 것이다.

■ 의도성과 상황관리

위에서 언급한 텍스트의 배경을 볼 때 25절은 율법사가 단순히 예수의 율법적 지식을 시험해보는 것만을 대화의 목적으로 삼지는 않았을 것이다. 만일 그랬다면 예수의 반문에 대하여 대답(27절)하지 않았을 것이고, 오히려 예수의 대답을 들으려는 부가적 절차(procedual attachment)를 행하였을 것이다. 그렇다고 정말로 영생을 얻는 방법이 궁금하여 물은 것은 더더욱 아니다. 그는 율법사였고 영생을 얻으려면 어찌해야 하는지를 누구보다도 자세히 알고 있는 전문가였다.

한편 예수의 의도는 율법사의 논쟁에 휘말리지 않는 것이다. 그러면서도 그의 질문을 충족시켜주고, 또한 그에 대하여 그리스도로서의 언행을 그대로 지키고자 했을 것이다. 그런데 예수는 율법사를 보는 순간 그가 율법사라는 것, 그리고 그의 질문에 숨어 있는 뜻과 함께 모든 상황을 한눈에 알아 봤을 것이다.

25절의 질문은 율법사가 예수를 시험하기 위하여 먼저 상황을 열기 위한 상용수법이다. 이 질문에 대한 대답 여하에 따라 그는 대답의 허점이나 말꼬리를 잡는 방법으로 예수를 궁지로 몰아갈 셈이었다고 볼 수 있다. 여기서 논쟁을 여는 사람의 통상적 책략을 발견할 수 있다.

✓ 책략 1 : 논쟁을 여는 시작은 서로가 공유하고 있는 지식부터 질문한다(율법사의 책략).

가장 기본적이고도 궁극적인 질문으로 시작해서 논쟁이 진행되는 과정에서 얼마든지 추상적이고 애매한 부분을 지적하여 만인 앞에서 그를 난처하게 할 수 있을 것이다. 그리고 그런 자신도 있었다. 따라서 율법사는 처음에는 그리 높지는 않은 정보성의 질문으로 상대의 대답을 이끌어 낸다. 그리고 필요할 때 좀 더 정보성 높은 후속질문으로 얼마든지 격상할 수 있다. 이러한 정보성 낮은 텍스트는 대화를 열기 위한 수순으로, 부담이 없으며 친밀감을 높이기 위해 많이 쓰는 수법이다.[2] 율법사는 이 질문이 자신의 문제인 것으로 가장하는 중간조정을 거친다.

26절에서는 질문한 이가 율법가라는 것을 꿰뚫어 본 예수가 논쟁에 휘말리지 않기 위해 질문에 대답하기보다 율법가가 가지고 있는 율법지식을 환기할 것을 요청한다. 여기서 논쟁에 휘말리지 않기 위한 통상적 책략을 발견할 수 있다. 게다가 '네가 어떻게 생각하느냐?'하는 적극적인 질문으로 이어감으로써 율법사가 시작한 대화의 주도권을 예수가 잡게 된다(데보라 테넌, 1992 참조).

---

2) 이러한 수법은 쉥크와 애벌슨의 목표절충을 위한 계획단계에서 '요청'에 해당한다.

✔ **책략 2 : 만일 상대방의 논쟁에 동조하고 싶지 않거든 상대의 질문에 상대가 스스로 대답하도록 한다(예수의 책략).**

상대방이 논쟁하려는 의도를 가지고 있음을 알아차렸을 때, 그리고 실질적 논쟁이 아직 시작되지 않았을 때 사용할 수 있는 책략이다. 어느 책략이나 특정상황을 위한 책략이지만, 이 책략 역시 상대가 공격적으로 논쟁을 시도하고 있다면 경우에 따라 역반응이 나타날 수도 있다. 오히려 상대의 공격에 바로 맞서 대응하는 것과 같은 결과를 가져올 수도 있는 것이다. 따라서 논쟁에 휘말리지 않기 위해서 상대의 질문에 대한 답을 피할 때는 어조나 태도 면에서 경계심이나 거부감을 가지고 있지 않다는 점이 명확하게 드러날 수 있어야 할 것이다. 그럴 때만이 상대방의 자존심을 건드리지 않으면서 무난히 논쟁의 첫 시도를 넘길 수 있다.

✔ **책략 3 : 반문할 때 공유하는 지식과 함께 상대의 의견이나 생각을 요청함으로써 대화의 주도권을 잡아라(예수의 책략).**

단순히 상대방에게 질문의 답을 스스로 말하게 한다면 논쟁을 걸려는 상대방은 자존심을 다치게 될 것이다. 상대방의 의견과 생각을 구함으로써 그 반문이 상대의 지식을 검토한다는 오해로부터 벗어날 수 있고, 반문의 이유가 되어줄 수도 있다. 이렇게 상대에게 요청의 형식을 취하면서도 대화의 주도권을 손에 쥐는 기회를 포착하게 된다.

27절은 텍스트를 이어가기 위한 율법사의 일반적 응답이다. 비록 예수가 대답을 하게 하여 그 대답에서 모호한 부분을 공격하려던 첫 목표는 실패하였으나 텍스트를 계속 이어가면서 기회를 포착하기 위해 순순히 대답함으로써 텍스트를 진행시키고 있다. 또한 율법사로서는 자신의 실력을 과시할 수 있는 기회를 활용하기 위해서라도 기꺼이 대답에 응한 측면도 아울러 생각할 수 있다. 아무튼 자의 반 타의 반으로 율법사는 예수의 책략에 말려들었다.

✔ 책략 4 : 상대가 논쟁을 여는 질문에 대답하지 않으면 자신이 대답하고 그
   에 대한 상대의 의견을 구한다(율법사의 책략).

스스로 질문에 대한 답을 하는 것은 예수처럼 대답 대신 반문과 함께
의견을 구하지 않았다 하더라도 논쟁하려는 상위목표를 향해 이야기를 몰
아가기 위해 한발 물러서서 대답을 한 후, 또 다른 기회를 탐색하는 일반
적인 '작전상 후퇴'라고 할 수도 있다. <책략 4>에서는 이러한 후퇴와 더
불어 다른 기회탐색으로서의 질문이 이어지는데, 자신의 대답이나 의견에
대한 상대방의 의견을 요청함으로써 한발 후퇴에 이은 한발 전진을 하고
있다. 만일 이번 질문에서 상대방이 단순한 대답으로 자신의 의견을 피력
하는 데에 주력한다면 역시 그 대답 가운데서 추상적이고 애매한 부분을
지적함으로써 기존의 상위목표도 달성하고, 대화의 주도권도 다시 되찾을
수 있는 것이다.

28절은 25절의 질문에 대한 응답임과 동시에 27절의 율법사의 대답이
옳음을 인정하며 동조함으로써 논쟁에 휘말리지 않는 부분이다. 율법사의
대답에 동조할 때도 왜 동조하는지 길게 피력한다면 오히려 논쟁에 말려
들 소지를 남겨두게 된다. 오직 흔들림 없이 율법사의 첫 질문에 대한 대
답이 되도록만 하는 것이 안전하게 논쟁의 덫을 빠져나올 수 있다.

✔ 책략 5 : 그가 대답한 것에 동조한다(예수의 책략).

물론 이 책략은 그의 대답과 전혀 상반된 의견이나 답을 가지고 있을
때는 적절하지 않을 수 있다. 그러나 대개의 경우, 좀 다른 의견이나 답을
가지고 있다 하더라도 완전한 부정으로 일관하기보다 일단 상대의 의견이
나 대답에 동조를 해주는 것이 일반적인 책략이다. 그것이 상대방의 공격
성을 감소시킬 수 있고, 오히려 자신의 의견 쪽으로 상대를 끌어들이는
지름길이 되기 때문이다.

드디어 율법사는 모호한 질문으로 예수를 곤경에 빠뜨릴 질문을 시작한

다. 율법사는 마음과 목숨과 힘과 뜻을 다하여 이웃을 내 몸처럼 사랑한다는 것이 불가능하다고 생각하고 있다. 그러므로 자신이 그 기본적 계명을 지키지 못함을 정당화하기 위한 목표가 추가된다(29 : 이 사람이 자기를 옳게 보이려고 예수께 여짜오되, '그러면 내 이웃이 누구오니이까?'). 그는 추가된 목표를 이루기 위해 '그 계명을 지키는 것은 불가능하니 아무도 영생을 얻을 수 없을 것이오.'하고 직접적으로 반박하지 않고 정보성3)이 높은 질문을 던진다. 겉으로는 다만 계명에서 방법의 격률(명쾌하라)에 어긋나는 부분을 점검하는 것 같으나4) 실은 예수가 대답을 못하면 자신도 정당화시킬 수 있고 대중 앞에서 예수를 곤경에 빠뜨릴 수도 있게 되는 질문으로 상황을 관리해 나가고 있는 것이다.

✓ **책략 6 : 직접적인 논쟁을 하지 않고, 모호한 것을 질문함으로써 상대를 난처하게 한다(율법사의 책략).**

여기서 '이웃'은 누구나 아는 개념이다. 그리고 이웃을 사랑하라는 계명에 이의를 제기할 사람은 아무도 없을 것이다. 바로 누구나 평범함 속에서 보통사람들이 찾지 못하는 문제점을 발견하여 가치 있는 질문으로 끌어올린 것이다. 이 질문을 통해 율법사는 예수를 곤경에 빠뜨릴 요량이었으므로, '이 부분에 대해 어떻게 생각하시오' 또는 '이 부분에 대해 어떻게 이해해야 할지 설명해 주시오' 같은 빠져나갈 여지를 남기는 질문 대신, '내 이웃이 누구오니이까'라는 질문으로 모호한 부분에 대한 명확한 대답을 요구하여 상대방을 코너에 몰아넣는다. 짤막한 질문은 상대방으로 하여금 그에 대한 직접적인 대답을 하도록 하는 힘을 가지고 있다.

그러나 예수는 그러한 함정에 빠지지 않는다. 성급하게 '너의 이웃은

______

3) 이석규(1997) 참조.
4) 보그랑드와 드레슬러(1981 : 154).
　"실제로 사람들은 자신들의 관리를 점검인 것처럼 위장함으로써, 모든 일이 정상적인 과정을 따라 원하는 방향으로 가고 있다는 인상을 주고자 한다."

어디부터 어디까지이다'라고 대답하는 대신 여유 있게 우회하는 방법을 택한다. 그것이 30~35절의 예화사용이다. 29절의 날카로운 질문에 대답하기 위해 긴 설명을 늘어놓았다면 실수하기도 쉽고 정확히 표현하기도 어려우며, 포괄적이면서도 구체적인 측면을 함께 제시하기 어려웠을 것이다. 또 설명 중에 나오는 여러 애매한 표현들, 즉 방법의 격률5)을 어긴 표현들이 새로이 등장하게 되어 논쟁에 휘말리게 되고 하늘나라에 대한 깨우침을 주려는 예수의 궁극적 목표실현을 놓칠 수 있다.

이러한 담화 상황에서 비유사용의 이점은,

① 직접적 공격보다 상대의 자존심을 지켜줄 수 있다.
② 위의 이유로 말미암아 또한 직접적 공격을 막을 수 있다.
③ 구체적이고 생생한 인상을 오래 줄 수 있다.
④ 함축적 의미포괄이 가능하다.

등이 있다.

그러나 그보다 더 중요한 것은 예수의 의도가 다른 데 있다는 점이다. 이에 관하여서는 뒷부분에서 다시 논의 하겠다.

✔ **책략 7 : 애매한 표현에 대한 질문에 답하기 위해서는 분석적인 설명보다 함축적인 예화를 택한다.**

✔ **책략 8 : 비유를 통해 상대방의 질문과 연결시켜 되묻는다(예수의 책략).**

예화는 '현실성'이 있는 예화를 들어야 한다. 그것이 약점 없이 예화를 통해 상대방이 가지고 있는 근본적 문제점을 공략하는 것이다. 이때 상대의 질문이나 요청에만 매달리지 말고 그 숨은 뜻과 근본적인 문제점들을 발견해내는 통찰력(insight)이 필요하다.

---

5) 그라이스(Grice, H. P. 1975).
   명쾌하라, 중의성을 피하라, 애매함을 피하라 등.

여기서도 효과적인 비유사용의 통상적 책략들을 발견할 수 있다.

✔ 책략 9 : 현실성이 있는 예화를 든다.

✔ 책략 10 : 인물 설정 시 전형적 인물로 계층을 대표한다.

✔ 책략 11 : 예화를 통해 상대방이 가지고 있는 근본적 문제점을 공략한다(예수
　　　　　의 책략).

현실성 있는 예화를 들기 위한 책략은 다음과 같다.

✔ 책략 12 : 상대의 의도에 맞는 것이 아니라 내 의도에 맞는 예를 들어 주도
　　　　　권을 잡는다(예수의 책략).

예수는 먼저 율법사의 의도를 꿰뚫어 보고, 율법사가 깨우칠 수 있을 만한 짧은 비유를 택한다. 이는 비유에 나오는 제사장, 레위인, 사마리아인이라는 인물 설정에도 그러한 의도가 있음을 알 수 있다.[6] 그런데 이 예에서 가장 중요한 것은 상대의 대답과 문맥이 맞지 않는 예를 택하고 있다는 점이다. 그리고 그 예의 내용이 간단하고 명료해서 36절의 질문(네 의견에는 이 세 사람 중에 누가, 강도 만난 자의 이웃이 되겠느냐?)을 피할 길이 없다. 특히 상대는 아직도 예수의 질문이 자신의 질문에 답을 하기 위한 과정으로 파악하고 있기 때문에 예수의 상황관리에서 벗어날 길이 없다.

따라서 37절에서는 예수의 계획된 수순대로 율법사의 대답이 나오고, 그것은 바로, 29절 율법사의 질문 '내 이웃이 누구오니이까?'에 대한 예수의 대답으로 이어진다.

---

6) 사마리아인은 이스라엘이 앗수르에게 지배당할 때에 그들의 정복방식에 의해 생겨난 혼혈족으로, 이스라엘의 선민의식에 치명적 타격을 입힌, 이스라엘의 치욕적 존재로 여겨졌다. 그들은 사마리아인과는 말도 하지 않고 살갗을 스치지도 않았으며, 아무리 돌아가더라도 그들이 사는 마을에는 발을 들이지 않았다. 그들이 시체를 부정한 것으로 보듯이 사마리아인을 부정하게 보았다. 이런 본질을 잃은 선민의식과 이기적 이웃관을 짧은 비유를 통해 깊숙하게 질책하고 있다.

그러나 문제는 '네 의견에는 이 세 사람 중 누가 강도 만난 자의 이웃이 되겠느냐'는 예수의 질문이 단순한 점검이 아니라는 데에 있다. 37절 下의 '가서 너도 이와 같이 하라'는 후속 텍스트를 위해 철저히 준비된 질문인 것이다. 그것은 이 질문만이 아니라 30절에서부터 시작된 비유의 처음부터 줄곧 37절 下의 후속 텍스트를 위해 계획되었던 것이다. 만일 예수가 질문을 하지 않고 '사마리아인이 강도 만난 자의 이웃이다'라고 설명하였다면 율법사는 '내게는 그러한 이웃이 없소'라고 주장함으로써 자기를 옳게 보이려던 율법사의 두 번째 목표를 달성하도록 해주는 허점이 됐을 것이다. 그러나 예수는 오히려 율법사에게 강도 만난 자의 이웃이 누구인지를 묻는다. 당연히 율법사는 대답을 했고, 그 대답이 끝나자마자 '너도 그와 같이 행하라'고 결론을 내리고 만다.

이로써 예수는 율법사의 심중을 이미 헤아리고 자존심을 건드리지 않으면서도 율법사가 깨닫지 못하는 자신의 문제를 파악하여 깨우쳐주고 율법사가 제기했던 잘 알려졌으나 잘못 알고 있는 문제의 핵심을 정확히 짚어주고 있다.

결론적으로, 논쟁을 피하려던 책략에서 논쟁을 막는 적극적 책략으로, 반격과 논박의 여지를 주지 않는 책략으로, 그리고 나아가 상대를 깨우치고 '진정한 하나님의 말씀을 선포하는 일'을 성공적으로 수행하고 있다.

■ 정보성

이 텍스트의 전체를 개관하기 위해 응집성의 거시구조를 보면 아래와 같다.

(1) 율법사 : 영생을 얻는 방법은 무엇이냐.
(2) 예수 : 율법의 기록은 어떠하며 네 생각은 어떠냐.
(3) 율법사 : 하나님과 이웃을 사랑하면 된다.
(4) 예수 : 옳다. 그대로 실천하라.

(5) 율법학자 : 내 이웃은 누구냐.
(6) 예수 : ⓐ 어떤 사람이 강도를 만나 심하게 다침.
       ⓑ 제사장―도와주지 않고 피해서 지나감.
       ⓒ 레위인―도와주지 않고 피해서 지나감.
       ⓓ 사마리아인―상처 치료, 여관에 인도 쉬게 하고 간호.
강도 만난 사람의 이웃은 누구냐?
(7) 율법사 : 사마리아인이다.
(8) 예수 : 너도 사마리아인처럼 행하라.

(거시규칙 적용 과정은 생략)

이 응집성의 거시구조를 살펴보면 핵심 쟁점은 두 가지이며, 둘 다 율법사가 제기한 것이다.

첫째, 영생을 얻는 방법이 무엇이냐?
둘째, 나의 이웃은 누구냐?

첫째의 질문에 대하여 앞에서 논의한 것처럼 예수는 스스로 대답하지 않고 율법을 잘 아는 상대에게 율법에 나타난 내용과 상대의 의견을 묻는다. 율법사는 물론 잘 아는 내용인데다가 다음 질문의 기회를 마련하기 위하여 대답한다. 그 대답은 영생을 얻는 길은 '하나님을 사랑하고 이웃을 사랑하라'는 것이다. 예수는 그 말에 당연히 동의한다. 단 율법사(율법사뿐 아니라 제사장 서기관을 포함하는 바리새인들의 모두에 해당)가 놓치고 있는 중요한 문제점을 슬쩍 제시한다. 그것은 '행하라'는 것이다. 아는 것하고 실천하는 것은 전혀 다르다. 그런데 모든 사람들이 알기만 하고 행동은 하지 않는다. 그것은 모르는 것과 같다. 그러므로 율법사의 말에 동조하면서도 실천의 문제를 가볍게 그러나 정확히 깨우쳐 준 것이다. 이렇게 해서 첫째 문제는 넘어 갔다.

첫째 쟁점에 대하여 두 사람의 대화를 통해서 알 수 있는 정보는 다음과 같다.

① 율법사는 율법의 전문가이다.
② 예수를 곤란하게 하려는 의도가 있다.
③ 율법사는 자기를 내세우려는 의도가 있다.
④ 영생을 얻기 위해서는 하나님과 이웃을 사랑해야 한다.
⑤ 율법사는 알고는 있으나 행하지는 않는다.
⑥ 율법사의 의도(②, ③)대로 되지 않았다.
⑦ 예수는 의도를 관철했다(언쟁하지 않고 상대에게 정확한 가르침을 베풀었다).

이 정보들 중 ①, ②, ③은 정황 정보이거나 추론 정보이며, ④와 ⑤는 텍스트가 제시하고 있는 내용 정보이다. 그리고 ⑥과 ⑦은 의도성에 관한 정보이다.

여기까지 율법사는 소득이 없다. 그러나 결코 여기서 멈출 수가 없다. 실천하지 않는 문제를 거론한 것은 정확한 지적이지만 그러나 아직도 할 말이 있다. 또한 율법에 관하여 가지고 있는 자신감과 그로 인한 교만 그리고 상대를 궁지로 몰아넣고 싶은 간절한 욕망이 앞섰기 때문이다.

율법사는 마침내 둘째 문제를 제기한다. '나의 이웃은 누구냐?'라고 질문한 것이다. 여기서 예수는 엉뚱하게 말을 돌린다. '나의 이웃이 누구냐?'에 대한 대답은 당연히 '너의 이웃은 아무개이다'로 나와야 한다. 그러나 예수는 그렇게 하지 않고 '강도 만난 사람의 이웃이 누구냐?'로 말의 초점을 바꾸어 버린다. 물론 그 전에 예를 든다. 그 예의 내용이 거시구조의 (6) ⓐ~ⓓ 이다.

그리고는 텍스트의 어느 부분에서도 끝까지 "그러므로 너의 이웃은 아무개이다"라는 대답이 나오지 않는다. 율법사나 또는 다른 객관적 수용자나 모두가 의식하지도 못하는 사이에 화제는 강도 만난 사람의 이야기로 변화되어 있다. 하지만 '이웃'에 대하여 언급하고 있으니 개연성에서 벗어난 것은 없지 않느냐 하고 무심히 지나치기 쉽다. 그러나 분명히 '내 이웃'에 관한 이야기가 예화 속의 '강도 만난 사람의 이웃'으로 바뀌어 있다. 물론 예수가 대화의 문맥을 몰라서 그랬을 리는 없다. 일부러 화제를 바꾼 것이다.

먼저 예화의 내용을 살펴보면 (6)의 ⓑ와 ⓒ의 경우, 지위나 신분으로 볼 때 그들이 이스라엘인들이 존경하는 제사장이나 레위인이 강도 만난 사람을 피해서 지나간 것은 기대에 어긋나는 것으로 볼 수 있다. 또 그들이 인간 취급도 안 하는 사마리아인이 극진히 보살펴 준 것도 의외라고 할 수 있다. 아무튼 예화에서 사마리아인은 그 강도를 만나서 다친 사람을 도와주었고 제사장과 레위인은 못 본 척하고 그냥 지나가고 말았다. 거기에는 예수의 치밀한 계산이 깔려있다.

제사장, 서기관, 바리새인들은 영생을 하고 천국에 갈 사람들이며, 미천한 사마리아인은 천국하고는 거리가 먼 사람이라는 인식에 관해서 예수는 지적하고자 하는 것이다. 율법의 말대로 영생을 하려면 하나님과 이웃을 사랑해야 한다. 그것을 하면 사마리아인이 아니라 어떤 이방인이라도 영생할 수 있으며, 그것을 하지 않으면 레위인아니라 제사장들도 갈 수 없다는 가르침을 분명히 하려는 것이다. 다시 말하면 영생을 얻고 천국에 가는 것은 인종이나 지위에 있지 않고 하나님의 계명을 지키는 데 있음을 분명히 하고 있는 것이다.

또 한 가지는, 영생의 문제를 이야기하기 전에 예수는 강도를 만나 죽게 된 사람의 이웃이 누구냐 하는데 대한 대답을 율법사에게 요구하고 있다. 사마리아인이라고 대답할 수밖에 없다. 왜냐하면 문맥으로 봤을 때 사마리아인 외에는 대답이 나올 수 없는 예화이기 때문이다.

그러면 "나의 이웃이 누구냐?"와 "강도 만난 사람의 이웃이 누구냐?"의 차이는 무엇인가라는 문제가 남아 있다. 먼저 나의 이웃이 누구인지는 다른 사람이 알 수 없는 것이다. 아니 예수의 안목으로는 율법사 자신도 그의 이웃이 누군지 알 수 없다고 생각한다. 그러나 강도 만난 사람의 이웃은 예화에서 본 것처럼 사마리아인이 분명하다.

여기에서 '이웃'의 개념에 관하여 다시 한번 짚어 볼 필요가 있다. 우리가 보통 이웃이라고 했을 때 율법사가 말한 이웃과 비슷한 개념으로 쓰고 있다. 그 이웃의 의미를 제시하면 다음과 같다.

    ⓐ 집이나 직장에서 가까이 사는 사람(거리 관계)
    ⓑ 오랫동안 가까이 알고 지내는 사람(시간 관계)
    ⓒ 고향, 학교, 직장 등 연고가 있는 사람(연고 관계)
    ⓓ 혈연이나 인척관계로 가까운 사람(인척 관계)

이상은 '이웃'의 사전적 의미인 동시에 일반적으로 통용되는 의미이다. 그리고 이들의 공통되는 연상의미는 "가깝다, 익숙하다, 편하다…" 등이다.

그러나 예화 속의 '강도 만난 사람'과 '사마리아인'은 ⓐ, ⓑ, ⓒ, ⓓ 중 어느 것에도 해당하지 않는다. 가깝기는커녕 아예 알지도 못하는 사이다. 그런데도 '강도 만난 사람'의 이웃이 사마리아인이라는 데 대해 율법학자와 예수가 함께 동의하고 있다.

그렇다면 예수가 제시한 이웃의 개념은 무엇일까? 그것은 이웃의 일반적 인식, 그리고 '가깝다'는 연상의미를 보다 근본적으로 파악하고 있다는 것이다. 즉, '가깝다'는 것은 '꼭 필요할 때, 정말로 가까운 사람'을 뜻한다. 따라서 예수는 이웃의 의미를 평소의 관계에서 찾고 있지 않다. 겉으로만 가깝고 속으로는 전연 이해하지 않거나 정작 필요한 때에 외면하는 사람은 ⓐ, ⓑ, ⓒ, ⓓ의 조건을 만족시키는 사람이라 해도 진정한 이웃이 보지 않고 있다. 필요할 때 돕는 관계, 통하는 관계, 서로 이해하고 의지하는 관계, 겉보기에 그런 것이 아니라, 진정으로 가까운 관계에서 '이웃'의 의미를 찾고 있는 것이다.

그러나 이상의 논의로도 화제가 바뀐 문제는 그대로 남아 있다. 결론부터 말하면, 예수는 '나의 이웃이 누구냐'는 문제에 대하여 율법사에게 정확한 대답으로 깨우치고자 하는 것과, 오히려 상대를 배려하고자 하는 의도로 화제를 바꾼 것이다.

율법학자가 '이웃'이 누구냐고 물었을 때, 일반적 의미의 이웃(ⓐ, ⓑ, ⓒ, ⓓ의 경우)은 상당수가 있겠지만. 정말로 곤란하고 어려워서 필요한 때에 여전히 이해하고 배려하고 돕는 '이웃'은 율법학자에게 전연 없을 수도 있다. 예수가 잡혀가던 저녁에 베드로가 예수를 세 번이나 부인하였던 사실을 상기해 보라. 여기서 예수가 화제를 바꾼 것은 율법학자의 입장을 배려하는 의도도 있다는 것을 알 수 있다. 그러고도 '이웃'의 문제를 완벽하게 매듭짓고 있다.

그러나 예수는 '너의 이웃은 없다.' 또는 '너의 이웃은 아마도 없을 것이다.'라고 몰아붙이지 않는다. 그냥 화제의 주체만을 슬쩍 바꾸어 강도 만난 사람의 이웃이 누구냐고 반문하는 것이다. 따라서 화제의 주체를 바꾼 것은 이웃의 의미를 분명하게 지시하는 것 외에도 율법학자의 입장을 배려하여 그에게 실망을 주지 않으려는 의도도 있다는 것을 알 수 있다.

그러고도 율법학자의 질문에 최선의 대답을 하고 있는 것이다. 그것은 하나님의 계명에 대한 바른 이해에 이르게 함인 것이다. 그리고 그 핵심은 '강도 만난 사람에게 사마리아인이 했던 것처럼 행하라', 즉 '필요한 사람의 이웃이 되라'라는 가르침이다. 내가 곤궁할 때 진정한 내 이웃이 누구인지 잘 모른다. 하나도 없을 수도 있다. 그러나 나는 마음만 먹으면 내가 아는 사람뿐만 아니라 모르는 사람, 나아가 우리 주변의 누구에게든지 이웃이 될 수가 있는 것이다.

그것은 다시 '이웃을 네 몸과 같이 사랑하라'는 율법의 실행방식이며 이 텍스트의 근본적 주제인 영생을 얻는 방법에 대한 대답이기도 한 것이다.

예수는 율법사가 기본적으로 가지고 있던 사람에 대한 선입견, 특권의식, 행함 없음, 외식 등을 근본적 문제점으로 파악하고 그것을 정확히 지적하고 바로 잡아주었으며 사람들이 자기에게 이로운 자와만 친분을 맺으려는 이기적 이웃관과는 근본적으로 다른 진정한 이웃과 이웃을 사랑하는 일까지 정확한 깨우침을 주고 있는 것이다.

■ 마무리

이제까지 신약성서 누가복음 10장 25~37절에 나타난 예수의 대화 텍스트를 살펴보았다. 먼저 율법사와 예수가 대화의 주도권을 두고 상대에게 자신의 의도를 실현하기 위한 여러 가지 상황점검과 책략을 살펴보았다. 그리고 양측의 대화를 통하여 실현하려는 근본 의도가 어떻게 실현되고 좌절하는가 하는 문제도 살펴보았다. 또 이런 대화를 통하여 어떤 정보가 어떤 과정과 상황 속에서 적절하게 드러나는가 하는 문제들을 다각도로 분석해 보았다.

그리고 예수는 기독교인이 아닌 사람들도 인류 최고의 성인으로 받드는 분으로서 그분의 대화 방식과 대화를 임하는 마음가짐 그리고 그것을 통하여 드러나는 인간미와 이웃 사랑의 모습을 담아 보려고 하였다. 성서에 대한 지식도 없는데다가 단편적으로 살펴 본 것이기 때문에 어느 정도라도 효과가 있었다고 말하기가 어려울 것이라고 생각한다. 다만, 대화는 인간생활 성패를 좌우하는 가장 중요하고 영향력이 큰 삶의 과정이다. 뿐만 아니라 '자신'이라는 인간을 만들어가는 과정이다. 따라서 단순히 대화의 기법을 살필 뿐 아니라 위대한 사람들의 대화 모습을 본받고 싶다는 생각에서 예수의 대화를 살펴보았다. 앞으로 이런 방향의 대화 연구가 활발해지면 언어생활에 많은 보탬이 될 것으로 본다.

2) 에피소드 속의 대화

■ 충직한 백부장

✔ 텍스트

> 2 어떤 백부장의 사랑하는 종이 병들어 죽게 되었더니
> 3 예수의 소문을 듣고 유대인의 장로 몇 사람을 예수께 보내어 오셔서 그 종을 구해 주시기를 청한지라
> 4 이에 그들이 예수께 나아와 간절히 구하여 이르되 이 일을 하시는 것이 이 사람에게는 합당하니이다
> 5 그가 우리 민족을 사랑하고 또한 우리를 위하여 회당을 지었나이다 하니
> 6 예수께서 함께 가실 새 이에 그 집이 멀지 아니하여 백부장이 벗들을 보내어 이르되 주여 수고하시지 마옵소서. 내 집에 들어오심을 나는 감당하지 못하겠나이다.
> 7 그러므로 내가 주께 나아가기도 감당하지 못할 줄을 알았나이다. 말씀만 하사 내 하인을 낫게 하소서.
> 8 나도 남의 수하에 든 사람이요 내 아래에도 병사가 있으니 이더러 가라 하면 가고 저더러 오라 하면 오고 내 종더러 이것을 하라 하면 하나이다.
> 9 예수께서 들으시고 그를 놀랍게 여겨 돌이키사 따르는 무리에게 이르시되, 내가 너희에게 이르노니 이스라엘 중에서도 이만한 믿음은 만나보지 못하였노라 하시더라.
> 10 보내었던 사람들이 집으로 돌아가 보매 종이 이미 나아 있었더라.
>
> — 누가복음, 7 : 2~10

✔ 사건 개요

백부장의 종이 중병에 걸렸다. 예수께 청을 넣어 고쳐달라고 부탁했다. 예수께서 그를 고쳐주기 위해서 백부장 집으로 갔다. 가는 도중에 백부장이 사람을 보내어, '집으로 오시는 것은 감당하지 못하겠으니 오시지 말고, 그냥 말씀만 하셔서 고쳐주십시오. 저도 밑에 사람이 있어 아래에서는 윗사람의 말을 듣는 것을 압니다.'하고 말했다. 예수께서 무리들에게 백부장의 믿음을 칭찬하며 유대인들의 믿음이 약함을 경계했다. 사람들이 집

에 돌아오니 종의 병이 나아 있었다.

여기서 병을 고치는 것에 대한 예수의 대화는 한마디도 나오지 않고 단지 백부장이 자기 종의 병을 고쳐달라고 부탁하는 것과, 예수께서 병을 고쳐주려고 집을 향하여 가자, 집으로 오지는 마시고 말로만 고쳐달라는 이야기를 한 것이 전부다. 예수는 이 두 가지 이야기를 듣고 백부장의 믿음을 칭찬하는 것으로 끝이다. 따라서 백부장이나 예수의 의도, 의도 실현을 위한 상황관리 등에 대하여는 논할 내용이 없다. 다만 이 짧은 말 속에서 알 수 있는 백부장의 태도와 그것을 받아들이는 예수의 관점에 대하여 언급하기로 하겠다.

• 2절 : 종에 대한 백부장의 태도

당시에 권력을 가진 사람들은 자기의 하인이나 수하를 짐승 부리듯 했으며 그들의 건강상태나 굶주림 나아가 생사 문제까지도 안중에 없었다. 종이란 노예를 뜻하는 것이다. 그들은 살아있는 물건에 불과했으며, 주인이 학대하거나 죽여도 인간의 권리를 주장할 수 없었다.

그러한 시대에 이 텍스트에 나오는 백부장은 수하의 병을 측은히 여겨 일부러 예수를 찾아와 고쳐달라고 정중하게 청한다. 이런 모습에서 권력이 있는 로마군대의 중간 지휘자로서 수하를 아끼고 보살피는 자비와 사랑이 돋보이며 높이 평가할 만하다. 말로는 쉽지만 현대를 사는 우리도 아랫사람에 대하여 진정으로 걱정하고 보살피는 일은 그리 쉽지 않다는 사실을 고려하면 백부장의 인품의 훌륭함을 쉽게 알 수 있을 것이다. 말 그대로 이웃을 사랑하는 마음의 실현이라 할 수 있다.

• 3, 4, 5절 : 유대인 장로등과 백부장의 벗들

이처럼 수하가 병이 나서 고생을 할 때에 예수의 소문을 들은 백부장은 평소 상호 협력하여 깊은 신뢰를 쌓아온 유대인 장로들을 찾아가서, 예수께 종의 병을 고쳐주도록 청을 넣어 달라고 부탁을 한다. 백부장의 인품을 잘 아는 장로들은 예수를 찾아가서 '백부장이 우리민족을 사랑하며 회당도 지어주고 아주 믿을 만한 사람'이라는 점을 강조하면서 그 사람의 종을 고쳐줄 것을 간곡히 부탁을 한다. 또 백부장의 벗들도 백부장의 집으로 찾아오는 예수를 만나 백부장의 입장을 정중하게 잘 전달한다.

이 모습을 통해서, 백부장이 비단 수하사람에게만 잘한 것이 아니라, 유대인의 장로들, 그밖에 많은 벗들과도 좋은 관계를 유지하는 사람이었다는 것을 알 수 있다. 나아가 유대인들의 종교를 이해하고 그들의 회당까지 지어 준, 너그럽고 성실하며 마음이 열린 인물이었음을 알 수 있다.

• 6, 7, 8절 : 예수가 집으로 오는 것을 사양

백부장이, 예수가 자기 집으로 오는 것을 사양한 발언이다. 이 이야기에서 두 가지 점을 생각할 수 있는데, 하나는 예수의 능력을 신뢰하고 있다는 점이다. 보통 자신의 집으로 가서 직접 만지고 치료를 한다 해도 믿지 못하기 십상인데, 백부장은 아예 예수께서 집으로 올 필요도 없이 말만 하면 나을 것이라고 믿고 있다는 사실이다. 그것은 예수가 마치 부하를 다루듯이 병을, 또는 병을 다스리는 마귀를 물리칠 수 있는 능력이 있다는 확신, 나아가서 하나님의 아들임을 확신하고 있다는 증거라 할 수 있다.

혹자는 자기 식구가 아니라 하인밖에 안 되는, 다시 말하면 중요하지 않은 사람이 아프기 때문에 그만큼 부탁하는데 성의가 없다고 생각할 수도 있을 것이다. 그러나 현대처럼 개인주의 사상이 만연되어 있지 않고, 사람 사이의 관계가 훨씬 열려 있어 수시로 남의 집에 드나들던 그 시대의 상황을 생각하면 자기 집에 오는 것을 꺼릴 이유가 없었을 것이다. 더구나 유대인 장로들을 찾아가서 부탁까지 하고 있지 않은가.

백부장이 예수의 방문을 사양한 것은 그보다는 예수의 입장을 배려하고 있는 것으로 판단된다. 당시에는 유대인들, 특히 바리새인들이 사마리아인이나 다른 종족의 집에 들어가거나 함께 어울려 식사를 한다든지 하는 일들을 용납하지 않았다. 세리나 사마리아인들과 대화만 해도 비난을 하던 당시의 풍습을 성경 여러 곳에서 발견할 수가 있다. 물론 예수께서는 그러한 일쯤 안중에 두지 않고 마음이 원하는 대로 행동했던 분이지만 백부장의 입장에서는 마음 깊이 송구함을 느끼고, 예수가 곤란한 처지에 처하도록 하고 싶지가 않았던 것이다. 그러므로 자신의 하인이 아픈 처지에 있음에도 불구하고 오지 않아도 병을 낫게 할 수 있다는 믿음과 예수를 자기 하인으로 인하여 붙잡아 두는 것에 대한 송구한 마음에서 사양한 것이다.

결론적으로 백부장은 아랫사람을 보살필 줄 알며, 이웃을 도와주고 인정하며 성실한 교제를 하고 있다. 또한 상대를 배려하는 마음을 가졌으며 무엇보다도 예수에 대한 믿음, 하나님에 대한 믿음이 뛰어났던 아주 충직한 사람이었다.

• 9절 : 예수의 입장

그러한 사실을 한 눈에 알아본 예수께서는 유대인들의 믿음 없음과 백부장처럼 이웃을 사랑을 할 줄 모르는 부족함을 나무란다.

예수가 9절에서 한 말씀은 아무리 유대 나라와 아브라함의 본 자손이라 할지라도 믿음이 없고 사람을 사랑할 줄 모르는 사람은 천국은커녕 어두운 데서 이갉이 있을 것이며, 그와 반대로 아무리 이방인이라 할지라도 믿음이 있고 사람을 사랑할 줄 아는 사람은 하나님으로부터 상을 받게 될 것이라는 점을 지적한다.

예수는, 곧 하나님은 충직한 사람을 좋아하고 사랑한다. 여기에 나오는 백부장처럼, 충직한 사람은 한 번 믿으면 변함이 없다. 사람과의 교제에 있어서도 언제나 변함이 없다. 충직한 사람은 가식이 없다. 예수가 바리새인들에 대하여 신랄하게 지적하는 내용도 외식하는 문제인 것이다. 좋은 일은 자기가 차지하고 나쁜 일은 다른 사람에게 시키며, 높은 자리에는 자기가 앉고 남이 높은 자리에 있으면 끌어내리고, 실제로는 기도도 잘 하지 않고 금식도 잘 하지 않으며 하나님을 믿는 마음도 없으면서도, 길거리에 나와서 기도하는 척, 금식한 것을 티를 내고 마치 자기 혼자 세상의 믿음을 다 가지고 있는 듯한 태도(마태복음 23장 참조)를 예수는 신랄하게 지적하고 있다. 그러므로 충직하다는 것은 겉으로만 꾸미고 겉과 속이 다른 이른바 외식함이 없는 것이다. 말로 믿는다고 하면 정말 믿는 것이고, 이웃을 사랑하다고 하면 그냥 사랑하는 것이다.

예수는 백부장의 믿음과 마음 씀을 고맙게 생각한다. 그래서 유대에서 이만한 믿음을 본적이 없다고 단언한다. 그의 믿음대로 예수는 가지 않고 하인을 낫게 해준다. 통상 우리의 일상생활에서도 믿음의 분량대로 이루어진다는 사실을 이 이야기는 우리에게 교훈으로 알려주고 있다.

✔ 정리

충직한 백부장의 이야기를 전하는 이 에피소드는 앞에서 언급한 바대로, 예수의 말씀은 별로 없고 주로 백부장의 이야기로 채워져 있다. 그러나 우리는 백부장의 진실 어린 말과, 종과 이웃 사랑 그리고 예수를 믿는 마음이 과장되지 않게 나타나 있다. 그래서 더욱 진실하고 충직함이 돋보이는 말의 쓰임을 본다. 예수께서는 백부장의 그러한 말과 태도를 사랑하는 마음으로 받아들으며 무리들 앞에서 칭찬한다. 또 백부장을 닮으라고 경계와 채근까지 하고 있다.

이러한 것은 충직하고 진실이 담긴 이야기다. 진정한 언어의 예술은 이와 같이 많은 말을 하지 않고도 효율을 극대화하는 것이 아닌가 하는 생각에서 이 텍스트를 소개하면서 그 내용을 탐구해 보았다.

■ 가이사의 것

✔ 텍스트

> 15 이에 바리새인들이 가서 어떻게 하면 예수를 말의 올무에 걸리게 할까
> 상의하고,
> 16 자기 제자들을 헤롯 당원들과 함께 예수께 보내어 말하되, '선생님이여
> 우리가 아노니 당신은 참되시고 진리로 하나님의 도를 가르치시며 아무
> 도 꺼리는 일이 없으시니 이는 사람을 외모로 보지 아니하심이니이다.
> 17 그러면 당신의 생각에는 어떠한지 우리에게 이르소서. 가이사에게 세금을
> 바치는 것이 옳으니이까, 옳지 아니하니이까?' 하니,
> 18 예수께서 그들의 악함을 아시고 이르시되, '외식하는 자들아 어찌하여 나
> 를 시험하느냐?
> 19 세금 낼 돈을 내게 보이라.' 하시니 데나리온 하나를 가져왔거늘
> 20 예수께서 말씀하시되 '이 형상과 이 글이 누구의 것이냐?'
> 21 이르되 '가이사의 것이니이다.' 이에 이르시되 '그런즉 가이사의 것은 가
> 이사에게, 하나님의 것은 하나님께 바치라.'하시니
> 22 그들이 이 말씀을 듣고 놀랍게 여겨 예수를 떠나가니라
>
> — 마태복음, 22 : 15~22

✔ 배경

이스라엘의 중심세력으로 존중을 받고 있던, 제사장, 서기관, 율법사를
포함하는 바리새인들은, 느닷없이 나타나 자신들의 정체성을 흔들어 대는
시골 목수의 아들 예수에 대하여 불안감과 함께 말할 수 없는 적대감을
느낀다. 그리고 어떻게 하든지 그를 함정에 빠뜨리려고 여러 가지 시도를
한다. 이 텍스트는 그 과정에서 나타난 하나의 작은 에피소드이다.

당시 통치권자인 로마는 이스라엘 민족의 종교행위를 인정하고 어느 정
도 종교의 자유를 준 것은 사실이지만, 제도나 행정 측면 특히 세금에 관
해서는 철저하게 관리하는 이를테면 강온 양면의 정책을 쓰고 있었다. 더
구나 황제 아우구스투스에 의해 이 지역의 총독으로 있던 아켈라오가 폐
위된 뒤에는, 세금정책이 더욱 강화되어 유대의 모든 성인 남자들로부터

인두세를 거두어들이고 있었다. 이러한 로마의 정책에 대하여 이스라엘인들은 그 반감을 드러내지 못하는 대신 악착같이 세금을 걷어가는 세리들에 대해 드러낸다. 그것은 민족 감정의 차원에서 생겨난 철저한 증오요, 경멸의 형태로 나타난다.

✔ 무서운 공격

이러한 민족 정서를 잘 알고 있는 바리새인들은 세금과 관계되는 올무를 가지고 예수 앞에 나타난 것이다. 세금을 내야 되느냐, 안 내도 되느냐 하는 문제는 어느 쪽으로도 올무에 옭아들 수밖에 없는 함정이었다. 세금을 내지 말라고 하면 로마법에 정면 도전하는 반역자로 몰릴 것이고, 세금을 내라고 하면 민족의 반역자로 낙인이 찍힐 것이 뻔한 장면이다. 전자는 법에 정면 도전하는 것이 되어 정치세력에 의한 합법적 제재 절차를 피할 길이 없게 되는 것이요, 후자는 민족 정서에 정면으로 배치되어 이제까지의 모든 명성과 신뢰를 일시에 잃게 되는, 아니 동족으로부터 돌에 맞아 죽을 죄를 범하는 것이 된다.

16, 17절은 바리새인들이 그 문제를 질문하는 것이다. 길게 우회할 것도 없이 단도직입적으로 본론부터 이야기한다. 이럴 때일수록 예절을 갖추고 상대를 높인다. 인면수심의 무서운 음해요 공격인 것이다.

✔ 방어

18절은 예수가 그들의 속셈을 알고 그들의 악의를 언급한다. 그러면서도 전혀 주저하지 않고 바로 19절에서 행동을 지시한다. 데나리온이라는 동전을 제시하자 예수는 20절에서 짐짓 거기 새겨진 사람의 형상과 글이 누구의 것인가를 묻는다. 물론 알고 묻는 것이며, 그 대답이 어떻게 나올지도 다 알고 있다. 21절에서 로마황제 가이사의 것이라는 대답이 나온다. 그러자 예수는 지체 없이 가이사의 것은 가이사에게 바치라고 한다. 이제

올무에 걸려든 것이다. 민족의 반역자로 낙인이 찍히는 순간이다. 그러나 이때 한 마디가 더 나온다. '하나님의 것은 하나님에게 바쳐라.'가 그것이다. 가이사의 것을 가이사에게 바쳐야 한다면 하나님의 것은 누구에게 바쳐야하느냐는 것이다. 이 대답이 나오는 순간에 모든 문제가 일시에 완전히 풀리고 만다.

✔ 정리 ·

언뜻 보면 예수의 위트가 돋보이는 대화의 모습이다.

그런데 앞서 제시한 위트의 표현전략, 즉 되받아치기, 우회하기, 같이 가기, 공격하기, 한 술 더 뜨기, 당연한 말하기, 핑계 대기, 꾸며 대기, 협박하기 등은 이 텍스트에 나타난 예수의 표현 전략과 상통하지 않는다.

상황을 보면 갑작스레 무서운 공격이 감행되었다. 그 순간에 아주 놀라운 기지와 재치를 발휘하여 아무도 생각할 수 없는 말로 문제를 해결하고 말았다. 상대방들의 목적은 분쇄되었고, 기운이 쭉 빠질 수밖에 없다. 그러면서도 상대의 대답에 놀라움을 금치 못하면서 승복할 수 없는 상황이 되어버렸다. 한편 예수의 입장이나 그 편에 있는 사람들은 우선 통쾌하고 기지에 감탄과 함께 진한 감동이 올 것이다. 이러한 과정은 전형적인 위트의 모형 그대로이다. 그러나 일반적인 위트라고 단순히 보아 넘기기에는 뭔가 더 있는 것 같다.

첫째, 말의 내용, 곧 아이디어가 단순한 기지의 차원을 넘어서는 것 같다. 위에서 언급한 위트의 표현 전략 그 어디에도 속하지 않으면서 어떻게 대답해도 걸려들게 되어 있는 문제를 어떻게 해도 걸려들지 않는 문제 해결 방안을 내놓았다는 것이 그렇다. 그러면서도 그것은 상대로부터 어떤 힌트나 빌미를 제공받지 못하고 있다. 필자는 이것을 창조적 표현이라는 말로 규정하고 싶다.

둘째, 데나라온에 나타나 있는 형상과 글이 로마의 황제 가이사의 형상이고 가이사의 글이라는 것을 인정한다 해도 그 동전의 재료를 포함하여 이 세상에 속한 모든 것 중에 하나님에 속하지 않는 것이 어디 있을까. 예수의 '하나님의 것은 하나님에게 바치라는' 말씀을 받아들이는 사람들의 입장에서는 어떨지 몰라도, 하나님께 바치지 않을 것은 데나리온을 포함해서 하나도 없는 것이다. 그러므로 이 단원의 명칭도 여기에 나타난 의미만을 대신하는 것으로 한다면 "가이사의 것"보다는 "하나님의 것"이라고 하는 것이 훨씬 더 적합할 것이다. 아무튼 외면으로는 간단한 에피소드에 불과하지만 여기에 표현된 예수의 말씀은 단지 문제 해결에서 그치지 않고 그 순간에도 진리의 뜻을 잘 표현하고 있다는 점을 지적하고 싶다.

■ 간음한 여인

✔ 텍스트

> 3 서기관들과 바리새인들이 음행 중에 잡힌 여자를 끌고 와서 가운데 세우고
> 4 예수께 말하되 "선생이여, 이 여자가 간음하다가 현장에서 잡혔나이다.
> 5 모세는 율법에 이러한 여자를 돌로 치라 명하였거니와 선생은 어떻게 말하겠나이까?"
> 6 그들이 이렇게 말함은 고발할 조건을 얻고자 하여 예수를 시험함이러라. 예수께서 몸을 굽히사 손가락으로 땅에 쓰시니
> 7 그들이 묻기를 마지 아니하는지라. 이에 일어나 이르시되 "너희 중에 죄 없는 자가 먼저 돌로 치라." 하시고
> 8 다시 몸을 굽혀 손가락으로 땅에 쓰시니
> 9 그들이 이 말씀을 듣고 양심에 가책을 느껴 어른으로 시작하여 젊은이까지 하나씩 하나씩 나가고 오직 예수와 그 가운데 서있는 여자만 남았더라.
> 10 예수께서 일어나사 여자 외에 아무도 없는 것을 보시고 이르시되, "여자여, 너를 고발하던 그들이 어디 있느냐? 너를 정죄한 자가 없느냐?"
> 11 대답하되 "주여, 없나이다." 예수께서 이르시되 "나도 너를 정죄하지 아니하노니 가서 다시는 죄를 범하지 말라." 하시니라.

✔ 시험

이 텍스트의 배경도 위의 '(2) 가이사의 것'과 똑같다. 다만 시비를 하는 대목이 로마인에 대한 적개심을 불러일으키는 세금에 관한 문제 대신에 가장 중요한 계명에 하나인 간음에 관한 것으로 바뀌었을 뿐이다. 그러나 계명을 지키는 문제는 유대인들에게 더욱 근본적인 문제라는 점과 바로 사람이 죽고 사는 문제와 관련되어 있다는 점에서 오히려 이 텍스트가 더 심각할 수도 있다.

유대의 율법에는 간음하는 자는 돌로 쳐 죽이도록 되어 있다. 그러니까 율법대로 하면 간음한 여인을 죽여야 하는 것이다. 그것은 그 동안 예수가 활동하면서 가르치고 주장한 바 용서하라는 것—일흔 번씩 일곱 번이라도 용서하라는 것, 그리고 사랑하라는 것—이웃을 내 몸과 같이 사랑하라는 것—에 정면 위배되는 결정이 될 것이다. 결국 이제까지 예수가 외치고 가르치고 주장한 모든 것이 허사가 된다. 그뿐이 아니다. 로마의 법에는 사람을 죽이는 권리는 로마인에게만 주어졌다. 로마인이 아닌 예수가 죽이라고 지시를 한다면, 예수는 로마의 법을 어긴 살인죄로 기소될 수밖에 없다. 그러므로 돌로 쳐 죽이라는 답을 내릴 수는 없는 것이다.

한편, 간음한 여인을 용서하라는 것 역시 어려운 이야기이다. 유대인들은 율법을 생명처럼 소중하게 생각한다. 유대인이 유대인일 수 있는 정체성이 바로 율법을 알고 지키는 데 있는 것이다. 그러므로 용서해야 한다는 결정은 유대인의 본질적인 정체성을 무시하는 도저히 용납될 수 없는 행위인 것이다. 그것은 바리새인을 비롯한 모든 유대인들이 예수를 대놓고 공격하는 빌미를 주는 것이다.

결국 죽이는 것도 살리는 것도 모두가 피할 수 없이 올가미에 걸려들어가는 길이다.

✔ 과정 1

• 4, 5, 6, 7절 : 바리새인들과 서기관은 예수를 올가미에 몰아넣기 위해 결코 주저하지 않는다. 아예 죄인을 현장으로 데려와서 첫 마디부터 본론으로 들어간다. 그리고 "모세는 돌로 치라고 하였다는 점"을 강조하며 자극적인 말을 한다.

예수는 그들이 흥분했음을 알고 몸을 굽혀 손가락으로 땅에 글씨를 쓴다. 예수가 왜 이런 행동을 했는지 잘 알 수 없지만 두 가지 해석이 가능하다. 하나는 처리할 방법을 생각하는 시간을 확보하려는 의도로 해석할 수 있다. 또 하나는 군중들의 흥분을 가라앉히려는 의도 때문이다. 물론 무슨 이유 때문인지를 확인 할 수는 없지만, 나는 후자라고 생각한다. 왜냐하면, 앞 장 '가이사의 것'에서도 그렇지만, 성경 구석구석을 살펴보아도 예수가 고심해서 답을 찾는 경우가 없다. 많은 시간을 기도하느라고 보내긴 하지만, 예수는 그런 지혜를 생각하는 데 그때그때 적절한 말이 떠오르는 것 같은 인상을 받는다. 이는 누구나 그렇게 느낄 것이라고 생각한다. 아무튼 예수는 땅에 글씨를 썼다. 그러나 서기관과 바리새인들은 묻기를 마지않는다. 곧 어떻게 해야 하느냐고 계속해서 추궁을 하는 것이다.

✔ 과정 2

• 7절, 8절 : 이러한 추궁 앞에서 예수도 더 이상 주저하지 않는다. 그리고 정색을 하고 대답한다.

"너희 중에 죄 없는 자가 먼저 돌로 쳐라." 오직 한 마디를 했을 뿐이다. 그리고 전처럼 몸을 굽혀서 여전히 땅에다 손가락으로 글씨를 쓴다. 마치 사람들이 돌을 던지든, 그냥 돌아가든 어떤 행동을 하든 관심이 없는 사람처럼 말이다. 그것은 '돌로 치라'는 율법의 편을 들어 주는 말이다. 간음한 여인을 죽일 것을 허락하고 찬성한다는 뜻이다. 그러나 조건이 있다. '죄가 없는 사람이 먼저' 돌로 치라는 것이다. 간음한 자를 돌로 치는 것은 율법이다. 그러나 율법을 아는 사람들은 아무도 죄가 없는 사람이 없다는 것도 안다. 그것은 그들이 번제, 화목제, 속건죄 등 여러 가지로 제사를 지내서 스스로의 죄를 대신하려는 노력에서도 그 바다에 있는 생각들은 자신들이 죄인이라는 의식에서 발로하는 것이다. 그러므로 '죄가 없는 사람'이 먼저 돌로 치라는 것은 결과적으로 돌로 치지 말라는 것이다. 이를 테면 율법을 율법으로 막은 셈이다.

- 9절 : 이스라엘의 서기관 바리새인들이 편협하고 형식주의에 빠져서 완고하고 융통성이 없다는 점에서 부정적으로 인식되는 것뿐이지, 그들의 유대교를 신봉하는 신앙은 그래도 진지하기 짝이 없었다. 그렇기 때문에 서기관들이고 바리새인들이고 양심의 가책을 받는다(실제로 우리나라를 포함해서 이런 경우에 "내가 죄가 없다"하며 나설 사람들이 상당히 있을 것이다). 그들은 나이 많은 어른부터 하나씩 둘씩 자리를 뜬다. 예수를 음해하고 예수를 함정으로 몰아넣으려 했던 그들이, 그들의 양심에 따라 모두 자리를 뜬 것이다. 그리고 남아 있는 사람은 예수와 간음하다 잡혀온 여인뿐이었다. 이것은 참으로 놀라운 일이 아닐 수 없다.

✔ **결과**

- 10, 11절 : 예수는 이제 다 가고 아무도 없음을 확인한다. "여자여, 너를 고발하던 그들이 어디 있느냐? 너를 정죄한 자가 없느냐?" 대답하되 "주여, 없나이다." 예수께서 이르시되 "나도 너를 정죄하지 아니하노니 가서 다시는 죄를 범하지 말라." 하시니라.

성경은 '예수는 죄가 없는 분'이라고 증언한다. 기독교인들은 그것을 믿는다. 그러니까 이제까지 논조로 하면 그 여인을 돌로 칠 수 있는 유일한 사람은 예수 한 사람뿐이다. 그러나 예수도 정죄하지 않는다. 용서한다. 성경은 구약에서부터 신약으로 내려오는 전 과정을 통해서 '믿음'이라는 하나님과의 관계를 빼놓고는, 그 기본 사상이 두 가지이다. 하나는 진리 또는 진실이고 또 하나는 사랑이다. 전자는 성경의 다른 곳에서 '공의'라는 말로 대신하기도 한다. 그리고 예수가 오기 전까지는 공의가 가장 중요한 덕목이었다. 그럼에도 불구하고 언제나 이율배반의 현장에서 갈등을 일으키는 것은 공의와 사랑, 진실과 사랑이 모순관계에 있을 때가 문제다. 여기서 예수는 공의 또는 진실보다도 사랑이 인간한테는 더 중요하다는 답을 우리에게 제시하고 있다고 본다. 물론 이에 대하여는 보다 복잡하게 논의가 전개될 수 있다는 점을 인정한다. 아무튼 예수는 간음한 여인을 용서하는 사랑을 베풀었고, 바로 그 사랑을 이루기 위하여 스스로 십자가의 제물로 죽음의 길을 택한 것이다.

이 텍스트의 하이라이트는 7절 "죄 없는 자가 먼저 돌로 쳐라."이다. 그것은 위트를 연구하는 사람의 안목에서 보면 기지요 재치이다. 대화를 생각하는 사람들 입장에서 보면 대화를 이렇게 할 수 있다면 세상에 문제가 될 것이 없을 것으로 보인다. 그러나 그러한 모든 점을 인정하고도 남는 게 있다. 그것은 기지 이상의 것이다. 진실이며, 진실을 뛰어넘는 사랑의 극치를 이 대화는 보여 주고 있는 것이다. 예수의 대화는 이렇다.

■ 신성 모독하는 자

✔ 텍스트

> 18 한 중풍병자를 사람들이 침상에 메고 와서 예수 앞에 들여놓고자 하였으나
>
> 19 무리 때문에 메고 들어갈 길을 얻지 못한지라, 지붕에 올라가 기와를 벗기고 병자를 침상 째 무리 가운데로 예수 앞에 달아내리니,
>
> 20 예수께서 그들의 믿음을 보시고 이르시되 "이 사람아, 네 죄 사함을 받았느니라." 하시니
>
> 21 서기관과 바리새인들이 생각하여 이르되 "이 신성 모독 하는 자가 누구냐? 오직 하나님 외에 누가 능히 죄를 사하겠느냐?"
>
> 22 예수께서 그 생각을 아시고 대답하여 이르시되 "너희 마음에 무슨 생각을 하느냐?"
>
> 23 '네 죄 사함을 받았느니라.'하는 말과 '일어나 걸어가라.'하는 말이 어느 것이 쉽겠느냐?
>
> 24 그러나 인자가 땅에서 죄를 사하는 권세가 있는 줄을 너희로 알게 하리라." 하시고 중풍병자에게 말씀하시되 "내가 네게 이르노니 일어나 네 침상을 가지고 집으로 가라." 하시매
>
> 25 그 사람이 그들 앞에서 곧 일어나 그 누웠던 것을 가지고 하나님께 영광을 돌리며 자기 집으로 돌아가니
>
> 26 모든 사람이 놀라 하나님께 영광을 돌리며 심히 두려워하여 이르되 "오늘 우리가 놀라운 일을 보았다." 하니라
>
> —누가복음, 5 : 18~24

✔ 문제

4복음서를 보면, 예수가 세상에 나와서 한 일은 두 가지 일이다. 하나는 행동을 한 것이고 또 하나는 말씀을 행한 것이었다. 행동을 한 것은 사람들이 병을 고쳐주는 일을 한 것이고, 말씀을 한 것은 복음 전파와 가르침을 베푼 것이었다. 그 중에 초창기에는 특히 많은 사람들의 병을 고쳐 주었는데, 그로 인하여 갈리리 해변이나 가버나움뿐만이 아니라 이스라엘 전역에 이름이 널리 퍼지게 되었다. 병을 고치는 일도 두 가지로 생각할 수 있는데 몸속에 들어 있는 귀신을 몰아내는 것과 그냥 병을 고쳐주는

일이 그것이다.

이 텍스트는 예수가 많은 사람들의 육신의 병을 치료하는 과정에서 생긴 작은 에피소드이다. 이 텍스트에는 보다시피 특별한 대화가 있는 것은 아니다. 단지 예수가 중풍병자에게 '죄 사함을 받았다'고 한 말씀이 서기관과 바리새인들의 귀에 들렸고, 그것을 그들은 '신성 모독'으로 받아들인 것이다.

✔ 과정 1

- 18, 19절 : 예수 주변에는 병을 고치려는 사람들로 발 디딜 틈도 없었다. 사람들이 어떤 심한 중풍병자를 침상에 메고 와서 예수 앞으로 들어오려고 하였으나, 사람들이 꽉 차서 침상을 메고 들어갈 방법이 없었다. 그래서 그들은 지붕에 올라가서 기와를 벗기고 병자를 침상째 천정으로부터 예수 앞에 달아 내렸다.
- 20, 21절 : 예수께서는 그들의 지극한 정성을 통해서 그들의 믿음이 어떠한지를 보고 중풍병자에게 "너의 죄 사함을 받았다."고 말씀을 했다. 그 말씀을 들은 서기관과 바리새인들이 "이 사람이 도대체 누구이길래 이처럼 신성모독을 하는가? 이 세상에서 죄를 사하실 수 있는 분은 하나님뿐인데 어찌 이런 방자한 말을 할 수 있단 말인가?"하고 수군거렸다.

✔ 과정 2

22, 23, 24, 25절의 내용은 위 텍스트의 내용과 같이, 예수께서는 서기관과 바리새인들의 태도를 보고 다음과 같이 말씀한다. "너희들은 무슨 생각을 하느냐? 내가 죄를 사하여 준다는 말이 믿어지지 않느냐?"하고 이어서 "'죄를 사하여 주겠다'는 말과 '일어나 걸어가라' 하는 말이 어느 것이 쉽겠느냐? 그러나 내가 땅에서 죄를 사하는 권세가 있다는 것을 너희

들에게 알게 해주겠다.”하고, 중풍병자에게 말씀하기를 “내가 너에게 말한다. 일어나 네 침상을 가지고 집으로 가라.”고 말씀했다. 그러자 중풍병자가 그들 앞에서 벌떡 일어나서 그가 누웠던 것을 가지고 하나님께 영광을 돌리며 자기 집으로 돌아갔다는 내용이다. 여기서 문제가 되는 것은 다음 두 가지이다.

> 첫째, 예수가 죄를 사하여 준다고 했는데. 예수가 과연 죄를 사하여 줄 수 있는 사람이냐?
> 둘째, 죄를 사하여 준다는 말과 일어나서 걸어가라고 하는 것 중에 어느 것이 더 쉬우냐?

첫째 문제에 대하여, 바리새인들과 서기관들은 예수를 그런 사람으로 인정을 하지 않는다. 그러나 예수는 죄를 사할 수 있다고 주장한다. 그리고 그것을 판단할 근거는 아직은 없다. 그런데 예수는 자신에게 죄를 사하는 권세가 있다는 것을 알려주기 위해서 둘째 문제를 제기한 것이다.

둘째 문제를 논의하기 전에 먼저 ‘말을 한다’는 것의 의미를 짚어볼 필요가 있다. 여기서 그 의미는 입으로 발음을 해서 남의 귀에 들리게 어떤 내용의 소리를 낸다는 뜻이 아니다. 여기서 말을 한다는 것은 ‘그 말의 내용이 그대로 이루어진다’는 것을 의미한다. 말이 곧 행동이요, 능력이요, 힘인 것이다. 따라서 중풍병자에게 ‘일어나 걸어가라’고 말을 하면, 일어나 걸어가고, ‘죄 사함을 받았다’고 말을 하면 정말로 죄가 사해진다. 그것이 ‘말을 한다는 것’의 의미이다.

오늘날 우리가 입으로 발음을 해서 남의 귀에 들리게만 하면 그것이 거짓이든, 허위든, 의미가 있는 것이든, 없는 것이든 무조건 말이라고 생각하는 것과는 참으로 거리가 있다.

따라서 예수가 죄를 사하는 권세가 있다는 것을 알게 해주겠다고 하고서는 중풍병자에게 ‘일어나 네 침상을 가지고 집으로 돌아가라’라고 말을 하면, 중풍병자는 정말로 일어나서 가야한다. 그러므로 이 말은 바로 중풍이라는 불치의 병을 고쳐주는 일이다. 그리고 보면 정말로 그렇게 말하기는 현실적으로 어려운 일이 아닐 수 없다.

그러나 '네 죄를 사하여 준다.'는 말은 전자보다 더 근원적인 말이기 때문에 더 어려워 보인다. 일반적으로는 후자는 병이 낫는지 안 낫는지 눈으로 보니까 확인이 되는 상황이기 때문에 더 어렵고, 전자는 더 근원적인 문제에 관한 것이기는 하지만 그것을 확인할 길이 없으니 더 쉽다고 생각할 수도 있을 것이다. 그러나 여기서는 말과 실제가 같은 것만을 이야기하고 있다. 그것은 종교의 근원적 이야기로 양심 이상의 것, 곧 하나님 차원에서의 이야기이다.

그런데 문맥으로 보면 좀 다른 것을 느낄 수 있다. 다시 살펴보면, 예수가 중풍병자의 믿음을 보고 네 죄 사함을 받았다고 한다. 서기관 바리새인들이 듣고 신성모독이라고 느낀다. 그러자 예수가 '네 죄를 사해주겠다'는 말과 '일어나 걸어가라'고 말하는 것이 어느 것이 쉬우냐고 반문한다. 그리고 나오는 말이 '그러나'이다.

"그러나 내가 땅에서 죄를 사하는 권세가 있다는 것을 너희들에게 알게 해주겠다."라고 말한다. 그리고는, 중풍병자에게 "내가 너에게 이르노니 일어나 네 침상을 가지고 집으로 가라."고 말씀한다. 이것은 '일어나 가라'고 한 것으로, '죄 사하는 권 권세가 있음'을 증명하고 있다는 이야기이다.

일반적으로 100의 능력을 믿지 않는 경우에 1,000의 능력을 보여주면 두말없이 100의 능력이 있음을 믿는다. 그러므로 앞의 말을 못 믿을 경우 그 뒤에 보여주는 것은 앞의 것보다 더 어려운 것이 보통이다. 이처럼 문맥으로 보나 사리로 보나 여기서는 '죄를 사하여 준다'는 말보다, 중풍병자를 '일어나서 걸어가라'고 말하는 것이 더 어렵다고 느끼도록 되어 있다.

그럼에도 불구하고 일반적인 인식은 병을 고치는 일보다는 죄를 사하는 일이 더욱 신성하고 하나님의 영역에 속한 것으로 느껴진다. 병은 의사도 고칠 수 있다 그러나 죄를 사하여 주는 것은 인간이 할 수 있는 일이 아니다.

따라서 문맥적 의미(죄를 사하는 것이 쉽다)와 일반적 이치(죄를 사하는 것이 어렵다)의 두 논지가 충돌하고 있다는 점이 문제이다.

그러나 여기서 우리는 문맥적 의미도 착각을 하고 있으며, 일반적 이치도 착각을 하고 있다. 여기서 우리는 '문제' 부분에서 병을 고치는 방법이 두 가지였다고 지적하였던 사실을 상기할 필요가 있다. 곧 하나는 귀신을 몰아내는 일이요, 또 하나는 병을 고쳐주는 방법인데, 중풍병자와 같은 경우는 귀신이 들어와서 병이 된 것이고, 귀신이 들어와서 병이 생기는 것은 죄로 인한 것이라고 보는 것이 기독교적인 사고이다. 아니, 병이 생기는 것은 죄 때문이라는 것이 더 정확한 기독교적 사고이다. 따라서 중풍병자에게 '죄를 사해주겠다'는 말이나 '일어나 걸어가라'는 말은 완전히 똑같은 의미인 것이다. 그러므로 문맥을 보고 죄를 사하는 것이 병을 고쳐주는 것보다 쉽다고 느낀 것이나, 일반 이치를 따져서 그 반대로 느낀 것이나 모두 선입견으로 착각을 한 것이다.

요컨대 죄를 사하여 주겠다고 말씀을 한 것과 병을 고쳐준 것은 결국 말과 행동이 일치한 것이다. 그러므로 26절에서 그 자리에 있던 모든 사람들이 예수께서 병을 고쳐준 것(죄를 사하여 준 것)을 보고 놀라서 하나님께 영광을 돌리며 심히 두려워하며 말하기를 "오늘 우리가 놀라운 일을 보았다."고 한 것이다.

✔ 정리

이제까지 살펴 본대로, 이 텍스트에서는 논쟁이 있었거나 대화의 어떤 특이한 점이 있는 것은 아니다. 그러나 다른 텍스트에서는 볼 수 없는 말씀의 무게, 즉 말씀에 스며있는 진실성과 능력에 대해서 깨우침을 주는 부분이 있으므로 그것을 드러내기 위하여 선택한 텍스트이다. 인류가 타락하면 할수록 말의 가치가 없어진다고 생각한다. 어떤 말을 어떻게 하든지 상관하지 않는 것은 그 말의 진정성, 그 말의 힘, 그 말의 능력을 무시하기 때문에 그렇게 할 수 있다.

　매일같이 거짓과 허위를 말하고, 마음과 생각이, 동작과 말이 다르게 사용되는 그런 말에만 익숙한 현대인들에게, 말로써 죄를 사할 수 있고, 말로써 병을 낫게 하는 일은 납득이 되지 않을 것이다. 그러나 옛날 성현들은 이 텍스트에서처럼 하나님의 권위까지는 아니더라도, 정말로 말을 하면 말 그대로 이루어졌고, 그래서 말을 신중히 하였다. 말하자면 타락하지 않은 시대의, 그런 사람들의 언어관, 언어 인식 등을 간접으로나마 경험하는 계기가 되었으면 하는 희망이다.

제 5 부

시

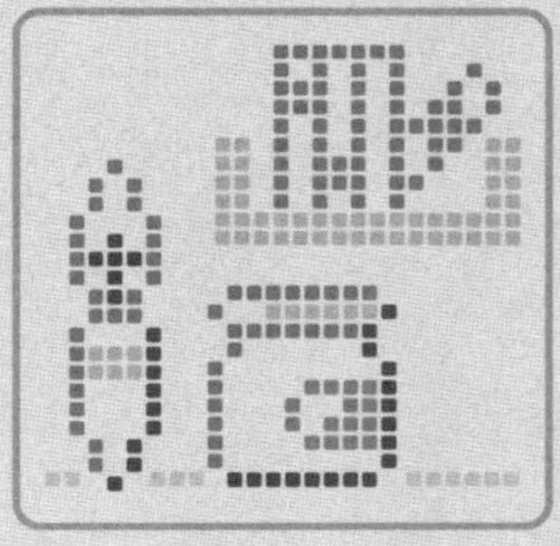

제 5 부 시

1. 시란 무엇인가

　시처럼 텍스트 생산자의 의도가 치밀하게 계획되고 관리되는 표현은 없을 것이다. 시란 창의성과 개방성을 향하여 활짝 열어놓은, 시인의 정신적 깊이가 자유롭게 마음껏 펼쳐지고 있는 세계이기 때문이다. 어떻게 우회하여 그 누구도 할 수 없는 자신만의 진실의 세계를, 그 긴장감의 무늬를 형상화할 수 있을까? 시인은 그것을 향하여 마음을 열고 상상력을 집중한다. 응집성을 위한 플랜도 세운다. 그러나 시는 생각으로 쓰여 지는 것이 아니라 말로 쓰여 진다. 결국 그것을 형상화할 수 있는 최선의 어휘배합을 위한 탐구에 집중한다. 따라서 시 텍스트의 생산은 어휘의 배열에서부터 시작된다.

　어휘배열의 새로움, 그것을 위해 말을 꼬기도 하고 비틀기도 한다. 그냥 "그리워"가 아니라 "그립다 / 말을 할까 / 하니 그리워"이다. 또 이미지를 만들기 위해서 비유하고 상징한다. 가급적이면 다른 사람들이 상상할 수 없는 먼 곳으로 우회한다. 이른바 '낯설게 하기', '시치미 떼기', '의도적 오류' 이런 모든 것들이 시인의 의도에 의해, 착상과 발상을 하며 점검과 관리를 한다. 그러면서도 적절성과 적확성, 구체성, 감각성을 표현의 기준으로 삼고 그 원칙에서 벗어나는 예가 없다.

시는 그 어떤 형태의 텍스트보다 많은 부분을 침묵하고 생략한다. 아름다움을 위해, 슬픔과 처절함, 기쁨과 괴로움을 잘 그려내기 위해, 인간과 세계의 리얼리티를 보다 잘 살려내기 위해 상상의 문을 활짝 열어젖힌 시 텍스트에서 이미 격률 따위는 의미가 없다. 그러나 거시적으로는 말할 수 없는 고차원의 격률을 창조하고 있다. 그야말로 창의적, 예술적 표현의 초절한 실현인 것이다.

이러한 언어 예술인 시란 무엇인가? 먼저 이 문제를 대략 살피기로 한다.

1) 시의 내용

■ 감동

어떤 언어로 말을 할 줄 아는 것과 그 언어로 시를 쓸 줄 아는 것과는 어떤 관계에 있을까? 우리는 우리말을 완벽하게 구사할 줄 아는데도 불구하고 왜 시를 쓰는 일은 아무나 할 수 없을까? 다시 말하면, 시란 무엇인가? 어떤 내용을 쓰는 것이 시이며 어떻게 표현하는 것이 시인가?

시의 예술성을 살피는 데 있어서 가장 중요한 것은 이와 같은 문제에 대한 대답을 알아보는 데 있다.

일찍이 존 밀턴(John, Milton)은 시를 가리켜, 시인이 개방성과 창의성으로 잔뜩 꼬아놓은 언어들로서, 일반 독자들에게는 풀 수 없는 수수께끼와 같으며 얼마 안 되는 독자들만이 읽을 수가 있는 것이라고 표명한 바 있다. 이것은 시에 사용되는 언어의 특성을 지적한 것으로, 시와 일반 언어와의 차이를 극명하게 밝히고 있다.

사실상 많은 사람들이 시를 정확하게 알지 못한다. 그러면서도 '시'하면 괜히 아름답고 매력적이며 세상과는 동떨어진, 그러면서도 인생의 진리를 담고 있는 것으로 생각한다. 그래서 애정이 가기는 하지만 경원할 수밖에 없는 그 무엇쯤으로 생각한다.

이러한 까닭은 첫째는 시의 내용을 막연하게나마 동경과 선망의 대상으로 여긴다는 것과 둘째는 시의 언어를 받아들이기가 쉽지 않다는 것 때문이다.

실제로 시는 감동의 표현이다. 그것이 주정시든, 주지시든 아니면 주의시든 한결같이 인간의 감동을 기록한 것이다. 시의 독자가 시를 읽고자 하는 것도 바로 감동은 얻기 위해서이다. 그러므로 훌륭한 시를 쓰기 위해서는, 더구나 훌륭한 시를 계속적으로 창작하기 위해서는, 늘 감동하는 마음을 고양시켜야 한다. 심지어 평범한 사실에서도 감동할 수 있는 마음을 지녀야 하며, 또한 감동할 수 있는 능력을 배양하기 위하여 자신의 내면적 감수성을 끊임없이 갈고 닦아야 한다.

사람들이 보통 감동하게 되는 대상은 이 세상의 모든 대상이 포함되지만, 크게 나누면 인간문제, 자연, 초자연의 세 가지로 나눌 수가 있다. 인간문제는 인간 자체와 인간의 일, 인간의 삶, 인간의 행위, 인간의 문화, 마음, 생각, 의지 등을 포함한다. 자연은 인간을 둘러싸고 있는 모든 세계와 자연현상이다. 그리고 초인간적이며 자연을 뛰어넘는 세계, 종교적 대상을 포함하는 신과 신의 세계 등이다. 요컨대 시인에게는 자신을 포함하는 이 세상의 모든 것이 감동의 대상이다.

그러므로 시인에게는 아무 것도 아닌, 아무 의미도 없어 보이는 대상에 대하여 끊임없이 감동할 수 있다는 것, 그것이 중요한 것이다. 그리고 그 감동은 인간의식에 내재한 본원에 대한, 알 수 없는 동경과 그리움에서 출발하게 된다. 인간의 본성에서 우러나오는 끊임없는 그리움은 그 대상들의 상호 작용을 통하여 나타나는 구체적 진실, 사랑 그리고 아름다움을 통하여 감동으로 실현된다.

소중한 것은 그것뿐이다. 그것이 시로 형상화될 때, 서정적이건 주지적이건 의지적이건 그것은 아무래도 좋다. 그것이 찬양이건 비판이건 고발이건 풍자건 표현되는 시각은 어떠해도 상관이 없다. 또 그것이 달콤하든 쌉쌀하든 얼큰하든 매콤하든 그것도 상관없다. 단지 진실과 정의, 사랑, 그리고 아름다움에 대한 무한한 감동을 형상화하면 되는 것이다.

따라서 관념적으로 말한다면 시의 내용은 지금까지 이야기한 바대로, 인간, 자연, 초자연 그리고 이 모든 대상들의 작용이다. 모든 대상과 그 대상들의 작용에 대하여, 진실과 사랑 또는 아름다움을 지향하는 감동 창출이다. 그것의 형상화인 것이다.

■ 관찰과 통찰

아무나 어느 때나 이 세상에서 진실과 사랑과 아름다움을 대할 수 있는 것은 아니다. 그렇기 때문에 시인은 이 세상의 누구보다도 사물에 대한 예리하고도 치밀한 관찰이 필요하다. 일반적으로 과학자나 발명가들의 관찰을 이야기한다. 그러나 시인은 시인대로 발명가나 과학자의 관찰을 능가하는 섬세함과 예리함을 지닌다. 단지 과학자가 관찰의 대상을 정면으로 돌파하는 데 비하여, 시인은 그것을 비틀고 뒤집고 우회하면서 돌파한다는 점이 다르다. 과학자가 현상의 진실을 밝히려는 데 비하여 시인은 진실 뒤에 숨어있는 감동을 추구한다는 점이 다를 뿐이다. 그리고 그것을 발견하기 위해서는 예리하면서도 침착한 관찰이 필요하다.

그런데 사물의 외면적인 살핌을 관찰(observation)이라고 한다면 시인들에게는 관찰만 가지고는 부족한 무엇이 존재한다. 그것은 눈에 보이지 않는 세계에 대한 접근과 심지어는 존재하지 않는 세계에 대한 진실까지도 추구의 대상이 되기 때문이다. 이처럼 보이지 않는 세계, 없는 세계, 또는 희망하거나 소망하는 세계에 대한 관찰, 그리고 보이는 세계에 내재한, 보이지 않는 원리와 진실을 살핌을 통찰이라고 부른다면, 시인에게 진실로 필요한 것은 통찰(insight)이다. 어떤 대상에서든지 누구보다도 정확하게, 독특하게, 아름답게 감동적으로 진실과 사랑, 용기와 너그러움을 찾아내는 통찰은, 위에서 언급한 감동이라는 시의 추상성을 구체적 현실로 형상화하는 통로가 되는 것이다. 다시 말하면, 관찰과 통찰은 아직 시가 되지 않은 시인의 감동을 언어로 바꾸는 대상(소재)을 마련하는 다리의 역할을 하게 되는 것이다.

이제까지의 이야기를 통하여 시의 내용은 시인 자신을 포함하는 이 세상의 모든 대상과 그 대상들의 작용이며, 그것에서 일어나는 진실과 사랑과 아름다움이며, 그것에서 느끼는 감동이다. 그리고 그 감동은 관찰 또는 통찰을 통하여 발견되고 일어난다는 것과 그리고 관찰 및 통찰된 구체적 대상이 그대로 시의 재료로 등장한다는 것이다. 이를테면 감동과 통찰이 바로 시의 내용을 이루는 것들이다.

■ 상상력

그러나 현상에 나타난 사실과 현상만으로는 제아무리 예리하고 영명한 관찰이나 통찰을 가지고도 여전히 부족함이 남는다. 왜냐하면 인간이 감동하기 위하여 나타난 사실이나 현상 이상의 것을 끊임없이 찾고 있기 때문이다. 그만큼 시인은 보다 새롭고 보다 개성적이며 누구도 생각하지 못한 진실을 표현하고자 하는 욕구 실현을 위하여 모든 노력을 집중한다.

시인은 감동의 대상으로 짐작되는 모든 것을 살피고 통찰한다. 그리고 그것이 부족하면 그것과 관계없는 세계와 대상을 끝없이 뒤지게 된다. 그런데 아무리 많은 대상을 뒤져도 근원적인 의미의 그물로 연결되는 맥락 안으로 들어올 수 있는 대상이라야 한다. 그래서 맥락의 방향과 차원을 늘 새로운 각도로 넓히고자 애를 쓴다. 그것은 거의 브레인스토밍과 같은 수평적 사고의 영역을 넓히는 작업이다. 여기에 제일 먼저 요구되는 것이 유추요 추리다. 눈앞에 보이지는 않지만, 눈앞에 보이는 것을 대상으로 앞이나 뒤 또는 가운데의 공란(gap)을 채우는 지적활동이다. 그리고 그것은 관찰의 영역을 넘어서 시인의 사고의 폭을 넓히는 데 막강한 힘을 발휘하게 된다.

물론 그것으로 끝나는 것이 아니라 더 있다. 그것이 상상이다. 경우에 따라서는 제시된 사물이나 현상에 근거하지 않고 엉뚱한 세계로 상상의 여행을 하면서 그것을 내면적 논리성과 맥락에 따라, 또는 그것조차 창조하면서 드넓은 세계로 달려 나간다. 그리고 마침내는 아무도 접근해 본 적이 없는 영역을 형상화할 수 있게 된다. 그리하여 시인의 근원적 욕구를 해결하는 경지에 이르게 되는데, 그것이 관찰과 통찰 너머의 빛나고 아름다운 세계로 끌어올리는 상상력이라는 것이다. 이러한 모든 도움으로 마침내 시는 탄생하게 되는 것이다.

요약하면, 시의 내용은 시인이 시인 자신을 포함한 우주 삼라만상과 그 삼라만상 속에 내재한 진실과 아름다움에 대한 감동이다. 그리고 그 감동은 사물에 내재한 그 무엇을, 끊임없는 관찰과 통찰을 통하여 발견하는 데서 이루어지는 것이다. 게다가 보이지 않는 세계에 대한 맥락과 실체를 상상을 통해서 연결시킨 세계, 그것이 시의 내용인 것이다.

이제 남아 있는 것은 동시에 일어나건 나중에 일어나건 언어로 바꾸는 작업이다.

2) 시의 표현형식

물론 시는 언어로 표현한다. 그러므로 당연히 시의 형식은 언어이다. 그러나 언어로 표현되는 것이 어찌 시뿐이랴. 따라서 여기서는 다른 표현형식들과는 다른, 시의 표현상의 특성을 살핌으로써 그 형식을 구체화하고자 하는 것이다.

■ 간결성

시는 이 세상에서 가장 간결한 표현형식이다. 실제 우리는 유명한 호머의

『일리아드·오디세이』는 물론 밀턴의 『실낙원』, 그리고 이규보의 『동명왕기』나 이승휴의 『제왕운기』, 현대시 중에는 김동환의 「국경의 밤」이나 박두진의 「사도행전」, 「수석열전」, 정동주의 「논개」와 같은 장편 서사시를 많이 보게 된다. 그럼에도 불구하고 시를 가장 짧고 간결한 형식이라고 한다.

그러면 짧은 시를 대상으로 삼는다 하자. 그러나 아무리 짧은 시라고 할지라도 속담이나 격언, 관용적 표현이나 표어 또는 광고 카피에 비하면 그것은 결코 짧다고 할 수 없는 것이다.

그러므로 시의 간결성은 단지 길이로만 따지는 것이 아님을 알 수 있다. 그보다는 오히려 함축성, 생략, 침묵을 포함하여 그릇에 담는 내용에 비하여 형식을 최소화할 수 있는 모든 방법이 다 동원되고 있다는 뜻에서의 간결성인 것이다. 함축이란 여러 가지 의미를 한 마디나 짧고 단순한 표현으로 나타낸다는 뜻이다. 생략은 최소한의 맥락을 유지하는 것 이외의 것은 모두 표현하지 않음을 뜻하며, 침묵은 많은 말을 해야 할 부분까지도 말로 표현하지 않음으로서 오히려 더 큰 효과를 노릴 수 있음을 말한다.

그것은 마치 북극의 빙산이 외면에 나타난 것보다 바닷물 속에 숨어있는 부분이 훨씬 크지만 눈으로 보이는 것만이 전부인 것처럼 표현하는 것과 같음을 의미한다. 그것은 마치 훌륭한 만화가가 단지 선 몇 개만 가지고도 사진이나 실물보다도 오히려 리얼리티를 더 잘 나타내는 것과 같은 것이다. 그리하여 "천천히, 쉬지 않고, 끊임없이, 낭만적으로, 그러나 고독한 분위기도 지니면서 걸어가는 나그네…"라는 의미를 단지 "구름에 달 가듯이 가는 나그네"란 말로 표현할 수 있는 따위를 의미한다. 물론 전자는 설명이고 후자는 묘사이며, 전자와 후자는 대충의 의미만 같을 뿐이지 실제가 주는 분위기와 느낌은 상당히 다르고 효과 면에서도 큰 차이가 난다. 더구나 전자는 길고 산만하면서도 의미전달이 불분명한 데 비하여 후자는 짧고 간결하면서도 의미가 분명히 드러난다. 뿐만 아니라 눈으로 보듯이 선명하게 떠오른다.

이처럼 최소의 언어로 말하고자 하는 바를 표현하되 그 어떤 자세한 표현보다도 능률과 효과를 최대화 할 수 있도록 표현한다는 의미에서의 간결성인 것이다.

물론 이 설명으로 여기서 이야기하고자 하는 함축성, 침묵, 생략 따위를 다 이야기할 수는 없다. 그래도 시의 언어의 특성 중에 하나인 '간결성'이라는 개념은 이러한 내용이라고 할 수는 있을 것이다. 따라서 길이가 장편 서사시처럼 기냐, 단시조처럼 짧으냐가 문제가 아니라, 내용을 가장 적은 말로 가장 효과적으로 표현한다는 의미에서 간결성이란 말의 진정한 의미가 있다고 하겠다.

■ 음악성

언어는 '음성'과 '의미' 그리고 그것을 배열하는 '규칙'에 따라 작용하는 의사소통의 도구이다. 이 세 가지 요소 중에 '음성'은 의사소통을 위하여 의미를 전달하는 도구요 매체이다. 따라서 발음은 물론 음성의 모든 요소들의 의사소통에 동시에 작용한다. 예를 들면 음성이 부드러우냐 거치냐, 음성의 온도가 차가우냐 따뜻하냐, 또는 말이 빠르냐 느리냐, 억양은 어떠냐 하는 것들이 모두 의사소통에 직접적으로 작용하게 되는 것이다.

그 중에서 음악성을 나타내는 부분은 세 가지라고 할 수 있다. 하나는 리듬의 발생이다. 잘 아는 바와 같이 리듬은 소리를 통해서 나타나는 박자를 의미한다. 시에서 리듬을 나타내는 방식은 나라마다 다른데 우리 언어는 대개 음의 수와 음의 길이로서 나타낸다.

> (1) 수평선 너머 작은 섬 동백나무 우거진 곳
> 　　달래듯 어루만지듯 잔파도가 찰랑인다.
> 　　해신(海神)이
> 　　낮잠 속에서
> 　　보얀 꿈을 피우는 곳

파도소리 들으며 동화 속에 잠기어
양수 속을 유영하듯
뻘 밭에 배 비비던
조개들
사랑 이야기가
피어나는 그림 속

세상 속에 잃어버린
어리던 날 그 둘레를
우산 위에 토닥이는
빗소리가 깨워주네.
하늘과
바다가 만나
살을 섞는 근처에서

- 이석규, 「어느 외딴 섬에서」 전문

가령 위의 시는, 보는 바와 같이 모두 3연으로 되어 있으며, 각 연은 3장(행)으로 되어 있고, 1장(행)은 각각 3 또는 4음절로 4음보를 이루고 있다(1음보는 하나의 /…/의 범위이다. 음보(音譜)란 소리의 걸음―한 번 쉬는 단위―를 말하므로 한 장은 3 또는 4음절로 되어 있는 말이 네 번 반복되는 것, 곧 네 걸음으로 이루어 져 있음을 뜻한다). 이러한 형식을 시조(時調)라고 하는데, 오늘날 남아 있는 우리민족의 유일한 정형시이다.

이처럼 일정한 음절수가 반복되면서 일어나는 음악성을 우리의 시에서는 활용하고 있다. 시조 말고도 향가나 고려가요 등 우리나라에는 여러 형태의 정형시와 운문이 있었으나 오늘날에는 시조 외에는 모두 사라지고 없다. 물론 시조가 아니어도 7·5조, 6·5조, 8·5조가 반복되는 정형시도 있는데 이러한 방식도 모두 음수율에 의한 음악성을 활용하는 방식을 취한다. 위의 시 중에 첫 행 첫 구절은 5음절로 되어 있으나 4음보의 틀 안에 있으므로 각 음보를 똑같은 속도로 읽어야 음수율이 일어난다는 원리에 따라 5음절을 그 다음에 나오는 3 또는 4음절의 다른 구절을 읽는 시간과 같은 시간 안에 읽게 되므로 음의 길이가 짧게 조절된다. 만약에 한 구절이 두 음절이나 한 음절로 이루어져 있다면, 음장을 더욱 길게 냄으로써 소리가 만드는 리듬을 일정하게 이루게 되는 것이다. 따라서 음수율은 일정한 음절수를 지키되 음절수가 틀리는 경우는 소리의 길이로서 조정을 하게 되는 것이다.

또한 정형시가 아닌 자유시도 같은 음절수의 반복을 통하여 부분적으로 음악성을 활용하기도 한다.

그밖에도 소리의 높낮이 이를테면 중국의 시에서는 중국어가 지니고 있는 사성(四聲)을 활용하여 읽으면 저절로 일정한 음의 고저장단이 발생하여 음악성을 살리는 음성률도 있고, 프랑스시나 영시에서처럼 같은 종류의 음소를 반복함으로서 나타나는 음악성을 활용하는 이른바 음위율도 있다.

우리 시에서는 음위율이라고 까지는 할 수 없어도 희언법(punning)을 사용하는 것도 음악성을 활용하는 표현법이라 하겠다. 물론 자유시에서는 음수율을 활용하지 않고도 읽으면서 시어 안에서 저절로 발생하는 내재율을 일으키는 음악성을 활용하기도 한다.

> (2) 돌담에 속삭이는 햇발처럼
> 　　풀 아래 웃음 짓는 샘물처럼
> 　　내 마음 고요히 고운 봄길 위에
> 　　오늘 하루를 우러르고 싶다.
> 　　새악시 볼에 떠오는 부끄럼 같이
> 　　시의 가슴에 살포시 젖는 물결 같이
> 　　보드레한 에메랄드 얇게 흐르는
> 　　실비단 하늘을 우러르고 싶다
>
> 　　　　　　　　　　－김영랑, 「돌담에 속삭이는 햇발 같이」 전문

위의 시는 낙음(樂音)으로 된 시어들을 사용한 시로 유명하다. 소리를 내어 읽으면 막힘이 없어 마치 물이 흐르는 것 같은데 이처럼 낙음을 이용하는 방식으로 음악성을 살리기도 한다.

■ 회화성

시의 표현형식 중에 가장 중요한 특성의 하나가 회화성이다. 회화성이란 이른바 이미지란 말로 갈음되는데, 이미지를 새로 만들어 내는 일, 다시 말해서 이미지 창출은 언어의 의미를 효과적으로, 새롭게 그리고 개성 있게 표현하는 최선의 방법이기 때문이다.

이미지를 표현하는 방법은 그 수법에 따라 다음 네 가지로 이야기할 수 있다. 즉, 묘사적 이미지, 비유적 이미지, 상징적 이미지, 초현실주의적 이미지가 그것인데 그 구체적 내용은 다음과 같다.

> (3) 엄마가 섬 그늘에 굴 따러 가면
> 아기는 혼자 남아 집을 보다가
> 바다가 불러주는 자장노래에
> 팔 베고 스르르 잠이 듭니다.
>
> 아기는 잠을 곤히 자고 있지만
> 갈매기 울음소리 맘이 설레어
> 다 못 찬 굴 바구니 머리에 이고
> 엄마는 모랫길을 달려옵니다.
>
> — 어효선, 「섬집 아기」 전문

(3)의 2연을 보면 어떤 수사법도 쓰지 않은 평이한 표현으로 일관하고 있으면서도 마치 그림을 보듯이 그 모습이 선명하게 머리에 떠오르게 표현되어 있다. 이처럼 묘사만을 통해서 드러나는 사물의 영상을 묘사적 이미지라고 한다. 이러한 표현법은 이미지 창출의 가장 기본이 되는 표현법이다. 너무 평이해서 예술성이 떨어진다고 생각하는 사람도 있으나, 실은 묘사적 이미지를 제대로 하는 능력이 시 표현의 기초 실력이다. 그러므로 기초실력이 없이 어려운 수법만을 고집하면 좋은 시를 쓰기 어렵게 된다. 한편 기초에 해당하는 묘사적 이미지를 잘 살리는 능력이 있는 사람들은 많은 대중의 사랑을 받을 수가 있게 된다. 왜냐하면 언어의 긴장을 피하

는 표현들이기 때문에 친근하고 쉽게 받아들일 수 있기 때문이다. 따라서 특히 노랫말에는 어려운 낯설게 하기 등으로 창출되는 이미지보다는 묘사적 이미지 표현이 많이 나타난다.

> (4) 어느 먼 곳의 그리운 소식이기에
>   이 한밤 소리 없이 흩날리느뇨.
>
>   처마 밑에 호롱불 야위어 가며
>   서글픈 옛 자취인 양 흰 눈이 내려
>
>   하이얀 입김 절로 가슴이 메어
>   마음 허공에 등불을 켜고
>   내 홀로 밤 깊어 뜰에 내리면,
>
>   머언 곳에 여인의 옷 벗는 소리.
>
> **－김광균, 「설야(雪夜)」 일부**

　위의 시에는 많은 비유가 보인다. 그 중에 '먼 곳의 그리운 소식', '서글픈 옛 자취', '머언 곳에 여인의 옷 벗는 소리' 등은 모두 '눈'의 모습이나 속성 또는 인상들을 비유적으로 나타내고 있는 것들이다. 특히 눈 내리는 모습에서 '여인의 옷 벗는 소리'를 발견한 것은 참으로 기발하고 개성적인 표현이다. 그것은 원래 관능적 감성을 유발하기 쉬운 표현인데, 눈의 모습과 동일시됨으로써 관능이 비관능적 아름다움으로 승화되고 있다. 시각(눈 내리는 모습)과 청각(옷 벗는 소리)이 하나가 되어, 그윽한 분위기와 함께 섬세하고 로맨틱한 상념을 끊임없이 분비한다. 그것은 비유적 언어 배열이 절묘하게 이루어졌을 때 일어나는 언어의 작용이라고 할 수 있다.

　이처럼 하나의 사상을 다른 사물에 비유함으로써 발생하는 이미지를 비유적 이미지라고 한다. 실제로 시에서 가장 많이 나타나는 이미지는 바로 이 비유적 이미지이다. 예를 들어, 김광균의 '외인촌'의 "분수처럼 흩어지

는 푸른 종소리"라든지,

    (5) 고무신에 잡아넣은 송사리 몇 마리가
        마알간 햇살 받고 팔딱이던 그 추억이
        정수리
        알밤을 맞듯
        아파오는 날이 있다

-최순향, 「추억 97」 2연

에서처럼 그것이 시각, 청각, 촉각을 가리지 않고 다른 대상과 비유함으로써 만들어지는 것들이 모두 여기에 속하는 것이다.

    (6) 삼월(三月)에도 눈이 오고 있었다
        눈은
        라일락의 새 순을 적시고
        피어나는 산다화(山茶花)를 적시고 있었다.
        미처 벗지 못한 겨울 털옷 속의
        일찍 눈을 뜨는 남南쪽 바다,
        그 날 밤 잠들기 전에
        물개의 수컷이 우는 소리를 나는 들었다
        삼월에 오는 눈은 눈송이가 크고,
        깊은 수렁에서처럼
        피어나는 산다화(山茶花)의
        보얀 목덜미를 적시고 있었다.

-김춘수, 「처용단장(處容斷章)」 Ⅰ의 Ⅱ 전문

  '산다화의 보얀 목덜미', '겨울 털옷' 등은 은유에 의한 이미지이지만, '남쪽바다'나 '물개의 수컷'은 환유이며 상징이다. 이러한 이미지는 언어적 감각으로 어울려, 추억(무의식, 환상) 속에 잠재해 있는 '눈 내리는 삼월 꽃과 식물'을 통해서 생명력이 살아 넘치는 싱싱한 '남쪽바다'의 이미지를 눈 내리는 삼월의 눈 속에서 그리고 있는 것이다.

　　이처럼 비유적 이미지는 단지 직유나 은유 외에도 환유 등 모든 비유법
이 동원되며 그것이 이중삼중으로 중복되어 나타나기도 한다.

> (7) 사항(麝香)박하(薄荷)의 뒤안길이다.
> 　　아름다운 배암…
> 　　얼마나 커다란 슬픔으로 태어났기에
> 　　저리도 징그러운 몸뚱어리냐.
> 　　　　　(중략)
> 　　돌팔매를 쏘면서, 쏘면서, 사항(麝香) 방초(芳草)ㅅ길
> 　　저놈의 뒤를 따르는 것은
> 　　우리 할아버지의 아내가 이브라서 그러는 게 아니라
> 　　석유(石油) 먹은 듯… 석유 먹은 듯… 가쁜 숨결이야
>
> 　　바늘에 꼬여 두를까보다. 꽃대님보다 아름다운 빛…
> 　　클레오파트라의 피 먹은 양 붉게 타오르는
> 　　고운 입술이다… 스며라, 배암
>
> 　　우리 순네는 스물 난 색시, 고양이 같이 고운
> 　　입술… 스며라 배암
> 　　　　　　　　　　　　－서정주, 「화사(花蛇)」 일부

　　위의 시는 1946년 서정주가 아주 어린 시절에 쓴 고색이 창연한 詩지
만 그 상징적 이미지 처리는 현대의 어떤 작품에 못지않다. 여기서 '꽃뱀'
은 이 글에 나타난 제재이면서도 시의 화자의 내면에 내재하는 끈끈하면
서도 불같이 활활 타오르는 욕망의 상징이다. 욕망이 구체물로 현현된 것
그것이 꽃뱀으로 여기서는 이미지가 비유가 아닌 상징으로서 나타난다.
　　상징적 이미지란, 다시 말하면 보다 심원한 의미를 바탕으로 지속적으로
상징적 수법을 통하여 만드는 이미지이다. 예컨대 김수영의 '풀'이나 '눈'
그리고 윤동주, 이육사, 그밖에 많은 사람들의 작품에서 많이 발견된다.

    (8) 언어는
        꽃잎에 닿자 한 마리 나비가
        된다

        언어는
        소리와 뜻이 찢긴 깃발처럼
        펄럭이다가
        쓰러진다

－문덕수(文德守), 「꽃과 언어」 일부

위의 시에서처럼 이미지가 의미의 고리로 연결되는 것이 아니라, 이미지가 그려내는 분위기를 중시하는 이른바 초현실주의적인 수법도 있다. 즉, 비유나 상징 등 유사성이나 인접성에 의한 이미지 창출이 아니라, 관념을 벗어난 언어의 미감을 극대화하려는 이른바 '무의미 시'에 대한 실험이 그것이다.

이러한 경향은 무의식적 심리상태에서 연상 작용에 의해 떠오르는 내면의 세계를 그리는 주지적, 상징적, 초현실주의적 경향을 띤다. 그리하여 문덕수의 언어는 나비, 깃발, 밀물, 불꽃, 꿀벌로 변신하며, 마치 사랑하는 남자가 사랑을 통하여 여성을 여자로 만들 듯이, 언어는 꽃잎과 교통하여 쓰러지고 꺼지기도 하지만, 나비와 꿀벌이 되어 진실로 꽃을 꽃으로 만들어 번식하게도 한다.

그리하여 '시의 창조과정이라는 주제'를 위하여 언어가 어떻게 생성과 소멸을 거듭하고 있는가를 보여주기 수법으로 표현하고 있는 것이다.

이제까지 논의한 바와 같이 이미지는 묘사적 이미지, 비유적 이미지, 상징적 이미지, 초현실주의적 언어의 미감을 극대화하기 위한 이미지 등 여러 가지 방법과 형태로 실험이 되어 왔다. 그리고 그것은 언어의 음악성과 함께, 의미의 시각화 또는 감각화를 통하여 회화성을 효과적으로 발현하는 작업이다. 그리고 그것은 언어가 지닌 특성을 최대한으로 활용하여 언어 표현의 능률과 효과의 극대화를 가능하게 하는 최선의 방법인 것이다. 따라서 시에서 설명과 기술을 피하고 단지 이미지를 창출하는 것으로 그 모든 언어의 효용성을 합친 것보다 더 큰 표현효과를 나타낼 수 있게 하는 것이다.

효과적이며 보다 예술적인 이미지 창출을 위하여서는 앞에서 언급한 바와 같이 이미지의 보조관념으로 나타나는 대상은 표현하고자 하는 의미로부터 멀리 우회할수록 더욱 좋다. 왜냐하면 그래야 기발하고 개성적이며 예술적이 되기 때문이다. 그러나 무조건 멀리 우회만 한다면 개성적이긴 해도 적합성에 문제가 생겨 공감을 얻어내기 어렵다는 점이 문제이다. 그러므로 우회성과 함께 또 하나 중요한 것은 적확성이다.

요컨대 이미지는 멀리 우회하되 아주 적확한 또는 적절한 대상을 찾아내는 것이 중요하다고 하겠다.

구체성, 감각성

시적 표현에서 특히 언어의 의미와 관계되는 부분이 첫째는 회화성이고 그 다음은 간결성이라고 할 수 있는데, 이 두 가지를 이루기 위하여 가장 중요한 것은 사용되는 어휘가 '구체어'라야 한다는 것이다. '제3부 속담'에서 언급한 바와 같이 같은 내용일 경우에 추상적, 관념적 표현은 독자나 청자에게 공감을 불러일으키는 데 장애가 된다. 예컨대, 격언과 속담을 구분하는 가장 근본적 차이점이 격언은 주로 관념어, 추상어로 표현되어 있는데 비해 속담은 구체어, 감각어로 표현되어 있다. 따라서 화자와 청자가 대등한 경우에 격언형식으로 말하면 그것은 실감으로 느끼지 못하거나 반발하기 십상인데, 속담 식으로 표현하면 그것을 쉽게 이해하고 받아들이게 된다. 그 까닭은 격언의 표현은 관념적, 추상적 표현인 데다가 권위적인 데 비해 속담은 구체적 감각적이며 받아들이는 결정권을 청자에게 위임하기 때문이다.

위의 (3)∼(7)에 예시된 시를 보아도 관념어나 추상어가 (4), (5)에 하나씩 두 단어 나타나고 있을 뿐 전무함을 알 수 있을 것이다. 이처럼 이미지 창출이나, 보여주기, 낯설게 하기, 간결한 표현 등에서 언제나 주의를 기울여야 할 것은 반드시 구체어, 감각어로 표현해야 하며 그렇게 표현되었을 때 비로소 예술적 표현이라고 할 수 있는 것이다.

그밖에도 잘 쓰인 시에 있어서, 형식적으로 통제하는 힘, 곧 통제력도 중요하다(이상섭, 1980 : 28). 그것은 텍스트의 자율성을 보장하는 요소이기 때문임을 형식주의적 해석자는 믿고 있다. 문학적 텍스트, 특히 시를 일러 자기 충족적(self-cotained) 구조라고 하는 이유도 여기에 있다.

이상에서 언급한 시의 표현형식은 각 특성들을 활용함으로써 적절한 어휘 배합을 이루게 되면, 아무리 소박하고 간단한 시 형식이라 할지라도 의미의 긴장이 포착되고 느껴지게 되는 것이다. 이를테면 밀도, 생동감, 참신성을 창조하게 되는 것이다.

2. 시 텍스트의 정보성 탐색

1) 들어가기

텍스트언어학은 단일한 이론이나 방법만을 지칭하는 것은 아니다. 텍스트 그 자체를 대상으로 삼는 언어학의 모든 연구를 통칭한다. 그러므로 텍스트에 속한 것은 그것이 산문이든 운문이든, 허구이든 실화이든, 예술문이든 실용문이든 하나의 완결된 글의 형태를 취하고 있는 것은 모두 그 속에 포함된다(반 다이크, 1977).

텍스트 연구에서 가장 중요한 것은 통사론적, 의미론적, 화용론적 관계와 또한 문체적 도식적 구조와 이들 상호 간의 관련성이다. 그리고 다음은 텍스트의 기능에 관한 것으로 텍스트를 통하여 복잡한 정보를 생산하게 하며, 이해하게 하는 일반적인 인지적 특성을 분석하는 일이다.

따라서 텍스트 수용자 입장에서 보면 무엇보다도 텍스트에 대한 접근, 즉 텍스트에 대하여 흥미를 갖고 그 내용을 이해하며, 해석하는 과정이 가장 중요하다. 그리고 이러한 일은 텍스트의 정보성 탐색으로서 이루어진다. 이 글이 추구하는 근본 목적은 시 텍스트의 정보성 탐색의 방법론을 다각도로 고찰하고자 하는 것이다.

여기서 시를 선택한 데는 특별한 이유가 있다.

첫째, 시는 풍부한 정보를 응축하고 있다. 시는 시인이 지각하는 바를 그대로 창조하는 것이다. 다만 자아와 우주에 관한 성숙한 인식과 해독을 통하여 세련된 표현 방법으로 그것을 구현할 뿐인 것이다. 이렇게 표현된 시어는 일상 언어에 비하여 언어의 기능을 훨씬 높은 경지까지 끌어 올리며, 비유와 상징 등으로 의미 영역을 끊임없이 확장한다. 따라서 시는 시인과 독자의 우주이며, 그들이 합작으로 창조해 내는 새 하늘과 새 땅, 즉 신세계인 것이다. 그러므로 시에의 접근은 언어와 그리고 언어의 유희 안쪽에 내재한 본질에 대한 이해와 그 해석으로부터 이루어져야 한다.

둘째, 시는 인간 존재의 근본에 관한 무한한 탐구 정신과 그리움이 깃들여 있어서 정보성의 동기 탐색에 관한 흥미를 유발한다. 셋째, 문학론으로서 시의 해석을 위하여 텍스트언어학적 접근이 상당히 도움이 될 것으로 여겨진다.

이 장에서는 서정주의 '국화 옆에서'를 중심으로 정보성 탐색을 시도해 보고자 한다.

2) 텍스트와 정보성

텍스트언어학에서 정보성의 개념은, 언어의 배열에서 언어가 선택될 가능성에 관하여 예컨대, 기대(Expextation), 예측(Prediction), 우선 선택(Preference), 가설(Hypothesie), 기준치(Default) 등으로 설명되는 개연성(Probability)에 반비례하여 나타나는 새로움 또는 비예측성을 의미한다.[1] 일반적으로 단어와 단어, 구절과 구절, 그리고 문장과 문장 사이에 있는 연쇄성은 통계적 또는 맥락적 개연성에 따른다.[2] 그런데 어떤 텍스트이든 일반적 개연성의 범위밖에 있는 비예측적 어휘나 구절 또는 문장이 돌출하는 경우가 반드시 있게 마련인데, 그것을 우리는 '정보'라는 개념으로 인식하게 되는 것이다. 그리고 이러한 정보성을 지니는 연쇄는 응결성 그리고 특히 응집성과 관계가 된다.

> (9) 눈은 살아 있다.
> 떨어진 눈은 살아있다.
> 마당위에 떨어진 눈은 살아있다.
>
>   -김수영, 「눈」의 일부

> (10) 너는 전쟁의 계단을 포복하는 군단의
> 불면이 겹쌓여 탄피와 같이 굳어진 눈시울 속에
> 살아 있다.
>
>   -전봉건, 「음악」의 일부

(9), (10)은 모두 연쇄의 개연성이 적은 시의 일부이다. 따라서 이것을 이해하고 받아들이기 위해서는 몇 차례의 격하(Down grading) 과정을 겪어야 하는 것이므로 3차 정보성 수준의 것이다.[3]

---

1) 정보성은 텍스트의 자료가 예측한 것과 예측하지 않은 것, 알려진 것과 알려지지 않은 것(불확실한 것)의 정도를 의미한다. 따라서 정보성의 정도는 자료처리의 난이도와 흥미의 정도를 결정한다.

2) 하나의 어형이 다른 어형과 결합되는 가능성에 대하여 추이확률을 통계적 사실에 바탕을 두는 경우(이러한 연쇄를 샤논과 웨버(1949)에서는 마콥 연쇄(Markov Chain)라고 부른다)와 어형의 결합을 통계에 따르기가 어려우며 맥락적 개연성에 따라 결정된다고 보는 견해(Sprung, 1964)가 있는데, 후자가 좀 더 현실적이다.

3) 각 연쇄층에서 개념의 연쇄들이 서로 연결되는 과정에서 개연성의 정도에 따라 편의상 세

〈그림 1〉 김수영 「눈」의 응집성

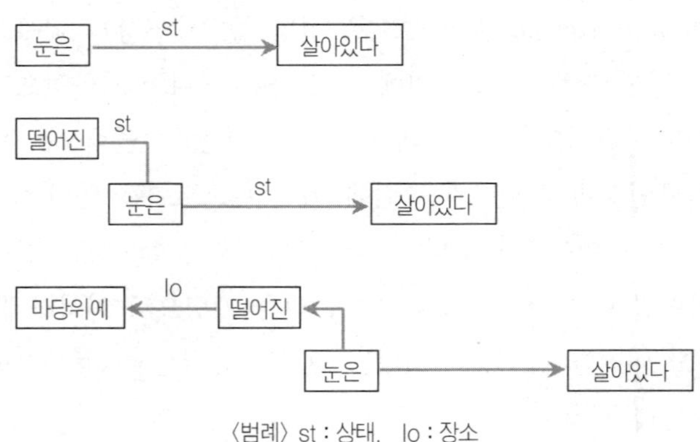

　(9)는 위의 응집성을 갖고 있다.[4] 이 텍스트의 응결성으로는 정보성이 낮은 텍스트이다. '눈은 살아있다.'가 똑같이 세 번이나 반복되어 정보성을 감소시키고 있기 때문이다.[5]

　'떨어진+눈'의 연쇄나 '마당위에+떨어진'의 연쇄, 다시 말하면 응결성은 아무런 문제도 비예측성도 발견되지 않는다. 다만 '눈은+살아있다'에서 개념상의 개연성에서 비예측적인 면이 있는데, 이는 응결성의 문제라기보다 응집성의 문제이다. 왜냐하면 발화체에 나타나는 개념들과 그 개념들의 관계가 이루는 구성체 내부에서의 상호적 접근과 적합성이 바로

단계의 정보성을 상정할 수 있다. 물론 각 단계에 따른 경계가 뚜렷하지 않은(fuzzy) 점이 있으나 대략 높은 정도, 낮은 정도, 범위 밖의 것으로 나누고 각각 1차 정보성, 2차 정보성, 3차 정보성으로 나타낸다. 특히 비유와 상징으로 표현되는 시 텍스트의 경우에 3차 정보성으로 나타낸다. 특히 비유와 상징으로 표현되는 시 텍스트의 경우에 3차 정보성의 연쇄가 많으므로 연구의 과제로 판단된다.

4) 응집성은 주제를 중심으로 한 지식 공간(Knowledge spaces)이 구성하는 하나의 망(netwock)으로서 개념들 간의 관계가 결합해져서 이루어지는 결과이므로 통사분석과 달리 개념들의 연속성(continuity of senses) 중심으로 표현한다.

5) 회기법(recurance) 등 반복이 빈번히 일어나는 것은 정보성을 격하시키고 반복은 강조, 놀라움, 지시 또는 요구나 주장을 재확인하거나 화제와 무관한 방해를 받을 때 이를 극복하기 위하여 일어나는 현상이며, 특히 시텍스트에서는 전체적 통화의미와 목적에 부합하려는 동기에서 사용된다(보그랑드와 드레슬러 1981 : 52~53).

응집성이기 때문이다. 다시 말하면 응집성은 의의의 연속체인 셈이다.

(9)에서 '눈'이 '眼'과 '雪'의 중의성 또는 다치성(多値性)을 띠고 있으며,6) '眼'의 경우 '눈'이 살아있다는 것은 '눈'을 가진 주인공이 살아 있다는 것과의 상관관계 속에서 추론적 격하가 필요하고, '雪'일 경우에는 비유나 상징으로 확대된 의미 영역에서의 격하가 필요하다. '떨어진', '마당 위에 떨어진 것'이 '眼'일 경우와 '雪'일 경우에 드러나는 비예측성의 차이는 매우 큰 것이다. 또한 의미를 확대해서 '眼'을 어떤 경우에도 꺼지지 않는, 진실을 보는 또는 역사의 증인, 목격자를, '雪'을 '어떤 처지에도 훼손되지 않는 순수의 본질'로 받아들일 때에는 근거와 적합성에 있어서 문제가 제기된다.

따라서 (9)는 응결성의 정보성은 상대적으로 낮지만 응집성 면에서의 정보성은 상당히 크며, 또한 몇 차례의 추리 과정을 거쳐서 격하하지 않으면 안 된다. 그것이 응결성의 정보성을 격하시키면서까지 '눈은→살아 있다'를 세 번씩이나 반복한 이유이다.

(10)은 응결성에 있어 맥락적 개연성은 매우 낮다. 예컨대, '전쟁의+계단', '전쟁의 계단을+포복하는', '군단의+불면', '전쟁의 계단을 포복하는 군단의 불면이 겹쌓여+탄피와 같이 굳어진 나의 눈시울' 등에서 보듯이 연쇄의 개연성이 그리 높지 않은 것이어서 생소하고 거부감조차 들 수 있다. 그러나 응결성 심층에 들어 있는 응집성을 거시적으로 분석해 보면 '전쟁으로 힘든 상황(수면 부족 등) 속에서 항상 너를 생각하고 있다.'는 별다른 정보성이 없는 글이 되어 버리고 만다.

(10)에서처럼 응결성의 접근이 어려운 대신 일단 접근하고 나면 격하가 쉬운 것이 있는 반면에, (9)처럼 응집성에서 개연성이 부족한 경우는 접근

---

6) 일반적으로 텍스트에 나타난 표현은 하나의 의의(sense)만을 갖는데 의도된 의의가 불분명할 때 불확정성을 띠게 된다. 그것이 텍스트 생산자의 의도와 상관없이 보일 때는 중의성(ambiguity)이라 할 수 있으나, 텍스트 생산자가 실제로 여러 의의를 동시에 전달하려는 의도가 있다면, 그것은 다치성(polyvalence)이라 할 수 있다.

하기는 쉬우나, 보면 볼수록 격하되지 않으므로 반성과 추리 과정을 겪어야 하는 것도 있다. 더구나 후자의 경우 외향적 격하[7]를 통한 의미 확장을 시도할 경우에는 왜곡될 가능성도 매우 많다.[8]

1960년대에 특히 난해시에 관한 논란이 많았는데, 응결성의 비예측성이 지나치게 높은 것은 일반적으로 시인의 자질 부족, 시에 대한 인식상의 문제, 또는 안이한 창작 태도로 인한 경우가 많고, 독자들이 생경하고 난해하게 느껴 기피하는 현상이 일어나기 쉽다. 반면에 응결성은 매우 안정성이 높은데 응집성 측면에서 비예측적인 것은, 독자들이 쉽게 접근하지만 많은 경우에 시의 진미를 맛보지 못할 수가 있다.

전자는 시 텍스트 생산자의 책임이 크고 후자는 주로 수용자의 수준상의 문제가 있다고 본다.

정보성 탐색 연구는 전자와 후자 모든 경우의 문제 해결의 방법론을 찾고자 하는 것이지만 특히 후자, 즉 텍스트 수용자의 입장에서 정보성 획득의 방법론을 찾는 일에 더욱 관심을 갖는다.

3) 응집성

텍스트의 안정성(stability)은 발화체의 연속성에 의해서 유지된다. 그리고 이러한 연속성은 문법적으로 통사구조 체계에 의하여 표층 텍스트에 구조적 패턴을 부과한다. 텍스트언어학에서 응결성은 바로 통사구조의 연속성

---

7) 텍스트의 연속성에서 나타나는 불일치성을 해결하기 위하여 동기탐색을 하게 되며 그것을 통하여 3차 정보성의 발화체가 2차적인 것으로 낮아지는 과정을 격하(downgranding)라 하며 격하의 방법상 앞서 나타난 발화체에서 동기를 찾는 것을 후향적 격하(backward downgranding), 나중에 나타날 발화체를 고려한다면 전향적 격하(forword downgranding), 텍스트 범위 밖에서 찾게 되면 외향적 격하(outword downgranding)가 된다(보그랑드와 드레슬러, 1981).

8) 과거에 성경 해석학을 비롯한 각종 해석학이나 문학비평, 특히 효과주의 비평에서 이러한 왜곡 현상이 많이 일어났다.

의 기능을 그대로 활용하고 있다. 따라서 응결성은 구, 절 또는 문장 사이의 연속성보다는 단일한 구, 절 문장 내부에서의 구조에 보다 직접적으로 관여한다. 그런데 텍스트학의 정보탐색은 사실상 구와 절 또는 문장 내부의 요소들이 나타내는 미시상태(micro-state)보다는 구, 절, 문장 그 자체로 나타나는 거시상태(macro-state)가 더 중요한 경우가 많으며, 이 거시상태들이 서로 결합하여 만들어지는 거시구조의 분석이 필요하다. 그리하여 텍스트의 주된 아이디어를 추출하기 위해 삭제(delition), 일반화, 구성과 같은 조작들을 활용할 것이다.9) 이러한 방법으로 다음 시 텍스트를 분석하여 정보성을 탐색하고자 한다.

   (11) 한 송이 국화꽃을 피우기 위해
       봄부터 소쩍새는
       그렇게 울었나 보다

       한 송이 국화꽃을 피우기 위해
       천둥은 먹구름 속에서
       또 그렇게 울었나 보다.

       그립고 아쉬움에 가슴 조이던
       머언 먼 젊음의 뒤안길에서
       인제는 돌아와 거울 앞에 선
       내 누님같이 생긴 꽃이여

       노오란 네 꽃잎이 피려고
       간 밤엔 무서리가 저리 내리고
       내겐 잠도 오지 않았나 보다.

－서정주, 「국화 옆에서」 전문

---

9) 반 다이크(1977)에서는 텍스트는 하나의 주된 아이디어에서 출발하며 점차 세분화된 의미로 전개되는 것이므로 하나의 텍스트에서 주된 아이디어를 추출해 내기 위해서는 삭제(deletion : 소재의 제거), 일반화(generalization : 소재를 더 일반적인 방법으로 고쳐 쓰는 것)과 같은 조작이 필요하다고 하였다.

이 시는 응결성의 문제는 거의 없다.[10] 그러나 응집성의 측면에서는 개연성에 어긋난 비예측적 사실들이 상당히 발견된다. 실제로, 시의 근본적 기능은 틀에 박힌 일상적 지각방식으로 강화된 습성을 타파하고 파괴하는 것이다. 그것이 바로 시적 형상화이며, 친숙한 것의 비친숙화(defamiliarity)를 통한 시 텍스트의 창조행위라고 할 수 있다.

이제 이 텍스트의 응집성을 분석함으로써 정보성을 탐색하고자 한다.

먼저 1연을 살펴보겠다.

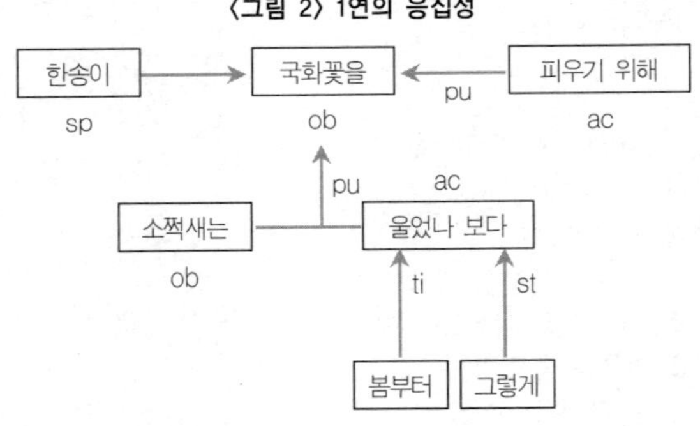

〈그림 2〉 1연의 응집성

〈범례〉 ob : 대상, ac : 행동, pu : 목적, ti : 시간, st : 상태

(3)의 1연의 응집성을 <그림 2>에서 하나의 개념망(network)으로 표시해 보았다.

다시 (3)의 텍스트를 살펴보면 1연, 2연, 4연의 응결성이 거의 같다는 것을 알 수 있으며, 응결성의 문장성분간의 연속성에도 문제가 되는 것은 없다. 그런데 응집성에서 개념의 연결 관계에서 비예측적인(odd) 것이 발견된다. 따라서 응결성은 덮어두고 이들을 모두 응집성의 망으로 나타내 보이면 다음과 같다.

---

10) 기초가 확립되어 있는 시들에서 응결성의 문제는 없는 것이 일반적이다. 비친숙화나 낯설게 하기 등의 표현 방법들은 응결성의 문제가 아니라 응결성의 문제이다. 따라서 극단적으로는 응결성의 문제가 제기되는 것은 시의 기초가 안 되어 있는 시라 할 수 있다.

〈그림 3〉 1, 2, 4연의 응집성

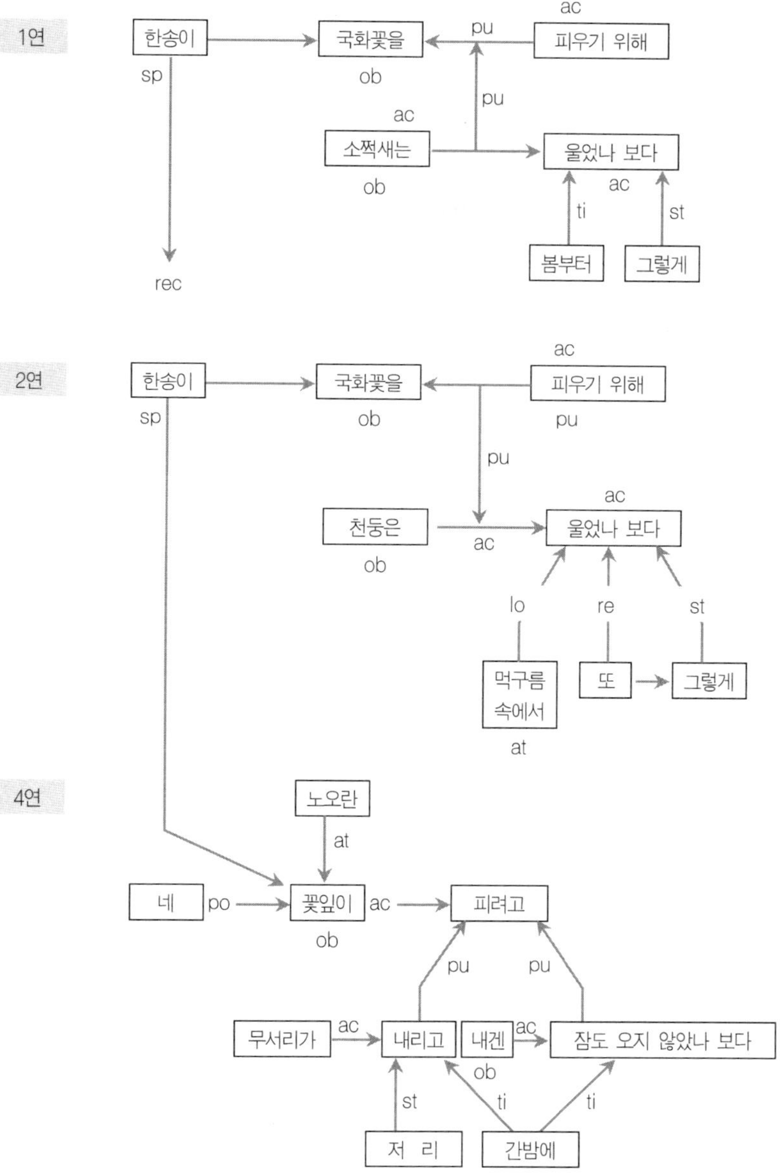

〈범례〉 ob : 대상, ac : 행동, sp : 명세화, pu : 목적, ti : 시간,
st : 상태, rec : 회기성, re : 반복, lo : 장소, po : 소유

4) 개념의 거시구조

<그림 2>를 통하여 1연, 2연, 4연은 하나의 목적에 부합시키려는 의도된 회기법을 사용하고 있음을 알 수 있다. 그리고 그 회기법은 주로 통사론적 회기이며 상당 부분의 개념들의 회기도 포함되어 있다. 이러한 전제를 바탕으로 미시구조를 일단 생략, 삭제, 일반화하고 구성 및 통합 등의 거시규칙을 활용하여 거시구조를 만들어 보면 그 거시구조는 다음과 같다.

<그림 4> 거시구조

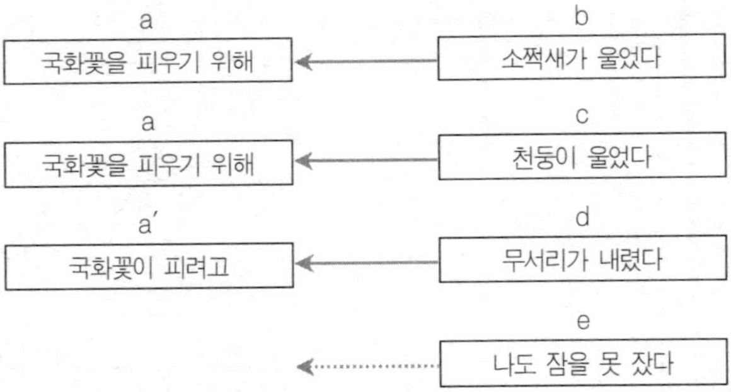

<그림 4>에서 a′는 a의 환언(paraphrase)이므로 a′를 a로 일반화시키면 b, c, d, e의 작용(동작)의 목적은 모두 a임을 알 수 있다. 따라서 <그림 4>를 기호화하여 거시구조로 나타내 보이면 다음과 같다.

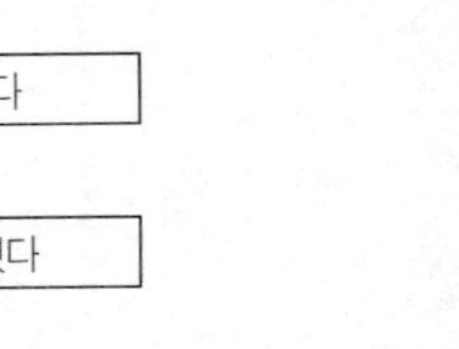

<그림 5>는 이 텍스트의 제어 중심(control center)[11] 이 통사론적 주어나 또는 동작주에 해당하는 '소쩍새', '천둥', '무서리' 등이 아니고 응결성의 차원에서는 겨우 수식어에 불과한 '국화꽃의 개화'라고 할 수 있다. 다시 말하면 b, c, d, e의 모든 작용들이 결국 '국화꽃의 개화'라는 목적을 이루기 위하여 존재한다

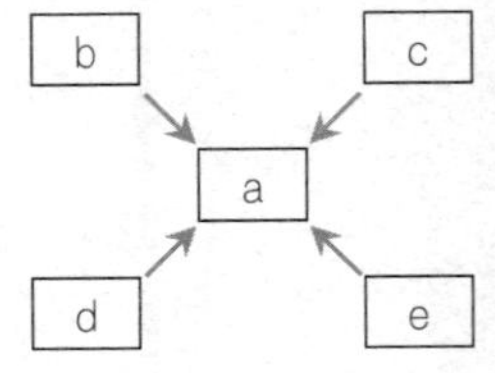

〈그림 5〉 거시구조의 기호화

---

11) 제어중심은 정보처리를 요령있게 수행할 수 있는 지점이다.

는 것을 명쾌하게 보여준다.

　다음은 응결성과 응결성의 회기와 환언, 그리고 변화 등을 분석하기 위하여 각 연에 사용된 어휘들을 살펴보기로 한다.

〈표 1〉 어휘구조 분석

	1연	2연	3연
동작주	소쩍새	천둥	무서리, 나
시 간	봄	여름	가을, 간밤, 새벽
상 태	그렇게	또 그렇게	저리
동 작	울다	울다	내리다, 잠이 오지 않다
목 적	한 송이 국화꽃(노오란 꽃잎)을 피우기 위해		

　<표 1>은 똑같은 통사구조 하에서 시간의 변화에 따라 동작주와 동작이 하나의 목표를 향해 바뀌면서 회기 반복되고 있음을 보여준다. 이를 바탕으로 각 성분들이 제어중심에 대한 의존관계를 하나하나 논의하기로 하겠다.

■ 시간

　1연에서는 '봄부터'라는 직접 표현을 통해 만물이 소생하는 '봄'이란 계절과 그 시점에서 시작되어 '지속'되고 있음을 보여준다. 2연에서는 시간이 직접 표현하는 대신 동작주인 '천둥'의 속성을 통하여 간접적으로 '여름'이라는 계절을 암시하고 있다. 4연에서는 동작주 '무서리'가 내림을 통하여 가을이 왔음을 간접적으로 나타내 준다. 다만 여기서 주의할 점은 1연에서 4연까지 각 계절들이 각기 단절되어 있는 것이 아니라 지속적으로 이어지는 것으로 받아들일 수 있다는 사실이다. 또 한 가지는 4연에서는 국화꽃의 개화라는 목적이 이루어지는 시간이므로, 특별히 클로즈업하여 상세히 표현하고 있다. 즉 꽃이 개화하기 위한 마지막 고비인 '간밤'과 마침내 개화가 완료된 '새벽'까지도 나타나 있다.

■ 동작주

　'소쩍새', '천둥', '무서리'가 등장하는데 이들은 어휘적 의미와 쓰임은 엄청나게 다양할 것이나 여기서는 문맥적 의의를 세 가지 동작주의 공통성이라는 범위에서 파악해야 할 것이다.

　'소쩍새'는 접동새, 두견, 자규, 망제혼, 귀촉도 등으로 불리며, 특히 가을날 밤늦도록 우는 울음소리가 매우 처량하여, 한(恨), 슬픔, 처절, 고통, 고독 등의 상징적 의미를 갖는 것으로 이해된다.

　'천둥'은 주로 여름에 일어나는 자연현상의 하나이지만 열정, 파괴, 분노 등의 이미지가 느껴진다.

　'무서리'는 채찍, 시련의 의미로 일반적으로 받아들여진다.

　이들 세 동작주의 공통점은 국화꽃이 자라나서 개화하기까지의 과정에서 반드시 겪어야 할 고난과 고통, 시련이라는 공통적 의미를 암시하고 있다.

■ 상태

　동작주들의 행위가 이루어지는 상태에 관한 묘사이다. '그렇게'는 보이지 않는 곳의 지시를 나타내는 부사로서 과거, 현재, 미래 또는 상상 속에서 이미 알고 있거나, 공동으로 인식하는 바의 상태를 나타낸다. 따라서 시적 화자와 독자 사이의 인식 공간에서 공감할 수 있는 상태의 모습이며 (시의 화자와 독자 사이에 공유할 수 있는 기억 공간 속의 경험) 그 속성은 대략 '매우 심하게'의 뜻을 지니고 있다고 볼 수 있다. 그리고 '저리'는 시적 화자가 무서리를 거리를 두고 바라보면서 '지시하고 있는 바와 같이'의 뜻으로 쓰이고 있다.

■ 목적

　1연과 2연은 동일한 목표를 가지고 있다. 다만 4연에서는 '한 송이 국화꽃'을 '노오란 네 꽃잎'으로 환언하고 있는데, 1, 2연에 비하여 현재 시간에 가까운 거리에서 바라보는 좀더 구체적인 모습을 나타내고 있다. 결국 1, 2, 4연의 목적이 모두 같다.

그런데 <그림 4>와 <그림 5>에 e로 표현되어 있는 '내겐 잠도 오지 않았나 보다'가 4연에 포함되어 있어, 4연만 동작주와 행위가 두 차례 반복되고 있다. 이는 회기법의 반복에서 오는 단조로움을 피하기 위하여 의도적으로 마련한 파격이다. 이러한 파격이야 말로 시를 과학도 논리학도 아닌, 자연스러운 여유와 멋을 살려내는 작용을 한다. 그리고 그것은 또한 의미확대의 근거를 마련하여 주는 단서로 작용한다.

5) 비유와 정보성

이제까지 a라는 목적을 이루기 위하여 b, c, d가 한결 같이 작용하고 있다는 사실을 살펴보았다(<그림 5> 참조). 그러나 이 시점에서 정작 해결해야 할 문제는 b, c, d가 과연 a라는 목적을 실질적으로 이룰 수 있느냐 하는 것이다. 시 텍스트에서 그것을 감상하거나 정확히 정보성을 탐색하기 위해서는 먼저 모든 선입관을 배제하여야 한다.

    (12) 시간은 화살처럼 흐른다.

    (13) 빨치산에 겁탈 당한 열아홉의 내 누이다
        알몸 되어 소름 돋친 살갗을 떨다
        모랫벌에 혀를 박은 내 누이다.
        원통하게 피빛으로 파헤쳐진 밑구멍이다.

                          – 강우식, 「해당화」 일부

    (14) 감꽃이 지던 날
        엽서 한 장 기다리다
        떨리는 꽃 이파리
        그 둘레 다시 둘레

> 달무리
> 달무리 질라
> 흙살 같던 그 사람
>
> — 류성규, 「그 사람」 일부

(4)는 직유로서 한 낱말로 된 보조관념을 통하여 원관념을 이미지화한 모습이다. (5)는 은유를 반복하는 과정에서 여러 개의 보조관념을 동원하여 원관념 '해당화'의 이미지를 보강하고 있다. 이 둘은 구체적 사상(事象)을 비유를 통한 보조관념으로써 이미지화하고 있다는 점에서 공통적이다. 그러나 전자는 한 낱말로 이미지를 나타낸 데 반하여, 후자는 보조 관념이 여러 개의 어휘가 반복적으로 되풀이되어서 이루어졌을 뿐 아니라, 필요에 따른 다양한 방법으로 의미를 보충하거나 강화하고 있다. 이런 경우는 보조 관념의 해석을 통해 이미지가 나타나기 마련이다.

이들에 비하여 (6)은 상당한 차이점을 갖고 있다. '떨리는 꽃 이파리'는 물론 감꽃 이파리이다. 그러나 동시에 시적 화자의 모습이기도 하다. 시적 화자는 엽서를 기다리다가 가슴이 떨리고 있는 것이다. 정황으로 볼 때에 그리움에 떨고 있는 게 틀림없다. 그런데 갑자기 '그 둘레'가 나오고 그리고 '다시 둘레'가 나온다. 그것은 떨고 있는 시적 화자를 겹겹이 둘러싸고 있는 모습을 이미지화한 것이다. 무엇이 둘러쌌느냐 하면, 엽서를 기다린 것으로 그리움에 둘러싸여 있음을 유추할 수 있다. '그리움'이라고 하는 추상적인 말을 한 마디도 쓰지 않고, 그리움에 싸여 있는 시적 화자의 모습을 너무도 생생하게 이미지로 창출하고 있다. 더구나 '그리움'이 달무리에 의탁되어 하늘에 가득 찬 모습으로까지 확대되고 있는 것을 볼 수 있다. 여기서 달무리의 출현은 단지 그리움의 공간적 영역의 확대에 그치는 것이 아니라 시간적으로도 이어지고 있음을 알 수가 있다. 감꽃이 지는 날 엽서를 기다린다. 그리움으로 마음이 떨린다. 그리움이 점점 자란다. 처음에는 화자의 둘레를 감싼다. 그리고 더 크게 감싼다. 그것이 달무리만큼 하늘 가득히 번진다. 그리움이 세상 세상에 꽉 차오른다. 그것은 달무리가 지게 될 새벽까지 계속될 터이다. 결국 엽서는 오지 않고 그리움은 커지고 그리고 그런 상태로 밤을 지새우는 시의 화자의 모습이 눈에 선하게 떠오르는 장면이다.

이것을 역으로 거슬러 올라가면 '달무리'와 '그 둘레', '다시 둘레'의 원관념은 '그리움'임을 알 수 있다. 그런데도 (6)에서는 원관념이 전연 나타나 있지 않다. (5)에서처럼 시의 제목에도 나타나 있지 않다. 다만, '떨리는 꽃 이파리'의 원관념이 시적 화자라는 유추가 가능하며, '엽서 한 장 기다리다'라는 구절로 떨리는 원인이 그리움에 있음을 유추할 수 있을 뿐이다. (4)는 직유, (5)는 제목을 원관념으로 하는 은유이며, (6)은 원관념이 이중 삼중으로 숨어 있으며 그것도 시의 행간에 나타나 있는 암시를 통하여 유추할 수 있을 뿐이다. 은유 중에서도 이처럼 이중 삼중으로 원관념이 감추어져 있는 경우는 매우 드물다.

(4), (5), (6)의 공통점은 모두 비유로 되어 있으며, 이미지를 표현하고 있다는 것과 모두 현실 세계에서는 진(眞)이 아니라는 점이다. 이들을 통하여 시의 이미지는 비유로 나타나며, 비유는 현실 세계에서는 진이 아니라는 사실을 상기할 수 있다.12) 따라서 시어에 나타난 개념의 연쇄가 비일상적이며 비현실적인 결합에 대한 격하는 먼저 비유의 원관념을 탐색하는 데서 시작되어야 한다.

이러한 점은 '국화 옆에서'에서도 잘 나타나 있다. <그림 4>, <그림 5>, <표 1>에서 되풀이 하여 강조한 대로 a. 국화꽃의 개화라는 목적을 달성하기 위하여, b. 소쩍새, c. 천둥, d. 무서리가 작용하고 있는 것으로 되어 있다. 물론 비현실적 결합이다. 실제로 소쩍새는 국화꽃이 피라고 울지도 않고 국화꽃을 생각하지도 않으며 국화꽃이 무엇인지도 모른다. 따라

---

12) 시적 이미지는 학자에 따라 다소 차이가 있지만, 묘사적 이미지, 비유적 이미지, 상징적 이미지로 분류된다.

서 소쩍새는 비유에 나타나는 보조관념으로 생각할 수밖에 없다. 물론, 시나 동화의 세계가 현실적 결합과 같아야 할 이유는 없다, 그러나, 그것은 분명히 비예측적이며 새로움을 느끼게 하는 사건이다. 다시 말하면 텍스트의 정보성이 그것이며 격하해야 할 대상인 것이다.

<그림 6>에서 보여주는 바와 같이 '소쩍새'는 (가을에) 국화꽃이 피어나도록 봄 내내 작용을 하는 동작주이다. 천둥은 여름에, 무서리는 가을에 같은 역할을 한다. 앞서 '4) 개념의 거시구조'에서 보았듯이 이들을 국화꽃이 자라나서 개화까지 이르는 동안에 겪어야 하는 고난이나 '고통 또는 시련'이라는 의미로 묶은 바가 있다. 그러나 '내겐 잠도 오지 않았다'까지도 시련이나 고통으로 받아들일 수 없다. 왜냐하면 시의 화자(나)는 왜 잠이 오지 않는지를 아예 알지를 못했다. 단지 아침에 국화꽃이 핀 것을 보면서 "왜 잠이 오지 않았나 했더니 바로 국화꽃 네가 피어나려 했기 때문이구나."라고 깨닫거나 짐작하고 있을 뿐인 것이다. 그러므로 잠을 이루지 못한 것과 '고통이나 시련'은 별개의 문제다. 이러한 점에서 b, c, d, e의 모든 동작주들의 원관념을 좀 더 확대할 필요가 있다. 가을의 무서리는 그렇다 치더라도, '봄의 소쩍새', '여름의 천둥'은 단순히 시련이라고만 보아야 할 이유가 없기 때문이다. 결국 그것은 국화꽃이 자라서 개화하기까지 작용하는 삼라만상의 모든 노력에 대하여 이들 몇으로 대표되는 환유로 보는 것이 가장 효과적인 방법으로 판단된다.

다시 말하면, '소쩍새'는 봄에 국화꽃이 자라도록 작용하는 모든 것들, 예컨대, 따사로운 햇살, 촉촉이 내리는 봄비, 꽃샘추위, 훈훈한 바람…을, '천둥'은 여름에 국화꽃이 자라나도록 하는 모든 것들, 예컨대 작열하는 태양, 무더운 공기, 긴 장마, 몰아치는 폭풍우… 등을, 그리고 무서리는 가을에 국화꽃이 개화하는 데 필요한 모든 것들, 예컨대 이슬, 서늘한 바람, 투명한 햇살… '나'와 너, 그리고 하늘과 땅, 아니 우주의 모든 것들이 함께 작용한 결과로 마침내 국화꽃이 피어나게 되었다는 것이다. 이것을 다

음과 같이 그림으로 나타낼 수 있다.

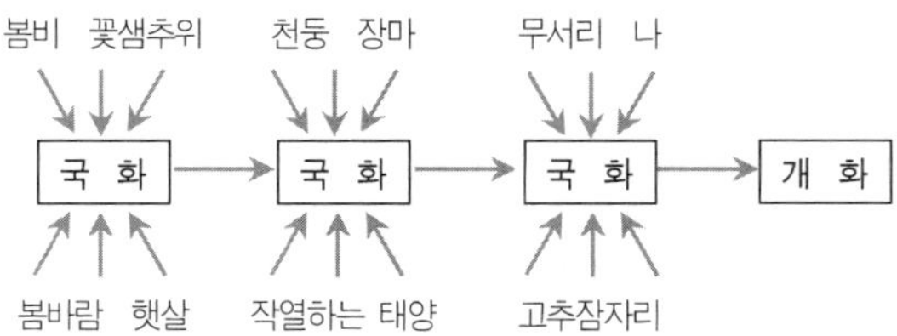

〈그림 6〉 동작주들의 원관념

6) 의미 해석과 확대

이제 3연을 살펴보겠다. 3연의 개념 구조는 다음과 같다.

〈그림 7〉 3연의 응집성 구조

(ㄱ) 3연의 구조

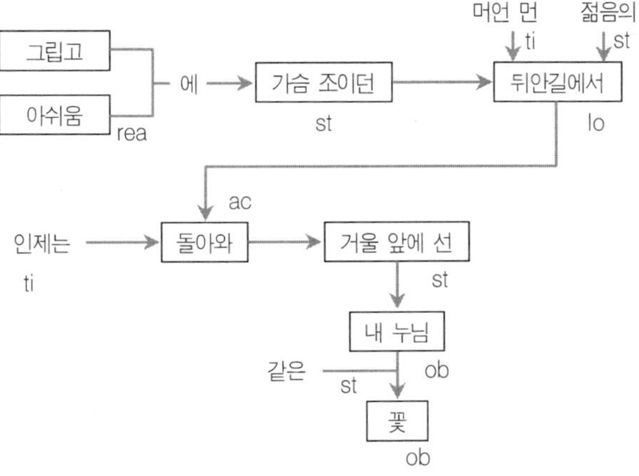

〈범례〉 rea : 이유, st : 상태, ti : 시간, lo : 장소, ob : 대상

(ㄴ) 3연의 원관념 구조

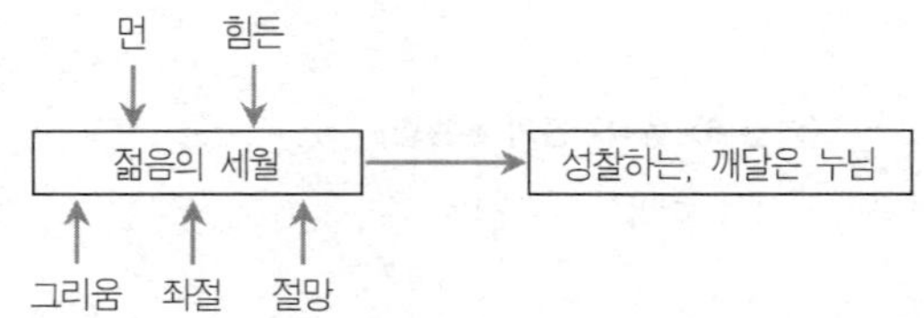

<그림 7>이 주는 정보는 다음과 같다.

ㄱ. 시적 화자의 누님의 젊은 시절은 인생의 뒤안길을 걸어 왔다. 뒤안길은 뒷
   곁길이다. 앞으로 활짝 뻗은 탄탄대로를 활기차게 걸어온 것이 아니라 뒷
   그늘에 가려서 불우하게 지내왔다.
ㄴ. 그 시절은 그리움과 아쉬움(그리고 좌절, 실망, 아픔, 괴로움 등) 때문에
   (마음 한번 턱 놓고 편안하고 당당하게 살아보지 못하고) 가슴 조이며 살
   아왔다.
ㄷ. 그 기간은 너무나 멀고도 힘든 시간이었다.
ㄹ. 그러나 인제는 그 곳에서 벗어나 제 자리로 돌아 왔다. 거울 앞에 서게 된
   것이다.
ㅁ. 거울 앞에 서 있다는 것은 거울에 자신을 비추어 보는 것을 의미한다. 외
   면의 모습뿐만 아니라 내면의 세계도 비추어 보는 것이다. 나아가 삶의 의
   미와 섭리 등을 이해할 수 있음을 의미한다.
ㅂ. 따라서 그러한 누님이라면 이미 더 이상 슬프거나 어둡거나 가슴 조이는
   상태가 아니다. 인생과 자신의 의미를 이해하고 깨달은 경지의 원숙하고
   기품 있는 원숙미를 지닌 누님을 생각하게 한다.

이제 <그림 6>과 <그림 7>를 합쳐서 (3)의 시 텍스트의 응집성을
<그림 8>로 나타내 보고자 한다.

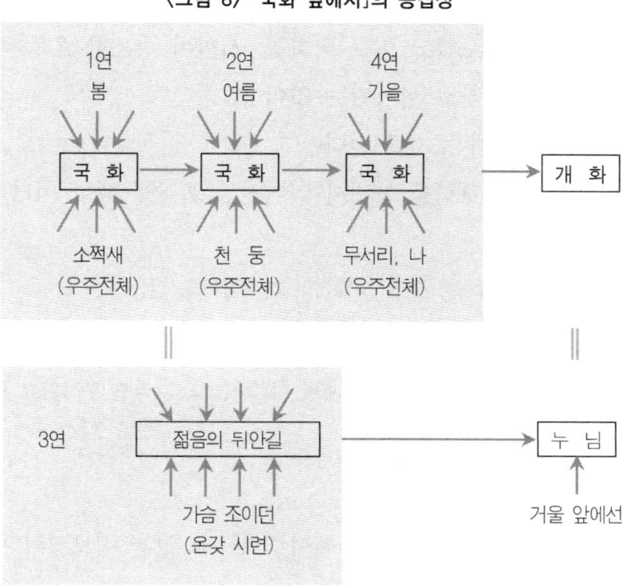

〈그림 8〉「국화 옆에서」의 응집성

1연, 2연, 4연은 봄에서부터 가을의 무서리 내린 어느 새벽, 노오랗게 피어난 국화꽃이 시적 화자의 눈에 발견될 때까지, 한 순간도 쉬지 않고 온 우주의 모든 만물이 다 함께 합심 노력하여 마침내 개화에 이르게 되는 과정과, 그렇게 피어난 국화꽃의 모습을 하나의 통일된 이미지로 창조하고 있다.

3연은 젊은 시절을 줄곧 그늘 속에서 고통과 시련의 세월을 보내다가 마침내 자신과 삶의 의미를 성찰하는 경지에까지 이른 원숙하고 기품 있는 누님의 모습이 형상화되어 있다. 그리고 전체적으로는 국화꽃과 누님이 동일시되고 있다. 이렇게 해서 '누님같이 생긴 국화꽃이', '국화꽃같이 생긴 누님'이 탄생된 것이다.

결국 시인은 이제까지 있었던 어떤 국화꽃과도 구별되는, 새로운 모습과 새로운 의미를 가진 국화꽃을 창조하였다. 직물적으로 눈에 보이는 시각적 이미지뿐 아니라, 엄청난 시간적 배경 속에서 온 세상이 함께 작용한 우주의 원리를 내포하고 있는 국화꽃, 시인이 창조한 우주 속에 그러한 국화꽃이 생명을 갖고 살아있는 것이다.

이제 의미를 확대해 보기로 한다.

이 시에 나타난 정보성을 통해서 얻어진 국화꽃에 대한 이러한 인식은

> ㄱ. 이러한 국화꽃을 마구 꺾고 훼손하고 짓밟아도 되는가?
> ㄴ. 국화꽃 말고 다른 식물들은 어떠한가?
> ㄷ. 동물들은 어떠한가?
> ㄹ. '나'는 어떤 과정을 거쳐서 현재에 이르렀는가, 그리고 무시되고 훼손되어도 되는 존재인가?
> ㅁ. 나 말고 다른 사람들은 어떠한가?

이러한 의미확대는 현대시를 통해서 얻을 수 있는 정보성의 한계를 끝없이 넓혀준다는 사실을 보여준다. 더구나 하나의 작품을 감상한다는 것은 작품의 응집성의 의미구조와, 그것을 통하여 나타난 새로움을 지향하는 정보성, 그리고 그 뒤에 숨어 있는 작가의 의도성을 발견해야 하며 나아가 독자 자신의 내면에 저장되어 있는 스키마를 활용하여 새로운 의미와 정보를 창출하는 데까지 가야 한다고 생각한다. 그러한 입장에서 하나의 표준이 되는 본을 제시한다는 입장에서 작품 분석을 시도하여 보았다.

7) 마무리

하나의 텍스트를 대할 때 수용자 입장에서 보면, 흥미를 갖고 그 내용을 이해하며 해석하는 과정이 가장 중요하다. 그런데 이러한 일은 텍스트의 정보성 탐색을 통하여 이루어진다.

한편, 시는 비유, 상징, 이미지 창출 등의 시만의 독특한 표현 방법을

통하여 짧은 텍스트 안에 응축된 정보를 풍부하게 지니고 있다. 게다가 정보를 담고 있는 방식 또한 매우 독특하다. 이 장에서는 주로 서정주의 ‘국화 옆에서’를 대상으로 시 텍스트의 정보성을 탐색하여, 다음의 결론을 도출할 수 있었다.

(1) 시 텍스트의 정보성은 응결성에 나타난 비예측성과, 응집성에 나타난 개념연쇄의 비예측성으로 나누어 생각할 수 있다. 전자는 텍스트 생산자의 능력이나 창작 태도의 문제로 인하여 생기는 경우가 대부분이고, 후자는 텍스트 수용자가 격하과정을 겪어서 얻을 수 있는 정보탐색의 대상이다. 그리고 그것이 어떻게 풍부하고 세련된 모습으로 나타나 있는가를 알아내는 것이 시 텍스트에서 정보탐색의 과제이다.

(2) 시 텍스트의 응집성을 거시구조의 단계에서 파악하는 것이 전국적 패턴을 이해하는 데 반드시 필요하다. 이때에는 선택, 삭제, 일반화 및 구성 등의 조작이 필요하다.

(3) 그 다음에 미시구조에 나타나는 이미지나 의미를 통한 탐색이 필요하다.

(4) 시 텍스트의 정보성은 이미지 창출과 그것을 이루어내는 비유 및 상징의 모습을 탐색해야 한다. 특히, 원관념과 보조관념이 함께 만들어내는 이미지를, 유추를 통해서 탐색해야 한다. 예컨대 ‘국화 옆에서’, ‘소쩍새’, ‘천둥’, ‘무서리’의 원관념의 탐색과 거시구조의 차원에서 그것들이 함께 엮어내는 시 세계, 그리고 미시상태에서의 역할을 밝혀내야 한다.

(5) 그렇게 구축된 세계를 통하여 의미를 해석한다.

(6) 의미해석을 바탕으로 유추 및 추론을 통하여 시 텍스트의 의미를 확대한다.

3. 시의 응집성 표지에 관한 연구

1) 들어가기

　반 다이크는 텍스트의 개념을 훼손하거나 빠뜨리지 않고 간단히 전달할 수 있는 구조에 관심을 갖고 그것을 거시구조라고 명명하였다. 그리고 그 거시구조를 만드는 거시규칙을 마련하였다. 그것은 원 텍스트를 각각의 명제로 나누어 그 명제들이 텍스트의 전국적인지 패턴, 곧 총괄적 구조와 어떻게 관계를 맺고 있는가, 그리고 명제의 내용구성이 어떠한가에 따라서 (a) 생략(auslassen), (b) 선택(selektieren), (c) 일반화(generalisieren), (d) 구성 혹은 통합(konstruieren oder integrieren) 등 네 가지 규칙에 의하여 명제를 축소, 삭제 혹은 대체함으로써 상세함을 대략적 개념으로 바꾸되 전체의 의미개념이 잘 살아남도록 하는 방법을 고안하였다. 그것이 거시규칙이다. 이 거시규칙은 연설, 강의, 수필, 소설, 기사, 평론 등 일반 텍스트에는 아주 적절하고 잘 어울리는데 시 텍스트에서는 적절하지 못한 것 같은 문제점을 안고 있다. 예를 들어 박남수의 '새'를 살펴보자.

　　1.
　　하늘에 깔아 논
　　바람의 여울터에서나
　　속삭이듯 서걱이는
　　나무의 그늘에서나, 새는
　　노래한다. 그것이 노래인 줄도 모르면서
　　새는 그것이 사랑인 줄도 모르면서
　　두 놈이 부리를
　　서로의 죽지에 파묻고
　　다스한 체온을 나누어 가진다.

2.
새는 울어
뜻을 만들지도 않고
지어서 교태로
사랑을 가식(假飾)하지 않는다.

3.
─포수는 한 덩이 납으로
그 순수를 겨냥하지만

매양 쏘는 것은
피에 젖은 한 마리 상(傷)한 새에 지나지 않는다.

─박남수 「새」 전문

이 시를 다음과 같이 거시구조로 바꿀 수 있다. 거시규칙은 반 다이크 (van dijk)<40>의 거시규칙을 따른다(생략, 선택, 일반화, 구성 혹은 통합).

원 텍스트	거시규칙	거시구조 1	거시구조 2
1. 하늘에 깔아 논 바람의 여울터에서나	구 성	하늘에서나	
속삭이듯 서걱이는 나무의 그늘에서나.	구 성	나무에서나	삶의 터전에서
그것이 노래인줄도 모르면서	구 성	멋모르고	멋모르고
새는 노래한다.	생 략	노래한다	
새는 그것이 사랑인줄도 모르면서	구 성	멋모르고	
두 놈이 부리를			
서로의 죽지에 파묻고	일 반 화	사랑한다.	살아 간다.
2. 새는 울어 뜻을 만들지 않고	구 성	그냥 운다.	그냥 산다.
지어서 교태로 사랑을 가식(假飾)하지 않는다.	구 성	그냥 사랑한다. 일반화	

3. –포수는 한 덩이 납으로 순수를 겨냥하지만	구　성	포수는 새를 가지려 한다	인간은 새가 되려 한다.
매양 쏘는 것은 피에 젖은 한 마리 상(傷)한 새에 지나지 않는다.	구　성	인위적으로는 상한 새를 얻을 뿐이다.	될 수 없다.

　　결국 이 시의 <거시구조 1>, <거시구조 2>, <거시구조 3>을 정리하면 다음과 같다.

　　<거시구조 1>
　　1.
　　새는 하늘에서나
　　나무에서나
　　멋모르고 울고
　　멋모르고 사랑한다.
　　2.
　　새는(목적 때문이 아니라)
　　그냥 울고
　　그냥 사랑한다.

　　3.
　　포수는 새를 가지려 하나
　　상한 새를 얻을 뿐이다.

　　<거시구조 2>
　　1.
　　새는 삶의 터전에서
　　멋모르고 살아간다.

　　2.
　　새는 그냥 산다.

3.
인간은 새가 되려하나
될 수 없다.

〈**거시구조 3**〉
새는 그냥 산다.
인간은 새가 될 수 없다.

이상과 같이 반 다이크의 거시규칙에 의하여 〈거시구조 1, 2, 3〉을 만들어 보았다. 물론 총괄적 연관 관계를 다소 다르게 선택할 수도 있을 것이다. 보통은 가장 총괄적인 구조를 "거시구조"라고 한다. 이 중에서 가장 총괄적인 것은 〈거시구조 3〉이므로 그것으로 이 시의 〈거시구조〉로 정할 수 있다. 그리고 〈거시구조 3〉을 더 총괄적인 구조로 만들 수도 있다. 그러나 이 시의 경우 거시구조를 통하여 총괄적 의미를 확인하는 것은 별 의미가 없어 보인다.

그 이유는 첫째, 대부분의 시처럼 이 시는 전체의 의미가 별로 복잡하거나 어려울 것이 없기 때문에 거시구조로 추상화하지 않아도 내용을 알 수 있다. 둘째, 본래 시라는 것은 종류에 따라 다소 차이가 있기는 하지만, 내용을 이루는 추상적 의미 때문에 시가 되는 것은 아니다. 시의 특성은 의미구조가 별 것이 아니라 해도 그것을 어떻게 표현하느냐에 문제가 있다. 시의 화자가 추상적으로 그리고 있는 내용을 구체적으로 표현되는 가운데서 그것과 관련된 언어 표현을 통해서 새롭고 구체적인 의미가 창조되는 예술이기 때문이다. 따라서 각 행의 구체적 어휘 하나하나가 각각 스스로의 역할을 다하고 있으며 그중에 특히 어떤 것은 시어 하나가 시 전체의 의미를 반전시키거나 전국적이면서도 새로운 의미부여를 할 수도 있는 것이다. 그러므로 필요한 경우에 어떤 언어가 어떻게 총체적으로 함축된 의미를 살려내느냐를 확인하는 것이 더 중요하다.

이 글은 이처럼 반 다이크의 거시규칙이 만들어내는 거시구조가, 시 텍스트에서 별 효과가 없는 것을 인정하고, 반 다이크와는 반대로 먼저 직관으로 떠오르는 총괄적 구조를 상정하고 그것을 중심으로 하부 구조를 복원해감으로써 시 텍스트의 응집성표지 모델을 만들어 보고자 하는 것이다. 이와 같은 작업은 일반 텍스트가 거시구조를 필요로 하는 것과 똑같은 효과를 시 텍스트에서 이루어줄 것으로 기대하게 한다.

2) 시 텍스트의 개념 체계

응집성은 텍스트 기저에 있는 각 개념과 그들 관계에 있어서 적절하게 상호 수용하는 방식에 관여한다. 다시 말해서 응집성은 주요한 주제(topic)를 중심으로 하는 지식 공간들이 구성하는 하나의 망(network)으로서, 개념들과 그들 관계가 그 안으로 결합해 들어감으로써 이루는 결과라고 상정할 수 있다.

본 장에서 박목월의 「나그네」와 김소월의 「진달래꽃」 두 편의 시 텍스트를 분석하여 응집성을 표시하는 두 가지 모델을 제시하고자 한다.

> ⓐ 구체적으로 표현된 언어를 추상개념의 관계로 바꾸어서 개념 관계를 표시하는 방법
> ⓑ 개념 표시를 구체 어사로 하되, 큰 개념에서 작은 개념이 첨가되는 순위에 따른 배열 방법

▣ 박목월의 「나그네」

강나루 건너서
밀밭 길을

구름에 달 가듯이
가는 나그네

길은 외줄기

남도 삼백 리

술 익는 마을마다
타는 저녁놀

구름에 달 가듯이
가는 나그네

-박목월, 「나그네」 전문

먼저 ⓐ의 방법으로 이 시의 응집성을 표시해 보겠다.

이 시에서 말하고자 하는 궁극적 추상 개념, 곧 거시개념은 [나그네]가 [간다]는 것이다. 따라서 이 시의 제어중심(control centres)[13]은 '나그네'이다. 그런데 이 시의 문맥상 개념은 [간다]→[나그네] 이다. 여기서 '나그네'는 동작주에 해당하고, '간다'는 움직임에 해당되므로 다음과 같이 표시할 수 있다.

〈그림 9〉 1차 개념

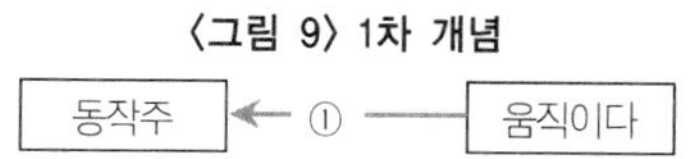

2차 개념은 동작주의 모습과 움직이는 장소를 나타낸다.

〈그림 10〉 2차 개념

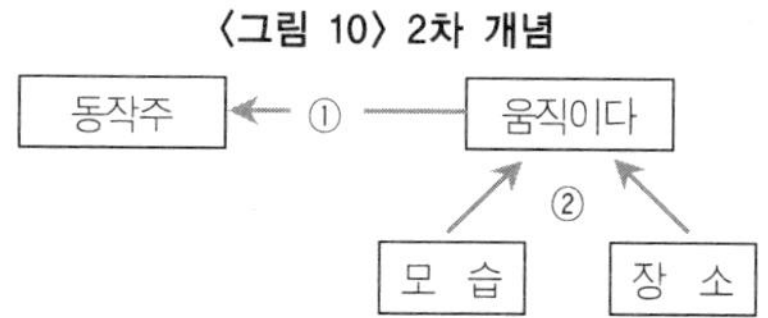

3차 개념은 장소의 구체화와 주변 정경을 나타낸다.

---

13) 제어중심은 정보처리를 요령있게 수행할 수 있는 지점이다. 응집성의 1차 개념을 파악하기 위해서는 제어중심을 찾는 일이 최우선적으로 선행되어야 한다.

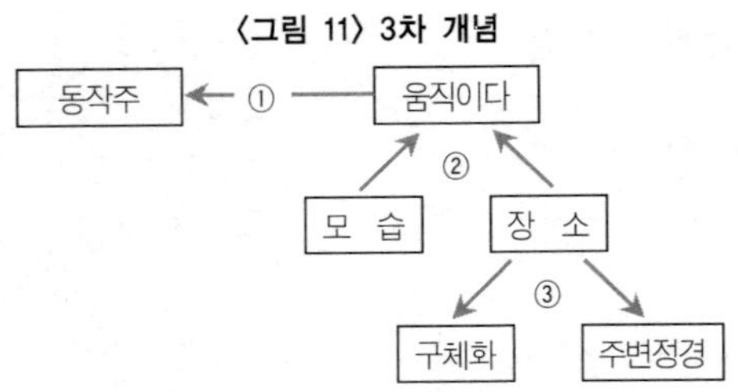

3차 개념까지는 응집성의 거시구조를 표지화한 것이고, 이 응집성이 표층구조로 나타나는 4차 개념은 이 시 텍스트의 미시구조가 된다.

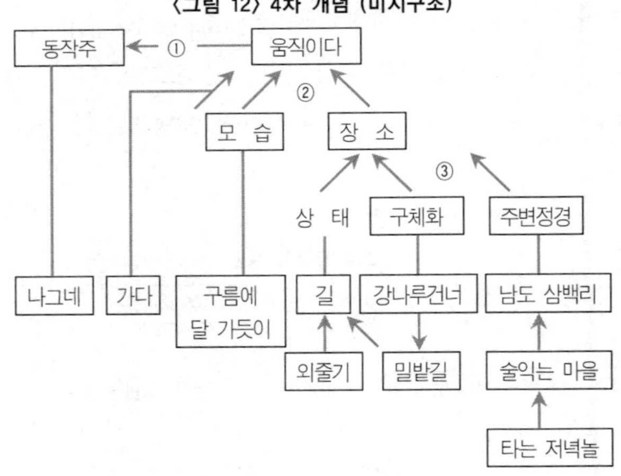

다음은 ⓑ의 방법으로 응집성을 표시해 보자. 1차 개념에서는 동작주인 '나그네'와 행동인 '간다'가 결합된다.

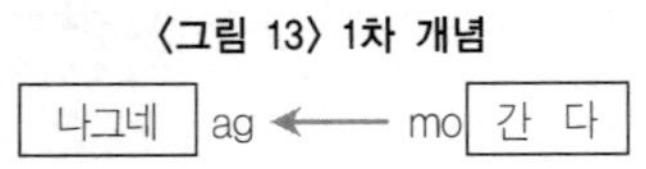

1차 개념에서 동작주의 모습과 동작이 이루어지는 장소에 대한 활성화

가 이루어지는 것을 2차 개념이라 하자.

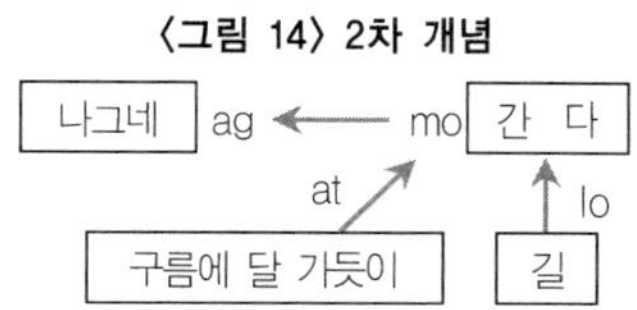

〈그림 14〉 2차 개념

2차 개념에서 '길'의 구체화된 모습이 활성화되면 3차 개념이 된다.

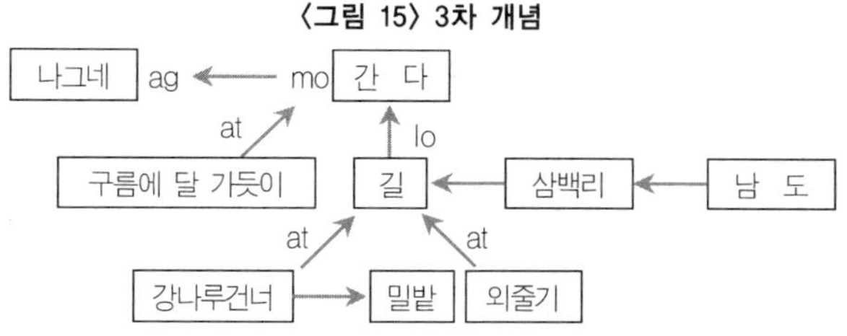

〈그림 15〉 3차 개념

3차 개념에서 길 주변의 모습이 활성화된 것이 4차 개념이다.

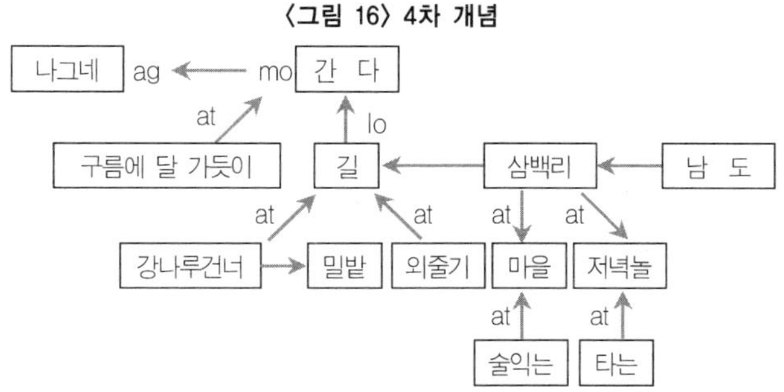

〈그림 16〉 4차 개념

〈범례〉 ag : 동작주, mo : 동작, at : 속성, lo : 장소, sp : 명세화

1차 개념에서 4차 개념까지의 기저내용이 확대 활성화를 거쳐 표층구

조로 나타난 모습이 이 시의 미시구조이다.

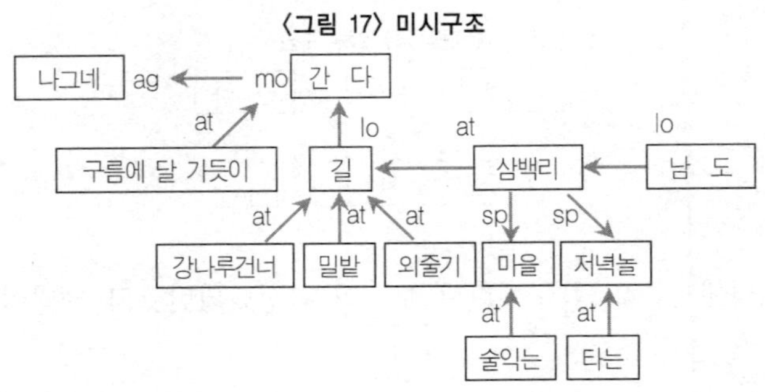

〈그림 17〉 미시구조

　지금까지 두 가지 방법으로 시 텍스트의 응집성을 표시해 보았다. ⓐ와 ⓑ의 방법 중 ⓐ의 방법이 더 편리한 것으로 보인다. 이 문제를 보다 확실히 하기 위하여 다시 「진달래꽃」을 살펴보기로 하겠다.

■ 김소월의 「진달래꽃」

　나 보기가 역겨워
　가실 때에는
　말없이 고이 보내 드리우리다.

　영변에 약산
　진달래꽃
　아름 따다 가실 길에 뿌리우리다.

　가시는 걸음걸음
　놓인 그 꽃을
　사뿐히 즈려 밟고 가시옵소서.

　나 보기가 역겨워
　가실 때에는
　죽어도 아니 눈물 흘리우리다.

－김소월, 「진달래꽃」 전문

이 시의 응집성의 표지를 앞에서 제시한 두 방법으로 나타내 보도록 하겠다.

먼저. ⓐ의 표지 방법을 살펴보자.

궁극적 추상 개념은 당신이 가겠다 면 보내주겠다 는 것이다.

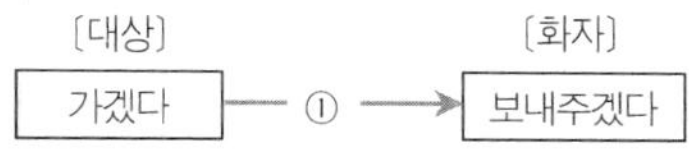

〈그림 18〉 1차 개념

2차 개념은 보내주는 화자의 태도를 나타내 주고 있다.

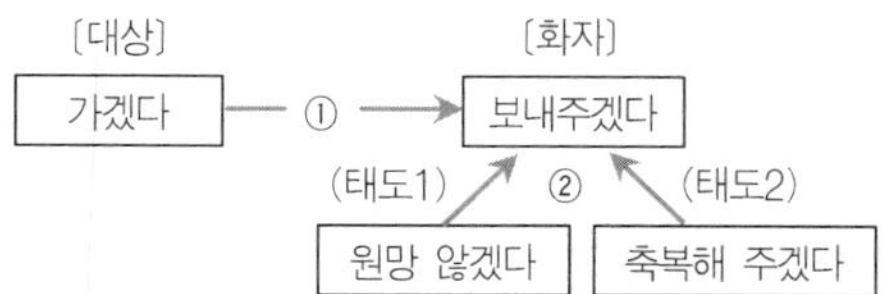

〈그림 19〉 2차 개념

3차 개념은 당신이 화자의 축복을 받기를 바라고 있다.

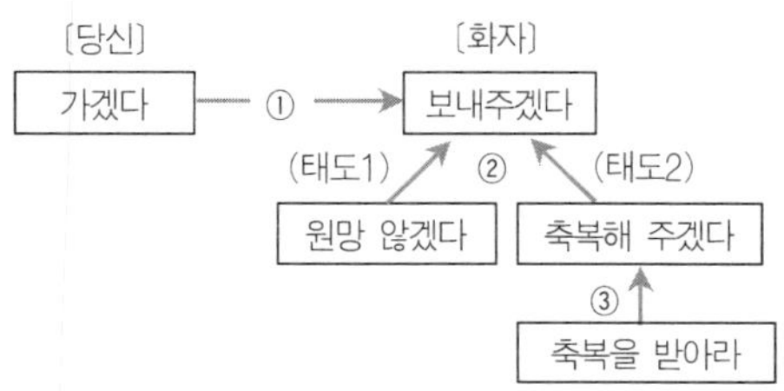

〈그림 20〉 3차 개념

4차 개념은 나는 당신이 가도 견딜 수 있음을 나타내고 있다.

〈그림 21〉 4차 개념

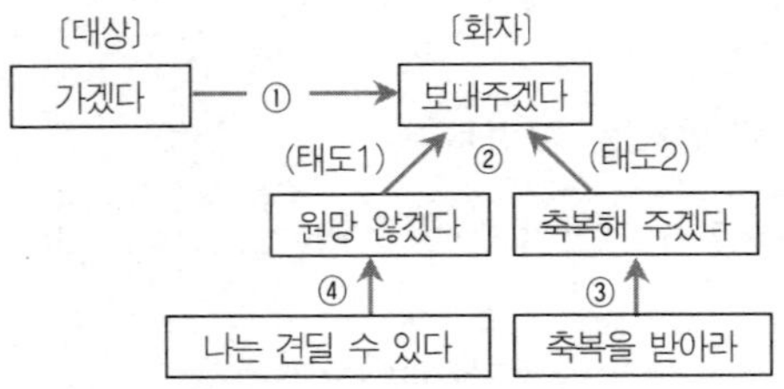

　4차 개념까지가 이 시의 응집성을 보여주고 있고, 이 개념들을 구체적 언어로 연결시킨 것이 5차 개념이자, 이 시의 미시구조이다.

〈그림 22〉 5차 개념

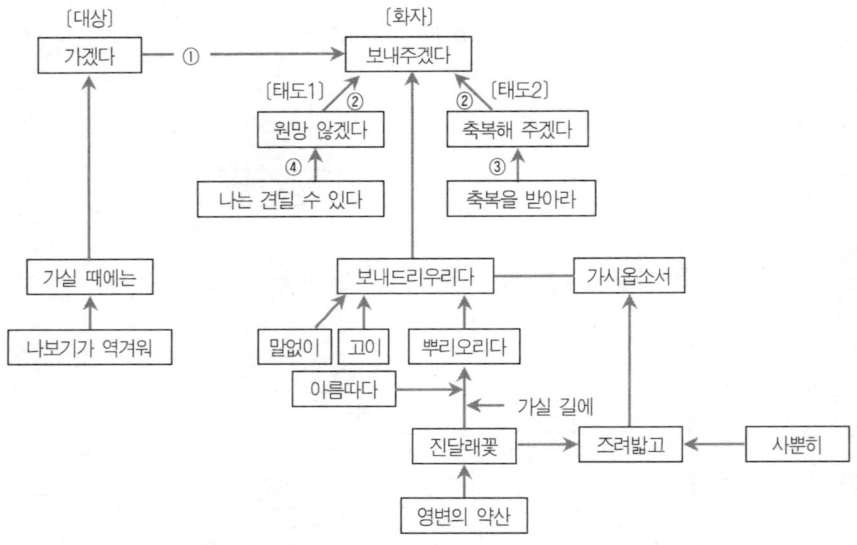

　다음은 ⓑ의 방법으로 응집성의 개념 표지를 나타내 보기로 하자.

　이 시의 제어중심은 '보내우리다'이다. 가는 것의 주체는 '임'이고 보내는 것의 주체는 '나'이다. 즉 '임이 가겠다면 보내주겠다는 것'이 1차 개념이다.

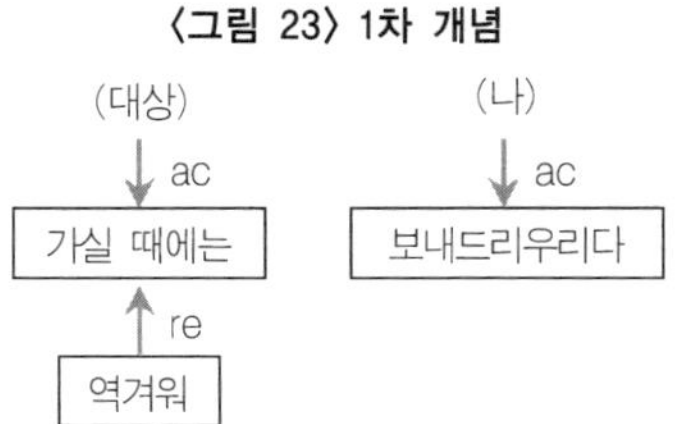

〈그림 23〉 1차 개념

2차 개념에서 보내주는 태도를 활성화한 것이 2차 개념이다.

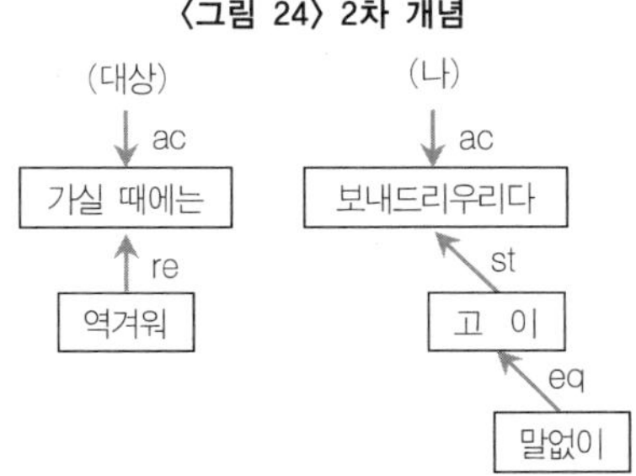

〈그림 24〉 2차 개념

2차 개념에서 가시는 임에 대한 축복이 형상화된 것이 3차 개념이다.

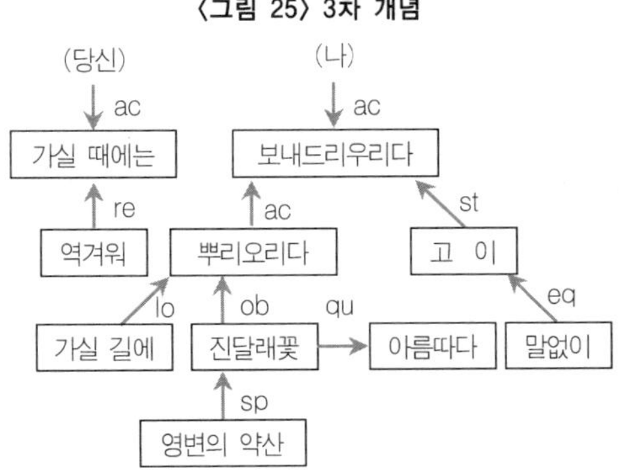

〈그림 25〉 3차 개념

나의 축복을 보내는 3차 개념에 대한 당신의 반응이 활성화된 것이 4차 개념이다.

〈그림 26〉 4차 개념

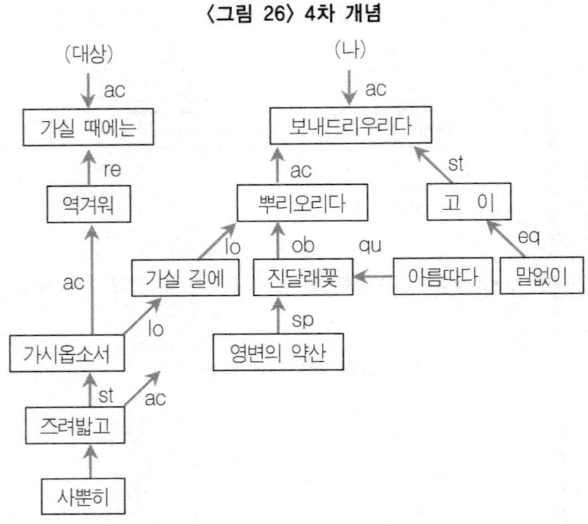

마지막 5차 개념에서는 1차 개념이 회기[14]되고 있다.

〈그림 27〉 5차 개념(미시구조)

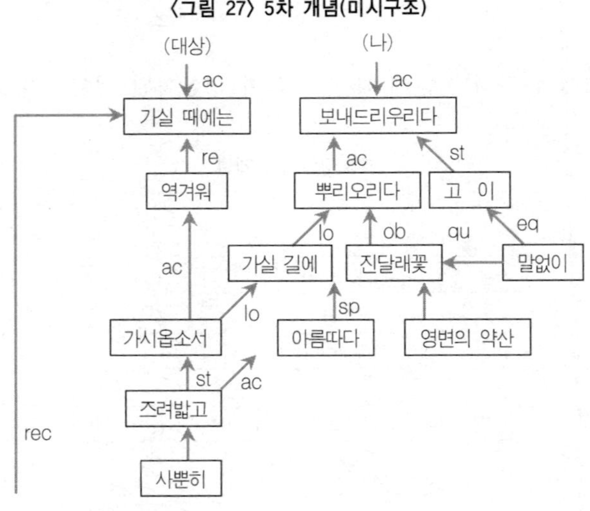

---

14) 언어요소들의 직접적인 반복법을 회기법(recurrence)이라고 하는데, 회기법은 텍스트의 정
보성을 감소시키는 단점이 있다. 그러나 시 텍스트에서는 정보성의 감소는 독자의 이해
를 돕는다는 점에서 장점이 되기도 한다. 또한 시 구조의 형식적 균형을 이루는데 도움을
주며, 반복적 회기를 통하여 흥미성을 제고시키는데 기여하기도 한다.

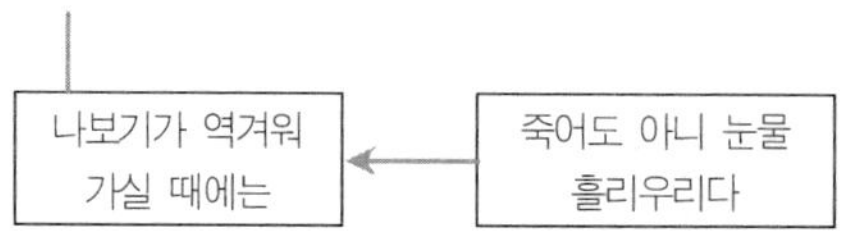

〈범례〉 ac : 행위, af : 피동객체, eq : 등가성, lo : 장소, qu : 수량,
re : 이유, sp : 상세화, st : 상태, rec : 회기

5차 개념에서는 1차 개념을 회기 반복하면서 화자의 의지를 강조하고 있는데, 이 5차 개념이 이 시의 미시구조라 할 수 있다.

지금까지 본 장에서는 ⓐ와 ⓑ의 두 가지 방법의 응집성 표지 방법에 대해 살펴보았다.

ⓑ의 방법(<그림 9>)은 개념들이 순차적으로 첨가되어 가는 모습을 잘 보여주고 있다. 그러나 4차 개념에서 1차 개념으로 올라갈수록 더 큰 거시 개념이라는 근거를 나타내지 못한다. 반면 ⓐ의 방법(<그림 4>)은 기저의 개념들이 어떻게 표층의 구체적 언어들과 결합하는가를 잘 보여주고 있고, 4차 개념에서 1차 개념으로 갈수록 더 큰 거시 개념이 되는 것을 잘 나타내고 있으므로 응집성 표지의 모델로서 적합하다고 판단된다.

그런데 <그림 4>의 응집성은 각 개념들을 표현하기 위하여 구체적 언어를 선택할 때 가능성이 무한히 많다. 예를 들어 2차 개념인 '모습'과 '장소'의 활성화는 생산자에 따라 다양하게 나타낼 수 있으며 같은 생산자라 할지라도 경우에 따라 얼마든지 달리 표현할 수 있다. 따라서 모든 어사의 선택 가능성을 체계화하는 것은 불가능하다. 이러한 입장에서 결국 텍스트의 응집성은 여러 구조 단계를 거쳐서 표현되지만 그 단계의 표지는 이미 생산된 텍스트에만 적용된다. 실제로 텍스트 생산 과정의 두뇌 공학적 활동 과정은 개별의 크기와 순서가 일정하지 않고 착상과 그 착상된 자료와의 연상의 편의에 의하여 이루어진다.

그런데 이러한 방법들은 텍스트 생산자의 입장에서 텍스트를 생산해 내는 과정을 보여준 것이고, 수용자는 반대의 방향, 즉 5차에서 4차, 4차에서 3차 등으로 텍스트를 분석하게 된다. 다시 말해서 텍스트의 생산자는 거시구조에서 미시구조로 텍스트를 생산하고, 수용자는 미시구조에서 거시구조로 텍스트를 수용하게 되는 것이다.

3) 마무리

테스트언어학이 추구하는 목표는 텍스트의 유형화에 있다. 물론 텍스트의 생산과 저장에 있어 일정한 모델을 수립한다는 것은 쉬운 일은 아니다. 그러나 개연성 있는 응집성 표지의 모델화는 지능 전반의 발전에 관한 강력한 설명력을 지닌 처리 과정 모델을 밝히는 데 기초적인 작업이라 판단한다. 이런 전제에서 '2.'에서는 두 편의 시 텍스트를 중심으로 결속성 표지의 모델화를 시도해 보았고, '3.'에서는 시의 흥미성과 예술성이 나타나는 요인에 대해 살펴보았다. '4.'에서는 텍스트의 개념을 파악해서 상징적 의미를 확대하는 방안에 대해 논의했다.

이상의 논의 내용을 요약하여 다음과 같은 결론을 도출할 수 있었다.

(1) 인간의 의사소통의 과정의 원리와 텍스트 생산의 원리를 규명하기 위해서는 응집성 표지를 모델화 하는 작업이 반드시 선행되어야만 한다.

(2) 응집성의 표지방법에 있어서, 구체 어사를 추상개념의 관계로 바꾸어서 표현해서 개념 관계를 표시하는 방법과 개념 표시를 구체 어사로 하되, 큰 개념에서 작은 개념이 첨가되는 순위에 따른 배열 방법을 제시해 보았다. 후자는 1차 개념이 2, 3, 4차 개념보다 큰 개념이라는 근거를 제시하는데 있어서 결점을 보이고 있는 반면에 전자는 1차 개념이 가장 큰 거시구조로 2, 3, 4차 개념을 포괄한다는 것을 잘 보여주고 있어서, 응집성 표지의 모델로서 적합하다.

(3) 시 텍스트에서 흥미성과 예술성의 비밀은 추상 개념을 아주 구체적
으로 표현하되, 적확성과 낯설게 하기에 있다. 추상 개념에서는 결
코 예술성과 흥미성이 나타나지 않는다.

(4) 시 텍스트의 표층구조를 개념화해서 거시구조화 하는 작업은 시를
이해하는 데 큰 도움을 주며, 거시구조에서의 의미확대는 의도성과
용인성에서 비롯된다. 이러한 의미의 확대는 시를 통해 얻을 수 있
는 정보성의 한계를 끝없이 넓혀준다.

4. 어휘의 효용성 극대화

1) 텍스트의 의도성

■ 문학비평에서의 의도주의

문학 비평에서 작품을 보다 정확히 해석하기 위하여 여러 세기동안 제
기되어 온 문제는 작품해석의 타당성 문제이다. 여기에서 제일 중요한 것
은 해석의 기준을 세우는 일이다. 비평의 역사를 개관하면 대체로 다음과
같은 두 가지 관점이 있음을 알 수 있다. 하나는 텍스트 생산자의 입장이
기준이 되는 의도주의(intentioalism)이고, 또 하나는 그것이 독자에게 어떻게
해석되고 있는가 하는 해석자 본위의 효과주의(affectivism)다.

의도주의는 텍스트 자체보다도 저자 자신이 의도하는 의미를 강조하는
태도이다. 허쉬(이상섭 역, 1980 : 21)에서는 한 텍스트는 하나의 의미만을 가
지고 있을 뿐이라고 전제하고, 다시 그 단일한 의미는 그 저자가 애초에
의도했던 의미라고 주장한다. 한 텍스트의 의미를 저자의 통제를 벗어나
서 존재하는 것이라고 믿는 것은, 현대 비개성주의 예술관(Iersonal theory of
Art)의 주장일 뿐이며, 모든 텍스트는 저자가 그것으로써 무엇을 의미했을

때에만 비로소 의미를 가지는 것으로, 요컨대 텍스트의 의미의 최후의 귀착점은 텍스트에 의한 저자의 의도에 있다는 것이다.

그러나 텍스트를 저자에게서 분리하여 하나의 동떨어진 객관물로 보는 효과주의 입장은 사뭇 다르다. 그들은 텍스트는 시대에 따라 개인에 따라 그리고 상황이나 개인의 심리에 따라 그 의미가 변할 수밖에 없다고 본다. 따라서 저자 본래의 의도는 텍스트 의미해석에 있어서 전혀 기준이 될 수가 없다는 입장이다.

그러나 효과주의는 수용자의 주관과 그때의 기분에 치우칠 수밖에 없는 까닭으로 하여 감상이나 취미 정도라면 몰라도 정확성을 기하는 작품해석에 있어서는 당연히 많은 문제가 있을 수밖에 없다. 효과주의에 의하면, 독자가 저자가 생각과 아주 다르게 제 멋대로 해석을 해도, 저자는 전혀 이의를 제기할 수가 없다. 만약에 사실이 이와 같다면, 아무도 글을 써서 자기의 의도를 표명하고 전달할 수 없을 것이다.

물론 의도주의에도 문제점은 있다. 저자가 뜻하는 것과 텍스트로 나타난 바가 일치하지 않는 경우이다. 저자가 글을 잘 쓸 줄 모르거나 실수로 인하여 잘못 해석하게 되었을 때, 어떻게 작자의 의도대로 바르게 해석할 수 있는가? 그리하여 잘못 해석한 것을 저자가 나타나서 그 오해를 바로 잡아 놓을 경우에, 그 잘못된 텍스트 자체에 대한 해석이 아무리 그럴 듯한 것이었다 해도 잘못 해석한 것임에 틀림없다. 저자가 텍스트의 오해를 바로 잡지 못하고 사망했을 경우 우리는 그것이 실제에 있어서 오해인 줄도 모르고 있을 것이다. 즉, 텍스트 자체에만 의존한다는 것은 항상 오해의 씨를 안고 있다는 것이다. 더구나 시와 같이 주관성이 강한 문학 텍스트에서, 독자의 선행학습으로 인한 직간접 경험의 작용을 통하여 재창조해내는 의미해석을 간단히 무시할 수는 없는 것이다.

아무튼 문학 작품의 전통적 해석론은 의도주의적이라고 할 수 있다. 그만큼 저자의 의도는 많은 경우에 매우 중요시되고 있다. 더구나 문학작품이 아닌 성경을 비롯한 경전의 해석이나, 대화에서 작자나 화자의 의도를 중요시하는 것은 결코 양보될 수 없는 절대적 영역이기도 하다. 이러한 점을 미루어 볼 때 문학작품의 해석에서 의도주의적 시각이 중요시되는 것은 당연하다.

그러나 문학비평에서 그것을 수용하고, 가끔은 저자의 의도를 밝혀 해석하는 실례를 보여주고 있다 해도, 의도를 찾아내는 방법, 의도의 역할 그리고 그 의도가 어떤 방법과 책략에 따라 제시되며, 독자는 그것을 어떻게 수용하는가 하는 문제에 관한 보다 개별적이고 체계적인 연구는 매우 부족한 상태라고 할 수 있다.

■ 텍스트언어학의 의도성

텍스트언어학에서 의도성이란 한마디로 응결성과 응집성이 구비된 텍스트로 만들고자하는 텍스트 생산자의 의도를 말한다. 그러나 좀더 넓은 의미로 볼 때 의도성은, 텍스트 생산자가 텍스트를 통하여 자신의 의도를 추구하고 달성하기 위해서 언어를 사용하는 모든 방식을 가리킨다. 즉 '텍스트 생산자는, 수용자가 자신의 의도를 깨닫게 할 뿐 아니라 수용자에게 그 효과가 생겨나도록 하는 발화'를 의도한다는 뜻이다.

텍스트 생산자는 텍스트를 생산하는 과정에서 수시로 자신의 의도가 바르게 시행되고 있는지 상황을 점검한다. 그리고 자신의 의도대로 되지 않는다고 판단 될 때는 어느 때고 상황을 관리하게 된다. 그것은 연설이나 대화 또는 글을 쓰는 과정에서도 마찬가지다. 특히 남과의 토론이나 설득을 위한 대화일 경우에는 더욱 치밀하게 중간조정 과정을 거치며 여러 가지 책략으로 상황을 관리한다.

잘 아는 바와 같이 텍스트는 의사소통을 목적으로 하고 있으며 생산자는 자신의 의도가 제대로 효과적으로 전달되기를 바란다. 또한 그것을 위하여 언어적 요인 외에도, 심리적 또는 상황적 요인을 활용하기도 한다.

결국 화자입장에서의 언어활동은 바로 의도를 실현하기 위한 수단인 것이다. 텍스트언어학에서 의도성은 이 모든 경우에 의도의 실현을 위한 중간 조정, 곧 상황점검과 관리 그리고 각종 책략을 시행하는 과정에서 의도가 보다 효과적으로 이루어지게 하려는 문제에 관여한다. 실로 언어의 예술성 발현도 결국은 의도성을 효과적으로 실현하려는 과정에서 우러나는 것이라 할 수 있는 것이다.

2) 시적 어휘의 효용성

■ 시어의 기능

✔ 박남수15)의 「새」16)

1.
㉠ 하늘에 깔아 논
㉡ 바람의 여울터에서나
㉢ 속삭이듯 서걱이는
㉣ 나무의 그늘에서나, ㉤ 새는
㉥ 노래한다. ㉦ 그것이 노래인 줄도 모르면서
㉧ 새는 그것이 사랑인 줄도 모르면서
㉨ 두 놈이 부리를
서로의 죽지에 파묻고
다스한 체온을 나누어 가진다.

2.
㉩ 새는 울어
뜻을 만들지도 않고

---

15) 박남수(朴南秀, 1918~1994), 평양 출생. 일본 쥬우오우대학 졸업. 시 「삶의 오료(悟了)」를 조선중앙일보에 발표, 「여수」를 『시건설(詩建設)』 제7호(1935. 10), 「제비」를 『조선문학』 (1936. 9)에 발표하면서 문단활동을 함. 시집으로 『초롱불』, 『갈매기 소묘』, 『神의 쓰레기』, 『새의 暗葬』 등이 있다.

16) 신태양(1959. 3)에 발표. 시집 『신의 쓰레기』(1964)에 수록. 박남수의 대표작으로 꼽힘.

㉠ 지어서 교태로
사랑을 가식(假飾)하지 않는다.

3.
㉣ ─포수는 ㉤ 한 덩이 납으로
㉥ 그 순수를 ㉦ 겨냥하지만

㉯ 매양 쏘는 것은
㉰ 피에 젖은 한 마리 상(傷)한 새에 지나지 않는다.

분석 및 해설

이 시는 '1. 2. 3.'으로 번호를 매겨 나누어져 있으나 그냥 1, 2, 3연으로 간주해도 괜찮을 것이다. 아무튼, 먼저 '1. 2. 3.'의 순서대로 응집성과 의미내용을 탐구하고 전체적인 내용의 개념과 개념들의 관계를 살피도록 하겠다.

〈개념들의 관계〉
1.
A : 배경, B : 행위자1(대상), C : 행위, D : 행위자2(주체),

A(배경) : ㉠→㉡(하늘의 구체화)
          ㉢→㉣(나무의 구체화)

B(행위자1) : ㉤ 새 : 행위자(agent)이며 대상(對象, object)

C(행위) : ㉤의 행위
          [illegible]act 노래한다←㉆(㉅의 의미도 모르고)
          ㉾ 사랑한다←㉇(㉾의 의미를 모르고)

2.
C(행위) : ㉤의 행위
          [illegible]act 노래한다← ㉾ 꾸밈없이
          ㉾ 사랑한다← ㉠ 가식없이

3.
D(행위자2) ㉤→㉮ 겨냥한다→㉽ 순수를=B대상
                          ↑
        ㉯ 쏜다→B 대상 ㉾ 피에 젖은 상한새

위에서 보듯이 A는 배경이다. ㉠~㉡은 새가 날아다니는 터전, 곧 하늘
이요, ㉢~㉣은 새가 날거나 앉아서 쉬고 잠을 자고 사랑하며 살아가는
곳, 곧 숲이다. 그러므로 ㉠~㉣은 새가 터전으로 삼고 살아가는 배경 전
체를 대유(代喩)하고 있다. 그러므로 A는 자연 그 자체이다. '자연(自然)'은
신(神)이 창조한 세계로 인간이 인식하기 전부터 존재하고 있었으며 인간
의 인위가 전혀 침범하지 못한, 스스로의 목적에 따라 스스로 운행하는
신성(神聖)한 영역이다. 그것이 이 시의 배경이다.

B는 행위자로서 자연에 의해 생명을 부여받고 자연의 질서와 조화에 따
라 살아가는 자연의 일부로서 역시 신성하고 순수한 존재로서 ㉢ '새'이다.

C는 새의 삶의 작용 또는 삶의 행위를 나타내는 것이다. 물론 ㉯ 노래
하고, ㉨ 사랑하는 것 외에도 먹이를 물어오고 집을 짓고 알을 까고 부화
시켜 키우는 등 여러 가지 삶의 행위들이 있겠지만 그것들을 모두 포함한
환유적 표현이다. 그런데 중요한 것은 ㉰, ◎이다. 새는 노래하는 것인 줄
을 모르면서 노래를 부르며 사랑하는 것인 줄도 모르면서 사랑을 한다는
것이다.

대부분의 문학 작품에는 동기(motive)가 있다. 그것은 하나의 감동이며
새로움이다. 시인은 아무도 볼 수 없는 평범한 사실에서 감동과 새로움을
발견하는 능력을 갖는다. 시인은 그것을 발견할 때 전율을 느끼고 그것을
발견함으로써 표현하고 싶은 열정으로 휩싸이게 된다. 이 시에서 시의 화
자가 정말로 이야기하고 싶은 것은, 새가, 자신이 노래를 하는 것인지도,
사랑을 하는 것인지도 인식하지 못한다는 것이다. 인식 자체를 못하니, 노
래하고 사랑하는 데, 당연히 목적도 의도도 없다. 따라서 자신이 하는 행

동을 남에게 과시할 필요도 없으며, 그것을 통하여 보답이나 칭찬 등 어떤 대가도 의식하지 않는다. 그냥 필요할 때 노래하고 사랑하는 것이다. 속습(俗習)에 물든 인간들은 그렇지 못하다. 언제나 이유와 목적이 있고 부수적인 이득이 따른다. 계산과 명분이 따른다. 그러한 것들을 인위(人爲)라고 할 때, 새의 행동은 인위와는 완전 대립되는 것이다. 행동이라는 말 자체가 어울리지 않을 만큼 너무나도 자연스럽게 자연 그대로의 삶을 작용해나가는 것이다. 너무나도 당연한 자연의 모습 그대로 생명의 작용을 통해서 시인은 인위적 속습의 그물을 뚫고 자연과 순수, 그 본원(本源)의 모습을 발견하는 기쁨을 이야기하고 있다. 그런 가운데 2의 ⓒ, ⓚ이 나온다. 그것은, 이러한 기쁨을 받아들이기에 독자들이 너무도 인위에만 익숙한 나머지 공감을 못할 것을 염려하여 설명을 하고 있는 것이다.

ⓒ, ⓚ은 ⓢ, ⓞ과 완전한 등가성을 지니고 있다. ⓢ, ⓞ의 환언이며 설명이다. '새는 울어 뜻을 만들지 않는다.'(ⓒ)는 것은 '노래인 줄 모르면서 노래한다.'(ⓑ, ⓢ)는 말 그대로이다. '지어서 교태로 사랑을 가식하지 않는다.'(ⓚ)는 것도 '사랑인 줄 모르고 사랑을 한다.'(ⓞ, ⓩ)는 것이다. 이것은 너무도 당연하고 평범한 이야기이다. 그런데 뒤집어 생각해 보면, 인간은 뜻을 만들고 교태로, 교언영색(巧言令色)으로 사랑과 진실을 가식한다는 뜻이기도 하다. 아니 인간의 노래와 사랑과 언행과…. 인간의 모든 삶은 이미 꾸밈이요 과장이요 다른 목적을 품고 있기까지 하다. 진실이 아니다. 한 마디로 인위이다. 순수성을 잃고 있다는 것이다. 그런데 정작 인간은 자신이 그렇다는 사실조차 모르고 있다. 그것을 시의 화자는 감정에 치우치지 않고 차근차근 조리 있게 말하고 있다. 그것이 3이다.

3에서 행위자인 ⓣ 포수는 ㉮ 겨냥하고 ㉯ 쏜다. 겨냥의 대상은 ⓗ 순수(=ⓑ 노래하고 ⓩ 사랑하는 ⓜ 새)이지만, 행위의 도구는 ㉳ 한 덩이 납이다. 그리하여 ㉯ 쏘는 것(얻는 것)은 ⓗ 순수(=ⓑ 노래하고 ⓩ 사랑하는 ⓜ 새)가 아니라 ㉰ 상한 새(=ⓜ 새의 시체)일 뿐이다.

이 부분에서 좀 더 설명을 추가하면 다음과 같다. 포수는 새를 겨냥한다. 그런데 새는 그냥 새가 아니라 살아 있는 새다. 새가 살아있다는 것은 자연 속에서, 가식 등 다른 목적이 없는, 신이 만든 영역 속에서 신이 만든 그대로 자연스럽게 살아가는 것을 의미한다. 그것을 화자는 '순수'라고 환유하고 있다. 그렇다. 포수가 한 덩이의 납으로 겨냥하는 것은 살아 있는 새이다. 그러나 그 납덩이에 맞아서 떨어져 포수의 손에 들어온 것은 이미 살아 있는 새가 아니다. 다만 모습만 같은, 죽은 새를 얻을 수 있을 뿐이다.

영혼이 죽은 것은 신이 준 그대로의 울음을 울 줄을 모른다. 목적의식과 가식의 울음을 울 수 있을 뿐이다. 그것은 이미 순수가 아니다. 순수의 그림자요 순수의 껍질일 뿐이다.

인간이 새를 얻고자 하는 것은 자연스러움 그 자체가 아니라 인위적 욕망이다. 진정으로 새를 얻고자 한다면 인간이 자연이 되어야 할 것이다. 인간이 자연이 되어 '새'가 '새'인 줄 모르고, 소유가 뭔지 모르며, 그냥 꾸밈없이 모든 인위를 떠나서 자연 속에서 그냥 존재하는 길 밖에 없다. 그러면 인간도 자연이 되고 '순수'의 표상이 될 수 있을 것이다. 그러나 근원적으로 인간은 그것과 거리가 멀다. 인간이 할 수 있는 것은 인위적으로 자연의 순수성을 무시하고 그냥 자기의 만족을 위해서 소유하려 할 뿐인 것이다. 그러므로 새를 가지려는 수단도, 극히 인위적인 수단인, '납(총의 환유=인위의 상징)'일 수밖에 없다. 납(인위)으로는 생명(순수)을 구할 수가 없다. 그것으로 구할 수 있는 것은 순수의 인위적인 모사품뿐이다.

시어 "순수"의 함축적 기능

이제 ⓗ "순수"라는 시어의 의미 작용에 관하여 살펴볼 차례다.

앞에서도 말했지만 여기서 "순수"는 새를 가리킨다. 그냥 새가 아니라 그 새는 살아있는 새다. 살아 있는 새는 노래하고 사랑한다. 그러나 그것이 노래하고 사랑하는 것인 줄 모르고 한다. 그렇게 먹이를 먹고 알을 깐다. 새끼를 키우며 마음껏 날기도 한다. 이를테면 삶을 살아가는 것이다. 살아가는 행위, 그 자체를 행하는 것이 바로 새의 삶인 것이다. 그러므로 그 새에게는 그 이상 아무 것도 없다. 새의 행위 곧 삶에는 어떤 이득이나 따로 마련된 계산된 목표가 있을 수 없다. 그냥 행위이고 삶일 뿐이다. 그것이 "순수"이다. 순수한 삶의 모습은 그 자체만으로 그것을 바라보는 인간에게는 아름답게 보인다. 그리하여 그것을 가지려고 한다. '겨냥한다'는 것은 두 가지 의미로 해석 될 수 있다. 표면적 의미는 새를 쏘아서 잡으려는 것이요, 내면적 의미는 그것을 목표로 그것에 도달하려는 것을 의미한다. 어느 쪽이든 상관없다. 그 새의 삶, 곧 "순수"에 도달하기 위해서는 어떤 목적을 갖거나 그것을 소유하려는 생각을 하지 말아야 한다. 그런 생각을 하는 것이 이미 욕심이요 인위이기 때문이다. 욕심과 인위는 자연 그대로의 모습도 아니요 순수도 아니다. 그러므로 그렇게 해서는 영원히 순수에 도달할 수가 없고 그런 아름다운 새의 모습을 누릴 수가 없는 것이다. 이제 우리는 이 시가 제시하고 있는 두 가지 대립되는 개념을 다음과 같이 상정할 수가 있다.

A	B
ⓗ 노래한다. ⓩ 사랑한다. ⓢ 모르고 한다. ⓒ, ⓚ 인위적, 가식적이지 않다. 살아 있는 새−자연스러운 삶 ⇒ⓗ 순수	ⓗ 그냥 노래하지 못한다. ⓩ 그냥 사랑하지 못한다. ⓟ 납덩이로(인공물) ⓖ 겨냥하면(인위＝욕망) ⓝ 얻을 수 있다 ⓓ 상한(죽은) 새 ⇒ⓗ 인위

위의 표에서 보는 바와 같이 "순수"라는 시어를 사용하지 않았다면 위

의 시에 대하여 독자들이 A와 B의 대립된 개념을 형상화할 수가 없었을 것이다. 물론 막연하게 그려낼 수가 있을는지는 모르지만 위의 표에서처럼 구체적으로 떠올릴 수는 없다. 그러므로 "순수"라는 시어는 평소 같으면 아주 평범하게 무심히 보아 넘길 수밖에 없는 "노래하고 사랑하고, 삶을 살아가는 가식 없는 살아 있는 새", 곧 ⓗ, ⓩ, ⓢ, ⓒ, ⓚ, ⓜ에 새로운 의미를 부여하여 우리가 잊고 살았던 것에 새로운 생기를 불어넣는 기능을 해 준다. 뿐만 아니라, 인위적으로 인공물로서 욕심을 만족시키려는 행위가 가져오는 결과가 어떤 것인지, A와 B의 대립을 통해 진실과 허위, 순수와 비순수(인위)의 의미를 눈으로 볼 수 있게 대비시켜주는 역할을 하는 것이다. 우리는 이것을 통해서 욕심을 내서는 일이 되지 않는 이유, 억지로 어떤 일을 성취하려는 것이 얼마나 무모한 일인가를 확인하게 된다. 나아가 불교의 고승들의 '달을 가리키는데 왜 손가락을 보느냐?'는 가르침의 의미를, 또는 성경에 예수가 하나님의 독생자라면서 그 복음을 실현하기 위해서 왜 황제로 오지 않고 말구유에 힘없는 어린아이로 이 땅에 왔는지에 대한 대답을 찾을 수 있게 해주는 것이다. 순수와 비순수, 진실과 허위의 대립을 이 시의 화자는 전연 흥분하지 않고 객관적으로 보여주고 있는데, 그런 가능성은 '순수'라는 언어를 사용함으로써 가능하게 된 것이다.

1. 새 : 노래하고 사랑한다–노래인 줄도 사랑인 줄도 모르고 한다–가식이나 꾸밈이 없다(자연 그대로의 삶–겨냥해서 얻을 수 없는 것 ⇒ 순수)
2. 새의 시체 : 생명이 없다–노래도 사랑도 할 수 없다–한 덩이 납(인공물)으로 겨냥해서 얻을 수 있는 것(인위적인 것) ⇒ 순수의 그림자(순수가 아님)

✔ 김광림[17]의 「雲井驛에서」

운정雲井에 눈 내린다
삼월의 한역寒驛은
차라리 진흙탕
동행한 작곡가 B씨는
뻬제르브르그의 겨울날
옷차림이다

우리는
막걸리 한 사발로
목을 축이며
시장기를 달래고
눈발 속에서
신神의 열차列車를 기다렸다

상행上行은 十四時 八分
하행下行은 十四時 十九分

취기 도는 五十八세의 그와
五十五세의 나는 십일 분 간격으로 엇갈린다

우리는 어차피
세 치의 거리를 두고
헤어질 수밖에 없다.

나는 담배 한 대 피우고 떠날 것이다.

시의 의미분석

이 시의 내용을 살피면 중심이 되는 단어는 3연의 '엇갈린다'이다. 그리
고 4연에서 '헤어질 수밖에 없다'라는 말로 되풀이되고 있다. 그러므로 제

---

17) 김광림(1929~), 함남원산 출생. 국학대학 졸업. 1959년 『전시문학선』에 시 「장마」, 「내
력」, 「진달래」 발표. 시집에 『상심하는 접목(接木)』(1959), 『언어로 만든 새』(1979), 『말의
사막에서』(1989) 등이 있다.

어중심(Controll center)은 <엇갈리다=헤어질 수밖에 없다>이다. 이러한 관점을 근거로 이 시의 응집성(coherence)을 분석하면 다음과 같다.

〈표면적 의미〉

A : 행위 : 엇갈린다=헤어질 수밖에 없다(이별) : 제어 중심
B : 행위자 : 나(시의 화자), 작곡가 B씨
C : 공간적 배경 : 운정역—ⓐ 추운 진흙탕 역
　　　　　　　　　　　　ⓑ 열차를 기다리는 공간
　　　　　　　　　　　　ⓒ 열차를 타고 헤어지는 공간
　　　　　　　　　　　　ⓓ 작곡가 B씨를 먼저 보내고 담배 한 대 피우는 공간
D : 시간 : 십사 시 팔 분, 십사 시 십 구분 ; 11분 차이
E : 공간적 거리로 환산 : 세 치의 거리
F : 방향 : 상행과 하행
G : 행위방식 : 열차를 타고

　이상의 개념들의 의존관계만 살펴보아도 이 시의 응집성의 구조는 일목요연하게 드러난다. 그만큼 수용하기에 무리가 없는 시이다. 그러나 위에 제시한 응집성의 모습은 어디까지나 표면적 의미내용이다. 이 시는 당연히 운정역에서의 헤어짐을 인생에서 사람과 사람 사이의 별리(別離)로 의미를 확대하려는 화자의 의도가 느껴진다. 시의 특성이 함축적 표현에 있다는 것을 생각할 때 그것은 당연하며 바람직하기까지 하다. 만약에 표면적 의미내용을 나타내는 것으로 이 시의 역할이 끝난다면 무미건조한 시로 전락하고 말 것이다. 그러나 그렇다고 무턱대고 의미를 확대 해석하려는 것은 화자의 의도를 왜곡할 수도 있을 뿐더러, 의미 확대의 범주가 불분명하여 명확한 이미지를 찾아내지 못할 수도 있다.

〈확대된 내면적 의미〉

　시의 화자는 독자들에게 이러한 문제를 해결하기 위한 빌미를 이 시에

서 제공하고 있다. 그것은 열차를 그냥 열차라고 하지 않고 "神의 列車"라고 의미를 부여한 것이다. 그러지 않아도 '운정역'과 '운정역에서의 헤어짐'의 의미를 확대해석하고자 하는 독자의 자발적 의욕에 확신과 함께 확실한 방향을 제시해주고 있는 표현이기 때문이다.

"列車"를 "神의 列車"로 의미를 격상시킴으로써 당장 다음과 같은 효과를 얻게 만든다.

㉠ 시의 화자가 타려고 하는 열차는, 타고 싶으면 타고 타기 싫으면 타지 않아도 되며, 경우에 따라서는 어디 가서 놀다가 와서, 타고 싶은 때 마음대로 타도 되는 그런 열차가 아니라, '인간의 의지와는 상관없이 꼭 타야하는, 신의 계획에 따라 마련된, 또는 타는 것이 운명지워진 열차'라는 구체적 개념으로 금방 다가온다. 이렇게 해서 독자를 금방 표면적 의미를 지나서 내면적 의미로 안내하는 안내자의 역할을 한다. 이제 독자는 그것을 바탕으로 이 시의 처음으로 돌아가서 다음과 같은 확대된 이미지를 구축할 것이다.

㉡ '雲井驛', 이 시의 공간적 배경인 운정역은 춥고 썰렁하다. 척박하고 황량하기까지 하다. 이러한 공간은 삽시간에 우리가 살고 있는 이 현실 세상으로 의미가 확대된다.

㉢ 여기에 행위자로 작곡가 B씨와 화자인 '나'가 등장한다. 작곡가 B씨와 나는 가까운 친구 사이고 둘 다 여행 중에 있다. 둘은 너무도 쓸쓸하고 황량한 역 주변에서 추위와 시장기를 이겨내기 위하여 정답게 막걸리를 마시며 시간을 보낸다. 물론 B씨는, 단순히 B씨일 뿐 아니라, 이 세상을 살아가면서 서로 알고 의지했던 많은 친구, 친지들을 환유하고 있다고 해석할 수도 있다. 그리고 그들과 함께 막걸리를 마시면서, 또는 소박하게 어려움으로부터 서로 돕거나 세상살이를 즐기면서 이 세상에서의 기다림을 마감하고, 새로운 인생의 출

발(그것은 죽음일 수도 있다)을 기다리고 있다고 생각할 수도 있다.

ⓔ 함께 하던 B씨, 다시 말하면 이 세상에서 서로 사랑하고 의지해온 사람들과 무척이나 정이 들었고 헤어지기가 싫다. 그러나 그것은 인간의 의지대로 되는 것이 아니다. 그리하여 '헤어질 수밖에 없는데', 그것은 서로에게 배당된 神의 列車, 곧 운명의 시간표가 다른 것이 원인이다. 그 차이도 불과 십사 시 팔분과 십사 시 십구 분, 겨우 11분 차이다. 11분 차이를 공간 개념으로 바꾸면 고작 세 치 거리밖에 되지 않는다. 너무도 가까운 거리이며 결코 헤어지기 싫은, 엇갈리기 싫은 거리이다. 그러나 엄연한 거리이다. 그것은 결코 영원히 하나가 될 수 없는 거리이기도 한 것이다. 그리고 방향마저 하나는 상행, 하나는 하행으로 반대 방향이다. 물론 그 사이에 같은 방향으로 가는 열차가 없었을지도 모른다. 그러나 이것만은 분명하다. 겨우 세 치 거리밖에 안 되지만 결코 하나일 수 없는 거리이며, 영원히 서로가 다시 만날 수 없는 길을 가야하는 거리임을 시사하고 있다는 점이다.

ⓜ 어차피 헤어질 수밖에 없는 것이 인생살이다. 그리하여 인간은 아무리 정이 들고 가까웠던 사람들과도 결국 머지않아 반드시 헤어지게 되어 있으며, 그리고는 자기만의 운명을 지고 자기만의 길을 가야하는 것이다. 우리는 바로 근처에서 인간의 한계와 운명 앞에 보잘 것 없는 왜소함, 그리고 혼자라는 고독감을 느끼게 된다.

ⓗ 결국 이 시는 인간에게 운명적으로 주어지는 어쩔 수 없는 이별을 감내하고 자기만의 길을 홀로 갈 수밖에 없는 고독과 순명(順命)을 형상화하고 있는 것이다. 더구나 마지막 연에서 나에게 배당된 열차를 다리며 혼자 담배를 피우는 모습은, 전연 감정에 흔들리지 않고 담담하게 풀어나가는 화자의 어조와 달리 말할 수 없는 인생의 객창감을 느끼게 해 준다.

시어 "神의 列車"의 효용성

이상에서 1. <표면적 의미 내용>과 2. <확대된 의미내용>을 비교하였다. 그리고 1에서 2를 추론하도록 힌트를 준 언어가 바로 "신(神)의 열차(列車)"였다. 그것은 독자로 하여금 1에서 2를 추론하도록 강요하는 화자의 계산된 의도의 표지이다. 그리고 2로 해석하는 것이 당연하다는 객관적 근거를 제공하는 구실을 한다. 그러면서도 그렇게 하라는 어떤 명령이나 요구도 하지 않고 있다. 단지 '열차(列車)'를 '神의 列車'로 격상하고 있을 뿐인 것이다.

여기서 '神'이란 언어를 발견하는 것과 그것을 예컨대, 운정역이라든가 작곡가 B씨라든가 시간 등 다른 언어와 연결시키지 않고 '列車'와 연결시킴으로써 언어 의미를 극대화한 것이, 바로 이 시에 내면적 의미를 부여하는 언어의 함축적 기능을 창조적으로 사용한 결과이다. 이처럼 의도되고 계획되고 계산된 시어의 사용으로 <확대된 의미> ㉠~㉡의 추론이 가능하게 되는 것이다. 이처럼 언어의 의미기능을 극대화함으로써 의미영역을 넓혀가는 것이 예술적 언어의 사용모형이며 이러한 예술적 언어의 창조적 사용이야말로 시인의 임무일 것이다.

✔ 이성선[18]의 「별을 쳐다보며」

내 너무 별을 쳐다보아
별들이 더럽혀지지 않았을까

내 너무 하늘을 쳐다보아
하늘은 더럽혀지지 않았을까

별아, 어찌하랴

---

18) 이성선(1941~2001), 강원도 고성 출생. 고려대 농학과 졸업. 1972년 『시문학』에 「아침」으로 등단. 시집에 『시인의 병풍』(1974), 『밧줄』(1983), 『별까지 가면 된다』(1988) 등이 있다.

이 세상 무엇을 쳐다보리.

흔들리며 흔들리며 걸어가던 거리
엉망으로 술에 취해 쓰러지던 골목에서

바라보면 너의 눈물 같은 빛남
가슴 어지러움 황홀히 헹구어 비치는
이 찬란함 마저 가질 수 없다면
나는 무엇으로 가난하랴

시어 '가난'의 효용성

이 시의 제어 중심은 물론 '별'이다. 2연의 '하늘'도 별과 대등한 의미를 가지기는 하지만 하늘의 등장은 그 하늘에 '별'이 있음으로써라는 해석이 가능하다. 달리 말하면 하늘은 별과 등가성을 띤, 혹은 동일시되는 또 하나의 대상일 뿐이다. 여기 '하늘'은 역시 별처럼 아름답고 깨끗한, 그리하여 비리와 부조리, 무질서와 부정, 투쟁과 쟁취, 억압과 수탈 등으로 물들어 버린 이 세상과 대비되는 대상으로 등장한 것이다. 이것을 나열하면 다음과 같다.

    ㉠ 별, 하늘 : 깨끗한 것, 아름다운 것
    ㉡ 이 세상(人間事) : 더러운 것, 취할 수밖에 없게 만드는 것

이 시의 의미 내용은 ㉠과 ㉡이 대조되는 형식으로 이루어져 있다. 3연과 4연에 나타나 있는, 너무나 더럽고 치사해서 취할 수밖에 없는 이 세상에서 '눈물같이 빛나는 별을 쳐다보면', '가슴의 어지러움증을 황홀히 헹구어 비추어 준다'고 고백하고 있다. 더구나 깨끗하고 아름다운 것, 곧 별과 하늘을 간절히 바라는 시의 화자 자신도 이 세상에 속한, 이 세상의 한 부분으로서 별 수 없는 속물에 불과하기 때문에 그것을 간절히 바라는 눈길에서 조차 더러워질까봐 염려될 정도로 별은 깨끗하고 아름다우며 세

상은 더럽고 추하다. 그래서 시인은 이렇게 외친다. "별아, 어찌하랴 / 이 세상 무엇을 쳐다보리." 아름답고 깨끗함을 추구하는 마음이 너무나 간절하고 간곡해서 눈물이 날 지경이다.

이 시에서 특히 언어 배열의 비예측적 기발함은 6연 2행에 나타나는 '가난'이란 시어에서 발견된다. 통상 '나는 무엇으로 살아가랴.'라는 말이 쓰이고 있는데, 그것은 가장 믿고 의지했던 사람이나 소중한 무엇인가를 잃었을 때 흔히 관용적으로 쓰는 말이다. 이런 경우 '무엇으로' 다음에 반드시 '살아가랴'가 연결되기 때문에 당연히 다른 언어가 나타나리라고 예상하지 못한다. 그런데 '살아가랴' 대신에 '가난하랴'가 나타나 있다. 이처럼 예상을 깨는 언어에서 발견되는 참신함은 언어적 정보성을 띄는 예술적 표현으로, 독자들로 하여금 머리가 환하게 느껴지는 것 같은 카타르시스를 맛보게 한다. 여기서 그 역할을 해주는 말이 바로 '가난'이다.

가령 "무엇으로 살아가랴"에서 가장 절실한 것은 물론 살아가는 것이다. 살아가는 것이 제일 중요한데, 살아가는 데 있어서 가장 중요한 역할을 해온 그것이 사라짐으로 하여 살아갈 방도를 잃어버렸다. 그러니까 살아가는 것이 가장 중요한 현안이지만, 그것을 가능하게 해주는 것은 잃어버린 '그 무엇'인 것이다. 따라서 가장 중요한 삶의 문제를 통하여, 그것을 좌우하는 잃어버린 '그 무엇'의 중요성을 강조하고 아쉬워하는 표현법인 것이다. 물론 그 무엇이 없어짐으로 해서 실제로 살길이 막막하다. 그만큼 '그 무엇'은 중요한 것이다. 여기서 쓰인 '가난' 또한 같은 방식으로 쓰인 것이다.

가령, 세상에서 가장 강한 자는 털어서 먼지 안 나는 사람이란 말이 있다. 그것은 세상의 진리를 담은 말로 정직과 진실의 중요성을 강조하는 말일 것이다. 마찬가지로 세상에서 가장 행복한 사람이 무엇이냐 했을 때, 가장 그럴듯한 대답으로 '더 이상 아무것도 바랄 게 없는 사람'이란 말일 것이다. 어떻게 사람이 더 이상 바랄 게 없는 상태가 될 수 있는가? 그것은 두 가지 방법밖에 없다. 하나는 이 세상의 모든 것을 다 갖는 것이다. 그렇게 되면 더 이상 바랄 게 없게 될 것이다. 그러나 뭐든지 다 갖는다는 것은 사실상 불가능하다. 게다가 욕심은 결코 만족할 줄 모르는 것이 속성이다. 그러므로 다 가져서 바랄 게 없는 상태는 상상이 되지 않는다. 그러므로 다른 방법을 찾을 수밖에 없다. 그것이 아무 것도 갖고 싶은 생각이 없는 상태가 되는 것이다. 아무 것도 갖고 싶은 것이 없다면 결국 더 이상 바랄 게 없는 상태가 될 것이다. 그러나 인간이 어떻게 그렇게 될 수 있다는 말인가? 그렇게 되는 방법에 관하여 각 종교의 경전에는 모두 언급을 하고 있다. 기독교의 성경에서는 '심령이 가난한 자', '매일 같이 자신을 죽이라'에서부터 예수가 스스로를 온유하고 '겸손'한 사람이라고 고백하는 것이나, 불교에서 '무아론'이나 '아트만론'을 주장하는 따위는 모두가 더 이상 아무 것도 바랄 것이 없는 상태를 다른 말로 표현한 것이라고 하겠다.

이 시의 화자는 결국 '살아가는 것'과 대등하거나 그 이상의 의미를 가지는 것이 바로 '마음이 가난해 지는 것'이다. 그러지 않고는 더러운 이 세상에서 버틸 방법이 없다. 이 세상을 살아가는 데, 그 어떤 사람이나 그 무엇이 필요하듯이, 이 세상에서 모든 것을 버리고 마음이 가난해지는 데는 '너, 별'을 바라보는 것이 필요하다. 결국 가난해지는 것이 지상의 과제인데, 그것은 '별'을 바라봄으로써 가능해진다는 것, 결국 '별의 소중함'을 극대화한 표현인 것이다.

다시 정리하면, 별은 너무나 깨끗하고 아름다워서 내가 쳐다보기만 해도 더럽혀질까 두려울 정도이다. 이 세상에서는 바라볼 것이 아무것도 없다. 맨 정신으로는 이 세상을 바라볼 수가 없기 때문에 차라리 취할 수밖에 없다. 그래서 취해서 쓰러질 수밖에 없을 정도가 되었을 때도 너, 별만 쳐다보면 더러워진 나의 가슴은 깨끗이 헹구어진다. 그렇게 너, 별은 찬란한 존재이다. 내가 가난해지기 위해서는 모든 것을 다 버려야 하는데 모든 것을 다 버릴 수 있는 마음은 너, 별을 쳐다볼 때 느끼는 그 깨끗하고 아름다운 마음이 되지 않고서는 절대로 불가능하다. 그만큼 너, 별은 깨끗하고 아름답다. 너를 바라보는 것 하나만으로 이 세상의 모든 것을 버려도 될 만큼, 다시 말하면 온전히 가난해 질 수 있을 만큼 그렇게 아름답고 순결하며 숭고한 존재이다.

사실 이와 같은 긴 사설이 필요한 것은 아니다. 시를 읽는 사람들은 이런 설명 없이 그 의미를 알 수 있기 때문이다. 다만, 가장 필요한 시점에서 '가난'이란 언어를 발견하여 아주 적절하게 활용함으로써 시 전체의 이미지가 환하게 드러날 만큼 어휘의 효용성이 극대화되고 있음을 밝히고자 하는 것이다.

■ 효용성의 극대화

이제까지 박남수의 「새」의 시어 "순수", 김광림의 시 「雲井驛에서」의 시어 "神의 列車", 그리고 이성선의 「별을 쳐다보며」에 나타난 시어 "가난"의 기능과 그 효용성에 관하여 살펴보았다. 이들은 하나같이 단 하나의 시어로서 시 전체의 의미를 크게 격상시키는 역할을 하고 있음을 알 수 있었다.

시어도 다른 언어와 마찬가지로 배열의 새로움을 통하여 언어적 정보성을 창조하는 함으로써 언어를 예술의 경지로 끌어올리는 것이다. 그런데 이러한 언어 배열의 새로움은 일반적으로 비예측성, 경이감, 기발함, 독특함, 개성을 발산하도록 하며, 그러한 배열은 왕왕 은유, 환유, 우의, 상징 등 비유와 함축을 생산하고, 또한 이미지를 창출하기도 한다. 위의 시들에서 '순수'와 '신의 열차' 그리고 '가난'도 배열의 새로움을 통한 '창의적 표현'의 초절한 실현으로서 언어예술의 경지를 이루고 있다. 그러나 단지 배열의 새로움에 그치지 않고, 시 전체에 새로운 의미를 부여하고 있다는 점이 다른 창조적 언어와의 차이라고 할 수 있을 것이다. 일반적으로 대화나 연설 텍스트에서 이처럼 어휘의 효용성의 극대화를 이루기는 매우 어렵다. 그러나 이들 시어에서 보듯이 화자의 의도가 치밀하게 계획되어 그 효용성을 극대화하는 언어사용은 인간 사고의 깊이와 언어사용의 가능성을 넓혀주는 하나의 표본이라는 점에서, 이러한 언어사용법의 용례 개발이 필요할 것이라고 생각된다.

끝으로 소설가 김주영의 예를 들고자 한다.

『객주』, 『활빈도』, 『화척』, 『홍어』, 『아리랑 난장』 등의 소설로 유명한 소설가 김주영은 한 주간지에서 인터뷰하면서 객주를 집필할 당시의 이야기를 이렇게 전했다. 사실 『객주』는 3년 동안 녹음기와 카메라를 둘러 메고 장터를 찾아다니며 민초들이 사용하는 아름다운 말을 채집하여, 깨알같이 노트를 한 결과물이었다.

> "가장 맞춤한 단어 하나를 쓰기 위해 사전을 첫 페이지부터 마지막까지 뒤졌는데도 마음에 드는 단어가 없어 새벽에 문밖에 나가 홀로 운적도 있습니다."

3) 마무리

언어의 창조적 표현은 언어의 배열에 있다. 그리고 그 언어의 배열은 새로움을 추구하는 의도성의 작용 하에서 비예측성, 기발성, 경이성의 추구라는 원리의 적용을 받는다. 그것은 평이한 안정성을 깨고 나아가 새로움을 창조하는 언어활동을 통하여 이루어진다. 이러한 표현에 대해서 특히 시 연구자들은 일찍이 '낯설게 하기', '시치미 떼기' 또는 '의도적 오류'라는 용어를 사용하여 설명한 바가 있으나 역시 언어의 배열 현상을 풀이한 것에 불과하다.

여기서 살펴본 시어, 박남수 「새」에 나오는 "순수", 김광림의 「운정역에서」에서 나오는 시어 "神의 列車", 그리고 이성선의 「별을 쳐다보며」의 시어 "가난" 들은 물론 언어의 배열의 비예측성에서 오는 이미지 창출에 의한 효용성도 볼 만하였지만, 또한 하나의 언어가 어떤 배열 속에서 어떻게 새로운 의미작용을 하도록 사용되었으며, 그로 하여 시 전체의 의미, 이미지 그리고 시의 가치를 격상하는, 이른바 시어의 효용성이 어떻게 극대화된 양상을 보이고 있는가를 분석하였다.

앞으로 시어의 효용성의 극대화 양상에 대한 유형별 체계화 그리고 그것을 창출하는 방법에 대한 많은 실험적 연구가 필요하다고 하겠다.

5. 시의 언어적 효용성 분석

1) 시 텍스트 분석

시 텍스트는 언어 배열의 새로움을 창출함에 그치지 않고, 시 전체에 이중 삼중의 새로운 의미를 부여하고 있다는 점이 다른 창조적 언어와의 차이라고 할 수 있을 것이다.

따라서 일반 텍스트와는 달리 이러한 표현상의 특성문제가 그 어떤 것보다도 중요하게 다루어야한다는 점을 염두에 두고 신대철의 「박꽃」과 서정주의 「동천(冬天)」을 살펴보기로 하겠다.

■ 신대철[19)]의 「박꽃」

먼저 텍스트를 살펴보자.

① 박꽃이 하얗게 필 동안
② 밤은 세 걸음 이상 물러나지 않는다.

③ 벌떼 같은 사람은 잠들고

---

19) 신대철(1945~), 충남 홍성 출생. 연세대 국문과 졸업. 1968년 <조선일보> 신춘문예에 시 '강설의 아침에서 해빙의 저녁까지'가 당선되어 등단. 시집에 『무인도를 위하여』(1977), 『나무 위의 동네』(1989) 등이 있다.

　　침을 감춘 채
④ 뜬소문도 잠들고
⑤ 담비들은 제 집으로 돌아와 있다.

⑥ 박꽃이 핀다.
⑦ 물소리가 물소리로 들린다.

　이 시를 절차적 접근이라는 관점에서 볼 때 우리는 언어의 연쇄를 통해 응결성을 살피고 그 응결성 내면에 있는 응집성과 정보성 그리고 그와 함께 상황성, 텍스트상호성의 영향이나 가치를 탐구하며 궁극적으로 의도성을 확인하게 되는 것이다. 그러나 이런 주장은 그야말로 뜬구름을 잡는 것과 마찬가지다. 왜냐하면 그것들의 정답이랄 수 있는 종착역(시 텍스트가 구체적으로 의미하는 바)이 어디인지를 정확히 알고 그것이 옳다는 것을 확인하기가 힘들기 때문이다. 그것을 확인할 길도 없고 대부분의 경우는 말로써 설명하거나 기술하기도 어렵다. 그냥 사람마다 자신의 내면세계에 기록된 세계지식을 바탕으로 개연성이 있다고 인식되는 지점에서 머무르고, 그것으로 끝나는 것이 일반적이다. 그러나 그렇다고 해서 텍스트의 인식 기준이나 범위가 그냥 막연하기만 한 것은 아니다. 그것은 누구나 대부분이 공통으로 인식하는 인간세계의 기대를 기준으로 하여, 첫째, 맥락과 둘째, 논리성 그리고 셋째, 그것을 바탕으로 한 추리 또는 상상을 통하여, 하나의 입체적 개념 또는 개념들의 관계를 구상화하게 되는 것이다. 그리고 그로써 위에서 제기한 응집성이나 정보성 또는 의도성을 발견하고 알아내며 확인하게 되는 것이다. 특히 시는 보다 많은 추리와 상상의 뒷받침이 필요하며, 무엇보다도 인간적 기대와 세계지식의 활용이 중요하다고 하겠다. 이러한 관점에서 먼저 응결성과 함께 응집성을 다음과 같이 필요한 만큼만 살펴보자.

✔ 응집성

이 시는 위에서 보는 바와 같이 ①②, ③④⑤, ⑥, ⑦의 4개의 문장으로 되어 있는데 그들이 문장은 다르지만 한 뭉치에 포함된 형식임을 확인할 수가 있다. 이 시 텍스트의 내부구성 요소 간에 의미적 연결 관계를 살펴보면 다음과 같다.

①의 시간은 ②의 상태이다.
②의 상태에 있을 때 ③, ④, ⑤의 현상이 일어난다.

③, ④, ⑤의 결과로
→⑥이 일어나고 그 결과(또는 동시에)
→⑦의 형상이 일어난다.

②의 상태에서 ③, ④, ⑤의 현상이 일어나는 것과 ⑥의 현상이 일어나는 것은 동격관계에 있다. 그러면서도 ③, ④, ⑤의 현상의 결과가 ⑥이다. 그러니까 ③, ④, ⑤는 ⑥의 원인이요, 상황요인이다. 또한 이 글의 제목이 '박꽃'이기 때문에 최종의 결과가 ⑥이 되는 것이 상식인데 ⑥의 결과로 ⑦을 제시하고 있다. 관념의 크기가 분명 ⑥보다 ⑦이 크기 때문에 이러한 배치는 타당해 보인다. 그러나 ⑥과 ⑦의 관계는 어느 쪽이 크고 작음을 나타내는 데 있는 것이 아니라, 동급 동격의 사실로서 ⑥이 일어나면 ⑦이 일어나고, ⑦이 일어나면 ⑥이 일어날 수 있는 것이다. 그런 관점에서 ⑦은 ③, ④, ⑤와 함께 ⑥의 원인이요 상황이요 배경이라고 할 수 있는 것이다. 그리고 ③, ④, ⑤, ⑥이 일어나는 원인과 상황은 물론 ②이며, ②는 ①의 상태요 배경이 되는 것이다. 그리고 그것은 다시 ⑥으로 반복되는 것이다. 이러한 거시적 개념관계를 그림으로 표현하면 다음과 같이 된다.

〈그림 28〉

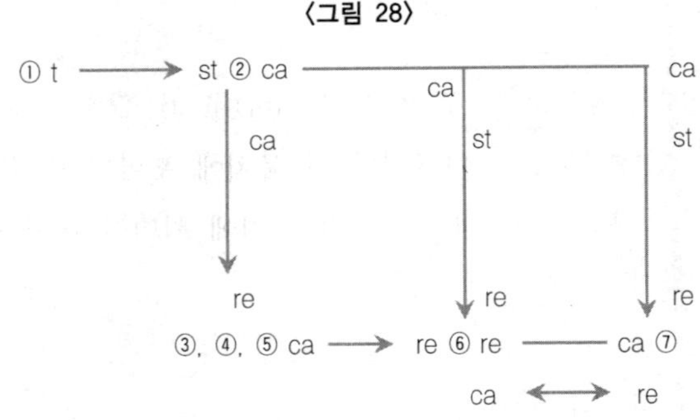

〈범례〉 t : 시간, ca : 원인, re : 결과, st : 상태, re : 결과

✔ 시의 내용과 화자의 의도성

위의 그림으로 표시한 응집성에 관한 개념적 이해뿐 아니라 내용 전반에 대한 정보성과 상황성 그리고 생산자의 의도까지 알아보기 위하여 그림으로 표시한 부분의 설명과 함께 내용 설명을 덧붙일 필요가 있다.

먼저 ①과 ②의 관계에 관해서이다.

"① 박꽃이 피는 동안 ② 밤은 세 걸음 이상 물러나지 않는다." 곧 박꽃이 피는 동안은 밤이 계속되고 있다. 밤의 상태다. 밤의 상태가 계속 유지되다가 새벽녘이 되어서 완전히 피었다는 의미이다. '세 걸음'은 멀리 가버린 것이 아니라 아직 아주 가까이에 있다는 말이다. 날이 새지는 않았고, 단지 새벽을 향하여 아주 조금 움직였다는 의미이다. 밤이 물러가는 모습을 활유법을 이용하여 인간의 행위로 감각화하고, 두 걸음 세 걸음으로 계량화한 것은, 수용자로 하여금 밤에 대하여 보다 구체적 감각적으로 인식하도록 유도하며, 밤이라는 시간과 박꽃이 피는 공간과의 근접성, 곧 '함께 있음' 나타내려는 의도이다. 또 한 가지는 위의 그림에서 살펴본 바와 같이 모든 것의 원인이요, 상황이 되는 '밤'에 대하여 뚜렷한 인격을 부여하는 의미를 갖는다. 그리고 그것은 매우 중요한 일이 된다.

둘째는 밤이라는 상황과 원인으로 하여

③ 벌떼 같은 사람은 잠들고
　침을 감춘 채
④ 뜬소문도 잠들고
⑤ 담비들은 제 집으로 돌아와 있다

③, ④, ⑤의 결과가 일어난다. ③은 벌떼 같은 사람들이다. 그들은 독침을 갖고 사람을 마구 찌르고 공격한다. 시기하고 질투하고 증오하며, 억압하고 수탈하고 음해한다. 그들의 언행은 이 세상의 안정과 평화를 말살한다. 그런데 밤이 오니 남을 공격하던 무서운 독침도 감추고 잠들어 버린다. ④ 뜬소문도 잠들어 세상은 남을 비방하고 비난하고 모략하는 언행이 잠잠해진다. 밤이 깊어지면서 이제 인간의 모든 독하고 추한 것들은 사라져 버린다. 모처럼 세상은 밤의 고요 속에 잠긴다. ⑤ 소음과 공해를 도저히 견디지 못하고 어디론가 도망갔던 담비도 족제비도 노루도 오소리도 모두 모두 원래의 제집으로 돌아온다. 모든 것이 제자리를 찾는다.

밤, 그것은 이 텍스트 안에서 거룩하고 신성한 인격을 갖춘 존재이다. 우리 곁에서 살아 숨 쉬며 우리를 감싸고 평화와 안식을 회복시켜 준다. 밤은 이제 인간의 모든 불안정을 가라앉히고 독소와 강퍅함을 잠재운다. 그리고 성스럽고 신성한 원래의 이 세상, 원래의 지구의 모습을 회복시킨다.

이러한 밤의 작용, 그것이 바로 ②, ③, ④, ⑤의 행위로 대변되는, 이 시의 배경이고 상황이며 원인이 된다. 그리하여 마침내 ⑥ 박꽃이 핀다. 박꽃은 그렇게 순결하고 순수하다. 성스럽고 신성한 원래의 세상에서만 꽃을 피울 만큼 그렇게 깨끗하고 신성하다. 박꽃이 핀 밤의 세상, ② 어느덧 새벽이 다가오려는가. ⑦ 물소리가 물소리로 들린다. 그것은 세상이 마침내 완전한 신성함을 되찾았음을 의미한다. 신성함을 되찾아서 박꽃이 피었든 아니면 박꽃이 피어서 신성함을 되찾았든, 아무튼 박꽃은 그렇게 고결하고 성결한 자연 본원의 질료로서 이 세상에 피어난 것이다.

이제 이 시 텍스트의 개념을 다시 정리하면 다음과 같다.

> 박꽃은 밤에 핀다.
> 밤은 신성하다.
> 밤의 신성함 속에 인간 속세의 독하고 추잡한 모든 것이 잠들고
> 모든 것이 제 자리를 찾는다.
> 밤의 신성함 속에 박꽃이 핀다.
> 물소리를 비롯한 모든 것이 신성한 본래의 속성을 회복한다.
> 그런 밤에 피는 박꽃은 순결하고 신성하다.

그러나 이런 개념은 역시 시가 아니다. 시 텍스트 속에 내재된, 감동과 감각이 배제된 '개념'일 뿐이다. 시 텍스트를 통해서 나타내고자 하는 지은이의 의도된 개념, 곧 사상이다. 지은이는 수용자로 하여금 시 텍스트 본문의 표현이 주는 기쁨과 놀라움과 쾌감을 맛보면서 이 '개념'을 받아들이도록 하는 것, 그것이 이 시 텍스트 생산자의 '의도'인 것이다.

이 시의 표현을 보면 마치 만화가가 만화를 그릴 때, 대상의 상세한 모든 내용을 생략하고 단지 선 몇 개로서 그 특성을 들어냄으로써 나머지는 독자들의 상상력으로 메우게 하는, 아니 나머지가 더 있는지조차 느낄 수 없을 만큼 완벽하게 그려내는 수법과 너무도 비슷하다. 위의 [개념]은 이를테면 만화그림의 내용이다. 그림을 표현하는 선 하나하나는 사용된 언어들이다. 예컨대, "② 밤은 세 걸음 이상 물러나지 않는다."가 주는 인격화, ③, ④, ⑤를 통한 밤의 신성함을 극대화한 언어의 효용성, 그리고 "③ 벌떼 같은 사람은 잠들고 침을 감춘 채 ④ 뜬소문도 잠들고 ⑤ 담비들은 제 집으로 돌아와 있다"에서 보듯이 환유를 이용한 순수함, 성결함의 회복에 관한 구체적 감각적 표현, 그리고 그것을 배경으로 한 "⑥ 박꽃"의 순결함, 고결함에 대한 조용한 사자후. 마지막으로 "⑦ 물소리가 물소리로 들린다."로서 박꽃의 성결함과 함께 우리가 잊고 살았던, 소중한 인간과

자연의 근원적 가치를 이 시는 한 마디의 설명도 없이 웅변으로 말해주고 있는 것이다.

요컨대 시라는 하나의 텍스트가 어떻게 언어의 효용성을 극대화하는가를 보여주는 하나의 전범(典範)이라고 할 수 있는 것이다.

■ 서정주[20]의 「동천」

내 마음 속 우리 님의 고운 눈썹을

즈믄 밤의 꿈으로 맑게 씻어서

하늘에다 옮기어 심어 놨더니

동지섣달 날으는 매서운 새가

그걸 알고 시늉하며 비끼어 가네

이 시 텍스트는 대부분의 다른 시 텍스트가 그러하듯이 응결성에는 아무 문제가 없다. 단 하나의 문장으로 되어 있는데다가 특별히 회기나 병행구문 등이 없으며 또한 대용어의 사용도 거의 없다. 그보다는 비예측적 언어 배열이 많이 눈에 띈다. 이들은 대부분 상징이나 은유적 표현인데 그것이 결국 낯선 느낌을 준다. 따라서 그것에 대한 탐색을 바탕으로 먼저 개념구조를 살피며 그 다음에 문제 해결을 위한 탐색의 과정을 상세히 고찰하고 그것을 바탕으로 응집성을 재구성한다. 그 다음 텍스트 생산자의 의도를 확인하는 단계로 순서를 밟는 것이 합리적이라고 생각한다.

먼저 비예측적 언어배열의 예를 살피면,

---

20) 서정주(1915~2000), 전북 고창 출생. 동국대 교수 역임. 1936년 <동아일보> 신춘문예에 '벽'이 당선되어 본격적 작품활동을 시작. 1936년 <시인부락> 창건. 한국시사에 가장 영향력 있는 작가로 손꼽힌다. 시집에 『화사집』(1941), 『귀촉도』(1948), 『신라초』(1961), 『동천』(1969), 『질마재신화』(1985) 등이 있다.

　　(가) 마음속의 눈썹을 즈믄 밤 동안이나 꿈으로 씻었다는 것
　　(나) 마음속의 눈썹을 하늘에 옮기어 심었다는 것
　　(다) 그 눈썹을 하늘에 심어 놓은 것을 알고 새가 시늉하며 비끼어 날아간다는 것

등이다.

　① 이 시의 제목은 '동천(冬天)', 즉 '겨울하늘'이다. 그리고 그 겨울하늘에 존재하는 것은 단 두 가지의 사물이다. 하나는 '초생달'이고 또 하나는 '새' 한 마리다. 그밖에는 구름 한 점 나타나 있지 않다. 맑고 추운 겨울하늘, 구름 한 점 없는 겨울의 저녁 하늘, 이 시에서 그리고자 하는 것은 그런 하늘의 정경이다. 그 속에 초성달과 날아가는 새 한 마리의 대비되고 있을 뿐이다.

　② 눈썹 : 이 시(詩)에서는 초생달(초승달, 상현달)에 관한 언급은 전연 없다. 다만 '눈썹'을 맑게 씻어서 하늘에다 옮겨 심었다고 말하고 있다. 그러니까 우리는 하늘에 있는 눈썹에 관하여 말하고 있는 셈이다. 그런데 '눈썹 같은 초생달'이나 '초생달 같은 눈썹' 등은 흔히 보는 관용적 표현이므로, 눈썹이 초생달을 언급하고 있다고 생각하는 것은 전혀 무리가 아니다.

　그런데 초생달은 그냥 초생달이 아니라 눈썹을 맑게 씻어서 심은 것이다. 그리고 '눈썹'은 그냥 눈썹이 아니라, '우리 님의 고운 눈썹'이고 그것이 내 마음 속에 있다.

　'눈썹'은 아미(蛾眉)라고 하여 미인의 아름다움을 나타내는 표상으로 일컬어 왔다. 그래서 미인의 경우 '고개나 머리를 숙인다'는 말 대신 환유적 표현으로 '아미를 숙인다'고 하여, 곱고 아름다우며, 다소곳한 여인의 관용적 표현으로 여겨 왔다. 결국 눈썹은 아름다움, 멋짐, 사랑스러움의 표

상이다. 여인의 아름다움을 이야기하는 것이므로 순결한 아름다움이 연상되지만 또한 관능적 아름다움, 극단적으로는 욕망의 대상으로서의 아름다움도 포함하는 것으로 보인다. 왜냐하면 일반적 인간의 내면의 세계는 바로 이상적인 아름다움과 함께 욕망의 대상으로서의 아름다움도 완전히 배제할 수는 없는 것이기 때문이다. 아무튼 '내 마음속 우리 님의 고운 눈썹'은 그 모든 것을 포함하여 우리가 생각할 수 있는 최고의 아름다움의 표상인 것이다. 화자의 인식 공간에 간직하고 있는 가장 이상적인 또는 서럽도록 정제된 그런 아름다움인 것이다.

③ 즈믄 밤의 꿈으로 맑게 씻어서 : 그러나 '우리 님의 고운 눈썹'은 그 표현 자체가 인간적 유한한 아름다움의 한계를 뛰어넘지는 못한다. 그래서 즈믄 밤의 꿈으로 맑게 씻어내야 한다. 즈믄 밤은 '천일 간'이란 뜻보다는 '오랜 세월 동안'을 환유적으로 표현한 것이다. 그 속에는 '긴 세월'과 함께 '온갖 정성을 다하여'라는 뜻도 포함된다. 곧, 오랜 세월 동안을 한결같이 정성을 다하여 맑고 깨끗하게 씻어낸다는 것이다. '꿈'과 '맑게 씻어서'를 연결하여 '꿈'의 의미를 생각해보면, '꿈'은 이상적 아름다움, 완전한 아름다움을 추구하는 염원(念願)이다. 피안(彼岸)의 세계에 도달하려는 인간의 비원(悲願)이다. 그러므로 그 꿈의 속성은 당연히 무욕의 순수성을 바탕으로 한다. 맑게 씻기 전의, 마음속에 새겨진 '인간적 아름다움'을 '이상적 완전한 아름다움'으로 완성하겠다는 정성으로 오랜 세월 동안을 갈고 다듬고 씻어 낸다. 아름다움은 더욱 아름다워진다. 그리하여 아름다움은 말할 수 없이 투명해져서 그 속에 깃들인, 인간적 속성으로는 빼어놓을 수 없는 관능적 욕망에 속하는 부분마저 모두 없어지게 되고 마침내는 완전무결한 아름다움에 도달하게 된다. 그것은 여성적 아름다움을 거룩하고 신성한 아름다움으로 승화시키는 내면의 닦음, 곧 도(道) 세계의 표상인 것이다.

④ 하늘에다 옮기어 심어 놨더니 : 그렇게 된 후에 하늘에 옮겨 심어놓은 것이 초생달이다.

그리하여 완성된 초생달은 원래투터 그 자리에 있었던 것이 아니다. 마음속에서 이루어진 '최상의 이상적인 아름다움(씻긴 눈썹)'을 '하늘로 옮겼다'는 사실과 '심었다'는 사실에 주목해야 한다. 하늘에 옮겨심기 이전까지는 아직 '눈썹'이었다. 그러나 하늘에 옮겨진 후에는 자동적으로 '초생달'로 변모한다. 또한 '심었다'는 사실은 그 전에는 없던 것을 시의 화자가 하늘이란 공간에 새로이 창조했다는 것이다. 이상을 <그림 29>와 같이 요약할 수 있다.

〈그림 29〉
눈썹 → 초생달
마음 속 → 하늘

하늘과 초생달은, 마음과 그 속에 추상적으로 존재하던 눈썹(미의식)이, 사실의 세계로 구체화된 것이요, 추상의 세계, 관념의 세계를 구상의 세계로 형상화한 세계이다. 따라서 하늘은 마음의 세계가 형상화된 모습이요, 마음은 하늘로 상징된 인간 내면의 인식공간을 의미한다. 그러므로 마음인 동시에 하늘이고 하늘인 동시에 다음이며, 눈썹인 동시에 초생달이고 초생달인 동시에 눈썹인 것이다. 추상과 구상의 오버랩, 그것이 이 시 동천이 창조한 이미지이다. 그러나 수용자는 당연히 구상의 세계, 곧 하늘과 초생달을 통해서 마음의 세계와 눈썹을 인식하게 되며, 이는 수용자로 하여금 추상세계에 쉽게 접근할 수 있도록 표현의 효율성을 높이고 있다.

⑤ 동지섣달 날으는 매서운 새가 : 새는 동지섣달을 날아가고 있다. 동지섣달은 추운 계절이다. 유한한 생명체인 새가 살아가기에는 너무도 힘들고 고통스러운 계절이다. 음식이 충분하지도 않고 서로 간에 사랑의 포

근함도 느끼지 못한다. 자신을 지키기 위해서, 욕망과 이득을 위해서 한없이 냉정하고 잔인해져야 한다. 겨울은 편견과 부정이 가득하고 쟁취와 수탈로 얼룩진, 비정한 인간사회와 같은, 그런 계절이다. 그런 계절에 살아남기 위해서는 매서워질 수밖에 없다. 어려운 현실을 살아가는 악착스럽고 기회에 민첩한 인간의 모습이 저절로 연상된다. 겨울 하늘에 그처럼 매서운 새가 날고 있듯이 인간의 마음의 공간에도 이러한 매서운 새가 살고 있다.

⑥ 그걸 알고 시늉하며 비끼어 가네 : '그것'은 초생달이다. 내면에 생성된 인간적 아름다움을 맑은 꿈으로 오랜 세월을 맑게 씻고 또 씻어서 완전무결에 이른 신성한 아름다움의 표상인 것이다. 차갑고 쓸쓸한 겨울 하늘에서 초생달을 새가 봤다. 쓸쓸하고 메마른 마음의 공간에서 또 하나의 시적 자아는 마침내 초생달을 발견한 것이다. 그리하여 순간적으로 초생달 쪽을 향하여 그 모습을 흉내 내며 날아간다. 그러나 순식간에 그 자리에서 사라지고 만다. 아니, 새의 평생을 그 자리에서 날고 있다 해도 그것도 순간에 불과하다. 하물며 초생달을 향하여 곧장 날아가는 것도 아니고 비끼어 갈 뿐인 데 있어서랴. '비끼어' 간다는 표현은 영원의 존재인 초생달과 순간자인 새와의 좁혀질 수 없는 거리감의 표출이다. 물론 새의 눈을 빌어 언뜻 봤을 때 자신의 모습이 초생달과 비슷하게 느껴질지 모르겠으나 전혀 그렇지 않다. 본질과 근본이 전혀 다르다.

'초생달'과 '새'는 다음과 같이 대조된다.

초생달은 맑고 깨끗하며 아름답다. 세상을 밝게 비친다. 또 겨울하늘이 춥다는 것도 모른다. 그리고 영원하다. 그런데 새는 매섭고 악착스럽다. 세상을 밝게 비치지도 못한다. 새에게 겨울하늘은 춥기만 하다. 추위를 견디기 위해서 강하고 매서워져 있다. 새는 영원한 존재가 못된다.

초생달이 인간의 숭고한 신성(神性)이 오랜 세월의 연마를 통해 창조한 진실의 세계, 영원한 아름다움의 세계라면, 새는 질곡과 좌절 속에 사는 유한하고 파괴될 수밖에 없는 현실적 인간의 세계로서 대비된다. 그것은 진리(眞理)와 가상(假像)의 대조이며 영원(永遠)과 순간(瞬間)의 대조이다. 아름다움과 추함의 대조이며, 사랑과 증오(憎惡)의 대조이다. 실로 진짜와 가짜의 대조라고 할 수 있는 것이다.

<그림 29>에다 ⑤와 ⑥에서 논의한 내용을 첨가하여 이 시의 공간구조를 <그림 30>과 같이 재구성할 수 있다.

<그림 30> 공간 구조

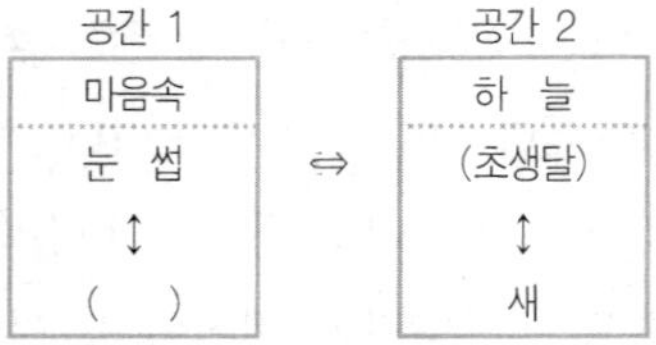

공간 1　　　　　공간 2
마음속　　　　　하 늘
눈 썹　⇒　(초생달)
↕　　　　　　　↕
(   )　　　　　　새

( )는 시 속에 명시되지 않고 공란으로 남아 있는데, ②의 논의에서 (초생달) 유추를 통하여 설정하였으나 곧간 1의 ( )는 공간 2의 새와 대응되는 것을 설정하지 않았으므로 빈 괄호 상태로 나타내고 있다.

그러나 ⑤의 논의를 통하여 '하늘'에 '초생달'과 대응하는 '새'가 있다면 마음의 공간에는 맑고 아름다운 눈썹에 대응하는 눈썹처럼 아름답고자 하지만 결코 그렇게 아름다워질 수가 없는 마음의 한 가닥을 유추할 수 있을 것이다. 그것은 개인적 세계지식에 따라 다르겠지만 욕망, 에고, 자아 등을 나타내는 미디어로 재구성하면 될 것이다. 그러나 여기서는 따로 구체적 미디어를 제시하지 않고 욕망이란 말로 논의를 해나가도록 하겠다.

아무튼 마음의 공간에 진실과 아름다움을 추구하는 이상과, 자신을 지키기 위해 무장을 하고 사는 욕망의 대응이, 하늘로 구상화된 공간에서는 초생달과 새의 대응으로 대비되고 있는 것이다.

이제까지의 진술을 바탕으로 시의 화자의 의도를 추리해 보자. 시의 화자는 '이 세상에서 번뇌하는 인간 마음의 현실'을 겨울하늘로 보고 있다. 춥고 배고프고 힘들고 괴롭다. 그런 속에서 매서운 새는 매섭지 않은 척하면서 아름다운 모습을 해 보인다. 그러나 그것은 모습만 비슷할 뿐 완전한 아름다움과는 거리가 멀다. 이에 비해 시공(時空)과 주관과 욕망을 초월한 절대 진리의 세계는 초생달처럼 뚜렷이 그리고 영원히 온 세상을 비춘다.

영원한 진리의 길은 마음속의 최선의 아름다움에다, 다시 그것을 이상을 향한 꿈으로, 온갖 정성을 다하여 속됨과 혼탁함을 씻어낼 때 도달할 수 있는 아름다움이다. 속되고 인간적인 모습으로 흉내를 내는 것은 근본적으로 다른 차원의 세계이다.

그러나 인간이라고 하는 순간자는 가상(假像)과 암흑 속에 파묻혀 영원한 좌절의 늪에 빠져버리고 말아야 하는 존재는 아니다. 힘든 대로, 어려운 대로, 현격한 거리가 있는 대로 흉내 내며 비스듬하게라도 다가가는 것, 그것이야말로 진리의 세계를 향하여 켜드는 작은 등불처럼 소중한 인간 영성(靈性) 존귀함인 것이다.

인간 세상을 비추는 영원한 진리의 아름다움과, 어림도 없지만 그것을 닮아가려는 순간자적인 인간의 유한한 실제의 모습과의 대비를 통하여 인간의 실체를 제시하고 그것을 수용자가 받아들여주기를 간절히 바라는 것, 그것이 이 시의 화자의 의도일 것이다. 또한 이 짧은 텍스트를 통하여 이 엄청난 정보를 능률적으로 전달하는 생산자의 인간의식과 언어의 효율성을 극대화한 언어능력을 잘 나타내고 있다.

이 시에 관하여 위의 설명을 바탕으로 개념구조를 다음과 같이 그림으로 나타낼 수 있으며 그것을 아래의 상징구조로 상정할 수 있다.

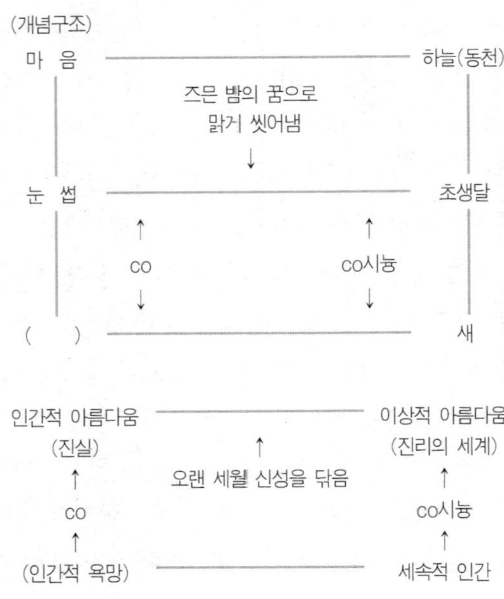

시 「동천」에 관하여 "오랫동안 갈고 닦아온 삶의 참뜻을 내놓으니 속중 (俗衆)이 외경의 뜻을 표하며 비킨다."고 하여 반속주의(反俗主義)라고 주장하 는 견해가 있다. 즉 이 시는 '엘리트 의식을 가진 사람의 시로 일반 세속 적 대중을 폄하하는 내용의 시'라는 주장이다. 그러나 이는 객관적이지도 합리적이지도 못한 견해에 불과하다. 왜냐하면, 위의 논의에서 고찰한 바 와 같이 초생달은 완전한 아름다움, 진리의 세계를 표상하는 것으로 보는 것이 가장 합리적이고 가치 있는 해석이기 때문이다. 초생달을 시적 화자 나 현실의 기득권자, 지성인들을 나타내는 것으로 보는 것은 이 시의 내 용을 왜곡하는 결과를 가져온다. 시의 화자나 기득권자들은 완전무결한 존재도 지극히 아름다운 사람들도 아니다. 또한 새가 속된 민중을 뜻하는 것으로 보는 것도 아주 편협하고 비합리적 견해이다. 오히려 새는 시의 화자를 포함한 진리와 아름다움을 추구하는 유한한 인간 모두를 상징하고 있다고 보아야할 것이다.

　이상의 논의를 통해서 앞에서 제시한 언어의 비예측적 표현에 대하여 탐색을 하였다. 그리하여 "내 마음과 동천", "눈썹과 초생달", "욕망의 세계와 새"의 대조를 통하여 추상과 구상, 내면과 현상이 대립되는 세계에 대한 사상적 자의식을 재구성할 수 있었다. 그리고 이런 과정에서 (가), (나), (다)의 정보성 문제도 살펴보았다.

　결론적으로 이 시는 화자의 세상에 대한 구도 정신 또는 종교적 인식을 이미지화하여 세상에 우주와 인간의 진리를 제시하고 있다고 하겠다.

■ 유치환[21]의 「깃발」[22]

　① 이것은 소리 없는 아우성
　② 저 푸른 해원(海原)을 향하여 흔드는
　　　영원한 노스탈지어의 손수건
　③ 순정은 물결같이 바람에 나부끼고
　④ 오로지 맑고 곧은 이념(理念)의 푯대 끝에
　　　애수(哀愁)는 백로(白鷺)처럼 날개를 펴다
　⑤ 아! 누구인가?
　　　이렇게 슬프고도 애닯은 마음을
　　　맨 처음 공중에 달 줄 안 그는.

　이 시 텍스트는 처음부터 끝까지 메타포로 일관하고 있다. '깃발'이 주제이고, 제목이고, 제재이며, 제어중심이다. 그 깃발을 9행 짜리 시에 다섯 번이나 은유로 표현하고 있다. 시의 화자는 그렇게 은유를 통하여 깃발을

---

21) 유치환(1908~1967), 경상남도 충무 출생. 호는 청마(靑馬) 연희전문 문과 졸업. 1933년 <문예월간>에 '정적(靜寂)'으로 등단. 시집 『청마시초』(1939), 『청령일기』(1949), 『청마시집』(1954), 『뜨거운 노래는 땅에 묻는다』(1960), 『미루나무와 남풍』(1964), 『파도야 어쩌란 말이냐』(1966) 등이 있다.
22) <조선문단> 1월호(1936)에 발표되고, 첫 시집 『청마시초』에 수록된 작품. 높고 곧은 의지를 상징하는 동시에 생명의 깃발을 낭만적으로 노래한 시이다.

묘사하고 의미를 부여하며 가치를 창조하고자 한다. 그에게 깃발은 아우성이며, 노스탈지어의 손수건이며, 순정이며, 애수 그리고 슬프고도 애닲은 마음이다.

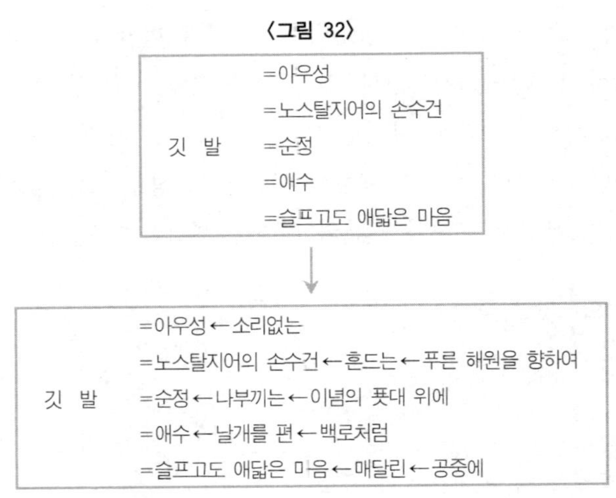

　이것이 이 시의 내용의 전부이다. 이제 이 화두(話頭)를 어떻게 풀어나가느냐? 곧, 이렇게 표현한 화자의 의도는 무엇이며 이를 통해 독자가 받아들일 수 있는 것(수용성)은 무엇이냐?만 밝히면 된다. 편의를 위하여 은유로 표현된 보조관념에 따라 ①~⑤까지 번호를 매겼다.

　① 깃발을 '소리 없는 아우성'이라고 했다. 아우성은 여럿이 함께 부르짖는 소리이다 혼자 외치는 소리는 고함이라고 할지언정 아우성이라고 하지는 않는다. 또 여럿이 부르짖는 소리에는 함성(喊聲)도 있는데, 여럿이 같은 소리를 동시에 내는 것을 함성이라 하는 데 비하여 여럿이 제각기 다른 소리로 떠들고 고함을 지르는 것을 아우성이라 하여 구분한다. 그래서 일제히 함성을 지른다는 말은 있지만 일제히 아우성을 친다는 말은 없다. 아무튼 아우성은 여럿이 개별적으로, 같게 혹은 다르게 기세를 올려 소리

를 지르는 것을 가리킨다. 그러므로 아우성은 개개인의 간절한 소망과 비원(悲願)이 담겨있으며 또한 불규칙성이 특징이기도 하다. 깃발이 바람에 펄럭이는 모습은 군중의 아우성처럼 느껴진다. 제각기 비원(悲願)을 외쳐대지만 모양이 요란하고 불규칙적이다. 깃발의 펄럭임에는 물론 소리가 나는 것은 아니다. 따라서 소리 없는 아우성이다.

우리는 이미지를 창조할 때, 낯설게 하기를 매우 중시한다. 이미지를 창출하는 보조 관념들이 낯설지 않으면 이미 진부한 일상적인 표현이 되고 말기 때문이다. 따라서 낯설게 하기는 실제로 이미지 창출에 있어서 가장 중요한 요건일 것이다. 그러나 여기서 누구나 간과하기 쉬운 것이 낯설게 하기가 궁극적으로 원관념을 나타내는 데 있어서 얼마나 적확(的確)한가 하는 것이다. 이 시에 나타나는 여타의 보조관념들도 그렇지만, 깃발을 '소리 없는 아우성'이라고 표현한 것은, 펄럭이는 깃발의 외형적 모습의 청각화, 거레의 소망과 비원을 다수 군중의 쉼 없는 의사표현이라는 점, 그리고 그것의 간절함을 드러내는 데 있어서 정말로 적확한 이미지 창출이라고 하겠다.

②에서 '푸른 해원(海原)'은 바다를 가리킨다. 바다는 좁고 답답한 현실적인 공간이 아니다. 끝없이 넓고 거칠 것이 없다. 뭔가 이상과 꿈이 있는 곳, 어쩌면 우리 민족이 처한 현실적 질곡과 좌절을 훨훨 털어버리고 우리의 이상을 실현시킬 수 있는 곳이다. 그러한 세계를 향하여 손수건을 흔든다. 손수건은 깃발의 외면적 특성으로 비유한 것이다. 노스탈지어(nostalgia)는 향수(鄕愁)이다. 그러나 homesickness는 아니다. 어떤 구체적인 고향에 대한 그리움이 아니라, 과거에 대한, 또는 미지의 세계에 대한 그리움이다 그러므로 오히려 동경(憧憬)에 더 가까운 말일 지도 모른다.

바다처럼 푸르고 넓은 세계를 향하여, 우리의 꿈과 이상을 향하여 갈구하는, 다가서려는 간절한 몸짓, 그것이 깃발인 것이다.

③은 ②에서 연결되는 이미지로서, 간절한 깃발의 몸짓에서 노스탈지어

의 대상을 향한 순정, 순결한 사랑이 물결치며 번져 나옴을 뜻하고 있다.

④는 깃발을 깃대와 함께 묘사하고 있다. 이념(理念)은 "어떠한 것을 이상적인 것으로 여기는 생각"을 가리킨다. 그러므로 그것은 감정이나 의지에 의해 좌우되는 것이 아니다. 이성에 의해 얻어진 본질적인 개념으로서 이데아의 세계이다. 그것은 맑고 깨끗하며 순수한 것으로 꼿꼿하여 결코 굽어질 수 없는 것이다. 깃대를 이념으로 은유한 것은 참으로 적절하다. 우리의 소망이나 비원이 아무리 간절하다 할지라도 이념에서 벗어나서는 안 된다. 자칫 잘못된 길로 들어설 수 도 있기 때문이다. 그래서 시의 화자는 꿈과 이상을 실현시킬 수 있을 것 같은 세계를 향한 우리의 순정 어린 향수나 몸짓은 그것은 아무리 간절하더라도 결코 굽어질 수 없는 이념을 바탕으로 해야 함을 보여주고 있다. 그리고 깃발의 천이 휘날리는 모습을 '애수가 백로처럼 나래를 펴'는 것으로 이미지화하고 있다. 그것은 (1), (2), (3)의 '아우성', '노스탈지어의 손수건', '순정' 등이 가지고 있는 속성, 즉 간절한 소망과 염원의 몸짓이 내포한 '현실적으로 이룰 수 없는 슬픔'을 부각시키는 보조관념으로서 아주 적절하다.

결국 "깃발=깃대+기폭"이며 그것은 "이념+간절한 소망(슬픔)"임을 나타내 준다.

⑤는 외형상의 표현은 "깃발은 처음으로 매달 줄 안 사람이 누구냐?" 하여 '사람'에 중심을 두고 그것을 강조하고 있는 느낌을 주고 있다. 그러나 (1)~(4)의 연속되는 의미의 흐름선상에서 봤을 때, 결국 제어 중심은 '애닮고도 슬픈 마음'에 있으며 그것은 앞의 모든 행들과 통일성을 이루고 있는 것이다. 깃발을 처음 매 단 사람을 강조하는 표현 기법을 통하여 결국은 사람이 아니라 펄럭이는 깃발의 '슬픈 의지'를 형상화하고 있음을 알 수 있다.

2) 마무리

시는 일회성 대화는 말할 것도 없고 연설문, 신문기사 또는 어떤 문학 장르보다도 표현의 효용성을 극대화하기 위하여 철저히 계획되고 정제된 텍스트이다. 따라서 보다 함축적이며 더욱 새로운 표현을 표방한다. 그러기 위해서 모든 수사기법을 동원하는 외에도 엄청난 절제로 과감한 생략을 감수한다. 또한 리듬이나 이미지를 창출하기를 마다하지 않는다. 그리하여 계획적으로 배치된 정보를 알맞게 노출시킴으로써 시 텍스트의 표면은 물론 배후에 숨겨진 이중 삼중의 암시 또는 상징을 탐색하도록 유도한다. 그리고 인간의 본원적 문제에 대한 사색을 요구하고 깨달음의 기회를 제공하며, 감각과 미의식을 자극하여 인간의 총체적 발전을 도모하는 고도의 의사소통 방식인 것이다.

따라서 세계지식을 활용한 시 분석을 통하여 수용 능력을 단련하는 것이나 시의 창작을 통하여 의도성 실현의 영역을 넓혀나가는 일은, 생산과 수용이라는 텍스트활동의 근본인 언어능력을 극대화하는 것이다. 그런 의미에서 시 텍스트에 대한 끊임없는 접근은 예술적 언어사용으로 차원 높은 의사소통의 바탕이 되는 것이다.

이러한 신념을 바탕으로 신대철의 「박꽃」, 서정주의 「동천」 그리고 유치환의 「깃발」을 살펴보았다. 시 「박꽃」은 언어 표현의 효용성이 어떻게 극대화되는가 하는 점과 함께 우리가 잊고 사는 가장 소중한 인간과 자연의 근원적 가치를 재발견하도록 안내하는 시인의 신성한 미의식을 절제된 언어와 함께 충분히 맛볼 수 있었다.

서정주의 「동천」은 특히 언어의 비예측적 배열을 통하여 이중 삼중으로 함축된 정보성을 탐색하도록 교묘하게 유도하면서도 그 깊이를 쉽사리 드러내지 않는 고도의 배치 기법과, 그 속에 내재해 있는 "인간 진실"에 대한 종교적 깨우침을 이미지화하고 있음을 살펴보았다. 또한 유치환의 「깃발」도 이중 삼중의 은유를 통한 이미지 창출의 현란하고도 적절함 그리고 그 속에 깃들어 있는 고독하고 애닯픈 의지의 낭만적 세계를 함축하는 언어의 효율적 활용을 확인하였다.

시 텍스트에 대한 접근은 특히 개념구조 사이에 내재한 다양한 정보를 발견함으로써 생산자의 의도를 파악하고 나아가 세계지식, 언의의 예술적 사용으로 인한 미의식의 향상과 영적인 고양을 포함한 인간의 총체적 발전을 도모하는 의미 있는 작업이라 하겠다.

6. 현대시의 탐구
-서정성을 위한 비켜서기 수법에 관하여

그리스교 초창기에 로마는 심하게 그들을 박해했다. 콜로세움에서 맹수들로 하여금 기독교인들을 무참하게 물어 죽이도록 하는 등 말할 수 없는 박해를 가했다. 카다쿰베는 기독교인들에 대한 탄압의 상징이라고 할 수 있다. 그처럼 심한 핍박을 가하던 로마가 어느 순간 갑자기 기독교를 국교로 정했다. 참으로 놀라운 일이 아닐 수 없다. 어떻게 해서 이런 일이 일어날 수 있었을까? 여기에 대해서 재미있는 견해가 하나 있다.

로마가 전 세계를 상대로 끊임없이 정벌을 하다 보니 사람도 많이 죽이고 나쁜 일도 많이 자행했다. 로마의 귀족 자제들 중에 군대에 나가지 않는 사람이 없고 그들은 자연 전 세계를 다니며 바람을 피웠는데, 그러다 보니 많은 사람들이 매독에 걸렸다는 것이다. 이것이 너무 심해지자 그것을 치료할 방법이 없던 그 시대에, 특히 사윗감이나 며느리 감을 고를 때 성병이 걸리지 않은 사람을 찾는 것이 무엇보다도 중요하게 되었다. 그런데 아무리 찾아도 성병이 걸리지 않은 사람은, 간음을 금기시하던 기독교인뿐이었다. 결국 많은 사람들이 몸이 깨끗한 기독교인을 사위 혹은 며느리로 삼았고, 그렇게 한 두 세대를 지나다보니 자연스럽게 최고의 권력을 가진 귀족들이나 황제 어머니가 기독교인 되어 있었다. 결국 그들의 자녀들도 자연스럽게 기독교인으로 자라서 나중에는 황제를 포함한 대부분의 귀족들이 기독교인으로 변했고 자동적으로 기독교 국가가 될 수밖에 없었다는 것이다.

이 이야기는 세상일은 반드시 어떤 목적이나 의도대로만 되는 것은 아니라는 점을 일깨워 준다. 다른 일을 하려고 했는데 엉뚱한 곳에서 일이 풀리는 바람에 그 방향으로 결실을 거두는 예가 그것이다. 그것은 시적 표현에서도 똑같은 원리로 작용한다. 어떤 시상을 표현하려고 할 때 그 시상의 내용을 정직하게 접근하여 직접적으로 표현하는 방법도 있지만, 딴전만 피웠는데 오히려 더 효과적인 결과가 나타나서 종종 좋은 시로서 성공하는 예를 가끔 보게 된다.

이 장에서는 주로 이렇게 창작된 시 몇 편을 살펴보고자 한다.

1) 박목월[23]의 「나무」

유성에서 조치원으로 가는 어느 들판에 우두커니 서있는 한 그루 나무를 만났다. 수도승일까. 묵중하게 서있다.

다음날 조치원에서 공주로 가는 어느 가난한 마을 어귀에 그들은 떼를 지어 몰려 있었다. 멍청하게 몰려 있는 그들은 과연 여섫픈 과객일까. 몹시 추워 보였다.

공주에서 온양으로 우회하는 어느 뒷길 어느 산마루에 그들은 멀리 서 있었다. 하늘문을 지키는 파수병일까. 외로워 보였다.

온양에서 서울로 돌아오자 놀랍게도 그들은 이미 내 안에 뿌리를 펴고 있었다. 묵중한 그들의, 침울한 그들의, 아아 고독한 모습. 그 후로 나는 뽑아낼 수 없는 몇 그루의 나무를 기르게 되었다.

---

23) 박목월(1916~1978), 경남 고성 출생. 1939년 정지용에 의해 『문장』에 '길처럼'이 추천됨. 1946년 김동리, 서정주 등과 조선문학가협회 결성. 1957년 한국시인협회 창립. 시집에 『청록집』(1946), 『산도화』(1955), 『구름에 달 가듯이』(1975), 『나그네』(1987) 등이 있다.

■ 핵심내용

이 시의 내용구조를 다음과 같이 정리할 수가 있다.

장소(화자)	대상	장소(대상)	상태	모습	느낌
유성-조치원	나무 한 그루	어느 들판	우두커니	수도승	묵중함
조치원-공주	나무 떼	가난한 마을 어귀	멍청하게	어설픈 과객	추워 보임, 침울, 고독
공주-온양	나무 몇 개	뒷길 멀리 어느 산마루	멀리	하늘문의 파수병	외로워 보임, 고독

핵심내용은 다음과 같다.

① 서울에서는 나무를 발견하지 못하였다.
② 시골에 다니며 외로운 모습의 나무들을 보았다.
③ 서울에 와서는 내 안에서 그 나무들이 자라게 되었다.

이 내용을 조금 부연하면, 외면적으로는 첫째, 나무 있음과 나무 없음이 대조되어 서울과 시골의 특징을 대변하고 있다. 둘째, 시골에서 본 나무들은 한마디로 밝고 건강해 보이는 것이 아니라, 쓸쓸하고 고독해 보였다. 셋째, 시골에서 본 나무들을 보고는 서울에 올라와서는 마음속에 그 나무들을 기르게 되었다 것이 핵심 내용이다.

■ 나무의 상징성

먼저 서울에서 나무를 발견하지 못한 이유는 무엇일까? 그것은 현대문명이 가져온 수많은 콘크리트 빌딩과 온갖 기계, 자동차 그리고 복작거리는 사람들로 꽉 차 있기 때문이다. 그 어느 곳에도 나무들이 자랄 수 있는 공간과 여유가 주어지지 않고 있다.

그런데 모처럼 시골을 다녀오게 되었다. 이 무렵만 해도 시골은 아직 무서운 물질문명이 완전히 장악하지는 못했으므로 가끔씩 가다가 나무들을 발견할 수 있었다. 그런데도 그 나무들의 모습은 어느 쓸쓸한 들판에 '우두커니 서있거나', '가난한 마을 어귀에', '멍청하게', '어설픈 과객'의 모습으로, 또는 '뒷길 멀리 어느 산마루에', '하늘 문을 지키는 파수병'처럼, 묵중하게, 썰렁하게, 외로운 모습으로 서 있는 것이다.

그것은 자연의 햇살을 듬뿍 받고 수많은 동료, 이웃들이 모여 하늘을 가릴 만큼의 빽빽한 숲을 이루고 이파리마다 초록빛 생명력을 빛내면서 서 있는 모습과는 다르다. 더구나 그들의 품안에 온갖 곤충, 새, 짐승들을 품고, 존재로서의 의미와 행복을 구가하는 모습과는 너무나 거리가 멀다.

적어도 화자의 눈으로는 그들이 그렇게 보였다. 말할 수 없는 연민의 정을 느끼지 않을 수 없는 화자의 마음속에, 서울로 돌아오자 놀랍게도 나무들이 뿌리를 내리고 있었다. 그리고 결코 뽑아낼 수 없는 나무 몇 그루를 마음속에 기르게 되었다는 화자의 고백을 통해서 나무들에 대한 연민과 애착, 그리고 동질, 동류의식이 어떠한지를 짐작하게 해준다.

여기서 우리는 시골에만 자랄 수 있는 나무와, 가장 중요한 땅을 완전히 점령하고 장악한 빌딩의 숲의 이미지에서, 다음의 대조적 현실을 연상하게 된다. 곧 자연과 문명(기계), 나무와 빌딩, 인간과 기계(인간성 상실), 건설과 파괴, 본질과 변질, 섭리와 역리, 사랑과 욕망, 인간성과 기계적…….

물질과 기계, 욕망 등으로 대표되는 현대문명이 압도하는 세상에서, 자연, 사랑, 생명, 인간, 조화(생명의 본초적 모습) 등을 표상하는 '나무'는 어떤 모습으로 현존하고 있을까? 시인은 그것에 대한 대답을 서글픈 어조로 풀어놓고 있는 것이다.

우두커니 서 있는 수도승으로, 어설픈 과객으로, 하늘(원초, 섭리, 자연을 상징) 문을 지키는 외로운 파수병으로 그려진다. 모든 인간들로부터 외면당하고 괄시와 천대를 받으며 때로는 힘없이, 때로는 심각하게, 때로는 쓸쓸한 모습으로 하늘로부터 부여받은 원초적 자연의 섭리를 홀로 지키는, 어디까지나 현실의 주인공이 아니라, 현실에서 소외된 외롭고 슬프게, 쓸쓸하게 진실을 지켜가는 이 세상의 패배자이자 하늘의 역군이다. 이것이 나무의 상징성이다.

■ 표현방법

이것을 발견한 화자는 결코 지울 수 없는 인상을, 나무에 대한, 자연에 대한, 섭리에 대한 애정을 시인답게 가슴에 새기고 키워간다. 이 시는 서정적인 감동이 있다. 현대 물질문명 속에서 향토적인, 또는 그 이전의, 원시적 자연에의 추구가 있다. 그와 아울러 인간 본연의 모습에 대한 향수를 지니는 상징시라고 할 수 있다. 살펴 본 바와 같이 주제는 생명의 순수 본질(자연, 인간성 등)에 대한 그리움이라고 할 수 있다.

그러나 이 시의 외면적 표현으로는 그러한 언어를 발견할 수가 없다. 더구나 빌딩 숲이니 현대 물질문명 기계문명에 대한 고발이나 어떤 지적도 겉으로 노출하지 않는다. 단지 시골을 여행 했고, 쓸쓸하고 외로워 보이는 나무 몇 그루를 발견한 것으로 이야기를 끌어간다. 그리고 여행을 마치고 돌아왔을 때 마음속에 그들의 모습이 살아남아 있음을 이야기하는 정도로 마무리를 한다.

이처럼 실제로 나타내고자 하는 실체는 감추고 전혀 다른 이야기를 하듯 주제로부터 슬쩍 피해버리는 시적 표현 방법을 '비켜서기' 수법이라고 해 두자. 이 시는 주제에 직접 부딪치고 그것을 정면 돌파 해내는 시적 표현 방법보다, 수용자로 하여금 스스로 공감하도록 하는 힘이 있는 시이다. 전자는 정직한 표현법이다. 더 많은 정보를 제공할 수도 있으며 더 많이 리얼리티를 느끼게 할 수도 있을 것이다. 그러나 그것은 어디까지나 시의 화자가 제공하는 서비스를 통해서 가능한 것이다. 그러나 비켜서기 수법은 힘을 빼고 슬쩍 비켜서 있기 때문에 현실적으로 감이 잡히지도 않을뿐

더러 시원한 느낌을 주지 못할 수도 있을 것이다. 그러나 비켜서기 수법은 수용자 스스로가 능동적으로 감상에 참여하게 한다. 그렇기 때문에 수용자로 하여금 스스로 공감하도록 하는 힘이 생겨나는 것이다. 이처럼 비켜서기는 시적 언어사용에 있어서 언어의 효율성과 유효성을 제고시키면서도 호감을 주는 하나의 좋은 예술적 언어사용 방법이라고 할 만하다.

2) 김종길[24]의 「춘니(春泥)」[25]

여자대학은 크림빛 건물이었다.
구두창에 붙은 진흙이 잘 떨어지지 않았다.
알맞게 숨이 차는 언덕길 끝은
파릇한 보리밭—
어디서 연식정구의 흰 공 퉁기는 소리가 나고 있었다.
뻐꾸기가 울기엔 아직 철이 일렀지만
언덕 위에선
신입생들이 노고지리처럼 재잘거리고 있었다.

■ 핵심내용

춘니(春泥)란 봄날의 진흙탕 또는 눈이 녹은 진흙을 가리킨다. 아직 아스팔트도 깔리지 않은 시골의 여자대학을 (아마도 출강을 위하여) 처음 찾아간 인상을 이 시는 평탄하고 잔잔하게 묘사하고 있다. 그냥 평범하기 짝이 없어 보이는 그런 시이다.

이 텍스트에 나타난 여자대학의 인상은 다음 다섯 가지의 이미지로 그려진다.

---

24) 김종길(1926~), 경북 안동 출생. 혜화전문, 동국대 대학원 졸업. 1947년 <경향신문> 신춘문예에 시 '문(門)'이 입선. 1955년 『현대문학』에 '성탄제'를 발표하여 문단에 데뷔. 시집으로 『성탄제』(1969), 『하회(河回)에서』(1977), 역시집 『20세기 영시선』(1954) 등이 있다.

25) 특별한 의미를 부여하지도 않으면서도 오히려 시적 의미가 강한 시로서 성공한 작품이다. 제목인 '春泥'는 봄날의 진흙탕이며 특히 눈이 녹은 진흙탕을 가리킨다.

① 진흙투성이의 언덕 길
② 크림빛 건물
③ 파릇한 보리밭
④ 연식 정구 흰 공 퉁기는 소리
⑤ 노고지리처럼 재잘거리는 신입생들

① 진흙이 녹아서 구두창에 붙어서 떨어지지 않는다(첫 강의를 나오는 여자대학이니 틀림없이 깨끗이 닦아 신은 구두일 것이다). 불편하고 불쾌한 느낌이 전해온다(마누라 없이는 살아도 장화 없이는 못산다는 말이 떠오른다). 언덕을 오르기도 숨이 차다. 그러나 구두창에 붙은 진흙과 숨이 찬 언덕의 이야기가 이어지니까 혹 너무 부정적으로 느껴질까 봐, 또는 첫 출강하는 여자대학의 이미지를 너무 나쁘게 표현한다는 느낌을 희석시키려고, 아니면 바로 다음에 이어지는 인상이 너무 좋다는 것을 강조하기 위하여서 등의 이유로 '알맞게'라는 수식어를 붙이고 있다.

② 여자대학 건물 묘사(시의 외면적 구조는 시의 맨 앞이지만, 같은 성격의 이미지를 모으다보니 순서가 바뀌었다 : 밝고 깨끗한 여성적 인상을 준다.

③ 언덕 위로 올라서자 파릇한 보리밭. 완연한 봄의 정경이 제대로 펼쳐진다. 그 인상이 너무 싱싱해서, 앞 행에서 언덕길을 오르는 것이 '숨이 차다'는 따위는 문제도 되지 않는다. 그래서 그 앞에 '알맞게'라는 수식어를 붙였는지도 모른다. 그것은 반갑고 신선한 충격으로, 봄날의 이미지, '새로 피어나 기쁨을 구가하는 생명'의 이미지 그 자체이다.

④ 프로 냄새가 물씬 풍기는 힘이 넘치는 노련함이 아니라, 귀족적이고 부드러우며 여성적(여자대학에 잘 어울리는)인 느낌을 준다. 게다가 크지 않지만 귀 속으로 선명하게 새겨지는 청각적 이미지가 그림처럼 시각적으로 그려진다. 너무도 감각적이고 인상적이다.

⑤ 신입생(여대생)의 종달새처럼 맑고 투명하고 생기발랄한 재잘거림, 밝고 꿈 많은 여대생들의 역동적 이미지가 선명하게 그려진다.

결국 이 시는 ① : ②, ③, ④, ⑤로 대조되는 대립구조이다.

■ 표현방법

이 시의 주제는 '학기 초 처음 찾아간 시골 여자대학교 정경'을 묘사한 것이다. 그 정경은 <① '진흙, 언덕바지, 숨이 참'으로 대표되는 지저분하고 촌스러운 이미지>와 <② 맑고 순수한 여성적 이미지+③, ④ 아직 순수하고 발랄한 생명의 이미지+⑤ 밝고 꿈 많은 여대생들의 역동적 이미지>가 오버 랩(over lap)되고 있다.

그런데 시의 외연적 초점은 오히려 ①에 맞추어져 있다. 제목을 春泥(곧 봄날의 진흙탕, 눈 녹은 흙)라고 붙인 것도 바로 시인의 그러한 의도를 나타내는 것으로 보인다. 물론 춘니는 봄이 왔다는 징표이다. 흙이 녹지 않고 어떤 식물이 싹을 틔울 수 있으며 어떤 새들이 둥지를 틀고 봄노래를 부를 수 있겠는가. 하지만 외연 상으로라도 이처럼 부정적인 측면을 앞으로 내세워서 뒷부분으로 향하는 시선을 붙잡아두고 있지 않은가. 마치 여자대학의 전경만을 묘사하는 것처럼 주제와 살짝 비켜 서 있다. 그리하여 이른 봄의 생기 있는 자연의 모습과 보리밭 노고지리 같은 여대생들의 꿈 많은 재잘거림, 그 활기찬 모습이 얼마나 아름다운가를 직접 정면으로 다루지 않는다. 그보다는 초점을 슬쩍 피해서 시골 여자대학의 정경을 묘사하는 데서 그치는 듯한 인상을 주고 있다. 이처럼 계산된 비켜서기의 위력은 주제와 시상을 감추고, 독자로 하여금 생각하게 하기를 시도하는 것이며, 아울러 볼 때마다 새로운 발견을 경험하게 만드는 효과가 있다. 결과적으로 이 시의 효용성을 배가시키는 효과를 얻고 있음을 확인할 수 있다. 그밖에도 구체적이고 감각적인 언어를 아주 세련되게 구사하고 있다는 점도 기억할 만하다.

다시 한 번 강조 하거니와, 이 시는 외연 상으로 주제가 시골 여자대학의 전경인 것으로 되어 있지만 그것은 계산된 비켜서기 수법에 의하여 그렇게 느껴지는 것이고, 읽으면 읽을수록 봄날의 신선한 역동성과 청순한 여대생들의 이미지가 결합하여 젊음과 생명의 아름다운 이미지가 효과적으로 창출되어 있음을 확인할 수 있다. 그러나 만약에 이 시의 표현 방법이 이 같은 비켜서기 수법이 아니라, 생명의 역동적 이미지 표현에만 집중하는 방식으로 표현하였다면 오히려 매우 단조롭고 깊이가 없는 시가 될 수밖에 없었을 것이다. 여기에 비켜서기 수법의 효용성이 있는 것이다.

3) 박용래[26] 의 「탁배기(濁盃器)」[27]

무슨 꽃으로 두드리면 솟아나리
무슨 꽃으로 두드리면 솟아나리

굴렁쇠 아이들의 달.
자치기 아이들의 달.
땅뺏기 아이들의 달.
공깃돌 아이들의 달.
개똥벌레 아이들의 달.
갈래머리 아이들의 달.
달아, 달아
어느덧
반백이 된 달아.
수염이 까슬한 달아.
탁배기(濁盃器) 속의 달아.

---

26) 박용래(1925~1980), 충남 부여 출생. 강경상고 졸업. 『현대문학』에 시 「가을의 노래」 (1955), 「황토길」(1956), 「땅」(1956) 등이 추천되어 등단. 시집으로 『싸락눈』(1969), 『맨 발의 꽃대궁』(1975), 시선집 『강아지풀』(1978) 등이 있다.

27) 향토적 서정시로서 심상을 깔끔하게 승화시키는 솜씨가 빼어난 시인답게, 우리 겨레의 정서를 뛰어난 감각으로 형상화시킨 가편(佳篇)이다.

■ 내용구조

　이 텍스트는 형식상으로 볼 때 두 개의 연으로 된 시이다. 그러나 내용을 보면 두 번째 연에 배경이 다른 두 시기의 이야기가 실려서 대조된다. 따라서 내용상으로 볼 때는 전체 3개의 단락을 이루고 있다.

　이 시에서 1연으로 나타난 두 개의 행은 현 시점에서 달이 뜨기를 간절히 바라는 마음을 그리고 있다. 2연은, 먼저 위의 6행이 어렸을 때의 아이들이 눈에 비친 달의 모습을, 아래 5행은 현재의 달의 모습을 그리고 있다. 따라서 내용상으로 세 단락으로 구분할 수 있는데, 세 단락 중에 먼저, 2연에 속해 있는 2단락과 3단락을 살펴보겠다.

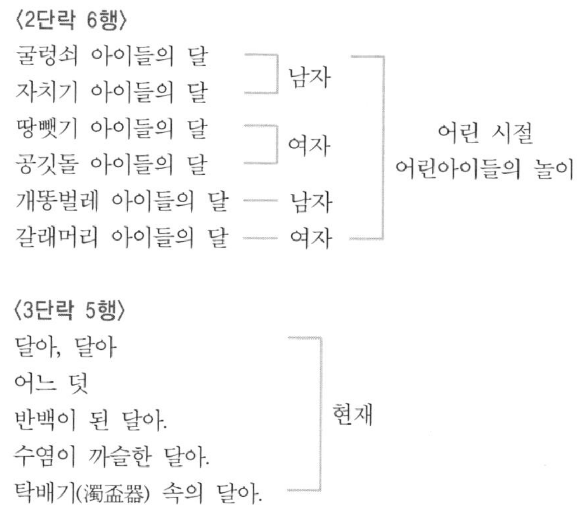

■ 내용해설

　이 표에서 보듯이 2단락은 남자 아이들의 놀이 2가지(굴렁쇠, 자치기), 여자 아이들의 놀이 2가지(땅뺏기, 공깃돌), 남자 아이들의 속성을 나타내는 것 하나(개똥벌레 쫓아다니기), 여자 아이들의 속성을 나타내는 것 하나(갈래머리)

로 구성되어 있다. 그러나 여기서 시의 화자는 남자의 놀이와 여자의 놀이를 나누자는 것은 아니다. 다만 과거(화자의 어린 시절) 모든 우리나라 어린이들이 놀던 민속놀이를 아는 대로 나열하고 있다는 데 의미가 있다. 남자, 여자 할 것 없이 모든 아이들의 놀이라는 것 그것만 나타내주면 된다. 그리고 그것이 민속놀이냐 아니냐도 그리 중요한 것은 아니다. 다만 민속놀이는 시인의 어린 시절을 뒷받침하는 근거라는 점에서 효용이 있는 정도이다. 따라서 민속이냐 아니냐가 아니라 그냥 놀이면 된다. 그리고 그러한 놀이를 하던(지금이 아닌) 어린 시절이라는 것의 리얼리티가 중요한 것이다.

아무튼 그러한 놀이를 할 때 아이들은 순수했고, 즐거웠으며, 천진난만했다. 단순하고 꿈이 많았다. 놀이가 바로 삶이요, 삶이 놀이였다. '달'은 놀이의 한 부분을 이루는 것으로 떴는지 안 떴는지 기억이 잘 나지 않을 수도 있다. 그냥 놀이의 일부분이었고 무심하게 놀다가 놀이 속에서 본 듯, 안 본 듯 떠있었다. 그것을 포함한 모든 것이 바로 꿈이었고, 그것이 바로 삶이었고, 그것이 바로 어린 시절의 전부였던 것이다. 그러므로 달은 어린 시절 그 자체를 환유하고 있는 것이다.

이제 나이 든 지금 그때를 회상해 보면 그 시절에는, 아무런 근심걱정이 없었고, 달과 함께 있는, 놀이 속에 있는 그 자체가 생활의 모든 것, 바로 행복이요, 아름다움인 것이었다. 그 시절에는 그것이 행복인지 아름다움인지, 그곳이 유토피아였는지를 몰랐다. 아예 의식 자체를 하지 않았던 것이다. 이제 와서 생각해 보니 그것이 어떤 것이었는지를 이해할 수 있는 것이다.

그런데 정작 지금은 어떠한가. 까슬한 수염처럼 기름기가 빠져 있다. 기름기뿐 아니라 꿈도 빠져 있다. 그때는 달이 뜨는 것을 기다린 적이 없었는데도 달이 떴고, 그것이 행복인 줄도 몰랐는데 달이 언제나 함께 있었다. 그런데 지금은 그것이 행복이요, 그것이 아름다움이라는 것을 알고 있는데, 그리고 그것이 떠오르기를 그리도 안타깝게 바라는데 달은 떠오르지 않는다. 탁배기 한 잔을 걸쳐야 술잔 속에나 떠오른다. 그렇다고 그것이 그 옛날 홍장고사의 경포대에서 바라본 다섯 개의 달(하늘, 바다, 호수, 술잔, 임의 눈동자)처럼 낭만적이지도 않다. 현실에는 결코 떠오르지 않는 달, 무슨 꽃으로 두드려도 결코 떠오르지 않는 달, 그것은 탁배기 잔 속에만 떠오르는 달이다, 그러므로 그것은 진짜 달이 아니라 가짜 달이다. 옛날의 그림자가, 취해서 몽롱한 정신 속으로만 떠오르다 사라지는 신기루와 같은 것이다.

둘째 단락 어린 시절의 달은 그리움과 안타까움의 대상이요, 셋째 단락의 달 그러니까 현재의 달은 허무 속의 달이요 한탄의 달인 것이다.

시의 화자는 그러므로 둘째 단락의 달에는 마침표만 찍고 있는데, 셋째 단락의 달은 호격 조사 '아'를 붙여 부르고 있다. 그것은 다시는 떠오르지 않는 달을 떠올라 달라고 안타깝게 부르고 있음을 나타내는 것이다. 그러므로 첫째 단락의 간절한 소망은 셋째 단락의 달에게 둘째 단락의 달처럼 떠올라 달라고 탄원하고 애원하는 관계에 있다.

■ 표현방법

그러니까 이 시의 주제는 현실에는 결코 떠오르지 않는 달, 그것이 탁배기 잔에 떠오르는 모습을 보면서 어리던 날의 순수하고 꿈과 아름다움과 행복 속에 있던 그 시절의 그 상태를 되돌리지 못하는 안타까움과 그리움을 나타낸 시이다. 그럼에도 불구하고 이 시는 그립다는 말 안타깝다는 말, 순수니 순결이니, 행복이니 어린 날이 어쩌니 하는 표현이 일절 나타나지 않는다. 그렇다고 현재의 늙고 쇠약하고 취기 속의 가식을 한탄하는 체도 하지 않는다. 그런 표현을 일체 하지 않고 슬쩍 비켜서서 두 시기의 이미지만 대비시키는 것으로 생각과 감정을 이끌어내고 있다. 일종의 비켜서기 수법인 것이다.

7. 시의 의미론적 접근
─유성규의 「섭리 곁에서」를 중심으로

1) 들어가기

어떠한 문학 작품도 언어의 구조굴임에 틀림없다. 그 중에서 특별히 詩
는 아주 응축된 구조를 이루고 있으므로 어휘의 의미와 통사상 의미들이
화행상의 전제와 함의를 지니고 특수한 동기와 상황 속에서 평면적으로
혹은 입체적으로 긴밀하게 짜여있는 언어의 구조물이다. 그러면서도 작자
로부터 독립된 독자적인 생명을 갖고 있는 유기체로 인식되고 있다(이상섭,
1980 : 84). 그렇기 때문에 일반적 話行(speech act)과는 달리 구체적 화자
(speaker)를 선정할 수도 없고, 발화 등기나 상황을 파악하는 데 있어 매우
불리하다. 그럼에도 불구하고 작품에 나타나 있는 불분명하고도 제한된
자료를 바탕으로 이들의 의미를 분석해야 한다. 여기에 비평가를 포함한
독자들의 직관의 방향과 길이를 가늠함에 있어 언어학 이론에서 궤적이고
도 확실한 근거를 제시받아야 할 필요가 있는 것이다. 국내에서도 시를 분
석함에 있어 화행이론을 적용한 시도도 있고(노대규, 1987), 변형문법론자들
의 심층구조와 표층구조의 개념을 적용하거나(구현정, 1991) 기타 음운론, 문
법론적 제반 이론을 적용하여 시를 해석한 시도(심재기, 1976 ; 이석규, 1990)
도 있었다.

이 글도 의도주의 범주에 속한다고 하겠으나 언어학의 제반이론을 필요
에 따라 적용하되, 주로 詩 意味論이란 관점에서 문학작품의 의미를 분석
하여 그 가치를 재정립하고자 하는 것이다.

여기서 새삼스레 언어 의미이론을 거론할 필요야 없겠지만, 텍스트의
분석 방법으로는 첫째, 어떤 어휘나 구절의 의미를 정확히 파악하기 위하
여 전통문법을 포함한 모든 문법이론을 적용하여 의미추출의 근거로 제시

한다.

　둘째로, 의미 파악을 위해 어휘 의미나 통사적 의미의 관계를 밝힌다.[28] 이 때 문제가 되는 점은 다양한 개개의 어휘 의미 중 작품 전체와 조화가 되는 데 기여하는 의미만을 분별하여 내는 일이다. 하나의 어휘만 하더라도 개념적 의미와 연상적 의미, 주제적 의미[29] 등 여러 가지 다양한 의미를 갖고 있는데 그것이 텍스트 속에서 보다 큰 단위의 의미를 나타내기 위하여 어떤 의미를 버리고 어떤 의미를 취하고 있느냐를 밝혀내는 일이 매우 중요하다. 이처럼 낱말과 낱말의 결합관계의 원리 규명을 위한 이론을 구절 이상의 관계에도 적용함으로써 어떤 어휘, 구절, 또는 문장의 의미가 작자의도에 맞는 것인가를 찾아냄으로 하여 의미 파악의 오류를 벗어나고자 하는 것이다(소두영, 1984 : 121~122).

　셋째로, 이렇게 하여 파악된 의미들은 작품 표면에 나타난 표면의미이다. 독자들이 詩를 대할 때 이 표면의미는 간과하고 무조건 그 이면에 숨어있는 어떤 이야기나 상징적 사건을 찾아내려고 하는데 그것이 바로 시에 접근하는 걸림돌이라고 생각한다. 무엇보다도 먼저 텍스트의 표면의미가 정확히 파악되어야 한다. 그러나 표면의미만 파악되어서는 그 시를 제대로 감상했다고 할 수 없으므로, 그 다음 단계에서 그 이면에 숨어있는 작자의 의도를 밝혀내는 것이 중요하다. 상상력이 풍부한 독자라면 이 두 가지 단계를 동시에 이루어 낼 수도 있으나 종종 오류를 범하는 문제점을 안고 있다. 이른바 생성 문법의 토대가 되는, 하나의 문장이 표면구조와 심층구조로 이루어졌다는 인식 위에 그 이론이 형성되었거니와 텍스트도 표면의미와 심층의미로 이루어졌다는 가정 하에 이러한 분석이 가능하다

---

28) 통사적 의미 관계란 Chomsky 이후의 통사 의미론이라는 의미라기보다는 어휘의미(두 개 또는 여러 개의 의미) 특성의 상호관계를 가리킨다.

29) 어휘의미를 여러 가지 명칭으로 쓰고 있는데 소위 중심의미, 기본의미, 핵심의미라고 불리는 것을 개념적 의미(conceptual meaning)로, 소위 주변의미, 변이의미로 불리는 것을 연상적 의미(associative meaning)란 용어로 쓴 것이다.

고 보는 것이다.

아무튼 심층의미를 혼동을 피하기 위하여 '원의미'란 용어를 쓰도록 하겠다. 다만 심층의미에는 텍스트 나부에서만 봉사하는 표현된 의미의 내적 의도를 나타내는 것과, 그것을 바탕으로 하여 내적 의도 그 자체는 아니지만 자연스러운 추론이나 짐작으로 포함시킬 수 있는 의미가 있는데 전자를 '원의미', 후자를 '함축의미'란 용어로 쓰겠다. 그리고 원의미는 그 원의미가 나오게 된 더 안쪽의 원의미가 있을 수 있으며 더 안쪽의 것도 있을 수 있어 다원적 층위를 이루는 것이 통례인데 이들을 표면의미에 가까운 순서로 원의미1, 원의미2, 원의미3…으로 구분할 것이다. 또 원의미가 둘 이상 동시에 나타나지 않을 때는 숫자 없이 '원의미'란 용어로써 나타내고자 한다.

텍스트는 비평활동이 비교적 취약한 시조 분야의 작품을 택하여 현대시조의 문학성 내지 예술성의 깊이를 검증하는 기회를 삼으려 한다. 현대에까지 남아 있는 유일한 문학 장르인 우리의 시조가 현대의 자유시를 포함한 어떠한 장르에도 뒤지지 않으며, 구시대의 유물로서의 가치가 아니라 엄연히 현대를 조명하는 살아있는 문학 장르임을 일깨우고 싶은 의도도 있다고 하겠다.

텍스트는 유성규(柳聖圭) 시인의 시조 「섭리(攝理) 곁에서」이다.

죽어 보렴 모두는
한 줌 흙에 맞먹는 거

살아 생전 걸어 봐야
그 또한 한 줌 무게

풀잎끝
걸린 이슬의
반짝임을 보아라

잔 허리 굵은 마디
피로 물든 이야기들
담배 한 대 꼬나물면
실눈 반쯤 열린 곳에

歲月을
돌리고 있는
해와 달을 보리가

하늘이 푸른 까닭
몰라서 좋으리라

가을에 잎이 지면
그 또한 묻지 말라

攝理는
가는 가지에
꽃송이로 얹히는 거

-유성규, 「섭리 곁에서」 전문

2) 작품 분석

■1연의 의미 분석

초장 (A) 죽어 보렴 모두는
     (B) 한 줌 흙에 맞먹는 거

중장 (C) 살아생전 걸어 봐야
     (D) 그 또한 한 줌 무게

종장 (E) 풀잎 끝
     (F) 걸린 이슬의
     (G) 반짝임을 보아라

초장 "죽어 보렴 모두는 / 한 줌 흙에 맞먹는 거"를 문장 단위로 나누어 보면 "죽어 보렴"과 "모두는 한 줌 흙에 맞먹는 거"로 갈라진다. 따라서 의미 단위로 행을 나누면 "(A) 죽어 보렴 / (B) 모두는 한 줌 흙에 맞먹는 거"로 된다. '죽어 보렴'에서 '보다'는 施行하는 의미를 나타낸다.[30] 어미 "-렴"은 "-려무나"의 준말로서 명령형 어미이다(최현배, 1982 : 386). 명령형 어미는 청자에게 행동을 요구하는 의미를 갖는데 그 중에서 가장 가볍게 요구하는 명령형 어미다. 화자의 입장에서도 반드시 행동해 줄 것을 요구하는 것이 아니라 해도 그만 하지 않아도 그만인 정도의 가벼운 요구이다. 그러므로, "죽어 보렴"에서 다음과 같은 의미를 추출할 수가 있다.

- 전제 : (1) 죽지 않고 살아 있다.
  (2) 죽어 본 경험이 없다.
  (3) 그래서 상대(청자, 독자)는 (B)의 진위를 알지 못한다.

- 단정 : 나와 상대(청자, 독자)는 (B)의 진위를 알지 못한다.

- 함의 : (1) 그러면 (B)가 진실이라는 것을 알 수 있다.
  (2) 그러나 청자가 죽은 행동을 시행할 수는 없다.
  (3) 그러나 언젠가는 죽게 될 것이고 그때가 되면 (B)가 진실임을 알게 된다.
  (4) 그러므로 (B)가 진실이라는 화자의 단정을 믿어주기 바란다.

이상에서 "(1) 죽어 보렴"은 단순히 (B)의 단정이 진실임을 밝히기 위한 근거로서 제시된 문장이며 그 단정을 믿어 달라는 설득적 의도를 갖고 있다. 청자가 (B)의 진위를 확인하기 위하여 직접 죽어 볼 수는 없으므로 실행이 불가능하다. 그러나 죽어 보기만 하면 (B)의 진위를 확실히 알게 된다. 따라서 지금 당장 죽어 볼 수야 없겠지만 언젠가 미래에 죽게 되면 그

---

30) 최현배(1983 : 402) 이후 대부분의 학자들이 시행 보조 동사로 인정하고 있다.

때는 화자의 단정이 사실임을 알게 될 것이 확실하다. 그 확실한 사실, 즉 (B)에 나타난 화자의 단정이 진실임을 지금 믿어달라는 의도가 함의되어 있다.

"(B) 모두는 한 줌 흙에 맞먹는 거"에서 '모두'는 (A)와 관련하여 볼 때 죽을 수 있는 것, 목숨 가진 모든 것을 가리킨다. 그리고 그 목숨이 대단한 가치가 있는 것으로 인식하고 있는 대상을 가리킨다. 그러므로 화자나 청자는 물론 보편적 인간 모두가 포함된다. 이것을 '우리는' 또는 '인생은', 등으로 포현해도 같은 의미겠으나 이러한 표현을 피하고 '모두'라는 어휘를 쓴 것이 시인의 언어적 감각이다. 그리고 '모든 인간'은 한 줌 흙에 맞먹는 거라는 표현은 일반 세속적 인간들의 인식을 크게 벗어나고 있다. 왜냐하면, 인간, 인간의 목숨, 인간의 존대에 대한 일반적 인식은 이 세상에서 가장 소중한 것, 대단한 것, 뭔가 알 수는 없으나 대단히 가치가 있고 중요한 것으로 인식하고 있다. 그러므로 그것 때문에 고민하고 투쟁하고 오욕칠정에서 몸부림치는 것이다. 그러나 시인은 그것을 한 줌 흙에 맞먹는 거라고 주장한다. 물론 이러한 단정은 실제로 인간이 죽은 후에 세월이 지나면 한 줌의 흙으로 변한다는 경험론적 사실에 바탕을 두고 한 말이겠지만 그보다는 작자의 가치관이나 세계관에서 우러나오는 인간존재에 대한 인식의 표현이다. 그러한 사실을 알지 못하는 사람들에게 그것을 알려주고 싶다. (B)의 기본의미, 인간의 생명은 한 줌 흙에 불과하다는 인식은 과거에 많은 철학자나 시인들이 지적했던 것으로 전혀 새롭다고만 할 수는 없다.

아무튼 1연 초장의 화행 상의 의미는 다음과 같다.

- 표면의미 : (((모두는 한 줌 흙에 맞먹는 거다) 라는 것을) 죽어 보면 알 수 있다) 고 단정한다.

이것을 정상적인 표현으로 바꾸면 "죽어 보아라. 그러면 인간이란 존재는 모두 한 줌의 흙에 맞먹는 거라는 것을 알 수 있다."가 된다.

(C)에서 '살아 생전'은 '고유어＋한자어'로 된 같은 의미가 반복된 관용적 구절로 '살아 있는 동안', '인간의 한 평생 동안'의 의미를 강조하여 표현한 것으로 보인다. '걸어 보다'는 '죽어 보렴'에 쓰인 것과 같은 시행조동사이다.

'－아야'는 a. 조건(당위적), b. 부정적 단정－너무도 당연한 사실에 대하여 하나마나 확인할 필요도 없음을 나타낸다.[31] 그러므로 (C)의 표면의미는 인생의 한 평생 동안 걸어 봐야 걸어보나마나 (D)의 단정이 너무도 확실하다는 의미이다. 그리고 한 평생 동안 걷는다는 것은 인생길을 걷는 것, 즉 살아가는 과정의 은유적 표현이다. 이것을 '한 줌 흙'과 관련하여 볼 때 우리가 그렇게 애써 갖은 노력과 고생을 다하여 살아가는 '인생살이'의 생생한 모습을 보여주는 것이다.

(D)는 그 (한평생 살아가는 과정) 또한 (흙) 한 줌 (의) 무게(와 맞먹는 거)라는 것을 쉽게 알 수 있다. 여기에서 무게는 어떤 사물의 '중량'을 기본의미로 가지며 한평생, 인생살이 등 추상적 대상의 무게는 '가치'의 의미로 쓰이는 경우가 일반적이다. 그리고 '한 줌 흙'의 가치는 '거의 가치가 없다'는 것과 마찬가지이다. 중장의 화행 상 의미를 정리하면 다음과 같다.

> • 표면의미 : 살아 생전 걸어 봐야 그 또한 (흙) 한 줌(의) 무게(와 맞먹는 거)라고 단정한다.

---

31) 구현정(1989 : 15)에서는 '－어야'는 －어(영역의 일치를 나타내는 이음법 씨끝)＋야(토씨)로 형태소 분석을 하고 있으며, 홍사만(1986),에서는 '야'를 특수조사로 보고, 그 의미를 '당연'이라 하였다. 이석규(1992)에서는 '야'를 (단독), (선택), (당연)의 의미자질로 표시하고 있다.

•1연 종장
(E) 풀잎 끝
(F) 걸린 이슬의
(G) 반짝임을 보아라

　(F),　(G)에 나타난 이슬은 아름답다. 아침 햇살에 반짝이는 투명한 이슬, 그것이 설혹 아주 작은 것이라 하더라도 얼마나 눈부신 깜찍한 존재인가. 따라서 작은 존재로서 인식된다. 그러나 그럼에도 불구하고 햇빛만 비추면 곧 말라버리고 마는 속성이 (A)~(D)와 관련하여 부각되지 않을 수 없는 것이다. (A)~(D)에서 그 소중한 인간의 생명과 인간의 삶을 한 줌 흙으로 단정한 것과 (E)~(G)의 반짝이는 아름다운 이슬이 순식간에 말라 없어지는 보잘 것 없는 존재로 인식하고 있는 것이 서로 잘 대비되어 있다.
　또, (A)의 '죽어 보렴'과 (G)의 '보아라'는 둘 다 명령형 어미로서 (B)~(D)의 단정이 진실임을 드러내기 위하여 청자(독자)로 하여금 확인하도록 명령하고 있는 것이다. (A)를 통하여, (A), (B)와 (C), (D)가 진실이라는 것을 증명할 수 있다고 믿는 화자의 입장에서, 이슬이 그렇게 반짝이고 아름답지만 곧 말라 없어져 버린다는 사실을 (G)에서 보게 함으로써, 그렇게 소중할 것 같은 인생의 삶 자체가 한 줌의 흙처럼 보잘 것 없는 것이라는 사실을 입증하려 하는 것이다. 이들의 가치 측면만을 대비한 면은 다음과 같다.

	소 재	일 반 인 식	시 민 의 인 식
초 장	인간의 목숨	대단히 가치 있는 것	한 줌 흙—가치 없는 것
중 장	인간의 삶	대단히 무거운 것	한 줌 흙의 무게—가치 없는 것
종 장	이 슬	반짝임—가치 있는 것	곧 말라 버림—가치 없는 것

  그러나 종장 부분에서 위의 표와 같은 의미를 나타내기 위하여 이슬은 곧 말라버리고 마는 존재임을 표면에 드러내지 않고 반짝임을 부각시켜 아름다움을 표층에 드러내고, 곧 말라버리는 보잘 것 없는 존재라는 것은 속으로 含意하고 있다.

  이상에서 논의한 바를 바탕으로 1연의 기본의미를 다음과 같이 나타낼 수 있을 것이다.

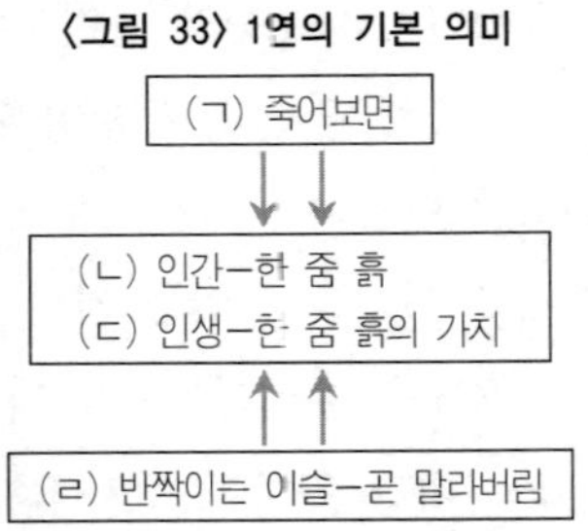

〈그림 33〉 1연의 기본 의미

  (ㄱ)과 (ㄹ)로 (ㄴ), (ㄷ)을 알 수 있다. (ㄱ)과 (ㄹ)은 (ㄴ), (ㄷ)을 입증하기 위하여 원용한 것에 불과하다. 죽어봄으로써, 이슬을 관찰함으로써 "인간은 한줌의 흙, 이생은 한 줌 흙의 가치"라는 것을 알 수 있다. 그리고 (ㄴ)과 (ㄷ)을 한마디로 줄이면 "인간의 삶이란 대단치 않은 것이다."로 된다.

■ 2연의 의미 분석

  초장 (A) 잔 허리 굵은 마디
       (B) 피로 물든 이야기들

  중장 (C) 담배 한 대 꼬나 물면
       (D) 실눈 반쯤 열린 곳에

  종장 (E) 歲月을
       (F) 돌리고 있는

　　(G) 해와 달을 보리라

　초장의 '잔 허리'에 쓰인 형용사 '잘다'는 '작다'는 의미와 '가늘다'는 의미가 있는데,[32] 여기서는 허리를 수식하고 있으므로 '가늘다'의 뜻으로 쓰인 것이다. 가는 허리는 여인의 경우 심미적 각도에서 아름다운 모습의 묘사로 볼 수도 있으나, 다음 구절 '굵은 마디'와 관련하여 볼 때, 말라서 가늘어진 허리를 표현하고 있음을 할 수 있다. 이를 통하여 영양실조에 걸릴 정도의 가난함과 너무 많은 고생을 하여 바짝 마른 모습이 연상되어 살기 힘든 인생의 단면을 발견하게 된다. '굵은 마디'는 '육체노동'을 많이 하여 손가락 마디가 굵어진 모습으로 '잔허리'와 함께 고달픈 삶에 찌든 육신을 나타내고 있다. 그런데도 '가늘다'와 '굵다'의 대조적 표현은 비참한 인생의 모습을 희극적으로 드러내 주고 있다.

　이러한 모습은 피로 물든 이야기들로 그냥 이어진다. 그것은 그대로 삶의 현장에서 고생 때문에 살기 위한 몸부림, 투쟁으로 처절하게 상처 입은 생활 이야기이다.

　초장의 화행 상의 의미를 다음과 같이 표현할 수 있다.

　　바짝 마른 몸매와 굵은 손마디
　　그리고 피에 물든 삶의 이야기 이것이 우리가 사는
　　인생의 모습이라고 단정한다.

　초장 (A)가 육신의 생김새(삶의 현장에서 고생으로 지친)의 묘사라면 (B)는 육신이 (A)의 상태가 될 때까지 겪은 힘겨운 삶의 이야기로서 (A), (B) 모두 어렵고 힘겨운 인생살이를 묘사하고 있다.

　중장 (C)는 '(1) 담배를 문다'와 '(2) 꼬나 문다'의 두 가지 의미의 결합이다. '꼬나 물다'의 '꼬나'는 '꼬나 보다'에서와 마찬가지로 건방지고 도

---

32) '잘다'의 의미는 양태식(1985 : 70) 참조.

도하게 담배를 피우는 모습을 형용한다. 그러나 반드시 도전적이고 건방진 모습만을 형용하는 것이 아니라 좀 여유있고 느긋하게 담배를 치우는 모습도 '꼬나 문다'고 할 수 있다.

초장의 그 힘든 삶의 현장에 이어진 '꼬나 문다'는 오히려 그 힘든 삶의 아비규환의 현장에서 잠시 벗어나 여유를 갖고 담배를 피우는 모습으로 해석함이 옳다.[33) 더구나 (D)와 의미를 연결지우면 더욱 이 해석이 옳음을 알 수 있다. 삶의 그 힘든 현장에서 잠시나마 벗어나 담배를 피우는 것은 짧은 시간이지만 여유를 갖고 삶을 관조하는 자세인 것이다.

(D)구에서도 피로 물든 삶의 현장이라면 두 눈을 동그랗게 뜨고 살아야겠지만 삶을 관조하는 자세는 명상이나 참선에서 볼 수 있는 반개(半開)한 눈의 모습이어야 할 것이다. 둘째는 깨달음이란 함축의미를 찾아 볼 수 있겠다. 즉, 완전한 깨달음이 아니라 하더라도 인생에 대하여 반쯤은 눈이 열림으로 하여 (E), (F), (G)의 섭리를 발견할 수 있다고도 해석이 가능한 것이다. (E), (F), (G)에서 세월은 시간의 긴 단위이며, 시간은 돌아가는 것이 아니라 지나가는 것, 흘러가는 것이다. 그런데도 해와 달이 시간을 돌리고 있다고 표현하였다. 먼저, '해'는 (ㄱ) 태양, (ㄴ) 年의 두 가지 의미로 쓰이고 있음을 알 수 있으며 年은 시간의 단위로서, 앞서 논술한 대로 돌아가는 것이 아니라 흘러가는 것이다. 그러나 1월, 2월, … 12월까지 지난 후에 다시 1월, 2월, … 12월, 또 다시 1월, … 12월이 반복된다면 이것은 하나의 사이클을 이루므로 돌아가는 모습으로 이미지화 할 수 있다.[34)

'달'의 의미도 (ㄱ) 지구 둘레를 돌고 있는 달, (ㄴ) 1년을 12등분한 시

---

33) '꼬나'는 '꼲다'에서 온 말로 '꼲다'는 '잘잘못을 살피어 평가하다'의 뜻(신기철, 새 우리말 큰 사전). '꼬나물다'는 잘잘못을 살피기 위하여 담배를 피워 무는 모습을 형용한 것인데, 여기에서 '건방진' 또는 '느긋한'의 의미가 파생된 것으로 본다.

34) 시간의 흐름을 원의 윤회적 과정으로 인식하는 것은 인도에서 나와 중국 한국 등 동양권의 일반적 인지 태도가 되었다. 12支, 60甲子, 四時에 이르기까지 원의 윤회적 과정으로 인식하고 있다(원의범, 1977 ; 김석득, 1974 참조).

간의 단위 등 두 가지 의미가 있는데 (ㄱ)은 지구의 둘레를 도는 모습으로
(ㄴ)은 1일 … 30일이 반복되어 사이클을 이루는 모습으로 돌아가는 이미
지를 형상화 할 수 있다.

아무튼 시간으로서의 해와 달은 관념상 돌아가는 것으로의 인식이 가능
하다. 그렇다 하더라도 이상의 논술에 의하면 해와 달이 세월을 돌리는
것이 아니라 세월이 흘러가면 오히려 해와 달이 돌아가는 것이다. 그런데
이것을 해와 달이 세월을 돌리고 있다고 표현한 것이다. 해와 달이 세월
을 돌린다는 인식―이것이 작자의 상상력과 예술적 기질이다. 닭이 먼저
냐 달걀이 먼저냐의 논의처럼 세월이 해와 달을 돌리느냐 해와 달이 돌아
서 세월이 흘러가는 것이냐에 논의의 귀결점을 찾으려 할 수도 있다. 흘
러가는 것은 바로 돌아가는 것이고 돌아가는 것은 바로 흘러가는 것, 세
월이 돌아가는 것은 해와 달이 돌아가는 것이라는 인식의 밑바닥에 세월
과 해와 달을 동일시하는 관념이 깔려 있다. 더구나 그것이 바로 신의 섭
리임을 일깨우고 있는 것이다.

중장과 종장의 화행 상의 의미를 정리하면 다음과 같다.

(초장 (A), (B)의 현실에서 잠시나마 여유를 갖고) 담배 한 대를 피우며 실눈을
반 쯤 뜨고 바라보면(관조하면) 그 곳(관조하는 마음 속)에서 세월은 (쉬지 않고
금방) 흘러 간다는 것(섭리)을 깨닫게 되리라고 단언한다.

이상의 내용을 정리하면 다음과 같다.

〈표현 의미〉
초장 : 가느다란 허리와 굵은 손마디
　　　그리고 피에 물든 이야기들
중장 : 담배 한 대를 피우며
　　　실눈을 반쯤 뜨고 보면
종장 : 해와 달이

세월을 돌리고 있는 모습을
볼 수 있다.

■■3연의 의미 분석

초장 (A) 하늘이 푸른 까닭
     (B) 몰라서 좋으리라

중장 (C) 가을에 잎이 지면
     (D) 그 또한 묻지 마라

종장 (E) 攝理는
     (F) 가는 가지에
     (G) 꽃송이로 얽히는 거

3연에서는 세 가지의 자연현상이 각 장마다 하나씩 예시되어 있다. 즉,
초장—하늘이 푸른 것, 중장—가을에 잎이 지는 것, 종장—꽃송이가 피어
나는 것이 그것이다. 그리고 초장과 중장에는 대답이 없다가 종장에 가서
비로소 섭리(攝理)라고 결론짓고 있는데, 이 종장 첫 구(攝理는)는 그 의미가
종장에만 한정되어 있는 것이 아니라 초장, 중장까지도 그 의미 영역 안
에 두고 있다고 봐야 한다. 그 까닭은 꽃송이가 피어나는 것이나 잎이 지
는 것, 하늘이 푸른 것 모두가 똑같은 자연현상이기 때문이다. 오히려 꽃
송이가 피어나는 것은 이들 중에 가장 작은 현상이다. 그것도 가는 가지
에 피어나는 꽃송이다. 섭리는 아주 거창한 현상으로만 나타나는 것은 아
니다. 가는 가지에 피어나는 보잘것없는 꽃송이가 섭리에 의한 것이라면,
가을에 잎이 지는 것이나 이보다도 훨씬 엄청난 하늘이 푸른 것이 섭리임
은 말할 필요도 없다.

이처럼 아주 작은 자연현상에 섭리를 연결함으로써 독자를 일깨우고 보
다 큰 중장과 초장이 모두 종장 첫 구의 의미상 지배 하에 들도록 표현한
것은 이 작가만의 독특한 창작적 재능이라고 할 수 있다. 아무튼 초, 중,

종장에 나타난 자연현상은 큰 것으로부터 점강법의 배열을 이루고 있으며 맨 마지막 가장 작은 자연현상을 섭리에 연결하고 있다. 그러나 독자가 인식하는 의미구조는 반대로 거슬러 올라간다.

섭리 (1) 꽃송이가 피어나는 것
    (2) 가을에 잎이 지는 것
    (3) 하늘이 푸른 것
    (4)   ⋮
    (5)   ⋮
    ⋮   ⋮

세 가지 자연현상은 단지 무한한 섭리를 환유로 대표한 일부일 뿐이므로 위에서처럼 (4), (5)……로 그 영역을 확대시켜 나가게 된다. 그리고 그것은 당연히 1연, 2연으로 확대되기 마련인데 뒤에서 다루겠다.

다음은 3연에 나타난 세 가지 자연현상에 대한 작자의 대답을 살펴겠다.

• 자연현상 1-몰라서 좋으리라
• 자연현상 2-묻지 말라
• 자연현상 3-섭리

자연현상 3의 대답에 관하여는 이미 언급하였으므로 여기서는 자연현상 1과 2의 대답을 중심으로 살펴보겠다.

초장에서 하늘이 푸르다면 그것에도 까닭이 있느냐 없느냐의 문제와 중장에서 가을에 잎이 지면 그것에도 이유가 있느냐 없느냐에 대하여 각각 "몰라서 좋으리라", "묻지 말라"고 대답한다.

'몰라서'는 '모르+아서'로 형태 분석되며 '-아서'는 이유나 원인을 나타내는 어미이다(서정수, 1971 : 201~228). 따라서 문맥대로 하면 하늘이 푸른 까닭을 알면 나쁘다, 알면 좋지 않다는 뜻이기도 하다. 그러나 하늘이 푸른 것과 가을에 잎이 지는 것은 둘 다 똑같은 자연현상이므로 '몰라서 좋으리라'와 '묻지 말라'는 그 기본 의미가 같다고 할 수 있을 것이다. 알려고 할 필요가 없다는 의미이다. 그리고 이는 다시 '알면 안 된다'와 '알아도 그만이고 몰라도 그만이므로 구태여 하려고 할 필요가 없다'는 두 가지의 의미 해석이 가능하다. '몰라서 좋다'의 '−아서'가 이유·원인을 나타내는 어미라는 것을 생각하면 전자의 의미가 옳은 것 같다. 그러나 앞에서 고찰한 바, 종장의 '섭리'라는 차원에서 보면 하늘이 푸른 것도, 잎이 지는 것도, 가는 가지에 꽃송이가 피어나는 것도, 섭리라는 대답으로 모아짐으로써 후자의 의미로 인식하게 된다. 까닭을 알든 모르든 하늘은 푸르고 때가 되면 잎은 진다. 그러므로 이러한 현상들을 안다고 하늘이 푸르지 않거나 잎이 지지 않을 리도 없고 모른다고 그 반대일 리도 없기 때문이다. 그러므로 '몰라서 좋으리라'와 '묻지 말라'는 똑같이 알기 때문에 나쁘다든가 알면 안 된다는 뜻이 아니라 알아도 그만 몰라도 그만이라는 뜻으로 해석된다. 그런데 '몰라도 좋다'고 표현하지는 않고 있다. 몰라도(양보) 좋고 알아도(양보) 좋은 것이 아니라 '몰라서' 좋은 것이다.

그렇다면 이는 무슨 뜻일까? 이처럼 그 의미를 분명하게 인지하기 어려운 까닭은 생략된 표현이기 때문으로 보인다. 즉, '하늘이 푸른 까닭'을 "(알면 알아서 좋고) 몰라서 좋다"는 표현 중 ( ) 부분을 생략하고 쓴 것이다. 알면 알기 때문에 좋고 모르면 모르기 때문에 좋다. "몰라서 좋다"는 말이 그 부분에만 나타난 표현 의미는 좋은 이유가 모르는 것이므로 이유, 원인이지만 전체를 보면 결국 이유, 원인 자체를 놓아버려 아무래도 좋은, 즉 양보의 의미를 갖게 되는 것이다. 그러나 '몰라도 좋다'처럼 단순한 양보가 아니다. 모르는 것이 좋다는 타당성(이유, 원인)을 속으로 지니면서도 전체를 포용하는 그러한 양보이다. 따라서 모르면 모르는 대로 알면 아는 대로 좋은 것이다. 그것이 하늘이 푸른 까닭이든 가을에 잎이 지는 까닭이든 상관이 없다. 왜냐하면 이러한 모든 것은 섭리이기 때문이다.

그리하여 세 가지 자연현상에 대한 작자의 인식은 결국 섭리로 귀착된다.

섭리란 하늘의 뜻이다. 사람의 힘으로 바꿀 수도 없고 거스를 수도 없다. 오직 받아들일 뿐인 것이다. 거기에는 幸·不幸도 없다. 고통스러운 것도 안타까울 것도 없다. 좌절이나 비원의 아픔도 섭리 앞에서는 수긍될 수밖에 없다. 이것이 시인이 이 작품을 통하여 드러내고자 하는 의도인 것이다.

3연의 의미를 요약하면 다음과 같다.

〈표현 의미〉
하늘이 푸른 까닭이나
가을에 잎이 지는 까닭을 알려 하지 마라.
가는 가지에 꽃송이가 피어나는 것이 섭리이듯
모든 자연현상이 섭리이다.

〈원의미 1〉
하늘이 푸른 것(항존)
가을에 잎이 지는 것(죽음) ──── 섭리이다
꽃송이가 피어나는 것(탄생)

〈원의미 2〉
모든 자연현상이 섭리이다.

■ 종합

지금까지 각 연의 의미를 분석하여 보았다. 한 연의 내부에는 여러 어휘의 의미가 통사적 의미와 복잡하고 미묘하게 얽혀서 각 어휘가 가지고 있는 다양한 의미 중에 대부분을 버리고 작자의 의도와 합치되는 의미들끼리 치밀한 구조를 형성하고 있음을 보았다.

이러한 사실을 통하여 볼 때 창작이란 다양한 의미를 가진 여러 어휘들을 작자의 의도에 맞는 의미들만 연결되도록 어휘를 배열하는 작업이며,

작품 감상이란 모여 있는 어휘들을 작가가 의도하는 의미들을 찾아 연결함으로써 그 작품을 통하여 작자의 심미적 정서와 하나가 되는 행위이다. 그리고 독자끼리도 작품 감상에 대한 의견 교환을 통하여 하나가 되는 기쁨을 맛볼 수 있는 것이다. 그런데 이처럼 치밀하고 응축된 내부 구조를 지니고 있는 연들은 연끼리의 의미 관계가 이 작품에서는 어떤 짜임새를 이루고 있는가를 살피고자 한다. 이러한 표현은 시의 아름다움을 포함하여 형상화된 예술성을 해체하는 결과를 가져온다. 의미가 시의 전부는 아니지만 의미 배열에서의 예술적 가치를 발휘할 수 있는 것이다.

이제 기본의미에 함축의미까지 포함하여 의미론적 입장에서의 작자의 의도를 각 연별로 다시 표현해 보면 다음과 같다.

- 1연 : 죽어 보면, 그리고 이슬이 말라 곧 흔적도 없이 사라져버리고 마는 사실을 보면 인생은 한 줌 흙에 불과하다는 사실을 알 수 있다.
- 2연 : 조금만 여유를 갖고 인생을 관조하면 곧 시간은 흘러간다는 섭리를 깨닫게 되고 우리가 그렇게 애태우는 삶의 고통에서 벗어날 수가 있다.
- 3연 : 가는 가지에 꽃송이가 피어나는 것, 가을에 잎이 지는 것, 하늘이 푸른 것에서 섭리를 깨달을 수 있다. 결국 인생이 태어나고 죽는 것도 섭리임을 알 수 있다.

1, 2, 3연을 심층 의미가 같도록 합쳐서 다시 표현하면,

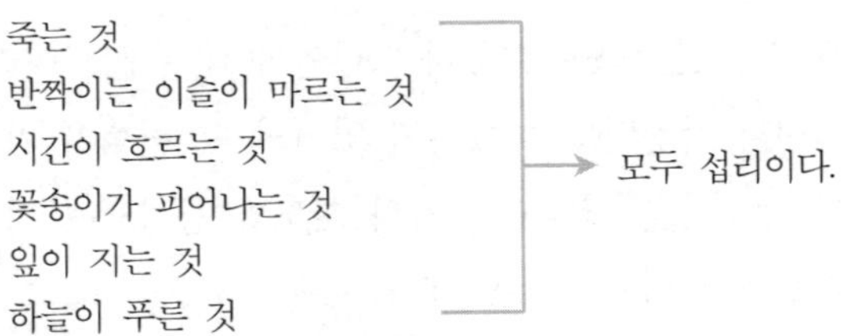

그러므로

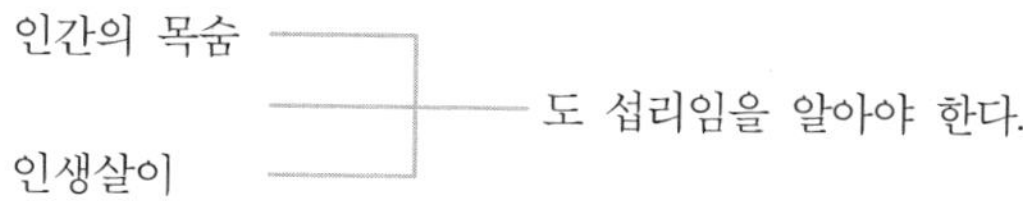

이것을 다시 구조화하면 다음 그림과 같다.

〈그림 34〉 의미의 구조화

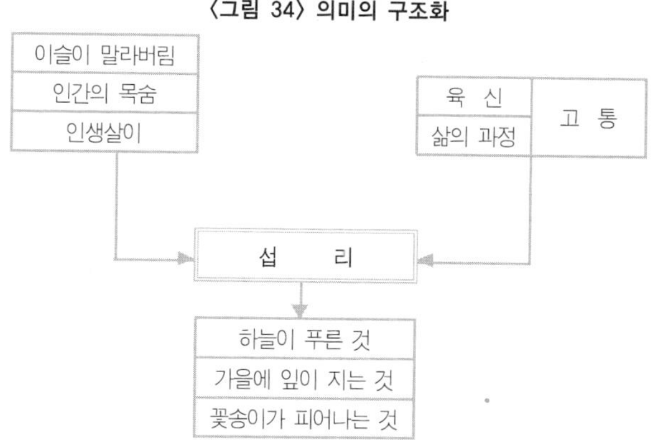

이 작품에서 작자가 다루고자 하는 제재는 인간의 목숨, 인생(1연), 삶의 고통(2연) 등이다. 즉, 인간의 삶의 문제이다. 이것들은 우리 모두에게 가장 본질적이며 중요한 것들이다. 모든 사람들이 희극과 비극, 오욕칠정에서의 몸부림이나 집념과 투쟁, 피나는 노력 등이 이것 때문에 이루어진다. 이것들은 생명을 갖고 이 세상을 사는 인류 모두가 당면하는 근본 문제이며 정답이 없는 문제인 것이다. 그러나 풀지 않을 수 없고 풀려고 노력하지 않을 수 없으며 그렇다고 아무에게나 쉽사리 풀리는 것도 아니다. 정답을 몰라서 못 푸는 것이며 정답을 알고도 못 푸는 것이다. 이 세상 모든 인간의 목적이요 과정이요 수단인 것이다. 이것에 대한 대답을 3연짜리 시조에서, 이슬, 시간, 하늘, 잎, 꽃잎 들을 살핌으로써 '섭리'라는 정답을 제시한다. 그것이 이 시의 제재인 인간의 목숨, 인생, 삶의 고통 등을 해결하는 열쇠인 것이다. 우리는 이 열쇠, 즉 섭리 곁에서 살고 있다. 그러면서도 그것을 알지 못하는 것이다. 작자가 우리에게 제시하는 '섭리'라는 정답을 통하여 각박한 현실에서 또는 절망과 좌절에서 벗어나, 여유를 갖고 넉넉하게 우리가 태어난 이유와 목적과 사명과 우리가 걸어가는 방향에 대한 간접적인 대답을 얻게 된다. 그리고 즉물적이고 근시안적인 행동으로부터 어느 정도 해방되어 보다 본원적이고 본질적인 삶의 자세를 견지할 수 있게 되는 것이다.

3) 마무리

어떠한 문학작품도 언어로 짜여진 구조물이다. 그 중에서도 특히 詩는 어휘 의미와 통사상의 의미들이 치밀한 내부 조직을 이루고 있는 응축된 구조이다. 이 글에서는 이러한 인식을 바탕에 두고 유성규 시인의 시조 '攝理 곁에서'를 언어학적 접근 방식을 통하여 그 의미 구조를 분석하여 보았다. 그 결과로 이 시조의 '원의미'를 아래와 같이 요약할 수 있다.

- 1연　인간의 목숨은 한 줌의 흙과 같으며
　　　인생은 한 줌 흙의 가치에 불과하다.
- 2연　인생을 관조하면 시간의 흐름을 알게 되고
　　　삶의 고통에서 벗어날 수 있다.
- 3연　하늘이 푸르고 잎이 지며 꽃이 피는
　　　모든 자연현상이 섭리이듯
- 함축　인간이 태어나고 살고 죽는 것(1연, 2연)도 섭리이다.

드러난 이러한 표현은 여러 단계의 원의미 중에 한 단계의 표현일 뿐이다. 아무튼 의미를 분석하기 위하여 '섭리 곁에서'의 부분을 이루고 있는 어휘들의 다양한 의미 중에서 많은 부분을 버리고 통사적 의미의 통제 하에 들어가는 어휘 의미의 그물을 찾아 작자의 의도를 재구성하였다. 그리하여 각 어휘의 의미들이 통사적으로 어떻게 연결되어 전체의 구조를 이루며 각 요소들은 구조에 어떻게 봉사하고 있는가 하는 점들을 비교적 상세히 알 수 있었다. 그러나 이러한 작업은 의미 분석의 정확성을 기하는 일에는 크게 공헌하지만 시가 지니는 예술성을 해체하는 결과를 가져온다.

따라서 이 글에서 미흡한 개개 언어 표현이 왜, 어떻게 아름다운가에 대한 예술성의 원리를 규명하는 일은, 좀 더 효과적인 의미 분석 방법론에 대한 연구와 함께 앞으로의 과제로 남아 있다고 하겠다.

제 6 부
고　전

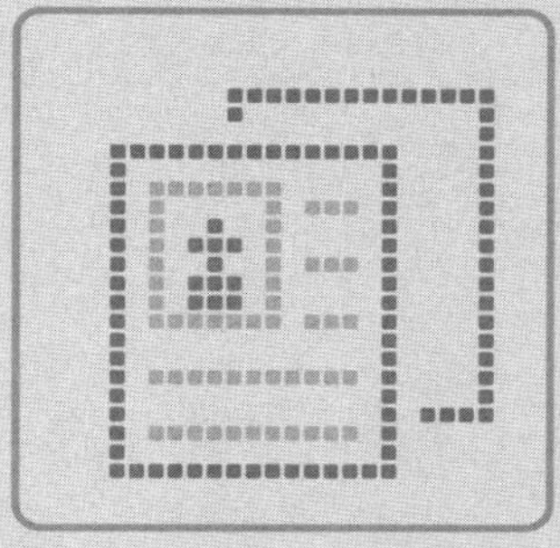

제 6 부 고 전

1. 李奎報 詩 「老巫篇 幷書」의 텍스트 분석

1) 들어가기

우리의 漢詩를 텍스트언어학의 이론을 적용하여 분석해보는 것은 漢詩를 보다 깊이 이해하고 평가하는 데 또 다른 방법론을 제시한다는 점에서 의의가 있을 것으로 생각한다. 잘 아는 바와 같이 텍스트란 말과 글로 표현하거나 표현된 완결된 형식, 즉 의사소통을 목적으로 하는 모든 표현형식(communicative occurrences)을 의미한다.[1] 텍스트언어학은 텍스트를 생산 수용하는 과정 속에서 그것을 하나의 생명이 있는 실체로 인식하는 접근방식으로서, 언어학, 심리학, 커뮤니케이션, 인지과학 및 사회학적 관점을 포함한 가능한 모든 학제간의 협력을 통하여 종합적으로 문제를 해결하려

[1] 텍스트는 시대마다 정의가 다소 다르다. 예컨대, 텍스트언어학이 출발되기 전에는 토론이나 논문의 주제, 또는 논제의 의미, 또는 원문, 원전의 뜻으로 쓰인 때가 있었는가 하면 그림이나 사진, 음향 등을 포함하는 다중 매체를 텍스트에 포함시키기도 하며, 하나의 문법 또는 하나의 이론으로 국한시키기도 하나 여기서는 보다 일반적인 의미로 말과 글을 수단으로 하는 완결된 모든 표현 형태를 가리킨다. 이에 관하여는 고영근(1999), 볼프강 하이네만(Wolfgang Heineman, 1991)을 보라.

한다. 텍스트가 지니는 모든 속성을 고려하는 관점에서 접근함으로써 텍스트의 의도, 형식, 의미 및 시간적 공간적 상황의 문제에 대한 합리적 접근을 시도한다.

그런데 모든 표현 중에서도 특히 詩는 가장 정제된 텍스트이며 이른바 그라이스의 협동의 원리나 방법의 격률(maxim)[2]을 의도적으로 무시하고 오히려 그 반대 입장에서 함축이나 암시로서 의미를 표현하는 간접적 표현수법을 쓰기도 한다. 따라서 어휘 하나하나의 연결에서 어떻게 비예측성이 창출되고 있으며 그것이 주는 審美的 效果 및 근본적 의도를 어떻게 수용할 수 있는지를 잘 살피는 것이 가장 중요한 과제라 할 수 있다. 여기에서는 그 중에서 응집성의 고찰과 그것에 포함되어 있는 정보성, 의도성을 분석하고 용인 과정에서 의미확더가 어떤 양상을 띠고 있는가를 살피는 문제를 중심으로 살피고자 한다.

여기서 고찰하고자 하는 漢詩는 고려조 최고의 詩人이라고 할 수 있는 李奎報의 詩「老巫篇 幷書」이다. 이것이 李奎報의 詩 세계에서 어떤 의미와 비중을 차지하는가 하는 문제와 고려의 詩史에 어떤 위치를 점유하고 있는지에 관하여는 고려하지 않고, 다만 그의 理想主義的 思想이 건강하게 표출되고 있다는 점에서 이 시를 살펴보고자 하는 것이다. 그리고 그것은 그가 단지 출세를 지향하는 御用的 人間像[3]이라는 평가가 괜찮은지에 관하여서도 어느 정도 示唆하는 바가 있을 것으로 기대한다.

---

2) Grice(1975, 1978)는 효과적이고도 효율적인 대화를 위하여 일정한 묵시적 지침을 제시하였는데, 그것이 이른바 격률(maxim)이다. 이 격률에는 협동의 원리(Theco-operative principle), 양의 격률(The maxim of quantity), 질의 격률(The maxim of quality), 관련성의 격률(The maxim of relevant), 방법의 격률(The maim of manner)을 제시한 바 있다. 그러나 그것은 어디까지나 커뮤니케이션에서 효율성과 유효성을 극대화하기 위한 지침으로서, 시와 같은 함축적 암시적 텍스트에서는 이 격률을 위배함으로써 오히려 그 효과를 극대화할 수 있다.

3) 李奎報는 문학적 재능이 뛰어난 당대 최고의 문인이지만 무신의 권력에 아부하는 출세지향적인 인간이라고 폄하하는 주장들이 있다.

2) 텍스트 분석

■ 개념들의 관계

이 詩는 幷書로서 昔者巫咸神且奇로 시작하여 行身愼勿近淫怪로 끝날 때까지 長句 2句와 短句(七言) 68句, 합하여 모두 70句로 되어 있다.[4] 그러나 각 句별로 개념 분석을 하기보다는 작은 단위의 개념 덩어리를 환치시켜서 분석하는 것이 바람직하다. 왜냐하면 詩라는 것은 詩的 修辭를 위한 同語反復 등, 같은 개념이나 비슷한 개념들의 중복적 표현이나 맥락과 직접 관계가 없는 수식적 표현이 많이 있게 마련인데, 개념 전개에서는 이러한 것을 피하는 것이 효율적이기 때문이다. 따라서 「老巫篇」 총 70句를 30개의 의미 단위로 다음과 같이 재구성할 수 있다.[5]

〈표 1〉

1. 옛날 巫咸은 神奇하여 백성의 문제를 해결해 주었다.
2. 巫咸이 하늘로 가버린 지 오랜 세월이 흘렀다.
3. 일곱 무당(肦, 膨, 眞, 禮, 抵, 謝, 羅)도 靈山에 살고 있어 만날 길이 없다.
   (신성한 무당이 옛날에는 있었는데 현세에는 없다.)
4. 중국 땅(沅湘之間)에도 무당의 피해가 크다.
   (중국 무당)
5. 우리 땅에도 무속이 남아 많은 남녀가 박수와 무당이 된다.
6. 무당은 자칭 神이 내린 몸이라고 한다.
7. 내가 보기엔 천년 묵은 쥐(千歲鼠)나 九尾狐일 뿐이다.
   (우리 무당 개관)
8. 주름진 얼굴에 쉰이 넘은 늙은 무당
9. 사람들이 구름같이 모여든
10. 가는 목소리로 두서없이 지껄인다.

---

4) 幷書 부분은 詩부분과 같은 내용이므로 응집성과 의도성만을 고찰하는 경우 그 결과에 차이가 없으므로 분석은 시 부분으로 한정한다.
5) 반 다이크(1980)의 거시규칙, 곧 생략, 선택, 일반화, 구성 혹은 통합에 의하여 거시구조의 개념으로 바꾼 것이다.

11. 천만 마디 중 어쩌다 한 마디만 맞으면
12. 어리석은 사람들이 더욱 공경한다.
13. 술 마시고 들보까지 펄쩍펄쩍 뛰어 오른다.
14. 감실(龕)을 만들고 스스로 帝釋天이라고 한다.
15. 제석천은 六天위에 있는데 어찌 너희 집 구석에 처하겠는가.
16. 生死禍福을 함부로 떠들지만, 天氣를 거슬리는 짓이다.
17. 사방에서 재물을 마구 거두어들인다.
18. 내가 칼을 들고 쳐들어가려다가 지켜야할 법 때문에 참았다.
    (이웃 무당)
19. 나는 이웃무당뿐 아니라 나라의 모든 무당을 척결하고 싶다.
20. 중국 鄴縣이 河伯이 장가 못 들게 하고
21. 고려 咸尙書가 무당을 교외로 추방한 일이 있다.
22. 이분들이 가신 뒤 무당들이 창궐하게 되었다.
23. 마침내 신하들이 무당을 쫓아내려는 글을 올렸다.
24. 천자께서 奏請을 받아들여 하루 단에 쓸어버렸다.
25. 무당은 신기한 능력으로도 미연에 피하지 못하였다.
26. 무당이 멀리 쫓겨난 것은 나라를 위해 다행이다.
27. 이제 북장구 시끄러운 소리를 듣지 않게 되었다.
    (나라의 전체 무당)
28. 신하 중에도 무당처럼 悖惡한 자가 있으면 逐出되어야 한다.
29. 나는 쓸모없는 자로 놀랄 일도 없다.
30. 선비들은 무당 일을 마음에 새기고 淫怪한 것을 멀리 하라.
    (선비, 신하)

(　　) : 개념관계 표지

　　위의 내용을 개념적 공통성에 따라 거시적 추상개념으로 묶어서 이 텍스트 전체를 표시해보면 다음과 같다.

〈표 2〉
① 옛날의 무당 : 1~3
② 중국의 무당 : 4
③ 고려의 무당 : 5~27
④ 신하, 선비들의 자세 : 29~30

여기에서 특이한 점은 「고려의 무당」에 관한 묘사가 전체 30개념 중 23개념으로 대부분을 차지하고 있어서 이 부분이 이 시의 중심을 이루고 있음을 알 수 있다. 따라서 이 부분(5~27)에 관하여 보다 세밀한 개념관계의 내부 구조를 살펴보면 다음과 같다.

〈표 3〉
⑤ 고려무당의 개괄 : 5~7
⑥ 고려무당의 구체적 모습－⑦ 직접 살펴본 이웃 무당 모습 : 8~18
⑧ 고려의 무당 전체의 모습 : 19~27

<표 2>와 <표 3>을 묶어 그 개념관계를 다음과 같이 나타낼 수 있다.

〈표 4〉

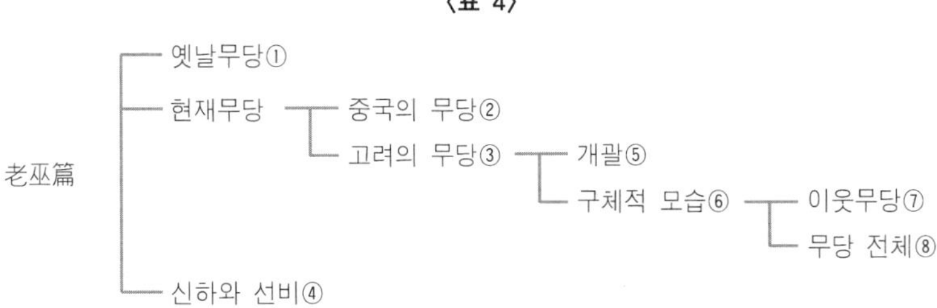

이상으로 이 텍스트의 거시적 추상개념을 살펴보았는데, 아무래도 漢詩의 형태는 전통적으로 起, 敍, 結로 나누어 보는 방식에 따르므로 이 방식에 따라 구조화하기로 한다.

<표 4>를 보면 ① 옛날 무당과 ② 현재의 중국무당은 ③~⑧의 현재 고려의 무당을 표현하기 위한 도입부분으로 다만 현재 고려의 무당을 나타냄에 있어 ②를 어디에 포함시키느냐가 문제가 된다. 옛날 무당과 현재의 무당을 대비시키는 관점에서 보면 ②를 敍에 포함시키는 것이 합당하고 중국과 고려를 대비시키는 관점에서는 ②를 起에 포함시키는 것이 타

당하기 때문이다. 그런데 이 詩의 의도는 나중에 언급이 되지만 타락상을 고발하는 것이므로 타락했느냐 하지 않았느냐는 속성을 기준으로 삼는 것이 합리적으로 판단된다.

　따라서 <표 1>의 개념 단위에서 보듯이 ②는 현재 고려의 무당과 속성이 비슷하고 ①과는 전혀 다르므로 ②를 敍내에 포함시키고 ①만을 따로 떼어 起로 삼는 것이 보다 바람직하다. 물론 ②는 당시의 시의 형식적 구색을 맞춘다는 것 이외에는 별 의미가 없으므로 총괄적 개념만을 고려한다면 삭제해도 무방한 정도이다. 결론적으로 옛날 무당 ①은 이 시의 起의 부분에, 현재무당 ②, ③, ⑤, ⑥, ⑦ ⑧은 이 시의 중심부분으로 敍로 한데 묶는다. 그리고 무당이 아닌 신하와 선비 ④는 結에 해당한다고 할 수 있다. 이 문제는 뒤에서 다시 부연하기로 하고 이에 따라 배열하면 다음과 같다.

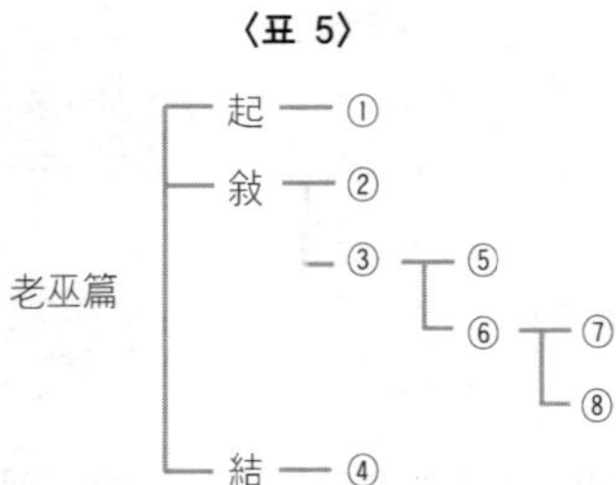

〈표 5〉

　이상의 내용을 본문과 연결시켜 설명하면 다음과 같다.

　起부분은 昔者巫咸神且奇~靈山路현又難道 6句로 되어 있으며 敍는 沅湘之間亦信鬼에서 小臣爲國誠自喜까지 長句 2句을 포함하여 모두 56句로 되어 있어 사실상 거의 대부분이 敍부분을 차지한다. 結은 日遊帝城便淸淨에서부터 行身愼勿近淫怪까지 8句로 이루어져 있다. 다음으로 敍의 하위구조를 살펴보면 중국 巫堂을 표현한 부분은 沅湘之間亦信鬼~荒淫詭譎尤可嗤(二韻)이고, 고려 巫堂을 표현한 부분은 개괄 부분과 구체적 모습을 나타낸 부분으로 나뉜다. 구체적 모습을 나타낸 부분은 다시 이웃 巫堂 개인의 모습과 나라 전체 巫堂의 모습으로 나뉘는 데 개괄 부분은 海東此風未掃除~當是林下九尾狐의 6句로 되어 있고, 이웃무당(東家之巫)의 모습은 東家之巫衆所惑~豈爲其神能我崇의 二六句로 이루어져 있으며 나라전체의 무당(羣巫)를 표현한 부분은 東家之巫年追暮~小臣爲國誠自喜까지로 短句 二十句, 長8句 二句, 이들을 합쳐서 22句로 이루어져 있다.

이들의 구조를 나열하면 다음과 같다.

〈표 6〉
- 起 : ① 옛날巫堂 : 昔者巫咸神且奇~靈山路현又難追(6句)
- 敍 : 沅湘之間亦信鬼~小臣爲國誠自喜(長句 2句를 포함하여 모두 56句)
    ② 中國巫堂 : 沅湘之間亦信鬼~荒淫詭譎尤可嗤(二句)
    ③ 高麗巫堂 : ⑤ 槪括 : 海東此風未掃除~當是林下九尾狐(六句)
        ⑥ 具體的敍述
        ⑦ 東家之巫 : 東家之巫衆所惑~豈爲其神能我崇(二六句)
        ⑧ 羣巫 : 東家之巫年追暮~小臣爲國誠自喜(短 二十句, 長 二句)
- 結 : ④ 臣下와 선비 : 日遊帝城便淸淨~行身愼勿近淫怪 (8句)

■ 미시적 의미 분석

이제까지 '추상적 개념'을 살펴보았는데 이들의 구체적 내용을 알기 위해서 '구체적 개념'으로 표시해야 할 단계이다. 구체적 개념 표지는 먼저 <표 1>의 개념 단위를 활용하여 미시개념의 구조를 분석하면 다음의 <표 7>, <표 8>, <표 9>과 같다.

〈표 7〉

起　① 옛날 巫堂 ┬ ㉠ 巫咸 ──── 神奇 ── 백성의 문제 해결 ── 승천 ┬ 만날 수
　　　　　　　　└ ㉡ 일곱 무당 ── 神奇 ── 靈山에 살고 있다 ────────┴ 없다

起부분은 동양 문화권에서 항상 이상사회로 여겨지는 堯舜시대보다도

훨씬 앞서는 黃帝時代와 그리고 山海經에 나타나는 이상적 또는 가상적 巫
俗 모델이다. 黃帝時代의 대표적 巫覡인 巫咸과 山海經에 나오는 靈山에 산
다는 巫肦, 巫膨, 巫眞, 巫禮, 巫抵, 巫謝, 巫羅 등 일곱 무당의 신기한 능력
을 지니고 있는데, 그들이 그 신성한 능력을 결코 망령되게 사용하지 않
고 백성들의 입장과 처지를 이해하여 그들의 어려운 문제를 해결해 주었
다. 그들은 백성들로부터 재물을 수탈하는 등 아름답지 못한 행동과는 거
리가 멀었다. 그러나 巫咸은 하늘로 올라간 지 오랜 세월이 지났고, 일곱
무당은 靈山에 살고 있어 백성들이 이들을 만나서 문제를 해결할 수 없다
는 내용이다. 즉, 옛날 무당은 능력이 신통했고, 백성을 진심으로 위했는
데 지금은 이 세상에 없다는 내용이 된다.

　　다음은 敍 부분인데 이 중에 ② 중국의 경우는 단순해서 거시개념과 별
차이가 없고 ②~⑧ 高麗의 巫堂을 분석하면 다음과 같다.

〈표 8〉

```
敍 : 現在의 巫堂
  ├─ ② 中國 ── 猖獗
  └─ ③ 高麗 ─┬─ ⑤ 槪括 ─┬─ 巫堂이 猖獗
             │           ├─ 自稱 神이 내린 몸(惑世誣民)
             │           └─ 실은 千歲鼠 혹은 九尾狐(話者의 관점)
             └─ ⑥ 구체적 모습 ─┬─ ⑦ 이웃巫堂의 모습
                               ├─ (모습) ─┬─ 주름진 얼굴, 늙은이
                               │          └─ 술 마시고 펄쩍 펄쩍 뜀
                               ├─ (惑世誣民) ─┬─ 가는 목소리 두서없이 지껄임
                               │              │   ─거짓이다(話者의 관점)
                               │              ├─ 生死禍福을 마음대로 지껄임
                               │              │   ─天機를 거스르는 것(話者의 관점)
                               │              ├─ 龕室을 만들고 帝釋天이라고 함
                               │              │   ─帝釋天이 아니다(話者의 관점)
                               │              └─ 재물을 마구 거두어 들인다
                               ├─ (백성들의 반응) ─┬─ 구름처럼 모여든다
                               │                   ├─ 더욱 공경한다
                               │                   └─ 재물을 무조건 갖다 바친다
                               └─ (화자의 생각) ── 쳐들어가서 쫓아내고 싶다
```

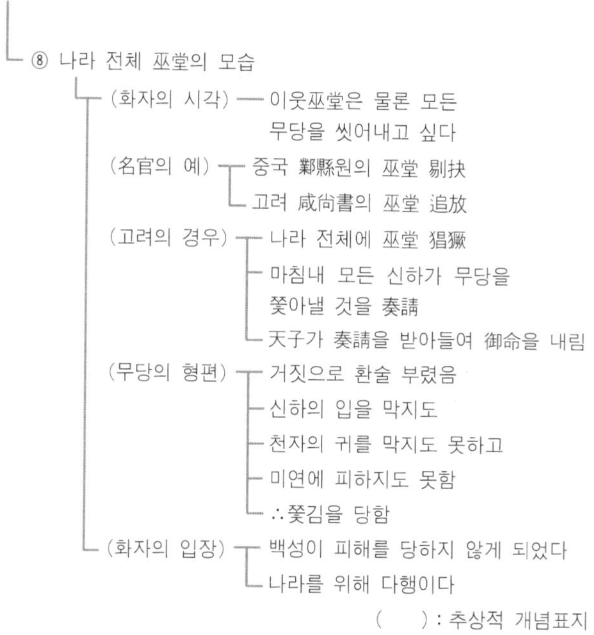

　敍는 위에서 보듯이 ⑥ '巫覡의 전체'를 개괄하는 부분과 ⑦ '이웃무당 (東家之巫)'을 관찰한 결과를 통해서 무당의 행태와 피해를 구체적으로 서술하는 부분이다. 그리고 ⑧ 나라 전체의 무당의 반인륜적 피해와 이들을 剔抉하는 과정을 나타내고 있다. 이를 보다 자세히 살펴보면, ⑥에서는 나라에 무당이 엄청나게 猖獗하고 있다. 천년 묵은 쥐 아니면 구미호에 불과한 요망스러운 무당들이 스스로를 神이 내린 몸이라고 惑世誣民하고 있다. ⑦에서는 이웃무당을 관찰 한 바로는 쪼글쪼글 늙은 주제에 가느다란 목소리로 쉴 새 없이 선량한 백성들의 生死禍福을 마치 자기네 마음대로 좌지우지하는 것처럼 지껄여대는가 하면 술을 먹고 미친놈처럼 대들보까지 껑충껑충 뛰어 오르면서 사람의 혼을 빼곤 한다. 그러다가 어찌어찌하여 한 가지라도 맞추면, 순진한 백성들은 감동하여 굽신거릴 뿐 아니라 구름 떼처럼 모여들어 음식을 바친다, 재산을 갖다 바친다 하고 난리가 난다.

⑧에서는 나라 전체의 무당의 피해가 너무나 크다. 이 百害無益한 무당의 족속들을 모조리 몰아내고 싶었는데 마침 賢臣들이 주청하고 영명하신 임금께서 그 주청을 받아들여 그들을 축출하기에 이르렀다. 無所不知의 신통력이 있는 듯이 호들갑을 떨던 그들이 나라의 조치에 속수무책으로 당하는 것만 봐도 그들의 모든 언행이 거짓임이 백일하에 드러났다. 이제 무당들의 소란스러운 행패와 백성들이 억울하게 수탈을 당하는 경우가 없어지게 되었으니 천만 다행이다. 라는 내용이다.

마지막으로 結부분의 미시개념은 다음과 같이 분석할 수 있다.

〈표 9〉

結 : ④ 화자가 선비에게 ┌ 臣下도 巫堂처럼 悖惡하면 逐出되어야 함
        ├ 선비들은 淫怪함을 멀리 하라
        └ 나는 쓸모없는(객관자) 자이므로 말할 수 있다.

結은 선비나 신하들도 무당과 마찬가지로 惑世誣民하고 苛斂誅求하는 자들이 있다면 마땅히 축출되어야 한다. 나(話者)는 벼슬에서 물러나 그런 일에 관여하는 사람이 아니므로 객관적 관점에서 말할 수 있는데, 한마디로, 선비와 신하된 자들은 淫怪함을 멀리하라는 내용이다.

■ 거시개념과 의도성

✔ 거시개념

먼저 〈표 7〉, 〈표 8〉, 〈표 9〉에 나타난 미시개념을 포괄하는 거시개념을 도출하기 위하여 다음 기준을 제시한다.

 ㉠ 같거나 비슷한 개념이 여럿이 있을 때는 대표개념 하나를 선택하고 나머지는 버린다.
 ㉡ 적합한 어휘가 없을 때는 포괄적 상위개념의 다른 어휘로 대체한다.
 ㉢ 전체의 맥락과 관계없는 부분은 상당한 비중이 있어도 생략한다.

　이러한 기준은 객관적 원칙에 따라 텍스트의 거시개념을 분명히 하는데 도움을 주고 전체의 맥락을 일목요연하게 하며, 텍스트 생산자(詩의 話者)의 의도를 겉으로 드러나게 한다.

　이상의 기준을 근거로 <표 7>, <표 8>, <표 9>의 미시개념에서 거시개념을 도출하면 <표 10>이 된다.

〈표 10〉

起　옛날 무당
　　　　신기한 능력과 愛民을 겸비

敍　現在의 巫堂
　　　　惑世誣民
　　　　재물 수탈
　　　　나라 전체에 猖獗

　　　나라에서 모든 무당을 쫓아냄

結　臣儻은 淫怪함을 멀리 하라

　起의 거시적 의미는 옛날 무당은 신비한 능력과 애민 정신을 갖추고 있었는데 오늘날에는 그 모습을 찾을 수가 없다는 것, 敍는 이웃 무당에 대한 관찰을 통해 무당의 행패와 피해를 구체적 사례를 준엄하게 드러내고 나라에서 무당을 척결하게 된 것을 지지하며 나아가 더 이상 백성들이 요망한 무리들의 속임에 빠져 곤란을 당하는 일이 없는 건전한 사회가 되었음을 환영한다는 것, 그리고 結은 모든 臣下와 선비들은 淫怪함을 멀리하고 自重自愛하라는 내용이다.

✔ 의도성

　그런데 위의 <표 10>에 나타난 거시개념의 뒤에 숨어 있는 시의 화자의 의도를 파악하기 위해서 起, 敍, 結의 개념관계를 맥락에 따라 살펴보면 다음과 같이 관계표시를 할 수 있다.

〈표 11〉

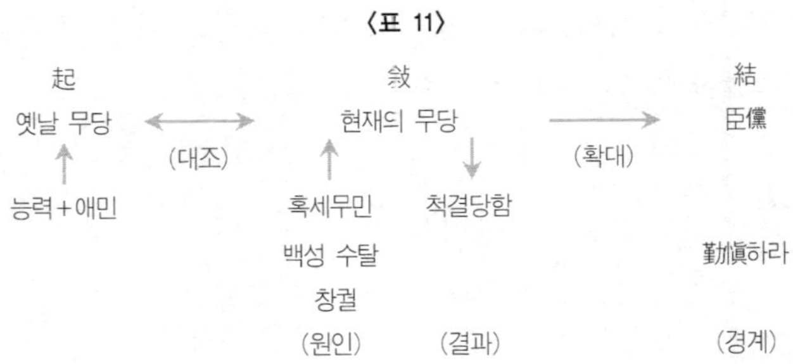

그런데 <표 11>이 제시한 거시개념과 개념관계를 살펴보면 다음과 같은 화자의 의도를 발견할 수가 있다.

즉 起에서는 화자의 의도는 옛날 무당을 통하여 이상적 무당의 모습을 제시하고 있는데, 어찌 보면 그것은 현실성이 없는 神話時代의 황당무계한 이야기로 삭제해도 상관이 없을 듯하다. 그러나 이상적인 무당의 모습을 묘사함으로써 현실 속의 巫覡이 얼마나 타락하고 부패했는지를 대조적으로 부각시키는 역할을 한다. 起의 내용이 없다면 敍의 무당이 당위적으로 어떠해야 하는지에 대한 구체적 대안을 상상할 수가 없으며, 나아가 結의 臣僚과 百士의 언행과 마음가짐에 대한 이상적 모습을 암시할 수도 없게 된다. 결국 起는 중심내용은 아니지만 敍의 현재 무당의 피해를 부각시키고 아울러 結의 선비와 신하들의 나아갈 바 행동과 처신 방향을 암시적으로 나타내고자 한 의도를 발견할 수 있다.

敍부분은 이 시의 내용의 핵심부를 이룬다. 그것은 「老巫篇」이라는 제목과 주제에 부합되기 때문에 더욱 그러하다. 따라서 起부분과 의미관계를 고려하면서 맥락을 따져볼 때, 화자는 무당의 피해가 극심함을 구체적이고도 효과적으로(대조적 표현) 표현함으로써 그들에 대한 척결의 당위성을 극대화한다. 그리고 그것을 통하여 무당을 척결하는 것이 나라의 안녕과 질서를 되찾는 데 있어서 매우 중요하며 또한 너무나도 당연하다는 사실을 부각한다.

따라서 무당의 척결을 환영하고 지지함으로써 국가가 나아가야 할 바른 길을 제시하고자 하는 의도를 읽을 수 있다.

結은 巫堂의 이야기가 아니다. 무당의 이야기는 敍부분에서 끝나 버렸다. 다만 무당의 이야기에서 패악을 끼치는 모든 무리에까지 의미가 확대된다. 일반 백성을 수탈하고 나라에 해악을 끼칠 수 있는 자들은 巫堂말고는 臣下와 선비들뿐이다. 여기에서 잠깐 무당과 신하 또는 선비의 무리들과 비교를 해 볼 필요가 있다. 이 두 무리는 나라 안에서 유일하게 백성들에게 힘으로 엄청난 영향을 행사할 수 있는 무리들이다. 무당이 스스로를 帝釋天의 영험한 명령을 수행하는 자, 또는 하늘에서 거룩한 神이 내린 초능력자로 그들의 말을 듣지 않으면 엄청난 재앙을 받을 수밖에 없다는 속임수를 쓰고, 인간의 운명과 길흉화복을 主宰하는 위치에 있는 양 惑世誣民하며 백성을 수탈하는 무리라면, 신하나 선비들은 지식과 官權을 바탕으로 엄포와 강제로 백성들을 수탈할 수 있는 위치에 있다고 하겠다. 단지 차이점이 있다면 무당은 관리나 선비들에 비해 수가 적으며, 무당은 오로지 속임수로 겁을 줄 수 있는 데 비하여 관리나 신하들이 공식적 행정 기구를 활용하여 폭력, 억압, 수탈을 다양하게 자행할 수가 있다. 더구나 무당은 현명한 백성이 정신을 차리고 멀리하면 그뿐이지만 비뚤어진 신하나 관리들의 횡포는 막을 길이 없다. 또한 무당은 최악의 경우 국가나 관에서 관리하거나 척결할 수 있는 대상인데 신하나 관리 선비의 무리들은 자정의 노력을 하지 않는 한 아무도 관리하거나 척결할 수가 없다. 심지어는 임금조차도 이들의 감언이설로 판단을 흐려져서 더욱 큰 피해를 조장할 수도 있는 것이다. 따라서 무당의 피해보다는 잘못된 관리나 신하들의 피해가 훨씬 다양하고 광범위하다고 하겠다.

結에서는 起에서 보듯이 堯舜 이전이 이상적 국가시대에는 무당조차 神聖하였는데, 하물며 선비나 신하가 국가의 안녕과 발전 그리고 백성들의 평안과 풍요로운 삶을 위하여 노력하던 당위적 본연의 자세를 견지는 것은 너무나 당연하다. 그러므로 오늘날의 무당처럼 타락하지 말고 自重自愛하여 勤愼하라는 주장과 의도는 당연하다고 할 것이다.

또 한 가지 주의를 기울여야 할 점은 의미가 확대되어 가는 과정이다. 그것을 그림으로 표시하면 <표 12>와 같다.

〈표 12〉
　　이웃巫堂 → 나라의 전체巫堂 → 臣儻, 百士

<표 7>~<표 9>, <표 11>에서 보듯이 '옛날 무당'과 '고려 무당의 개괄' 부분이 <표 12>에는 빠져 있다. 그것은 起, 敍, 結의 형식적 구조를 떠나면 '옛날 무당'과 '중국의 무당', '고려 무당의 개괄' 등은 <표 12>의 핵심 내용을 나타내기 위한 배경에 불과하기 때문이다.

이 詩 화자는 <표 12>의 핵심내용을 일목요연하게 드러내고자 한다. 다시 말하면, '이웃 무당'의 모습, 행위, 그리고 그로 인하여 백성들에게 끼치는 영향 등을 구체적으로 자세히 묘사함으로써 그들의 피해를 준엄하게 고발하고, 그것을 근거로 하여 나라 전체 무당을 척결하여 나라를 편안하게 한 임금의 결단을 찬양하며 그 의의를 드높이고자 하는 것이다. 여기까지가 드러난 현실이다. 그러나 차제에 무당의 그릇된 언행으로 인한 피해가 惑世誣民과 苛斂誅求의 가능성이 있는 모든 사람들에게까지 확대시킴으로써 선비나 신하들도 근신하여 결국 백성들이 누구의 피해도 받지 않고 행복하게 잘 사는 나라, 바르고 성실하게 잘 다스려지는 나라, 곧 이상적인 국가를 실현하고자 하는 의도를 바탕에 깔고 있다고 하겠다.

또 한 가지 화자가 나타내고자 한 점은 화자 자신이 벼슬에 있지 않은 선비인 관계로 피해를 줄 수도 없고 받지도 않는 객관적 입장에 있음을 분명히 함으로써 자신의 주장에 신인도를 높이고 있다.

그리고 이러한 모든 내용은 이상적 사회의 실현이라는 국가관을 잘 드러내는 것으로, 서론에서 언급한 李奎報 선생이 단지 출세만을 지향하는 어용적인 인간이라는 주장에 대하여 전혀 그렇지 않은, 오히려 이상주의자에 가까운 사람이라는 반증이 된다고 할 수 있다. 물론 이러한 평가는 시인의 모든 작품을 분석한 연후에 결론을 내릴 수 있는 사안이기는 하다. 그러나 한 인간이 지니는 근본적인 마음가짐이나 가치관은 작품마다 그렇게 쉽사리 다르게 나타날 수 있는 성질의 것이 아니다.

3) 마무리

이제까지 漢詩를 텍스트언어학적 관점에서 분석하였다. 이러한 방법은 보다 다각도로 깊이 있게 탐구할 수 있다. 즉, 각 텍스트성의 성격에 따라서 응결성, 응집성, 의도성, 용인성, 정보성, 상황성, 텍스트상호성 등 각각의 관점에서 살필 수 있으며 그것도 여러 가지 접근 방법을 찾아낼 수 있을 것이다. 그러나 이 글에서는 특히 漢詩의 응결성과 정보성, 용인성, 상황성, 텍스트상호성의 측면은 고려하지 않았다. 그것은 지면의 제한 관계도 있지만, 漢詩를 본격적으로 연구한 사람이라야 가능하기 때문이다. 물론 이러한 접근방식이 효율성이란 관점에서 이의를 제기할 수도 있을 것이다. 그러나 텍스트성의 모든 관점을 반드시 살펴야 한다는 뜻은 아니다. 그렇게 할 이유는 없다고 본다. 단지 분석의 목적에 따라 그에 맞는 어떤 관점을 택하면 되기 때문이다. 그리고 특별히 강조하고 싶은 것은 漢詩뿐만 아니라 모든 문학 텍스트, 특히 기술적 표현을 요구하는 모든 텍스트는 단지 직관에 의존할 것이 아니라 객관적 논리적 근거에 따른 이해와 평가가 필요하며 이러한 접근 방식은 그에 대한 해결방법을 제시할 것으로 믿는다.

李奎報의 詩「老巫篇 幷書」는 문학적 예술적 평가는 불분명하지만, 일반적으로 시가 지니는 취약점을 극복하고 개념과 개념간의 관계, 곧 응집성은 아주 체계 있게 잘 짜여있는 시라고 결론지을 수 있다.

옛날 무당과 현재의 무당, 중국의 무당과 고려의 무당의 배치가 구조적으로 잘 짜여 있으며, 고려 무당의 개괄 부분, 이웃무당과 고려 전체의 무당의 패악과 피해 등이 균형 있게 효율성과 유효성을 겸비한 형태를 이루고 있다. 특히 이웃무당→나라 전체의 무당→모든 신하, 선비 등으로 의미를 확대해 나간 구조는 탁월하다고 할 수 있겠다.

또한 화자가 자신의 의도를 추구하고 달성하기 위하여 치밀한 구조를 활용한 것도 매우 적절하다고 생각한다. 물론 그 결과로 나타난 화자의 의도, 곧 이상국가 건설을 촉구하는 1차 목적과 그것을 이루기 위하여 이웃 무당의 피해, 나라의 무당 척결에 대한 당위성, 신하와 선비들의 바른 도리에 대한 촉구라는 2차 목표 등이 체계 있게 포함되어 있음을 알 수 있었다.

끝으로 漢詩의 응결성, 곧 표면적 연결 관계와 語辭 선택과정에서 일어나는 비예측성이나 새로움 등 정보성과의 관계를 분석하여, 예술적, 문학적 관점에서의 漢詩의 문제를 분석하고 체계화하는 노력이 필요하다고 본다.

2. 孟子「浩然之氣 章」의 텍스트언어학적 접근

1) 들어가기

언어문제에 관한 동양과 서양의 접근 방식은 상당히 다르게 나타나고 있다. 서양에서는 그들의 기질과 사고경향에 부합하는 분석적 방법으로 언어문제에 접근하였다. 그 결과 문장 이하의 언어 구성성분에 대한 전반적인 체계와 구조 그리고 그것을 이루는 규칙과 원리를 규명하는 데 노력을 경주하여 왔다.

한편 동양적 관점에서는 언어는 성장함에 따라 저절로 습득되는 것이므로 언어자체를 분석하는 문제는 거의 관심을 가지지 않았다고 할 수 있다. 그보다는 주로 '언어사용'의 문제에 관심을 가졌는데, 그나마 서양의 그것과 접근 방식이 사뭇 대조적이라고 할 수 있다.

이 글은 동양의 가장 중요한 고전 중에 하나인 『孟子』에서 「浩然之氣 章」[6]을 발췌하여 텍스트언어학적인 방법론으로 분석을 시도함으로써, 텍스트 수용에 관한 이론적 검증 및 문제점을 발견하고자 하며 그에 대한 실질적인 이해에 도움이 되고자 한다. 또한 이 과정에서 동양철학의 연구자들이 많은 관심을 갖고 있는 부분, 곧 「浩然之氣 章」의 내용을 천착하는 기회로 삼고자 하며 또한 동양적 언어관에 관하여서도 개관하는 기회로 삼고자 한다. 아울러 동양적 언어관이 21세기 언어 연구의 방향에 어떠한 영향을 미칠 수 있는 지에 관하여서도 이 기회를 빌려 살펴보고자 한다.

2) 텍스트 수용 이론의 적용

대부분의 언어학자들은 언어학을 언어체계와 언어사용에서의 언어적 특성에 관한 문제, 즉 '문법'에 국한해야 한다는 견해가 지배적이었다.

그러나 모든 분야에서 텍스트 및 언어사용 문제에 관한 관심이 없었던 것은 아니다. 연설 등 공적인 커뮤니케이션의 문체적 형식을 통하여 설득

---

6) 『孟子』는 梁惠王章句 上으로부터 盡心章句 下까지 모두 14개의 章句로 되어 있는데 본고에서 다루려는 부분은 騰文公章句 上의 일부로서 이 부분에 대한 명칭이 따로 있는 것은 아니지만 맹자의 유명한 浩然之氣에 관한 논의가 나오는 부분으로 유명하다. 그런 연유로 특히 이 부분을 속칭 浩然之氣장이라고 하기도 한다. 여기서는 이 텍스트 명칭을 지칭하는 데 있어서 편의상 그냥 「浩然之氣 章」으로 사용하고자 한다.

하는 문제에 접근한 고전 수사학을 비롯하여 문체론[7] 및 문예학 등에서도 꾸준히 텍스트 문제를 추구해온 셈기다. 이들은 문학 등 텍스트 범주의 제한이 있기는 하지만, 아무튼 텍스트언어학의 선구임에는 틀림없다.[8]

이와는 달리 화용론, 화행이론 등은 언어를 실제의 '언어행위'라는 관점에서 '언어사용'의 연구에 접근하고 있다.[9] 이밖에도 담화 분석이론 등을 포함한 모든 노력이 바탕이 되어 텍스트언어학적 연구가 체계를 잡기 시작하였다.

텍스트언어학은 문장 이상의 언어 단위 곧 텍스트를 연구 대상으로 하고 있다는 점, 언어를 잠재적 체계라고 보지 않고 현실이라고 하는 시간 속에서 실현되고 있는(시간성 또는 실현성) 역동적인 활동으로 인식하고, 그런 전제에서 텍스트의 생산과 수용의 문제를 해결하려 하는 점이 가장 뚜렷한 특징이라고 할 수 있다.

보그랑드와 드레슬러(1981)에서는 의도성(intentionality)과 용인성(acceptability), 정보성(informativity), 상황성(situationality), 텍스트상호성(intertextuality), 응집성(coherence), 응결성(cohesion) 등 일곱 가지의 텍스트성을 제시한 바 있다. 다시 말하지만 이 일곱 가지 텍스트성은 어느 하나도 텍스트를 생산 수용하

---

7) 현대적 문체론은 C. Bally(1951), L. Spizter(1967), G. W. Turner(1973) 등에 의하여 연구되었으며, 대체로 언어의 문장을 사용하는 주체로서의 화자의 태도가 언어행위에 어떻게 반영될 수 있는가를 분석하였다는 점에서 표현성 연구와 개인적 문학어의 특성 연구로 대별된다.
8) 문예학은 발생의 기원에 관하여는 논외로 한다 하더라도 문학적 텍스트의 구조와 기능 및 효과에 특별히 초점을 맞춤으로써 텍스트언어학과는 구별하고 있다. 그러나 그 또한 텍스트의 한 분야이므로 연구방법론에서 서로 간의 방법론 계발 등 상호간의 협조와 노력을 통하여 근본적인 여러 가지의 문제 해결에 있어서 바람직한 발전을 이룰 수 있을 것으로 보인다.
9) 이들은 문장 속의 명제를, 언어를 사용하는 주체로서의 화자의 태도가 언어행위에 어떻게 반영될 수 있는가를 언어학적 분석 방법으로 접근하였다. 그것은 언어의 특성 규명 외에도 언어사용의 문제에 접근하였다는 점에서 상당한 공헌이 인정되지만 그렇다고 해서 언어사용의 문제를 본격적으로 다룬 것도 아니고 또한 근본적인 해결 방안을 제시하고 있는 것도 아니다.

는 과정에서 중요하지 않은 것이 없다.[10] 따라서 이들 일곱 가지의 텍스트성을 구체적으로 천착하고 그것들의 연관성 및 모든 텍스트성의 종합적 효과를 추구하고 고찰하는 것이야말로 텍스트의 생산과 수용, 그리고 그것을 통하여 일어나는 의사소통의 모든 근본적인 문제를 해결하는 최선의 방법 중에 하나라고 할 수 있는 것이다. 물론 텍스트 연구 목적에 따라 어떤 텍스트성의 관점만을 집중적으로 추구할 수도 있다.

또 한 가지 텍스트언어학적 접근의 중요한 측면이 진행과정에의 접근인데 보그랑드와 드레슬러(1981)에서는 텍스트를 절차적 접근이란 관점에서 다음과 같은 "텍스트 산출모형"을 제시하고 있다.[11]

① 계획하기 : 목표설정과 텍스트 종류선택 단계
② 착상 : 수사학의 "착상(invetion)", "생각 찾기"에 해당, 텍스트의 주제, 내용의 내적 형태
③ 전개 : 내용을 기억장치에 내적으로 조작하여 배열한다.
④ 표현 : 정신적 표상에 적합한 언어 표현을 찾는다.
⑤ 문법적 종합 : 찾은 표현들이 문법에 맞게 선형으로 연결되어 표층텍스트에 배열된다.

이상 다섯 단계는 선형으로 차례차례 진행되는 것이 아니라 동시에 작용하지만 각 단계의 활성화 정도는 일정하지 않다.

"텍스트 수용 모형"은 위의 중요 처리단계와 비슷하게 반대방향으로 진행된다.

① 문법 분석, ② 개념 불러내기, ③ 압축하여 중점 인식하기, ④ 생각 되불러내기, ⑤ 계획 되불러내기의 순이다.

여기에서 ① 문법 분석은 응결성(cohension)을 수용하는 단계이고, ②, ③,

---

10) 특히 보그랑드와 드레슬러(1981)에서는 이들 일곱 가지 텍스트성 중에서 하나라도 구비되어 있지 않으면 텍스트로 성립할 수 없다고까지 주장하고 있다.
11) 보그랑드와 드레슬러(1981 : 58~65), 하이네만(1991, 백설자 역 : 114~115) 참조.

④, ⑤는 응집성(coherence), 의도성(intentionality)과 관련하여 용인하는 단계이다.

한편 반 다이크는 문구조와 문연속구조를 미시구조(mikrostruktur)로, 추상적, 이론적 구조로서 총괄적 의미구조를 거시구조(makrostruktur)로 구분하였다. 반 다이크(1980 : 74~76)에 따르면 모든 텍스트는 문연속으로 기술되기 때문에 문연속의 선적 연관성(미시구조상에서)을 만족시키는 동시에, 총괄적 연관성(거시구조상에서)을 만족시켜야 한다는 것이다. 또한 텍스트가 가진 '비언어학적'인 자질의 전형적인 예로서, 이야기나 논증이 지닌 초구조(superstruktur)를 제시한다. 이러한 초구조는 텍스트에 언어로 표현되지만, 구조자체는 좁은 의미에서 볼 때 언어적 또는 언어학적 성질의 것이 아니어서 그림에 의해서도 나타낼 수 있다고 보았다.[12]

한편 텍스트언어학과는 별도로 하나의 텍스트를 통한 커뮤니케이션의 효율성 및 유효성을 제고하기 위한 방안으로 독서론적 접근도 있다. 이 분야는 주로 텍스트 수용에 관한 부분에 한정되어 있기는 하다. 모티머 J. 아들러(민병덕 역, 1994)에서는, 쓰기, 말하기와는 달리 읽기, 듣기는 완전히 수동적이라고 생각하는 사람이 적지 않은데, 실은 이 또한 적극적인 활동이라는 점을 강조하면서 엑스선과 같이 투시할 수 있는 눈으로 글의 구조를 파악해야 하며, 그 책의 통일성을 명확히 알아야 한다고 주장하고 있다.[13] 이 과정에서 반드시 필요한 것은 날카로운 관찰력, 틀림없는 기억

---

12) 반 다이크(1980 : 208)에서는 텍스트 유형을 표시해주는 총괄적 구조인 초구조를 텍스트의 형식으로, 거시구조를 텍스트의 내용으로 보고, 동일한 사건도 커뮤니케이션 맥락에 따라 다양한 텍스트 형식으로 나타낼 수 있다고 했다. 또한 초구조는 텍스트 유형을 표시해 주는 총괄적 구조로서, 문법적 바탕에 근거하고 있지 않다는 점에서 초문법적이며, 언어공동체 화자들이 대부분 초구조를 형성하는 인지적 규칙 / 절차나 범주체계를 알고 있고 또 사용한다는 점에서 경험론적이며, 텍스트의 유형이 문화적으로 대개 규정되어 있다는 점에서 관습적인 성격을 띠고 있다고 하겠다. 반 다이크의 미시구조는 보그랑드와 드레슬러(1981)의 응결성의 개념에 응집성의 미시구조를 포용하는 개념으로 쓰이고 있다.
13) 글의 구조와 통일성, 또는 일관성의 중요성에 관하여서는 패트릭 하트웰(1982) 등 이 분야의 여러 책에서 공통적인 주장을 하고 있다.

력, 풍부한 상상력, 그리고 분석과 사고에 의해 단련된 지성, 이러한 모든 것이 요구되지만 특히 중요한 것은 아날로지(유추, 추론)라고 주장한다.

그런데 이처럼 여러 가지 관점에서 텍스트 수용의 이론이 제기되고 있으나 결국 텍스트 수용자가 텍스트의 정보와 생산자의 의도를 발견할 수 있는 유일한 단서는 텍스트에 나타나 있는 언어의 연쇄뿐이다. 수용자는 그것이 표현하고 있는 의미를 수집함으로써 텍스트 전체의 의미를 구축해 나가지 않으면 안 된다. 그리고 텍스트 수용자는 텍스트 전체의 통일성, 일관성, 강조성 등의 측면에서 내용 및 조직의 적절성을 판단하며 수용행위를 하게 되는 것이다. 이때에 선행지식, 세계지식을 동원하여 내적인 맥락과 연결을 시도하게 되는데, 이에 관하여 김혜정(2002)에서는 반 다이크의 텍스트의 구조이론을 원용해서 다음과 같은 가설을 세우고 있다.

텍스트 외적 세계란 텍스트 내적 세계에서 의미해석에 공조하기 위해 독자에 의해 수의적으로 동원되는 '관념적 자원'으로서, 지식의 성격을 지닌다. 이러한 텍스트 외적 지식은 다시 맥락(context)과 가치(value)에 관한 것으로 대별된다. 지식의 형태로 존재하는 텍스트 외적 세계는 세계지식(상식), 배경지식, 스키마(개념의 망구조) 등으로 불릴 수 있으며, 텍스트상호성(intertextuality)을 기반으로 하는 관념적 텍스트 혹은 텍스트의 다발로 제시된다고 하면서 다음과 같이 요약 정리하고 있다.[14]

---

14) 김혜정(2002 : 44~50)에서는 "비판적 읽기의 인지구조"를, 텍스트의 인지 과정에 관여하는 대상으로 텍스트 내적 세계와 텍스트 외적 세계의 범주로 구분하고, 텍스트 내적 세계는 텍스트의 의미체계로서 문장과 문연속에 대한 응집성을 파악하고 나아가 텍스트 유형에 대한 인지를 바탕으로 형성되는 것으로 본다. 또 하나의 범주는 텍스트 외적 세계로서 맥락의미의 체계를 형성하게 되며, 개별 텍스트가 궁극적으로 말하고자하는 필자의 숨겨진 의도와 사회 문화적 맥락에서의 생성동기 및 목적 등에 대한 탐구를 가능하게 하는 관련 배경지식, 스키마, 가치관 등으로 구성되어 있는데, 이러한 텍스트의 외적 세계에서 회상되는 의미체계는 텍스트상호성을 띠며, 텍스트 외적 세계에 대한 인지 범주가 넓을수록 독자는 텍스트의 의미를 더욱 풍부하게 해석할 수 있다고 한다.

텍스트의 내재적 세계	미시구조 차원	문장의 통사구조 및 수사적 표현 방식에 대한 인지
	거시구조 차원	주제 및 의미의 지시적 흐름에 대한 인지
텍스트 외적 세계	초구조 차원	구조의 유형 및 관계(기능) 인지
	맥락적 차원	텍스트상호성을 지닌 맥락의 인지
	가치적 지식 차원	가치관, 사회적 윤리 규범에 대한 인지

또한 김혜정(2002 : 157~163)에서는 '구성주의적 의미구성 과정의 8단계 인지모형'을 다음과 같이 제시하고 있다.

〈구성주의적 의미구성의 8단계〉
의미1 → 의미구조1 → 실현체로서의 텍스트 → 가상체로서의 텍스트2 → 의미구조2 →
〈생산자〉 … (기호화) …… 〈음성실현체〉 ……… (음성조합) ………… (혜호화) …

의미 2 → 의미3 → 재생산체로서의 텍스트3
………… (창조화) ……… 〈수용자〉

① 의미1 : 생산자가 의도한 텍스트 궁극적 목적으로 수용자에 의해 가정될 수
   는 있으나 확인될 수는 없다.
② 의미구조1 : 생산자의 아이디어로 기호로 기호화되기 전의 생산자의 머리속
   에 짜여지는 의미의 구조체(생산자의 거시구조도 포함).
③ 실현체로서의 텍스트 : 표현된 발화체, 곧 텍스트
④ 가상체로서의 텍스트2 : 감각기관어 의해 경험적으로 지각된 상태.
⑤ 의미구조2 : 수용자가 텍스트의 응결성과 응집성을 통하여 텍스트의 심층적
   의미구조를 재구성한 텍스트의 개요(수용자의 거시구조 포함).
⑥ 의미2 : 수용자의 텍스트 목적 및 텍스트 생산자의 아이디어에 대한 추론
   적 · 비판적 이해.
⑦ 의미3 : 의미2 + 텍스트 외적의미로서 사회문화적 맥락의미 + 수용자의 가치
   판단의 결과.
⑧ 재생산체로서의 텍스트3 : 수용자의 인지체계 내의 대안적 · 창조적 · 보완
   적 · 문제해결 과정적 텍스트.

이러한 이론의 모델은 모두 텍스트를 수용하는 문제에 있어서 흠잡을

데 없는 이론을 제공해 주고 있다. 이 글에서는 주로 『孟子』의 「浩然之氣 章」의 의미내용을 천착하는 것이 목적이며 주로 반 다이크의 구조이론을 중심으로 접근하려 한다. 미시구조와 초구조 문제는 이 글에서 다루는 텍스트가 번역문이고 글의 목적과 직접적인 관계가 적으므로 덮어두고 거시구조 부분을 집중적으로 분석하겠다. 그리고 그 과정에서 텍스트 내적 외적 세계의 각 차원에 따른, 예컨대 맥락, 세계지식, 가치, 등의 작용과 이를 통한 유추 등 인지과정 전반을 살피는 방향으로 논지를 전개하고자 하는 것이다. 그리고 그것은 김혜정(2002)에서 제시한 구성주의적 의미구성 단계 중 [의미구조2, 의미 2, 의미3, 재생산체로서의 텍스트3]의 분석과 겹치는 것이며 보그랑드와 드레슬러(1981)에서 제시한 텍스트성 중에 응집성, 정보성, 의도성, 용인성, 상황성, 텍스트상호성과 관련되는 부분이다.

이제 먼저 「浩然之氣 章」의 거시구조를 '거시구조 1〜거시구조 5'의 5단계로 분석하고자 한다.

3) 「浩然之氣 章」의 구조분석

■ **텍스트 전문**

> s1 公孫丑이 물었다. "선생님께서 齊나라의 卿相의자리에 오르시어 道를 행할 수 있게 되신다면, 비록 이로 말미암아 패업을 이루거나 왕업을 이룬다 해도 이상하지 않을 것입니다. 이와 같다면 마음이 동요되시겠습니까? 않으시겠습니까?"
>
> s2 맹자께서 말씀하셨다. "아니다. 나는 40세가 되었으므로 마음이 동요되지 아니한다."
>
> s3 "그렇다면 선생님께서는 孟賁보다 크게 뛰어나십니다."
>
> s4 "그것은 어렵지 않은 것이다. 告子도 나보다 먼저 마음이 동요되지 아니하였다."
>
> s5 "마음이 동요되지 않는데 방법이 있습니까?"

s6 "있다.

p1 北宮黝가 용기를 기른 방법은, 피부가 찔려도 움직이지 아니하며 눈이 찔려도 피하지 않았다. 털끝만큼이라도 남에게 꺾이면 시장이나 조정에서 종아리를 맞는 것처럼 여겼으므로 褐寬博에게도 (모욕을) 받지 않고 또한 萬乘의 임금에게도 (모욕을) 받지 않으며, 萬乘의 임금을 찌르는 것을 褐夫를 찌르는 것처럼 보아서 제후를 두려워함이 없었으며 (자기를) 험담하는 소리가 들리면 반드시 보복하는 것이었다.

p2 孟施舍가 용기를 기른 방법은, '이기지 못하는 것을 이기는 것처럼 보는 것이니, 적을 헤아린 뒤에 진격하며 이길 것을 고려한 다음에 會戰한다면 이는 (적의) 삼군을 두려워하는 자이다. 내 어찌 필승만을 할 수 있겠는가? 두려워하지 않을 수 있을 뿐이다.'라고 말하는 것이었다.

p3 孟施舍는 曾子와 유사하고

p4 北宮黝는 子夏와 유사하니, 이 두 사람의 용기에 대해서는 누가 더 나은지 모르겠거니와

p5 그러나 孟施舍의 지킴이 더 치밀하다(요약하다).

p6 옛날에 증자가 子襄에게 말하기를 '자네는 용기를 좋아하는가? 내 일찍이 선생님에게서 큰 용기에 대해서 들었다. '스스로 돌이켜 보아서 바르지 않으면 비록 褐寬博이라도 내 두려워하지 않겠는가? 스스로 돌이켜 보아서 바르면 비록 천만의 사람이라도 내 가서 대적할 것이다.'라고 하였다.

p7 孟施舍의 지킴은 氣이니 또한 曾子의 지킴의 치밀한(요약한) 것만 못하다.

s7 "감히 묻겠습니다. 선생님의 不動心과 告子의 부동심을 들을 수 있겠습니까?"

s8

p1 "고자는 말하기를, '말에서 납득이 되지 아니하면 마음에서 구하려하지 말며, 마음에서 납득되지 아니하면 몸에서 구하려고 하지 말라.'고 하였는데,

p2 마음에서 납득되지 아니하면 몸에서 구하지 말라 한 것은 可하지만, 말에서 납득이 되지 아니하면 마음에서 구하지 말라는 것은 不可하다.

p3 대저 志는 氣를 거느리는 장수이고 氣는 몸에 가득 차 있으며, 대저 志는 至上이고 氣는 그 다음이다.

p4 그러므로 '그 志를 간직하면서도 그 氣를 난폭하게 하지 않는다.'
고 한 것이다."
s9 "이미 志는 至上이고 氣는 그 다음이라고 하시고 또 그 志를 간직하
면서도 그 氣를 난폭하게 하지 않는다고 하신 것은 무슨 뜻입니까?"
s10 "志가 한결같으면 氣를 움직이고 氣가 한결같으면 志를 움직이는 것
이니, 지금 넘어지거나 달리는 것은 氣의 작용이나, 도리어 그 마음
을 움직이는 것이다."

s11 "감히 묻겠습니다. 선생님께서는 어디에 장점이 있습니까?"
s12 "나는 말을 알며(知言) 나는 나의 浩然之氣를 잘 기른다."

s13 "감히 묻겠습니다. 무엇을 浩然之氣라고 합니까?"
s14

p1 "말하기가 어렵다.
p2 그 氣의 양상은 지극히 크고 지극히 굳세니, 곧게 하는 것으로
길러서 해침이 없으면 하늘과 땅 사이에 꽉 차게 된다.
p3 그 氣의 양상은 義와 道에 배합되는 것이니, 이것이 없으면 쭈그
러든다.
이 浩然之氣는 義가 축적하여 만들어지는 것이니 (하나의) 의가
갑자기 엄습하여 취하는 것이 아니다.
p4 행한 것이 마음에 만족스럽지 아니함이 있으면 쭈그러든다.
p5 그러므로 내가 일찍이 告子는 애당초 義를 알지 못한다고 말한
것이니, 이는 義를 바깥에 있는 것으로 여기기 때문이다.
p6 반드시 (호연지기를 기르는 것을) 일삼으면서 효과를 미리 기대
하지 말며, (억지로) 助長하지도 말아야 한다. (그리하여) 宋나라
사람처럼 하지 말아야 한다.
p7 송나라 사람 중에 곡식의 싹이 자라지 않음을 안타까이 여겨 뽑
아 놓은 자가 있었는데 비실거리며 돌아와 자기 집사람에게 말
하기를, '오늘은 피곤하다. 나는 곡식의 싹을 도와서 자라게 하였
다.'고 하자, 그 아들이 달려가서 보니 곡식의 싹은 말라 있었다.
p8 천하에는 곡식의 싹을 도와서 자라게 하지 않은 자가 적다.
p9 유익함이 없다고 생각해서 내버려두는 자는 곡식의 싹에 김을
매지 아니하는 자이고, 도와서 자라게 하는 자는 곡식의 싹을 뽑
는 자이니, 이는 비단 유익함이 없을 뿐만 아니라 또한 해치는
것이다."

s15 "무엇을 知言이라 합니까?"

s16

p1 "비뚤어진 말(詖辭)에서 그 가리워진 바를 알며,

p2 방탕한 말(淫辭)에서 그 빠져 있는 바를 알며,

p3 사악한 말(邪辭)에서 그 이탈된 바를 알며,

p4 회피하는 말(遁辭)에서 그 곤궁한 바를 아는 것이니,

p5 그 마음에서 생겨나 그 政治에 해를 끼치며,

p6 그 정치에서 발로되어 그 일에 해를 끼치나니

p7 聖人이 다시 나오셔도 반드시 내 말을 따를 것이다."

s17

p1 "宰我와 子貢은 말을 잘하였고,

p2 冉牛·閔子·顔淵은 德行을 잘 하였는데,

p3 공자께서는 이를 겸하셨으되 '나는 辭命에 있어서는 능하지 못하다' 하셨으니,

p4 그렇다면 선생님께서는 이미 聖人이십니까?"

s18

p1 "아아! 이 무슨 말인가.

p2 옛날에 子貢이 孔子에게 묻기를 '선생님께서 聖人이십니까?' 하자 孔子께서 '聖人의 일은 내가 능하지 못하지만 나는 배우기를 싫어하지 아니하고 가르치기를 게을리하지 아니한다.' 하시니,

p3 子貢이 말하기를, '배우기 싫어하지 아니함은 지혜로운 것(智)이고 가르치기를 게을리 하지 아니함은 어진 것인(仁)이니, 어질고 또한 지혜로우시니 선생님께서는 이미 성인이십니다." 하였다.

p4 聖人은 孔子께서도 자처하지 아니하시니 이 무슨 말인가?"

s19

p1 "전에 제가 들으니 '子夏·子游·子張은 모두 聖人의 한 부분만을 가지고 있었고, 冉牛·閔子·顔淵은 전체를 갖추고 있으나 미약하다.' 하였습니다.

p2 감히 선생님께서 희망하시는 바를 묻겠습니다."

s20 "이 문제는 잠시 놓아두어라."

s21 "伯夷와 伊尹은 어떠합니까?"

s22

p1 "道가 같지 아니하니,

p2 제대로 된 임금이 아니면 섬기지 아니하며, 제대로 된 백성은 부리지 아니하고 (세상이) 다스려지면 나아가고 어지러워지면 물러가는 것은 伯夷이고,

p3 '누구를 섬긴들 군주가 아니며 누구를 부린들 백성인 아닌가.'하여, 다스려진 세상에서도 나아가고 혼란한 세상에서도 나아가는 것은 伊尹이며,

p4 벼슬할 만하면 벼슬하고 그만 둘만하면 그만두며, 오래 머무를 만하면 오래 머물고, 빨리 떠날 만하면 빨리 떠나는 것은 孔子이시다.

p5 모두 옛 聖人이시니 나는 아직 그것을 행할 수 없지만 원하는 것은 공자를 배우는 것이다."

s23 "伯夷와 伊尹이 孔子에 대해서 이와 같이 동등하십니까?"

s24 "아니다. 生民이 있은 이래로 孔子같은 분은 있지 않다."

s25 "그렇다면 같은 점이 있습니까?"

s26 "있다. 百里 되는 땅을 얻어서 임금 노릇을 하면 모두 제후들에게 조화 받고 천하를 소유할 수 있거니와, 하나의 의롭지 아니한 일을 하고, 한 사람의 죄 없는 자를 죽이면 천하를 얻는다 하더라도 모두 하지 않을 것이니, 이것이 같은 점이다.

s27 "감히 다른 점을 묻겠습니다."

s28

p1 "宰我와 子貢과 有若은 지혜로워서 족히 그 지혜로 聖人을 알아볼 수 있으니,

p2 (인격이 다소) 낮더라도 자기가 좋아하는 사람에게 아첨하는 데에 이르지는 아니한다.

p3 宰我는 말하기를, '나의 방법을 가지고 선생님을 관찰한다면, 堯舜보다 현명한 정도가 훨씬 나으시다.'고 하였고,

p4 子貢은 말하기를 '그 禮를 보면 그 정치 수준을 알 수 있고, 그 음악을 들으면 그 덕을 알 수 있는 것이니, 百世가 지난 뒤에 百世의 왕들의 등치를 매겨보더라도 어길 수 있는 사람이 없으니, (그 禮와 樂의을 기준으로 정치 수준과 덕을 살펴본다면) 生民이 있은 이래로 선생님 같은 분은 있지 않았다.'고 하였으며,

p5 有若이 말하기를 '어찌 오직 백성(사람)뿐이겠는가? 달리는 짐승

> 중의 麒麟, 나는 새 중의 鳳凰, 언덕 중의 泰山, 고인 물 중에 黃
> 河나 바다와 같은 것이다. 일반 백성 중의 성인도 이와 같은 것
> 으로 종류 중에서 빼어나고, 그 모여있는 무리에서 높이 솟아났
> 으니 生民이 있은 이래로 孔子보다 더 훌륭한 사람은 계시지 않
> 았다.'고 하였다."

■ 구조분석

본문은 漢文으로 되어 있으며, 따라서 현대언어학의 문장의 개념에 맞
아 떨어지지 않는다. 따라서 번역자에 따라서 문장(S)의 수가 달라질 수
있으므로 문장단위로 나누는 것은 무의미하다. 더구나 텍스트언어학의 기
본 관념이 문장을 넘어서, 문연속의 군법적, 의미적 관계를 추구하는 것임
을 감안하여, 여기서는 대화 중 한 사람의 한 번 말하는 범위를 'S'로 나
타냈다. 이미 알고 있는 바와 같이 이 텍스트는 대화체로 되어 있으며, 제
자인 公孫丑이 스승인 孟子에게 질문하는 부분과, 제자의 질문에 대하여
스승인 孟子가 대답하는 부분으로 이루어진 대화체 형식의 텍스트이다. 물
론 화제의 선택권은 제자인 公孫丑이 쥐고 있고, 제자에 의해서 선택된 화
제를 스승인 孟子가 설명 또는 논증하는 형식을 취하고 있다. 따라서 질문
은 비교적 짧고 대답은 상대적으로 긴 것이 많으며, 특히 대답 중에는 구
체적 설명을 위하여 여러 개의 명제가 나타나는 경우도 있다. 이 경우 하
나의 'S' 안에 여러 개의 명제 'p'가 나타나는 것으로 처리하여 p1, p2,
p3 … 로 표시하였다. 이것은 순전히 거시구조화하는 과정을 나타내는 편
의를 위한 것이다.

텍스트의 거시구조는 배열된 여러 경제에 거시규칙을 적용함으로써 얻
을 수 있다. 반 다이크는 4가지 규칙을 제시하고 있는데 그것은 다음과
같다.15)

---

15) 반 다이크(1980 : 79~84)에서 제시하고 있는 규칙인데, 한 문장이나 한 사람의 대화 단

1. 생략(Auslassen)
2. 선택(Selektieren)
3. 일반화(Generalisieren)
4. 구성 혹은 통합(konstruieren oder Integrieren)

거시구조는 의미적 함의(Semantische Implikation)의 원리를 만족시킨다는 전제 하에 미시구조 '거시규칙'을 적용함으로써 이루어진다. 이해를 돕기 위해 간단히 부연을 하면, 위의 네 가지 규칙을 형식적으로 볼 때, 앞의 두 규칙은 삭제규칙이고 뒤의 두 규칙은 대체규칙이다.

그 중에 첫째 항목인 '생략'은 잉여적이며 핵심적이지 않은 정보는 제거될 수 있다는 것이다. 둘째 '선택'은 어느 정도의 정보량이 생략된다는 점과 이로 인하여 맥락에 직접 관계되는 명제간의 관계는 더욱 강조되거나 명백하게 드러나게 된다. 셋째로 '일반화'는 어떤 명제를 더욱 간결하고 전체적 맥락을 분명히 하기 위하여 새로운 명제로 대체함으로써 핵심적 명제 또는 핵심정보를 삭제할 수 있다는 것이며, 넷째로 보다 보편적이고 총괄적인 개념으로 구성화 내지 통합화할 수 있다는 것이다. 이들은 모두 선형으로 된 미시구조(응결성 또는 응집성)의 내용을, 보다 간결하게 내부구조를 체계화하기 위한 방편으로서의 규칙인 것이다. 따라서 <거시구조>는 텍스트 집합으로서의 동일한 총괄적 의미 형태라고 할 수 있다. 그리고 텍스트의 주제 혹은 대상(화제 topic)을 거시구조의 개념으로서 명백히 할 수 있다. 그리고 이러한 주제는 일반적으로 텍스트 내부에서 명시적으로 언급되지는 않지만 명시적일 경우에는 이를 주제어 도는 주제문이라고 한다. 결론적으로 이러한 거시구조는 텍스트가 의미하는 바를 총괄적으로 나타내는 수단이라고 하겠다.

텍스트를 거시구조화하는 과정에서 거시규칙이 적용되는 과정은 다음

위(s)에 하나의 규칙만 적용되는 것이 아니라 대부분 두 가지 이상의 규칙이 동시에 적용되는 경우가 많다('제1부 4. 거시구조와 초구조' 참조).

과 같다.

텍스트 → 거시규칙 적용 → 거시명제 ← 조건, 논평, 기타

이상의 거시규칙을 적용하여 텍스트 『孟子』의 「浩然之氣 章」의 거시구조로 만들면 다음과 같다.

✔ 거시구조 1

텍스트문	거시규칙	거시명제
s1→	통 합→	不動心이 있으십니까?
s2→	선택, 통합	40살이니 不動心이 있다.
s3	생 략	
s4	생 략	
s5	일반화	不動心을 기르는 방법이 있는가?
s6		있다.
p1	선택, 일반화, 통합	北宮黝—어떤 경우에도 남에게 지지 않고 맞섰다.
p2	선택, 일반화	孟施舍—내면의 두려움을 극복하였다.
p3		曾子—孟施舍와 유사
p4		子夏—北宮黝와 유사
p5		孟施舍—北宮黝보다 요약하다
p6	선 택	曾子는 '孔子가 마음이 바르지 않으면 褐寬博도 두렵고, 바르면 천만 사람도 두렵지 않다'고 했다.
p7	통 합	孟施舍는 氣를 지킨 것이므로, 증자가 더욱 요약하다.
s7	선 택	孟子의 부동심과 告子의 부동심의 비교
s8		
p1	통 합	告子의 不動心—[말>마음>몸]을 지키는 데서 온다.
p2	통 합	孟子의 不動心—[말≤마음>몸]
p3		志는 氣의 帥. 志는 至上이고 氣는 그 다음
p4		그러므로 志를 잘 간직하고 氣를 난폭하게 하지 않아야 한다.
s9		생략
s10	선 택	志는 氣를 움직이고 氣 역시 志에 영향을 미치기 때문이다.
s11	선 택	孟子의 不動心의 장점은?

텍스트문	거시규칙	거시명제
s12	선 택	말을 알고(知言) 나의 浩然之氣를 잘 기른다.
s13	선 택	浩然之氣란?
s14		
p1	일반화	말로 표현하기가 어렵다.
p2	선 택	지극히 크고 굳세다. 곧은 마음으로 길러 해침이 없으면 하늘과 땅 사이에 꽉 차게 된다.
p3		浩然之氣는 義와 道에 배합되는 것. 이것이 없으면 쭈그러든다. 이는 義의 축적이므로 갑자기 만들어지는 것이 아니다.
p4	선 택	행함에 만족스럽지 아니함이 있으면 쭈그러든다.
p5	일반화	告子는 義를 마음 밖에 있는 것으로 여기므로 義를 알지 못한다.
p6	선 택	노력하되 효과를 기대하거나 助長하지 말아야 한다.
p7	통 합	곡식을 빨리 자라게 하려고 싹을 뽑은 송나라 사람의 예
p8	구 성	송나라 사람 같지 않은 사람이 드물다.
p9	일반화	노력을 하지 않거나 조장하는 것은 浩然之氣를 기름에 유익한 것이 아니라 해로운 것이다.
s15		知言이란?
s16		
p1		비뚤어진 말(詖辭)에서 그 가리워진 바를 알며,
p2		방탕한 말(淫辭)에서 그 빠져 있는 바를 알며,
p3		사악한 말(邪辭)에서 그 이탈된 바를 알며,
p4		회피하는 말(遁辭)에서 그 곤궁한 바를 아는 것이니,
p5	구 성	이런 마음에서 政治에 해를 끼침이 생기며,
p6	구 성	그런 정치에서 일에 해를 끼치는 일이 생긴다.
p7	선 택	聖人이 다시 오셔도 내 말을 따를 것이다.
s17		
p1		생략
p2		생략
p3		생략
p4	일반화 통합	孔子의 제자들보다는 오히려 孔子에 더 가까운 것 같으니 선생님은 이미 聖人이십니까?
s18		
p1		생략
p2		생략
p3	선 택	子貢이 孔子에게 어질고(仁) 지혜로우시니(智) '聖人'이라고 하였으나,

텍스트문	거시규칙	거시명제
p4	일반화	孔子께서도 聖人임을 자처하지 않으셨다.
	통 합	나(孟子)는 물론 聖人이 아니다.
s19		
p1		생략
p2	통 합	선생님은 공자의 제자에 비해 어느 정도의 분이십니까?
s20	통 합	그 문제는 덮어두자.
s21		伯夷와 伊尹은 어떠합니까?
s22		
p1		道가 같지 않다.
p2	일반화	伯夷는 임금과 백성이 제대로 되고 다스려지면 나아가고 그렇지 않으면 물러간다.
p3	일반화	伊尹은 군주와 백성이 어떻든, 세상이 혼란하든 말든 나아가는 사람이다.
p4		孔子는 벼슬할 만하면 벼슬하고 그만둘 만하면 그만두며, 오래 머무를 만하면 오래 머물고, 빨리 떠날 만하면 빨리 떠나는 분이다.
p5		이분들은 모두 옛 聖人이시다.
p6	선 택	나는 공자를 배우고 싶다.
s23	구 성	伯夷와 伊尹은 孔子 동등하십니까?
s24		아니다. 生民이 있은 이래로 孔子가 가장 뛰어나시다.
s25		생략
s26	일반화 구성	이분들의 같은 점은 의롭지 않게 임금이 되지 않으며, 임금이 되면 천하를 제대로 다스릴 수 있다는 점이다.
s27		다른 점은?
s28		
p1	구 성	宰我와 子貢과 有若은 지혜로워서 聖人을 알아 볼 수 있으며
p2	구 성	아첨할 줄 모르는 사람들이다.
p3	구 성	宰我는 孔子가 堯舜보다 훨씬 더 현명하다고 하였고,
p4	구 성	子貢은 그 禮와 樂를 기준으로 보면 어김없이 정확한 법인데 그로 보면 生民이 있은 이래로 孔子같은 분은 없다고 하였다.
p5	구 성	有若은 일반 백성 중의 聖人은, 달리는 짐승 중의 麒麟, 나는 새 중의 鳳凰, 언덕 중의 泰山, 고인 물중에 黃河와 같다. 生民이 있은 이래로 孔子보다 더 훌륭한 사람은 계시지 않았다.'고 하였다.

✔ 거시구조 2

위에서는 원 텍스트에서 <거시구조 1>을 재구성하였다. 그런데 거시구조를 찾아내는 것은 비유컨대, 마치 커다란 나무에서 그 이파리를 일일이 헤집고 잔가지를 찾아내고 그 다음은 잔가지를 살펴서 중간 가지를 찾아내고 다음은 보다 굵은 가지를 찾아내고 그리하여 마침내 원가지를 찾아내는 작업과 같은 것이다. 따라서 이러한 작업은 텍스트의 분량의 정도와 내부 구조의 복잡성과 층위에 따라 상당히 다를 수도 있다. 또한 그것을 추구하는 목적이나 상황 그리고 그 일을 처리하는 사람에 따라서 달라질 수 있다. 왜냐하면 그것은 관점에 따라서 단계 설정과 치밀성의 정도가 달라질 수 있는 것이기 때문이다.

또 한 가지 강조하고 싶은 것은 거시구조는 응집성, 곧 그 개념들의 망을 나타내는 것이므로 의미론적 접근이라는 점을 명심해야 한다. 그러므로 일반 수용자들이 텍스트를 접근하는 근본 목적은 바로 텍스트의 거시구조를 정확히 찾아내서 인지하는데 있다고 하겠다. 그리고 <거시구조 2>는 <거시구조 1>에 거시 규칙을 적용해서 얻을 수도 있지만 텍스트나 또는 미시구조에서 직접 얻을 수도 있는 것이다.

이와 같은 입장에서 <거시구조 2>부터는 거시규칙을 적용하는 일을 논의의 편의상 생략하고자 한다.

〈不動心〉
- 용기(氣)로서 이룸 ── 北宮黝 : 외적
- 孟施舍 : 내적 ── 요약함
- 마음(志)으로서 이룸 ── 子夏 : 외적
- 曾子 : 내적(공자를 배움) ── 요약함
- 孔子─마음이 바르지 않으면 褐寬博도 두렵고, 바르면 천만 사람도 두렵지 않다.

〈告子와 孟子의 不動心 비교〉
• 告子 : [말>마음>몸]을 지키는 것
• 孟子 : [말≤마음>몸] ∴志를 지키는 것
　　　　　　　　　　氣도 난폭하게 하지 않음

〈맹자의 부동심의 장점 – 知言과 浩然之氣〉
• 浩然之氣 : 의의 – 말로 표현하기 어렵다.
　　　　　　속성 – 지극히 크고 강하다.
　　　　　　　　義와 道배합되면 天地 사이에 꽉 차고 義가 없으면 쭈그러
　　　　　　　　든다.
　　　　　　　　告子는 義를 모르므로 그 不動心은 浩然之氣가 아니다.
　　　　　　기르는 방법 – 항상 마음을 두고 노력하되 助長하지 말아야 한다.
　　　　　　　　　　 – 세상 사람들은 노력하지 않거나 助長한다.

• 知言 : 편벽된 말에서 가리운 바,
　　　　방탕한 말에서 빠져 있는 바,
　　　　부정한 말에서 괴리된 바,
　　　　도피하는 말에서 논리가 궁함을 아는 것 – 말을 잘 알아들어 잘못 판
　　　　단하지 않으므로 不動心을 지킬 수 있다.

〈맹자와 공자의 위대함〉
• 맹자 : 智와 仁을 갖춘 孔子께서도 聖人을 자처하지 않으셨다.
　　　　자신에 대한 평가는 회피
• 공자 : 공자의 제자들과 맹자에 대한 비교 질문 – 공자는 지와 인을 갖춘 분.
　　　　맹자에 대한 스스로의 평가 – 대답을 회피.

〈伯夷, 伊尹, 孔子의 비교〉
• 伯夷 : 흑백을 분명히 가리고 옳은 쪽에만 참여
• 伊尹 : 흑백을 가리지 않고 무조건 참여
• 孔子 : 진퇴와 머물음을 순리에 따름
　　　　 – 나는 공자를 배우고 싶다

• 공통점 : 불의와 불인으로 정권을 잡지는 않는다.
• 차이점 : 지혜와 인품을 갖춘 宰我, 子貢, 有若에 의하면 공자는 堯舜보다 훨
　　　　　씬 나으신 태산이나 하해 같은 분으로 生民이 있은 이래 孔子보다
　　　　　더 훌륭하신 분은 없다.

✔ 거시구조 3

〈不動心〉
(1) 용기(氣)를 기르는 방법
(2) 마음(志)을 기르는 방법이 있는데 孔子의 '마음을 바로 함'으로써 이루는
   것이 최선이다.
   ① 맹자의 부동심은 知言과 浩然之氣로 이루어진다.
   ㉮ 浩然之氣는 의를 축적함으로써 이루어진다. ―(義)로써.
   ㉯ 知言은 말을 잘 알아들어 잘못 판단하지 않는다. ―(智)로써.

〈不動心을 이룬 사람〉
(1) 孔子 : 智와 仁을 갖춘 聖人 孔子
        進退와 머무름을 오직 順理에 따르는 분
        堯舜보다 훨씬 뛰어나시고 伯夷, 伊尹과도 비교할 수 없는
        生民이 있은 이래 가장 뛰어난 분
(2) 孟子 : 공자를 배우는 사람

✔ 거시구조 4

不動心은 浩然之氣와 知言으로 완전히 이룰 수 있다.

✔ 거시구조 5

不動心 또는 浩然之氣

이상에서 거시구조를 만들어 가는 과정을 [거시구조 1 ~ 거시구조 5]로
나타내 보였는데 이를 통하여 알 수 있는 것은 첫째, 거시구조는 글의 길
이와 종류에 따라서, 그리고 수용자의 의도나 목적에 따라서 하나에서 여
러 개의 거시구조를 만들어 낼 수 있다. 따라서 위의 [거시구조 1~5]는
임으로 만든 것이며, [1~2] 또는 [1~10]까지 얼마든지 다르게 만들 수
있다. 둘째, 거시구조는 텍스트의 내용을 드러내는 것이 목적이므로 표현
은 다를 수도 있다. 몇 단계의 거시구조를 만드느냐에 따라서 달라질 수
있는 것이다. 셋째, 위의 거시구조는 거의 텍스트 내적 세계만을 토대로 하

여 만든 것이지만, 텍스트 외적 세계의 여러 차원의 인지기제를 통하여 더욱 창의적인 거시구조를 만들 수 있으며, 특히 시 텍스트나 함의 및 상징성이 강한 텍스트는 이중 삼중의 상징구조를 상정할 수도 있다는 것이다.

4) 텍스트의 창의적 의미 해석

2장에서 보그랑드와 드레슬러, 반 다이크, 김혜정 등의 텍스트 수용 모형으로 제시된 이론과 상응하는 동양적 이론은 없는 것 같다. 다만 '行間'을 읽으라든가 讀書百遍義自現이라고 해서 깊이 음미하면서 곱씹어 읽으면 저절로 그 의미가 드러난다고만 했다. 그 밖에도 多商量의 중요성이나, 궁리(窮理)를 거듭할 것을 강조하는 말이 있기는 하다. 이러한 말들이 시사하는 바는 사안과 상황에 따라서 달라지는 텍스트의 의미를 수용하는 방법론에 관한 이론을 분석적으로 제시하지는 않는다. 모든 것을 종합적 통합적으로 보는 동양적 사고는, 깊은 의미를 담고 있는 텍스트를 수용하는데 있어서, 핵심과 본질을 꿰뚫는 근본적인 방법을 정확히 가르치고 있음을 잊어서는 안 될 것이다.

문 연속 또는 말의 연쇄로 표현 된 텍스트 내면에 함축된 의미를 이해하고 꿰뚫어 보는 데는 맥락과 텍스트 안팎의 상황성, 텍스트상호성적인 여러 요인들을 살피는 것이 중요하다. 그리고 그와 관련되는 세계지식, 선행지식 및 정보를 바탕으로, 유추 또는 추론을 통하여 재구성하는 능력과 그것을 실행하는 노력이 중요하다. 이런 의미에서 텍스트를 수용하는 일은 하나의 창조라고 할 수 있는 것이다. 문학 평론이나 감상을 또 하나의 창조라고 하는 견해와 상통하는 말이다.

A. 孟子의 浩然之氣 章의 앞부분(s1~s6)에서는 不動心에 관한 맹자의 가르침을 만나게 된다.

ⓐ 제자 公孫丑이 不動心을 기르는 방법을 묻자 北宮黝, 孟施舍, 子夏, 曾子 네 사람의 不動心을 기르는 방법을 제시한다. 여기서 北宮黝와 孟施舍를 예로 든 것은 그들이 부동심을 갖추었기 때문이라기보다는 公孫丑이 '孟奔'을 이야기하므로 公孫丑의 지식수준에 알맞은 사람, 孟奔과 비슷한 종류의 사람으로부터 이야기를 전개해 나간 것으로 보인다. 맹자는 北宮黝나 孟施舍를 인의로서 부동심을 이룬 사람으로는 보지 않지만, 부동심을 기른 사람의 예로 들고 있다.

ⓑ s5~s6에서 확인할 수 있는 근거 맥락은 北宮黝와 孟施舍는 대단히 용기가 있는 사람들로서 누가 더 나은 용기를 가지고 있는지 모른다는 것과, 그러나 孟施舍의 지킴이 요약하다(守約)는 것이다. 다음에는 子夏와 曾子를 등장시켜, 子夏는 北宮黝와, 曾子는 孟施舍와 유사하다고 하였으며, 마지막으로 曾子와 孟施舍를 비교하면 曾子가 더욱 요약하다고 한 점, 그리고 그 까닭은 孟施舍의 지킴이 氣이기 때문이라는 점이다. 여기서 참고해야 할 것은 曾子의 不動心은 孔子를 배운 것으로 공자는 '마음을 바로 함으로써 不動心을 이룰 것'을 가르치고 있다.

ⓒ 이상의 사실을 염두에 두면 다음과 같은 사실을 일반화할 수 있다. ㉠ 北宮黝와 孟施舍는 孟奔처럼 '氣'를 지킴으로써 不動心에 이르는 경우이고, ㉡ 子夏와 曾子는 '마음'을 지키는 사람들이다. ㉢ 北宮黝와 子夏는 외부의 자극에 대하여 지키는 경우이고 ㉣ 孟施舍와 曾子는 내면을 지키는 사람들이다. 그런데 北宮黝보다는 孟施舍가, 孟施舍보다는 曾子가 더 요약하다(守約)고 한다. 여기서 '요약하다(守約)'는 것은 不動心기르는 올바른 요체에 더욱 접근해 있음을 의미한다. 이상의 내용을 다시 정리하면 "외부 자극에 대한 반응보다는 내면을 다스림이, 氣를 지킴보다는 마음을 다스림이 不動心을 기르는 바른 길이다." 공자의 가르침은 바로 그러한 근거가 된다.

이것을 그림으로 나타내면 다음과 같다.

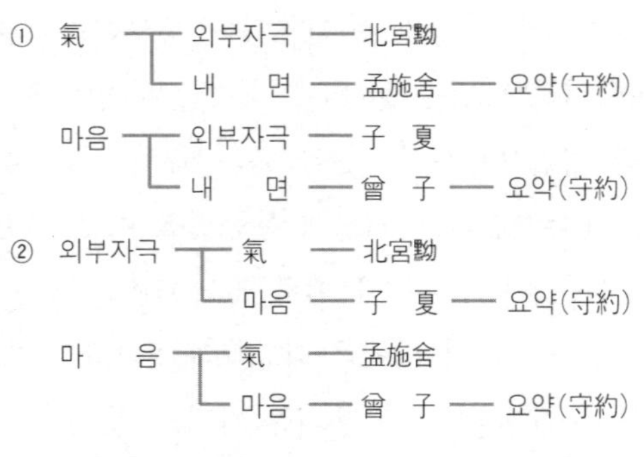

∴ 마음으로 내면을 지키는 曾子가 가장 옳다.

이것을 요약하면 다음과 같다.

<외부의 자극에 반응하는 것보다는 내면을 다스림이, 기를 지킴보다는 마음을 다스림이 부동심을 기르는 요체이다.>

ⓑ에서 ⓒ를 생각해내는 것은 텍스트 내적 세계, 즉 주제 및 의미의 지시적 흐름의 인지를 바탕으로 거시구조규칙인 생략, 선택, 일반화, 구성, 통합 등의 방법이 동시에 작용하고 있다. 말의 연쇄에서 만나는 표면적, 구체적 사안 ⓑ에서 추상적 원리 ⓒ를 발견하고 있다.

B. 浩然之氣 章 다음 부분(s7~s10)은 告子와 孟子의 不動心을 비교하고 있는 부분이다.

ⓐ 告子는 不動心을 지키는 방법으로 '㉠ 말에서 납득이 되지 아니하면 마음에서 구하려하지 말며, ㉡ 마음에서 납득되지 아니하면 몸에서 구하려고 하지 말라'고 한다. 孟子는 ㉡은 맞지만 ㉠은 불가하다고 한다.

ⓑ ㉠이 수용이 되기 위해서는 첫째, 마음의 모든 흐름을 말로 표현할 수 있어야 한다. 그래서 "말=마음"이거나 "말>마음"이 성립되어야 한다. 만약에 그렇지 못하다면 ㉠의 주장은 틀린다. 그런데도 告子는 ㉠을 주장한다. 그렇다면 ㉠을 주장하는 근거는 무엇일까? 그것은 말에서 납득이 되지 않는 것은 더 이상 생각하지 않음으로써 不動心을 이루려는 것이다. 告子의 이러한 생각은 사람의 마음에는 원래 義가 없고 義는 밖으로부터 들어온다는 이론(告子章句 上, 및 호연지기장 s14, p5 참조)에 연원한다. 따라서 마음은 별로 중요한 것도 믿을 것도 못 된다는 것이다. 그러나 孟子에게 있어서 말은 마음을 전부 표현할 수도 없고 또 잘못 표현할 수도 있는 것이어서 "말<마음", 곧 말은 마음의 극히 작은 일부를 나타낼 수 있을 뿐이다. 따라서 ㉠이 잘못되었음을 준열히 지적한다. 왜냐하면 그것은 뒤에 맹자가 주장하는 "知言" 곧 '부족한 말'로써 '말한 사람의 마음과 말속에 숨겨진 진실'을 안다는 생각과도 상충되는 것이기 때문이다.

한 걸음 더 나아가 告子의 不動心은 '듣고 아는 것', 곧 '외부로부터 들어오는 것(말)'을 그대로 받아들이고 더 이상 생각하지 않음으로써 이루어지는 것이다(이는 氣를 지키는 北宮黝와 孟施舍의 不動心에도 미치지 못한다). 한편 맹자에게 있어서 '마음(志)'은 말보다 근본적이다. 또한 마음은 말뿐 아니라 氣에 대해서도 우선한다. 그것을 뒷받침하는 근거가 s3, s4이다. 즉 志가 장수고 氣가 그 다음이어서 먼저 志를 잘 간직하고 그리고 기를 다스리며 또한 말도 조심해야한다는 입장이다. 결론적으로 孟子의 不動心은 '마음'을 지키고 다스림으로써 얻어진다는 것이다.

告子 : 말(외부)
孟子 : 마음(내면)

ⓐ는 s7～s10의 내용이고 ⓑ는 ⓐ 내재적 세계, 곧 주제 및 의미의 문맥을 통한 추론과 텍스트 외재적 세계인 세계지식, 텍스트상호성을 지닌 孟子와 告子에 관한 지식맥락과 가치관에 대한 인지를 바탕으로 추론한 내용이다. 내용의 핵심 주제는 ⓑ에 제시된 바와 같이 외부로부터 오는 자극, 곧 말을 마음보다 중시하는 告子의 부동심은 문제가 있는 것이고 내면의 마음을 지킴으로써 오는 孟子의 不動心이 옳다는 것이다.

C. 다음의 화제는 不動心을 기르는 바에 관하여 맹자가 제시한 浩然之氣와 知言을 설명하는 과정이다. 그 중에 먼저 호연지기에 관한 부분(s13～s14)을 생각해보자.

ⓐ 孟子는 먼저 浩然之氣의 개념 또는 意義를 말로 표현하기가 어렵다고 전제한다. 그것은 일찍이 老子가 진리는 말로 표현할 수 없다고 한 말씀16)과 같은 맥락이다. 노자뿐 아니라 부처나 공자도 많은 가르침을 말씀으로 베풀었지만 근본적 진리는 말로써 가르칠 수 없다고 해서 말의 한계성을 지적한 바 있다. 근본적이고 절대적인 진리에 비하여, 말은 상대적이고 주변적일 수밖에 없기 때문이다.

ⓑ 아무튼 孟子는 浩然之氣는 말로 표현하기가 어렵다고만 말할 뿐 그 개념에 대한 설명은 하지 않는다. 단지 浩然之氣의 속성을 설명하는 것으로 대신하고 있다. 속성은 크고 굳세다. 잘 기르면 하늘과 땅 사

---

16) 道可道非常道 : 도라는 것은 어떤 것을 도라고 말로 표현할 수 있다면 그것은 진실한 도가 될 수 없다(道德經 1장)는 말과 상통한다. 말은 상대적이고 주변적인 표현일 수밖에 없기 때문이다. 이를테면 말이란 마치 달을 가리키는 손가락과 같고 강을 건너는 배와 같아서, 진리로 들어가는 징검다리 역할을 할 뿐이지 진리는 아니며, 또한 진리에 도달하게 하는 매체도 되지 못한다. 즉, 진리를 깨닫기 위해서는 손가락이 지시하는 하늘을 바라보아야 하고, 물을 건넌 다음에는 배를 버리고 걸어가야 하는데, 손가락만 바라보거나 배를 짊어지고 가려는 것과 같다는 것이다. 그래서 근본적인 진리는 말로 하지 않고 그냥 깨우치게 했던 것과 같은 것이다. 이를테면 이심전심(以心傳心), 교외별전(敎外別傳), 심심상인(心心相印), 또는 불립문자(不立文字) 등은 이러한 경지를 표현하는 말들이다.

이에 꽉 찬다. 그리고 가장 중요한 힌트는 浩然之氣는 '義와 道'에 짝
이 되는 것이다.

ⓒ 浩然之氣는 義 없이는 쭈그러들며, 義를 어쩌다 한두 번 행하는 것으
로도 길러지지 않는다. 수없이 많은 義를 계속해서 꾸준히 쌓아야(集
義) 길러진다. 게다가 성과를 미리 기대하는 것조차 안 된다. 의를 쌓
는 일은 아니기 때문이다. 그러므로 일부러 助長해서도 안되고 義를
쌓는 일을 게을리 해서도 안 된다(誠). 의를 쌓는 일은 마음을 닦는
일이다. 따라서 이러한 모든 것은 마음(志)의 작용이다. 요컨대 마음
을 다스림으로써 浩然之氣를 기를 수 있다는 것이 맹자의 지론이다.
그런데 告子는 義란 마음의 밖에 있는 것이라고 했다(告子章句 上 참조).
그것은 義가 무엇인지, 그리고 마음이 무엇인지 모르는 데서 나온 말
이다. 따라서 告子의 不動心, 告子의 氣는 浩然之氣가 아니라는 것이다.

ⓓ 이상의 텍스트에 나타난 자료와 맥락을 통해서 알 수 있는 것은 浩
然之氣는 말로는 정확히 표현할 수는 없지만, 아주 엄청난 것으로 義
롭고 바른 마음을 지키고 다스림으로써만 기를 수 있는 '바르고 큰
기운'임을 알 수 있다. 진실로 의로움, 바름, 떳떳함이 마음에 가득
차면 우주에 가득한 근원적 기운과 완전히 하나가 됨을 느끼게 되
고, 따라서 어떤 경우에도 마음의 흔들림이 없는 잔잔하고 따뜻한
마음의 상태가 된다. 그것은 인간을 인간답게, 가장 훌륭하게, 인간
세계와 우주의 원리인 질서와 조화 속에 살아가게 하는 道의 또 다
른 이름이라는 것을 이해할 수 있다. 浩然之氣가 義와의 배합으로 이
루어지는 것이라면 불교의 그것은 빈 마음을 키우고 그것과 하나가
되는 것이며 기독교의 그것은 믿음을 무한히 키우고 그것과 하나가
되는 것으로 상통한다고 할 수 있는 것이다. 다만 그것을 지칭하는
명칭이 다를 뿐이다.[17)

ⓔ 요컨대, 浩然之氣는 위대한 것으로 그것을 기르는 일은 不動心을 이

루는 최선의 길이라는 것을 알 수가 있는 것이다.

참고로 한마디 첨가하고 싶은 것은 이처럼 말은 진리를 나타내는 데 별 소용이 없음을 설파했던 옛 성현들의 말씀을 살피면서 그런 가운데 송나라 사람의 예 하나만 보더라도 얼마나 적절하고 적확한 비유를 통하여 제자들을 가르쳤던가 하는 사실과, 아울러 그 지혜와 예리한 말솜씨에 놀라지 않을 수 없다. 또한 싹을 뽑는 우를 범하는 예를 보면서 그 어리석음에 대하여 우스움을 금할 길이 없지만, <不動心을 기르는 데 있어서 싹을 뽑는 우를 금하지 않는 사람이 거의 없다>는 말씀을 통하여 독자로 하여금 저절로 옷길을 여미게 한다. 또한 옷깃을 여미고 크게 우리를 반성하게 하는 바가 정말로 웅변으로 제시되고 있다는 점을 알 수 있다.

ⓐ는 浩然之氣의 의의를 말하지 않고 지나친 사실과 그 이유에 대한 동양적 언어관에서의 추론이다. ⓑ는 浩然之氣의 속성, ⓒ는 浩然之氣를 기르는 방법을 제시하고 있다. ⓒ에서는 맥락에 따라 부분적으로 텍스트상호성에 의한 추론적인 의미 해석을 하고 있다. ⓓ에서는 특히 텍스트 외적 세계, 곧 텍스트상호성과 관계되는 맥락, 세계지식, 그리고 가치관, 윤리관, 세계관 등의 복합적 맥락에 따라 인지 내용을 창의적으로 재구성하고 있다. 마지막으로 ⓔ는 이 부분의 주제를 추론한 것이다.

D. s15~s16은 知言을 이야기 한 부분이다.

ⓐ p1. 비뚤어진 말(詖辭)에서 (사적인 이해에) 가리운 바를 알며,

　　p2. 방탕한 말(淫辭)에서 (음침한 생각에) 빠져 있는 바를 알며,

　　p3. 사악한 말(邪辭)에서 (진실에서 멀리) 이탈된 바를 알며,

---

17) 浩然之氣는 불교의 眞如 또는 眞我, 儒敎의 性理, 道敎의 性命雙修에 나타나는 이른바 元神의 개념(유화양의 [慧命經], 여동빈의 [太乙金華宗志] 참조) 그리고 기독교의 聖靈(워치만 니(1974)의 영적 사람들)과의 비교도 가능하다고 본다.

p4. 회피하는 말(遁辭)에서 (논리가) 궁한 바를 아는 것이니,

ⓑ 知言에서 예로 든 것은 4가지의 잘못된 말을 들을 줄 아는 것을 제시하고 있다. 知言이란 원래 '들을 줄 안다'는 뜻이라기보다는 '말을 안다'는 뜻인데, 내용을 보면 '들을 줄 안다'는 의미로 쓰였음을 알 수 있다. 이를 보면 孟子처럼 논리적이고 치밀하며 적절하고 정확한 말을 잘 구사하는 분들 역시 말하기보다는 듣기가 중요함을 강하게 인식하고 있었던 것으로 보인다. 원래 동양적 언어관은 말하는 것보다도 듣는 것을 중요시하고 있다는 방증이라고 할 수 있다.

여기서 '듣는다'는 것, 곧 '말을 안다'는 것은 p1∼p4에서 보듯이, 하나는 표면적 말을 통해 화자의 (의도와 속셈을 포함한) 마음을 안다는 것이요, 둘은 말속에 숨어 있는 진실을 안다는 것이다. 이처럼 어떤 사람들의 말을 듣고 그 속셈과 사안의 진실을 파악할 수 있다면 결코 잘못 판단하는 일은(論語의 四十而不惑 참조) 없을 것이다. 그것은 한마디로 '智'라고 할 수 있으니 浩然之氣의 '義'(仁)와 知言의 '智'로서, 우리는 이러한 말로 미루어 孟子가 義(仁)와 智를 아울러 갖춘 위대한 분이라는 사실을 알 수 있게 된다. 따라서 사실과 진실을 정확히 파악하고서 정치를 잘못할 수 없으며, 정치를 잘하면서 일을 그르칠 수는 없는 것이니 그 다음 말은 저절로 수긍이 간다고 하겠다.

ⓒ 다만 "p7, 聖人이 다시 나오셔도 반드시 내 말을 따를 것이다." 대하여 많은 후인들이 공자 같으면 이러한 말을 하지 않았을 것이다. 혹은 맹자가 聖人에 이르지 못하고 亞聖에 머물고 마는 것은 이러한 말 때문이다. 등등 말을 아끼지 않았다는 데 대한 비판적인 견해가 있다. 과거 겸손과 관인후덕을 최고의 덕목으로 여기는 儒學을 전공하는 사람들의 입장에서는 孟子의 한계를 드러내준 대목으로 생각하기 쉽다. p7은 확실히 자신을 성인과 같은 위치에 놓으려는 의도적 自高의식의 표출로 볼 수도 때문이다. 그러나 말을 알아듣도록 설명하

고자하는 의지는 맹자는 물론 현대를 살아가는 사람들 특히 교육자나 지도자의 입장에서는 너무나도 당연하다. 맹자는 교육자로서 제자에게 知言의 중요성을 강조하고 싶었고 따라서 인간 중에 최고 권위의 사람들, 즉 聖人조차 따를 것이라고 확언함으로써 知言의 중요성을 설파하고 있다고 볼 수 있는 것이다. 그것은 오늘날 우리가 예수나 석가의 말을 인용하면 그것으로서 다른 이의가 없이, 말이 끝나게 되는 현실에서도 확인 할 수 있는 것이다. 다시 말하면 맹자가 겸손하지 못하기 때문에, 또는 自高意識에서 이러한 표현을 했을 것이라는 해석보다는 오히려 제자를 믿게 하려는 충정으로 보는 것이 맹자의 인격과 사람됨을 정확히 파악하는 것이라고 할 수 있을 것이다. 맹자는 浩然之氣와 知言을 통하여 이미 不動心을 이룬 사람인데 별 것 아닌데서 自高意識을 나타내기 위해서 그런 말을 했으리라고 보는 것은 이치에 맞지 않기 때문이다.

ⓐ는 제시된 '知言'에 대한 분명한 이해를 위하여 ( )에 추론내용을 첨가한 것이다. ⓑ는 동양적 언어관에서 '듣는 것'의 중요성에 대하여, 그리고 텍스트 상호성에 의한 공자의 이른바 '不惑'과의 추론에 의한 맥락적 연계로서, 그리고 나아가서 知言의 근원이 바로 智'에서 연유한 것이며, 호연지기의 仁義와 함께 연계함으로써 한 걸음 더 나아가서 창의적으로 수용할 수 있는 것이다. 知言 곧 不惑의 智를 이루면 정치를 바로 할 수 있고, 일을 그르치지 않게 되며 결국 부동심을 이루게 된다. 또한 浩然之氣의 仁義를 함께 닦음으로써 최선의 不動心을 이루고 있음도 알 수 있다.

ⓒ는 p7의 수용 방향에 관한 것을, 내재적 세계에 속하는 의미의 지시적 흐름에 대한 정확한 인지를 통하여 부동심을 지닌 孟子가 自高意識에 의한 말을 할 리가 없다는 것, 그리고 외재적 세계의 텍스트상호성과 관련된 맥락에서 제자들에게 보다 이해를 분명히 하기 위해, 말을 아낀 것

이 아니라 知言의 중요성을 강조한 말씀이었다는 점을 추론하고 있다.

이제까지 C와 D에서 浩然之氣와 知言을 상고하였거니와, 이 두 가지를 다시 다음과 같이 종합하고자 한다.

浩然之氣는 앞에서 언급한 바와 같이 정직(直), 의리(義) 그리고 道와의 배합으로 이루어지는 것이므로 당연히 仁義를 바탕으로 하며, 知言은 말을 듣고 그 숨어 있는 모든 뜻과 정황과 원리를 파악하는 혜안이므로 智를 바탕으로 하고 있다고 하겠다. 그러므로 孟子는 仁과 智로서 마음을 지키고 다스려서 최선의 不動心을 이루었다고 결론지을 수가 있는 것이다.

E. s17~s28은 첫째 孟子는 어느 정도 성취한 분인가, 둘째 공자는 얼마나 위대한 분인가에 관한 이야기이다.

ⓐ s17, p4에서 "그렇다면(然則)"은, 문맥상으로 볼 때 "浩然之氣와 知言을 성취했다면"의 뜻으로 p3에서 孔子가 스스로 '辭命에 능하지 못하다'고 한 것과 비교하여, 公孫丑은 孟子가 孔子에 못지않다는 생각에서 선생님께서는 聖人이시냐고 묻는 장면이다. 孟子가 부정을 하자 그 다음에는 공자의 제자들과 비교한다. 孟子는 대답을 회피한다 (s19~20). 그 이유는 자신의 성취를 제자 앞에서 말하는 것이 적절하지 않다는 점과, (혹시) 공자의 제자들과 비교되는 것이 적절하지 않기 때문일 수도 있다.

ⓑ s21~s28에서는 伯夷, 伊尹 등 중국 고대의 聖人이라고 부르는 분들과 孔子를 비교하고 있다. 이것은 浩然之氣 章에서 맹자가 말하려는 不動心과는 직접 관계가 없는 것으로, 수양을 하고 마음을 닦는 제자들로서 최고의 경지가 어떤 것인가 하는 궁금증을 해결하려는 의미, 그리고 그들이 숭배하는 공자의 위대한 점을 확인하는 부분이다. 공자의 위대한 점은 ㉠ s18, p3에서 子貢의 말을 인용하여 智와 仁을

갖춘 분, ㉡ s22, p4에서 進退와 머무름을 오직 順理에 따르는 분, 그 밖에도 이 章에서 언급된 것은 s6, p7에서 曾子의 말을 인용하여 바른 마음을 지킴으로써 不動心을 이룬다는 부분 등이다. 그러나 儒家뿐 아니라 중국 사회를 통틀어 공자를 최고의 스승이요 성인으로 믿는 입장이기 때문에 또 다시 공자의 훌륭한 점을 들 필요는 없다. 다만 공자의 제자들(宰我, 子貢, 有若)의 말을 인용하여 인류 역사상 가장 위대한 분이라는 것, 孟子 역시 s22, p5에서 공자를 배우고 싶다는 점을 분명히 하고 있다.

ⓐ 孟子가 대답을 회피하는 이유는 문맥과 문맥에 나타난 맹자의 인품 그리고 세상지식에 의한 추리이다. ⓑ는 공자의 위대함을 직접 설명하지 않고 공자의 제자들의 말을 인용하는 것은 그 시대 가까이에서 직접 모셨던 제자들의 입을 통함으로써 보다 신빙성을 더하려는 의도와 가급적이면 말을 아끼려고 하는 맹자의 의도가 있다는 추리의 결과이다. 맹자가 단 한마디 강조한 것은 아무도 아니고 오직 공자를 배우고 싶다고 해서 공자의 위대성을 높이고 다른 사람들은 마음에 두고 있지 않음을 은연중에 느끼게 해준다. 물론 이 모든 것이 텍스트 내적·외적 세계 지식에 의한 추리이다.

5) 맹자의 언어관

여기서 맹자의 언어관이라고 한 것은 물론 '호연지기 장'에 나타난 언어사용의 태도 및 언어에 관한 인식을 의미한다. 그것이 맹자의 언어관을 대표할 수 있느냐와 더구나 동양의 언어관을 대변할 수 있느냐 하는 데 있어서 문제가 있는 것은 사실이다. 그러나 '호연지기 장'에 나타난 언어에 관한 태도 및 인식의 경향성은 경전 등에 나타난 동양적 언어관과 본질적인 면에서 궤를 같이한다고 할 수 있을 것이다.

첫째, '호연지기 장'에 나타난 '맹자의 말에 관한 인식'은 고자와 맹자의 부동심을 비교·설명하는 장면에서 잘 나타나 있다.

告子는 不動心을 지키는 방법으로 '말에서 납득이 되지 아니하면 마음에서 구하려 하지 말라고 하는데, 그것은 사람의 마음에는 원래 義가 없고, 어쩌다 생긴다 해도 밖으로부터 들어온 것이다. 그러므로 마음은 별로 중요한 것도 믿을 것도 못 된다는 입장이다. 그러나 孟子에게 있어서 말은 마음을 전부 표현할 수도 없고 또 잘못 표현할 수도 있는 것이다. 따라서 "말<마음>기(氣)", 곧 말은 마음의 극히 작은 일부를 나타낼 수 있을 뿐이므로, 말에서 납득이 가지 않는 일은 매우 많고 따라서 마땅히 마음에서 구해야 한다는 입장이다. 맹자는 마음을 가장 중요한 것으로 보고 다음이 氣이며 '말'에 대해서는 언급을 하지 않고 있으나 氣 다음의 존재로 인식하고 있음을 알 수 있다.

貉稽(맥계)가 맹자에게 자신이 사람들에게 크게 말(비난)을 듣고 있다는 하소연을 하는데 대하여, 맹자는 전혀 상심할 것이 못된다고 하면서 공자도 수많은 비판을 받았지만 명성을 잃지 않았음을 강조한다. 여기에서도 말의 가치를 별로 인정하지 않는 그의 언어관을 엿볼 수가 있는 것이다. 말에는 겉치레나 수식이 많고, 진실성이 없는 말이 대부분이며 정작 중요한 진리에 관하여서는 표현하지 못한다고 보는 것이다. 이처럼 맹자는 말의 가치를 별로 인정하지는 않았고 반드시 말 뒤에 숨어있는 마음의 중요성을 중시했다.

둘째, 맹자는 깊은 진리에 관한 부분은 말로 표현하지 않았다. 公孫丑이 浩然之氣를 물었을 때 '말로 표현하기가 어렵다'고만 말하고 있는 것이 그것이다. 앞장에서도 언급한 바 있거니와 깊은 진리는 절대적 가치를 지닌 것인데 비해 말은 상대적이고 주변적인 존재에 불과하기 때문이다(4 C. ⓐ 참조).

도덕경(道德經)에 希言 自然이란 말이 있는데, 수식이 없는 말은 자연스럽다. 老子는 들어도 들리지 않는 말을 '希'라고 했다. 그러므로 希言은 無言의 말이다. 무언의 말은 의미가 있지만 아직 소리로 나타나기 이전의 말이다. 의미만 있고 소리가 없는 말은 오직 자연만이 간직하고 있다. 자연은 말이 없고 사람은 말이 있다. 말이 없는 자연의 말, 즉 수식이 없는 말은 오래가고 말이 있는 사람의 말, 즉 수식이 있는 사람의 말은 오래가지 못한다는 것이다. 그러하기 때문에 중요한 진리에 관하여서는 부처나 노자나 공맹에 이르러서도 말로 표현하지 않고 자연처럼 침묵함으로써 이심전심(以心傳心), 심심상인(心心相印)을 깨우침의 최선의 길로 여겼던 언어관과 일맥상통한다고 할 수 있다.

셋째, 맹자는 가장 중요한 덕목의 하나를 '知言'이라 하고 있는데, 그것은 말을 하는 것보다 듣는 것의 중요성을 나타내고 있는 부분이라고 할 수 있다. 말의 내용에서 '듣는 것의 중요성', '들을 줄 아는 것'의 의미를 강조하는 부분이다. 또한 동양적 언어관으로 볼 때 말을 아끼고, 말을 하기보다 듣는 것을 중요하게 여겼던 것을 알 수 있다.

넷째, s16, p7 "聖人이 다시 나오셔도 반드시 내 말을 따를 것이다."라는 구절에 대하여, 이런 말을 하는 것이 맹자의 한계이며, 맹자가 성인이 되지 못하고 亞聖에 머문 근거라는 저간에 무성한 비판을 보면, 이 역시 孔孟을 공부하는 일반인들의 인식 속에도, 말을 신중히 삼가며 말보다는 행동이 앞서는 것을 중요시했던 동양적 언어관이 그대로 드러나고 있음을 보여주는 대목이다. 공자도 말을 잘하는 것보다는 눌변을 높게 평가하고 있으며 노자 또한 같은 생각을 하고 있었던 근거는 여기 저기 많이 발견된다. 공자의 '말은 성실하고 신의가 있으며 행동은 독실하고 경건하면 비록 야만의 나라라도 이루리라. 말이 불성실하고 믿음성이 없으며 행동이 경솔 천박하면 비록 작은 마을인들 뜻대로 될 리가 있겠느냐?'라든가[18] '옛사람이 말을 삼갔음은 몸소 행함이 그에 미치지 못할까 두려워했기 때문이다. 경솔히 말하지 아니함은 실천이 뒤따르지 못할 것을 두려워하였기 때문이다.'[19] 등의 말씀은 이러한 맹자의 언어관을 잘 드러내준다.

다섯째, s22, p3에 공자는 덕행과 말이 겸하여 뛰어남에도 스스로는 "나는 辭命에 있어서는 능하지 못하다."고 하였는데, 이는 말을 잘하는 것보다는 오히려 눌변을 높게 평가하여, 진실성이 있으며 실천 가능한 것만을 말하고자했던 언어관이 여기에서도 나타나 있다.[20]고 하겠다.

여섯째, s23~s28에서 "伯夷와 伊尹에 비하여 孔子의 성인됨을 평가해달라는 요청을 받고 직접 대답하지 않고 공자의 제자, 宰我·子貢·有若의 말을 인용하는 것으로 대신하고 있는데 이 역시 말을 아끼는 맹자의 언어 사용의 태도를 보여주는 장면이라고 하겠다.

별로 길지도 않은 「浩然之氣 章」에 여섯 군데나 '말'에 관한 언급이나 말을 사용하는 태도가 나타나 있는데, 이는 역시 '말'을 중시하고 있으며, 말 그 자체의 탐구나 분석에는 관심이 없고 '말의 사용'에 관심이 있었음을 보여준다. 또한 말을 어떻게 잘 사용하느냐보다는 말을 어떻게 사용하는 것이 바르냐, 어떻게 사용하는 것이 마음을 닦고 깨달음에 이를 수 있느냐는 점에 초점을 두고 있다.

그리고 말을 보는 시각은, 말은 완전한 존재도 아니고 만능의 것도 아니라는 것, 정작 중요한 진리 따위는 표현할 수도 없는 상대적인 존재라는 것, 말은 하는 것보다 듣는 것이 중요하며, 말을 삼가고 삼가서 진실한 것, 실행 가능한 것만 말해야 된다는 것, 따라서 말을 잘하는 것보다는 눌변이 낫다고 인식할 정도로 말을 조심하고 적게 해야 한다는 것 등이다.

---

18) 子張問 [行] 子曰 [言忠信 行篤敬 雖蠻貊之邦行矣 言不忠信 行不篤敬 雖州里行乎哉 立則見
   其參於前也 在輿則見倚於衡也 夫然後行] 子張書諸紳 −孟子
19) 孟子曰 [人之易其言也 無責耳矣]
   子曰 古者言之不出 恥躬之不逮也 −孟子
20) 子曰 以約失之者鮮矣
   子曰 巧言令色而 鮮矣仁 −論語

이 「浩然之氣 章」에는 나타나 있지 않지만, 공자가 정명주의(正名主義)[21]를 주장함으로써 말 사용의 중요성을, 한비자는 「언난편(言難編)」과 「세난편(說難編)」에서 사람을 설득하는 방법론을 체계화하고 있다.

이를 통하여 동양적 언어관은 언어 자체를 대상으로 하는 탐구에는 관심이 없고 언어사용에 관하여서만 깊은 인식을 갖고 있으며, 그것도 논쟁에서 이기는 것보다는 바르게 사용하는 것, 인간 사이에 좋은 관계를 이루도록 사용하는 것에 치우쳐 있음을 알 수 있다.

6) 마무리

여기에서는 텍스트언어학과 국어의 읽기 이론, 즉 보그랑드와 드레슬러의 '텍스트성', 반 다이크의 '거시구조', 그리고 김혜정의 '구성주의적 의미구성 과정의 인지모형' 등을 활용하여 『孟子』 「浩然之氣 章」을 분석하였다.

여러 단계의 거시구조를 만들기 우하여 반 다이크가 제시한 "생략, 선택, 일반화 및 구성 혹은 통합" 등 거시규칙에 따랐으며, 그 결과 「浩然之氣 章」의 거시구조1~거시구조5를 얻었다. 거시구조에 관한 몇 가지 실질적 견해를 제시하였는데, 그것은 첫째 텍스트의 유형이나 분석 목적에 따라서, 자의적으로 여러 단계의 거시구조를 만들 수 있다는 것, 둘째 거시구조는 텍스트 내적 세계만을 토대로 하여 만들 수도 있고, 외적 세계의 여러 차원의 인지 기재를 활용할 수도 있으며, 특히 함의 및 상징성이 강한 텍스트는 이중 삼중의 상징구조를 상정할 수도 있다는 것 등이다.

또한 「浩然之氣 章」의 창의적 의미 해석을 위하여 텍스트 내적 세계의 여러 차원과 텍스트 외적 세계의 여러 차원의 인지 자료를 활용하여 다음의 의미해석을 할 수 있었다.

그 내용은 부동심을 기르는 방법의 종류와 요체, 고자의 부동심의 문제

---

21) 名不正則言不順 言不順則事不成 —論語

점과 맹자의 부동심의 타당성, 그리고 이에 관한 구체적 근거, 호연지기의 보다 정확한 의의, 속성, 그리고 호연지기를 기르는 방법과 유의사항, 호연지기의 의의에 관한 텍스트상호성에 의한 의미 확대, 호연지기야말로 부동심을 기르는 최선의 방안이라는 것과 그 구체적 근거, 지언의 추리적 의미, 호연지기는 仁義, 지언은 智에 연원을 두고 있으며 따라서 호연지기와 지언을 기르는 것이 바로 仁義와 智를 수련함으로써 완전한 부동심을 이룰 수 있다는 사실 등을 확인하였다. 또한 공자의 위대함에 관한 논의의 방법 등을 살펴보았다.

마지막으로 「浩然之氣 章」에서 맹자의 언어관을 엿볼 수 있는 6장면을 분석하여 맹자의 언어관을 살폈다. 그것은 맹자는 말의 가치를 별로 인정하지는 않고 반드시 말 뒤에 숨어있는 마음의 중요성을 중시하고 있다는 것, 깊은 진리에 관한 부분은 말로 표현하지 않으며, 말을 하는 것보다 듣는 것의 중요성을 강조하고 있다는 점 등이다. 또한 말을 신중히 삼가며 말보다는 행동이 앞서는 것을 중요시하고 있으며, 달변보다 눌변을 높게 평가하고 말을 아끼는 것을 중요하게 여겼던 그의 언어관은 그대로 동양의 언어사용에 관한 언어인식과 궤를 같이 하고 있음을 논의하였다.

이를 통하여 동양적 언어관은 언어 자체를 대상으로 하는 탐구에는 관심이 없고 언어사용에 관하여서만 깊은 인식을 갖고 있으며, 그것도 논쟁에서 이기는 것보다는 바르게 사용하는 것, 인간 사이에 좋은 관계를 이루도록 사용하는 것에 치우쳐 있음을 알 수 있다.

세상이 발달해감에 따라 여러 매체 발전과 그에 따른 언어활동이 더욱 활발하여지고 있지만 말이 인간을 행복으로 인도하고 있다고 보기가 어려운 현실이다. 이러한 때에 동양적 언어관을 천착함으로써 언어학 연구에 새로운 방향을 발견할 수 있을 것으로 믿는다.

3. 봉산 탈춤의 언어사용 연구

1) 들어가기

조선 후기의 산문문학을 든다면, 완전한 산문이라고 보기에는 다소 어려운 가사(歌辭)를 제외하고는 고대소설, 판소리 가사, 탈춤대본이 가장 대표적인 장르이다. 그 중에서도 일반적으로 잘 알려지지 않고 있으며 언어학적으로도 연구가 거의 이루어지지 않고 있는 분야가 바로 탈춤대본이다. 탈춤대본은 다른 장르와 마찬가지로 한자어나 한문투의 사설이 많이 포함되어 있지만, 그래도 우리 고유어의 사용이 가장 진술하고 자유로우며, 비속어를 포함한 여러 가지 표현형식이 다양하게 나타나 있다. 이에 여기에서는 탈춤대본 중에서 일반적으로 가장 잘 알려진 봉산탈춤의 대본을 살펴봄으로써 조선 후기의 보다 적나라한 언어사용의 모습을 알아보고자 한다.

봉산탈춤은 박전열(2001)에 의하면 공간적으로는 황해도 전역, 시간적으로는 19세기 후반기에서 20세기 전반기에 공연되었으며, 일제시대에도 널리 공연되었다고 한다. 탈춤하면 단연 해서(海西)탈춤인데 그 중에서도 봉산탈춤이 대표적이다. 가장 많이 공연된 곳으로는 황주, 봉산, 서흥, 평산 등지인데, 이는 조선조에 중국사신을 맞이하는 영사행사(迎使行事)와 관련이 있는 것으로 추측하고 있다.

봉산탈춤은 1936년 9월 이동벽의 주도 하에 처음으로 채록되었는데, 그것을 바탕으로 한 대본으로 임석재 본, 오청 본, 송석하 본 등이 있다. 2차 채록은 1965년에 월남한 놀이꾼인 김진옥, 민천식 등이 구술한 것으로 이두현(李杜鉉)과 김천흥(金千興)이 채록하였는데, 이 논문에서는 이두현(李杜鉉)과 김천흥(金千興)의 채록본을 텍스트로 삼았다.22)

---

22) 박전열(2001), "봉산탈춤"(화산문화 발행)의 전반부에는 봉산탈춤의 임석재 본, 뒷부분에

봉산탈춤의 내용과 구조를 분석하고 파악하는 방식은 보그랑드와 드레슬러(1981)의 이른바 일곱 가지 텍스트성 중에서 주로 응집성에 해당하는 부분을, 반 다이크(1980 : 73~112)의 거시규칙에 따르되, 스토리나 사건을 분명히 하기 위해서 "거시구조 3"은 맥락을 중시하는 관점으로 접근하였다.[23] 또한 탈춤대본의 언어사용의 특수성을 확인하기 위하여 문체론적으로 접근할 것이다.[24] 그것은 똑같은 내용을 얼마든지 달리 표현할 수 있으며 표현된 결과에 따라 똑같은 내용에 대한 전달효과나 느낌이 얼마든지 달라질 수 있다는 이론에 공감하기 때문이다. 또 한 가지는 그러한 문체적 특질이 언어사용의 특성을 가장 극명하게 드러내는 기준이기도 하기 때문이다.

그리고 특히 한자어나 한문투의 사용과 고유어 사용의 문체론적 차이를 살필 것이며, 그 밖에도 우리 고유어의 역동적 표현 모습을 확인하고자 한다.

2) 봉산 탈춤의 내용과 거시구조

봉산탈춤의 대본은 다음과 같이 구성되어 있다.

제1과장 상좌춤, 제2과장 팔목중춤, 제3과장 사당춤, 제4과장 노장춤,

는 이두현 본이 실려 있는데 그중에 이두현 본을 텍스트로 하였다.

23) 맥락이란 직관적으로 커뮤니케이션의 상황이라고 할 수 있는 것에 관한 추상적 개념이다. 맥락의 기준은 발화, 수용(불수용), 달성(또는 실패), 적절함(또는 부적절함)을 체계적으로 결정하는 요소만을 맥락의 개념에 받아들일 수 있다. 다시 말하면, 맥락에 의해서 의미가 결정되며 발화 행위의 기능이 밝혀진다(반 다이크, 1980 : 115). 거시 규칙에만 따르면 경우에 따라서는 맥락이 희미해질 수도 있는 문제가 있기 때문에 맥락을 선명히 하는 창의적 작업이 따로 필요할 경우도 있다.

24) 문체에 관한 견해들은 Organon 모델의 이른바 '상징, 징후, 신호' 등 세 가지 분류에 상응하여, 언어의 상징적 측면이 중심일 때는 특정한 내용을 위한 가능한 형태로 보며, 둘째 징후적 측면의 입장에서 문체는 화자 시각에서의 특정한 형태의 선택으로 볼 수 있다. 그리고 신호라는 측면에서는 문체를 주어진 기대로부터의 일탈로 볼 수 있다(렌케마(1992) / 이원표 옮김(1997) 참조).

제5과장 사자춤, 제6과장 양반·말뚝이춤, 제7과장 미얄할미·영감춤 등
모두 7과장으로 되어있다. 그중에 제2과장은 다시 제1경 팔목중춤, 제2경
법고놀이로, 제4과장 노장춤에는 제1경 노장춤, 제2경 신장수춤, 제3경 취
발이춤으로 되어 있다. 그리고 탈춤대본에는 나와 있지 않지만, 탈춤 공연
전의 '길놀이', 탈춤 공연 후의 '뒤풀이'까지 포함하면, 봉산탈춤은 모두
7과장, 5경에 '길놀이'와 '뒤풀이'로 구성 되어있다.

봉산탈춤에 대한 연구는, 공연을 위한 탈춤인 만큼 주로 춤, 악기, 의상,
탈 등 음악적 측면을 중심으로 연구되어 왔다. 물론 여기에서는 언어 외
적인 것은 고려하지 않기 때문에 당연히 대사를 중심으로 언어사용이라는
관점에서 분석하려 한다.

대사의 응집성(coherence)에 관한 접근은 어휘 하나하나의 개념들 사이의
연결 관계를 추구하는 미시구조로부터 출발한다. 그러나 비교적 긴 텍스트
의 개념관계를 나타내는 데는 거시구조의 설정과 그에 대한 분석이 현실적
이며 반드시 필요하다. 미시구조에서 거시구조로 진행하는 방법은 반 다이
크(1980)에서 제시되어 있는 바와 같이, 의미적 함의(Semantische Implikation)
의 원리를 만족시킨다는 원칙 하에서 생략(Auslassen), 선택(Selektieren), 일반
화(Generalisiren), 구성 혹은 통합(Konstruieren oder Inlegieren)의 규칙으로 되어
있다.

이와 비슷한 연구들이 독서학에서 추구되어 몇 가지 이론을 제시하고
있으나 이 원칙에서 크게 벗어나는 바가 없으므로 이를 바탕으로 하여 주
로 대사(臺詞)를 중심으로 다음과 같이 거시구조를 나타내 보고자 한다. 물
론 거시구조는 여러 단계로 표현할 수 있고 그중에 몇 단계를 제시할 수
는 있으나 지면 관계로 생략하고 대체로 대사의 내용 전체를 이해하기 위
하여 도움이 되는 세 단계만을 제시하고자 한다.

■ 거시구조 1

*거시구조가 적용되는 자세한 과정은 생략한다.
*( )는 문체에 대한 이해를 돕기 위한, 표현 형식에 관한 표지이다.

✔ 제1과장 상좌춤

목중 하나가 상좌를 업고 등장 장내 한 바퀴 돌고 상좌만 남고 목중은 퇴장. 이렇게 4회 반복하여 4명의 상좌가 등장, 영산회상으로 춤추다가 퇴장한다. (대사는 한 마디도 없음)

✔ 제2과장 팔목중춤

• 제1경 목중 춤
첫째 목중 : 화려한 복장을 하고 등장하여, 쓰러졌다 타령곡에 맞추어 조금씩 움직이다가 일어나서 춤을 춘다. (대사 없음)
둘째, 셋째, 넷째, 다섯째, 여섯째, 일곱째, 여덟째 차례로 나와 사설(상투적인 한문투 사설)을 하고 "놀다 가겠다"고 인사를 드린다.

• 제2경 법고놀이
목중1과 목중2가 "법고를 치면서 놀자"는 말을 "벗구를 대갱이에 두루 뭉실 여라"고 말하여 '벗구→법고', '대갱이→좆대갱이→머리', '여라→쳐라'로 바로 잡아가는 과정을 희언법(戱言法, pun)으로 표현하고 있다. (한동안 춤을 추다 퇴장)

✔ 제3과장 사당춤

사당, 거사 7명이 화려하게 차린 사당을 남여(藍輿)에 태우고 등장하여 함께 합창하며, 북, 장구에 맞추어 춤추며 논다.
(놀량1, 2) 뻐꾹새 우는 삼월이 왔는데, 내 사랑 고운 낭자가 그립다.

(노래, 사설 섞어서)

(앞산타령) '주는 사람'과 '받는 사람'이 사랑하는 연인들의 그리움을 노래한다. (타령)

(뒷산타령) 떠나간 임을 그리워하며, 임에게로 달려가고 싶은 심정을 노래한다. (타령)

(경발림) 아름다운 경치, 서도팔경, 금강산, 관동팔경 소개와 나들이 가자는 노래를 부른다. (상투적 한문투 사설)

✔ 제4과장 노장춤

• 제1경 노장춤

목중들이 퇴장하고 소무가 들어와서 노장과 어울려 춤을 춘다. (대사 없음)

목중들이 대사 사이사이에 "아나야"와 "그래애" 라는 문답을 26회 반복. (리듬, 흥을 줌)

노장을 찾는데, 옹기짐, 숯짐, 대망(大蟒)으로 오해하다가 마침내 찾아낸다. (문답식으로 반복) 백구타령, 오도독타령을 부른다. 노장이 죽은 줄 알고 염불을 하다가 퇴장.

소무(小巫)가 남여를 타고 등장. 노장은 계속 춤을 추고 있는 소무를 발견하고 미색에 놀라 춤을 추며 은근히 접근하여 염주를 소무에게 걸어주고 서로 마음이 통한 노장과 소무가 흥겹게 춤을 춘다. (대사 없음)

• 제2경 신장수 춤

신장수가 등장하여 춤추며 물건을 판다. (사설) 노장 소무에게 신을 사주려하는데, 원숭이가 나타나 원숭이와 신장수의 수작이 이어진다. 노장의 편지를 받는다. (사설) 신장수는 원숭이를 데리고 급히 퇴장한다.

• 제3경 취발이춤

취발이 등장하며 중국의 명승지의 경치와 인물, 조선 땅의 명승처를 열거하다가 희언법으로 사설을 늘어놓는다. 노장을 내쫓고 소무에게 돈을 주고 접근하여 아이를 낳는다. 이름을 마당이라고 짓고 글을 가르친다. (천자문을 가르치는 부분은 특히 현학적인 한문투의 사설, 언문 자모는 희언법) 춤을 추다가 아이를 들고 퇴장한다.

✔ 제5과장 사자춤

목중 여덟이 일제히 등장하여 '짐승'이 나타났다고 한다. 마부는 그 짐승이 사자라는 것을 확인한다(중국의 명승지와 고전을 내용으로 하는 한문투의 사설이 반복됨).

사자가 목중들을 벌주러 온 것임을 확인하고 춤이나 추자고 꾀어(사설) 함께 춤을 춘다.

✔ 제6과장 양반춤

말뚝이가 양반 삼 형제(맏이는 샌님 생원, 둘째는 서방님, 막내는 도련님)를 인도하여 등장한다. 말뚝이는 양반, 담배, 각종 악기, 마나님, 조기, 말뚝이, 새터, 꿀물, 복(福)잡기, 시조(時調)짓기, 글짓기, 파자(破字)놀이, 취발이 잡기, 등 여러 가지 소재를 가지고 그때마다 비속어, 풍자, 익살, 희언적 표현으로 양반을 깎았다 높였다 골탕을 메긴다. (주로 고유어)

✔ 제7과장 미얄춤

미얄할맘이 등장하여 영감을 찾는다. (사설)

영감이 등장하여 미얄할맘을 찾는다. (주로 고유어 사설)

미얄할맘과 영감이 만나 서로 익살을 떨며 기쁨을 나눈다. 지난 사연, 갓, 옷, 얼굴 등을 가지고 익살을 떨다가 아들이 죽었다는 소식을 듣고 화

가 나서 갈라서려고 재산을 나눈다. (과장, 익살 섞인 재담의 대사)

영감에게 속은 줄 안 덜머리집은 영감과 다투는 과정에서 미얄할맘을 영감으로 잘못 알고 때리다가 미얄할맘이 넘어져 죽는다.

남강노인이 등장, 굿을 하라고 한다.

무당이 와서 미얄할맘이 극락세계로 가도록 굿을 한다.

무당이 굿을 끝내고 퇴장하면 탈춤놀이는 전부 끝난다.

■ 거시구조 2

위의 <거시구조 1>을 바탕으로 상위의 거시구조를 다음과 같이 정리할 수 있다.

✔ 제1과장 상좌춤

4명의 상좌가 등장 영산회상으로 춤추다가 퇴장한다. (대사는 한 마디도 없음)

✔ 제2과장 팔목중춤

- 제1경 목중춤 : 여덟 명의 목중이 차례로 나와 "놀이를 하겠다"는 인사를 드린다.
- 제2경 법고놀이 : '법고를 치고 늘자'라는 말을 가지고 희언을 한다.

✔ 제3과장 사당춤

사당, 거사들이 사랑노래를 합창하며, 북, 장구에 맞추어 춤추며 논다.

✔ 제4과장 노장춤

- 제1경 노장춤 : 목중들이 노장을 찾는다. 노장이 새로 나타난 소무에게 마음을 두고 접근하여 함께 춤을 춘다.

- 제2경 신장수춤 : 신장수가 등장하여 춤추며 소무가 신을 신발을 노
  장에게 판다.
- 제3경 취발이춤 : 취발이 등장하며 노장을 내쫓고 소무에게 돈을 주
  고 접근하여 아이를 낳는다. 이름을 마당이라고 짓
  고 글을 가르친다.

✔ 제5과장 사자춤

'짐승'이 나타났는데, 마부는 그 짐승이 목중들을 벌주러 온 사자라는
것을 확인하고, 춤이나 추자고 꾀어 함께 춤을 춘다.

✔ 제6과장 양반춤

말뚝이가 양반 삼 형제를 희언, 글짓기, 파자(破字)놀이 등으로 양반을
깎았다 높였다 하며 골탕을 메긴다.

✔ 제7과장 미얄춤

헤어졌던 미얄할맘과 영감이 만나 익살을 떨며 기쁨을 나눈다. 아들이
죽은 것을 알고 화가 나서 갈라서려고 재산을 나눈다. 덜머리집이 미얄할
맘을 영감으로 잘못 알고 때리다가 미얄할맘이 넘어져 죽는다. 무당이 극
락세계로 가도록 굿을 한다.

■ 거시구조 3(맥락에 따른 사건별 내용)

위의 <거시구조 1, 2>를 맥락에 따라 인물과 사건별로 내용을 요약 정
리하면 다음과 같다.

1. 상좌가 춤추고 인사
2. 팔목중이 춤추며 놀겠다고 인사 퇴장

3. 노장과 소무가 호감을 갖고 춤추며 노는 동안에 신장수, 취발이가 차례로
   등장. 노장이 퇴장한 뒤 소무가 취발의 아이를 낳는다.
4. 사자가 목중을 잡으러 왔다가 춤을 추다가 퇴장
5. 양반 삼 형제를 말뚝이가 골려준다.
6. 헤어졌던 미얄할미와 영감이 만나서 좋아하다가 미얄이 죽는다.
7. 무당이 굿을 한다.
(*1과 2는 인사이고, 7은 뒤풀이에 속한다고 할 수 있으므로, 3, 4, 5, 6이 대
본의 줄거리를 이루는데, 3의 노장춤에서만 신장수, 취발이가 차례로 등장했다가
퇴장하는 것을 빼고는 4, 5, 6이 모두 각각 다른 사건으로 구성되어 있다.)

이상에서 살펴 본 바와 같이 봉산탈춤은 공연을 목적으로 하는 뮤지컬
과 연극을 혼합한 형태를 취하고 있다. 따라서 출연진들이 하는 중요한
일은 탈춤놀이, 노래, 연기 등으로 이루어져 있고, 연기의 일부로서 대사
가 봉산탈춤의 줄거리를 이루고 있다.

대사를 바탕으로 이끌어 가는 스토리 자체는 <거시구조 1, 2>를 통해
보듯이 판소리나 고대소설에 비해 빈약하기 그지없다. 다시 말하면 봉산
탈춤의 대사 내용은 스토리와 사건이 있기는 하나 사상성이나 스토리 전
개의 극적인 요소가 볼품이 없으며, 스토리 자체도 아주 단순하기 그지없
다. 그런데도 봉산탈춤이 관객들의 관심을 끄는 것은, 의상과 탈춤 외에도
'대사'의 표현 방식에 있다. 따라서 이 글은, 그 표현의 특성을 고찰하고
자 하는 것이다.

3) 한자, 한문투의 쓰임

■ 한자어와 고유어의 사용 비교

봉산탈춤 대본의 언어사용의 특성에 관하여 알아보기 위해 한문투의 언
어사용과 고유어 사용에 관해 차례로 살펴보고자 한다.

먼저 한자어와 고유어의 비율을 비교해볼 필요가 있다.

우선 명사를 비교해 보면 총 3,437개의 명사 가운데 한자어가 1,862개 단어이고, 고유어가 1,575개의 단어로서 한자어 대 고유어의 비율은 54% : 46%이다. 자료를 조금 확대해서 '명사＋대명사'로 하면 한자어로 된 대명사가 적어서 278 : 8로서 이를 합하여 비율을 보면 전체 3,723단어 중 한자어가 1,870개, 고유어가 1,853개로(대명사는 286개 단어로 278개의 고유어와 8개의 한자어로 되어 있다) 그 비율은 50.2% : 49.8%로 거의 비슷하게 나타난다. 그런데, 탈춤 대본에 나타나 있는 한자어 사용의 특성은 한자어와 고유어가 그냥 골고루 섞여서 이런 비율을 유지하는 것이 아니라, 한자어는 특히 상투적인 한문투의 사설에만 집중적으로 나타난다. 그것은 고유어에 한자어 어휘가 녹아서 동화된 것이라기보다는, 한문을 많이 공부한 지식계층에게 만연된 상투적 한문투의 표현이 현학적 사고를 만족시키기 위하여 탈춤 대본 곳곳에 인위적으로 삽입된 것으로 판단된다. 따라서 인위적인 한문투 사용 부분을 제외하면 오히려 봉산 탈춤에는 한자어 침투가 상대적으로 낮다고 할 수 있다. 본문에 한문투의 사설이 5줄 이상 계속되는 곳만 23곳이 발견되고 있고 그중에 특히 긴 곳 8부분만 통계에서 제외하면 나머지는 대명사를 포함해서 총 단어수가 2,862개 중에 한자어가 1,149개, 고유어가 1,713개로서 이들의 한자어와 고유어의 비율은 40% : 60%로 오히려 고유어가 훨씬 앞서고 있는 것을 알 수 있다. 이것은 조어법상으로 교착어와 고립어라는 언어의 구조상의 차이가 가장 잘 극복이 되는 명사만을 이야기할 때 이러하다.

가령 동사와 형용사를 비교해 보면, 이 텍스트의 동사 총 2,488개 중 고유어가 2,296개 한자어가 192개로 그 비율이 실로 92.3% : 7.7%라는 비교할 수 없는 차이임을 알 수가 있다. 형용사 역시 비슷해서 총 326단어 중 고유어가 305개 한자어가 21개, 그 비율은 93.5% : 6.5%이다. 더구나 동사와 형용사에서 간과해서 안 될 것은 얼마 안 되는 한자어조차 완전한 한자어는 단 하나도 없고 고유어인 접미사 '－하다'와 '－되다'와 결합되어 쓰이고 있으므로, 엄밀히 말하면 통계상 한자어로 잡힌 것도 그 비율의 반은 고유어인 셈이다.

부사어도 이와 큰 차이를 보이고 있다고 할 수는 없다. 총 단어 수 532개 중, 고유어가 447개, 한자어가 85개로 84% : 16%의 비율을 보이고 있다. 특히 의성·의태어는 고유어와 한자어가 56개와 2개로 96% : 4%의 비율이다.

이상의 품사를 모두 합쳐서 고유어와 한자어의 비율을 따져보면 총 7,125단어 중 고유어 4,955개, 한자어 2,170개로 그 비율은 69.6% : 30.4%이다. 그나마 한문투의 사설 8곳을 제외하고 명사의 통계를 비교하면, 총 6,264개의 단어 중 고유어가 4,815개, 한자어가 1,449개로 그 비율은 77% : 23%로 나타나고 있다. 물론 이것은 한문투의 한자어를 모두 계산하여 그러한 것이다.

요컨대 봉산탈춤의 대사에서 한자어는 대부분 한문투의 사설로 나타나 있으며, 한문투 사설을 뺀 일반적 대사에는 실제로 한자어가 별로 쓰이지 않았다고 할 수 있다.

■ 한자어의 사용 양상

조선시대의 우리말 작품에 한자어가 사용되는 실태는 일반적으로 다음 네 가지 형태를 취하는 것으로 추정할 수 있다. 첫째, 우리말화하여 귀화어로 쓰이는 것, 둘째, 자연스럽게 정착하여 우리말 속에 쓰이는 것, 셋째, 우리말답지 않은 상투적 한문투의 문장으로 사용된 것, 넷째, 완전한 한문이나 한시가 그대로 인용된 것 등이다.

봉산탈춤 대본에서는 첫째의 경우는 발견되지 않고 둘째도 극소수에 불과해서 언급할 필요가 없을 정도이다. 넷째의 예도 없는 것은 아니나, 고대소설과 비교하면 아주 적은 정도에 지나지 않는다. 따라서 한문투의 대사 대부분은 셋째의 형태로 나타나 있으며, 길이도 5~20행 이상 되는 곳이 23곳이나 되고 그보다 짧은 1, 2행 길이의 사설은 대화 곳곳에 거의 안 나타나는 곳이 별로 없다. 1, 2행 정도의 짧은 경우는 고유어로 사설이 시작되다가 한문투로 바뀌기 일쑤이고, 때로는 한문투의 사설에서 고유어 사설로 바뀌는 경우도 있어 그것을 파악하기도 어렵거니와 큰 의미가 있는 것은 아니라고 판단된다.

한문투 사설의 모습을 살펴보면 다음과 같다.

한문투의 대사 내용은, 중국의 계절과 풍광에 관한 것, 중국의 풍광과 역사적 인물을 겸하여 나타낸 것, 양이 적기는 하지만 우리의 풍광과 풍속, 지리, 인사를 나타낸 것, 고대소설에서 인용한 것, 천자문 놀이, 주술적 표현 등 다양하게 나타난다.

✔ 계절과 풍광에 관한 것

① 산중에 무력일(無曆日)하여 철 가는 줄을 몰랐더니, 꽃 피어 춘절(春節)이요. 잎 돋아 하절(夏節)이라. 오동낙엽(梧桐落葉) 추절(秋節)이요….

② 때마침 춘절이라 산천경개(山川景槪) 구경코저 죽장망혜(竹杖芒鞋) 단표자(簞瓢子)로…, 창송췌(취)죽(蒼松翠竹)은 울울창창(鬱鬱蒼蒼)하고 기화요초(奇化瑤草) 난만 중에… 유상앵비(柳上鶯飛)는 편편금(片片金)이요 화간접무(花間蝶舞)는 분분설(紛紛雪)이라.

③ 산불고이(山不高而) 수려(秀麗)하고 수불심이(水不深而) 청등(징, 淸澄)이라, 지불광이(地不廣而) 평탄(平坦)하고 임부다이(林不多而) 무성(茂盛)이라, 월학(猿鶴)은 쌍반(雙伴)하고 송죽(松竹)은 교취(交翠)로다.

✔ 풍광과 인사를 겸하여 나타낸 것

④ 동편을 바라보니 만고성군(萬古聖君) 주문왕(周文王)이 태공망(太公望) 찾으려고 위수양(渭水陽) 가는 경을 역력히 그려 있고, 남편을 바라보니 춘추(春秋)적 진목공(秦穆公)은 건숙(蹇淑)이를 찾으려고 농명촌(農明村)가

　는 경을…

⑤ 멱라수(汨羅水) 맑은 물은 굴삼려(屈三閭)의 충혼이요, 상강수(湘江水) 얼크러진 비는 오자서(五子胥)의 정령(精靈)이요, 채미하던 백이숙제(伯夷叔齊) 구추명절(九秋名節) 일렀건만 수양산(首陽山) 아사(餓死)하고…

⑥ …백낙천(白樂天) 일거 후에 비파성(琵琶聲)이 끊어지고 적벽강(赤壁江) 추야월에 소동파(蘇東坡) 놀던 풍월 의구(依舊)히 있다면 조맹덕(曹孟德) 일제효웅(一世梟雄) 이금(而今)은(에) 안재재(安在哉)요, 월락오제(月落烏啼) 깊은 밤에 고소성외(姑蘇城外)로 배를 대니

✔ 우리의 풍광과 인사에 관한 것

⑦ (한국인사) 연산에 김덕선(金德善)이 수원에 북문 짓고 나라에 공신(功臣)되어 수성옥이 화류(華留)감투 눌러를 쓰고 어주삼배(御酒三盃) 마신 후에 앞에는 모흥갑(牟興甲)이, 두에는 권삼득(權三得)이, 송흥록, 신만엽에 쌍화동(雙花童) 세우고 어전풍악(御前風樂)을 꽝꽝 치면서 장안(長安)대로상으로 가진 신래(新來)만 청한다 에에.

⑧ (한국벼슬) 노론(老論), 소론(小論), 호조(戶曹) 병조(兵曹), 옥당(玉堂)을 다 지내고 삼정승(三政丞) 육판서(六判書)를 다 지낸 퇴로재상(退老宰相)으로…

⑨ (우리 지명) 우리 할맘 찾으려고 일원산(一元山), 이강경(二江景), 삼부여(三扶餘), 사법성(四法聖), 강산천리를 다 다녀도

✔ 고대소설에서

⑩ …서산대사(西山大師) 출입 후에 상좌중 능통자(能通者)로 용궁(龍宮)에 출입타가 석교상 봄바람에 팔선녀(八仙女) 노던 죄로 적하인간(謫下人間) 하직하고 대사당(大師堂) 돌아올 제 요조숙녀(窈窕淑女)는 좌우로 벌려 앉고 난양공주(蘭陽公主), 진채봉(秦彩鳳)이며 세운(細雲) 같은 계섬월

(桂蟾月)과 심요연(沈裊烟), 백능파(白菱波)와 이 세상 싫도록 노니다가…
(구운몽에서)

⑪ 서역국(西域國)으로 불경을 구하러 가던 당삼장(唐三藏)이 보림사(寶林寺)
에 유숙할 제 생매된 오계국왕의 본색이 현몽으로 삼장법사 수제자
로 도솔천에 행패하던 제천대선(霽天大盛) 손행자(孫行者)에게 탄로되어
… (서유기에서)

✔ 천자문 놀이

자시(子時)에 생천(生天)하니 유유피창(悠悠彼蒼) 하늘 천, 축시(丑時)에 생지
(生地)하다 만물창성(萬物昌盛) 따 지, 유현비모(묵, 幽玄秘墨) 흑정색(黑正色) 북
방현무(北方玄武) 가물 현(玄), 궁상각치우(宮商角徵羽) 동서사방(東西四方) 중앙토
색(中央土色) 누를 황(黃), 천지사방(天地四方) 몇 만 리냐 거루광활(巨褸廣闊) 집
우(宇), 여도(역대) 국도(조, 國都, 歷代國都), 흥망성쇠(興亡盛衰) 그 누구(往古來今
에) 집 주(宙)…

✔ 주술적 표현

축왈(祝曰) 천하언제(天何言哉)시며 지하언재(地何言哉)시리요마는 고지즉응
(告之卽應)하시나니 감이순통(感而順通)하소서… 복걸(伏乞) 이순풍(李淳風), 곽곽
(藿郭)선생, 제갈공명(諸葛孔明)선생, 정명도(程明道), 정이천(程伊川)선생, 소강절
(邵康節)선생 여러 신명은 일시에 회답하시와…

✔ 한문투 중에 한자나 한문을 그대로 옮겨 사용한 경우

… 폭포도 장히 좋다마는 여산(廬山)이 여기로다. 비류직하 삼천척(飛流直
下 三天尺)은 옛말로 들었더니 의시은하 낙구천(疑是銀河 樂九天)은 과연 허언
이 아니로다.

위에서 보듯이 한문투의 사설은 공히 한자어 특유의 응집적 특성에 따

라 사자성어(四字成語) 형식의 표현이 끊다. 특히 ③은 다른 예보다 한문의 문법적 요소가 많이 살아 있으며, 대개는 다른 예들처럼 한문의 문법적 요소를 상당히 파기하는 수준에서 표현된다. 이렇게 해서 소리를 내어 사설을 읊는데, 한자어가 지니는 특성으로 인하여 자연스럽게 4·4조의 리듬을 일으켜 흥을 돋우게 된다. 게다가 ①의 "산중에 무력일(無曆日)하여 철 가는 줄을 몰랐더니, 꽃 피어 춘절(春節)이요. 잎 돋아 하절(夏節)이라."에서처럼 산중, 춘절, 하절 같은 명사 뒤에는 우리말 조사 "—에, —이요, —이라"가, "무력일하여" 같은 동사나 형용사의 뒤에는 우리말 접미사 '—하다'가 결합하여 쓰인다. 그것은 외면적으로 볼 때는 한문투의 사설에 리듬을 더하여 주며, 내면적으로는 우리의 언어사용 속으로 접근하기 위한 우리말화의 시도로 해석된다.

또한 지식에 관한 정보가 많지 않던 시절에 많은 사람들이 선망의 대상으로 여기던 이른바 진서(眞書)와 중국의 고전에 대한 지식을 나열함으로써 화자 입장에서는 현학적 취미를 만족시키고 청자 입장에서는 호기심을 만족시켜주는 수단이 되었을 것으로 보인다.

■ 한문투 표현법의 특성

봉산 탈춤 대본에서 인용된 한문투의 표현은 길이가 1행 미만을 제외하면 모두 31회에 걸쳐 나타난다. 그리고 대부분이 10행 이상 되는 길이이므로 상당한 부분을 한문투의 사설이 차지한다. 한문투 표현의 수사법 상의 특질은 비유법이 별로 나타나지 않는 반면에, 강조법인 열거와 반복, 그리고 변화법인 대구가 가장 많이 사용되고 있다.

열거법은 같은 계열의 어휘가 열거되는 부분까지를 1회로 하여 셈하면 모두 42회가 나타난다. 열거의 내용은 경치가 아름다운 명승지의 열거에서부터 시작된다. 주로 중국이 배경이어서 무릉도원, 동정호 황학루에서 무산에 이르기까지 다양한데, 일부분에 불과하기는 하지만 우리나라 지역명 중에서 서도팔경(西道八景) 금강산, 관동팔경(關東八景)명도 열거된다. 그리고 구년홍수에서 칠년대한, 적벽대전 등 중국의 역사적 사실은 물론 중국의 역사적인 인물들도 많이 열거된다. 예를 들면, 주문왕, 태공망, 진목공, 건숙, 오자서, 손무자, 항우, 범아부, 굴삼려, 백이·숙제, 소진·장의, 범려, 백낙천, 소동파, 조맹덕, 소부·허유, 이적선, 사호선생, 조자룡, 이순풍, 제갈공명, 탁문군, 진평, 삼장법사, 복걸, 곽곽 선생 등이 열거되고 있으며, 우리나라의 인사로는 김덕선, 권삼득, 송홍록, 신만엽 등 주로 명창들의 이름이 동원되고 고대소설 구운몽에 나오는 서산대사, 난양공주 진채봉, 계섬월, 심요원, 백능파 등이 열거된다. 그밖에도 벼슬이름, 가구이름, 한약재의 이름들까지도 다양하게 열거되어 있다.

두 번째로 많이 쓰인 수사법으로 대구법이 29회 쓰였다. 그런데 대구법은 많은 부분에서 열거법과 함께 쓰이고 있다.

> 멱라수(汨羅水) 맑은 물은 굴삼려(屈三閭)의 충혼이요, 상강수(湘江水) 얼크러진 비는 오자서(五子胥)의 정령(精靈)이요 / 채미하던 백이숙제(伯夷叔齊) 구추명절(九秋名節) 일렀건만 수양산(首陽山) 아사(餓死)하고, 말 잘하는 소진(蘇秦) 장의(張儀) 열국제왕(列國諸王) 뭇 달래며 춘풍세우(春風細雨) 두견성에 슬픈 혼백이 되었으니,

위의 예문은 하나의 사설 안에 2회의 대구법과 1회의 열거법이 나타나 있는데, 대부분 이런 식이다. 따라서 열거법이 쓰인 곳은 거의 대부분 대구법이 함께 있고 대구법이 쓰인 곳에는 당연히 열거법이 함께 중복되어 있는 모습을 띠고 있다.

세 번째 수사법은 반복법으로, 25회 나타나 있다. 그런데 반복법의 쓰임은 열거, 대구법과는 상당히 다른 모습을 하고 있다. 곧 몇 개 안 되는 짧은 한문투의 구절이 후렴처럼 반복되어 열거와는 거의 관계없이 독립적으로 나타나 있다. 예를 들면, [백수한산(白首寒山) 심불로(心不老)]…라든지, [수인사(修人事) 연후에 대천명(待天命)이요 봉제사(奉祭祀) 연후에 접빈객(接賓

客]… 또는 [낙양동천(洛陽洞天) 이화정(梨花亭)]… 같은 말들이 의미 없이 리드미컬하게 반복되는 형식을 취한다.

한문투 사설에서 특이한 바는 은유, 직유, 환유 등 비유법은 별로 많이 나타나지는 않으며, 과장은 많이 쓰이고 있으나 일반적 수사법상의 과장이라기보다는 장광설을 위하여 과도한 예를 나열하는 모습을 띄고 있다.

한문투 사설에서 중국고사를 열거한 내용이 14회나 나타나 있는데, 같은 계열의 여러 개의 고사가 나열된 것을 1회로 셈한 것이므로 적지 않은 양이라고 할 수 있다. 이처럼 많은 중국고사를 나열[25]한 것은 현학적으로 표현하는 것을 커다란 자랑으로 삼았던 당시의 분위기를 짐작하게 한다.

이상 상투적 한문투 문장의 표현 양식을 살폈는데, 비유법이나 그 밖의 수사법은 거의 쓰이지 않고 있으며, 열거, 대구, 반복 등이 주류를 이루고 있음을 알 수 있었다. 한문투 사설이 이러한 수사법에 치우치는 이유는, 깊이 있는 비유나 상징적 표현을 자유롭게 할 만큼 한문이 우리말 속에 녹아들지 못했다는 것과 그냥 열거만 하는 것도 청자 입장에서는 알아듣기가 어려웠을 것이라는 것, 그리고 열거 하나만으로도 충분히 세인들의 관심을 끌기에 충분했을 것이라는 점들을 들 수 있다. 그리고 무엇보다도 여러 가지 지식을 얻기에 어렵던 당시에 중국의 역사, 문화, 고사, 인물, 지역 등을 나열하는 것으로 충분히 지식적인 갈증을 풀어주는 효과를 주었을 것으로 판단된다.

또 한 가지 한문투 사설의 중요한 효과는 사자성어의 나열을 통한 리듬의 발생과 리듬감을 통한 유희적 쾌감의 발생에 있는 것으로 보인다. 물론 우리말의 조사와 어미를 활용하여 부족함을 보완하는 방식을 취함으로써 우리의 언중들의 한문투 수용이 어느 정도 용이했을 것이다. 그밖에도

---

25) 이러한 중국고사의 나열은 그 시대에 크게 유행하였던 고대소설이나 판소리에도 많이 나타난다. 오히려 탈춤 가사보다 훨씬 다양한 모습으로 나타난다. 예컨대 한시 인용, 십팔사략이나 사기의 내용을 직접 인용하는 방식을 포함하여 나타난다고 하겠다.

같은 시대 유행했던 판소리나 고대소설의 영향도 있었다. 이러한 여러 가지 요인으로 한문투의 표현이 활용되었다고 하겠다.

4) 우리말 사용의 특성

봉산 탈춤의 대사로 쓰인 우리말은 전혀 어렵지 않은 아주 쉬운 말들이 주류를 이루고 있다. 고대소설이나 판소리처럼 은유, 직유, 환유 등 비유적 이미지를 창출하는 예술적이고 의미심장한 표현법이 많은 것도 아니고, 한문투의 사설처럼 열거나 대조가 그렇게 많은 것도 아니다. 그리고 우리말의 예술성과 경제성을 극대화한 표현인 속담처럼 풍유가 많은 것도 아니다.[26]

그러면서도 어떤 예술작품 못지않은 재미와 흥미를 끌 수 있도록 표현되어 있는데, 그것은 탈춤 대사의 표현법의 가장 대표적 특성인 희언(戱言)과 육담(肉談)의 뛰어남에 있다고 하겠다.

1장에서 언급한 바와 같이 탈춤 대본의 가치성과 흥미성은 대본의 스토리에 있지 않다. 물론 다른 문학 장르에 비하여 언어 외적 요인인 춤과 의상, 타령과 악기놀이 등의 비중이 상당히 큰 것은 사실이지만, 언어 내적 요인만을 가지고 봐도 그 언어로 표현되는 사건이나 배경 또는 인물보다도 오히려 인물들의 대사가 주는 재미에 있다고 하겠다.

◼ **희언**

희언은 모두 23회가 나타나 있다.

100여 쪽에 이르는 대본에, 대사가 총 404회, 길이가 2행 이상 되는 대사만도 117회나 되는 양 가운데서 희언이 23회에 불과하다는 것은, 숫자

---

26) 이석규의 '속담의 문체론적 연구'(2003)에 의하면 속담 문장 수의 93.5%가 풍유로 조사되었다.

만 가지고 볼 때 결코 많은 양이라고 할 수는 없을 것 같기도 하다. 그러나 첫째, 2행 이상 되는 대사의 50% 정도는 한문투로 되어 있어서 우리말로만 된 대사는 훨씬 적은 양이라는 점,[27] 둘째, 텍스트에 나타난 희언이 단 두 낱말로서 이루어지는 것도 물론 있지만, 가령 제1과장 팔목중춤의 제2경 법고놀이 전체 65회의 대사가 "법고를 치면서 놀아보자"를 "벗구를 대갱이에다 두루뭉실 여라"라고 말하는 희언적 표현과 관련되어 있다는 점, 그리고 제6과장 전체가 말뚝이가 양반을 희롱하는 장면으로 거의 희언으로 일관되어 있다는 점 등을 고려하면 23곳은 결코 적은 양이라고 하기 어렵다. 다시 말하면 이 대사에서 희언법의 사용은 대사의 흥미를 유발하고 분위기를 이끌어 가는 데 있어서 가장 중요한 수단이라고 할 수 있다.

그런데 희언법은 '법고(法鼓)놀이'를 '벗구놀이'라고 우기면서 옷을 벗는 모습을 연출한다든지, '적막(寂寞)은 막막(漠漠)' 혹은 '영락 아니면 송락'처럼 한자어나 고유어를 넘나들면서 여러 어휘 중에서 음운의 비슷한 부분을 되풀이하는 단순한 말장난도 있지만, 두 가지 이상의 수사법이 결합하여 음운의 반복으로 인한 흥겨움 유발하는 것이 대부분이다. 또한 한자어를 우리말식으로 풀이하거나 우리말식으로 사용하여 말장난을 유도하는 경우도 많다. 가령 "유유 정정 화화? 유유정정화화(柳柳井井花花)야? …유유 정정 화화라니? 아 알았다. 버들버들 우물우물 꼿꼿이 죽었단 말이로구나."는 한자의 뜻을 해석하는 형식을 빌리는 '문자놀이'와 희언이 합쳐진 터무니없는 익살적 표현이다. "개잘량이라는 양자에 개다리소반이라는 반자 쓰는 양반이 나오신다."의 경우는 한자어인 '양반'을 우리말로 엉터리로 꿰맞추는 희언으로 익살스럽게 양반을 골려주고 있다.

---

27) 1행짜리 대사에 한문투는 거의 없으며, 길이가 2행 이상 되는 대사 중에는 한 대사 속에 한문투와 우리말로만 되어있는 부분이 섞여있어서, 한자와 고유어의 비율을 대사의 횟수로 나누어 계량화 하기는 어렵다.

그러면 아버지 나를 양서로 배워주시오.
양서라니 평안도하고 황해도하고?
아이, 그것이 아니라 언문(諺文)하고 진서(眞書)하고…
오냐 그렇게 해라.

위의 경우는 한자의 음운을 이용한 동음이의어를 만들어서 말장난을 하는 희언이다.

㉠ 가나 다라 마바 사아 자차 카타 앗차차 잊었구나. 기억 니은 지긋 하니 기억자로 집을 짓고, 니은 같이 살잤더니 지긋같이 벗어난다. 가갸 거겨 가이없은 이 내 몸은 거지 없이 되었구나. 고교 구규 고생하던 이 내 몸이 고구하기 짝이 없다. 나냐 너녀 날아가는 원앙(鴛鴦)새야 널과 날과 짝을 두워, 노뇨 누뉴 노류장화(路柳墻花) 인개가절(人皆可折) 눌로 말미암아 생겨났는고 다댜 더뎌 다닥다닥 붙었던 정이 덧이 없이 떨어진다. 도됴 두듀 도장(道場)에 늙은 몸이 두고 가기 막연하다.

㉡ 생 원 : 이놈 말뚝아.
   말뚝이 : 예에. 아, 이 제미를 붙을 양반인지 좃반인지 허리꺾어 절반인지 개다리 소반인지 꾸레미전에 백반인지 말뚝아 꼴뚝아 밭가운데 최뚝아, 오뉴월에 말뚝아, 잔디 뚝에 메뚝아 부러진 다리 절뚝아, 호도엿장사 오는데 할애비 찾듯 왜 이리 찾소?(육담, 열거, 희언)

㉢ 곳불인지 행불인지 해해 년년이 다달이 나날이 시시때때로 감돌아돌고 풀돌아돈다.(희언, 열거, 반복)

㉣ 중의 행세로 속가에 내려와서 이쁜 아씨를 다려다 놓고 '끼잉꼬랑 깽꼬랑'(의성, 희언)

㉤ 얼시구나 절시구나 담불담불이 쌔인 도사랑, 사랑 사랑 내 사랑아 奇巖古松에 기여나 올라 휘휘칭칭감긴 도사랑, 사랑초 다방초 홍도깨 넌출넌출 박넌출이 내 가삼에 맺힌 도사랑(열거)

위의 ㉠~㉤이 모두 열거와 희언이 함께 쓰이되, 한자어가 없는 고유어로서 우리말의 특성을 최대한으로 살려 자유자재로 말장난을 하고 있음을 본다. 특히 ㉡, ㉢, ㉤은 당대의 판소리나 고대소설은 물론 현대의 어떤 작품에서도 보기 힘든 자유분방하며 풍성한 언어와 독특한 예술성을 지닌 희언의 극치를 이루는 표현들이다. 물론 ⓛ은 희언이면서도 육담류에 들고 ㉣은 의성법을 활용한 희언이다.

  ⓑ 생원 : 총자, 못잘세
   서방 : 그 운자 벽자로군. 형님 한 마디 들어보십시오. 집세기 앞총은 헌겁
        총하니 나막신 뒷축에 거말못이라.
  ⓢ 생원 : …주둥이는 하얗고 몸뚱이는 알락달락한 자는 무슨 자냐?
   서방 : … 피마자라는 자가 아닙니까?
  ⓞ 서방 : 논두럭에 살피 짚고 섰는 자가 무슨 잡니까?
   생원 : 그거 어려운데… 그것은 논임자가 아닌가?

  ⓑ, ⓢ, ⓞ은 글짓기 놀이, 파자(破字)놀이인데 성격이 다르기는 하지만 수사법 상 이것 역시 넓은 의미의 희언의 범주에 속한다고 할 수 있다.

■ 육담

육담의 사용 빈도수는 22회인데, 육담이라고 볼 수는 없으나 비속어로 사용된 곳도 두세 개 있어서 그것을 합하면 모두 25곳에 나타나고 있다. 이 탈춤 대본이 고대소설을 비롯한 문학 작품들 가운데서는 가장 많은 욕설과 육담이 사용된 것으로 보인다. 그리고 육담도 희언과 마찬가지로 여러 가지 수사법이 함께 어울려서 말의 흥미와 경제성을 극대화하는 특성을 가지고 있다.

희언에서 이미 예를 든 바 있는 "법고(法鼓)놀이-벗구놀이, 대갱이-좃대갱이-대가리(머리)"나 (1)-ⓛ의 예들은 희언인 동시에 육담이라고 할 수 있다. 그밖에도 대표적인 육담을 열거하면 아래와 같다.

  ㉠ 내가 이자 가서 오도독이 타령을 돌돌 말아서 노장님 귀에다 소르르하니까
    대강이를 용두질치다가 내버린 좃대강이 흔들 듯하더라. (직유, 육담)
  ⓛ 이년아 네 생각에는 어떠냐? 뒷절 중놈만 좋아하고 사자(獅子) 어금니 같은

　　나는 싫으냐? 중놈에게선 노린내가 나고 취발이에게선 향내가 나느니라.
　　(과장, 대조, 대구, 육담)
ⓒ 이놈의 털 길기도 하구나 한 발 가웃이로구나. (과장, 육담)
ⓔ 말뚝이 : …마나님이 술상을 차리는데 벽장문열고… 안주를 내어놓는데…
　　　　　　문어, 전복, 다 버리고 작년 팔월에 샌님댁에서 등산갔다 남아온
　　　　　　좆대갱이 하나 줍디.
　　생　원 : 이놈 뭐야!
　　말뚝이 : 아, 이 양반 어찌 듣소. 등산 갔다 남아온 어두일미라고 하면서 조
　　　　　　기대갱이 하나 줍디. (열거, 희언, 육담)
ⓜ 말뚝이 : 썩정 바자 구녕엔 개대강이요, 헌 바지 구녕엔 좆대강이라. (댓구,
　　　　　　육담)
ⓗ 이놈의 목쟁이를 뽑아다 밑구녕에다 꽂는 수가 있으면, 내 좆대강으로 생
　　원님 입술을 떼어 드리겠습니다. (육담)
ⓢ 난간 이마, 주게턱, 웅케눈에, 개발 코, 상통은 과녁 같고, 수염은 다 모즈
　　러진 귀얄 같고, 상투는 다 갈아먹은 망좆 같고, 키는 석자 네 치 되는 영
　　감이올세. (열거, 직유, 육담)
ⓞ 이년, 여보, 할멈 반갑고나 얼러보세. (반복, 열거, 육담)
ⓩ 이년, 천하에 고약한 년이 있나, 이년의 씹중방(中枋)을 꺾어 놓겠다. 윗중
　　방은 옳통불통하니 빈대머리에 풍잠(風簪)을 파주고, 아랫중방은 미끈 미끈
　　하니 골패짝을 만들밖에 없구나. (은유, 육담)
ⓣ 평안도 영변 향산을 들어갔다가 노장님께 인사를 하고 하룻밤을 자던 차에
　　어떠한 이쁜 여중이 있기로 객지에서 옹색도 하고 한 번 덮쳤더니 중들이
　　벌떼같이 달려들어 무수히 때리기로 갑자기 도망하여 나오면서 가지고 나
　　온 것이 중의 칠베장삼이다. (육담)
ⓚ 우리 요강은 파리 한 놈만 들어가도 소리가 왕왕하는 것인데 벌통 같은 씹
　　통을 벌리고 오줌을 졸졸 누며 방구를 탕탕 뀌니 앞집의 덜풍이가 봇(洑)동
　　이 터졌다고 괭이 가지고 왔으니 이런 망신이 어데 있습나? (과장, 열거, 육
　　담)
ⓟ 잘되었다. 이놈의 영감 사당 짓모리 말라 해도 내 말 안 듣고 짓모더니 사
　　당 동티로 너 죽었구나. 동내방내(洞內坊內) 키 크고 코 큰 총각, 우리 영감
　　내다 묻고 나하고 둘이 살아 봅세. 이놈의 영감 눈깔은 벌써 까마귀가 파먹
　　었구나. (욕설, 육담)

　　㉠~㉤에서 보듯이 대본에 나타난 육담들은 대부분 직유, 열거, 반복,
과장, 희언 등과 어울려 궁극적으로 익살을 극대화하는 표현들이다. 원래

욕설은 그 목적과 효용에 따라 저주, 증오, 질투, 시기, 멸시, 제압, 반발, 반항의 표현인 부정적 측면과 서열 매기기, 친분의 확인 및 친분 과시를 목적으로 하는 인간관계 조정, 애정의 표현, 또는 언어의 유희 등 긍정적 측면의 목적과 효용이 있다.[28] 그런데 탈춤 대본에 사용된 육담은 부정적 측면의 목적으로 사용된 것은 전연 없고 모두 긍정적 측면을 목적으로 사용되고 있다. 가끔 비속어가 쓰인 경우도 있는데 그나마 욕이라기보다는 농이나 익살적 표현을 위한 것으로 보는 것이 타당할 것이다.

이 탈춤 대본에서 사용된 육담도 어디까지나 관중들의 흥미를 끌고 웃기는 데 목적이 있으므로, 비속어가 많이 쓰이고 있는 것은 사실이다. 탈춤이 때로는 지위나 신분이 엄청나게 차이가 나는 사람들이 함께 모여, 평소에 잘 사용하지 못하던 말들을 자유롭고 진솔하게 표현하고 그것을 듣고 흥겹게 즐기며 함께 카타르시스를 맛보는 공식기회로서의 역할을 다하게 하는데, 그중에서도 특히 육담과 희언의 공로가 절대적으로 중요하다고 본다.

육담과 희언은 흥미를 유발하고 말장난을 즐긴다는 것, 익살적 표현이 대부분이라는 것, 자유롭고 분방한 표현이라는 것, 진솔한 인간의 밑바닥에 있는 정의적(情誼的) 표현이라는 점, 그리고 가깝거나 격의 없는 사이에서 할 수 있다는 점에서 공통점이 있다. 반면에 이 둘 사이의 차이점은 희언은 비슷한 음운의 동질성을 활용한 반복적 표현을 위하여 한자의 음을 활용하는 경우가 더러 있는데 육담은 거의 고유어로 일관하고 있다는 점, 육담은 희언보다도 사용이 더욱 조심스러워서 특별한 관계 사이에서만 가능하다는 것 등을 들을 수가 있다.

아무튼 희언과 육담은 구어체에서, 우리말의 특성이 그대로 살아 있는 경우가 아니면 자연스럽게 우러나올 수가 없는 표현들로, 다른 장르의 문

---

28) 윤재천·이주행(1984 : 218~221), 신기상(1992 : 15~18), 김열규(1997 : 227~302)의 견해들을 요약한 것임.

학 작품에서는 볼 수 없는, 진솔함과 예술성을 겸비한, 우리말의 역동성이 생생히 살아있는 표현들이라 하겠다.

■ 기타 수사법

고유어의 사용 모습은, 가장 중요한 특징인 희언과 육담 외에도, 한문투와는 달리 여러 종류의 수사법이 상당히 활발하게 쓰이고 있다.

그 중 가장 많이 쓰인 것은 반복법인데, 가령 목중들이 "아나야" 하고 부르면 "그래애"하고 대답하는 장면처럼 순전히 리듬을 위해서 사용된 곳이 41곳이며 그밖에도 17곳이 더 있다. 고유어에 사용된 반복법의 특징 중에 가장 두드러진 것은 3회 점층적 반복이 많다는 것이다. 예를 들면 "간다, 간다네, 나돌아 간다네.", "우지 마라, 우지를 마라, 네가 진정 우지를 마라."와 같다. 물론 이런 점층적 반복은 아니라도 "갈까부다, 갈까부다, 임을 따라 갈까부다"와 같이 2회 반복 후 3회 째는 수식어가 붙는 반복인데, 점층적 반복과 합쳐 모두 6회나 보인다. 이러한 것은 반복은 단순한 강조의 기능뿐 아니라 리듬의 효과 나타내는, 우리 고유어만의 독특한 반복이라 하겠다. 그밖에도 간헐적으로 사이를 두고 나타나는 반복도 있어 반복법 자체만도 여러 가지 다양한 모습을 볼 수 있다.

다음으로는 열거법이 많이 사용되고 있는데 횟수로는 31회나, 한 번의 나열 속에 나열되는 어휘수가 한문투 사설보다 적은 경우가 많기 때문에, 실제로는 14회에 불과한 한문투 사설보다 많은 차이가 있다고 보기는 어려울 것 같다. 아무튼 고유어에는 열거법 사용도 매우 활발한 것이 사실이다.

세 번째로 많이 쓰인 것의 의성·의태법으로 모두 24회 나타나 있다. 이것 역시 한자, 한문투에서는 보기 어려운 우리말의 언어적 특성 때문에 나타나는 현상으로, 자연음을 흉내 냄으로써 탈춤사설에 음악성을 살릴 뿐 아니라, 현장감과 리듬감을 더하여 주는 구실을 하는 것으로 보인다. 대구법은 13회가 쓰이고 있는데, 이것은 열거와 함께 나타나는 경우도 있고 대구만 따로 나타나는 곳도 있다. 대구가 한문투에 비하여 상대적으로 적은 것은 사실이나 일반적 문장에 비하면 적은 것이라고 말하기는 어렵다.

다음으로 은유와 직유가 각각 12회 나타나 있는데, 낯설거나 생소한 이미지를 창출하는 비유적 표현이 아니라 아주 쉬운 일반적인 비유들이 대부분이다. 탈춤대본의 수사법이 매우 다양함에도 불구하고, 비유만은 다른 문학 장르에 비하여 평이한 것은, '대사'로 표현되는 언어이기 때문에 생각하면서 읽을 수 있는 '글'과는 달리 잘 알아듣지 못할 것을 염려하기 때문으로 판단된다.

그밖에도 대조법이 7회, 과장법이 6회, 점층법(반복적 점층은 제외)이 2회, 인용법이 2회, 점강법과 역설법도 각각 1회씩 보인다.

이와 같이 우리말 사용에서는 희언과 육담을 제외하고도 수사법이 사용된 횟수는 총 168회나 된다. 게다가 희언과 육담을 더하면 한마디로 수사법의 전시장이라고 할 만큼 다양하고, 양적으로도 많이 쓰이고 있다는 사실을 알 수 있다. 더구나 이것은 대구법, 열거법, 반복법에만 치우쳐있으며, 모두 96회밖에 안 되는 한문투 사설과 비교가 되지 않는다는 것을 보여주는 자료이다. 한문투의 사설은 풍광이나 고사, 인물들을 나열하는, 현학적 취미를 만족시키는 수법과 한문 특유의 결합력을 활용한 4·4조의 리듬을 살려내는 단순한 기법에 머무르고 있다. 그러나 고유어의 사용은 아주 진솔하고 역동적이며 풍성하다. 반복과 열거, 의성어, 감탄사 등으로 생생하게 음악성을 살리고 있으며 파격과 균형을 자유자재로 드나들면서 절묘한 조화를 이루는 그야말로 토박이가 아니면 쓸 수 없는 생동감 있는 언어사용의 모습을 보여주고 있다고 하겠다.

5) 마무리

봉산 탈춤은 모두 7과장으로 되어 있으나 1, 2과장을 제외한 나머지 5과장만 대사가 나타나며, 그중, 3, 4, 5과장은 사건이 연결되지만, 6, 7과장은 각각 독립된 형태를 취하고 있다. 탈춤의 내용은 사상성이나 극적인 구성이라는 측면에서 보면 빈약하고 보잘 것 없는 것처럼 보인다. 그럼에도 불구하고 탈춤이 많은 사람들에게 환영과 사랑을 받은 것은 춤과 의상, 악기연주, 타령 등에 힘입는 바 크다. 그러나 가장 중요한 것은 역시 언어적 요인이라고 할 수 있는데, 그것은 스토리나 극적 구성이 아니라, 언어의 예술성과 익살성을 극대화한 대사의 표현 방식에 있다.

언어사용의 현상은 한문투 사설을 포함한 한자어와 고유어가 대비되는데, 한문투 사용이 매우 많은 것 같지만 사실은 30% 정도에 불과하며 나머지 70%는 고유어로 표현되어 있다.

한문투는 사설은 내용상으로는 풍광, 인물, 고사 등을 현학적으로 나열하는 형태를 취하고 있는데, 이는 그것을 지식으로 알고 있던 사람들에게 지적 갈증을 풀어주는 역할을 했던 것으로 보인다. 수사법은 열거, 반복, 대구법을 주로 사용하고 있어 내용과 형식이 균형을 이루고 있다. 우리말을 쓰는 사람들에게 이해를 쉽게 하기 위하여 우리말 조사와 어미를 활용하여 어사와 어사를 잇는 방식으로 우리말에의 동화를 시도하고 있다. 그러나 문어체의 특성을 벗어나지 못한 채 우리말에 동화되지 못하고, 물과 기름처럼 따로 놀고 있음을 볼 수 있었다.

한편 우리 고유어는 전적으로 구어체로 표현되어 있으며, 그에 걸맞게 반복, 열거, 의성, 대구, 대조, 직유, 은유, 환유, 과장, 점층, 점강, 역설법 등 종류나 양에 있어서 다양한 수사법이 사용되고 있는데 특히 희언과 육담이 대단히 많이 쓰이고, 그것이 교착어의 특성인 조사나 어미들과 알맞게 조화를 이룸으로써 역동적인 우리말의 모습을 생생하게 드러내주고 있다.

한마디로 요약하면 한자어, 특히 한문투 사설은 아직 우리말화를 하기에는 많은 거리가 있다는 것, 곧 우리말의 본질과 특성이 한문에 의하여 전혀 침해받고 있지 않다는 사실을 확인할 수 있었다. 그에 비해 고유어는 활달하고 풍성하며, 파격과 균형, 균형과 파격을 마음대로 넘나드는 자유자재와 조화가 함께 공존하는 진정한 살아 있는 언어의 모습을 보여주고 있다.

끝으로 탈춤대본 외에도 고대소설이나, 판소리 사설, 시조 등의 언어사용에 관한 연구를 통해서, 우리말의 본질적 특성을 구명하고 나아가서 한문뿐 아니라, 서양을 비롯한 세계 언어 속에 노출된 우리 언어의 정체성을 확인하고 체계화하는 작업이 필요하다고 본다. 또한 본래부터 가지고 있던 우리말의 놀라운 표현기능의 일부를 되살릴 수 있는 기회로 활용할 수 있기를 기대해 본다.

참고문헌

가톨릭 대학교 인간학교육원 편저(1997), 인간학, 가톨릭대학교출판부.

강우식(1984), 해당화, 범한출판사.

강유원(1986), 말의 미학, 미래사.

강재철(1980), 속담의 근원설화, 백록출판사.

고영근(1990), 텍스트 이론과 국어 통사론 연구의 방향, 배달말 15, 배달말학회.

______(1995), 단어·문장·텍스트, 한국문화사.

______(1997), 텍스트이론과 문학작품의 분석, 텍스트언어학 4, 텍스트언어학회.

______(1999), 텍스트 이론－언어문학 통합론의 이론과 실제, 아르케.

고영근 외(2001), 한국텍스트과학의 제과제, 역락.

구인환(1965), 문체론적 비평고, 동악어문논집. 동악어문논회.

구현정(1989), 현대 국어의 조건월 연구, 건국대학교 박사학위논문.

______(1991), 시의 언어학적 분석 : 박근영의 시 '가랑잎'을 중심으로, 자하어문논집 제8
        집, 상명여대 국어교육과.

______(1999), 대화와 유머, 한글사랑 봄호, 한글사.

______(2000), 개정 대화의 기법, 경진문화사.

권재일(1992), 한국어 통사론, 민음사.

______(1998), 텍스트언어학과 인문학의 발전, 추상과 의미의 실제, 박이정.

권재일 외(1999), 언어학과 인문학, 서울대학교출판부.

금동철(2001), 한국현대시의 수사학, 국학자료원.

김건수(2001), 은유표현의 명제성과 은유성, 인문언어 1권 1호, 국제언어인문학회.

김경수(1986), 이규보 시문학 연구, 아세아문화사.

______(1994), 이승휴 연구논총, 삼척군.

김경태(1991), 당신도 남을 웃길 수 있다－웃음의 이론과 실제, 지식산업사.

김동욱 외(1989), 처용 연구 논총, 울산문화원.

김방한(1992), 언어학의 이해, 민음사.

김봉군(1993), 문장 기술론, 삼영사.

김상대(2001) 국어문법의 대안적 접근, 국학자료원.

김석득(1974), 한국어의 시간과 시상, 한불연구 1, 연세대 한불문화연구소

김성훈(1993), 텍스트에서의 생략현상에 대한 연구, 텍스트언어학 1, 텍스트연구회,

김순자(1999), 대화의 맞장구 형식과 기능, 텍스트언어학 6, 한국텍스트언어학회.

김승곤(1986), 한국어 통어론, 아세아문화사.

______(2003), 현대표준말본, 한국문화사.

김양희(1999), 은유와 환유에 대한 고찰, 한양어문 17, 한국언어문화학회.

김열규(1997), 욕, 그 카타르시스의 미학, 사계절.

김욱동(1999), 은유와 환유의 언어학적 기초, 기호학연구 5, 한국기호학회.

______(2000), 은유와 환유, 민음사.

김응모(2000), 국어학특강, 세종출판사.

김정선(1999). 상거래 대화에서의 공손 책략, 텍스트언어학 7, 한국텍스트언어학회.

김종택(1967), 속담의 의미기능에 관한 연구, 국어국문학 34, 35 합병호, 국어국문학회.

김준섭(1994), 언어와 예술의 철학, 서울대학교출판부.

김지선(2001), 김춘수 시의 환유적 읽기, 한양어문 19, 한국언어문화학회.

김진영(1984), 이규보 문학 연구, 집문당.

김진우(2004), 언어―이론과 응용 (깁더본), 탑출판사.

김차균(1990), 우리말 시제와 상의 연구, 태학사.

김현자(1999), 서정주 시의 은유와 환유, 기호학 연구 5, 한국기호학회.

김혜정(2002), 텍스트 이해의 과정과 전략에 관한 연구, 서울대학교 박사학위 논문.

깁스(R. W. Gibbs, 1994) / 나익주 옮김(2003), 마음의 시학, 한국문화사.

남기심·이정민·이홍배(1988), 언어학 개론(거정판), 탑출판사.

남만성 역주(1976), 신역 韓非子, 현암사.

노대규(1987), 시의 언어학적 분석 : 김수영의 '눈'을 중심으로, 매지논총 3집, 연세대학교
　　　　매지학술연구소

노은희(1999), 대화의 특성과 지도 방법, 텍스트언어학 7, 한국텍스트언어학회.

노지니(2001), 이야기 놀이 담화의 구성전략, 한국 텍스트과학의 제과제, 역락.

랑가커(R. W. Langacker, 1994) / 김종도 역(1999), 인지문법의 토대 I · II, 박이정.

레이코프(G. Lakoff, 1987) / 이기우 역(1994), 인지의미론, 한국문화사.

레이코프·존슨(G. Lakoff & M. Johnson, 1980) / 노양진·나익주 옮김(1995), 삶으로서의
　　　　은유, 서광사.

렌케마(J. Renkema, 1992) / 이원표 역(1997), 담화연구의 기초, 한국문화사.

로트만(Iu. Lotman, 1972) / 유재천 역(1987), 시 텍스트의 분석 : 시의 구조, 가나.

루소(J. J. Rousseau, 1781) / 주경복·고봉만 옮김(2002), 언어 기원에 관한 시론, 책세상.

매클린(M. Maclean, 1988) / 임병권 옮김(1997), 텍스트의 역학―연행으로서 서사, 한나래.

문금현(1996), 국어의 관용표현의 연구, 서울다학교 박사학위 논문.

박갑수(1979), 문체론의 이론과 실제, 세운문화사.

박붕배(1989), 세계 자국어 교육정책, 개문사.

박세현(1990), 김유정 소설 연구, 인문당.

박여성(1995), 사고(思考)와 말하기. 텍스트언어학 3, 텍스트언어학회.

박연배(2001), 중국 욕설 연구, 동국대학교 석사학위 논문.

박영목(1996), 국어 이해론—독서교육의 기저 이론, 법인문화사.

______(2001), 쓰기교육과 읽기교육에 대한 텍스트언어학적 연구의 동향, 텍스트언어학 10, 한국텍스트언어학회.

박용익(1999), 대화분석론의 이론과 전망, 텍스트언어학 6, 한국텍스트언어학회.

박전열(2001), 봉산탈춤, 화산문화.

박종갑(1998), 발화의미론, 의미론 연구의 새 방향, 박이정.

______(2001), (개정판) 토론식 강의를 위한 국어 의미론, 박이정.

반 다이크(T. A. Van Dijk, 1980) / 정시호 역(1995), 텍스트학, 민음사.

배해수(1982), 현대국어의 웃음동사에 대하여.

백용학(1993), 화용론과 담화분석, 동아대학교 출판부.

베르그송(Bergson, H., 1924) / 정연복 역(1992), 웃음—희극성의 의미에 관한 시론, 세계사.

보그랑드(1991) / 정동빈 외 공역(1996), 언어학개론, 한신문화사.

보그랑드와 드레슬러(Beaugrande & Dressler, 1981) / 김태옥·이현호 공역(1995), 담화·텍스트언어학 입문, 한신문화사.

부버(1982), 나와 너, 문예출판사.

브링커(K. Brinker, 1985) / 이성만 역(1994), 텍스트언어학의 이해-언어학적 텍스트분석의 기본 개념과 방법, 한국문화사.

사이또 미쯔꼬(1972) / 원훈이 역(1999), 듣기 이론, 박이정.

생명의 말씀사(1985), 현대인의 성경.

서거정 / 박경신 대교·교열(1998), 태평한화골계전, 국학자료원.

서라사(1971), 문학에 있어서의 웃음의 개념, 국어국문학 51, 국어국문학회.

서 얼(John R. Searle, 1969) / 이건원 역(1987), 언화행위, 한신문화사.

서인석(1960), 욕설고(辱說考), 국어국문학 22, 국어국문학회.

서 혁(1993), 언어사용으로서의 속담표현의 특성, 선청어문 제21집, 서울사대 국어교육과.

소두영(1984), 구조주의, 민음사.

소토야마묘(外山卯三郎, 1928) / 최정석·김두한 옮김(1990), 詩 형태학 서설, 학문사.

송현정(1994), 속담의 사용언어로서의 특성연구, 박갑수 선생 화갑기념논문집, 태학사.

스터브즈(M. Stubbs, 1983) / 송영주 역(1993), 담화분석, 한국문화사.

신기상(1992), 우리말 욕설 연구, 국어교육 79·80 합병호, 한국 국어교육 연구회.

신기철, 신용철(1975), 새 우리말 큰사전, 삼성출판사.

신윤상(1963), 한국의 유우머—시가의 해학 연구, 영진사.

심재기(1976), 「영산홍」의 시문법적 구성 분석, 언어 1-2, 언어학회.

안병주 외 역해(1970), 孟子, 현암사.

애들러·도렌(M. J. Adler & C. V. Doren) / 긴병덕 역(1994), 독서의 기술, 범우사.

야콥슨(R. Jakobson) / 권재일 옮김(1989), 일반언어학 이론, 민음사.

야콥슨(R. Jakobson) / 신문수 편역(1989), 문학 속의 언어학, 문학과 지성사.

양태식(1985), 국어 차원 낱말의 의미 구조, 태화출판사.

양희석(1982), 현대문예사조론, 자유문고

엘진(S. H. Elgin) / 심정순 옮김(1998), 언어호롱, 삼신각.

여동빈 / 이윤희·고성훈 공역, 太乙金華宗旨, 여강출판사.

오스틴(J. L. Austin)(1975) / 김영진 역, 말과 행위, 서광사.

오행자 편(1986), 속담, 격언, 수수께끼, 한국토속문화수집회.

운평어문연구소 편(1992), 국어사전, 금성출판사.

울만(S. Ullman, 1962) / 남성우 역(1987), 의미론 : 의미과학입문, 탑출판사.

워치만 니(Watchman Nee, 1974), The Spiritual man, 정동섭 역, 생명의 말씀사.

원희범(1977), 인도철학사상, 불교문화사.

웰렉·워렌(R. Wellec & A. Warren, 1962) / 김병철 역(1983), (개정 3판) 문학의 이론,
        을유문화사.

윌라이트(P. E. Wheelwright, 1962) / 김태옥 역(1988), 은유와 실재, 문학과 지성사.

유성규(1991), 유성규 시조 선집—攝理곁에서, 한샘출판사.

유화양 / 석원태 역주(1994), 주석 혜명경(慧命經), 서림문화사.

윤재천·이주행(1984), 욕설에 관한 연구(II)—욕설을 사용하는 언중의 의식구조, 중앙대
        논문집 28, 중앙대학교

이광숙(1993), 문학 작품에서의 텍스트언어학적 접근 가능성, 텍스트언어학 1, 텍스트연구회.

이광정 편(2003), 국어학의 새로운 조명, 역락.

이규보(1979), 동국이상국집 국역본, 민족문화추진회.

이기동(2003), 맹자 강설, 성균관대학교 출판브.

이기문 외(1984), 국어음운론, 학연사.

이기문 편(1995), 개정판 속담사전, 일조각.

이대규(1995), 수사학, 신구문화사.

이도영(1999), 유머텍스트의 웃음 유발 장치, 텍스트언어학 7, 한국텍스트언어학회.

이미순(2000), 한국현대문학비평과 수사학, 월간.

이상섭(1980), 언어와 상상, 문학과 지성사.

이석규(1990), 동요 '가을'의 언어학적 분석, 민제 교수 회갑기념논문집, 중앙대학교 국어
        국문학과.

_____(1992), 도움 토씨의 의미 연구, 김승곤 교수 정년퇴임 기념논문집, 건국대학교 국
        어국문학과.

_____(1993), 시간부사의 의미연구(1), 인문논총 2, 경원대학교 인문과학 연구소

_____(1996), 시간부사의 의미연구(2), 인문논총 5, 경원대학교 인문과학 연구소

_____(1997), 텍스트의 정보성에 관한 연구, 경원어문논집, 경원대학교 국어국문학과.

_____(1998), 시 텍스트의 정보성 탐색 연구, 국어 교육 96, 한국 국어교육 연구회.

_____(1999), 시 텍스트의 결속성 및 의미확대 표지에 관한 연구, 국어교육 100, 한국 국어교육 연구회.

_____(2003), 시적어휘의 효용성 극대화에 대한 연구, 김상대교수 정년퇴임기념논총, 국학자료원.

_____(2003), 속담의 문체론적 연구, 이광정 편, 국어학의 새로운 조명, 역락.

이석규 외(2001), 텍스트언어학의 이론과 실제, 박이정.

이석규 편저(2003), 텍스트 분석의 실제, 역락.

이선영(1991), 문학비평의 방법과 실제, 삼지원.

이성만(2000), 텍스트 문법의 매력을 찾아서, 텍스트언어학 8, 한국텍스트언어학회.

이승훈(1982), 시론, 고려원.

_____(1998), 한국 문학과 구조주의, 문학과 비평사.

이용주 외(1990), 국어의미론, 개문사.

이우영(1988), 시와 언어학, 형설 출판사.

이을환(1985), 국어학연구, 숙명여자대학교 출판부.

이재원(2001), 응집성, 응집성들, 텍스트언어학 10, 한국텍스트언어학회.

_____(2001), 드 보그랑데 / 드레슬러(1981)의 텍스트성에 대한 비판적 고찰, 텍스트언어학 11, 한국텍스트언어학회.

이정민 외 편(1977), 언어과학이란 무엇인가, 문학과 지성사.

이준희(2000), 간접화행, 역락.

이중희(2001), 상상력을 자극하는 철학적 유머, 북라인.

이창덕 외(2000), 삶과 화법, 박이정.

이현비(1997), 원리를 알면 공자도 웃길 수 있다, 지성사.

이현호(1993), 한국 현대시의 담화·화용론적 연구, 한국문화사.

이현호 외(1997), 한국 현대희곡의 텍스트언어학적 연구, 한국문화사.

임어당(1978), 동서문학의 해학, 국제펜클럽 한국본부.

임지룡(1993), 국어 의미론, 탑출판사.

_____(1997), 인지의미론, 탑출판사.

장경희(1999), 국어의 수용형 대화와 거부형 대화, 텍스트언어학 6, 한국텍스트언어학회.

_____(1999), 대화의 접속과 내포, 텍스트언어학 7, 한국텍스트언어학회.

장백일(1978), 한국현대문학론, 과동출판사.

전영우(1998), 신국어화법론, 태학사.

전정례(1999), 언어와 문화, 박이정.

전정례(2005), 언어변화이론, 박이정.

전정례·허재영(2002), 얘기 좀 할래요?—대화의 기술, 건국대출판부.

정끝별(1997), 패러디 시학, 문학세계사.

정동화 외(1984), 국어과교육론, 선일문화사.

정동환(1993), 국어복합어의 의미 연구, 서광학술자료사.

정춘회 편역(1990), 인지언어학, 형설출판사.

정호완(1991), 우리말의 상상력, 정신세계사.

제임슨(F. Jameson, 1972) / 윤지관 옮김(1985), 언어의 감옥—구조주의와 형식주의 비판,
　　　　까치.

조동일(2000), 문학작품의 구조분석, 텍스트언어학 9, 한국텍스트언어학회.

조오현(1991), 국어의 이유구문 연구, 한신문화사.

조재윤(1998), 한국속담의 구조분석연구, 고려대학교 박사학위 논문.

주경희(1998), 문결속 기능으로의 속담 사용, 텍스트언어학 5, 한국텍스트언어학회.

＿＿＿(1999), 속담의 기능, 국어교육 100호, 한국국어교육연구회.

지윤환(1997), 속담풀이 사전, 한국고전신서편찬회.

최근학 편,(1980), 세계격언사전, 경학당.

최기호·김미형(1998), 언어와 사회, 한국문화사.

최남희 외(2006), 우리말 연구의 이론과 실제, 경진문화사.

최윤현 외(2006), 우리말 음운연구의 실제, 경진문화사.

최지현(1994), 우스갯소리에서 제삼자의 위치, 국어교육연구 1, 서울대학교 국어교육연구소

최창렬 외(1986), 국어의미론, 개문사.

최현배(1983), (깁고 고침) 우리말본, 정음사.

카이저(W. Kayser, 1948) / 김윤섭(1988), 언어예술 작품론, 시인사.

카츠(J. J. Katz, 1971) / 윤일선 역(1984), 언어철학-언어의 내면적 실재와 그 철학적 의
　　　　의, 정민사.

코세리우(E. Coseriu, 1980) / 신익성 역(1995), 텍스트언어학, 사외문화연구소

코언(T. Cohen, 1999) / 강현석 역(2001), 농담 따먹기에 대한 철학적 고찰, 이소출판사.

쿠르츠웨일(E. Kurzweil, 1980) / 이광래 옮김(1984), 구조주의 시대, 종로서적.

토도로브(T. Todorov, 1977) / 이기우 옮김(1995), 상징의 이론, 한국문화사.

파브(P. Farb) / 이기동 외 옮김(1997), 말 그 모습과 쓰임, 한국문화사.

파터(H. Vater, 1994) / 이성만 역(1995), 텍스트언어학 입문, 한국문화사.

표문태 역해(1970), 新譯四書2 논어, 현암사.

프라이(N. Fry, 1964) / 이상우 옮김(1987), 문학의 구조와 상상력, 집문당.

프로이트(S. Freud, 1960) / 임인주 역(1997), 농담과 무의식의 관계, 프로이트 전집 8권,
　　　　열린책들.

프롬킨·로드만(V. Fromkin & R. Rodman) / 박의재·성낙일 옮김(1985), 영어학 개론, 한신문화사.

하이네만·피이베거(W. Heineman & D. Viehweger, 1991) / 백설자 옮김(2001), 텍스트 언어학 입문, 역락.

하트웰(P. Hartwell, 1982) / 이을환 외 옮김(1985), 글을 어떻게 쓸 것인가, 경문사.

한국텍스트언어학회(2004), 텍스트언어학의 이해, 박이정.

한글학회 편(1973), 새 한글 사전, 광명인쇄사.

한성일(2002), 유머 텍스트의 원리와 언어학적 분석, 경원대학교 박사학위 논문.

______(2003), 유머 텍스트의 의도성과 용인성, 이석규 편저, 텍스트 분석의 실제, 역락.

______(2004), 유머 텍스트의 상호텍스트성, 텍스트언어학17, 한국텍스트언어학회.

______(2006), 유머 텍스트의 응결성과 응집성, 겨레어문학37, 겨레어문학회.

한채영(1983), 한국시의 환유적 구성원리와 그 사적 전개, 국어국문학지 20, 문창어문학회.

해킹(I. Hacking, 1975) / 선혜영·황경식 옮김(1987), 왜 언어가 철학에서 중요한가, 서광사.

허 웅(1991), 언어학-그 대상과 방법(중판), 샘문화사.

______(1985), 국어학, 샘문화사.

홍사만(1986), 국어 특수조사론, 학문사

황순구(1992), 서사시 동명왕편 연구, 백산출판사.

Balley, C.(1951), Traite de stylistique francaise, 3rd ed., Paris.

Beaugrande, R.(1980), Text, Discourse, and Process, toword multidisciplinary science of texsts, New Jersey : Ablex, London : Longman.

Berlyne, D. E.(1969), Laughter, Humor and Play, in G. Lindzey and E. Aronson(ed.) Handbook of Social Psychology, 2nd ed, Vol.3, New York; Addison-Wesley.

Bloomfield, L.(1933), Language. London: Allen and Unwin.

Chiaro, D.(1992), The Language of Jokes : Analysing verbal play, London and New York : Routledge.

Chomsky, N.(1965), Aspects of the Theory of syntax, Cambridge, MA : MIT Press.

Chomsky, N.(1972), Language and mind. Harcourt Brace Javanovich, revised edition.

Daniel Dalas et Jacques Fillitent(1973), Linguistique et Poetique, 유제식 외 옮김, 시와 언어학, 인동출판사.

Deborah, T.(1992), Gender & Discourse, Oxford University Press.

Grice, H. P.(1975), Syntax and Semantics, Vol.3: Speech Acts, New York : Academic Press.

Hearsch, E. D.(1967), Validity in Interpretation, Yale University Press. ngen

Kallmeyer, W.(1980), Lektürekolleg Zur Textlinguistik. Bd. 1. Einführung. Königsten /
    Ts.

Leech, G.(1975), Semantics and society, Semantics, Penguin Book.

Long, D. L. & A. C. Graesser.(1989), Wit and Humor in Discourse Processing.

Radford, A.(1986), Transformational Grammer, Cambridge University press.

Ross, A.(1998), The Language of Humour, London : Routledge.

Sapir, E.(1921), Language : An Introduction to the Study of Speech, Harcourt Brace
    Jovanovich.

Searl, J.(1969), Speech Acts, London: Cambridge.

Shannon, C & Weaver, W.(1949), The Mathematical Theory of Communication,
    Urbana : University of Ilinois Press.

Sherzer, J.(1985), Puns and Jokes, Teun A. van Dijk(ed).Handbook of analysis (v.3).
    London : Academic Press.

Spitzer, L.(1967), Linguistics and Literary History-Essays of Stylistics, New Jersy
    Princeton Univ. Press, second printing.

Sprung, L.(1964), Zur Psychology des Gedächtnisses 1 : Übereinige Abhängigheits-
    beziehugen zwischen Kontexteigenschaften und Reproduktionsleistungen
    in sinnvollen sprachlichen Texten, Zeitschrift fur Psychology 169.

Sternthal, B. & C. S. Craig.(1973), Humor in Advertising, Journal of Marketing,
    Vol.37.

The British Association for the Advancement of Science(2002), LaughLAB, London :
    Arrow Books.

Turner, G. W.(1973), Stylistics, Penguin Books Ltd, Harmondworth.

Van Dijk, T. A.(1977), Text and context, Longman.

찾아보기

ㄱ

간결성 205, 322
감각성 332
감각어 332
감동 318
강조법 212
강조성 463
같이 가기 185
개념 63, 64
개념망(network) 64, 340
개념적 의미 421
개연성(Probability) 335
객관주의 101
거시개념 452
거시구조 74, 289, 354, 472
거시규칙 75, 342, 355
거시상태(macro-state) 69, 339
격률(maxims) 152, 155, 158
격언 60, 197
격하(Down grading) 335
경구(警句) 196
경이성의 추구 388
계단식 비유 181
고유어 502
골계(滑稽) 122, 125
공간구조 400
공격하기 185
관계 156
관계그물 34
관계의 격률 39

관용어구 203
관용표현(慣用表現) 60, 196, 203
관찰(observation) 320
구성 혹은 통합 76, 78
구성주의적 의미구성 464
구조 만들기(set-up) 135, 137, 152, 153, 154, 155
구조·기술언어학 92
구체명사 209
구체성 205, 332
구체어 209, 332
구체적 개념 449
규정적 지식 48
금기어(禁忌語) 23
금언(金言) 197
급소 찌르기(punch line) 135, 137, 152, 153, 155
기능문장투시법 68
기대(Expextation) 335
기발성 388
기술(descriptive) 텍스트 58
기준치(Default) 335
기지(機智) 110, 164, 167
기호화 464
꾸며대기 189

ㄴ

나무그림 69

낙음(樂音) 326
낯설게 하기 317, 333, 388
내적 이해 277
「老巫篇 幷書」 443
노장춤 498
농담(弄談, joke) 123, 129
능동적 수용 43

ㄷ

다양성 17
다치성(多値性) 337
단선적 대화 278
담화 152, 160
담화 분석이론 460
당연한 말 하기 188
대구법 509
대사의 응집성 496
대용형(pro-form) 68, 139
대체형 95
대화 방식 295
대화 전제 156
대화의 격률 50
대화의 길 274
대화의 단절 273
대화의 모형 277
대화의 역기능 271
대화의 원리 39, 156
대화의 의미 275
대화의 자세 276
대화의 주도권 284
대화의 함축 39, 156
도교의 진언(眞言) 23
독설 186
돌려 말하기 123
동기(motive) 374
동양적 언어관 80, 493

동음이의어 513
되받아치기 182

ㄹ

리얼리티 323

ㅁ

마콥 연쇄 335
만담 109
말 20
말의 연쇄 34
말의 진실성 82
말장난(puns) 123, 513
말재주 168
맥락 48, 495
맥락 의존적 유머 130
맹자(孟子) 83, 458
맹자의 언어관 488
메타포 403
명령적 기능 19
명제논리 43
명제행위 37
명징성 89
목중 춤 497
묘사 210
묘사적 이미지 327
무가(巫歌) 23
무의미 시 331
무조건적 수용 277
무해한 위트 127, 164
문법범주 36
문법성 44
문법적 의존관계 67
문자놀이 512
문장 언어학 27

문제(Problem)   150
문체론   89, 460
미시구조   74
미시상태(micro-state)   69, 339
미얄춤   499
미적 기능   20, 93

ㅂ

반복법   509
반속주의(反俗主義)   402
받아치기   185
발화수반행위   37
발화체   31
발화행위   37
발화효과행위   37
방법의 격률   286, 39
배경지식   152, 158, 158, 160, 161
법고놀이   497
변화법   212
병행구문(parallelism)   68, 140
보여주기   210, 211, 333
보편주의   21
복선적 대화 모형   278
봉산탈춤   494
부가적 절차   282
부동심   24
부분 회기법   68
부조화(incongruity)   123, 134
부조화론(incongruity theory)   134
불교의 경(經)   23
불연속성   49
불일치성   49
브레인스토밍   321
비속어   516
비예측성   50, 135, 153, 388
비유   345

비유적 이미지   327
비친숙화(defamiliarity)   340
비켜서기 수법   408
비판적 읽기   45

ㅅ

사고   20
사당춤   497
사성(四聲)   326
사자춤   499
삭제(delition)   339
삶의 보고(寶庫)   218
상(aspect)   68
상상력   321
상좌춤   497
상징구조   401
상징적 이미지   327
상투적 표현   98
상투적인 한문투   503
상호 교환성   18
상호적(相互的)   276
상황관리   42, 51, 282, 288
상황성(situationality)   33, 51
상황점검   51, 295
생략(auslassen)   76, 143, 323
생략법   68
서법   36
서사구조   148
서정성   408
선택(selektieren)   76, 77
설득   86
성실성(誠實性)   276
세계관   21
세계지식   145, 390
속담   60, 112, 195, 197
수사학(修辭學)   89

532 언어의 예술

수수께끼형 유머 147
수용 모형 461
스크립트(script) 64
스키마(schema) 58, 64
시어의 효용성 389
시제 68
시조(時調) 325
시치미 떼기 317, 388
신장수 춤 498
실현과정 44
審美的 效果 444
심리적 요인 34
심층의미 421

ㅇ

아이러니 123, 213, 217
안정적 표현 96, 98
양반춤 499
양의 격률 39
어휘배열 317
억양(intonation) 142
언령(言靈) 23
언령사상 24
언어능력 13
언어사용 16, 459, 495
언어상대주의 21
언어수행 35
언어신수설 23
언어의 기능 19
언어의 배열 388
언어의 사용 80
언어의 연쇄 390
언어의 힘 22
언어적 동물 14
언어적 요인 35
언어적 정보성 50

언어행위 37, 460
언중(言衆)의 시(詩) 195
에피소드적 유머 130
역설 217
연상적 의미 421
열거법 509
열등집단 162
엽기 유머 147
예수의 대화 295
예수의 책략 287
예측(Prediction) 335
외연적 초점 415
외향적 격하 338
욕 111
용인성(acceptability) 32, 43, 162
우문현답 188
우선 선택(Preference) 335
우아성 89
우연적 지식 48
우월감(Superiority) 132
우월집단 162
우의(寓意) 105
우회성 100, 332
우회하기 182
웃음 109
웃음의 개념 119
원의미 422
위트(wit) 110, 122, 127, 163, 165
유머 109, 122, 128, 155, 156, 160, 161
유머 텍스트 152, 153, 155, 156, 157, 158, 161, 162
유연성 17
육담(肉談) 511, 514
율법사의 책략 286
은유 101
음담패설 163

음보(音譜) 325
음성기호 16
음성률 326
음성실현체 464
음성조합 464
음수율 325
음악성 324
음위율 326
응결성 장치 139
응결성(cohesion) 34, 70, 139, 152, 160
응집성 표지 367
응집성(coherence) 34, 63, 70, 145, 152,
  160, 338
의도성(intentionality) 32, 40, 94, 152,
  160, 282
의도적 오류 317, 388
의도주의(intentioalism) 42, 369
의미의 상속 64
의미장(semantic field) 219
의미적 함의 76, 471
의미확대 352, 444
의사소통 15, 157
의사소통을 위한 발화체 29
의의의 연속성 63
의향법 36
이미지 327
이미지 창출 333
이성 20
이야기 153, 158, 160, 163
이원성 18
익살 122
익살적 표현 516
인간 13
인간적 기대 47, 145, 390
인유 61
인접성(contiguity) 105
인지기제 478

일관성 463
일반화(generalisieren) 76, 77, 339
임기응변 164
임의성 17

ㅈ

자기 충족적(self-cotained) 구조 333
자의성 18
자의적(恣意的) 16
잠언(箴言) 197
잠재적 체계 31, 44
잠정적 생략 기법 145
재담 109
재치 167
쟁론(argumentative) 텍스트 58
저의가 있는 위트 127, 164
적절성 89
적합성 156, 160, 162
적확성 100, 332
전경화 158, 159
전국적 인지패턴 58, 64
전위성 18
전형적 지식 48
절차적 접근 64, 390
점강법의 배열 433
접속표현(junction) 68
정보 전달의 기능 19
정보성(informativity) 33, 46, 95, 334
정보성의 등급 48
정보적 요인 34
정보탐색 353
정의적(情誼的) 표현 516
정확성 89
제어 중심 64, 342
조크 122
주술(呪術) 23

주술적 표현 505, 507
주제적 의미 421
중간조정(mediation) 43, 51
중의성 145, 337
지식 공간 336
지식적 정보성 50
지적 유희 163
지혜 239
진리적 언어사용 81
질의 격률 39
집단적 예술 92

ㅊ

창의적 표현 96, 98, 107, 108
창조성 18
창조적 표현 303
책략 152, 153, 158, 159
처세 85
천자문 놀이 505, 507
체험주의(experientalism) 101
초구조(superstruktur) 74, 462
초현실주의적 이미지 327
초현실주의적인 수법 331
촌철살인 167
추상명사 209
추상문법 27
추상어 209
추상적 개념 449
출사(出師) 84
취발이춤 499
친교 161
친교적 기능(phatic function) 20, 93

ㅋ

카타르시스 516

코믹(Comic) 125

ㅌ

타이밍 169
탈춤대본 494
텍스트 28, 30
텍스트 산출모형 461
텍스트 외적 세계 463
텍스트 외적 지식 463
텍스트 인유(text allution) 59
텍스트 해석 45
텍스트다움 69
텍스트상호성(intertextuality) 34, 58
텍스트성 27, 30
텍스트성 이론 69
텍스트언어학 26
텍스트의 유형론 58
통계적 개연성 47, 95
통사규칙 67
통사적 의미의 관계 421
통일성 463
통제력 333
통찰(insight) 320
통찰력(insight) 287
통화행위 33

ㅍ

파롤(parole) 26
파자(破字)놀이 501, 514
팔목중춤 497
패러디 61, 140
펀치라인 153
표면의미 421
표현적 기능 19
표현형식 443

풍유적 표현 217
풍자(諷刺, satire) 112, 123, 126, 180,
　217
프레임(frame) 58, 64
플랜(plan) 42, 58, 64, 152
평계대기 188

ㅎ

학제간의 협력 443
한문투 502
한술 더 뜨기 187
漢詩 443
함의 425
함축 323
해결(Solution) 150
해소론(relief theory) 134
해학(諧謔) 122, 128
허구적 세계 160
협동의 원리 39

협력의 원리 155, 156
협박하기 189
호모 로퀜스 15
「호연지기 장(浩然之氣 章)」 24, 458
화술적(narrative) 텍스트 58
화용론 460
話行 420
화행 모형 37
화행이론 37
확대전이망 69
확대활성화 64
환언(paraphrase) 68
환유(metonomy) 103, 104
회기법(recurrence) 68, 143
회화성 327
효과주의(affectivism) 369
효용성의 극대화 387
후조응(後照應) 69
희언(戲言) 511
희언법(戲言法, punning) 326, 497, 512

저자 이석규

춘천 출생
서울대학교 사범대학 국어교육과 졸업
건국대학교 대학원 국문과 졸업(문학석사, 문학박사)
경기고교 교사, 목원대학 국문과 교수 역임
경원대학교 학생처장, 인문대학장 역임
현재 경원대학교 국어국문학과 교수 및 대학원장

저서
「우리말 의미 연구」, 「텍스트언어학의 이론과 실제」, 「우리말답게 번
역하기」, 「텍스트분석의 실제」, 「언어와 사회」, 「유머·위트 과학」
(근간) 등 다수의 저서 및 논문

시집
「당신이 없는 거리는 춥다」, 「아날로그의 오월」

글누림 문화예술 총서 3

언어의 예술

초판 인쇄 2007년 12월 20일
초판 발행 2007년 12월 31일

지은이 이석규
펴낸이 최종숙
편 집 이소희
펴낸곳 글누림출판사
　　　　서울 서초구 반포4동 577-25 문창빌딩 2층
　　　　전화 02-3409-2055 | FAX 02-3409-2059
　　　　이메일 nurim3888@hanmail.net
　　　　홈페이지 www.geulnurim.co.kr
　　　　등록 2005년 10월 5일 제303-2005-000038호
ISBN 978-89-91990-83-8 93700

정 가 28,000원

*잘못된 책은 교환해 드립니다.

풍유적 표현 217
풍자(諷刺, satire) 112, 123, 126, 180, 217
프레임(frame) 58, 64
플랜(plan) 42, 58, 64, 152
핑계대기 188

ㅎ

학제간의 협력 443
한문투 502
한술 더 뜨기 187
漢詩 443
함의 425
함축 323
해결(Solution) 150
해소론(relief theory) 134
해학(諧謔) 122, 128
허구적 세계 160
협동의 원리 39

협력의 원리 155, 156
협박하기 189
호모 로퀜스 15
「호연지기 장(浩然之氣 章)」 24, 458
화술적(narrative) 텍스트 58
화용론 460
話行 420
화행 모형 37
화행이론 37
확대전이망 69
확대활성화 64
환언(paraphrase) 68
환유(metonomy) 103, 104
회기법(recurrence) 68, 143
회화성 327
효과주의(affectivism) 369
효용성의 극대화 387
후조응(後照應) 69
희언(戲言) 511
희언법(戲言法, punning) 326, 497, 512

저자 이석규

춘천 출생
서울대학교 사범대학 국어교육과 졸업
건국대학교 대학원 국문과 졸업(문학석사, 문학박사)
경기고교 교사, 목원대학 국문과 교수 역임
경원대학교 학생처장, 인문대학장 역임
현재 경원대학교 국어국문학과 교수 및 대학원장

저서
「우리말 의미 연구」, 「텍스트언어학의 이론과 실제」, 「우리말답게 번
역하기」, 「텍스트분석의 실제」, 「언어와 사회」, 「유머·위트 과학」
(근간) 등 다수의 저서 및 논문

시집
『당신이 없는 거리는 춥다』, 『아날로그의 오월』

글누림 문화예술 총서 3
언어의 예술

초판 인쇄 2007년 12월 20일
초판 발행 2007년 12월 31일

지은이 이석규
펴낸이 최종숙
편 집 이소희
펴낸곳 글누림출판사
　　　　서울 서초구 반포4동 577-25 문창빌딩 2층
　　　　전화 02-3409-2055 | FAX 02-3409-2059
　　　　이메일 nurim3888@hanmail.net
　　　　홈페이지 www.geulnurim.co.kr
　　　　등록 2005년 10월 5일 제303-2005-000038호
ISBN 978-89-91990-83-8 93700

정 가 28,000원

* 잘못된 책은 교환해 드립니다.